JN432056

DIALOGUE

소셜미디어와 집단지성

02

윤영민은 1994년 미국 University of California, Berkeley에서 사회학 박사를 받았으며, 1997년부터 한양대학교 ERICA 캠퍼스의 정보사회학과 교수로 재직 중이다. 그는 <전자정보공간론>, <사이버공간의 정치>, <사이버공간의 사회> 등의 저자이며, 지난 17년 동안 정보기술과 인간, 정보기술과 사회의 접점을 연구하고, 최신 정보기술을 이용한 사회혁신의 현장에 참여해 왔다.
그는 크리스찬 아카데미(現 대화문화 아카데미), 유네스코 한국위원회, 현정포럼, 대통령 자문 전자정부특별위원회 등을 통해 정보격차, 프라이버시, 정보보호, 온라인 민원서비스, 온라인 국민참여, 전자투표, 정부콜센터 등 실천적인 문제를 풀기 위한 제도적 기반 마련과 시스템 구축에 참여했으며, 2002년 전자정부 구축에 기여한 공로로 홍조근정훈장을 수여받았다. 현재는 정부기관, 민간기업, 학계의 전문가들이 참여하는 소셜네트워크 미래포럼의 의장을 맡아 소셜 커뮤니케이션 확산에 주력하고 있다.

DIALOGUE: 소셜미디어와 집단지성 02

윤 영 민 지음

발행일 2011년 11월 15일 초판 1쇄 · 2018년 2월 20일 초판 3쇄
발행인 이영무 발행처 한양대학교출판부
주소 서울 성동구 왕십리로 222 전화 02)2220-1432~4 팩스 02)2220-1435
홈페이지 press.hanyang.ac.kr 전자우편 presshy@hanyang.ac.kr
출판등록 제4-7호(1972년 2월 29일) 인쇄처 현문

© 윤영민 2011

ISBN 978-89-7218-402-7 94330
ISBN 978-89-7218-400-3 [세트]

Dialogue

2

소셜미디어와 집단지성

윤영민 저

한양대학교출판부

감사의 말씀

책의 절반이 댓글로 채워졌다면 사연이 없을 리 없다. 우선 지난 1년이 넘는 기간 동안 정보사회학 페이지에서 함께 토론에 참여해주신 모든 분들께 심심한 감사의 말씀을 드리고 싶다. 적지 않은 분들이 참여했다 떠나고 새로운 분들이 참여하곤 했지만 몇몇 분은 초기부터 지금까지 변함없이 열심이다.

모든 분들께 일일이 감사를 드려야 하지만 지면 관계상 가장 활발하게 토론에 참여했던 분들만 언급한다. 이 분들의 참여와 성원이 없었으면 토론을 두세 달도 지속하기 어려웠을 것이다. 존칭을 생략하고 무순으로 적는다.

정보사회학 페이지 개설 초기에는 임진숙님, Jh Lee Journey님, 김재원님, Davis Noh님, Taewon Kim님, Sungwon Kim님, Haewon Kim님, Min Jeong Son님, 최순희님과의 대화로 큰 힘을 얻었다. 곧 이어 Sang Don Lee님, Brian Kim님, 김진수님, Alexander Park님, Myungdae Cho님, 류성준님, Ben Byeongho Kim님, 박정민님, Joan Lee님, 김진태님 등이 가세하면서 토론이 크게 활기를 띄었다. 이 분들께 특별한 고마움을 표현하고 싶다. 그 분들은 적극적인 토론 참여를 통해 우리나라에서도 고품격의 집단지성이 가능하다는 사실을 입증하였다.

이 밖에도 Chul Ho Kim님, Ji Young Catharina Kim님, 전채남님, 김식님, 마하반야님, Taeyoung Choi님, 해글룡님, Younsang Tak님, 이윤하님, 심재억님, Park G-Hun님, 오승주님, 오윤아님, Seon Hee Woo님, 정건희님, 김기호님, 조성준님, Chris Min-ho Kim님, Eun Young Kim님, 이영환님, 김지현님, 조윤경님, 이준님, 정창권님, 문태은님, Sung-Kwan Kim님, Taeyoung Lee님, 박윤성님, 박준일님, 박지영님, Daniel Kim님, 최일규님, Young-eum Lee님, Cheong Hwa Moon님, 박삼종님, 이성규님, 우항준님, 이상우님, Young-Gil Choe님, Jake Seunghoon Lee님, 최규문님, 김기한님께도 깊이 감사드린다. 이 분들 덕분에 기대했던 것보다 훨씬 오랫동안 토론을 계속해 올 수 있었다.

그리고 제 학생들 중 Guyoung Jeong, 원은란, Hyung-seok Cho, 임현섭, Yeji Sophia Kim, 김성주 등의 이름이 떠오른다. 하지만 그밖에도 수십 명의 학생들이 토론에 참여했다.

가장 많은 도움은 한양대학교 사회학과 박사과정에 재학 중인 류자현(Jahyun Ryoo) 선생으로부터 받았다. 류 선생은 단행본 출판을 구상할 때부터 원고를 마무리할 때까지 시종일관 큰 힘이 되었다. 한양대학교 전자계산학과 석사과정 박진원 군(Jinwon Park)은 정보사회학 페이지의 노트목록을 만들고 관리해주었으며, 사회학과 석사과정 곽경원 군과 황원식 군은 원고를 마무리하는 데 도움을 주었다.

끝으로 무더운 여름 복잡한 형태의 책을 만드느라 애쓴 한양대학교 출판부 박선희 선생님께도 고마움을 전한다. 많은 양의 댓글을 출판용으로 정리하기가 결코 쉽지 않았을 것이다.

마지막으로 페이스북에 "미쳐 있는" 남편 때문에 1년이 넘는 기간 동안 다시 외로운 대학원생 아내 시절로 돌아갔던 상란씨에게 내 사랑이 식은 것이 아니었음을 확인해주고 싶다.

차 례

제6장 소셜미디어 시대의 교육

제7장 공중의 귀환: 소셜미디어가 열어가는 세상

제1장 미디어의 변신

제2장 고전(古典)과 소셜미디어

제3장 SNS의 문화와 사회관계

제4장 미디어 트렌드와 전망

일러두기

1. 이 책은 페이스북 〈정보사회학페이지〉, 〈정보사회학입문 2010 그룹〉, 〈정보기술과사회 2011 그룹〉, 〈윤영민 프로필〉에 실린 노트를 중심으로 구성되었습니다.
   각 대화 맨 끝장에는 QR코드(Quick Response Code)를 첨부하였습니다. 스마트폰이나 태블릿의 QR 리더기를 사용하시면 보다 편하게 해당 페이지에 접속하실 수 있습니다. 페이스북에 로그인하시면 〈정보사회학페이지〉에 댓글을 작성하실 수 있습니다.
2. 〈정보사회학입문 2010 그룹〉, 〈정보기술과사회 2011 그룹〉 비공개 그룹으로 그룹 멤버가 아닌 경우 접속이 불가하여 QR코드를 따로 첨부하지 않았습니다.
3. 댓글은 토론의 생생한 분위기와 글쓴이의 어투를 그대로 살리기 위해 최대한 원안을 그대로 실었습니다. 댓글은 2주 간(2011년 8월)의 시간을 두고 편집하였습니다. 편집하는 동안 댓글에 표기된 시간이 페이스북 자체 문제로 바뀐 경우가 종종 있습니다. 또한 댓글 쓰신 분들이 성명을 변경한 경우 〈정보사회학 페이지〉와 책에 실린 성명이 다를 수 있습니다.

서문

소셜미디어(social media)와 집단지성(collective intelligence)을 아우르는 키워드는 대화(對話)이다. 구글(Google) 검색이나 크레익리스트(Craiglist)에서 보듯이 모든 소셜미디어가 대화로 이루어지지도 않고, 예측시장(prediction market)에서 보듯이 모든 집단지성에 대화가 필수적이지도 않다.[1] 그러나 사회적으로 의미 있는 소셜미디어나 집단지성은 반드시 대화로 이루어진다. 페이스북, 트위터, 수없이 많은 블로그 등 소셜미디어 어디에선가는 지금 이 순간도 대화가 진행되고 있다. 소셜미디어와 집단지성이 인류가 지금까지 경험해보지 못한 새로운 사회적 흐름을 견인한다면 그것은 바로 그 둘이 지닌 대화적 속성 때문이다.

소셜미디어가 부상하면서 여러 학자와 논객이 대화가 지닌 잠재력에 주목하고 있다. 집단지성이라는 용어를 유행시킨 피에르 레비(Pierre Lévy, 1994/2002)는 다수의 실시간 대화가 실행 가능한 사이버 공간의 시대에 새로운 유형의 민주주의가 등장한다고 예견한다. 그에 의하면, 민주주의는 "대표자의 선출이 아니라 국가 생활에 대한 국민들의 최대한 참여"라는 이상을 실현하게 된다. 레비는 '실시간 참여민주주의'에서 있어 출발은 '청취'가 된다고 강조한다. 청취는 시민들의 불평이 자연스럽게 터져 나오고 국가경영과 정책에 관한 구상이 자유스럽게 논의될 수 있는 구조이다. 그러한 구조 속에서 개인과 집단은 사회적 쟁점을 제기하고 자신의 입장을 취할 수 있다.

집단지성에 관해 레비 못지않은 이데올로그인 찰스 리드비터(Charles Leadbeater,

[1] 구글(Google)은 검색 결과를 배열하는데 페이지랭크(PageRank)라는 기술을 사용한다. 구글이 검색 결과의 배열 순서를 결정하는데 있어 실제로는 훨씬 복잡한 공식이 사용되지만, 기본적으로 페이지랭크는 검색된 웹사이트에 다른 웹사이트로부터 얼마나 많은 링크가 걸려 있는지를 계산해서 링크가 많이 걸린 웹사이트 순으로 검색결과를 제시한다. 여러 사람들의 선호가 고려되어 검색정보가 생산된다는 점에서 구글은 소셜미디어이다. 크레익리스트(craiglist.org)는 지역의 아파트 매물, 구인구직, 자동차 매물 등의 정보가 올라오는 사이트이다. 여러 사용자들이 참여하여 지역정보를 공동으로 창조한다는 점에서 크레이그리스트도 소셜미디어이다. 예측시장은 개인들이 행한 예측들의 평균을 가지고 선거 결과를 전망하거나 영화의 흥행을 예측한다. 예측 시장은 집단지성의 원형(prototype)으로 간주된다. 아래 문헌을 참고하기 바람.
James Surowicki(홍대운 역). 2005. 〈대중의 지혜〉. 랜덤하우스코리아.

2009)는 이노베이션이 대화를 통해서 출현한다고 역설한다.[2] 그는 대부분의 이노베이션이 사람들 사이의 상호작용을 통해서 일어났다고 주장한다. 대화와 토론을 통해서 아이디어가 신속하게 다듬어지고 조정되고 재해석될 수 있을 때 이노베이션이 성공할 수 있기 때문이라고 한다.

하지만 필자는 대화에 관해 이보다 더 근본적인 입장에 서 있다. 대화주의(dialogism)라고 부를 수 있는 관점에서 소셜미디어의 대화를 바라본다.[3] 인간에게 대화란 해도 되고 하지 않아도 되는 선택의 대상이 아니다. 인간은 누구나 대화를 갈구하며, 대화를 통해서 고립을 해소할 뿐 아니라 행복을 이루며, 나아가 대화를 통해 자신의 정체성을 형성하고 자신과 외부 세상에 관한 지식을 획득한다.

인간은 자신과 대화를 나누는 타자가 어떤 사람인가, 그리고 그 타자와 어떤 관계를 갖는가에 의해 크게 영향을 받는다. 내가 누구인가는 내 자신이 지니고 있는 속성에 의해서 결정되는 것이 아니라 중요한 타자와의 관계, 특히 대화를 통한 관계 속에서 규정된다.

이 입장에 서면, 대화의 상대를 존중하고 대화 자체를 귀하게 여긴다. 즉, 상대방의 생각을 존중하고, 상대방의 목소리에 귀를 기울인다. 경청이 인간의 중요한 덕성이 된다.

대화주의 입장에서 보면, 지식은 고립된 인간의 두뇌에 의해 창조되는 것이 아니라 타인과의 대화를 통해서 생성된다. 개인의 두뇌가 아니라 사람들의 대화와 관계 속에서 지식이 생성되고 존재한다.[4]

소셜미디어, 특히 SNS의 지구적 확산은 인간이 대화적 존재라는 사실을 웅변적

---

2 Charles Leadbeater(이순희 역). 2008. 〈집단지성이란 무엇인가〉. 21세기북스.

3 대화주의는 러시아 철학자이며 문예이론가인 미하일 바흐찐(Mikhail Bakhtin)의 철학적 입장을 규정하면서 등장한 용어이다. 대화와 관계를 중심으로 인간을 이해하는 철학적 관점이다. 대화주의에 대한 자세한 내용은 아래 문헌을 참고하기 바람.
Michael Holquist. 1990. *Dialogism: Bakhtin and his World.* London: Routledge.

4 바흐찐은 소크라테스적 대화를 논의하면서 지식(혹은 그의 표현으로는 진실)에 관해 대화주의적 인식을 잘 보여준다(Bakhtin, 1984: 110). Mikhail Bakhtin(Caryl Emerson edit. & trans.). 1984. *Problems of Dostoevsky's Poetics.* Minneapolis: University of Minnesota Press.

으로 보여주고 있다. 전세계 가입자가 7억 명을 넘어선 페이스북은 다른 무엇보다도 대화의 공간이다. 페이스북에서 사람들은 오프라인의 친구는 물론이고 온라인 '친구'와 수시로 대화를 나눈다. 포스팅을 하고, 포스팅에 '좋아요'를 누르거나 댓글을 달며, 다시 댓글에 답글을 올리면서 온갖 종류의 대화가 이루어진다. 일상적인 안부를 주고받거나 시시콜콜한 잡담을 나누는 것부터 사회적 쟁점에 관한 심각한 논쟁까지 별의별 이야기가 다 오고간다. 소셜미디어 덕분에 오늘날 우리는 누군가의 지적처럼 역사상 가장 수다스러운 세대가 되었다.

공간과 시간의 제약을 받지 않으면서 많은 사람들이 공통의 주제로 대화를 나눌 수 있다는 사실은 급격한 사회 변화를 함축한다. 민주주의 사회임에도 불구하고 권력에서 배제되었던 시민, 소비자, 시청자, 청취자, 독자, 학생, 청소년 등 평범한 사람들이 사회의 도처에서 강력한 영향력을 갖게 되며, 동시에 그동안 중앙집중적인 대중매체를 통해 유지되던 기성 질서가 흔들리고, 기득권을 누리던 엘리트 집단이 도전받게 됨을 의미한다.

이 책은 대화주의의 관점에서 소셜미디어의 잠재성과 집단지성의 가능성을 실천적으로 파악해보고자 했던 실행 연구(Action Research)의 소중한 부산물이다. 실행 연구로서의 요건을 엄격하게 충족시키지는 않았지만, 필자가 지난 1년 동안 페이스북의 정보사회학 페이지(www.facebook.com/infoso)를 중심으로 수행한 활동은 실천(practice)과 연구(research)를 동시에 추구했다는 점에서 실행 연구의 범주에 포함될 수 있을 것이다.[5]

필자가 수행한 연구의 주제는 두 가지였다.

① 우리나라에서 협력(collaboration)을 통한 집단지성이 가능할까?
② 어떻게 하면 집단지성을 성공적으로 구현할 수 있을까?

집단지성의 해외 사례를 접하면서 필자의 머릿속에서는 과연 우리나라에서 집단지성이 어디까지 가능할까하는 의문이 떠나지 않았다. 우리나라에도 집단지

---

[5] 실행 연구에 관해서는 다음 문헌을 참조함.
Jack Whitehead. 2009. *You and Your Action Research Project, 3rd Ed.* Oxford, UK: T & F Books.

성을 응용한 인터넷 서비스가 많이 존재한다. 인터넷 쇼핑몰의 별점 후기, 포털 사이트의 질의 · 응답, 시민기자 인터넷 신문, 인터넷 서점의 서평과 독후감 공유 등이 상당히 활발하게 운영되고 있다.

필자의 궁금증은 학문과 교육에도 과연 집단지성이 작동될까 하는 것이었다. 그러나 필자의 의문에 시원한 해답을 제시해 줄 수 있는 사례들이 없었다. 성공적인 선례를 찾을 수 없는 상황에서 필자의 연구 주제에 대한 조사는 스스로 성공 사례를 만드는 방법 이외는 없었다. 즉, 실행 연구가 가능한 유일한 방법이었다.

호기심을 억누르지 못한 필자는 2010년 5월 도전에 나섰다. 페이스북 친구도 몇 십 명 되지 않은 상태에서 페이스북 페이지를 개설했다. 아니나 다를까 우려했던 대로 방문자가 별로 없었다. 그래도 포스팅을 하면 어떻게 알았는지 몇몇 소수의 사용자들이 들어와 '좋아요'도 눌러주고 댓글도 달아 주었다.

마침 여름방학이 되자 온 시간을 털어서 글을 올리는 데 정성을 다했다. 마치 인생의 마지막 승부인 것 마냥. 라이커(likers)가 1백 명을 넘으면서 힘이 좀 났다. 댓글 수도 많아지고 이름을 기억할 수 있는 애용자들도 생겨났다. 그러던 중 페이스북의 수익 모형을 파악도 할 겸 페이지 프로모션 광고를 냈다. 그랬더니 단기간에 라이커가 2백 명 수준으로 늘어났다.

그런데 라이커 수가 3백 명 정도가 상한선이 아닐까 하는 생각이 들었다. 페이지가 별로 대중적인 내용도 아닌데 그 이상 늘어나리라고 기대되지 않았다. 광고를 한 번 더 내서 상한선을 테스트 해보고 싶었다. 그래서 페이스북을 이용한 설문조사 겸 프로모션 광고를 냈다. 그랬더니 금방 5백 명이 되었다. 이렇게 해서 정보사회학 페이지의 역사가 만들어졌다.

그런데 교수 생활을 하면서 페이지를 제대로 운영하기란 거의 불가능한 일이었다. 한 달이 지나갈 때마다 마음속으로 페이지를 닫는 인사말을 썼다. 그러다가 "아니야, 또 한 달만 버텨보자. 좀 있으면 방학인데" 하면서 마음을 고쳐먹다 보니 벌써 1년이 훌쩍 넘었다. 2011년 7월 라이커 수가 2천6백 명을 넘었다. 1차적인 실행 연구는 끝났지만 페이지를 닫을 수 없다. 연구는 끝났지만 실천은 계속되고 있기 때문이다.

그동안 정보사회학 페이지에 올린 노트 형태의 긴 글 중 99개를 발췌하였으며, 책의 완성도를 높이기 위해 페이스북의 〈정보기술과 사회 2010〉 수업 그룹 및 필자 프로파일 담벼락에서 몇 개의 토론을 가져왔다. 또한 필자가 학술지, 전문지, 블로그 등 다른 곳에 발표한 몇 개의 글도 〈보론〉 형식으로 포함시켰다.

페이스북 기반의 집단지성 프로젝트를 통해 필자는 연구 문제에 대한 해답을 얻었는가?

① 우리나라에서도 협력을 통한 집단지성이 충분히 가능함을 확인했다.
② 협력적 집단지성을 성공시키는데 중요하다고 생각되는 몇 가지 요소를 발견했다.

두 번째 발견에 관해서는 학술 논문을 준비 중에 있으나, 첫 번째 발견에 관한 증거는 독자 여러분이 이 책을 읽어가면서 직접 확인할 수 있을 것이다.

제5장 집단지성의 번성

대화 49 집단지성이란 무엇인가?

지난주에 제 수업을 듣는 학생들이 그룹 프로젝트를 시작했습니다. 4개의 그룹 중 하나가 집단지성에 관한 조사를 맡았습니다. 사례분석을 통해 집단지성이 발현하는 조건과 과정을 발견하는 것이 과제입니다. 아주 똑똑한 학생들로 구성된 그룹인데도 불구하고 연구 문제를 찾고, 연구 계획을 세우는 데 어려움을 겪은 나머지 나중에는 거의 패닉상태에 빠지는 것 같더라고요. 물론 이 학생들이 공부에 대한 욕심이 많기 때문이기도 했겠지만, 제가 잘 지도를 해주지 않았기 때문에 그렇게 된 것 같아 좀 찔리더군요. 그래서 오늘은 집단지성에 대해 생각해 보려고 합니다.

집단지성에 관해 제게 가장 유용했던 문헌은 세 가지입니다. 찰스 리드비터(Charles Leadbeater)의 〈집단지성이란 무엇인가〉, 제임스 서로위키(James Surowiecki)의 〈대중의 지혜〉, 그리고 마크 토비(Mark Tovey) 편 *Collective Intelligence*입니다.[6] 원래 피에르 레비(Pierre Levy)의 〈집단지성〉이 원조 격이지만, 좀 추상적 내용입니다.[7] 세 번째 책은 번역본이 없으나 CCL(Creative Commons License)이 되어 있어 인터넷에서 무료로 다운로드 받을 수 있습니다.

제 학생들이 부딪힌 첫 번째 문제는 집단지성에 관한 정의입니다. 집단지성이 정확히 무엇을 말하는가를 파악하기 어려웠던 것이지요. 워낙 그 말이 가

[6] Charles Leadbeater(이순희 역). 2009. 〈집단지성이란 무엇인가〉. 21세기북스.
James Surowiecki(홍대운 역). 2005. 〈대중의 지혜〉. 랜덤하우스코리아.
Mark Toby (edit.). 2008. *Collective Intelligence*. Oakton, Virginia: Earth Intelligence Network. http://www.oss.net/dynamaster/file_archive/080227/8580f18843bf5c10f17c38f7ad9fdf71/Complete_022508-C%20FINAL%201420.pdf

[7] Pierre Lévy(권수경 역). 2002. 〈집단지성〉. 문학과지성사.

리키는 현상이 다양한 모습을 띄고 있고, 다양한 분야에서 사용되는 용어이다 보니 충분히 이해가 갑니다. 아마도 집단지성에 관해 처음 공부하는 사람은 누구나 부딪치는 문제일 것입니다. 그냥 누구나 작업상의 정의(working definition) 정도만 갖고 연구를 시작함이 현명할 것입니다.

집단지성에 관해 제가 알기로 딱 부러진 신통한 정의는 없습니다. 이 개념은 두 부분으로 구성되어 있습니다. 첫째는 지성(intelligence)이라는 부분입니다. Intelligence는 우리말로 지능, 지혜, 지성 등을 의미합니다. 사전적으로는 그것은 인지적 능력(cognitive capability) 혹은 두뇌의 능력을 가리키지만, 여기서는 두뇌의 활동을 포함합니다. 예컨대 판단(judgement), 예측(prediction), 발견(finding), 발명(invention), 개발(development), 이해(understanding), 상상(imagination), 해석(interpretation), 혁신(innovation), 주장(arguement) 등이 포함됩니다.

둘째는 집합적(collective)이라는 부분입니다. 그것은 여러 사람의 지성이 모이다 라는 의미를 갖고 있습니다. 여러 사람의 지성은 다양한 방법으로 수집될 수 있습니다. 위키피디아처럼 사람들이 소프트웨어의 도움을 받아 그것을 의도적으로 모을 수도 있고, 구글 검색처럼 소프트웨어가 자동적으로 모을 수도 있습니다. 물론 리눅스(Linux)처럼 사람들이 자발적으로 지성을 기부할 수도 있습니다. 공유(sharing), 참여(participation), 협력(collaboration)은 지성이 집합되는 방식입니다. 다만 현대의 집단지성은 과거와 달리 정보기술의 도움이 필수적입니다.

집단지성이 작동하면, 정보나 지식은 물론이고, 재화나 서비스, 나아가 집합행동(collective action)이 생산됩니다. 생산물이 워낙 광범위하다보니 온갖 분야에서 집단지성에 대한 관심이 높습니다. 교육, 학문연구, 정치, 산업, 언론, 시민운동 등이 집단지성을 도입하고 있습니다. 학문 분야로는 교육학, 인류학, 사회학, 정치학, 경영학, 언론학, 전자계산학 등이 집단지성에 대해 높은 관심을 보이고 있습니다.

제 학생들이 부딪친 또 하나의 문제는 집단지성이 실제로 구현된 이상적인 사례를 찾는 것이었습니다. 이상적인 사례라? 현실에서 집단지성은 두 가지 특징을 가지고 있습니다.

① 매우 다양한 모습을 지닙니다. 그런 의미에서 이상적인 사례란 없습니다. Iowa Electronic Markets, Google search, Linux, Wikipedia, Slashdot.com, Amazon.com, 오마이뉴스는 모두 집단지성을 이용한 서비스이지만 우열을 따질 수가 없습니다. 서로 너무나 다른 성격을 갖고 있기 때문입니다. 사과, 배, 귤, 포도, 감 등을 놓고 어떤 것이 가장 맛있는 과일이냐를 따지는 것이나 마찬가지입니다.

② 현대의 집단지성은 자연발생적이 아니라 모두 기획된 것입니다. 처음부터 완전하게 기획된 경우는 없지만, 각각 나름의 특정한 목적을 위해서 고안된 것입니다.

집단지성의 이러한 특징 때문에 현 단계에서는 크게 두 가지의 노력이 필요합니다. 첫째, 새로운 영역, 새로운 목적에 집단지성을 응용해 보는 줄기찬 시도가 필요합니다. 지금까지도 상당히 다양한 영역에 시도되었지만 집단지성의 응용 가능성의 끝이 어디인지는 아무도 모릅니다. 둘째, 집단지성의 성공적인 전개를 결정하는 요인이 무엇인지를 밝히는 노력이 필요합니다. 집단지성은 만병통치약이나 요술방망이가 아닙니다. 어떤 분야 혹은 어떤 용도에는 효과적인 접근방법이지만 다른 분야, 다른 용도에는 그렇지 않습니다. 그리고 동일한 분야, 동일한 목적이라도 적용에 성공하기도 하고 실패하기도 합니다.

위에서 언급한 문헌들에는 집단지성에 관한 많은 사례와 성공 요인이 제시되어 있습니다. 그러나 아직 완전한 리스트는 없습니다. 집단지성 분야에 대한 연구는 이제 시작일 뿐이라고 해도 과언이 아닙니다.

집단지성에 대해서 의구심을 갖는 사람들이 적지 않습니다. 과연 평범한 대중이 지혜를 모은다고 얼마나 지혜로울 수 있을까? 귀스타브 르 봉(Gustave Le Bon, 1895/2008)의 지적처럼 볼테르만큼 영리한 군중은 없지 않을까 라고 생각하는 것이지요. 심리학에서 말하는 집단사고(group think)가 더 현실적인 모습이 아닌가 하는 생각입니다. 집단사고는 군중 속의 사람들이 갈등을 피하기 위해 충분한 숙고나 비판적 검증 없이 합의에 도달하는 심리적인 현상을 말합니다. 사실 어떤 조건 속에서 집단지성이 발현되고 어떤 조건 속에서 집단사고로 귀결되는가는 매우 흥미 있는 연구 주제입니다.

또 다른 의구심은 집단지성적 접근이 개인성(individuality) 혹은 개인의 창의성을 위협하지 않을까 하는 점입니다. 개인(individuals)이 충분히 개화된 경험을 갖지 못한 우리의 역사에서 집단을 강조하는 어떠한 주장도 집단주의(collectivism)에 대한 우려로부터 자유로울 수 없습니다. 그러나 이 비판은 이념적 반응의 성격이 강하니 이 자리에서 논의할 필요가 없을 것 같네요.

집단지성이 무엇인가? 쉽게 대답할 수 없군요. 혹시 여러분은 명쾌한 해답을 갖고 있는지요? 2011.05.02

좋아요 · 댓글 달기 · 공유하기

김지연, 김지현, 禹錯景님 외 92명이 좋아합니다.

정주호 담아갑니다.
2011년 5월 1일 오후 5:53 3명

Min Jeong Son 정보사회학님께서는 Pierre Levy의 [집단지성]을 추상적이라고 보시는군요. 보통은 Levy를 많이 인용한다고 알고 있었는데... 저도 공유하고 좀더 생각해보고 싶습니다. 감사합니다!^^
2011년 5월 1일 오후 5:56 6명

Jake Seunghoon Lee 저도 관심가지고 있는 주젠데... 사전을 보니 "다수의 개체들이 서로 협력 혹은 경쟁을 통하여 얻게 되는 지적 능력에 의한 결과로 얻어진 집단적 능력을 말한다. 중지(衆智, 대중의 지혜), 집단지능, 협업지성, 공생적 지능이라고도 한다."라고 정의 돼 있군요.
2011년 5월 1일 오후 6:08 6명

정주호 피에르 레비의 '지식의 나무' 체계는 흥미로운 아이디어군요.
2011년 5월 2일 오후 1:39 1명

정보사회학 Levy의 책은 1994년에 저술되었기 때문에 상당 부분이 상상으로 채워져 있습니다. 그 책은 영감을 받기에는 좋은 문헌이나 분석적인 측면에서는, 집단지성과 사이버공간을 최초로 연결시킨 공헌에 대해 pay tribute하는 정도로 인용하지 않는가 합니다. 지금은 사이버공간의 집단지성이 더 이상 상상의 세계는 아니니 굳이 그 책의 묵시록적 묘사에 빠질 필요가 없을 듯합니다.
2011년 5월 1일 오후 6:13 7명

김성주 월요일 아침인데 이렇게 신경써주셔서 감사합니다. 어제 다시 모여 얘기하면서, 성공적인 집단지성을 기획함에 있어 필요한 조건과 요인을 밝혀내고 향후 미래는 어떻게 될 것인지 예측해보는 방향으로 가닥을 잡았습니다. 말씀하신 문헌 세 가지도 바로 찾아 읽어보겠습니다. 열심히 하겠습니다 교수님, 다시금 감사드립니다.^^

2011년 5월 1일 오후 6:16 👍 6명

Jake Seunghoon Lee 사전적으로 정의하는 것은 좀 구체적으로 와닿지 않으니, 특징적인 요소를 찾아내는 것이 필요할 것 같습니다. 예를 들어서 '과정추론적'이라든지, 아니면 '공간지향적'이라든지... 그리고 실제로는 집단지성의 작동 문제를 가지고 논란이 나기보다는 집단지성의 '誤作動' 문제를 가지고 논란이 많이 나는 것 같습니다. 예를 들면 광우병사건과 촛불시위 때, MBC의 보도는 무죄지만 정확한 보도는 아니었거든요. 잘못된 보도 내용이 촛불시위 군중에게 증폭돼서 미국산 수입쇠고기 먹으면 죽는다는 수준까지 확산됐지요. 이게 사실 보수적인 사람들의 일반적인 비판인데 저는 동의를 하지만 완전히 동의하지 않습니다. 집단지성의 과정추론적 성격을 고려해야 하므로 이것들을 집단지성의 오작동이 아니라 집단지성의 미작동(未作動)으로 봐야한다는 게 제 생각입니다. 실제로 문제 해결에서는 집단지성이 제대로 발휘되기 위한 여러 가지 요소들을 논의해보는 게 유용한 것 같습니다. 예를 들어 로이드 모리셋의 인터넷이 공론장으로 기능하기 위한 5가지 요소들, 집단지성에 참여하는 개체의 지적 행위 내지 의사표시의 노출과 확산에 걸리는 시간에 따라 변하는 커뮤니케이션의 결과, 예를 들어 네이버영화 별점투표에서는 투표결과가 바로바로 나타나고 외국의 영화 별점투표사이트에서는 투표결과가 상당한 시간이 지나서 나타나는데 이에 따라 집단지성의 발현형태가 완전히 달라집니다. 석사논문주제로 이걸 하려고 했는데 사업을 하다보니 자료를 구하고 통계를 돌릴 시간도 없고 경제학 지식도 아직 얕아서... 그냥 편하게 디지털컨텐츠 집중적 거래관계에서의 문제를 해석학적 방법론으로 규명하는 논문을 쓰고 있는 중입니다.

2011년 5월 2일 오후 1:50 👍 3명

JinKeun Choi 집단지성이나 집단사고에 대해 전문적으로는 모르지만, 어떤 집단지성 사이트에 위키피디아처럼 전문적인 사람들이 많이 참여하면(볼테르와 같은 사람이 많으면) 집단지성이 되고, 트위터처럼 간단한 일상적인 메시지가 보다 많으면 집단사고로 가고, 페이스북처럼 자기 글이나 자료(fb 노트)에 대한 보관과 공유기능이 잘 되어있으면 집단지성과 집단사고를 합친 방향으로 가는 것 같습니다. 각 개인의 지식은 정도의 차이는 있지만 한정되어있고, 내가 모르는 것을 남이 알고 있고, 남이 모르는 것을 내가 알고 있는 것이 합쳐지고 공유가 잘 되다보면 개인의 한정된 사고가 보다 유연하고 창의적으로 작동해서 개인의 지성이 보다 발전할 수 있는 기회를 제공하는 것이라 생각됩니다.

2011년 5월 1일 오후 6:23 👍 9명

이지용 명쾌한 답을 하기엔 너무 어려운 주제네요.^^; 그래도 재미있는 주제인 것 같습니다.

2011년 5월 1일 오후 6:31 👍 5명

이영환 음... 제가 일단 한 번 단순하고 일방적인 관점에서 집단지성을 분해를 해보지요. 일단 단어에 대한 번역의 문제부터 제기합니다. "Intelligence"라는 단어를 지성이라고 번역한 것은 오역이라고 봅니다. 지성이라는 말은 너무 포괄적이고 추상적입니다. 저는 "지능"이라고 번역해야 맞다고 봅니다. 이렇게 의미를 제한해서 생각하면 집단지능(Collective Intelligence)이라는 말에서 "집단"이 가지는 "지능" 혹은 "지식"이라고 보아야 합니다. 가령 개미들은 메모리가 거의 없어서 개미 개체들은 자신들의 nest에서 food source까지의 가장 짧은 거리를 계산할 능력이 없습니다. 그러나 집단에 의해서 개미들은 항상 가장 짧은 거리를 찾아냅니다. 컴퓨터를 공부한 사람들은 두 점간의 무한대로 많은 pathway가 존재할 때 가장 짧은 거리를 찾는 문제가 얼마나 어려운 문제인지 잘 알고 있습니다. 이런 문제는 보통 undecidable하고 intractable 하다고 말합니다. 그런데 개미 개체는 단거리를 계산할 능력이 없는 데 비해 그룹으로서의 개미는 항상 거의 가장 짧은 단거리를 찾아냅니다. Near optimal solution을 찾아내는 것이지요. 이런 개념에서 생각할 때 집단지능은 개인으로서는 소유하지 못하지만 집단으로서 갖는 "지능" 혹은 "지식"을 말하게 되는 것으로 봅니다. 이렇게 뜻을 한정한다면 위키피디아나 플릭커 등 집단지성이 설명이 되는 것으로 봅니다.
2011년 5월 2일 오후 2:04 👍 8명

Saemin Oh "목적에 따라 모이는 집단의 구성원이 차별화된다"는 접근법은 어떤가요? 집단의 규모를 축소시키는 것이자 집단의 전문성을 높이는 것이라 생각합니다. 집단지성의 범위를 인류로 잡는 순간 정의조차 내리기 힘든 것 같습니다. 집단지성도 분명 규모의 제한이 있고 그 안에 주관과 참여가 극명하게 상이한 퍼센트로 존재할 겁니다.
2011년 5월 1일 오후 6:35 👍 5명

Susan Kim Agree with the author; without technology (i.e. the Internet) could we have foreseen collective intelligence? I'm not an expert in this, but web sharing tools like Wikipedia, Twitter, Facebook, Cyworld :) and various blogs enabled collective intelligence. Part of it is to look at facts objectively and using proper citations where necessary, otherwise trusting information is difficult. Doing everything to preserve accuracy in information is part of (due diligence of) collective intelligence. Overall, collective intelligence to me is more like a verb than a noun. Thanks for the provocative discussion. Sorry, my Korean fonts are not available today. :)
2011년 5월 1일 오후 6:41 👍 7명

Yeji Sophia Kim 저는 위에서 말씀하신 '아주 똑똑한 학생들로 구성된' 집단지성 그룹의 학생 중 한 명입니다. ㅎㅎㅎㅎ 우선 교수님 다시 한 번 가이드라인을 제공해주셔서 감사합니다! 정보사회학 페이지의 많은 분들도 저희를 도와주셨으면 합니다! 굽신굽신...ㅋㅋ 저희는 소셜미디어상의 집단지성의 사례를 '정보사회학 페이지'로 정했고 그 이유는 정보사회학 페이지가 '집단지성을 의도적으로 기획한 사례'이기 때문에 그 분석이 제일 깔끔할 것이라 생각되기 때문입니다. 어제 저희는 회의를 통해 '관리자의 입장'에서 어떻게 하면 집단지성을 발현시키는지(사람들을 어떻게 모으는지) 어떻게 활성화시키는지(활발한 참여를 유도하는지)에 초점을 맞추어 연구를 진행하도록 결정했습니다. 앞으로 정보사회학 페이지를 '초기' '발전기' '안정기'로 나누어 그 안의 프로세스와 다이내믹스를 발견해내고자 합니다. https://docs.google.com/document/d/1Q2ZoFsa7LD2khqnn FcvaAhFzf XoZqfQuvNrViU84c4I/edit?hl=en&authkey=CKXQmJcM 위의 구글독스 링크는 저희의 아직 부족한 연구계획서입니다! (아직 완성이 아닙니다;; ㅋㅋ) 오셔서 코멘트나 수정 부탁드립니다:-) 가치있는 연구를 할 수 있도록 많이들 도와주세요! 저희는 도와주시기만 한다면 정말 최선을 다해 열심히 하겠습니다!!!!!^^
2011년 5월 2일 오후 2:12 👍 5명

Dong Keun Lee "어떤 조건 속에서 집단지성이 발현되고 어떤 조건 속에서 집단사고로 귀결되는가는 매우 흥미 있는 연구 주제"라고 하셨는데 전제 조건이 모두 채워지지 않은 것 아닌가요...
2011년 5월 1일 오후 6:46 👍 4명

신현섭 어떤 한 조교수가 위키피디아 사용자들에 대한 설문을 통해 조사를 했던 페이퍼를 봤었는데, 왜 위키피디아에 참여를 하는가에 대한 내용이 있더군요. 꼭 금전적인 혜택이 없음에도 분명 다른 이유들이 여러 가지 존재하였습니다. 또한 기본적으로 그들을 참여하게 하기 위해서는 플랫폼을 어떻게 설계하였느냐도 중요하지 않을까 싶습니다. 윗분이 말씀하신 Object-centered social network도 중요합니다. Object를 중심으로 사람이 연결되고 모여야 동일한 관심사로 인해 활발한 콘텐츠 생산이 일어날 것이고요. 집단지성만 들여다보아도 정말 복잡계 네트워크부터 관련된 지식들이 참 많이 필요할 것 같기는 하네요!
2011년 5월 1일 오후 6:55 👍 7명

박정훈 내용이 너무 좋아 "공유하기" 눌러 갑니다.^^
2011년 5월 1일 오후 6:58 👍 3명

양승호 해답을 물으셨는데 답을 하기 어렵네요. 글의 내용과 직접적인 관련이 있든 그렇지 않든 여기에 모인 댓글 하나하나가 집단지성이라 생각합니다.
2011년 5월 1일 오후 7:48 👍 5명

DaeHyun Kim 뭐랄까, 복잡계이론하고도 좀 닿아있는 느낌이 드는군요.
2011년 5월 1일 오후 7:50 👍 6명

Yeji Sophia Kim @Jake Seunghoon Lee /Jake님 저는 그 정의조차도 집단지성을 다 포함하기에 부족하다는 생각이 듭니다. 확 와닿지 않는달까요? 정보사회학 페이지는 협업지성이라고 할 수 있겠네요! 김성주 성주오빠! 문헌 세 권 중 〈대중의 지혜와 집단지성이란 무엇인가〉는 저에게 있습니당!!! @JinKeun Choi/ Jinskeun님 말에 의하면 집단지성과 집단사고의 차이점은 전문가의 유무와 그에 따른 상황정의가 되겠군요. 어빙 거프만 '연극론'의 상황정의를 적용하면 그곳이 전문적인 사람들이 비교적 많아 전문적인 이야기를 하는 공간이냐, 비전문적인 사람들이 일상적 소통을 하는 공간이냐를 참여층이 판단하고 행한 행위가 집단지성 혹은 집단사고를 일으키는 요인이 될 수 있겠네요. 좋은 코멘트 감사드립니다^^
2011년 5월 2일 오전 12:34 👍 4명

Yeji Sophia Kim @이지용/ 명쾌한 답을 하기 어려운 주제이기 때문에 저희는 가능한 연구주제를 구체화하고 와닿게 하기 위해 노력하고 있습니다.ㅎㅎ 사람들을 어떻게 모으고 어떻게 지성적 참여를 활발하게 이끌지로 표현하면 조금 더 명쾌하게 들리지 않나요? ㅎㅎ또 코멘트 해주세요!^^ 이영환 교수님/ 저도 아무리 생각해도 '집단지성'이라는 말은 적절한 번역이 아니라는 생각이 듭니다. 그 단어로는 전체 개념을 다 포괄하기 힘들어요. 개미의 이야기는 인지, 판단 측면의 집단지성 같아요. 제임스 서로위키의 '대중의 지혜'에 나오는 집단지성이야기는 대체로 그렇게 개인이 할 수 없는 집단적 판단에 관한 이야기인데요. 조금은 단순한 '판단'적 측면, 대중의 판단을 평균한 수학적 평균의 대중의 지혜와는 또 다른 집단지성의 모습도 있는 것 같습니다. 예를 들어 이 정보사회학 페이지도 집단지성의 한 예인데, 이 안에서 벌어지는 집단적 행위가 개미가 최단거리를 찾는 것처럼 '뚜렷한 판단'을 낳지는 않는 것 같아요. 결론은 없고 그냥 다양한 의견이 오고 가지요. 근데 이런 결과물 '판단'이 나오지 않더라도 이 복잡함 자체도 '집단지성'이 아닐까요? 정보사회학 페이지의 집단지성은 어떻게 정의해야 할까요? '집단적 지식'?
2011년 5월 2일 오후 8:15 👍 3명.

Yeji Sophia Kim @Saemin Oh / Saemin님 @JinKeun Choi님의 이야기와 비슷한데, 닭이 먼저냐 달걀이 먼저냐네요 ㅎㅎ "목적에 따라 모이는 집단의 구성원이 차별화된다" 목적에 따라서 집단의 구성원이 차별화되는지, 집단의 구성원 특성 때문에 그것이 집단지성이 되는지 집단사고가 되는지. '목적' 측면에 대한 점도 생각해보도록 하겠습니다. 정보사회학 페이지도 주제며 목적 덕분에 그 구성원이 조금 더 전문적으로 되었을 수도 있으니까요^^ @Susan Kim/ Susan님 영어로 된 댓글 감사합니다!^^; 정보의 정확성을 유지하기 위한 모든 행동이 집단지성을 구성한다고 볼 수 있다고 해주신 점과 집단지성이 명사보다는 동사로 느껴진다고 하신 점이 흥미롭네요. 정보의 정확성을 유지하기 위한, 혹은 진리에 가깝게 하기 위한 모든 행동이 집단지성이라고 한다면 조금 더 모든 집단지성을 포괄할 수 있을 것 같습니다. 또 명사보다 동사라고 표현하신 점에서 집단지성이 멈춰있는 결과물이라기보다 유동적이게 느껴지네요. 좋은 의견 감사합니다^^ 계속 관심 가져주세요!

2011년 5월 2일 오후 8:29 👍 3명

Yeji Sophia Kim @Dong Keun Lee/ 어떤 전제조건이 채워지지 않았는지 좀더 구체적으로 설명해주시겠어용? ㅎㅎ @신현섭 찰스 리드비터는 '협업적인 사업모델이 성공을 거두려면, 사람들에게 보상을 하고 사람들의 욕구와 개별적인 목표를 충족시켜야 한다. … 그러나 이런 실용적인 혜택은 사람들의 협업적 활동을 촉진하는 유일한 요인이 아니다. 사람들의 협업적 활동을 촉진하는 또 다른 요인(실용성은 떨어지지만 효과는 매우 강력한)은 바로 남들에게 인정받고자 하는 욕구이다.'라고 말하더군요ㅎㅎㅎ 제시해주신 플랫폼과 object 요인도 고려해보도록 하겠습니다.^^ 복잡계라 하면 '멱함수 법칙'을 이야기하시는 건가요?

2011년 5월 2일 오전 1:04 👍 5명

이영환 예지양, 개미의 예를 다시 한 번 보지요. 개체로서의 개미는 네스트에서 가장 가까운 거리를 알아낼 메모리나 판단할 수 있는 신경조직 등이 없습니다. 개미 한 개체가 가지고 있지 않은 지식이나 인지 능력 등이 집단의 지식으로 누적됩니다. 게다가 개미 개체 행동은 집단의 지식에 의해서 영향을 받게 됩니다. 정보사회학 페이지가 집단지성의 한 예라고 할 수 있다는 것에 대해서는 동의를 할 수 있지만 개미의 집단지성보다 더 큰 무엇이라고 하는 주장에 대해서는 동의할 수가 없네요. 무엇이 다른 것인가요?

2011년 5월 2일 오전 1:38 👍 4명

Yeji Sophia Kim 이영환 교수님, 교수님 저는 정보사회학 페이지를 '개미의 집단지성보다 더 큰 무엇'이라고 표현한 것이 아닙니다. 누가 더 나은지 누가 더 큰지가 아니라 단지 조금 다른 유형이라고 판단되었어요. 개미의 예의 경우, 개미의 인지능력이 집단의 지식으로 누적이 되지만, 정보사회학 페이지는 '누적'되지는 않는다고 생각해요. 토론의 측면이 부각된 점, 하나의 판단으로 귀결되지 않는다는 점이 다르다고 생각했습니다. 근데 저도 확실히 잘 몰라서 저도 이 점에 대해서 더 많은 코멘트를 받고 싶습니다. 개미의 집단지성과 정보사회학 페이지의 집단지성이 어떻게 다른지요.

2011년 5월 2일 오전 2:11 👍 2명

이영환 여러 가지 의견이 가능하겠지만 일단 개미의 집단지성과 정보사회학 페이지가 근본적으로 볼 때 집단지성의 발현이라는 점에서 조금도 다르지 않다는 가설을 가지고 논리를 세워봅시다. 개미는 자기의 "행동"에 따라서 집단의 지식이 누적되고 있다는 것조차도 모르겠지요. 개미의 집단조차도 그런 것이 누적되는 것도 모를 것입니다. 개미 입장에서는 "자~ 이제부터 우리 최단거리 구하는 알고리즘으로 가장 가까운 path를 구하자" 이렇게 의논하지 않겠지요. 그러나 신기하게도 최단거리를 구하게 됩니다. 개미는 이것이 최단거리라는 것도 모르겠지요. 우리 인간이 현상을 해석해서 야~~ 그거 신기하다. 이 개미들은 최단거리를 어떻게 구해낼까? 뭐 그러면서 연구를 하겠지요. 정보사회학 페이지는 눈에 보이지 않는 지식이 오고가겠지요. 그것이 말로 할 수 있는 "최단거리"같은 것이 아닌 훨씬 더 정교하고 복잡한 형태의 지식이겠지요. 그런 것이 누적이 되고 있겠지요. 우리가 겉으로 보기에는 파악하기 힘든 그런 지식말이지요. 그런데 한 발 뒤로 서서 현상을 연구한다면 그런 것이 발견될 것이다, 뭐 이런 주장을 할 수가 있겠지요. 자 이제 예지양이 나와는 반대의 입장에서 개미의 집단지성과 정보사회학 페이지의 집단지성이 근본적으로 다른 것을 찾아낸다면 훌륭한 논문이 나오겠지요?^^
2011년 5월 2일 오전 2:48 3명

Taewon Kim 집단지성의 발현과 집단사고의 위험에 관해서 처음 관심을 갖게 된 책이 바로 '대중의 지혜'를 접하면서입니다. 물론 집단지성의 발현과 집단사고의 우려는 그 전부터 궁금하면서도 고민스러웠던 부분인데 큰 그림으로나마 대중의 지혜에서 서술되어 있어서 좋았어요. 위에 어느 분께서 전문가들의 집단은 집단지성으로 가고, 트위터와 같은 일상적 글들은 집단지성 발현이 어렵다고 하셨는데 전 좀 다르게 생각합니다. 물론 구성원들의 지적 능력도 중요하겠지만 그것보다 각각의 지적능력들이 집단사고로 빠지지 않고 어떻게 서로 조화되어 극대화될 수 있는가의 환경 구현이 더 중요한 부분이라 생각됩니다. 그런 의미에서 트위터는 집단사고보다는 자체의 자정작용이 존재하여 기존의 인터넷 커뮤니티와는 좀 다른 양상을 보이지 않나 생각되네요. 집단지성에 관련하여 윗분들께서 말씀하신대로 동기부여 이론도 중요한 베이스가 될테고, 복잡계 네트워크와도 일맥상통한다는 점은 크게 공감합니다. 기회가 된다면 전 이런 고민들을 시스템다이내믹스 방법론으로 풀어보고 싶습니다. 정보사회학이 집단지성의 좋은 예라는 데는 누구도 반론의 여지는 없습니다. 다양한 분야에 종사하시는 여러분들과 이런 주제를 가지고 함께 고민하고, 토론한다는 점은 행운입니다. 이러한 즐거움이 결국 참여를 이끌고 집단지성을 가져오겠죠?^^ 어쩌면 정보사회학의 시스템을 곰곰이 살펴 집단지성 발현의 실마리를 찾을 수 있지 않을까 생각해봅니다 ㅋ
2011년 5월 2일 오후 10:19 3명

정보사회학 오늘 제가 아침에 이 글을 올려놓고 서울에 강연을 다녀왔는데 그새 여러분들이 댓글을 달아주셨네요. 예지가 제 빈 자리를 매우면서 토론도 끌어가고 우리 카페 손님 접대를 했군요. 고맙다, 예지야. 제가 오늘은 너무 고단해 여러분의 글을 읽기는 했지만 토론 참여는 낼 하도록 하겠습니다. 죄송합니다.^^
2011년 5월 2일 오전 6:06 3명

김동은 집단지성이라 좋은 글 잘 읽고 갑니다. 집단지성이 요즘 시대의 추세인 듯합니다. 너도 나도 참여할 수 있으니... 확실한 것은 티클 모아 태산이 될 순 있지만 티클 모아 티끌에 그칠 수도 있다는 생각이 염두에 있네요. 조상님들의 생활의 지혜, 전통들 이런 것도 집단지성에 속하나요? 전 비슷하다 생각되네요.
2011년 5월 2일 오전 8:56 3명

Eulsoo Jung 집단지성은 다수의 생각들이 충분히 모일 수 있는 "환경"이라는 생각이 들었습니다. 온라인이든 오프라인의 회의든, 평등하고 다양하게 그리고 common sense 한 룰이 생각들을 모일 수 있게 하는 환경말입니다. 저는 여기에 지식이라는 단어보다는 "생각"이라는 단어가 어울린다고 생각합니다.
2011년 5월 2일 오후 2:45 5명

김진수 어제 태원님과 나눈 얘기인데 옮겨봅니다. 집단지성을 정의하고 그 내용을 획

일화 할 수는 없고 지금도 진행형인 것이라 생각합니다. 제가 생각하기엔 집단지성이 그 효용을 전제한 것이라면 인간에게 도움을 주는 것이어야 하고, 소수나 어떤 그룹의 주장이나 이념은 아니라고 하면 협업에 무게를 두고 싶고, 연속성을 가진 어떤 사실들이나 현상을 규명하기 위한 노력으로 생각하고 싶습니다. 따라서 굳이 정의하면 "어떤 사실을 Sharing함으로 시작해서 참여와 협업으로 발전해 가서 과거와 현재를 분석하여 원인과 결과를 파악/분석하고 그것이 오늘을 사는 우리에게 삶의 지침이 되고 나아가 예측가능한 미래를 제시할 수 있는 것"이라 생각합니다. 지난해 여러나라의 과학자들이 지구의 모든 데이터-인간행동, 자연현상 등 계측가능한 모든 자료를 실시간 모아서 시뮬레이션하는 프로젝트를 시작했습니다. 각국 정부자료, 구글, NASA 등등의 실시간 자료를 선정하고 데이터 분석 모델링에 착수하여 십여년 후에는 컴퓨터 시뮬레이션을 실현한다고 들었습니다. 일명 Living Earth Simulator 이것이 대표적인 집단지성의 예라 생각하는데 그렇지 않은가요? 관련사이트는 http://www.technologyreview.com/blog/arxiv/25126/입니다.
2011년 5월 3일 오후 5:58 👍 4명

김기호 교수님의 글을 읽으면서 항상 감사함과 존경을 드립니다. 요즘 집단지성에 대해서 관심을 가지고 응용분야를 고민하고 있습니다. 1달여쯤 전에 모 기업에 강의를 갔었는데 강의요청 주제가 "고객만족경영전략"이었습니다. 도입과 결말을 어떻게 할까 고민하다 "집단지성"이라는 개념을 사용했습니다. 많은 고민을 하고 한 것은 아니지만 교수님의 글을 읽으면서 나름 의미있는 선택이었던 것 같습니다. 저는 기업이 고객에 대해서 진정성을 가지고 다시 고민해야 한다고 이야기하면서 이제 목소리 큰 고객보다 고객의 문제제기에 동의하는 많은 사람들이 회사를 얼마든지 위기에 빠지게 할 수 있다고 설명하였지요. 그리고 고객만족을 위한 해결책 역시 회사가 제시하면 안되고 조직의 모든 구성원들이 참여하는 방식, 즉 집단지성으로 해결해야 한다고 이야기했었습니다. 한 10년 전 기업을 포함한 많은 조직에서 "학습조직"이라는 것이 유행한 적이 있는데 이제는 한단계 진보한 "집단지성"이라는 대안이 필요할 것이라 생각합니다.
2011년 5월 15일 오전 2:11 👍 1명

김기호 윌리암 휠러라는 생물학자가 1910년 개미를 보고 집단지성을 발견하였으니 딱 100년이 지나서 모바일과 인터넷 등이 발달하면서 새롭게 인식되고 확산되어 가는 것 같습니다.
2011년 5월 14일 오전 6:42 👍 2명

김재원 본문에 나오는 신경 세포 이미지와도 어울리는 내용이 있네요. 복잡계 이론에 대한 구글링 결과 본 글인데요. http://lsk.pe.kr/entry/%EB%B3%B5%EC%9E%A1%EA%B3%84-%EC%9D%B4%EB%A1%A0에서 가져옵니다. 뇌와 같은 복잡계는 "전체가 부분의 합보다 더 크다"는 특성을 보여준다. 사실 신경소자 하나하나는 단순한 깜박임의 전기신호를 내보낼 수 있을 뿐이다. 하지만 뇌의 신경소자가 함께 만들어내는 집단적인 동기화된 리듬은 매우 다양하며, 각 개체가 갖지 못한 고도의 뇌기능의 근원이 되는 것이다.
2011년 5월 19일 오후 3:12 👍 1명

김재원 이런 뇌처럼 개인들의 지적 능력은 단순하고 한계가 있지만, 이것이 다양한 커뮤니케이션과 토론을 통해 더욱 다양한 변화와 지적 활동이 왕성해지고 이것이 사회 변화에도 영향을 줄 수 있는게 아닌가 합니다. 복잡계 이론에서도 이야기하는 것처럼, 매우 안정되고 질서있는 영역이나 무의미한 변화 영역이 아닌 혼돈의 가장자리 영역에서의 다양성이 생물의 생존과 진화를 이끌어 왔으니까요. 우리 인간들도 고정적이고 소수의 권력자와 엘리트 집단이 일방적으로 리드해가는 것보다는 다양한 구성원들의 지적 교류 활동이 종의 멸종을 막거나 진화를 이끌 수 있는건 아닌가 합니다. 그런 면에서 집단지성이나 온라인 네트워크를 통한 지적 커뮤니케이션 활동이 의미가 있는건 아닌가 싶구요.^^
2011년 5월 19일 오후 3:20 1명

대화 50 집단지성에 대한 학생들의 생각

제 '정보사회학' 과목을 수강하는 학생들이 쓴 집단지성에 대한 생각들입니다(전혀 사전 준비 없이 10분 동안에 쓴 글들이니 거친 점을 양해바랍니다. 전혀 편집하지 않았습니다). 각 학생의 글은 대체로 집단지성의 특정한 부분만을 지적하고 있지만, 전체적으로 보면 집단지성에 대한 다양한 면모가 나타납니다. 다음은 그중 몇몇 학생들의 생각입니다.

"내가 생각하는 집단지성이란 여러 사람들이 각기 자신의 생각을 이야기 하고 또, 그 생각을 여러 사람들에게 공개함으로써 다른 사람들이 자신의 생각을 읽고 보고 또한 다른 사람들이 그 의견에 추가적인 의견이나 소감을 얘기하면서 서로의 생각을 발전시켜나가는 과정을 의미한다. 사람들은 집단지성의 과정에서 단순히 다른 사람이 말한 의견에 동조하기보다는 자신의 의견을 적극적으로 개진함으로써 집단지성을 더욱 발전시켜나갈 수 있다. 또한, 집단지성을 통해서 자신의 생각뿐만 아니라 한 가지 주제에서 다른 사람들이 어떻게 생각하는지도 알 수 있어서 각자의 생각을 발전시킬 수 있을 뿐만 아니라 전체의 생각 또한 발전시킬 수 있다.

집단지성은 기존에 한 사람이 생각하고 발표했던 것들과는 달리 독창적인 주제들도 많이 볼 수 있고 이에 대한 여러 사람들의 의견도 알 수 있다. 예를 들어 위키피디아에서는 기존에 백과사전에서 볼 수 없었던 주제들이 많이 존재하고, 그러한 주제들과 관련하여 많은 사람들이 의견을 개진하는 것에서 이러한 현상들을 발견할 수 있다." **[장지영]**

"집단지성은 인터넷이 낳은 산물이라고 할 수 있다. 만약 인터넷이 없었다면? 집단지성이 존재했을지 의문이다. 그리고 내가 생각하는 집단지성의 키포인트는 협동이라고 생각한다. 아무리 많은 사람들이 한 가지 목표를 향해 간다 해도 협동이 없다면 무용지물이 될 것이다. 이번 지방선거에서도 집단지성을 볼 수 있다. 정치에 대해 잘은 모르지만 천안함 사건이나 4대강 사업 등에 관해 인터넷 토론 특히 트위터에서 자신의 의견을 표현하고 그에 따라 시민 의식이 높아졌다. 이런 토론을 통해 많은 젊은이들의 정치에 관해 많은 관심을 가졌고, 이들의 지방선거 투표율이 높아진 것을 볼 수 있다. 이런 사례를 보고 요즘 시대에 집단지성의 위력을 다시 한 번 느끼게 되었다." **[윤미희]**

"집단지성에 대해 생각할 때마다 떠오르는 이미지가 있다. 그게 무엇이냐 하면 학기 초에 찰스 리드비터(Charles Leadbeter)의 '집단지성이란 무엇인가'라는 책에서 봤던 내용이다.[8]

'조약돌과 표석'. 기존에는 표석의 영향력이 컸다. 대중을 상대로 메시지를 쏘는 데에는 매스미디어의 재정과 권력 같은 거대한 힘이 필요했다. 하지만 지금은 달라졌다. 웹이라는 세상이 펼쳐졌고 인터넷을 통해서 조약돌들도 대중을 향해 마음껏 말할 수 있게 되었다.

이 조약돌들의 힘은 생각보다 더 거대했다. 개방된 인터넷 세상에서 서로의 의견을 공유했고 그 가운데서 혁신적인 일들이 일어났다. 위키피디아, 슬래시닷, 구글 닥스, 모질라 - 파이어폭스 등등 개방, 공유, 혁신의 정신을 기반으로 하는 멋쟁이들이 생겨났다. 집단지성은 조약돌들이 함께 생각해서 조약돌들의 전체 합보다 더 큰 힘을 내는 것이다. 그리고 그것을 웹이 가능하게 했다." **[원은란]**

"한마디로 사람과 사람이 만나 협업을 통해 새로운 것을 창출해 내는 것이라고 생각합니다.

소셜미디어를 활용하여 개인이 블로그 활동을 하는 것, 다른 사람의 의견에 댓글을 다는 것 등과 함께 집단이 정보를 공유하고 소통하는 과정에서 자연스럽게 발생되는 결과물이 바로 집단지성이라고 생각합니다." **[홍유경]**

"1+0=1이지만 1+1=2가 아닌 3이 될 수도 있고 4가 될 수도 있다. 또는 그

---

8 Charles Leadbeater(이순희 역). 2009. 〈집단지성이란 무엇인가〉. 21세기북스.

이상이 될 수 있다. 즉 개인의 생각은 어느 정도 한계가 있지만 둘 이상의 사람이 서로 의견을 공유하고 대화를 한다면 단순히 2와 같은 생각이 아닌 3이나 4 아니 더 많은 수의 생각이나 의견 등이 나올 수 있으며, 많은 사람이 같이 생각하고 이야기를 나눈다면 보다 정확하고 지혜로운 생각을 할 수 있다는 것을 집단지성이라 생각한다." **[이범석]**

"1+1 이 2가 아닌 11이 될 수 있는 마법이다. 개개인의 역량이 단순한 합을 넘어서서 서로 조화될 때, 기존의 1과 1의 합이 아닌 새로운 무언가가 더해지는 것이 될 수 있다. 집단지성은 개개인의 참여와 공유의 정신을 바탕으로 생성된다. 알 수 없는 어떠한 힘에 의하여 대중이 의견을 공유하고, 새로운 대안을 찾아내고 해결책을 내놓음으로써 이것이 단순한 의견에서 그치지 않고 수정되고 보완되며 새로운 무엇인가가 생성된다. 주체적인 생각을 가진 개인은 누구나가 다 집단지성을 이루는 한 축이 될 수 있다. 쓸데없는 생각이라는 것은 없다. 쓸 곳을 찾기만 하면 되는 것이다. 쓸모없는 사람이라는 것도 없다. 자신이 있어야 할 곳이 어디인가를 찾기만 하면 될 뿐이다. 천재 혼자만의 생각보다 100명의 평범한 사람들의 생각을 합친 것이 더 쓸 데가 많다. 이것은 평범한 사람 100명의 생각을 단순히 합치는 데 그치지 않고, 그것을 통하여 무엇인가를 뽑아내는데 있다. 집단지성은 평범한 여러 가지가 똑똑한 하나를 이기는데 있다고 본다." **[윤인석]**

"집단지성이란 여러 사람들이 자발적으로 자신이 가지고 있는 지식과 능력을 활용하여 집단적으로 이루어내는 결과물이라고 할 수 있다. 사람들은 강요와 억압 하에서는 제 능력을 모두 발휘하기 힘들다. 하지만 자신이 좋아하는 분야에서, 순수하게 자신이 원해서 하는 일에 관해서는 놀라운 활동을 하곤 한다. 사람들의 자발적 참여로 인한 집단지성은 여러 가지 면에서 매우 방대하다. 집단지성의 대표격이라 할 수 있는 위키피디아의 경우를 예로 들면, 일반 백과사전보다 더 실용적이며 정보가 매우 방대하다. (예를 들면, 바비의 경우 일반백과사전에서는 한 범죄자에 대한 내용이 나오지만 위키피디아에서는 인형 바비에 대한 설명이 나온다) 누구나 위키피디아의 생성과정에 참여할 수 있으며, 대체적으로 참여자들의 위치는 동등하다. 집단지성이 나타나는 경우를 살펴보면, 참여자들은 대가를 바라지 않는다. 금전적 수익을 기대하기보다는 모든 사람들이 더 다양한 혜택과 편리함을 누릴 수 있기를 바라며, 또한 그 과정에서 자기 스스로와 그리고 일 자체에 대한 열정을 즐긴다." [이수진]

"집단지성이란 갑자기 생겨난 신조어가 아니라는 게 일단 첫 번째 생각이다. 과거부터 우리는 어떠한 해결책을 얻기 위해 모두가 생각하고 결과를 집대성하는 과정을 겪어왔다. 이것이 단지 집단지성이란 용어로 해석되지 않았을 뿐이란 생각이다. 하지만 요즘 집단지성은 단순히 해결책을 얻기 위한 과정은 아니라고 본다. 이러한 의미로 집단지성의 생활화가 되어가고 있다 생각한다. 우리는 일상적인 생활을 통해 아주 자연스럽게 사람들과 소통하고 그것을 통해 어떠한 결과를 얻어내고 결과물이 아닐지라도 과정을 통해서 많은 것을 얻어내고 만들어낸다. '백지장도 맞들면 낫다'라는 속담이 어울릴까? 우리 개인은 어쩌면 자신의 사고 속에 갇히거나 강한 집단의 영향 아래 있는 군중이 되기 쉽다. 특히 후자의 경우는 우리에게 군중심리를 부여한다. 군중심리는 편향된 생각을 가진 집단을 생성하며 괴리를 만들어낸다. 이들이 공중이 되기 위해서는 군중이 되지 않기 위한 집단지성의 바른 원리를 따라야 할 것이며 '군중' 이 '공중' 되기 위함은 어찌 보면 한끝 차이지만 거리감은 크다고 생각된다. 이것으로 집단지성은 언제나 우리가 가진 숙원이자 숙제라 생각한다." [송준호]

"집단지성은 인간의 사고 능력을 최대한으로 이끌어 낼 수 있는 방법이라고 생각한다. 인간은 누구나 모든 면에서 한계를 가지고 있다. 물론 창의성, 지식 등에서도 개인마다 아는 양과 영역들이 다르다. 그렇기 때문에 사람들은 좀더 완벽에 가까운 지식과 아이디어를 만들어 내고 싶은 마음으로 협력을 하게 되었고 소셜네트워킹이라는 기술이 접목되면서 집단지성이라는 것이 생겨났다. 예를 들어 집단지성의 대표적인 예인 위키피디아에서처럼 위키라는 사이트(기술)에 좀더 완벽한 사전을 만들어 내고자하는 욕구가 합해져서 사람들은 각자의 분야의 사전을 작성하고 작성된 사전의 부족한 점은 다른 사람이 더 채워가는 형식의 집단지성이 생겨났다. 다시 말해 집단지성은 좀더 발전된 지식형태를 얻고자하는 사람들의 욕구와 기술발전이 합해져 인간 사고

능력을 최대로 이끌어내는 사고방식이다." [안민혁]

"전통적 의미의 지식 생산은 소수 지식인이 생산을 독점하는 방식으로 이루어졌다. 그러나 현대에 이르러 많은 주목을 받고 있는 집단지성은, 기존의 지식 생산 독점 방식을 깨고 다수 개개인의 문제 해결이나 지식 생산에 자신이 알고 있는 정보를 취합해 공동의 저작물로 만드는 지식 생산 체계를 의미한다. 집단지성은 모든 사람들의 지식을 취합하기 때문에 개인 지성의 한계를 넘어설 수 있다는 가능성을 가진다. 이러한 방식으로 축적된 지식의 예로는, 많은 사람들이 자신이 알고 있는 지식을 취합해 만든 위키피디아 등이 있다. 집단지성이 발현되려면 대중의 참여가 외부에 간섭을 받지 않은 자유로운 상태에서 이루어져야 한다." [정구영] 2010.06.04

좋아요 · 댓글 달기 · 공유하기

송준호님이 좋아합니다.

Jh Lee Journey 단점 혹은 문제점에 대해서도 이야기가 나올 줄 알았는데 긍정적 생각을 바닥에 깔고 나누어지는 내용들이군요.
2010년 6월 4일 오전 6:47

송준호 어쩌면. 모두 짧은 시간에 의견을 제시하는 데 있어 공통적으로 단점을 쓰기보단 집단지성이 가진 긍정적 측면에 영향을 피력하는 것이 옳다 생각했던 거 같습니다.
2010년 6월 4일 오전 8:02

최우일 집단지성은 소통의 힘.
2010년 6월 4일 오전 8:22

Jh Lee Journey 그런 것 같군요. 종이에 쓴 글은 누가 쓴 것인지에 따라 읽는 마음과 느낌이 바뀌는데 "소셜 특히 트윗"은 쓴 사람보다는 정보가 먼저 눈에 들어오는 구조. 그래서 어떨 때는 의도하든 의도하지 않든 부작용이 발생되기도 하더군요.
2010년 6월 4일 오전 9:49

Davis Noh 언어를 사용하는 인간에게 집단지성이란(하워드 블룸은 박테리아는 물론 원자 단위에서도 집단지성이 있다고 주장) 정보와 관점의 엔트로피이다. 여기에 관계망의 형태는 정보 흐름 경로와 속도를 좌우하고 관점의 비대칭성 정도를 결정한다. 정보통신의 발달은 관계망의 복잡도를 높이고 정보 흐름의 속도를 높였으며 관점의 비대칭성을 완화했다. 게다가 소셜네트워크의 고도화는 이러한 정보와 관점의 비대칭성의 엔트로피를 더 높이고 있다. 인간에게 항상 새로운 관계에 대한 기대감과 흥분을 주는 것은 다름 아닌 그 엔트로피에 대한 기대감 때문이다.
2010년 7월 23일 오전 10:37

Davis Noh 하하... 저도 쪽지 숙제 제출합니다. 학점 주세요.^^
2010년 7월 23일 오전 10:52

대화 51 집단지성은 통계적 현상일까요 아니면 사회적 현상일까요?

A LONG TRACK RECORD

MARKETS VS. POLLS

The Iowa Electronic Markets have usually been more accurate than the polls in predicting candidates' share of the vote in presidential elections. The table shows whether the poll or market was most accurate for each of the polls taken for U.S. presidential races beginning in 1988. In 2004, for instance, the polls were more accurate overall in 110 instances and the market trumped the polls 258 times.

MOST ACCURATE	1988	1992	1996	2000	2004	All
All days from the beginning of the market						
poll	25	43	21	56	110	255
Market	34	108	136	173	258	709
Market percentahe	58%	72%	87%	76%	70%	74%
More then 100 days before election						
poll	1	20	3	2	66	92
Market	13	49	30	47	129	268
Market percentahe	93%	71%	91%	96%	66%	74%
Last 5 days before election						
poll	0	1	4	8	12	25
Market	6	5	7	17	18	53
Market percentage	100%	83%	64%	68%	60%	68%

SAMUEL VELASCO SW Infographics

저니님(Jh Lee Journey)이 최근에 와이어드(Wired) 지에 실린 기사 링크를 공유해주셨어요.[9] 그 기사는 미국의 한 권위 있는 저널에 실린 최신 논문(Lorenz et al., 2011)을 요약한 것이었습니다.[10] 읽어보니 집단지성에 관한 아주 흥미 있고 유용한 내용을 담고 있습니다.

그런데 저는 요즘 와이어드가 대체로 맛이 좀 갔다고 생각하고 있었는데, 아니나 다를까 이 논문을 소개한 기사도 수준이 많이 떨어졌습니다. 최소한 몇 가지 문제는 짚어주면서 독자들의 상상력을 제대로 자극해주어야 하는데, 그냥 매끄러운 요약으로 끝나고 있습니다. 그래서 대신 제가 몇 가지 짚어보기로 했습니다.

우선 원 논문을 간략히 요약하면 이런 얘기입니다. 저자들은 집단지성(저자들은 굳이 wisdom of crowd이라는 용어를 사용합니다)이 제대로 작동하려면 '다양성(diversity)과 독립성(independence)'이라는 두 가지 조건이 충족되어야 한다고 합니다. 이는 제임스 서로위키(James Surowiecki, 2005)가 제시한 이론입니다.[11] 가급적 다양한 사람들이 독립적으로 판단할 수 있을 때 집단지성이 최대의 성과를 낼 수 있다는 주장입니다.

그런데 저자들이 행한 실험에 의하면, '사회적 영향(social influence)'이 집단지

9 Brandon Kein. 2011/5/16. "Sharing information corrupts wisdom of crowds". http://www.wired.com/wiredscience/2011/05/wisdom-of-crowds- decline/

10 Jan Lorenz, Heiko Rauhut, Frank Schweitzer, and Dirk Helbing. 2011. "How social influence can undermine the wisdom of crowd effect," PNAS.

11 James Surowiecki(홍대운 역). 2005. 〈대중의 지혜〉. 랜덤하우스코리아.

성의 효과를 낮추는 결과를 초래한다는 것입니다. 그들은 사회적 영향이 세 가지 경로를 통해 집단지성을 약화시킨다고 주장합니다. 첫째, 구성원들의 다양성을 감소시키고, 둘째, 구성원들의 객관적 판단력을 떨어뜨리며, 셋째, 자신의 판단에 대한 구성원들의 확신을 강화한다는 것입니다. 다시 말해, 사회적 영향은 서로위키가 지적한 두 가지 요건의 충족을 어렵게 만드는 반면, 사람들의 고집만 강화시킨다는 것입니다.

그들은 판단하려는 문제가 쉽거나 개인들의 확신이 높을 때는 사회적 영향이 작다고 연구결과의 한계를 인정합니다만, 제 생각에는 그들이 연구결과를 지나치게 확대 해석하고 있다고 봅니다.

첫째, 그들은 통계적 현상으로써의 집단지성과 사회적 현상으로써의 집단지성을 구분하지 않고 접근하고 있습니다. 소위 예측시장(prediction markets)에서 관찰되는 집단지성은 일종의 통계적 현상입니다. 소위 "평균화"나 "통계적 회귀(statistical regression)"라고 부르는 현상들에서 보는 것과 비슷한 원리이지요. 어떤 현상이 다수 반복되면 그 평균은 모집단 평균에 접근하게 됩니다. 현상이 반복되면 오류(errors)들이 상쇄되고, 이탈되었다가 다시 평균으로 수렴되는 경향이 있습니다. 평균화의 힘이라고 말할 수 있는 현상입니다. 이러한 경향 덕분에 예측시장에서 다수의 평균이 힘을 발휘하지요. 그리고 그 힘이 잘 발휘되려면 다양성과 독립성이라는 두 가지 조건이 충족되어야 합니다.

이러한 통계적 현상으로써 집단지성이 지닌 한계는 비교적 단순한 판단에는 잘 작동하지만 복잡한 의사결정에는 작동되기 어렵다는 데 있습니다. 예컨대, 선거와 같은 현상에는 적용될 수 있지만 복잡한 정책적 결정에는 적용될 수 없습니다.

그러나 비교적 소규모 집단에서의 집단지성은 통계적 법칙에 지배되지 않습니다. 물론 다양성과 독립성은 여전히 중요한 요건입니다만, 소규모 집단에서는 충족되기 쉽지 않습니다. 그래서 집단지성이 예측시장과 같은 효과를 내기가 어렵지요. 구성원 사이에 사회적 관계가 형성되는 데 서로 영향을 주고받지 않을 수 없기 때문입니다.

그렇다면 소규모 집단에서는 집단지성이 별로 쓸모가 없을까요? 저는 그렇게 보지 않습니다. 거기에는 다양성과 독립성이 다소 약해지는 반면 유대(solidarity)가 강화됩니다. 만약 다양성과 독립성의 약화를 제어하고, 대신에 유대가 가져다주는 효과를 높일 수 있다면 집단지성은 높은 성과를 낼 수 있다고 생각합니다. 물론 거기에는 집단극화(집단쏠림현상, group polarization)나 집단사고(group think) 같은 심리적 경향이 나타날 수 있습니다. 이것은 모두 다양성과 독립성이 지켜지지 못했기 때문에 발생한 현상입니다.

하지만 다양한 구성원들이 확보되고, 그들 사이에 다양성과 독립성을 존중하는 적절한 규범과 원칙이 정착된다면, 집단극화나 집단사고와 같은 현상이 어느 정도 예방될 수 있습니다. 유대는 집단에 긍정적으로 기여하려는 구성원들의 태도를 낳습니다. 제가 이곳에서 여러 번 강조했던 '선물경제'가 작동될 수 있다는 의미입니다. 다양한 구성원들 사이에서 선물경제가 가동되면 예측시장과는 다른 모습의 집단지성이 발현될 수 있습니다. 대화(혹은 토론)를 통해 다양한 의견이 나올 수 있고 놀라운 창의성이 발휘될 수 있습니다. 이러한 집단지성은 통계적 현상이 아니라 사회적 현상입니다.

둘째, 위와 같은 이유 때문에, 예컨대 만약 저자들이 실험에서 아래와 같이 질문을 바꿔서 던졌다면 전혀 다른 결과가 얻어졌을 것입니다. 즉, 저는 실험대상자들을 칸막이로 분리시켜 각각의 주장을 제시하도록 하기보다 모아서 토론을 시키는 쪽이 더 좋은 결과를 가져왔을 것이라고 생각합니다. 저자들이 우려하는 사회적 영향에도 불구하고 말입니다.

① 스위스의 인구밀도 → 스위스는 어떻게 현재와 같은 인구구성을 갖게 되었을까요?
② 2006년 스위스의 강간사건 수 → 2006년 스위스에 다수의 강간사건이 발생한 이유는 무엇일까요?

셋째, 위와 같은 이유 때문에, 소규모 집단의 집단지성에서는 그것을 가능하게 하는 객관적 요건만이 아니라 그것의 전개과정과 다이내믹스에 관한 연구가 필요합니다. 즉, 통계적 연구뿐만 아니라 정성적 연구가 필요합니다.

다시 말씀드리지만 제가 비판한 위 논문은 집단지성 연구에 나름대로 큰 기여를 할 것입니다. 그러나 그 연구는 저자들이 스스로 인정하는 것보다 더 심각한 한계를 가지고 있다는 것이 제 판단입니다. 여러분은 어떻게 생각하시나요? 저처럼 집단지성을 구분해서 분석하는 것이 바람직하다고 생각하시나요? 2011.05.21

좋아요 · 댓글 달기 · 공유하기

김지연, 윤웅석, Dong Keun Lee님 외 63명이 좋아합니다.

박삼종 다양성과 독립성이 중요하지요. 집단지성이 전문성과 결부된 검증의 원리를 통해 객관성에 도달한다고 가정하면 전문가들의 다양한 의견이 자유롭게 값싼 비용으로 소통되고 쏠림 현상/얼굴 봐주기 식의 정보의 왜곡을 막기 위해서는 판단 주체의 독립성이 중요한 변수로 작용할 것입니다. 집단지성은 단순히 통계적 현상인지도 의문입니다. 객관적 판단이 소수라 할지라도 설득과 논리를 통해 비교적 공정하게 토론의 장에서 소비되는 것이 집단지성의 특징입니다.
2011년 5월 20일 오전 9:23 9명

Jang H. Kim 이런 현상이 통계적 현상은 아니고 사회적 현상이라는 표현은 조금 어색하네요. 양적 연구보다 정성적 연구가 필요하다는 부분도 그렇습니다. 이미 collective intelligence나 wisdom of crowds의 메커니즘은 어느 정도 밝혀져서, 적어도 물리적 군집행위에 관한 한 실제와 거의 유사한 시뮬레이션 모델들이 봇물처럼 터져나오고 있습니다. 촛불시위같은 대규모 집단 행위의 메커니즘도 마찬가지로 양적 연구를 통해 점점 그 원리를 드러내고 있구요. 물론 사례연구나 민속지학적 연구도 필요합니다. 양자가 모두 의미가 있죠.
2011년 5월 20일 오전 9:41 5명

조현우 트위터 세상에서 나타나는 균질화/정치적 선동과, 디시인사이드에서 생각을 배설하며 나오는 수많은 기막힌 신조어는 둘 다 실존하며, 한 쪽만 놓고 바라볼 수는 없다고 생각합니다. 그렇다면 둘의 차이는 무엇일까요? 익명성의 문제는 아닌 것 같습니다. 쉽게 떠오르지는 않는데, 저는 대상 아이디어의 '성숙도'라는 개념을 제시하고자 합니다. 아이디어는 처음에 나와 다양한 사람들이 참여하고 발전시킬 때는 다양성에 의한 진화(집단지성)가 나타나지만, 성숙한 후에는 그것을 발전시킨 사람들의 생각이 전부 균질해진다는 것입니다.
2011년 5월 20일 오전 9:42 7명

정보사회학 @Jang Kim님, 글쎄요. 제가 과문한 탓인지 아직 양적인 연구를 통해서 드러난 연구 성과가 집단지성을 밝히는데 그렇게 만족스럽지 않더군요. 제가 강조하는 것은 질적 연구에 의해 뒷받침되지 않으면 집단지성에 관한 이해는 제한될 수밖에 없다는 점입니다. 촛불시위와 같은 대규모 집합행동의 성격을 양적인 연구를 통해서 밝혀낸다는 지적은 놀랍군요. 사회학에서는 집합행동과 사회운동에 관해 적어도 1세기가 넘는 연구를 해왔는데도 아직 제대로 밝혀내지 못하고 있습니다. 아무래도 제가 사회학 이외의 최근 문헌을 제대로 공부하지 못해서 그런 모양입니다. 집단지성에 관해 가장 탁월한 최근의 양적인 연구성과를 몇 개만이라도 소개해주시면 좀 읽어보고 말씀드리지요.

2011년 5월 20일 오전 10:11 👍 4명

Brian Kim 유대감(solidarity)이 높은 비교적 작은 공동체(community)와 불특정 다수가 느슨하게 연결된 사회나 국가(networked individuals)에서의 집단지성 현상을 구분하는 것은 의미있는 일이라고 생각합니다. 개인적으로, 집단지성의 발전은 community 기반으로 이루어져서 어느 정도 성숙되었을 때 network가 수용하고 공유함으로 그 효과가 최대화되지 않나 싶습니다.
2011년 5월 20일 오전 10:18 👍 6명

양경숙 지식의 공유가 되면서 마치 구텐베르크의 인쇄술로 성서가 활자화되어지고 사람들에게 성경이 읽혀지면서 중세가 몰락하듯 지식 공유가 무한화되어지는 인터넷, 페이스북 같은 장이 생기면서 집단지성은 당연한 현상이 아닐까요? 세계의 지성들과 국내 유수의 석학들이 이 페이스북에서 토론도 하고 직접 질문도 하고 답도 받고 공감하고 반론도 제기하고 얼마나 살만한 세상이 될까요?
2011년 5월 20일 오후 4:25 👍 4명

정보사회학 브라이언님, 제가 포스팅에서 제기한 주장은 예측시장에서 볼 수 있는 집단지성과 리눅스(혹은 이곳)에서 볼 수 있는 집단지성이 공통점도 있지만 차이점도 크다는 것입니다. 예측시장에서는 개인이 일회 추측(판단)을 기계적으로 통합하여 평균을 냅니다. 물론 다양한 평균이 사용되기는 합니다만. 즉, 거기에는 참여자들간의 interaction이 없습니다.

반면에 리눅스, 위키피디아, 혹은 정보사회학 페이지에는 오랜 시간에 걸쳐 참여와 협력(collaboration)이 일어나고 거기에는 전개과정이 있습니다. 위에서 박삼종님이나 양경숙님이 염두에 두고 있는 집단지성은 후자입니다. 포스팅에서 인용한 논문에 대한 제 비판도 그러한 매우 상이한 집단지성의 모습을 전제한 것입니다. 제가 알기로 후자에 대한 연구가 많이 부족합니다. 사실 그 때문에 국내외를 막론하고 많은 현업 종사자들이 집단지성을 활용하는데 어려움을 겪고 있다고 생각됩니다.
2011년 5월 20일 오후 5:10 👍 6명

Brian Kim 그렇군요. 그런데 후자에 대한 연구가 부족한 주 이유가 무엇이라고 생각하시는지요? 이미 리눅스형 집단지성의 사례는 꽤 오래 전부터 있어온 것 같은데요. 대학에서 집단지성을 활용하는 데도 해결해야 하는 과제들이 많음은 이전 포스팅에서 본 것 같은데 간단히 언급해주실 수 있으신가요?
2011년 5월 20일 오후 5:20 👍 3명

정보사회학 브라이언님, 아마도 이런 이유들 때문이 아닐까요? ① 협업을 통해 구현되는 집단지성이 대단히 다양합니다. 리눅스나 위키피디아의 사례를 일반화하기 어렵다는 점을 상기해 보시면 될 것 같습니다. ② 학계에 보고된 성공적인 사례가 그렇게 많지 않습니다. 협업에 영향을 미치는 요인들은 많은데 사례수가 적은 문제입니다. 각 사례에 대한 해석은 많고 그것의 경험적 근거는 취약합니다.
2011년 5월 20일 오후 6:19 👍 5명

정보사회학 ③ 지금까지도 온라인 협업의 전개과정에 대한 연구가 미진합니다. 사실 이러한 현상들이 대부분 아주 최근에 발생했거든요. ④ 소셜미디어상에서의 온라인 협업, 온라인 공중대화(public dialogue)에 대한 연구도 많지 않습니다. 온라인 협업, 온라인 대화가 발생하는 환경이 계속 변화되고 다양해지는데, 이론적 성과가 그것을 잘 따라가지 못하고 있습니다. 아마도 대체로 그런 이유들 때문인 것 같습니다.^^
2011년 5월 20일 오후 6:26 👍 5명

Brian Kim 요약하면 사례는 있지만 일반화시키기 어렵고 변수가 많아 분석하기 힘들고 급속한 기술의 변화에 따른 사례의 부족을 들 수 있겠군요. 다양한 분야와 집단에서 누군가가 실험정신을 갖고 다양한 시도를 하고 그것을 사례화하는 작업을 해야 하는데 그걸 하는 주체의 부족이 문제이겠군요. 학교나 연구소 같은 곳에서의 사례는 그나마 공개될 가능성이 높은데 비해 기업에서의 다양한 시도와 사례들은 공개되지 않은 경우가 더 많을 것 같구요. 설명 감사드립니다.^^
2011년 5월 20일 오후 6:37 👍 5명

정보사회학 예. 기업체의 사례들이 좀 많이 보고되었으면 좋겠습니다. 제 얘기보다 브라이언님의 요약이 더 훌륭하군요.^^
2011년 5월 20일 오후 6:47 👍 1명

Myungdae Cho 저는 집단지성의 "발현(emergence)" 및 "창의성(creativity)"이라는 표현에 주목하고 싶습니다. 과연 이런 현상을 통계적 현상으로 설명할 수 있을지는 의문입니다. 이점에서 저는 다시 환원주의(reductionism)의 맹점을 다시 언급하지 않을 수 없습니다. 김지하 시인의 글을 인용합니다. "윌슨은 과학의 최첨단이 환원주의이고 그것은 곧 자연을 자연적 구성요소들로 쪼개는 것이라고 한다. 그리고 환원주의는 개별적 차원에서 벌어지는 유기체의 원리들을 더 일반적이고, 따라서 더욱 근본적인 차원의 법칙들과 원리들로 전개시키는 심층적 과제를 담당한다. 그 강력한 형태가 전체적 통합인데, 이에 따르면 자연은 모든 다른 법칙과 원칙이 궁극적으로 환원될 수 있는 단순하고 보편적인 물리적 법칙들에 의해 유지된다. 과연 이 환원주의는 올바른 과학인가? 그것은 과연 개별적 차원에서 벌어지는 유기체의 원리들을 더 일반적, 근본적 차원의 법칙과 원리로 전개시키는 심층적 과제를 담당할 수 있는가? 더욱이 그 가장 강력한 형태가 전체적 통합이라고 했다. 이른바 통섭이다."라고 합니다.

우리나라에서 있었던 월드컵 응원, 촛불 등을 환원주의로 설명하려고 했지만 역부족이었고 아직도 그런 것에 대한 연구는 없고 단지 집단적 히스테리다 뭐다 등의 표현만 내뱉고 있었습니다. 문제는 환원주의나 변증법이 아니면 어떤 사태든 해명하지를 못하는 지식인들의 갇힌 체계 때문이었을 것입니다. 부분의 합은 전체이다 라고만 생각하는 환원주의의 분명한 한계가 있습니다. 부분의 합은 전체보다 훨씬 크다라고 저는 생각하며 바로 여기 집단지성에서 그런 현상이 나타난다고 봅니다. 이점에서 2002년 6월 〈조선일보〉에 한국과학문화연구소의 이인식 박사의 칼럼을 주목할 만합니다. '환원주의 따위로는 어림없다. 한치도 접근 못한다. 그것은 '개체-융합'과 '자기조직화'의 진화원리, 우발성, 돌발성, 개체성, 창발성, 그리고 개체성을 잃지 않는 분권적 융합이라는 현대 자유의 진화론이 아니면 절대로 접근 못한다.'고 했습니다.

여기에서 저는 "개체성을 잃지 않는 분권적 융합"이라는 표현에서 서로위키가 말하는 '독립성(independence)'과 '다양성(diversity)'을 포함한다고 생각하고 싶습니다. 개체의 독립성을 잃지 않고 다양한 의견을 조화롭게 융합하는 현재의 정보사회학방도 그런 역할을 한다고 할 수도 있을 것입니다. 집단지성이 이런 '네트웍이론'을 직시해야 된다고 봅니다. 저도 개인적으로 이 현상을 정량적으로 접근할 필요가 있다고 봅니다. 귀납적이라고 할까요? 여러 현상을 질적으로 접근해서 기술하다보면 어떤 원칙도 또는 이론도 나올 수도 있을 것입니다. 언젠가는 나중에 그것을 연역적인 방법으로 연구할 수도 있겠고요. 미국에 계신 최태영 목사님의 말씀처럼 "분명히 있기는 한데 분명한 실체는 잘 안보이고 끊임없이 분열하고 새롭게 나타나고 죽는 아메바" 같다고 할까요? 지휘자 없는 훌륭한 오케스트라고 할까요? 아이디어끼리의 다양한 interconnection이 일어나, 즉 개체성을 잃지 않는 분권적 융합이 일어나서 뭔가 "발현"이 되는 이 현상을 숫자적 유희로만으로는 설명할 수 없다고 봅니다. 다분히 질적인 연구로 그 전개과정과 다이내믹스에 대해서 파헤쳐야 될 줄로 압니다.
2011년 5월 21일 오후 2:28 👍 3명

Taeyoung Choi ㅎㅎㅎ 전 캐나다입니다. 좀더 생각해보고 댓글 달겠습니당...
2011년 5월 20일 오후 7:08 👍 1명

Myungdae Cho My appologies... typo: 미국에 계신이 아니라 캐나다입니다.^^
2011년 5월 20일 오후 7:09

박정민 좋은 글 잘 읽었습니다. 말씀하신 내용 중에 다양성과 독립성을 존중하는 적절한 규범과 원칙이 제대로 작동할 때 집단극화와 집단주의에 근거한 쏠림현상이 방지된다는 데에 동의합니다. 그렇지만 항상 실험할 때 정확한 결론을 도출하기 위해서는 변인에 대한 통제가 철저히 이뤄져야 하는데 우리나라에서 다양성과 독립성을 존중하기에는 사회적 분위기가 아직 정착되지 않아 (정보공개부재, 왜곡) 집단극화가 더 심해지는 것 같습니다.

실례로 이곳 페북을 보더라도 자신의 정치적 견해에 대해 열린 생각으로 상대방의 의견을 들어보고 수렴하기보다는 자신의 견해와 같이 하는 사람들과 유대하여 방어기제를 발휘하는 경우가 많습니다. 이는 보수, 진보의 이데올로기를 떠나 말씀하신 집단지성이 제대로 발현되기 위한 환경이 우리에게 얼마나 어려운가 알려주는 반증이라 생각합니다. 학문적 예측과 결론이 세상과 만났을 때 일치하지 않는 경우가 종종 있는데 집단지성의 경우에도 우리나라와 미국은 따로 또 같이 생각해봐야 되지 않을까합니다. 배경이 같은 것 같으면서도 특수성이 강한 지역이다보니 더욱 더 그런 생각이 드네요.
2011년 5월 20일 오후 7:46 👍 7명

청년유니온 좋은 글 잘 읽고 갑니다.
2011년 5월 21일 오전 2:13 👍 3명

Jh Lee Journey 또 배우고 가는군요!
2011년 5월 24일 오후 3:09 👍 2명

정보사회학 저니님이 정보기술과 사회 그룹에 올린 링크를 보고 발제를 해보았습니다.^^
2011년 5월 24일 오후 5:26 👍 4명

Jh Lee Journey 교수님께 감사드립니다^^ 아주 깊이 있는 이야기들을 들을 수 있어 너무 좋습니다. 마무리 부분에 "사회적 영향이 작용을 하면, 진실은 중심에서 더 멀어진다"는 것. "그러므로 시장이나 정치는 집단적 평가에 좌우되는 시스템이니 평가는 지배의 수단에 지나지 않는다"라는 부분에서 저는 고개를 끄덕였습니다. 물론 정답은 아니겠지만서도...
2011년 5월 24일 오후 7:18 👍 4명

Jh Lee Journey 그래서 집단지성에 대한 희망적 부분을 보려고 하지 않고, 단지 어떤 특정 현상에 맞추는 느낌이 들어 손을 들다가 말게 됩니다. 모두의 말씀처럼, 객관적 검토를 할 수 있는 사례나 연구는 꼭 필요하겠습니다. 우리가 쉽게 볼 수 있는 것 중 하나가(IT 업계가 유독 심함) 세미나나 토론 혹은 전문가 모임 이런 곳에서 흔히 볼 수 있는 풍경입니다. 개최의 목적은 업계의 발전과 현황의 점검 및 향후 예상되는 문제점의 해결 등 비슷합니다.

그러나 참가자들의 면면을 보면, 모두가 비슷한 업무와 환경을 가진 분들이(회사는 다르지만 직함은 비슷한) 모여 서로 이야기하고 끝이 나고, 그러한 것이 기사화되기도 합니다. 이름있는 사람들이 모여서 놀았다고밖에는 할 수 없는 내용들을, 다양한 분야의 다양한 역할을 가진 사람들이 모인 그런 세미나와 공론의 장을 보고 싶기도 합니다. 여러 곳에서 그러한 자리가 자주 시도되면 "집단지성"에 대한 긍정적 인식이 확대되지 않을까 합니다.(부작용도 고려한)
2011년 5월 24일 오후 7:39 👍 3명

Haewon Kim 뒤늦게 포스팅을 보았습니다. 좋은 글과 댓글 덕분에 저도 많이 배우고 갑니다...! // 집단지성에 대한 연구(교수님이 말씀하신 후자의 경우)가 쉽지 않은 이유로 집단지성의 결과(?)를 어떻게 볼 것인가 하는 점을 들 수 있을 것 같습니다. 어떤 기준으로 성공인지, 아닌지... 또는 집단지성인지 아닌지를 가늠할 수 있을지... 매우 모호하다는 생각이 듭니다. 사람들이 많이 몰리는 것이 성공인가? 협업이 잘 되는 것이 성공인가? 아니, 협업을 통해 뭔가 물리적인 성과를 냈을 경우 그것이 성공인가? 그렇다면 협업은 수단인가 협업 자체가 결과인가? 그런 질문들이 꼬리를 물고 이어지네요.
2011년 6월 2일 오전 7:15 👍 3명

Haewon Kim 또한 소규모 집단에서 집단지성의 성공요인으로서 interaction, 선물경제 등을 지적해주신 것에 적극 동의합니다~^^ 그런데, interaction이 '쏠림'이나 '몰림'으로 흐르지 않을 수 있는 기저에는 결국 '독립성'이 자리잡고 있는 것 같아요. 특히 '정보사회학'페이지 같은 경우에는 공간 또는 시간의 분리로 인해 개개인의 독립적인 의견 개진이 효과적으로 일어나는 것 같고, social connection으로 인한 책임의식이 전제가 되어 있다는 점도 빠뜨릴 수 없겠죠.
2011년 6월 2일 오전 7:25 👍 3명

Haewon Kim 최근 트위터에서 재밌는 현상이 있었다고 하는데요... 한 연예인의 교통사고 소식이 엄청난 루머로 확산이 되(려)다가, 오히려 사실 관계 확인을 위해 스스로들 RT를 자제하고, 사실이 밝혀질 때까지 더 이상 소문을 파급하지 말자는 분위기가 오히려 더 크게 확산되었다고 합니다. 저도 타임라인을 눈으로 확인한 건 아니고, 다른 사람을 통해 들은 이야기인데요(^^)... 소셜미디어에서는 개개인 사용자가 시스템의 서비스 대상자일 뿐 아니라, 시스템을 끌고 가는 중요한 주체임을 자각(?)한 중요한 사건이 아닐까~~ 하는 (어설픈^^) 기대도 갖게 되었습니다~
2011년 6월 2일 오전 7:31 👍 3명

대화 52 '인터넷 교보문고'가 '예스24'를 따라 잡지 못하는 이유

오프라인에서 책방하면 '교보문고'가 떠오르지만, 인터넷 서점하면 '예스24'를 떠올리게 됩니다. 예스24의 배송이 인터넷 교보문고보다 훨씬 빠르다는 것은 널리 알려져 있지만, 그것이 예스24가 인터넷 교보문고보다 두 배 이상의 매출을 올리는 유일한 이유는 아닌 것 같군요.

온라인 서점은 집단지성을 활용하는 대표적인 분야 중의 하나입니다. 세계적으로는 아마존닷컴이 정교한 집단지성 시스템을 가장 먼저 도입하기도 했지만, 우리나라에서도 온라인 서점들은 모두 나름대로 집단지성 시스템을 도입하고 있습니다.

제가 최근 출판된 지 몇 주 만에 10만 부 가까이 팔리며 베스트셀러로 올라선 〈정의란 무엇인가〉를 가지고 두 인터넷 서점을 비교해 보았습니다. 인터넷 교보문고 사이트에는 33개의 서평이 올라와 있고 서평 추천이 몇 개 되지 않은 반면, 예스24에는 67개의 서평이 올라와 있고 서평 추천도 많습니다. 뿐만 아니라 예스24는 파워문화 블로그, 스타 블로거 등의 제도를 운영하며 비교적 활발한 블로그스피어를 운영하고 있군요. 게다가 예스24의 블로그는 포스팅을 다음 뷰(Daum view)와 트위터에 연동할 수 있도록 하며 트래픽을 적극적으로 유도하고 있습니다.

10만 부나 팔린 책에 서평이 겨우 그 정도 밖에 올라오지 않은 것은 우리 사회의 문화적 한계이겠지만, 예스24는 그 한계를 극복하려고 갖은 노력을 기울이고 있군요.

집단지성의 성패는 대체로 인센티브 시스템에 달려 있습니다. 돈이나 명예가 모두 인센티브로 활용될 수 있지만, 그 중에서도 특히 명예(glory)가 잘 활용되어야 합니다. 그리고 명예를 인센티브로 활용하는데 성공하기 위해서는 효과적인 온라인 평판 시스템(online reputation system)을 운영할 수 있어야 합니다.

*MIT Sloan Management Review*의 한 논문(Dellarocas, 2010)은 성공적인 온라인 평판 시스템을 도입하기 위해서는 다음과 같은 세 가지 점이 고려되어야 한다고 주장합니다.[12] 실무적으로 유용한 제안이라고 판단되어 소개합니다.

첫째, 온라인 평판 시스템이 추구하는 가장 중요한 비즈니스 목적이 무엇인가를 분명히 해야 한다고 합니다. 그것은 이베이, 옥션, 그리고 거의 대부분의 전자상거래 사이트에서와 같이 신뢰구축일 수도 있고, 아마존 닷컴에서와 같이 고품격의 평가(서평) 확보일 수도 있으며, 옐프(Yelp.com)의 경우와 같이 유사한 사용자의 발견이나 고객의 충성심 확보가 될 수도 있다고 합니다.

둘째, 사용자 평판 프로파일에 어떤 정보를 포함할 것인가를 결정해야 한다고 합니다. 그것은 어떤 활동이 그 평판시스템 사용자들에게 가장 관련성이 높은가에 따라 다르게 결정된다고 합니다. 신뢰구축이 목표일 때는 거래 성사 빈도, 거래에 대한 고객의 평가를 프로파일에서 보여주는 게 바람직하고, 사용자의 행동 중 기여의 양이 중요하면 기여 횟수를 보여주고, 기여의 질이 중요하면 기여 횟수는 감추고 특정한 기여에 대해 다른 사람들이 어떻게 평가하는가만 보여주는 것이 좋다고 합니다.

그리고 프로파일에는 가장 신뢰할 수 있고 조작이 어려운 지표를 선정하는 것이 좋다고 합니다. 거기에는 포스트 수, 친구 수와 같은 1차(first-hand) 정보를 사용할 수도 있고, 거래에 대한 만족도 평가와 같은 2차(second-hand) 정보를 사용할 수도 있다고 합니다.

셋째, 평판 정보를 어떻게 합계하고 그것을 어떻게 표시할 것인가를 결정해야 한다고 합니다. 리뷰 수, 완결된 거래 수와 같이 활동에 관한 통계를 제시할 수도 있고, 별표, 뱃지 등을 부여하여 평점을 나타낼 수도 있으며, 참여자

12 Chrysanthos Dellarocas. 2010/4/1. "Online Reputation Systems: How to Design One That Does What You Need". *MIT Sloan Management Review*.

에게 특정한 등급(혹은 계급)을 부여할 수도 있다고 합니다.

이러한 관점에서 예스24를 보면 비교적 온라인 평판시스템을 잘 운영하고 있다고 생각됩니다. 특히 다음 뷰와 트위터를 연동할 수 있도록 한 것은 온라인 평판 시스템을 강화하는데 크게 도움이 되는 아이디어라고 생각됩니다.

이 논문에 제시된 기준을 적용한다면, 여러분이 자주 이용하는 인터넷 서비스의 온라인 평판 시스템은 어떻게 평가될 수 있을까요? 2010.07.26

좋아요 · 댓글 달기 · 공유하기

장현우, Hana Jang, 원은란님 외 9명이 좋아합니다.

Jong-tae Choi 평소엔 잘 신경을 안 쓰던 부분인데; 이 글을 보니 이해가 되네요..ㅎ 하지만 저는 교보문고 바로드림을 이용하는데요;; 이건 지역적인 요소 때문인가요? ㅎㅎ;전 미투데이를 요즘 이용하는데, 미투데이에는 평판 시스템이 없는 것 같아요. 그냥 친구들과 나눈 대화, 관심 키워드가 포함된 글, 이런 식으로 나눠져 있는 거 보면 아직 우리나라에서는 온라인 평판 시스템을 적극적으로 도입하고 있는 곳을 찾긴 힘든 것 같네요;
2010년 7월 25일 오전 9:07

전채남 좋은 글 잘 읽었습니다. 저는 주로 평판을 쌓는 수단(Word of Mouse)에 집착을 해서 고민을 하는데 평판을 만들려면 목적, 내용, 표시의 3박자를 갖추어야 하네요.
2010년 7월 25일 오후 3:44 1명

정보사회학 @종태님, 미투데이를 들어가보니 진짜로 평판시스템이 대단히 가볍게 사용되고 있네요. 화면 맨 밑 거의 보이지 않는 위치에 친구 수와 게시글 수가 빨간 글씨로 표시되어 있을 뿐. 평판시스템을 적극적으로 사용하는 트위터와는 매우 대조적입니다. 그러나 우리나라에도 거의 모든 온라인 쇼핑몰, 네이버 지식인, 다음뷰 등 온라인 평판 시스템을 적극적으로 사용하고 있는 사이트가 많이 있습니다.
2010년 7월 25일 오후 5:42 1명

Daniel Kim 제 경우는 인터넷 교보문고를 더 자주 이용하는 편입니다. 배송기간도 양호하고 적립금도 제법 쏠쏠하게 쌓여서 좋더군요. 정가에서 할인도 되고요. 전 서평에 대해서는 그렇게 신경을 많이 안 쓰는 편입니다. 각자 느끼는 감정과 가치관이 다르므로 한 책에서 얻는 감동이나 교훈 내지는 지식도 개개인이 다르기 때문입니다. 물론 다수의 서평이 좋은 책은 그만큼 안전하겠지만 말입니다. 때론 알려지지 않은 보석 같은 작품을 발굴하는 재미도 상당하지요.
2010년 7월 25일 오후 11:31

정보사회학 @Dainel님, 사실 저도 인터넷 교보문고를 자주 이용합니다.^^ 책이란 상품이 내용을 보지 않고 사야 하는 경우가 많아서 서평이나 독후감이 구매의 좋은 안내 역할을 해주곤 하는 것 같아요.
2010년 7월 26일 오전 6:04

대화 53 학습공동체의 '확인된 목격'

2010년 마지막 날입니다. 오늘 '정보사회학 커뮤니티 페이지'(페이스북이 부여한 공식 명칭임)에 들어오면서, 우리가 이 페이지에서 한 경험이 제가 어제 우연히 조우한 '확인된 목격(Confirmed Sighting)'이라는 그림과 딱 맞아 떨어진다고 생각했습니다.

10여 년 전 PC통신의 '주제토론'을 분석하면서 저는 컴퓨터 네트워크 위에 거의 자연발생적으로 등장한 수많은 '사회적 학습'을 목격하였습니다. 아마도 여러분은 나우누리, 천리안, 하이텔 등 PC통신에서 밤을 새우며 나누었던 온라인 토론의 추억을 떠올릴 수 있을 것입니다. 비록 거친 표현들 때문에 플레이밍(flaming)이 자주 일어나기는 했지만, 돌이켜보면 우리가 학교 밖에서 경험한 치열한 '사회적 학습'의 기회였습니다. 아마 그런 의미에서 PC통신의 주제토론은 역사 · 문화적으로 '사회적 학습'의 첫 경험이었다고 기록되어야 할 것입니다.

그런데 1990년 대 중반 온라인 커뮤니티가 월드와이드웹(World Wide Web, 소위 Web 1.0)이라는 개방적인 네트워크로 이동하면서 아이러니컬하게도 오히려 수평적 커뮤니티 혹은 자발적인 협력을 통한 사회적 학습이 약화되는 현상을 보이기도 했습니다.

수백만 개의 카페가 등장하였지만, 자발성, 개방성, 수평성, 공동체성의 측면에서 PC통신 때보다 오히려 퇴보한 모습을 보이기 일쑤였지요. 한참 후에 등장한 다음의 '아고라'에서는 매일 불꽃 튀는 논쟁이 벌어지고는 했지만 역시 아쉬움이 많았습니다. '신호(signal)'보다는 '잡음(noise)'이 너무 많아 토론을 따라가기에 많은 인내심을 필요로 했으며, 공동체 의식이 희박한 상태에서 이루어지는 대화는 참여자들에게 많은 심리적 상처를 남기고는 했습니다. 자연발생적 사회적 학습 공간이라는 측면에서 보면 인터넷(Web 1.0)은 PC통신 때보다 퇴보했다는 평가마저 가능합니다.

그런데 지난 몇 년 해외에서는 SNS가 발달하면서 '집단지성'이 새로운 문화코드 중 하나로 등장했습니다. '집단지성'은 여러 가지 의미로 사용되지만, 제게는 다수가 참여하는 지식형성, 곧 집단 학습, 전문용어로 '학습공동체(learning community)'로 인식되었습니다. 그리고 저는 지난 해 페이스북을 만났고, 그 기반 위에서라면 PC통신 때보다 더 훌륭한 학습공동체가 만들어질 수 있으리라는 기대가 생겼습니다.

그 다음은 여러분과 제가 지난 8개월 동안 이곳에서 목격한 대로입니다. '확인된 목격'이지요. 몇몇 분들이 지적하고 있듯이 '정보사회학'은 하나의 학습공동체로서 많은 취약점들을 가지고 있고 여전히 불안정한 기반 위에서 돌아가고 있습니다. 하지만 많은 분들이 애정을 갖고 계신다는 강점도 갖고 있지요.

제 소견으로 모든 공동체나 조직은 감당할 수 있는 과업이라는 측면에서 나름의 한계를 지니고 있습니다. 우리의 느슨한 학습공동체도 예외가 아니겠지요. 우리가 지닌 동력을 살려가면서 감당할만한 새로운 과업을 찾는 일, 지금 고민 중인데 쉽지 않군요. 아무튼 이 페이지의 지기로서 저의 사명은 내년에도 '정보사회학'이 여러분들에게 즐겁고 유익한 학습공동체로 남게 하는 것입니다.

신년에도 우리가 함께 새로운 세계를 탐험하고, 1년 후에 다시 '확인된 목격'이라고 선언할 수 있기를 소망합니다. 2010.12.31

좋아요 · 댓글 달기 · 공유하기

Eunjoo Son, Ben Byeongho Lee, Min Jeong Son님 외 19명이 좋아합니다.

석선옥 정보사회학 페이지를 만나게 된 것에 정말 감사드립니다. 페이스북이 단지 새로운 도구라는 것만으로는 이렇게 제 마음이 움직이지 않았을 것입니다. 정보사회학 페이지의 글들을 읽어보고 생각해보는 것 자체가 제게는 참다운 기쁨이었고 새로운 희망을 세워보게 되는 계기가 되었습니다. 그동안 흔적도 남기지 않고 글만 읽어온 팬으로서 윤영민 교수님과 그리고 정보사회학 페이지 팬들 여러분께 죄송함과 함께 감사함을 보냅니다. 새해 복 많이 받으시길 빕니다.
2010년 12월 30일 오후 6:37 👍 6명

원은란 커피하우스 사진을 보면서 정사카페의 많은 분들이 떠오릅니다. 모두 모두 새해 복 많이 받으세요! 한해 동안 정말 감사했습니다.^^
2010년 12월 30일 오후 7:08 👍 7명

최순희 정사(?)^^에서 행복한 한해였습니다. 참여를 하든 하고 있지 않든, 교수님과 성의있게 참여해주시는 분들의 말씀을 통해 많이 배웠습니다. 새해에도 새로운 기록과 역사를 기대하면서 모두 힘차게 차오르는 한해 되시길 기원합니다.
2010년 12월 30일 오후 7:59 👍 4명

정보사회학 선옥님, 감사합니다. 은란아 너도 열심히 참여했지. 고마워. 순희님도 멋진 새해를 맞이하시길 기원합니다.
2010년 12월 30일 오후 8:54 👍 4명

정건희 SNS의 개념을 막연하게나마 이해하게 되면서 페이스북을 시작했습니다. 많은 분들을 만나게 되었고, 토론 가운데 인지하지 못했던 귀한 학습들이 일어나게 되었습니다. 그 가운데 정보사회학은 저에게 많은 깨달음을 주었습니다. 중심을 잡고 계신 윤영민 교수님의 진솔함과 열정이 너무나 좋았습니다. SNS의 사용에 대해 많이 배우는 귀한 계기가 되었습니다. 윤교수님께 다시 한 번 감사를 드립니다. 한해 수고하셨습니다. 내일부터 시작되는 새로운 한해에도 교수님께서 원하시는 귀한 학습공동체로서의 역할이 더욱 성장하기를 바랍니다. 항시 복된 시간되시기를 기원합니다. 교수님 감사합니다.
2010년 12월 30일 오후 9:02 👍 5명

송승섭 저도 접해 본지는 얼마 안 되었지만 정보사회학이야말로 대표적 집단지성의 발현이요. 그 가능성이라고 봅니다. 이 집단지성이 학문적 측면의 성과뿐만 아니라 이 사회를 밝히는 지혜로 발전되기를 바랍니다.
2010년 12월 30일 오후 9:06 👍 5명

정보사회학 정선생님, 많은 일에 분주하시면서도 자주 좋은 말씀을 남겨주셔서 항상 고마웠습니다. 송박사님께서 페이지의 취지에 공감해주셔서 감사합니다. 신년에도 함께 좋은 페이지를 만들어갔으면 합니다.
2010년 12월 30일 오후 9:42 👍 4명

Myungdae Cho 그 옛날 빨래터나 느티나무 아래에서 행해졌던 소문내기 수준의 Platform 시대에서 지금 SN 상에서의 집단지성이라는 현상을 보고 있노라면 놀라운 커뮤니케이션의 발전을 실감한다. 빨래터건 지금의 SN이건 gatekeeper의 역할이 핵심이다. 여기서 말하는 gatekeeper라는 말은, 흔히 말하는 뉴스를 통제하는 gatekeeper라기보다는, 자기 community에 유용할 것이라고 생각되는 또는 issue화될 수 있는 자료를 가져와서 positioning하는 역할을 한다. 불을 지펴 주는 역할을 하고서는 적당한 거리에서, 가능한 한 객관적인 입장에서, 토론을 지켜보면서 흘러가게 한다.

이때 우리 모두가 적극적으로 정보를 해석하고 지식 형성에 참여하면서 의미를 만들어나가는 역할을 한다. 얼친들과 함께 '생각'하면서 여러 사람이 함께 정보를 해석하고 지식을 만든다. 바로 이것이 집단지성의 한 모습이 아닌가 한다. 이 커뮤니티는 폐쇄적이 아니라 끝없이 다른 커뮤니티들과 교류하면서 개방적, 집단적 해석 네트워크를 만들어나가고 있다. 그래서 이런 community를 달리 표현하면 하나의 invisible college가 만들어져가고 있다는 것을 느낀다. 이런 집단지성이 동작하는 이유는 집단에 속한 개인들의 다양성, 독립성, 그리고 분산화라는 특징 때문일 것이다. 그리고, 이런 분산 독립된 다양성을 하나로 종합, 통합하는 과정을 거쳐야 개연성 높은 집단지성이 발현될 수 있다고 본다.

이제 우리는 인지를 분산시켜서 가지고 있다. 손정의는 "트위터나 페이스북은 우리의 좌뇌와 우뇌 외에 우리 몸 밖에 존재하는 또 하나의 외뇌"를 가진 셈이다라고 한다. 이런 '또 하나의 뇌'들이 모여 집단지성을 구현할 수 있는 합뇌가 되는 것은 아닌지 모르겠다. 언제가 본 어느 이용자의 다음의 글은 아주 시사적이다. "펫북 친구분들이 글을 올리는 것을 하나하나씩 꼭 읽어보려고 한다. 그러다보니 참 많은 것을 알게 되고 점점 펫북의 즐거움에 빠져드는 것 같다. 그래서 나도 모르게 '좋아요'를 누르게 된다. '좋아요'라는 기능은 참 좋은 것 같다. 최소한의 상호작용을 도와주는 어떤 매개가 되는 것 같다. 이제는 최소한의 상호작용에서 발전해 글을 읽고 짧게나마 느낌을 적으려고 한다. 이게 어느 정도 익숙해지면... 좀더 풍부하게 댓글을 달고... 이것도 익숙해지면 담벼락에 가서 이슈도 던지고 안부도 묻고 그렇게 하려고 한다. SNS는 내 이야기만 하는 곳이 아닌 펫북 친구의 이야기를 귀담아 들어주고 이로 말미암아 좀더 활발한 상호작용을 해야 한다고 생각한다. 그러다 보면 서로의 앎을 공유하게 되어 집단지성으로 더 가까이 갈 수 있게 될 것이라 본다.

바로 이 방에서 일어났던 일의 목격담이네요. 윤교수님 한 해 동안 고마웠습니다. 새로운 타입의 gatekeeping을 해주셔서 감사합니다. 어깨 너머로 많이 배웠습니다.
2010년 12월 30일 오후 10:12 👍 7명

정보사회학 조 교수님이 없는 '정보사회학'페이지는 상상하기 어렵습니다. 신년에는 조교수님이 '정보사회학' college에서 더 많은 역할을 해주셔야 할 것 같군요.^^ 맨 먼저 공략해야 할 주제가 시맨틱웹이고 Web3.0이니까요. 항상 즐거운 만남이었습니다. 조 교수님 덕분에 새로운 세계에 입문도 하고요. 저 뿐 아니라 많은 정사 회원들이 그렇게 생각할 것입니다. 새해에도 잘 부탁드립니다.^^
2010년 12월 30일 오후 10:57 👍 6명

김재원 내년엔 정말 더 큰 발전과 더 양질의 지식의 축적이 이 정사카페에 있을 것이라 확신됩니다. 그래서 더 기대됩니다. 새해 복 많이 받으세요~^^
2010년 12월 30일 오후 11:19 👍 4명

정보사회학 예. 재원님이 함께 해주는 한 잘 될겁니다.^^ 새해 좋은 일 많이많이 있기를 기원합니다.
2010년 12월 30일 오후 11:30 👍 3명

최순희 〈We-think/나보다 우리가 더 똑똑하다??〉에서 제시한 집단지성이 발휘되는 커뮤니티의 5가지 원칙을 보면, ①핵심 ②기여 ③관계맺기 ④협업성 ⑤창조성입니다. 정사는 이런 원칙을 고루 갖춘 커뮤니티라는 생각을 했습니다. 윤교수님은 물론, 조교수님, 재원님 외 멘터로 활약하신 분들께 핵심과 기여를, 그리고 어우렁더우렁, 단순 번개인줄 알았는데, 오프에서 공부까지. 관계맺기와 협업성이 발현되며, 창조성이 가미되고 발전하는 모습을 발견하게 되더군요.^^ 멋지세요, 모두모두!! So cooooooooooool~^^
2010년 12월 30일 오후 11:42 👍 4명

Namsook Han 감사합니다. 윤교수님! 이게 뭘까 그저 단순한 호기심으로 머리만 슬쩍 들이밀었다가 정말 횡재한 사람입니다. 제가 사회학쪽으로 공부한 적도 없고 또 크게 관심을 가진 적도 없는데 우리가 사는 삶 전체의 기반이 되고 있음을 다시 한 번 깨닫게 된 정보사회학입니다. 내년 말쯤엔 어떤 confirmed sightseeing이 될지 벌써 내년

365 일이 기대되는군요. 다시 한 번 애쓰신 모든 분들께 감사의 말씀을 전합니다.
2010년 12월 31일 오전 4:57 3명

전채남 지식습득의 새로운 장을 경험하고 있습니다. 이전에는 주입식과 자기경험적 학습을 통해서 주로 지식이 생성되었는데 이제 새로운 집단지성, 사회적 학습을 통해서 지식을 습득하고 있습니다. 정보사회학을 통해서 새로운 경험을 하게 되었습니다. 내년에는 학습공동체를 만들었으면 좋겠습니다. 윤영민 교수님을 비롯한 정보사회학의 기여자 모든 분들께 감사드립니다. 모두모두 새해 복 많이 받으시고 만사형통하십시오.
2010년 12월 31일 오전 6:02 3명

Namsook Han ㅎㅎ sightseeing이 아니고 sighting이 되기를 기대합니다. ^&^
2010년 12월 31일 오전 6:11 2명

전은석 소셜네트워크는 백년 이백년 전에도 존재한 것인데 사실 요즘 새삼스레 산업계에서 갖다붙이는거 아닌가 모르겠습니다. 그런데 수단이 목적으로 둔갑해서는 안 되겠지만 기술의 발전이 전달되는 내용만큼 중요해지는 시기가 또 요즘 아닌가 싶기도 합니다. 물론 결국 이런 현상도 수단에 익숙해지면 다시 내용이 부각되는 시기가 오겠지요. 성향 탓인지 이런 좋은 페북, 트위터, 초고속망 같은 수단들이 대부분 가십거리, 연예인 소식통으로 상당한 트래픽 자원을 낭비하고 있음이 좀 안타깝습니다. 안철수교수가 언급한대로 우리나라는 IT강국이 아닌 IT소비강국임이 아직은 분명한 것 같습니다.
2011년 1월 1일 오후 4:37 1명

정보사회학 은석님, 너무 부정적인 측면에 안타깝게만 생각하지 마시고 밝은 면도 보시면 어떨런지요?^^ 제가 8개월 전에 이 페이지를 개설할 때 페이스북에서 이런 방식의 정보공유가 가능하다고 상상한 사람은 별로 없었습니다. 초기에 몇몇 분들이 "페이스북을 이렇게도 쓰는군요"라는 댓글을 남기곤 했습니다. 그것도 타국에서 접속하는 분들이 말입니다. 우리나라에서 소셜미디어는 이제 겨우 시작에 불과합니다. 이미 적지 않은 분들이 소셜미디어에 매우 가치 있는 정보를 올리고 있고 앞으로 그런 사용은 더 많이 증가하리라 예상됩니다.
2011년 1월 1일 오후 7:33 1명

전은석 윤교수님. 새해 건강하시구요. 좋은 말씀 공감합니다. 저 역시 SNS에서 포털 검색보다 더 좋은 정보가 제게 찾아와주는 현실에 감탄을 합니다. 집단지성의 초보적 현상을 겪는 것 아닐까요.ㅎㅎ 새해도 정보사회학 페북에서 많이 얻고 기여토록 하겠습니다.
2011년 1월 1일 오후 9:08 1명

정보사회학 예. 은석님도 건강하시고 정사 카페에 많이 참여해주세요.^^
2011년 1월 1일 오후 11:15

Ben Byeongho Lee 연말연시 정신없이 다니다보니 이런 좋은 글과 댓글들로 송구영신하셨군요. 특히 조명대 교수님 말씀에 매우 공감합니다. 아직 저도 fb나 다른 SNS가 이제 시작이라 생각됩니다. 빨래터에서 시작한 소셜네트워크가 기술의 발전에 따라 매스미디어로 진화하고 다시 온라인을 통한 시공간의 압축과 개인화로 나아가는 것을 볼 때, 그 가능성은 오늘 짐작하기 어려울 것 같습니다. 정보사회학을 통해 그 일부를 들여다보게 되어 운영자님과 참여하신 모든 분들께 정말 감사했습니다.
2011년 1월 2일 오후 6:30 1명

대화 54 집단지성과 SNS 시대의 소비문화(1): 소비자의 부상

마침 다음 주에 어떤 유통 전문 기업에 가서 강의를 해야 하기도 해서 여러분과 소비문화의 변화에 대해 논의해 보고자 합니다.

'소비' 혹은 '소비자'는 사회과학에서 오랫동안 별로 대접을 받지 못해왔습니다. 매우 수동적이고 개인적인 행동 영역으로 간주되었지요. 특히 사회학에서는 톨스타인 베블렌(Thorstein Veblen)이나 피에르 부르디외(Pierre Bourdieu)처럼 사회적 지위를 드러내기 위한 '과시적 소비' 혹은 '구별짓기(distinction)'에 관심을 갖거나, 칼 마르크스(Karl Marx)나 장 보드리야르(Jean Baudrillard, 1970/2004)처럼 소비는 생산체계에 의해 통제된 영역, 즉 생산의 부록 정도로 생각했지요.[13]

'의미'를 따지는 인류학은 그나마 좀 낫습니다. *The World of Goods*라는 책에 보면, 상품과 소비는 의사소통이 목적이고, 물건의 사용을 통해 '사회적 관계가 만들어지고 유지된다'고 합니다. 소비에 대해 조금은 더 적극적으로 해석했지요.

사회학자인 보드리야르(1970/2004)도 사용가치와 교환가치 외에 '의미가치(signifying value)'라는 개념을 제시하며, 소비재를 사물(thing)이 아니라 기호(sign)로 이해해야 한다고 주장하기는 했지요. 그러나 소비를 매우 비판적으로 보았다는 사실은 부정하기 어렵습니다.

〈소비의 사회〉에서 보드리야르는 소비는 매우 개인적인 행위이고, 소비자는 "고립되고 뿔뿔이 떨어져서 기껏해야 서로 무관심한 군중이 될 뿐이며", 반면에 생산은 "사회적 노동이라고 하는 집단적 영역에 관계되기 때문에 사람들을 연대하게" 한다고 주장합니다. 그는 "자동차를 가진 사람들이 자동차등록세에 반대하여 동맹을 결성한다든가, TV 시청자들이 프로그램에 대해 집단적으로 항의한다든가 하는 사태를 상상할 수 있겠는가? 수백만 명의 시청자가 TV의 선전에 개별적으로 반대할 수는 있겠지만, 그래도 여하튼 선전은 행해질 것이다"라고 하면서 사회적 힘으로써 소비자를 평가절하합니다.

경영학, 광고와 마케팅이라고 뭐 별다르나요? 욕망과 니즈를 구별하면서 소비자의 니즈는 광고와 선전에 의해 얼마든지 만들어질 수 있다고 보지 않았나요?

그런데 꼭 인터넷 때문에 그런 것은 아니겠지만, 하여간 지난 한 20년 사이에 소비와 소비자에 대한 인식에 변화가 와야 한다는 주장이 사회과학에서 하나의 흐름으로 형성된 것 같아요. 소비자가 생산자와 판매자에 대해서 집

13 Pierre Bourdieu(최종철 역). 1979/1995. 〈구별짓기〉. 새물결.
Jean Baudrillard(이상률 역). 1970/2004. 〈소비의 사회〉. 문예출판사.

단행동도 하고, 가치의 순전한 소비자가 아니라 가치의 생산에 참여하기도 하며, 소비자가 광고와 선전에 일방적으로 내둘리지 않는다는 등의 지적이 나오고 있습니다. 최근에는 한 걸음 더 나아가 소비자의 '집단적 창조성', '적극적 참여'가 기업 경영에 접목되어야 한다는 주장까지 제기되고 있습니다.

패러다임적 전환이지 않습니까? 동네에서 천덕꾸러기 취급 받던 못난이가 어느 날 왕자님 대우를 받게 된 것이나 진배없지요. 물론 지금도 마음속으로는 그러한 왕자 대우를 못마땅하게 여기는 사람들도 많겠지요. 세상의 흐름에 눌려 목소리를 죽이고 있을 뿐이지. 혹시 여러분 회사의 사장님도 그러지 않나요?

아마도 소비와 관련해 집단지성이 지닌 함축성은 혁신(innovation), 성찰(reflexivity), 영향력(influence)이라는 세 가지 관점에서 읽어 볼 수 있을 것 같군요. [계속]

2010.07.16

좋아요 · 댓글 달기 · 공유하기

김재원님, Sungwon Kim님과 Haewon Kim님이 좋아합니다.

최일규 타인에 의해 욕망이 부추겨지듯 SNS를 통해 의미가치가 있는 쪽으로 더욱 욕망들이 충동될 것 같습니다. 결국 집단이 개인욕망의 집합체이기에.
2010년 7월 15일 오후 6:08

정보사회학 @일규님, 그럴까요? 그러는 측면도 있겠지만, 광고와 마케팅에 의해 만들어진 의미가치가 해체되는 측면도 있지 않을까요? 대화가 지닌 '드러내기 효과(debunking)'라고나 할까요.
2010년 7월 16일 오후 2:25

원은란 그런데 왜 그렇게 소비자는 사회과학에서 'out of 안중'이었을까요? 뿔뿔이 흩어져서 함께 힘을 모으기 힘든 집단, 개별적인 존재이기 때문에 - 단지 그것 때문이에요? 의미를 갖기 어렵다는 건가요?
2010년 7월 16일 오후 10:35

정보사회학 대량생산 체제가 들어서고 백화점이 등장하면서 생산자(guild) 중심의 유통에서 벗어나기는 했지만, 여전히 소비와 소비자는 광고와 마케팅을 통한 '설득'의 대상이었을 뿐이었기 때문이 아닐까? 생산은 소비를 창출한다는 믿음이 팽배했지. 생산과 소비 사이의 병목 현상은 광고와 마케팅이 해결해주리라 믿었고 말이다.
2010년 7월 17일 오전 12:25

대화 55 집단지성과 SNS 시대의 소비문화(2): 이노베이션, 성찰, 영향력

집단지성이나 SNS를 기업운영에 접목해 보고 싶어 하는 대부분의 기업이나 기관들에게 이노베이션(innovation), 성찰(reflexivity)은 바람이고, 영향력(influence)은 현실이 아닌가하는 생각이 드는군요. Procter & Gamble은 신제품 개발, 패키징, 디자인 과정에 소비자들을 참여시켜 R&D부서의 생산성을 30%나 높였다는 것과 같은 성공사례를 들으면 우리 회사에도 그렇게 할 수 없을까 하는 바람이 샘솟지만 아직 잡히지 않는 게 현실일 겁니다. 시민 사회 단체들은 집단지성적 성찰을 통해 소비자들이 환경, 공정무역, 빈곤, 착취 등에 더 높은 관심을 갖고, 나아가 소비생활에 변화가 오기를 기대하지만, 그것도 아직 실현되지 못하는 바람일 겁니다.

거기에 비해 집단지성이나 SNS를 통해 전달되는 소비자의 힘은 쉽게 느낍니다. 사고(?) 한번 치면 대기업이든 중소기업이든 엄청나게 두들겨 맞는 소식을 언론에서 어렵지 않게 접하곤 하니까요. 심지어 얼마 전에는 미국산 쇠고기 수입개방 때문에 힘 센 대통령마저도 정권이 흔들릴 정도로 얻어맞는 모습을 목격하지 않았습니까?

아마도 집단지성과 SNS에서 우리가 확인하는 것은 위대한 고전적 사회과학의 예측이나 가정이 틀렸다는 겁니다. 첫째는, 맑시스트 경제학의 '인간관계의 상품화', 신고전주의 경제학의 경제인(homo economicus), 합리적 선택 이론 등을 무색하게 하는 인간행동이 널리 퍼지고 있다는 사실입니다. 실제로 집단지성과 SNS에서 우리는 비금전적 동기에 의해 움직이는 사람들을 수없이 많이 봅니다.

집단지성을 연구하는 학자들의 거의 공통적인 발견은 사람들이 집단지성에 참여하는 가장 큰 이유가 '사회적으로 인정받는 자기표현(socially recognized self-expression)'이라는 것입니다. 돈은 많은 것을 해결해주겠지만 그 세계에서는 돈보다 '사회적 인정', 자유로운 자기표현이 더 가치를 인정받는다는 것이지요.

둘째, 근대화론, 대중사회론, 사회자본론 등이 지적한 공동체(community)의 해체가 들어맞지 않았다는 것입니다. 인간의 공동체적 욕구가 온라인 커뮤니티, 소셜네트워크 등으로 모습을 달리해 나타날 뿐이지, 그것이 조금도 줄어들지 않고 있다는 사실입니다.

그러다보니 지난 30여 년 동안 프로슈밍(prosuming), 선물경제(gift economy), 도덕경제(moral economy), 사회적 생산(social production), 동료생산(peer production), 윤리경제(ethical economy), 가장 최근의 인지적 잉여(cognitive surplus)까지 비금전적 동기에 기반한 경제 행위의 재출현을 부각시키는 이론과 개념들이 계속 나오고 있습니다. 그러한 흐름이 처음에는 정보나 지식의 생산과 유통 영역에서 시작되더니 지금은 재화를 생산하는 영역에까지 확산되고 있습니다. [계속] 2010.07.16

좋아요 · 댓글 달기 · 공유하기

Yeji Sophia Kim님, Sungwon Kim님 외 2명이 좋아합니다.

대화 56 집단지성과 SNS 시대의 소비문화(3): 기업적 관점

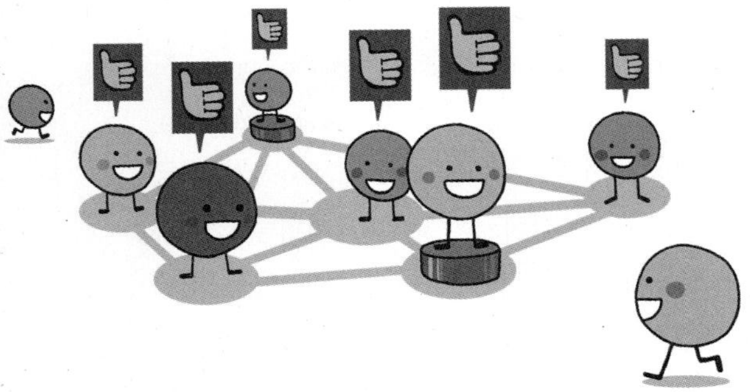

먼저 소비자가 자사의 가치사슬(value chain)에 기여하기를 희망하는 기업이라면, 크라우드 소싱(crowd sourcing)에 관심을 가질 겁니다. 그리고 아마도 이런 의문이 들겠지요. "우리나라 사람들은 장시간 근로시간에 시달리고, 아직 그렇게 잘 사는 것도 아닌데, 사람들이 집단지성 활동에 사용할 '잉여'가 있을까?"

그 의문에는 두 가지 문제가 혼합되어 있습니다. 하나는 충분한 수의 '창조적 소비자' 혹은 '생산적 소비자'가 있느냐는 문제이고, 다른 하나는 비금전적 동기로 그들이 참여하겠느냐는 문제입니다. '수(number)'와 '동기(motivation)'가 문제입니다. 제가 보기에 아직 우리나라에서는 아주 타당한 의문입니다. 그러나 해법이 없다고 생각하지는 않습니다. 문제를 하나씩 보지요.

첫째, 영어권 사용국가나 중국처럼 인구가 수억 명 이상이 되는 것도 아니고 겨우 5-6천만 명 정도 가지고는 분명히 절대적인 수를 확보하는 데 어려움이 있습니다. 그러나 집단지성이 다양한 방식으로 구현된다는 점을 고려한다면 수의 문제는 아니라는 생각입니다. 몇 년 전 *Journal of Macromarketing*에 실린 한 논문(Kozinets et al., 2008)은 집단지성을 네 가지로 유형화하고 있습니다.[14]

14 Robert V. Kozinets, Andrea Hemetsberger, and Hope Jensen Schau. 2008. "The Wisdom of Consumer Crowds". *Journal of Macromarketing* vol. 28, no.4.

아래 첨부한 표에 보면, 집단지성이 ① 어떤 지향을 갖고 있는가(orientation), ② 얼마나 많은 구성원들이 참여해서 이루어지는가(concentration)에 따라 네 가지로 나뉘고 있습니다. 집단지성이 처음부터 목적 지향적인지(많은 기업들은 이런 타입을 원하겠지요), 아니면 공동체적이고 즐거움 지향적인지(집단지성 커뮤니티 대부분은 이런 성격이지요)가 첫 번째 차원입니다. 두 번째 차원은 다수가 참여하느냐, 소수가 참여하느냐 하는 차원입니다. 소수가 참여하는 집단지성의 경우는 상당히 전문적 지식을 지닌 사람들에 의한 경우가 대부분입니다.

Swarms형은 가장 널리 알려진 집단지성의 모습입니다. 특정한 목표 없이 많은 사람들이 즐기면서 참여하는 집단지성입니다. 위키피디아, 구글, 아마존, 플리커, 냅스터 등이 이 유형에 속합니다. 네이버의 지식인이나 다음의 신지식인도 여기에 속하겠지요. 등급을 매기고 상품평을 받는 인터넷 쇼핑몰도 여기에 속할 거고요. 이 유형은 우리나라에서도 구현이 되고 있습니다. 항상 그런 것은 아니겠지만 일반 사용자들이 비교적 가볍게 참여할 수 있는 유형의 집단지성입니다.

제가 아는 한 우리나라에는 포털 사이트와 인터넷 쇼핑몰 아니고는 사례가 별로 없습니다. 아마 인터넷 비즈니스가 아닌 다른 영역에는 적용이 쉽지 않을 겁니다. 우리나라 인터넷 서점들도 아마존 같은 서평쓰기를 통한 집단지성을 시도하고 있지만 별로 성공하지 못하는 것 같아요. 워낙 우리나라 사람들이 책도 좀 안 읽고, 독후감쓰기는 더욱 싫어하지 않나요?

Crowds형은 많은 사람들이 참여하지만, 주어진 미션이나 목표 달성을 추구하는 집단지성입니다. 크라우드소싱이 여기에 해당되겠지요. 이 유형의 고전적인 사례로 간주될 수 있는 것이 티셔츠 디자인을 집단지성으로 접근하는 Threadless. com입니다. 누구나 티를 디자인해서 올리면 사이트 회원들의 투표에 의해 선정해, 실제로 제작해서 판매합니다. 2007년 Pepsico Frito-Lay가 벌인 "Crash the Super Bowl"이라는 광고 제작 캠페인, 덴마크에서 시작되어 이탈리아, 캘리포니아로 확산된 free beer 오픈 소스 운동(http://www.

---

http://kozinets.net/__oneclick_uploads/2008/12/wisdom_of_ccs_jmm.pdf

freebeer.org/blog/)도 여기에 속합니다. 이 유형은 아이템을 잘 선정하면 우리나라에서도 성공할 수 있을 것 같은데요. 덴마크같이 작은 나라에서도 성공하는데.

Mobs형은 프로젝트 지향적은 아니지만 비교적 소수가 참여하는 집단지성입니다. 우리나라에 세계적인 사례가 있지요. 오마이뉴스입니다. 미국의 The Huffington Post라는 정치뉴스 사이트는 거의 오마이뉴스를 베꼈다고 해도 과언이 아닙니다. 오마이뉴스는 세계 인터넷 역사에서 당당히 기록되는 사례입니다. 오연호 대표가 하버드 경영대학원에 가서 사례발표도 하고 그랬지요.

끝으로 Hives형입니다. 프로젝트 지향적이고, 비교적 소수가 참여하는 집단지성입니다. SourceForge라는 공개소프트웨어 사이트에 들어가 보면 수많은 그룹들이 나름의 소프트웨어를 개발하기 위해 애쓰고 있습니다. 저자들은 Nike의 열성팬들이 자발적으로 만든 Niketalk, skibuilders.com, 스타트렉 팬들이 만들어 운영하는 Star Trek New Voyages를 사례로 들고 있습니다. 매니아들만 확보하면 가능한 유형이라고 할 수 있겠지요.

이렇게 놓고 보면, 진짜 고민은 수(number)가 아님이 분명해집니다. 그리고 우리나라에 적용가능성이 적다는 비판은 별로 설득력이 없다고 생각됩니다.

아마도 진짜 어려움은 두 번째 문제인 '동기(motivations)'와 관련되어 있는 것입니다. 즉, 먹고 살기 힘들기 때문에 비금전적 동기로는 소비자들이 움직이지 않는다는 비판입니다. 저는 이점에도 동의하지 않습니다. 자사 제품에 대한 매니아들을 만들어 낼 정도의 탁월한 기업이라면 얼마든지 집단지성을 구현할 수 있다고 생각합니다. SNS에서 보내는 수많은 사람들, 그들이 SNS에서 보내는 긴 시간을 생각해보면 충분할 겁니다.

동기와 관련해, 섣불리 금전적인 유인을 제공하려다가는 오히려 최고의 '선수'들은 확보할 수 없게 될 겁니다. 우리나라에서도 그들은 '사회적 인정'을 먹고 살고, '자유로운 자기표현'을 즐깁니다. 제가 며칠 전에 올린 것처럼 remarkable한 상품이나 서비스를 제공하는 기업이라면 집단지성의 도입에 얼마든 성공할 수 있을 것 같군요.

한 가지 더 말씀 드리자면, 요즘 세상에서 가장 귀하고 가치 있는 재주는 인터넷의 약한 유대를 기반으로 맺어진 네트워크에서 사람들로 하여금 무언가에 끌리고, 거기에 재능과 시간을 내놓고, 함께 프로젝트의 성공을 향해 나아가도록 할 수 있는 능력입니다. 그런 재능을 가진 사람을 집단지성 프로모터(CI promoter)라고 부릅시다. 그런 사람을 찾아낸다면 집단지성의 도입에 성공할 확률이 더욱 올라가겠지요. 여러분은 어떻게 생각하십니까? 2010.07.16

좋아요 · 댓글 달기 · 공유하기

Yeji Sophia Kim, 조응진, 박지영님 외 6명이 좋아합니다.

원은란 집단지성 프로모터(CI promoter)라니 정말 멋지네요!^^
2010년 7월 16일 오후 10:48

Min Jeong Son 진정한 CI promoter는 바로 윤교수님 아니시던가요? 꼭 기업체에만 국한하지 않는다는 가정 하에.
2010년 7월 18일 오전 1:40 1명

정보사회학 그렇게 봐주시니 고맙습니다.^^
2010년 7월 18일 오전 6:05 1명

대화 57 집단지성과 SNS 시대의 소비문화(4): 기업과 윈윈하는 소비자

앞으로 인터넷 기반의 집단지성은 기업이나 정부가 원하던 원하지 않던 더욱 늘어갈 것 같습니다. 지금까지도 그랬고 앞으로도 그러리라 생각되는군요.

그렇다면, 소비와 소비자는 어떻게 변화하게 될까요? 이에 대한 전망은 쉽지 않습니다. 그것은 좀 강하게 해석하면 광고와 마케팅 무용론으로 귀결될 수도 있고, 심지어 소비혁명에 의한 자본주의 위기론에 귀착될 수도 있습니다. 집단지성이 그렇게까지 소비문화를 바꾸게 될지는 대단히 의문입니다만, 소비문화에 상당한 정도의 조정이 일어나리라는 예상은 드는군요.

집단지성으로 인해 등장하는 소비문화는 세 가지 특성으로 요약될 수 있겠습니다. 창조적(혹은 생산적) 소비(creative consumption), 집합적 소비(collective consumption), 소비권력의 강화(empowerment of consumers)가 그것입니다. 창조적 소비란 소비자가 스스로 생산을 하거나, 기업의 가치연쇄에 참여하는 현상, 집합적 소비란 구매의사결정(혹은 구매행위)이 공동체 혹은 네트워크에 의지하면서 이루어지는 현상, 그리고 소비권력의 강화란 상품과 서비스의 생산과 판매 과정에 소비자의 영향이 크게 강화되는 현상을 말합니다.

이렇게 놓고 보니, 제가 다른 포스팅에서 논의한 '공중(public)'의 개념과 만나게 되는군요. 그 때는 제가 정치과정의 변화를 설명하면서 대중과 대비되는 공중, 그리고 전자적 공중(e-public)의 출현을 지적하였습니다. 개인 수준에서 말하자면 '공중-시민(public-citizens)'의 출현이었지요. 유사하게 소비영역에서는 '공중-소비자(public-consumers)'의 출현이 예상되는군요. 공중-소비자는 기업으로서는 상대하기 힘든 소비자입니다. 일방적인 광고, PR, 그리고 마케팅으로 설득하기 쉽지 않는 대상이지요.

그렇다면 과시로서의 소비, 계급적 구별짓기로서의 소비, 유행으로서의 소비, 백화점 전시에 의해 주어진 상징의 소비, 광고에 의해 창조된 욕구/환상/습관, 광고에 의해 창조된 대중-소비자는 어떻게 될까요? 또한 광고가 끝없이 새로운 욕구를 창조해 낼 수 없게 된다면 생산 과잉에 봉착하게 되고 자본주의 재생산은 심각한 위기를 겪게 될 것입니다. '합리적 소비', '프로슈밍'과 같은 소비만 가지고는 생산체계가 요구하는 수요를 충족시킬 수 없을 테니까요. 그렇다면 자본주의는 어떻게 되는 걸까요? 지금까지 소비 이론은 모두 폐기처분 되어야 할까요?

아마도 결코 그럴 것 같지는 않습니다. 집단지성이 화폐경제를 위협할 정도로 확대될 것으로 생각되지는 않다는 말씀입니다. 하지만 정보와 지식 산업, 전통 산업에서 디자인 과정, 상품에 대한 평가와 같은 피드백 과정 등에는 널리 침투하여 소비문화를 상당히 바꾸어 놓지 않을까요?

기업들은 자기표현에 매우 적극적이며, 만족시키기에 매우 까다롭고, 공동체 지향적이며, 힘이 센 소비자를 상대해야 할 것 같습니다. 그렇다고 반기업적이거나 콧대 높은 소비자라는 말은 아닙니다. 앞장에서 지적한 것처럼 적극적으로 다가간다면 기업운영에 크게 도움을 받을 수 있는 소비자라는 생각이 드네요. 집단지성의 소비자, 즉, 공중-소비자는 기업과 함께 무언가를 모색할 수 있는 소비자가 아닐까요? 기업이 반사회적이 아니라면 말입니다. 2010.07.16

좋아요 · 댓글 달기 · 공유하기

조응진, 알태공, Ban Chan님 외 2명이 좋아합니다.

Sungwon Kim 요즘 우리나라에서 벌어지고 있는 삼성 갤럭시S vs 애플 아이폰4을 둘러싼 소비자들의 반응이 흥미롭습니다. 인터넷을 조금만 돌아다녀보면 삼성의 광고에 의지할 수밖에 없는 언론들을 무조건 믿을 수 없다는 걸 알게 되고, 또한 아이폰도 완벽하지 않다는 걸 알게 되니, 소비자들이 더 현명한 선택을 하는데 인터넷 기반의 집단지성이 한몫하는 것 같아요. 물론 수많은 상충하는 정보들 사이에서 어떤 걸 받아들이고 어떤 걸 버려야할지의 문제가 남습니다.
2010년 7월 16일 오후 8:27

원은란 집단지성이 분명 소비문화에 영향을 끼쳐서 합리적 소비자, 똑똑한 소비자, 프로슈머 집단을 만들어냈죠. 그렇지만 그게 광고와 마케팅, 선전을 무용화시킬 수는 없다고 생각합니다. 오히려 더 발전시키지 않을까요? 똑똑한 소비자들까지 고개를 끄덕일 수 있는 광고와 마케팅 + 제품의 품질로 승부를 봐야하니까요.
2010년 7월 16일 오후 11:03

정보사회학 @성원님, 좋은 사례를 들어주셨군요. 감사합니다. 은란아, 네 생각처럼 될 수도 있겠다. 근데 지금까지의 기호적 광고에 못지않게 정보적 광고가 각광을 받을 것도 같구나. Google 에드센스나 fb 광고의 성공을 보면 그런 생각이 든다.
2010년 7월 17일 오전 12:29

박지영 담당업무가 그런지라... 국내에 아이폰4G가 제외된 이후 KT 트위터를 모니터하고 있는데요. 그동안 성공사례로 불리우던 KT의 트위터임에도 성난 군중들만 있는 것 같습니다. 기업에서 성공사례라 불리우던 관계쉽은 어디서 찾을 수 있을까요? 아니면 이 위기를 통하여 기업과의 관계쉽이 다져지는 것일까요?
2010년 7월 18일 오후 5:36 1명

정보사회학 부부싸움을 한다고 이혼하는 것은 아니겠지요. 지혜롭게 순간을 헤쳐나가는 것이 더 중요하지 않을까요? 그런데 제 경험으로 볼 때 너무 서둘러서 직접 반발을 진화하려고 할 필요는 없는 것 같아요. 업체에 충성심이 높은 사용자들이 있다면 그들이 나서서 반발에 대한 비판을 하기도 합니다. 트위터에 어찌 적군만 있겠습니까? 아군도 있겠지요. 하지만 진정성을 가지고 소비자들의 비판에 귀를 기울이고, 대응해야 하겠지요. But "Don't fight customers!"^^
2010년 7월 18일 오후 6:31

대화 58 집단지성 vs. 퇴고 문화

오늘은 이른 아침부터 100개가 넘는 학생들의 글을 읽고 댓글을 다느라 기진맥진한 상태입니다. 기껏해야 한두 줄 코멘트 달아주는 것이라 학생 입장에서 보면 아무것도 아닐 텐데 저로서는 무척 힘이 듭니다. 특히 블로그에 공개된 글과 코멘트라서 교수입장에서 보면 거의 자살행위라고 할 수도 있지요. 글을 읽다가 든 생각 한두 가지만 여러분과 공유하지요.

첫째, 댓글을 달라고 요구한 적이 없는데 몇몇 학생들은 학우들의 글을 꼼꼼하게 읽으며 코멘트를 달고 있어요. 그냥 읽기만 해도 3-4시간은 족히 걸릴 분량인데 말입니다. 교수인 제가 별로 할 말이 없게 만들어 버리면서. 그런데 저는 그 학생들에게서 집단지성의 미래를 봅니다. 자발성, 적극성, 주눅 들지 않는 자기표현, 남의 글에 대한 애정과 관심, 뭐 그런 것들이 엿보입니다. 이는 50대인 제 세대에는 상상할 수 없는 현상입니다.

둘째, 여전히 온라인 글쓰기를 너무 힘겨워 하는 학생도 있습니다. 한 학생은 아주 뛰어난 사고와 필력을 지녔는데도 글을 써내지 못합니다. 키보드의 손이 너무 무거워요. 잘 써야 한다는 부담, 교수나 학생들로부터 비판받는데 대한 두려움 때문인 것 같아요. 사실 그것은 우리 세대가 지녔던 바로 그 모습입니다.

30년 전 제 기억에 대부분의 대학생들은 글쓰기를 두려워했지요. 글은 극소

수 소위 논객들의 전유물 같았습니다. 집단지성 시대의 글쓰기는 최종재(output)를 생산하는 것이 아니라 중간재(throughput)를 생산하는 것이고, 글의 완성은 개인이 하는 것이 아니라 남과 함께 한다고 생각하면 훨씬 글쓰기가 수월할 텐데, 소위 '퇴고' 문화에서 벗어나기 힘든가 봐요. 제가 지난 15여년 동안 온라인 글쓰기를 다른 교수들과 시도했는데, 성공한 적이 없습니다. '퇴고' 문화에 갇혀 있는 것은 아닌지... 글은 뭐 대단한 것이어야 한다는 고정관념 말입니다.

나는 그 학생이 한시 바삐 새로운 글쓰기의 날개를 달고 훨훨 나는 모습을 보고 싶습니다. 그리고 제 세대의 동료들도. 학생들 글을 읽다가 그냥 소회 한 마디 적었습니다. 2010.06.07

좋아요 · 댓글 달기 · 공유하기

Yeji Sophia Kim, 조응진, Haewon Kim님 외 2명이 좋아합니다.

이성규 콘텐츠를 Product로 바라보던 시대에서 Process로 바라보는 시대로 성큼 옮겨가고 있다는 얘기를 갑자기 덧붙이고 싶어졌습니다. 좋은 글 잘 읽었습니다.
2010년 6월 7일 오전 2:42

Min Jeong Son 집단지성까지는 안 가더라도, 남의 글을 읽고 나서 자기 생각을 적극적으로 표현하는 건, 자기 의견을 분명히 하는 데 분명히 도움되는 행위일 듯. 그런 중간 process 없이는 '지성'이 한 순간에 툭 튀어나오지는 않으니까요.
2010년 6월 7일 오전 8:16

Sungwon Kim 좋은 글이네요! 저는 교수님 덕에 자신의 생각을 온라인에서 표현하는 것이 중요하다는 걸 새삼 깨달았습니다.
2010년 6월 7일 오후 7:32

임진숙 40대인 저 역시 1년 전만 해도, 때로 댓글을 달고 여기저기 제 생각을 쓰는 게 지금처럼 쉽지 않았습니다. 하지만 어느 순간 내 생각은 내 생각일 뿐... 그 생각에 반대하거나 동의하거나 역시 그 글을 읽은 그들의 생각일 뿐이란 걸 깨닫게 되면서 좀 편해진 듯합니다. 많은 글을 읽고 자신의 생각을 표현하고 또 공감을 얻는 건, 삶을 조금은 "풍부"하게 해준다고 믿고 있습니다.
2010년 6월 7일 오후 7:39

Haewon Kim 아... 중간재를 생산하는 것... 글의 완성은 남과 함께 하는 것... 아... 한결 마음이 가볍습니다!!
2010년 6월 8일 오전 7:53

정보사회학 @SungKyu Lee Product에서 Process로 바라보는 시대로 넘어간다는 말씀, 인상적입니다. 공감합니다. @Sungwon Kim 공감해주셔서 고맙습니다. @Min Jeong Son, @Lim Jinsook 여러분들이 댓글을 달아주시니 제가 좀더 행복해집니다.:) @Haewon Kim 프로필 사진이 Twitter 것으로 바뀌었네요. 늘 좋은 댓글을 달아주시

니 더 열심히 쓰고 싶어집니다.^^
2010년 6월 8일 오후 5:51

조응진 그렇지요, "답을 낸다"가 아닌 "답을 향해 가는 과정"이지요.^^ 항상 가르침을 주시는 글 감사합니다.^^
2010년 9월 22일 오후 6:32

제6장 소셜미디어 시대의 교육

대화 59 소셜미디어 시대의 미디어 교육(1): 어디로 가나?

무더운 여름의 긴 그림자가 끝을 보이고 있습니다. 지금 소개하려는 문헌은 거의 이틀 동안 저로 하여금 페이스북 알림의 엄청난 유혹을 이겨내게 한 대단한 보고서입니다. "디지털미디어와 학습"에 관한 5천만 달러짜리 연구 과제가 낳은 산물 중 하나입니다. 역시 돈의 힘이 무섭군요. 탁월한 연구자들이 과감하고 명쾌한 주장을 제기하고 있습니다. 연구 보고서이다 보니 실천 방안까지 들어가 있어요. 소셜미디어에 관심을 갖는 모든 분들에게 유익한 내용이지만 특히 정보문화정책 관계자, 미디어 교육 종사자, 청소년 교육 활동에 종사하시는 분들에게 도움이 되는 내용이 많습니다. 보고서는 다음 링크에서 무료로 다운받으실 수 있습니다.[15]

이 보고서에서 해답을 기대할 수 있는 의문들은 다음과 같습니다.

① 사용자 중심의 매체 확산이 가져오는 문화를 어떻게 규정할 것인가? 그 문화의 핵심적 요소는 무엇인가?
② 사용자 중심의 미디어 시대에도 미디어 교육은 필요한가?
③ 미디어 교육은 어떤 목표를 지향하고, 무엇을 가르쳐야 하나?

---

15 Henry Jenkins, Ravi Purushotma, Margaret Weigel, Katie Clinton, Alice J. Robison. 2009. *Confronting the Challenges of Participatory Culture: Media Education for the 21st Century*. Cambridge, Massachusetts. London, England. Mass.: The MIT Press. (http://mitpress.mit.edu/books/full_pdfs/Confronting_the_Challenges.pdf)

④ 미디어 교육은 어떻게 해야 하나?

이 중 마지막 부분은 제 논의에서 제외하겠습니다. 주제별로 각 장마다 "무엇을 할 수 있을까?"가 친절하게 제시되어 있으니까요. 제게 이 보고서의 매력은 3가지입니다.

① 무엇보다 저와 같은 생각을 가진 연구자들을 만났다는 기쁨입니다. '참여'를 중심으로 문화와 정치를 보는 제게 "참여문화(Participatory Culture)"라는 개념을 제시해주고, 참여의 형식에 관한 논의에서 집단성을 강조하여, 기존의 논의를 진일보시킬 수 있게 주었습니다.

② 정보격차(digital divide), 정보 리터러시(information literacy), 매체교육(media education)을 통합적으로 다루고 있다는 점입니다. 우리나라에서 이 세 가지는 서로 넘나들기를 하면서도 별개의 학문 혹은 정책 영역이 되어 왔습니다. 정보격차는 사회학, 정보 리터러시는 교육공학, 그리고 매체교육은 언론학에서 주로 다루어 왔지요. 정책적으로는 정보격차는 한국정보문화진흥원(현재는 한국정보화진흥원에 통합됨), 정보 리터러시는 한국교육학술정보원, 매체교육은 한국언론재단(한국언론교육원)이 주로 담당하고 있습니다. 이 보고서는 그러한 구분이 새로운 시대에 적합하지 않음을 보여주고 있어요.

③ 청소년(대학생 포함)에 대한 미디어 교육이 불필요하다는 세간의 믿음을 강펀치로 날려버리고 있다는 점입니다. 대중매체는 물론이고 뉴미디어에 대한 교육의 필요성을 잘 논증하고 있습니다.

④ 21세기 미디어 교육에서 무엇을 가르쳐야 하는가에 대한 고민을 해결해주고 있다는 점입니다. 이 보고서가 말하는 미디어 교육은 바로 정보사회학이 수행하는 역할 중 하나이거든요.

⑤ 좀 작게는 저자들이 미디어 교육은 "성찰성"과 "감수성" 중심으로 이루어져야 한다는 제 평소의 생각과 거의 일치된 입장을 취하고 있다는 점입니다. 그동안 흔치 않았던 만남입니다. **[계속]** 2010.08.23

좋아요 · 댓글 달기 · 공유하기

조윤경, 양룡, Sudo Choe님 외 15명이 좋아합니다.

임진숙 (계속)이란 말이 뒤에 붙은 것은, 아직 글이 다 끝나지 않았다는 말씀이지요? 언제 또 올라오나요?
2010년 8월 23일 오전 4:47 1명

이전행 워낙 미디어쪽이 변화가 심하다보니 정작 가르쳐야 할 사람도 적응하는데 힘겨운 게 사실이 아닌가 싶습니다. 이럴 때 일수록 기본에 충실하게 대응하고 가르치는 지혜가 필요하다는 생각입다.
2010년 8월 23일 오전 6:45 1명

Cheong Hwa Moon http://bit.ly/aehGEo 보고서 링크입니다. 본문에 링크가 안 걸려있는거 같아 올립니다:D
2010년 8월 23일 오전 6:58 2명

원은란 3. 미디어 세대니까 미디어 교육이 불필요하다고 하는 것이 세간의 믿음인가요? 오호 그게 맞다면 교수님의 수업에 항상 새로운 접근에 대한 과제가 있는 게 이런 이유였군요! 지난 학기가 시작하자마다 트위터, 페북, 유튜브, 플리커, 구글 등등... 모조리 가입하라고 하셨지요. 중요한 것 가입"만"하는 것이 아니었다는 점이었어요. ㅋㅋㅋ 다들 새로운 미디어에 대한 컬쳐쇼크에 죽을 뻔 ㅋㅋㅋ 재미있는 기억입니다. 어서 다음 연재(?)글이 올라와야 할텐데요^^
2010년 8월 23일 오전 10:53 2명

정보사회학 @Cheong Hwa님, 고마워요. 본문에 링크 달았습니다. @진숙님, 어제 저녁에 노트 쓰다말고 막내에게 컴퓨터를 내주게 돼 갑자기 중단했습니다. 인터넷 수업 들어야 한다는데 도리가 없네요.^^ 그래서 새벽에 일어나 다시 이어갑니다. 전행, 맞습니다. 미디어교육 종사자들 참 어렵지요. 지속적으로 지식의 업데이트를 넘어 업그레이드를 해나가는 게 엄청난 부담입니다. @은란아, 흔히 말하는 디지털 세대가 디지털 미디어 교육에 문화충격을 받는다는 게 좀 이상한 것 같지만, 그것이 미디어 교육의 현실이지.
2010년 8월 23일 오전 11:15 1명

원은란 맞아요. 그냥 주어진 현실이 디지털이었던 것이기에 디지털시대이지, 뭐 뼛속부터 디지털이어서 피도 정맥은 1, 동맥은 0 뭐 이렇게 피가 흐르는 것도 아니고요. 그런데도 너무 안일하게 생각하는 것 같습니다. 정말 신선한 지적입니다.
2010년 8월 23일 오전 11:27 1명

전채남 주말에 잠수하시더니만 엄청난 읽을거리를 올리셨네요. 요즘 완전히 대학원 다시 다니는 기분입니다. 정보사회학 노트 읽으려고 새벽에 일어나고... 디지털네이티브도 교육을 받아야 제대로 알게 된다는 거네요. 저는 이것을 운전 면허증 따기에 비유합니다. 우리 세대는 운전면허증 따기를 별로 어렵게 생각하지 않았지만 어른들은 요즘 현대자동차 광고에 나오는 차사순 할머니만큼 어렵고 힘든 일이었습니다. 배우지 않아도 되는 것이 아니라 쉽게 배울 수 있을 뿐이죠.
2010년 8월 23일 오후 2:31 2명

김정찬 제도 안에서 수요자가 '필요'를 느끼는 지점에 대한 한계와 문제의 대안이 절실합니다.
2010년 8월 23일 오후 6:04

정보사회학 채남님, 알기 쉬운 비유가 참 좋습니다. 예. 디지털 원주민은 디지털 기술에 쉽게 익숙할 뿐이지요. 이 보고서에는 그것을 넘어선 주장이 있습니다. 얼른 소개하지요.^^ 정찬님, 말씀은 제가 정확히 이해할 수가 없어서 답글을 드릴 수가 없네요. 조금 더 부연 설명해주시길.^^
2010년 8월 23일 오후 7:50

이상우 소셜마케팅에서 모범사례라고 해야 할까요, 뭐 그런 사실적인 예를 찾기 위해 노력하듯이, 소셜미디어에서의 미디어교육은 조금은 광범위하다는 것을 느낍니다. 차라리 더 광의적인 교육전체이던지, 좁혀서 디지털교육이었으면 어떨까 생각합니다. 미디어에 관해서만의 교육을 말씀하시는 것은 분명 아니라고 생각합니다.
2010년 8월 23일 오후 10:27 👍 1명

정보사회학 상우님, 제가 올리는 글들이 지적하신 부분에 대한 다소간의 답변이 되길 바랍니다.
2010년 8월 24일 오전 7:40 👍 1명

김재원 예전보다 현재 학생들이 공부하기가 좀더 힘들지 않을까 합니다. 워낙에 정보의 유입속도가 빠르고, 그 양도 많아서요. 예전에 책을 중심으로 할 때는 많은 현자들이 정제해준 면도 있는 것 같은데... 자신 스스로 필터링을 해야 하는 힘든 점도 있고, 또 공부 외에도 재미난 것들이 워낙 많은 세상이죠. 은란님의 어려움이 조금 이해가 됩니다.

그런데 저는 요즘 공부를 편하게 하는 것 같아 즐겁습니다. 사실 좋은 정보가 소셜 친구들에 의해 자연스럽게 정제가 되어 받아볼 수가 있으니까. 트윗의 리트윗, 페북의 인기뉴스와 이런 좋은 페이지를 통해서 말이죠. 그리고 자연스럽게 연결도 잘 됩니다. 책을 통해 배울려면 고통스럽더라도 한권을 완독하고 여러번 반복해서 읽어야 하는데 소셜의 엑기스는 희안하게 자연스러운 연결이 되더군요. 집단지성의 선택이 유기적인 스트림을 가져서 그러는 것 같아요. 그리고 빨리 섭취할 수도 있고, 공부를 하면서 다른 잡다한 걸 보면 머리도 자연스럽게 식혀지구요. 제가 워낙 한 분야를 깊이 파는 것보다는 다양하고 새로운 정보를 받아들이는 것을 좋아해서 그런 면도 있겠지만요.

암튼 미디어 교육을 통해 미래 성장 세대에게 좋은 지식과 지혜를 길러주는 것이 교육의 근본적 목적이라면 본문에도 나오는 것처럼 통섭적 교육이 필요하겠죠. 분야별로 영역을 나누는 것은 교수자의 영역 싸움이 될거구요~ 역시 교육에도 수요자인 학습자 중심으로 교육의 패러다임이 전환되어야 한다고 봅니다.^^
2010년 8월 25일 오전 2:47 👍 1명

이상우 소셜미디어 이전에 디지털을 이용한 교육이 있었습니다. 이제 학교에서도 많은 컴퓨터와 소프트, 콘텐츠를 이용하고 있으며, 정보격차를 줄이기 위해 노력하였습니다. 이제 소셜미디어시대의 교육은 소셜에 참여하는 공동체의 몫으로 다가오는 것 같습니다. 참여자 중에는 많은 전문지식과 경험이 있습니다. 이제 그 지식과 경험을 나누는 학습을 해야 할 것입니다. 택스트만으로 부족하면 사진, 영상으로 자신의 김치담는 비법, 세탁의 기술 등 생활의 지식과 DIY 등의 기술과 정보도 충분한 교육교제가 될 것으로 생각합니다. 저는 그래서 소셜이 좋다고 생각합니다.
2010년 8월 25일 오전 2:48

김재원 그래서 저는 앞으로 s-러닝이란 말이 유행할거라 봅니다. Social, Smart, Selective, Sensitive...
2010년 8월 25일 오전 2:51

정보사회학 상우님, 소셜미디어 시대의 교육은 소셜에 참여하는 공동체의 몫이라는 지적에 크게 공감합니다. 지적하신 것처럼 소셜은 대화를 통해 배움이 일어나는 곳입니다. 그 배움에 당연히 미디어도 포함될 수 있을 겁니다. 하지만 전문적인 미디어 교육과 소셜에 의한 배움은 서로 보완적으로 보는 게 좋지 않을까요? 재원님, s-러닝이라는 표현이 멋지네요. social learning은 smart, selective, sensitive할 것입니다.
2010년 8월 26일 오후 1:51

장성권 미디어 교육의 윤리적 의식 행동의 교육이 수반되어야하고 규범도 만들어야 한다고 생각합니다. 어릴 적 저희는 도덕책에서 그런 윤리의식과 규범을 배웠고 무의식중에 인지하지만 아직 미디어에선 게시판의 금지단어만 막아놓은 상태이기에 미디어교육이 하루 빨리 기능적인 부분이 아닌 윤리적 철학적 사고를 알려주는 수업이 도입되길 바라고 저 또한 많은 고민과 방법을 생각하고 있습니다. 교수님의 페이지에서 좋은 자료가 많이 올라오길 기대하면 글을 남깁니다.
2010년 10월 4일 오전 4:06

대화 60 소셜미디어 시대의 미디어 교육(2): 참여문화와 생태학적 접근

교육을 하려면 세상에 대한 비전과 철학이 필요합니다. 이 보고서는 그 점에서 명쾌해요. 먼저 제 생각을 조금 이야기하지요.

저는 21세기 문화의 키워드가 참여(participation)라고 생각해 왔습니다. 그동안 사회의 전 영역을 지배했던 비대칭적 이분 질서(asymmetrical binary order)가 녹아내리고, 다수가 무대의 중심에 서는 시대가 오고 있다고 보는 겁니다. 비대칭적 이분 질서란 엘리트 대 대중, 교사 대 학생, 공연자 대 관객, 생산자 대 소비자, 정부 대 시민, 정치인 대 유권자, 저자 대 독자, 방송국 대 시청자(청취자), 신문사 대 독자 등 철저하게 소수의 발신자와 다수의 수신자로 구성된 구조를 말합니다. 그런데 지금 이 구조가 해체되고 있다고 생각하고 있습니다.

어느 사회를 가도 그러한 비대칭적 질서를 옹호하는 이데올로기, 철학, 사상, 문학, 예술, 과학이 넘쳐납니다. 한편으로는 창조적 소수, 영명한 지도자에 대한 예찬이 끝없이 계속되고, 다른 한편으로는 대중의 우둔함, 위험성, 충동성에 대한 경고가 귀에 따갑도록 반복됩니다. 국가의 주인이라는 시민은 정치적, 행정적 의사 결정에서 철저히 배제되고, 학교는 대량생산 공장에 필요한 다수의 적응자들을 배출하는 제도가 되어왔지요.

그래서 참여를 주장하면, 그것은 늘 모반이나 혁명으로 간주되고, 배제와 탄압의 대상이 되었습니다. 지금도 우리나라에서는 참여를 주장하면 포퓰리즘, 대중추수주의, 선동, 무책임, 친북 좌빨 등으로 몰리면서 소위 좌우로부터 융단폭격을 받습니다. 정치적으로 매장당하기 딱 좋습니다. 지난 정부 때 시도

된 '참여' 정치에 주류언론이 어떻게 반응했는가를 상기해 보십시오. 그리고 참여의 측면에서 지금 우리 정치는 추운 겨울입니다.

그런데 지난 10여 년간 '자유민주주의의 수호자'라는 미국에서 좀 이상한 기류가 보이기 시작했어요. 역사의 무대에서 내쳐졌던 아나키즘이 인터넷 사상가들 중심으로 재론되기 시작하고, 참여를 주창하는 학자들이 미국의 주류사회에 진입하는가 하면, "대중의 지혜"를 들먹이는 책들이 베스트셀러가 되고, 언론계나 산업계에서는 크라우드 소싱(crowd sourcing)이 자연스럽게 시도되고 있습니다. 그러더니 케냐 출신 흑인 유학생의 아들인 버락 오바마 상원의원이 세계 최초의 '소셜미디어' 대통령이 되었고, 맥아더 재단(John D. and Catherine T. MacArthur Foundation)이라는 민간재단이 수천만 달러를 들여 추진하는 프로젝트에서 "참여문화(participatory culture)"가 당당히 21세기의 흐름으로 공인받고 있는 겁니다.

이렇게 놓고 보면, 한편으로 이 보고서가 얼마나 과감한 주장을 제시하고 있는지를 알 수 있고, 다른 한편으로는 참여를 향한 거대한 물결이 몰려오고 있음을 확인하게 됩니다.

보고서의 저자들은 참여를 단순히 인터넷 문화에 국한하지 않고 공동체, 정치, 교육, 언론, 산업 등 현대사회의 광범위한 영역에서 일어나고 있는 현상으로 봅니다. 그들은 그 현상이 디지털 정보기술, 특별히 인터넷이 참여의 비용을 크게 낮춤으로써 가능해졌다고 봅니다. 그러나 그들의 관점이 훌륭한 점은 참여비용의 감소만으로 참여문화가 출현한 것은 아니고 여러 가지 사회적 요인이 결합되어 참여 친화적인 공동체(community)가 형성되었기 때문이라고 본다는 점입니다. 기술은 실행을 가능하게 해주는 요소(enabling factor)로만 보는 약한 기술결정론적 입장이지요.

참여문화에 대한 저자들의 정의는 다음과 같습니다(5~6):

① 예술적 표현과 시민참여에 대한 비교적 낮은 장애
② 창조활동과 창조물의 공유에 대한 강력한 지지
③ 경험 많은 사람이 초심자들을 도와주는 비공식적 멘토십(mentorship)

④ 자신들의 기여가 중요하다고 생각하는 회원들

⑤ 다른 사람과 어느 정도의 사회적 유대를 느끼는 회원들(최소한 그들은 자신이 창조한 것에 대해 다른 사람들이 어떻게 생각하는가에 대해 염려한다)

이 중 1번과 2번은 우리가 자주 듣고 느끼는 요소인데, 저자들의 관점이 돋보이는 부분은 3, 4, 5번입니다. 바로 공동체에 대한 강조이지요. 저는 거기까지 생각해 보지 못했습니다. 사이버공동체에 대해 연구했지만, 그것을 이렇게 참여문화의 핵심 요소로까지 생각하지 못했어요. 그런데, 저자들은, "공동체 그 자체가 창조적 표현과 능동적 참여를 위한 강력한 인센티브를 제공한다"고 지적합니다(6). 저자들은 이렇게도 얘기합니다. "참여문화는 리터러시의 초점을 개인적 표현(individual expression)에서 공동체 관여(community involvement)로 옮겨 놓았다(6)." 제게는 이 문장이 저자들의 뛰어난 시각을 보여주는 대목으로 보입니다. 참여문화의 핵심이 개인적 표현에 있는 것이 아니라 공동체 관여에 있다는 주장은 대단히 창의적입니다. 이 대목에서 열렬히 박수를 쳐주고 싶습니다. 제가 아는 한 지금까지 참여를 거론한 학자 열 명 중 아홉 명이 개인적 표현에 초점을 맞추었는데, 이 보고서는 공동체 관여로 발상을 전환하고 있습니다. 이 보고서의 주저자인 헨리 젠킨스(Henry Jenkins) 교수(남가주대 저널리즘학과)가 저보다 두 살밖에 어리지 않는데 생각이 참신하네요. 역시 나이는 숫자에 불과한 모양입니다.

같은 맥락에서 그들은 정보기술을 하나하나 고립된 상태로 바라볼 게 아니라 문화적 생태계(cultural ecology)에 의한 한 부분으로 접근해야 한다고 주장합니다(이런 의미에서 생태학적 접근이라고 부르지요). 그 생태계는 "다양한 커뮤니케이션 기술들의 상호관계, 그 기술들을 중심으로 형성되는 문화적 공동체들, 그리고 그 기술들이 지지하는 활동들"로 구성됩니다(7). 매체 융합을 연구한 학자다운 주장입니다. 인터넷, 휴대폰, 라디오, TV, 신문 등을 따로 따로 보지 말고, 또한 커뮤니케이션 기술을 그것이 사용되는 문화적 그리고 제도적 맥락과 분리해서 보지 말자는 말입니다. 그렇지요. 참여문화의 관점에서 미디어 교육을 분석하는데 응당 그래야 하겠지요. 언론학적 냄새가 좀 많이 나기는 하지만 무슨 상관이 있습니까?

아무튼 참여문화라는 관점과 생태학적 접근 방법이 빈틈없이 맞아 떨어집니다. 탁월한 선택 아닌가요? 오늘은 여기까지만 하지요. 미디어 교육 이야기하면서 '공동체 관여'와 '문화적 생태계'만 해도 하루치 화두로는 충분할 것 같습니다. 그렇지 않은가요? **[계속]** 2010.08.24

좋아요 · 댓글 달기 · 공유하기

조윤경, Junghwan Woo, 양룡님 외 13명이 좋아합니다.

Roja You Participatory culture... 끌리는데요. 감사합니다.
2010년 8월 24일 오후 12:04

Joan Lee 이 보고서를 보고 싶은데 가능할까요?? 좋은 내용 같습니다.
2010년 8월 24일 오후 7:34

정보사회학 예. 아래 (1)번 글 중간에 링크를 걸어두었습니다. 보고서가 아주 풍부한 내용을 담고 있습니다.
2010년 8월 24일 오후 9:05

Brian Kim 참여문화의 정의와 부연설명이 공감이 되고 큰 도움이 되었습니다. 정보기술의 발전이 문화적 생태계의 발전에 기여한 점에 비해 enabling 요소로만 평가되는 것은 좀 적절치 않다고 생각됩니다. 비록 적극적, 의도적 협력이 아니었더라도 그 기여에 비해 평가가 많이 축소된 느낌입니다. 주제와 벗어난 사족이지만... 제 생각입니다.~ 이제 시작될 본론이 크게 기대됩니다. 감사드립니다.^^
2010년 8월 25일 오전 10:10

정보사회학 기술을 enabling 요인으로만 보는 부분이 흡족하지 않으시군요. 기술의 역할을 얼마나 인정하느냐는 간단치 않은 문제입니다. 아시다시피 기술을 역할을 적극적으로 평가할수록 인간의 역할은 상대적으로 축소될 수밖에 없거든요. 도구보다는 인간, 미디어보다는 사용자 쪽에서 정보기술과 인간(혹은 사회)의 관계를 바라보기 위한 불가피한 설정이라고 이해해주시길 부탁드립니다. 코멘트 감사합니다.
2010년 8월 26일 오후 1:43

Wook Inn Paik 기술의 산물인 인공물(미디어, 정보, SNS 포함)과 인간사회의 관련성을 기술환원론이나 인간중심주의의 오류를 피하면서 이해할 수 있는 틀이 필요할 것 같습니다. 기술과 인간 사이에 존재하는 수많은 레이어들을 정교하게 파헤치지 않고 인간중심주의나 강한 기술주의로 몰아버리면 새로운 네트워크 생태계에 대한 이론적 해명도, 정책적 대응도 모두 다 일방적으로 흐를 가능성이 있다고 봅니다. 그럼 대안은? 생각해 보겠습니다.
2010년 9월 26일 오전 2:58 1명

대화 61 소셜미디어 시대의 미디어 교육(3): 참여격차, 성찰, 그리고 윤리적 감수성

교육은 문제의식에 대한 사회적 대응입니다. 문제의식은 교육의 방향과 내용을 결정하는데 출발점이 되지요. 이 보고서는 참여문화에 대한 문제의식을 분명히 보여주고 있습니다. 이 보고서의 문제의식을 가지고 우리 사회의 현실을 보면 어떤 진단이 나올까요?

첫째, 정보불평등입니다. 저자들은 단순히 정보기술(혹은 정보) 접근을 넘어서 피에르 부르디외(Pierre Bourdieu)가 문화자본(cultural capital)이라고 부른 문화적 격차를 지적하고 있습니다. 단순히 인터넷에 접근만 제공해주는 정도로는 안되고, 누구에게나 인터넷을 자유자재로 사용할 수 있는 환경이 제공되어야 하고, 정보기술과 정보이용에 관한 충분한 지식이 제공되어야 하는데, 현실은 그렇지 못하다는 겁니다.

그러한 환경과 지식이 주어지지 않으면 정보기술 사용의 폭도 줄어들고, 정보기술을 능숙하게 사용할 수도 없으며, 정보기술을 통한 참여에 대해 자신감(efficacy)도 줄어든다고 지적합니다. 저자들은 그것을 참여 격차(participation gap)라고 부르며, 참여격차야말로 미디어 교육이 우선적으로 해결해야 할 문제라고 주장합니다.

이 문제의식은 우리나라에서 정보격차해소를 정책적으로 다루는 분들이 이미 많이 갖고 있는 것입니다. 정책적 초점이 '접근'에서 '활용'으로 바뀌어야 한다는 인식이지요.

이 보고서의 문제의식을 우리나라에 가져오면 두 가지 현실이 발견됩니다. ① 접근 문제가 아직 해결 되지 않았다는 것입니다. 아직 인터넷을 사용하지 못하거나 아주 불편하게 사용하는 국민이 어림잡아 1천만 명 정도는 있습니다. '접근'이 여전히 정책적으로 풀어야 할 문제라는 말씀입니다. 저자들이 말하는 '자유자재로 인터넷을 사용할 수 있는' 환경을 제공하려면 갈 길이 한참 남아 있습니다.

그런데 KT가 민영화된 이후 보편적 접근을 실행할 정부기관이 없고, 정보격차해소 예산은 대폭 줄고, 그걸 담당하던 기관(한국정보문화진흥원)은 다른 기관(한국정보화진흥원)에 병합되어 버렸습니다. '접근' 잔치가 끝났다는 이야기인데, 수긍하기 어렵습니다.

② 믿기 어렵겠지만 우리 청소년들 혹은 청년들의 정보기술 사용능력이 아주 낮습니다. 평균 70점을 주기도 어려워요. 정보화 선진국의 모습과는 거리가 멉니다. 인터넷을 어떤 용도로 어떻게 사용하는가를 보면 한심한 수준입니다. 게임하고, 이메일 쓰고, 네이버 검색하고, 싸이 좀 하고, 메신저하고, 연예 관련 신문기사나 블로그 읽고, 영화나 음악 다운로드 받는 게 거의 전부입니다. 아닌가요? 혹시 이 글을 보시는 분 중 그게 뭐가 문제인데 라고 생각하는 분은 안 계시겠지요? 학생들의 문제는 그러고도 자신들이 인터넷을 쓰는데 아무 '문제'가 없다고 생각한다는 점입니다. 누구도 그걸 문제 삼는 걸 본 적이 없잖아요? 항상 아이의 문제는 어른의 문제입니다. 아이가 문제의식이 없다면 그건 어른이 문제의식이 없음을 의미하지요. 아닌가요?

둘째, 성찰의 문제입니다. 이 보고서는 많은 사용자들, 특히 청소년 사용자들이 정보를 잘 분별해서 수용하지 못하고 있다고 지적합니다. 이는 방송과 신문과 같은 대중매체의 수용과 관련해서 늘 문제로 제기되어 왔고, 기존의 미디어 교육이 가지고 있던 문제의식입니다. 사극과 역사를 혼동하고, 보도기사와 홍보물을 혼동하는 현상 등의 문제를 말합니다. 거기에는 매체산업, 뉴스 생산 과정에 대한 이해까지도 포함되지요. 정보와 매체에 대한 비판적 수용을 위한 교육이 필요하다는 주장입니다.

이 보고서는 인터넷에 그 문제가 더욱 심각하다고 지적합니다. 인터넷에는 오보(misinformation), 역정보(disinformation), 상업적 정보, 학술정보 등 온갖 종류의 정보들이 분명한 경계 없이 뒤섞여 있기 때문이라고 합니다. 인터넷에서는 대중매체와 달리 정보를 필터링하는 장치가 부족하기 때문에 사용자 스스로 정보를 선별해야 하는데 대부분 그 능력이 부족하다는 것입니다. 저자들은 그것을 투명성 문제(transparency problem)라고 부르고, 정보선별능력 교육을 통해 이 문제를 풀어가야 한다고 주장합니다.

이 쟁점을 다루기가 그리 녹록하지 않습니다. 함축성이 큽니다. 자칫하면 인터넷 사용자를 수동적 수용자로 간주할 가능성이 있기 때문입니다. 저는 인터넷이 대중매체보다 투명성 문제가 더 심각하다고 보지는 않습니다. 저는 사이버공간의 정보 자정 메커니즘을 신뢰하고 있고, 특히 소셜미디어의 발달로 인한 정보 생산과 수용의 사회화는 그러한 메커니즘을 더욱 강화하고 있다고 생각합니다. 때문에 저는 정보선별능력에 대한 교육이 필요한가에 대해 의문을 갖고 있습니다. 이 부분에 대한 여러분의 생각은 어떠하신지요?

저는 소셜미디어 시대의 매체교육은 미시적 수준에서의 정보선별능력에 초점을 맞추는 대신, 거시적 수준의 정보기술 성찰 능력 배양에 초점을 맞추는 것이 바람직하다고 생각합니다. 그래서 제가 이 항목의 제목도 성찰의 문제라고 걸었습니다. 거시적 수준의 정보기술 성찰 능력이란 각종 미디어를 대상화시켜 보는 능력입니다. 미디어를 한 걸음 물러나서 관찰하는 능력이지요. 여기서는 정보가 아니라 미디어 자체에 방점이 있습니다. 미디어와 인간, 미디어와 사회의 관계를 비판적으로 바라보는 능력을 말합니다. 제가 10여 년 전에 출간한 책에 이렇게 썼습니다.

"성찰교육에서는 TV, 비디오카메라, 복사기, 컴퓨터 등이 심리적 습관, 사회관계, 정치적 관념, 그리고 도덕적 감각을 어떻게 재질서 짓고 있는가를 탐구할 수 있을 것이다. 그 과정에서 학생들은 정보기술이 우리로 하여금 무엇을 가능하게 하고, 무엇을 할 수 없게 하는지, 정보기술이 과거에 세상을 어떻게 변화시켰고, 세상을 어떻게 변화시킬 것인가에 대해 숙고해 볼 수 있을 것이다(윤영민, 2000: 268-269)."[16]

셋째, 윤리의 문제입니다. 저자들의 지적처럼 대중매체 종사자들은 기사를 쓰거나 프로그램을 제작하는데 있어 지켜야 할 규범을 잘 인식하고 있으며, 견습 기자와 같은 훈련 과정을 통해 규범과 관행을 익힙니다. 학교신문을 내는 중고등학교 학생들도 교사나 선배로부터 그러한 규범을 익힌다고 합니다. 그리고 대중매체의 기사나 프로그램에 대해서는 규범 준수를 감독하는 기관도 있습니다.

그런데 저자들의 주장에 의하면, 인터넷상에서 정보를 생산하거나 자기를 표현하는 데는 그러한 윤리적 훈련을 받을 수 있는 기회가 거의 주어지지 않습니다. 물론 감독하는 기관도 없습니다. 때문에 사용자들은 전문적인 정보생산을 하면서도 표절, 저작권 침해, 명예훼손, 프라이버시 침해 등과 같은 법적, 윤리적 문제에 대해 적절한 지식과 행동양식을 갖추지 못하고 있다는 것입니다. 저자들은 이 문제를 윤리적 도전(ethics challenge)이라고 부르고, 매체교육이 이를 다루어줘야 한다고 주장합니다.

현실을 돌아보면, 저자들의 문제의식에 이의를 제기하기 어렵습니다. 그러나 이 문제도 간단치 않습니다. 대중매체가 비교적 잘 수립된 제도와 관행을 갖추고 있는 것은 사실입니다. 물론 그것이 얼마나 잘 지켜지고 있는지 의심스러울 때가 많기는 하지만요. 어쨌든 인터넷이 비교적 새로운 매체 혹은 표현공간으로써 그런 제도나 관행이 갖춰지지 않은 것은 사실입니다.

그러나 문제는 새로운 매체에 대한 이해도 제대로 안된 상태에서 섣불리 제도나 관행을 서둘러서 만들다가는 윤리적 효과도 없고 새로운 매체의 잠재성만 억압하는 결과를 초래할 수도 있다는 것입니다. 대중매체와 인터넷, 특히 소셜미디어의 성격이 너무 다르기 때문에 윤리적, 법적 장치를 세우기 전에 새로운 매체에 대한 충분한 이해가 우선되어야 합니다.

예컨대 표절 문제를 보십시오. 저자와 독자의 구분이 명백한 대중매체의 기사에서 무엇이 표절인가는 매우 분명합니다. 하지만 저자와 독자의 구분이

16 윤영민. 2000. 〈사이버공간의 정치〉. 한양대출판부.

애매하고, 타인의 작품에 대한 의존성이 매우 높은 인터넷 상의 예술적 표현에서 어디까지가 표절로 간주해야 하는지를 판단하기란 참으로 어렵습니다. 대중매체에 적용하던 기준을 엄격하게 들이댄다면 글쎄 표절이 아니라고 할 만한 표현물들이 얼마나 있을까 모르겠네요.

새로운 매체에 대해 충분히 사회적 학습이 일어난 후에 차츰 사회적 합의를 기반으로 규범을 만들어 가야 할 것입니다. 잘못하다간 교각살우(矯角殺牛)의 어리석음을 범하게 될 테니까요. 그러나 이도 말처럼 쉽지 않습니다. 필화 사고는 여기저기서 터지고, 매체는 지속적으로 변해 가는데 도대체 언제까지 사회적 학습을 해야 하고, 언제 어떤 규범을 만들어 적용해야 하는지…

사정이 이렇기 때문에 매체교육을 담당하는 분들이 부딪쳐야 할 어려움이 가히 짐작이 갑니다. 소위 표준적인 윤리교육은 거의 불가능하다고 봐야겠지요. 그렇다면 손을 놓고 있어야 하나요? 저자들은 현 단계에서 윤리적인 모범답안을 찾기 보다는 기존 규범에 문제를 제기하는 것이 바람직하다고 주장합니다. 교사와 학생들이 함께 새로운 매체의 맥락에서 기존의 윤리적 관행을 재검토하고, 새로운 윤리 기준을 만들어 보는 시도를 해보라고 권고합니다.

저도 이 주장에 크게 공감합니다. 사실 저는 10여 년 전부터 '윤리적 감수성'을 높이는 교육이 필요하다고 주장해 왔습니다. 윤리적 문제가 발생한 다양한 사례들을 검토하거나, 실제 학생 자신들의 경험에 근거한 토론을 통해, 인터넷상의 예술적 표현이나 공공 대화가 얼마나 남의 표현물에 의존하고 있으며, 남에게 어떤 영향을 미칠 수 있는지를 함께 인식하는 기회가 필요하다는 말입니다.

다음 글에서는 소셜미디어의 매체 교육에서는 어떤 기술들(skills)이 가르쳐야 하는가에 대한 보고서의 내용을 살펴보겠습니다. 2010.08.26

좋아요 · 댓글 달기 · 공유하기

조윤경, 양룡, Sudo Choe님 외 9명이 좋아합니다.

ShinYoung Kim 필요한, 좋은 글입니다.
2010년 8월 26일 오후 2:29 1명

Brian Kim 세가지 문제의식을 찬찬히 설명해주셔서 감사드립니다. 우리나라가 비교적 정보불평등 문제가 해결된 곳으로 생각했었는데 아직도 가야 할 길이 꽤 있군요. 성찰의 문제에서도 거시적 수준의 정보기술 성찰 능력 배양에 더 무게중심을 둔 점에 공감합니다. 일단은 정보과잉에서 오는 잉여정보처리 문제로 선별능력이 다루어지기는 하겠지만 궁극적으론 인간과 사회에 미치는 미디어의 영향에 대한 성찰이 더 중요하단 말씀이지요? 윤리의 문제에 대해선 전적으로 공감합니다.
2010년 8월 26일 오후 3:52 👍 1명

정보사회학 브라이언님, 숙제를 드려 죄송합니다. 아침에 일어나보니 너무 썰렁해서 초대했습니다. 저는 정책적 섬세함이 선진국을 만들지 않을까 생각합니다. 정보화정책도 예외가 아니고요. 소위 선진국들의 정보화정책을 보면서 우리도 충분히 할 수 있는 것들인데 하는 아쉬움을 가질 때가 많습니다. 댓글 감사합니다.^^
2010년 8월 26일 오후 4:43 👍 1명

Brian Kim 초대해주셔서 감사하지요. 아쉬움이 연료가 되어 정보화정책이 활성화되길 바랍니다.^^
2010년 8월 26일 오후 4:48 👍 1명

Min Jeong Son 요즘 fb 이용시간을 정해놓고 지키려했더니 정보사회학 페이지의 새 글을 많이 놓치네요. 아래 링크해두신 보고서를 대충 다 넘겨보고도, 교수님 올려주시는 논의가 눈에 잘 안 들어오네요. @윤교수님, 급한 일 아니시면 조금만 천천히 가면 안 될까요? 저만 이렇게 느린 건가요? 아니면 제가 하고 싶은 말은 많은데, 정리를 빨리 못해서 그런 건가요? 전에는 대충 넘겨도 괜찮더니, 이제 조금씩 알아가게 되니 왜 이리 욕심이 날까요?
2010년 8월 26일 오후 6:24

정보사회학 손선생님, 제가 게으름을 떨다 다음 주부터 시작하는 새학기 강의준비가 아직 덜 되어 있어 오늘까지 연재를 마치려는 마음에 막 달렸네요. 죄송합니다.^^ 제 입장만 생각했네요. 열심히 읽어주셔서 너무 감사합니다.^^
2010년 8월 26일 오후 6:53

Myungdae Cho 우선 초대해주셔서 감사합니다. 이 초대라는 기능이 참 좋네요. Functionality가 점점 좋아지는 느낌입니다. 물론 있어 왔겠지만요. 저만 모르고 개인의 주관적인 내면의 생각이 모아지고 또 전혀 독립적으로 따로 떨어져 있었던 다른 개인을 연결시켜주는 새로운 창이 지금 저희들이 사용하고 있는 이런 정보공간이 아닌가 합니다. 이것을 Social Networking이라고 부르고요. 저는 참 좋아합니다. 저는 여기서 많이 배우고 또 나눌 것이 있다면 숨김없이 나누어 나갈 생각입니다. 이렇게 읽고 쓰고 하면서 자신을 자란다는 것을 고백하지 않을 수 없습니다. 지금 이 순간에도 미국에서 진행되고 있는 Webinar를 들어가면서 틈틈이 글을 쓰고 있습니다. 영어를 배울 때도 독해만하고 받아 먹기만 한 사람은 영어의 Fluency에서 아주 느리죠. 심하게 말하면 불가능하다고 할 수 있습니다. 그러나 조금은 틀리더라도 글로, 말로 표현을 하는 사람들은 훨씬 Fluency가 다르지 않습니까?

이와 같이 저는 제 분야에서 Information Fluency가 중요하다고 생각합니다. 기존의 Information Literacy에 computer literacy를 더하고 더 중요한 것은 creative thinking을 더한다는 것입니다. 아마 collective thinking도 이렇게 해서 만들어지지 않나라는 생각이 들 정도로요. 교수님의 글 "누구에게나 인터넷을 자유자재로 사용할 수 있는 환경이 제공되어야 하고, 정보기술과 정보이용에 관한 충분한 지식이 제공되어야 하는데, 현실이 그렇지 못하다는 겁니다."에 전적으로 동의합니다. 그냥 정보검색 수준이 아니라, 정보발견을 할 수 있는 공간을 마련해주고, 자기도 공헌도 하고 또 더 큰 것을 가져가는 그러한 정보공간에 대한 것이 Information fluency의 주목적이며 당연히 체계적인 교육이 이루어 졌으면 좋겠습니다.

그동안 우리는 어떤 면에서 내가 뭘 모르는지 알고 있을 때 사용하는 목적지향적인 검색을 해왔고 이에 대한 교육을 해왔다고 봅니다. 물론 맞는 말입니다. (검색 자체는 많은 문제점을 내포하고 있고요) 그러나 우리는 자신이 뭘 모르는지 잘 모를 때가 많지 않습니까? 탐색지향적인 소셜 서비스는 우리가 뭘 모르는지 알고 싶을 때 사용할 수 있다고 봅니다. 그래서 소셜 서비스가 성장하는 것이라고 보고 있고요. 도서관도 기존의 공간의 개념에서 '접근'으로, 이제는 '활용'으로 바뀌어야 한다고 봅니다. 이에 도서관이 적절하게 대처하지 못하면 국민들로부터 멀어져 갈 수도 있을 것입니다. 그래서 도서관의 자료조직에 큰 변화가 필요한 것이죠. 이용자는 저 만큼 앞서있고, 시스템은 뒤따라오고 있는 실정입니다. 기존의 도서관 장서활용교육이 아닌 지금 시대에 맞는 유창하게 정보를 활용하는 교육이 필요할 것입니다.

fluency라는 말을 번역하기 참 힘드네요. 영어의 유창성은 말이 되는데 정보유창성??? 어딘가 거친 느낌이... 우리 인간은 주변의 환경을 적극적으로 지각(perceive)하고 또 현명하게 사리에 맞게 인지하는 존재라고 생각합니다. 그렇다면, 정보검색 및 탐색에 있어서 우리 이용자들에게 제공되어지는 또는 스스로 만들어 나가는 도움자(facilitators)를 구체적으로 어떻게 지각하고 인지하는가를 살펴보면 다양한 이용자들의 새로운 요구에 부응할 수 있는 시스템의 디자인에 큰 도움이 될 것입니다. 감사합니다.

2010년 8월 26일 오후 6:58 👍 1명

Min Jeong Son 9월 새 학기 부담 느끼시는 분들이 지금 여기 많으실 듯^^;; 저도 Digital Literacy 교육 받았어요. 서초동 국립 중앙도서관에서 올 1-2월, 토요일에 진행했던 '디지털 가상세계와 미래 문화'. 사실 제가 인문학 강좌를 새로운 시각에서 접근할 수 있는 방법을 모색하다 만난 강좌였는데, 정말 많은 도움이 되었죠. 그때 제일 많이 느낀 점이 바로 'Literacy'의 개념과 대상 자체를 확장해야겠다는 거였어요. 또 전 어린 아이들 교육 현장에도 있어서 그런지 디지털 방식의 교육 방법에 대해 할 말이 정말 많은가봅니다. 오늘 아침에 이 글들 읽고 난 후, 산책하는 데 온통 이 생각뿐이더군요. 좀 차분히 식힌 후에 다시 읽어봐야겠어요. @윤교수님, 사실 이렇게 달리고 빠른 스피드에도 익숙해져야 할 것 같아요. 두뇌 훈련에 아주 좋아요!

2010년 8월 26일 오후 8:34 👍 1명

Ben Byeongho Lee 오전중에 바쁜 업무가 있어가지고 참여가 늦었습니다. 정보사회학 페이지가 좋았던 것이 윤교수님 글 뿐만 아니라 댓글도 같이 좋았습니다. 주교재와 보충교재라고 할까요? 이 페이지는 그런 분위기가 매우 좋았습니다. 온라인 스터디클럽 같은... 공짜로...ㅎㅎㅎ 몇 번 지켜보다가 이렇게 초대로 오게도 되고 '개방'과 '공유'의 전제가 '참여'라는 걸 체험하게 됐지요. '좋아요'라고 박수만 치는 것보다 같이 따라가보자 하는 용기가 댓글들을 통해 나왔습니다.

물론 아는 것도 적고 알수록 점점 더 모르는 것이 많아지는 현상 때문에 제 댓글이 큰 도움이 안되었겠지만 요즘 제 딸의 교육문제로 윤교수님이 개탄하는 모든 점에 공감이 가고 있습니다. 특히 '윤리'와 '성찰'에 대한 부분. 기존의 공교육제도하에서는 저로서는 희망이 보이지 않습니다. 30년전 제가 중학교를 다닐 때와 별반 다르지 않습니다. 일부는 교과서 토씨하나 안 틀리고 일부 교과목 선생님이 그것도 제대로 알려주지 못해 참고서나 학원에서 알아서 배우라는 주입식 교육도 아닌, 자유방

임식 오히려 창의적인 생각을 방해하는 얼차려식 교육... 지나고 나서보니 그때 학교에서 배운 지식보다 얼마 안되는 소설과 고전서-교수님이 강조하시는 책읽기- 그리고 혼자 생각하기가 결국 이나마 남은 자산이 되었다고 생각합니다.

30년이란 강산이 세번 변하고도 남는 시간에, 아니 그 이전부터 이런 상태로 우리의 교육시스템은 타임캡슐처럼 고정되어 있다는 것에 무척 전율을 느낍니다. 여기서 우리끼리 Web 3.0이니 집단지성이니 하고 있어도 우리 청소년은 컴퓨터시간에 2진법 숫자 더하기 시험만 보구있구 도덕시간에 담당교과목 선생님의 잡담만 듣고 있는 실정인 것 같습니다. 그 시간에 고전읽기라도 했으면 좋겠습니다. 그래서 저는 우리 딸과의 '대화'를 통해 같이 공감해주고 고전읽기가 더 중요하다고 살살 부추기고 있습니다. 물론 학원갈 시간 빼고 얼마 안되지만... 윤교수님, 처음에 정보의 불평등이라고 하셨는데 물리적 인프라보다 교육이라는 소프트웨어와 운용하는 사람들이 정말 문제라고 생각합니다.

2010년 8월 27일 오전 12:41 👍 4명

정보사회학 손선생님, 제가 여기서 소개하고 있는 보고서는 literacy개념을 최대한 확장하고 있는 사례가 될 것입니다. 다음 번 posting에 좀더 구체적인 내용이 담았습니다. 이선생님, 제 posting보다 긴 댓글을 주셨네요. 말씀하신 내용에 크게 공감합니다. 중고등학교 교육내용에 어떤 것이 들어가도 표준적이며 객관적인 시험 대비용으로 바꾸어버리는 현실이 갑갑합니다. 요즘같이 학교밖에서 지식의 습득과정이 멀티미디어화 할수록 거꾸로 학교에서는 책을 읽는 기회를 많이 제공해야할 것 같습니다.

2010년 8월 28일 오후 6:06 👍 1명

Ben Byeongho Lee 정신적 양식인 '책'하고 육체적 소셜게임인 '운동경기'하고 결국 고대 그리스인 말대로 '건강한 육체에 건강한 정신이 깃든다'가 불변의 진리겠지요. 나혼자 말고 다같이...

2010년 8월 28일 오후 6:10

정보사회학 이선생님 말씀처럼 단체경기는 아이들에게 건강한 체력도 길러주고, 협업의 스킬도 배우게 해주고, 친구도 사귀게 하는 일석다조의 효과가 있는 것 같아요.

2010년 8월 28일 오후 6:21 👍 1명

Brian Kim Ben님 의견에 공감이 되는군요. 미국에서도 지난 10년 동안 사교육시장이 엄청난 규모(정확한 데이터는 없지만)로 커졌습니다. 그 결과 교육의 질이 높아진 것이 아니라 한국처럼 공교육 시스템이 오히려 약화되는 현상이 벌어지고 오히려 학생들의 전인교육에 반하는 성적경쟁 결과를 가져오고 있습니다. 한국의 교육문제가 이곳, 특히 아시안 비중이 높은 지역에서 똑같이 발생하고 있는 것이지요. 저는 교육참여자인 학부모에게 더 책임을 부과하고 싶습니다.

2010년 8월 28일 오후 6:53 👍 1명

임현섭 좋은 글 잘 읽었습니다^^ 참여가 쪼금 늦었네요. 정보 불평등 부분이 매우 공감갑니다. 이제 인터넷에 접근할 수 있는 정도의 차이는 크게 없다고 생각합니다. 문제는 인터넷을 어떻게 사용해야 하는지 가르쳐 주는 곳이 얼마 없다는 것이죠. 제가 대학 1학년때 컴퓨터 관련 과목이 필수로 되어 있어서 두학기나 들었지만, 엑셀이나 포토샵같은 툴을 다루는 법만 가르쳐 주더군요. 인터넷을 어떻게 써야 하는지 배우지 못한 상태에서 인터넷을 쓰게 되니, 학생들은 인터넷을 쓸 수 있는 환경이 충분히 주어져도 어떻게 써야 할지 모르는 상황이 벌어지는거 같습니다. 학생들에게 인터넷이 시간 때우기용 매체가 되고 있는거 같아 안타깝습니다.

2010년 8월 28일 오후 8:09 👍 1명

Ben Byeongho Lee 지식적 공부는 학원에서, 진짜 삶의 지혜와 놀이를 통해 참여와 협업, 육체적 단련은 학교에서...롤 플레이가가 바뀌는 것도 나쁘지 않은데 학교가 원체 보수적이라 바뀔 생각이 없네요, 학원지식을 평가하는 기능으로 스스로 전락...ㅠㅠ
2010년 8월 28일 오후 8:11 👍 1명

Haewon Kim 이야... 저도 지난 학기 때 이 프로젝트 연구 중의 하나인 Living and learning with new media를 읽었어요. 청소년들의 디지털 문화를 주제로 한 매우 다양한 질적 연구들이 이루어져 있어서 저희 교수님과 저도 매우 부러워했던 기억이 납니다.(저희도 한 학기간 세 그룹으로 나누어 청소년~ 20대 초반을 대상으로 팬 커뮤니티, 트위터러, 애니메이션 자막 제작자들을 연구했습니다.)
이 프로젝트를 통해 이루어진 청소년 디지털 하위 문화연구(질적연구 사례) 매우 매우 많았던 것으로 기억하는데 이런 연구들이 기반이 되어 교수님이 올려주신 '참여문화' 에 대한 깊이있는 해석과 디지털 리터러시/교육에 대한 제대로된 대안 제시가 가능했던 것 같습니다. 저는 사례연구들만 접하고 이러한 이해를 바탕으로 어떠한 관점을 가져야 할지에 대해서는 물음표 상태였는데, 정보사회학 페이지는 늘 제게 방향과 관점을 제시해주니 얼마나 기쁜 일인지 모르겠어요!!!!
2010년 8월 28일 오후 8:42 👍 1명

정보사회학 와, 해원님이 소나기처럼 댓글을 다셨네.^^그 프로젝트의 사례연구 보고서를 읽었군요. 저는 아직 못 읽었는데. 지적해주어 고마워요. 해원님과 지도교수님의 연구결과가 궁금하네요. 이곳에 엑기스만 소개해주시면 어떨런지요?
2010년 8월 29일 오전 2:24 👍 1명

정보사회학 @김선생님, 미국에서도 사교육 시장이 공교육에 영향을 주고 있군요. 2년 전에 제 아이들을 미국 공립학교에 보냈다가 교육이 얼마나 부실한지 크게 놀랐습니다. 물론 지역에 따라 격차가 크겠지만, 제 아이들이 다닌 곳은 여러 가지 면에서 우리나라 학교보다 못하더군요. 오바마의 교육개혁이 변화를 가져올런지요? 그런데 개혁 방향이 좀 잘못 간다는 생각이 들기는 합니다만...
@현섭아, 학생들에게 인터넷이 시간 때우기용 매체가 되어간다니, 참 안타까운 일이다. 대학 교양 과정에서라도 제대로 방향을 잡아줘야 하는데 말이다.ㅉㅉ
@이선생님, 학교가 학원지식을 평가하는 곳으로 전락되고 있다는 지적에 많이 공감합니다. 학원에 다니지 않는 세 아이가 학교에 다니기 참 어려워하더군요. 지나친 선행학습이 학교수업을 망가뜨린다는 생각이 들었습니다. 어디서부터 문제를 풀어야 할지...
2010년 8월 29일 오전 2:37 👍 2명

Min Jeong Son 오바마 아니라 어떤 대통령이라 해도 그 영향이 바로 지금 내 아이가 받고 있는 교육현실에 영향을 주리라는 낙관은 절대 하면 안 된다는 게 제 입장이에요. 물론 사회 일원으로서 제도에 관심을 갖고 정치적 관심을 표명하는 것도 중요하지만, 우리 아이의 부모로서의 역할과는 분리해야 된다는 거죠. 이기적인 것이 아니라, 두 가지 혼동했다가는 자식 농사 망치는 지름길로 가는 게 자명한 듯.
미국 내에서도 Literacy 능력 제고를 위한 노력을 많이 하고 있지만, 그 실제 격차를 줄이기가 힘들다고, 작년 국립어린이청소년 도서관 세미나에서 들었어요. 교육학 전공하셨다던 미대사관 직원 부인이 직접 나오셨던 강좌였는데, 정치(?) 때문에 평준화될 수밖에 없는 정책이 오히려 독해능력 저하를 가져오기까지 한다는 거죠. 오히려 Bush 대통령 영부인이 도서관 사서 출신이라 그 때에는 literacy 제고 정책들이 더 많았고 실효를 거두었다고 하네요.

그 대신 RIF; Reading Is Fundamental 같은 재단이나 백화점같은 기업들이 독서능력 향상을 위해 더 많이, 꾸준히 노력하고 있다고 하니 부모들도 정책에 지나치게 기대하기보다는 자녀와 독서공유를 하거나 체험학습을 함께 하는 등의 노력이 더 효과적이라고 생각합니다. @윤교수님, 그래서 지난번에 학생들이 스스로 사고하고 창의적인 토론하기 힘들어한다고 하셨을 때도, 저는 '몰입'의 훈련을 해보면 어떠하시겠냐고 했었던 거죠. 사회 전체적인 시각에서의 문제의식 발견도 중요하겠지만.. 제가 좀 많이 개인적이죠;;;
2010년 8월 29일 오후 4:27 1명

정보사회학 여러 차원에서 문제를 풀어나가야 겠지요. 국가적 차원의 노력이 개인적 차원의 노력을 대신할 수 없고, 개인적 차원의 노력만으로 교육현장의 문제를 풀 수는 없겠지요. 제가 훈련받은 사회학자인 탓에 주로 사회적 관점에서 문제 제기한답니다. 혜량해주시길.^^
2010년 8월 29일 오후 5:45

Brian Kim @민정님.. 7~8학년 때까진 부모의 역할이 학교나 교육시스템보다 훨씬 크고 중요하다고 생각합니다. 그 이후에는 부모의 능력의 한계나 관계의 이유 등으로 학교와 시스템에 더 의존적일 수밖에 없고 부모의 역할이 학교에 협력하거나 시스템 개선에 영향력을 행사하는 쪽으로 옮겨가는 것 같습니다. 다만 자본주의 자유경쟁 속에서 이익을 추구하는 사교육 서비스 업체들의 공격적인 영업과 조금은 이기적이랄 수 있는 부모들의 연합으로 선행학습을 통한 성적 올리기 경쟁이 결과적으로 학생과 부모들 모두를 lose-lose game으로 몰아간다는 것이죠. 이 부분은 정책적으로도 어떻게 해결이 가능할지... 잘 모르겠네요;;
2010년 8월 29일 오후 7:08 3명

대화 62 소셜미디어 시대의 미디어 교육(4): Social Skill로서의 21세기 리터러시

오늘은 보고서의 두 대목을 인용하면서 논의를 시작하지요.

"의미의 사회적 생산은 개인적 해석을 합하는 것 그 이상이다. 그것은 문화적 경험을 지각하는 방법에 있어 질적인 변화를 나타낸다. 그런 의미에서 그것은 우리가 리터러시(literacy)를 이해하는 방법에 있어 근본적인 변화가 필요함을 시사한다(p.32)."

"뉴미디어 리터러시에 있어 가장 급진적인 요소는 이질적인 사람들의 협력(disparate collaboration)이다. 뉴미디어는 대면적으로 만날 가능성이 거의 없는 대규모 공동체 구성원들이 서로 협력하고 지식을 공유할 수 있게 해준다. 학교는 아직도 개인적인 문제 해결자들(autonomous problem solvers)을 훈련시키고 있지만, 정작 학생들이 직장에 들어가면 점점 다양한 전문성에 의존하고, 문제를 해결하기 위해 다른 사람들과 협력하면서 팀으로 일하기를 요구받게 된다(p.33)."

이 두 부분을 합하면 왜 저자들이 뉴미디어 리터러시(new media literacy)가 사회적 기술(social skills)이라고 강조하는지 짐작이 갑니다.[17] 아래에서 보다시피 실제로 핵심적 매체 리터러시 기술(media literacy skills)로 소개하는 11개의 기술(skills)이 대부분 "협력"과 관련된 사회적 기술들입니다.

저자들이 뉴미디어 리터러시를 강조한다고 해서 그것이 기존의 리터러시 교

---

17 뉴미디어 리터러시는 소셜미디어 리터러시라고 불러도 무방할 것이다.

육의 대체를 주장한다고 생각하지는 마십시오. 쓰기, 읽기, 조사하기, 미디어 사용기술(technical skills), 미디어에 대한 비판적 이해 등 기존의 미디어 리터러시를 구성하는 요소들은 당연히 모두 필요하고, 거기에 다음에 제시하는 몇 가지 요소들이 추가되어야 한다는 것이 저자들의 입장입니다.

보고서가 제시하는 핵심적 미디어 리터러시 기술

① 놀이(play): 미디어 문해 기술의 첫 번째 요소로 제시된 것이 놀이라니요? 좀 황당하지 않습니까? 더구나 놀이를 교육의 수단으로 사용하자는 이야기가 아니라(사실 지금도 놀이는 그런 용도로 자주 쓰이고 있지요) 하나의 스킬로 가르쳐야 된다는 거예요. 처음에는 저도 잘 수긍이 안 가더군요. 그런데 끝까지 이야기를 들어보니 고개가 끄덕여집니다.

여기서 강조하는 것은 놀이 중에서도 게임(games)입니다. 저자들은 게임이 참여(engagement) 능력을 기르는데 가장 좋은 방법이라고 역설합니다(37). 그들은 재미의 원천으로써 놀이에 관심을 갖기보다 참여의 한 형식(a form of engagement)으로써 놀이에 관심을 갖습니다(40). 그들은 학교에서 노는 방법을 가르쳐야 한다는 주장에 회의적인 사람들이 재미의 원천으로써의 놀이와 참여의 한 형식으로써의 놀이를 혼동하고 있다고 주장합니다.

그들은 놀이를 "하나의 능동적인 참여 양식(a mode of active engagement)"이라고 강조합니다. 놀이는 "실험과 위험감수를 장려하고, 문제를 해결하는 과정을 해답을 찾는 것만큼이나 중요하다고 생각하며, 강한 자기 확인과 정서적 투자를 장려하는 명료하게 정의된 목표와 역할을 제공한다"는 것입니다(40).

저자들은 "지식을 탐험하고 처리하는 수단 그리고 문제해결의 수단으로써", 놀이 자체가 아이들이 미래를 위해 익혀야 할 가치 있는 기술이라고 봅니다(38). 이 주장을 보면 여기서 노는 방법을 가르친다는 말이 스타크래프트(Starcraft)나 팜빌(Farmville)과 같은 게임을 하는 방법을 가르친다는 의미가 아니라, 게임을 문제 해결(problem solving)의 수단으로 사용하는 방법을 가르친다는 의미임이 나타납니다. 물론 이 관점에 서면, 그러한 인터넷 게임들도 긍정적으로 바라보게 되겠지요.

예컨대, 수업시간에 역사 교사는 학생들로 하여금 대안적인 역사 시나리오 만들기를 즐기게 해줍니다. 만약 독일이 2차 세계대전에서 승리했다면 어떻게 됐을까, 혹은 아메리카 인디언이 유럽을 식민지화했다면 어떻게 됐을까를 학생들이 토론하면서 역사적으로 어떤 사건이 왜 그리고 어떻게 발생했으며, 어떤 영향을 남겼는가를 학습하게 한다는 것입니다. 또 아트와 디자인 학생들에게는 특정한 디자인 문제를 내주고 다양한 관점 혹은 다양한 방법으로 해결해 나가게 하기도 하고, 물리학 과목에서는 MIT가 개발한 슈퍼차지드(Supercharged)라는 게임을 하면서 전자기학(electromagnetism)의 법칙들을 배우게 한다는 것입니다. 이렇게 학교수업에서 게임을 다양한 문제해결의 방법으로 사용하게 되면 학생들이 자연스럽게 게임을 문제해결의 도구로 사용하는데 익숙하게 된다고 합니다.

저자들이 놀이를 새로운 리터러시의 핵심적 스킬 중 하나로 든 이유가 이해되셨나요? 혹시 제 설명이 부족하거나 보고서의 이 부분에 대해 다른 해석을 가지고 계시면 말씀해주시기 바랍니다.

② 시뮬레이션(simulation): 이 스킬은 앞에서 말한 놀이와 직접 연관되어 있습니다. 요즘 대다수의 청소년들이 시뮬레이션 게임을 즐기고 있고, 그것을 통해 시뮬레이션을 다루는 솜씨를 익힌다고 합니다. 학교는 청소년들의 그러한 지식을 더욱 강화해서 학생들이 시뮬레이션과 모델링 도구에 대한 비판적 독해자(critical readers)가 되고, 효과적인 설계자(effective designers)가 되도록 도와주어야 한다는 주장입니다.

③ 공연(Performance): 이 스킬도 놀이와 연관되어 있습니다. 연극에서처럼 가상적인 정체성(fictive identities)을 가져보는 능력입니다. 학생들이 인터넷 게임에서 수없이 경험하는 역할 놀이(role play)이지요. 저자들은 학생들이 가상적 정체성을 가져봄으로써 자기 자신과, 자신의 사회적 역할에 대해서도 깊이 이해하게 된다고 주장합니다. 저자들은 역할놀이가 다양한 학문영역에서 응용될 수 있는 기본적인 스킬(fundamental skill)로 간주되어야 한다고 역설합니다.

④ 전용(轉用, appropriation): 여기서 전용이란 "문화를 분해했다가 다시 조립함"

이라는 의미입니다. 미디어 콘텐츠를 의미 있게 샘플링(sampling)하고 리믹스(remix)하는 능력을 말합니다. 인터넷상의 패러디나 매쉬업(mash-up) 등이 여기에 해당됩니다. 저자들은 아직 대부분의 학교는 "자율적인 예술가(autonomous artists)"를 이상적으로 삼아 교육하고 있으며, 전용에 대해 부정적인 입장을 취하고 있다고 지적합니다. 현실적으로는 의미가 생성되고 새로운 예술작품이 생산되는 과정이 결코 그렇게 독자적일 수 없음에도 불구하고 학교는 독자적 창작의 신화를 가르치고 있다는 말이지요.

⑤ 멀티태스킹(multitasking): 멀티태스킹도 미디어 리터러시의 요소라고? 그렇지 않아도 디지털 미디어 때문에 아이들(어른들도)의 집중력이 감소되어 걱정스러운데 웬 잠꼬대 같은 주장인가? 더구나 그 능력을 키워주라니? 아마도 여러분들에게는 그런 생각들이 떠오를 겁니다.

그런데 저자들의 주장이 명쾌합니다. 멀티태스킹을 주목(attention)과 반대되고, 산만(distraction)과 동일시해서는 안된다고 역설합니다. 그 이유는 아래 인용구절을 잘 읽어보시면 나옵니다.

"우리는 둘(멀티태스킹과 주목)다 단기 기억(short-term memory)에 대한 제약들을 지적으로 관리하기 위해 두뇌에 의해 전략적으로 채용된 현대적 기술(skill)로 간주해야 한다. 주목은 어떤 정보가 단기 기억에 들어가야 하는가를 통제함으로써 정보 과잉을 예방하려고 한다면, 성공적인 멀티태스커들(multitaskers)은 서로 다른 정보가 외부에 저장된 곳을 자신의 직접적 환경 내에 맵핑(mapping)함으로써 단기기억에 대한 요구를 감소시키려 한다(61-62)."

좀 복잡한 주장이지만 간단히 말씀 드려 주목과 멀티태스킹이 모두 인간의 단기 기억의 한계를 극복하는 방법이라는 것입니다. 저자들은 멀티태스킹을 "우리 주위에 있는 정보의 바다를 모니터링하고 대응하는 하나의 방법"이라고 말합니다(63). 학생들은 어떤 특정한 (유입) 정보에 대해 언제 그리고 어떻게 치밀하게 주목해야 하는지, 의미 있는 데이터를 찾기 위해 환경을 언제 그리고 어떻게 스캔할 것인지 배울 필요가 있다고 강조합니다.

이 밖에도 저자들은 분산적 인지(distributed cognition), 집단지성(collective

intelligence), 판단력(judgment), 초매체 네비게이션(transmedia navigation), 네트워킹(networking), 그리고 타협(negotiation)을 핵심적 기술로 들고 있습니다. 아마도 이것들은 제목만 보아도 무슨 내용인지 짐작하실 것 같고, 마지막 요소인 타협은 다양한 관점에서 제기된 주장들을 경청하고 적절히 반응하는 사회적 기술을 의미합니다. 우리가 관심을 갖고 있는 집단지성과 소셜미디어가 발달함에 따라 그런 요소들이, 청소년들이 익혀야 할 필수적인 기술에 속하게 되었다는 것입니다. 특별히 타협은 사이버공간은 물론이고 점차 다문화사회(multicultural society)로 진입하는 현실세계에서도 필요한 사회적 기술이 될 것입니다. 아마도 이 정도의 소개이면, 이 보고서가 얼마나 파격적인 관점에서 미디어 리터러시를 바라보고 있는지 충분히 공감하셨으리라 생각됩니다.

그런데, 이렇게 포괄적 의미의 미디어 리터러시 교육이라면 한 교사 혹은 한 학과목에서 다루기가 불가능할 것입니다. 저자는 미디어 교육이라는 창문을 통해 현재의 학교교육 전체를 리모델링해야 한다는 주장을 하고 있다는 생각도 드는군요. 메시지는 분명합니다. 한 마디로 참여문화의 시대가 왔으니(혹은 오고 있으니), 청소년들에게 참여의 기술을 교육해야 한다는 것이지요. 결국 이 보고서는 참여문화가 무엇인지, 참여문화 시대가 요구하는 참여의 기술이 무엇인지를 제시하고 있습니다. 미디어 교육이라는 창문을 통해서 말입니다.

2010.08.29

좋아요 · 댓글 달기 · 공유하기

양룡, Hyung-seok Cho, Sudo Choe님 외 9명이 좋아합니다.

Ben Byeongho Lee '놀이문화'의 강조는 좋아요x102개! 우리가 어렸을 때 동네 친구들과 하던 '놀이' -다방구, 술래잡기, 38선, 오징어, 비석치기, 전쟁놀이 모두 '협업'을 바탕으로 참여에 대한 '스킬'을 증진시킨 것이라고 봅니다. 대부분의 단체운동도 마찬가지고요. 요즘 오히려 이러한 '참여'의 놀이가 어렵게 되고 '온라인'에서 밖에 못한다는 것도 문제지요. 그나마 있는 학교체육도 '농구게임'보다 '숫넣기' 시험으로만 이루어지는 추세니. 학원금지시간을 저녁에만 하는 것이 아니라 방과후 6시까지라도 강제로 해야 하나...ㅋㅋ

2010년 8월 28일 오후 5:59 1명

Ben Byeongho Lee 내용은 같은 것이지요? fb덕택에 교수님 글을 두번 '정독'하였습니다. 숙제 끝^^

2010년 8월 28일 오후 6:00 1명

정보사회학 이선생님, 아침부터 번거로움을 드렸습니다. 어릴 적 놀이를 많이 기억하시는군요.^^ On이든 off이든 게임놀이는 협업의 기술을 배우는데 도움이 되는 것 같습니다. 그런데 이 저자는 학생들이 훗날 문제해결에 '놀이' 자체를 사용하도록 하자는 것입니다. 아마 그 부분에 저자 주장의 차별성이 있지 않나 생각되는군요.
2010년 8월 28일 오후 6:16 👍 2명

Davis Noh 저도 같은 의견입니다. 단지 놀이 뿐 아니라 보고서가 지적하는 협업 교육기능은 문명과 학교교육이 지나치게 사회에 관여하기 전에 영장류를 비롯한 집단동물의 원초적 사회화의 모습이라 생각합니다.
2010년 8월 28일 오후 6:27 👍 2명

Brian Kim 마무리를 잘 해주셨습니다. 소셜미디어라는 창문을 통해 다가온(오는) 사회시스템의 전반적 변화의 물결을 직시할 수 있을 것 같습니다. 게임이 중독성이 있어서 부작용이 심한 경우가 있기는 하지만 그 순기능이 점점 인정되고 있다고 생각됩니다. 그리고 여기서는 깊이 논의되지 않았지만 타협(negotiation)이라는 스킬이, 사실 Skill보다는 Art라고 하는 편이 옳겠지만, 궁극적인 미디어 교육의 결과물로 나타나야 한다고 봅니다. 소셜미디어의 활용이 높은 사회일수록 협상력이 높고 협상력이 높게 평가되어지지 않나 싶습니다.
2010년 8월 28일 오후 7:13 👍 2명

임현섭 놀이의 재미 요소도 참여와 능동적 해결 못지 않게 중요한거 같아요. 주입식으로 배운 것보다는 즐기면서 배운 게 기억에도 오래 남구요. 하지만 우리나라의 입시위주의 교육과는 아직은 먼 얘기 같습니다.ㅠㅠ 집단지성, SNS 등등 참여와 공유, 협업이 점점 더 중요해지고 있는데 아직 학생들은 이러한 현상이 너무 낯설죠. 좋은 글 잘 읽었습니다^^!
2010년 8월 28일 오후 8:35 👍 1명

Haewon Kim 아직 자세히는 읽어보지 않았지만, 매우 흥분(!)되는 이야기가 아닐 수 없네요.^^ 제가 앞에서 말씀드린 페이퍼에서도 매우 인상적이었던 부분이, 부모들이 자녀들을 이해하기 위해서 일정시간을 함께 게임을 한다는 거였어요. 그래서 요즘은 아이들과 아빠가 함께 게임하는 시간이 많다고 합니다. 일단 여기까지... 다시 자세히 읽고 또 합류할께요.~~
2010년 8월 29일 오전 1:49 👍 2명

정보사회학 @김선생님, 타협이라는 용어가 썩 마음에 들지는 않았습니다만, 보고서 저자들이 사용한 용어라 그대로 썼습니다. Skill이 아니라 art라는 지적에 공감합니다.
@현섭아, 재미가 중요하다는 지적에 공감한다. 우리 교육에만 돌아오면 좀 우울하게 되는구나. 대학에서라도 먼저 방향을 잡아나가야 하는데, 그렇지 못해 대학인으로서 부끄럽다.
@해원님, 천천히 오세요.^^
2010년 8월 29일 오전 2:43 👍 3명

Myungdae Cho 오늘은 출석을 제일 먼저 했다가, 이제야 다시 들어오네요. 먼저 너무 좋은 글 감사합니다. 다른 부분도 다 좋고 동의하지만 저는 멀티태스킹에 대해서 조금만 언급하겠습니다.

요즘은 보철지식(prosthetic knowledge)라는 말이 나왔더군요. 우리의 중단기 기억을 거의 하늘에 달아 놓고 다니면서 필요하면 열어서 사용하는 것 같아요. 이런 유형을 Cyborg라고 하더군요. 자기 중심의 모든 정보를 멀티태스킹하게 사용하는 것 같아요. 인용에서처럼 "공적인 멀티태스커들(multitaskers)은 서로 다른 정보가 외부에 저장된 곳을 자신의 직접적 환경 내에 맵핑함으로써 단기기억에 대한 요구를 감소시키려 한다"고 하는 부분이 바로 그 부분인 것 같습니다. 그리고 우리는 분산된 인지를 활용함으로써 훨씬 수준 높은 상호작용을 해 나가는 것 같습니다. 큰 덩어리 하나로 있는 document보다는 이것을 잘게 나누어서 다양한 관계 속에서 현상을 바라보니 뭔가 전혀 기대하지 않았던 것이 만들어진다라는 창발이 바로 이런 것에서 나오는 것 같아요.

지금 우리가 활용하고 있는 fb만 보더라도 얼마나 많은 facilitator들이 분산되어 있으면서 우리는 우연히 사용하지만 이것을 디자인한 주커버그의 머리 속에서는 치밀하게 계산된 필연으로 우리를 위해서 준비해준 Interface를 많이 느낍니다. 계속 진화해 나가는 느낌을 받습니다.

결론적으로 윤교수님의 지적처럼 이런 다양한 멀티태스킹을 실제 학생들이 잘 활용하는 것을 가르쳐야 된다고 봅니다. 저는 제 나름대로 다음 학기에 가르칠 것을 http://Prezi.com/에서 준비해보고 있습니다. ppt보다 좀더 나은 것 같더라고요. 아주 다이내믹하게 강의를 할 수 있을 것 같았습니다. 마구 타이프하는 스타일에서 이젠 그 prezi에서 미리 그림으로 생각을 정리를 좀 해보려고 합니다. 이제 시간에 쫒겨서 조금은 아쉽지만 틈틈히 들어오겠습니다. 내치지 마시옵소서.^^
2010년 8월 29일 오전 6:34 👍 1명

정보사회학 조 교수님도 이제 많이 바빠지시겠군요. 저는 아직 강의자료 준비에 프레지를 사용할 엄두를 못내고 있는데 역시 적극적이십니다. 제가 좀 배워서 따라가겠습니다. 잊지말고 종종 들러주십시오.
2010년 8월 29일 오전 6:57 👍 2명

Myungdae Cho Of course I will. This is my best school yet...
2010년 8월 29일 오전 7:05 👍 2명

Haewon Kim http://www.ted.com/talks/lang/kor/jane_mcgonigal_gaming_can_make_a_better_world.html 젠킨스 들이 말하는 내용과 제인 맥고니걸이 말하는 내용이 일맥상통할지도 모르겠습니다. 게임을 통해 가상세계(게임 속 세계)의 문제 해결 뿐 아니라 실제 세계의 문제들도 해결해 낼 수 있다는 과감한 주장! 재미있답니다.^^
2010년 8월 29일 오전 8:49 👍 3명

Haewon Kim 이 글을 다시 곱씹으며 이번 학기의 화두로 삼아볼까 합니다. 놀이도 멀티태스킹도 관심이 가지만, '전용'이란 부분을 특히 더 라디오를 듣기 보다는 페이스북에서 친구가 선곡해준 음악을 즐기고, TV를 보기보다는 친구의 사진을 더욱 즐겨보는 요즘 이제 누구나 프로듀서요, 작가인 시대가 아닌가요. 필사의 시대에서 인쇄의 시대로 넘어갈 때, 누구나 책을 낼 수 있다는 것에 그 당시 지식인들이 망조라고 개탄했다고 하는데... 과연 디지털 시대의 '퍼가기'문화, RT, 패러디, 메쉬업 등을 어떻게 바라봐야 할 것인지... 고민해 보고 싶습니다.
2010년 8월 29일 오전 9:20 👍 2명

Davis Noh 확실히 Epic Win은 인간에게 몰두할 수 있는 힘을 줍니다.
2010년 8월 29일 오전 9:28 👍 2명

정보사회학 @해원님, appropriation의 번역으로 전용(轉用)이 적당한지 모르겠습니다. 일본의 이이오 카나메 교수는 과학기술이 당초 의도와 달리 예기치 않았던 목적으로 사용되는 현상을 기술에 있어서의 전성 법칙(轉成 法則)이라고 불렀습니다. 시계, 인쇄술, 인터넷 등이 모두 그렇다고 지적했지요. 제가 1996년 저서(〈전자정보공간론〉)에서 인용했었습니다. 근데 mash-up과 같은 현상을 가리키는데, '전성'은 다소 거창한 용어 같아 '전용'으로 번역했답니다. 그 현상에 대해서는 시간을 두고 같이 생각해 봅시다. @노선생님, ?????
2010년 8월 29일 오후 1:36 👍 2명

최일규 호모루덴스 란 책을 다시 읽어봐야겠네요.
2010년 9월 2일 오후 7:05 👍 2명

대화 63 SNS 리터러시: Howard Rheingold는 어떻게 생각하는가

저는 하워드 라인골드(Howard Rheingold) 선생을 직접 만난 적은 없지만 존경합니다. 60대 중반의 연세에, 암 수술까지 받으셨는데도 정보기술 성찰에 대한 그의 정열이 식을 줄을 모릅니다. 거의 매일 10여 개의 트윗과 RT를 올리고, 강의, 강연, 블로그 집필에, 상당한 수준의 농사일까지 하십니다. 저의 롤 모델이지요. 그는 30년이 넘는 세월 동안 정보기술을 해독하는데 전념해 왔습니다. 그것도 책상물림이 아니라 끝없는 참여관찰과 성찰을 통해 우리에게 귀한 지혜를 주지요. 그런데 그가 최근 몇 년간 관심을 갖고 애쓰고 있는 일이 정보기술 리터러시(IT literacy) 향상입니다. 저도 그 필요성에 크게 공감하고 있습니다.

그런데 며칠 전에 그가 "트위터 리터러시(Twitter Literacy)"라는 글을 트윗으로 올려주었습니다.[18] 찾아보니 1년 전에 쓴 글인데 역시 탁월한 통찰을 제공해 주네요. 글의 내용은 트위터 뿐 아니라 페이스북과 같은 다른 SNS에도 거의 그대로 해당될 것 같습니다. 간략히 소개하지요.

그 글의 키워드는 두 가지입니다: 네트워크 리터러시(network literacy)와 주목 리터러시(attention literacy).

트위터를 잘 사용하려면 '네트워크 리터러시'와 '주목 리터러시'를 갖추어야

18 Howard Rheingold. 2009/5/11. "Twitter Literacy". http://www.sfgate.com/cgi-bin/blogs/rheingold/detail?entry_id=39948

한다는 말입니다. 얼마나 멋있는 조어입니까? 딱 두 단어로 핵심을 잡아주지 않습니까? 트위터나 페이스북을 어느 정도 사용해 보신 분들은 쉽게 공감하실 겁니다. "튜닝과 피딩(tuning and feeding), 신뢰와 상호성(trust and reciprocity), 그리고 사회자본(and social capital)"에 관련된 능력이 네트워크 리터러시이고, 트위터의 흐름 속에서 정보와 지식을 분별, 섭취하는 능력이 주목 리터러시입니다.

튜닝과 피딩은 자신의 팔로워들이 어떤 트윗을 원하는지를 잘 파악하고(튜닝), 열심히 트윗과 RT를 올려주는 것(피딩)을 말하고, 신뢰와 상호성은 팔로워들의 기대를 저버리지 않고(신뢰), 받았으면 보답하는 것을 가리키며(상호성), 사회자본은 트위터를 통해 맺어진 인연을 소중하게 관리하는 것을 말합니다. 여기서 팔로워들 대신에 친구들(friends) 혹은 팬들(fans)을 넣으면 그냥 페이스북에 적용되는 네트워크 리터러시가 되겠지요?

튜닝과 피딩도 SNS를 좀 써 본 사용자들은 대체로 그 원리를 어느 정도 자연스럽게 터득하게 됩니다. 그러나 의외로 대부분의 사용자들은 매우 초보적인 사용법만 익히고 대충 습관적으로 사용하고는 하지요. 특히 팔로워 혹은 친구들의 기대를 고려하면서 행동해야 한다는 지적에 크게 공감이 갑니다. 그것은 SNS의 인간관계에 있어서 눈에 보이지는 않지만 대단히 중요한 규범이 작동하고 있음을 시사합니다. 며칠 전에 다비스 노(Davis Noh)님이 "페이스북의 친구들 어떻게 하면 좋을까요"라는 글을 노트에 올려 큰 호응을 불러일으키기도 했습니다만, 팔로워(혹은 친구) 관리는 많은 사용자들에게 있어 적지 않은 숙제입니다.[19]

네트워크 리터러시 교육의 필요성은 분명해 보입니다. 다만 네트워크 리터러시에 포함될 규범이나 기법이 무엇이 될 것인지가 아직 분명해 보이지 않습니다. 그 자체가 상당부분 가치판단의 영역일 뿐 아니라 SNS가 계속 진화하면서 기술적인 내용이 달라지기 때문입니다. 하지만 현재까지 발견된 규범이나 관행을, 현행화된 기술적인 지식과 함께, 사용자들이 관념적으로만 그것을

[19] Davis Noh. "페이스북의 친구들 어떻게 하면 좋을까요."
http://www.facebook.com/note.php?note_id=453532174046

인지하는 것이 아니라 몸에 밴 실천이 될 수 있도록 교육하자는 라인골드 선생의 주장은 충분히 설득력이 있다고 생각됩니다.

또한 선생은 "인박스(inbox, 받은 편지함)에 줄지어 앉아 읽혀지길 기다리는 이메일"과 달리, 트위터는 하나의 흐름(flow)이라는 사실을 깨닫는 것이 중요하다고 강조합니다. 그 트윗 스트림(tweet stream)의 흐름 속에서 길을 잃지 않고 그 흐름 속에서 사용자 스스로 해야 할 역할을 잘 수행하고, 또한 자신에게 유익한 정보를 잘 챙기고 관리해야 한다고 합니다. 그것이 그가 말하는 주목 리터러시입니다. 어떤 트윗은 그냥 보내고, 어떤 트윗은 읽고, 어떤 트윗은 첨부 문서까지 정독하고, 어떤 트윗은 RT하고, 어떤 트윗은 챙겨두고, 어떤 트윗에는 답글을 보내야 하는지 등을 판단하고 실행하는 능력을 말합니다.

트위터나 페이스북을 오래 사용하다 보면 주목 리터러시가 어느 정도 생기기는 하지만 사실 대부분의 사용자들이 아주 단순한 사용법 몇 가지로 버티고 있는 현실을 생각할 때의 주목 리터러시 교육은 꼭 필요한 것 같아요. 특히 초보자들에게 이 교육은 필수적이라는 생각이 듭니다. 누구나 트위터나 페이스북에 처음 들어왔을 때의 당황스러움을 기억하실 것입니다. 트위터는 가입 후 한 달 뒤에 여전히 트위터를 사용하는 가입자가 40% 정도에 불과하다고 합니다. 그것은 주목 리터러시 교육의 필요성을 반증한다고 해석됩니다.

여러분들은 라인골드 선생의 주장을 어떻게 생각하시는지요? 비판이나 덧붙일 말씀이 없으신지요? 2010.09.06

좋아요 · 댓글 달기 · 공유하기

김지현, 양룡, 최소영님 외 35명이 좋아합니다.

Myungdae Cho "stock과 flow가 상보관계란 걸 트위터를 하면서 느낀다. 생각이 쌓이다 보면 타임라인에 내 트윗이 흘러다니게 되고, 다양한 트윗들의 흐름과 호흡을 함께 하다 보면 어느새 내 생각의 창고가 이것저것으로 채워진다.^^"

이 글은 제글이 아니고 제 나름대로 저에게 유익한 정보를 잘 챙기고 관리한 내용 중의 하나입니다. 저는 제 나름대로 바탕화면에 "twitter favorite모음"이라는 문서가 있습니다. Url을 보다가 좋은 것은 delicious를 사용하고요. 또 학교도서관 자료를 보다가 주제별로 모으고 싶으면 Refworks라는 것을 사용해서 보관했다가 시간이 지나서 다시 보면 새로운 insight를 주는 경우가 많았습니다.

라인골드 선생의 Attention Literacy를 제 나름대로 지키고 있었네요. ㅋㅋ 완전히 8

픈이네^^ “어떤 트윗은 패스하고, 어떤 트윗은 읽고, 어떤 트윗은 첨부 문서까지 정독하고, 어떤 트윗은 RT하고, 어떤 트윗은 챙겨두고(favorate), 어떤 트윗에는 댓글을 보내야 하는지 등을 판단하고 실행하는 능력을 말합니다.”라는 부분에 전적으로 동의합니다. 그런데 문제는 twitter에서 timeline을 다 따라가려니 시간이 문제라는 것이죠. 분명히 따라가면 좋은 내용이 많다는 것은 아는데 시간과 좋은 정보 사이에서 고민을 해야 되더군요. “나 중심으로 정보가 조직되어갈 때 더 많은 것을 배우면서 찾아간다.”는 진리(?)를 나름대로 느끼면서 timeline에 몸을 실어봅니다. 그런데 지금은 학기초라 정신을 못차리겠네요. Note에 글도 못 만들고요. 좋은 내용 감사합니다.
2010년 9월 6일 오전 8:22 👍 3명

Haewon Kim 많은 분들이 “좋아요”만 누른 이유를 잘 알것 같네요^^ 저 역시 덧붙일 이야기를 조금만 첨언하면... 신뢰와 상호성 문제이기도 하고, 사회자본의 문제이기도 하겠는데요...

트위터나 FB에서 무엇을 얼마나 노출할 것인가, 그리고 자신과 타인의 일상을 공유하고 있다는 것이 무엇을 의미하는지... 그 의미와 위험(?)을 충분히 알고 자신을 포지셔닝하는 것이 중요할 것 같습니다. 자기가 의도하든 의도하지 않았든간에 과장된 표현이나... 도용 같은 일도 이 안에서는 매우 몰상식한 행위로 지탄받고, 상처받을 수도 있지 않을까요? 또한 이것이 일종의 자신에 관한 기록으로 남아서 오히려 자신을 옥죄는(^^)결과로 돌아올 수도 있음을 상기해야 할 듯하구요~~특히 트위터나 페이스북은 평범한 개개인에게 나르시시즘을 한껏 느끼게 하는 공간이기도 합니다. 지난 학기 트위터러들과의 인터뷰에서, 많은 분들이 자신이 스타가 된 것 같다, 나의 팬들을 잘 관리해야겠다는 표현을 자주 쓰셨어요.^^ 아무래도 그런 분위기 속에서 자신의 좌표를 잠시 잃고 오버(?)할 수 있는 공간이기도 하지요~~

저는 제 자신을 노출하는 일이 꽤 어려웠습니다. 그래서 “행복하여라~ 맘과 머리가 트위터와 씽크된 분들이여”라는 구호(?)를 한동안 이메일에 붙이고 다녔죠~~ 지금은 머릿속, 마음속을 이 공간과 상당히 많은 부분 동기화시킨 것 같아서 기쁩니다~~ 이런 상태가 오래 지속되길 희망합니다^^
2010년 9월 6일 오전 8:27 👍 6명

Myungdae Cho 언젠가 제가 올린 글에 Information Fluency라는 글이 있는데, 윤교수님의 글을 읽고보니 SNS Literacy와 맥을 같이한다는 생각이 들기도 하네요. FB와 Twitter에는 우리가 무의식중에 활용할 수 있는 수많은 facilitator들로 가득차 있거든요. 우연이 필연이 되게 미리 이용자들이 행동할만한 곳에 탐색촉진제라고 할까요 뭐 그런 것을 심겨놓은 느낌을 받습니다. 그냥 생각입니다.^^
2010년 9월 6일 오전 8:30 👍 4명

Haewon Kim 조 교수님! SNS 서비스 자체에 “우연이 필연이 되게끔” 해주는 메커니즘이 숨어있다는 말씀이신가요? 가령 저와 관심사가 비슷한 사람에게 친구를 추천해주기도 하고, 뉴스피드에 포스트만 보여주는 것이 아니라 누가 어디에 댓글을 달았는지 보여주기도 하고... 그런 거 말씀하시는 건가요?
2010년 9월 6일 오전 8:35 👍 1명

Min Jeong Son Twitter가 flow라는 걸 처음부터 깨닫기는 무척(?) 힘든데요. 우선, 초보자는 자신의 Tweets을 꾸준히 생산해내는 일을 게을리하지 않아야 할 것 같구요. 그 다음에는 자신에게 꼭 필요한 정보를 담은 Tweets 생산자를 찾아나서야 하는 거죠. 이때, 그 정보의 양이 만물상처럼 다양하게 많기보다는 ‘지속가능하고’, ‘처리가능한’ 정도인지 양을 조절하면서 스스로 자신의 정보처리 능력을 검토하는 게 또한 중요. Twitter는 fb과 달리, follow / unfollow를 결정하는 데 있어 마음의 부담이 덜한 게 사실이잖아여;;; 그래서 전 과감하게 unfollow해버려요^^

그리고 이 단계를 잘 넘기시면, 어느 순간 독백의 메아리가 아니라, '신뢰와 상호작용'이 가능한 대화의 단계로 넘어가는 감을 느끼실 수 있겠죠! 내게 정기적으로 게다가 맞춘 것처럼 흘러오는 'flow 흐름'인 것은 분명 알면서도, 정보는 언제나 넘쳐나는 거니까 하고 오히려 무신경해지기 쉽거든요. 하지만, 재빠르게 잡아채지 않으면 금새 멀어져버리는 것이니 사실 더 촉각을 곤두세워야 하는 거 같아요.

Rheingold is right! We have to be more attentive when we read tweets! 아는 분과 수다떨기로 Tweets을 이용하는 게 아니어도, 정말 먼 곳의 낯선 존재와도 벡터가 쌍방향인 대화가 가능해지고, 동시에 유익한 정보를 얻을 수 있는 단계까지 경험하신다면, 진정한 participatory culture에 동참하고 계신 거라고 말씀드리고 싶네요^^

2010년 9월 6일 오전 8:35 👍 5명

Haewon Kim 맞아요... 저도 꽁꽁 묶였습니다~~~ ! 딜리셔스도 친해져야겠어요!^^

2010년 9월 6일 오전 8:54 👍 1명

Myungdae Cho @ Haewon Kim: ㅎㅎ 주인은 주무시고 객들이 와서 노닥거리네요^^ 예 저는 그렇다고 생각합니다. 저는 http://delicious.com/ 이라는 Social bookmarking 사이트를 애용합니다. 제가 처음 사용한 2년 전과는 많이 다르게 우리가 사용할만한 곳에 그런 알고리듬을 넣어둔 것 같더라고요. 그렇게 우리의 인지를 분산시켜서 더 쉽게 상호작용을 하게함으로써 우리를 도망 못가게(??)하는 것 같아요^^ 이런 것을 창발의 원칙(Principle of emergence)이라고 하지요? 언젠가는 이렇게 쓴 글이나, 자기의 노트를 만들 때도 스스로 태깅을 할 수 있게 해주는 facilitator도 있겠지요. 지금의 노트에서의 태깅은 그 글을 읽어야 할 사람에게 알려주는 기능을 하는 태깅이고요. 그것도 가치있는 일이라고 생각합니다. Hope it helps^^

2010년 9월 6일 오전 8:56 👍 2명

박은지 사실 꾸준히 정보를 생산한다는 것 자체도 상당한 노력과 시간이 필요한 것 같아요. 늘 노력하지만 게을러지는 자신을 보면서 한탄하네요.

2010년 9월 6일 오전 9:22 👍 2명

김재원 한국에서 트위터는 맞팔을 안해주면 아무리 유명인이라도 공격을 당하고, 사실 저는 평범한 촌부라서 저한테 팔로잉을 해주시는 모든 분들이 고마워서 꾸준히 맞팔을 했습니다. 물론 처음엔 선팔을 많이 했구요. 그래서 지금 팔로잉/팔로워가 11,000명을 넘었는데요... 그러니 타임라인 정독은 꿈도 못 꿉니다. 그대신 저는 예전부터 이렇게 생각했습니다. "트위터의 타임라인은 유유히 흘러가는 강물 같다. 그것을 잘 즐기는 사람은 능숙한 낚시꾼이다. 좋은 정보를 낚아 올리든, 좋은 친구를 낚아 올리든... 그러나 그럴려면 좋은 떡밥과 미끼를 준비해가야 한다..."

2010년 9월 6일 오전 10:58 👍 4명

Davis Noh @민정님 말씀 중 "정말 먼 곳의 낯선 존재와도 '벡터가 쌍방향'인 대화가 가능해지고"라는 문장만 눈에 확 들어오는데 특히 '벡터가 쌍방향'이란 요 표현이 ATTENTION 되는데 무슨 뜻인가요?

2010년 9월 6일 오후 2:31 👍 1명

Brian Kim 라인골드 선생님이 SFGATE에 블로그를 갖고 계시니 왠지 더 친숙해 지는군요. 저도 글을 읽으면서 트위터의 타임라인이나 페이스북의 뉴스피드가 흘러가는 물살이라 생각했습니다. 점점 더 속도가 빨라짐을 느끼며 내 수영기술이 늘지 않으면 물살에 씻겨나갈 수도 있다는 생각이 들기도 했지만, 다행인 것은 내가 항상 그 안에 떠 있을 필요가 없다는 것이지요. 그렇지만 수영실력이든 낚시실력이든 계속 향상시키지 않으면 익사하거나 배곯을 확률이 점점 높아지겠죠?
2010년 9월 6일 오후 2:56

정보사회학 아이고, 여러분 정말로 죄송합니다. 어제 저녁에 학교에서 돌아와 일요일 저녁에 겨우 써놓았던 글 조금 손질해서 올리고 잠 들어버렸습니다. 여러분들 초청해 놓고 예의가 아닌데, 몸이 말을 안들어서.ㅠㅠ @조선생님, 바쁘신 중에도 좋은 댓글 달아주셔서 감사합니다. 학생들한테 attention literacy의 best practice로 소개하겠습니다. @손선생님, 말씀도 학생들에게 유익할 것 같습니다. @해원님의 재치 있는 질문도 짧지만 network literacy와 attention literacy가 교차하는 모습을 보여주시고, @브라이언님의 비유는 제가 수업 중에 인용하겠습니다. “수영실력, 낚시 실력 없으면 익사하거나 배곯게 된다”고. @노선생님, 친구관리 노트는 수업그룹에 링크되어 있어 network literacy의 중요한 테크닉으로 소개하겠습니다. @재원님은 아무래도 모셔서 학생들이 특강을 받아야 할 것 같습니다. 그러고보니 제가 수업을 위해 이 글을 올리고 여러분들의 가르침을 유도한 것 같습니다. 사실 이 글을 올린 것은 제 수업내용을 정보사회학 페이지 회원 여러분과 공유하겠다는 생각이었는데, 이렇게 훌륭한 가르침까지를 기대하지는 않았습니다. 역시 얼숲의 공유문화는 대단합니다. 여러분들이 우리 학생들에게 모범을 보여주셨네요. 덕분에 이번 주 학생들과의 수업이 생생해질 것 같습니다.^^
2010년 9월 6일 오후 5:57 👍 4명

Ben Byeongho Lee 제가 오후에 난리를 피는 바람에 밀려놓은 일이 많아 오전에 동참하지 못했네요. 아무래도 정보사회학교실(?)은 다른 담벼락글과 달리 정독을 요구하기 땜에 시간이 좀... 조선생님께서 정보사회학교실 반장님 역할을 톡톡히 하고 계심에 지각생으로 송구스럽습니다.^^;;; 저도 조선생님 덕택에 딜리셔스에 가입만 하고 어떻게 해볼라고 하고 있는데 생각보다 어려워서 아직 활발히 이용 못하지만 좋은 것 같습니다.

글구 Davis님 제안으로 뉴스 피더로써의 정보관리기법도 전수받아 곧 시작하려고 하고요. 얼마 안되지만 쌓이는 뉴스를 다시 찾거나 검색하는 일이 많아지기 시작했습니다. 물론 하드에 담아두고 있는 것과 동조(Synchronize)하는 숙제가 남아있지만... 한가지 제가 그동안 피딩하며, 주목하던 경험으로 말씀드리고 싶은 것은 ‘뉴스타이틀’과 ‘미리보기그림’의 중요성입니다. 초보자도 그렇지만 많은 뉴스피딩을 받고 필터링해야 하는 입장에서 이 정보가 좋은 건지 어떤 건지 판단하기 위해서 기사제목과 한 장의 엄지손톱만한 그림이지만 매우 중요한 역할을 수행합니다. FB를 하고부터 보통 하루에 500~600개 정도의 뉴스를 Filter하는데 소위 ‘낚시’성 제목과 본 기사를 소개하는 피더의 잘못된 소개로 시간을 소비하거나 중요한 기사를 놓치기가 일쑤거든요. 그래서 요즘 저도 링크기사를 달 때 최소한의 제 입장에서의 한줄평, 본 기사에서 놓치기 쉬운 부분이나 제가 좋아하는 부분을 copy, paste해서 “ ”에 묶어 제말과 구별해 올립니다. 첨에 420자로 제한이 있어 매우 어려웠는데 얼마전 제한이 풀려 너무 좋은 1인입니다.

그리고 fb의 탁월한 기능인 미리보기 그림 선택기능!!!이것을 십분 발휘해 1차 피더보다 본 기사의 그림이 더 맘에 들 경우 제가 본기사로 가서 그림을 바꿔서 올립니다. 물론 이것이 시간이 많이 들지만 저는 건축전공이라 그런지 기사제목보다 건물이미지 그림으로 기억하면 나중에 링크검색에서도 훨씬 빨리 찾고요. (이것을 연상기억법이라고들 하나요?) 다른 분야 뉴스나 정보도 시각화되면 훨씬 잘 기억되고 이해도 빨라진다고(?) 근거없이 주장합니다.^^; 아직 많지 않은 FB생활이지만 위 정보 교수님과 조반장님(죄송^^)의 지도로 네트워크 문해와 주목문해를 실천해 나가겠습니다.
2010년 9월 6일 오후 9:30 👍 3명

Ben Byeongho Lee @조반장님(이젠 아예 대놓고 불러야겠다.), 위의 3댓글 모두 좋은 데 특히 3번째 댓글이 좋아요!x106입니다.
2010년 9월 6일 오후 9:39 👍 1명

정보사회학 이선생님도 강의에 참여해주셨군요.^^ 학생들이 여러분들이 말씀을 이해하려면 SNS의 물살을 타고 한달은 뺑뺑이를 돌아야 할 것 같은데요. 어떻게 해야 학생들의 고통을 덜어 줄까요?
2010년 9월 6일 오후 10:54 👍 1명

Sang Don Lee 에고... 이글은 못 보고 넘겼네요. 라인골드 교수님의 패션 감각이 미래지향적이란 생각이...
2010년 9월 6일 오후 11:45 👍 4명

정보사회학 보라 빛을 아주 좋아하시는 것 같아요.^^
2010년 9월 7일 오전 12:16 👍 2명

Jake Seunghoon Lee 라인골드 선생의 주장에 공감합니다. 특별히 비판이라기보다는, 네트워크 리터러시에 포함될 규범이나 기법이 아직 불분명하고 상당 부분 가치판단의 영역이라 하셨는데 그 지적에 대해서도 공감합니다. 이건 문득 든 생각입니다만 기본적으로 오프라인의 네트워크에서 적용되는 규범이 온라인에서도 다 적용된다고 보면서, 단 오프라인의 규범에서 암묵적인 배경이 온라인에서는 어떻게 달라지는지를 파악해서 변용여부를 결정해야할 것 같다는 생각이 듭니다.

예를 들어 얼마 전에 유명한 트위터리안 사이에 표절을 하면서 논란이 된 일이 있었는데, 트위터리안 표절사건은 오프라인의 표절사건과는 좀 다르게 해석해야하거든요. 기본 전제도 많이 달라지고요. 당연히 규범의 적용도 달라집니다. 규범을 SNS의 네트워크상에서 달리 변용시키는 데는 온라인의 네트워크가 규범의 배경에서 어떤 작용 어떤 역할을 하는지 파악을 해야 가능합니다. 결과적으로 규범을 연혁적으로 고찰하고 맥락을 이해하는 것이 필요하다는 이야기죠. 이것이 기법이라면 기법이겠고요. 규범의 연혁과 맥락을 이해한다면 온라인에서의 네트워크 상에서의 변용은 말로는 쉽지만 실제로 어떤 일들이 어떻게 벌어질 것을 다 알지 못하기에 많은 시간과 노력을 통해 그때그때 일이 날 때마다 경험적으로 기법을 축적해나갈 수밖에 없을 것 같습니다. 신천지에서 규범을 만들어가듯...
2010년 9월 7일 오전 12:16 👍 2명

정보사회학 예. 어려운 문제입니다. 현실공간을 규범을 그대로 가져올 수도 없고, 가져와서도 안되고, 그렇다고 현실공간의 규범을 무시할 수도 없고. 그래서 제가 쓰는 방법은 그냥 학생들과 함께 온라인 행동을 두고 이런 저런 측면들을 함께 토론해 보는 겁니다. 이선생님 말씀처럼 시간이 걸릴 문제이거든요.
2010년 9월 7일 오전 12:55 👍 1명

원은란 트위터를 쓰다보니까 트위터는 들썩 들썩거리는 우체통 같아요! 이것저것 내가 편지를 받고 싶은 사람들을 등록해 놓고 "아무거나 좋으니 보내주세요!" 한 다음에 편지가 시도 때도 없이 많이 많이 오면 촥촥 넘기면서 필요하면 별표시해서 보관하고 소문내고 싶으면 RT하고 답장하고 싶으면 답장하고 등등등 이 글을 읽다보니 트위터가 새삼스레 새롭게 느껴지네요!:-D

2010년 9월 7일 오전 1:06

정보사회학 뒤가 뚫린 우체통이 아닐까? 지난 편지들은 계속 밀려서 사라져가는.
2010년 9월 7일 오전 1:22 👍 2명

원은란 컨베이너 벨트가 연결된 우체통은 어떨까요? 안 집으면 일단 다 뒤로 밀리고요. 입맛에 맞게 건져올리고요. 헤헤
2010년 9월 7일 오전 1:28 👍 1명

정보사회학 그러면 더 이상 귀여운 우체통이 아니겠구나.^^
2010년 9월 7일 오전 1:30 👍 2명

김재원 올해 내에 트위터사가 데이터 센터 새로 지으면 이제 모든 트윗이 백업될 때도 올겁니다. 그럼 지금처럼 신나게 못하고 좀 신중하게 해야 할지도... 지금도 구글 서버에는 저장되고 있겠지만... 암튼 그 우체통에 스팸 편지가 너무 쌓이기 시작하면 메일처럼 점점 쓰기 싫어질지도...^^
2010년 9월 7일 오전 11:03 👍 3명

Min Jeong Son @재원님, 님의 Twitter 이용방식에 완전 놀라 자빠진 1인이어요!! 어쩜 그렇게 아는 게 많으실까 했더니 바로 이런 비밀이 있으셨군요. @Davis님, 그 ATTENTION에 정말 감사해요. 담부터 Davis님의 주목을 받기 위해서라도 과학용어를 남발(?)해야겠다는... 이럴 줄 알았으면 어제 도서관에서 물리학 관련도서라도 대출해올 걸;; 유명인이든 아니든, Tweets은 독백으로 탄생하잖아요. 그 다음 원심형의 파동처럼 퍼지는 운동을 시작하죠. 진폭의 크기와 상관없이, 분명한 방향이 아직 정해지지 않은 흐름일 때에는 에너지를 전달하기는 하되 매개물질(여기서는, Tweets이 담고 있는 진정한 의도나, 첨부된 파일 등)을 이동시킬 수 없구요. 그러다가 좋은 낚시꾼에게 제대로 걸리면, 그때는 point와 point가 확실해지겠네요. 그래서 출발점과 도착점이 분명한 운동으로 전환되는 거죠. 물론 Tweets이 이런 물리적인 힘의 운동은 아니지만, '영향력'을 미친다는 점에서 방향과 크기를 동시에 나타내는 벡터로 표현해보았습니다. Tweets을 받기만 할 때는 '일방통행'이지만 그 Tweets에 reply하거나 retweet을 하기 시작하면 그때부터는 '쌍방향 벡터'를 가지게 되구요. 그 대화의 표현이 '어머!, 꺄~악!, 헐!, 즐!, 그렇군!'의 단순한 감탄사 수준을 넘어서면 그 벡터값은 더 커지고, 그때부터는 '참여문화'에 동참하는 단계도 더 높아지는 즐거움을 누릴 수 있다는 게, 또한 그 '쌍방향 벡터론자'의 생각입니다!
2010년 9월 7일 오후 1:09 👍 3명

정보사회학 손선생님, 아침 일찍 좋은 댓글 주셔서 감사합니다. '쌍방향 벡터', 기억하기도 쉽고 의미도 분명하고, 온라인 참여문화를 표현하는데 아주 좋은 은유입니다.
2010년 9월 7일 오후 2:45 👍 1명

김재원 민정님... 아는거 별로 없습니다. 모르는게 많아서 열심히 배우고 있습니다. 트위터나 페이스북의 친구, 페이지들도 케이블 TV의 채널들처럼 많으면 많을수록 다양한 의견과 정보를 수렴할 수 있는 것 같습니다. 하기야 요즘은 그것도 너무 과다해지니까 가끔 들여다볼 뿐이죠. 실제 TV가 지루해서 점점 멀리하는 것처럼... 그래서 요즘 저는 다양한 채널에서 수집된 좋은 블로그나 사이트들을 엄선하여 RSS 피드로 골라보고 있습니다. 트윗이나 페북에서 리스트나 그룹을 활용하는 것처럼요...
2010년 9월 7일 오후 6:07 👍 3명

대화 64 "공교육의 미래" 시나리오

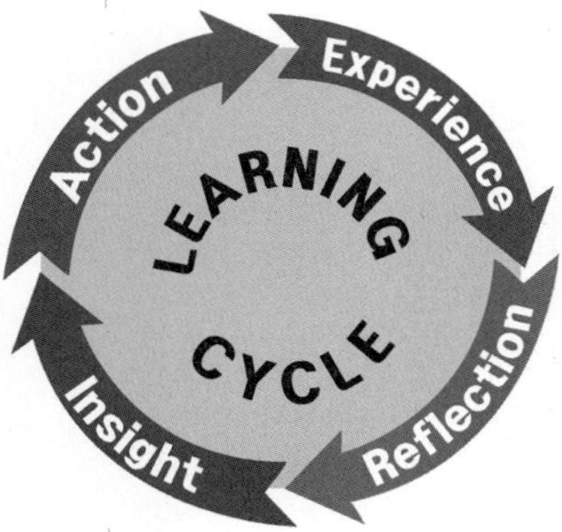

더 퓨처리스트(The Futurist)지 2005년 1-2월호에 실린 글인데, 제 수업용으로 준비하다가 여러분들도 흥미 있어 할 것 같아 여기에도 소개합니다. 미국의 공교육을 염두에 두고 작성된 시나리오 같은데 재밌어요.

저자들은 시나리오를 작성하는데, 신기술(new technologies), 이민(immigration), 학교선택(school choice), 대안적 교육방법(alternative education methods)을 주요 추동력으로 고려하였습니다. 이 중 우리나라에서 이민은 좀 덜 중요한 동력이겠지요. 그들은 향후 20년 동안(이미 5년은 지나갔네요) 어느 시점에선가 다음에 제시한 시나리오들이 실현되지 않을까 예상합니다.

시나리오 1: (2012, 어이쿠 2년밖에 안 남았네요.) — 직접 교육(Direct Education)

나노공학의 발달로 우리 두뇌에 노드를 이식할 수 있게 됩니다. 와이파이(Wi-Fi)나 와이맥스(Wi-Max)를 이용해 이식된 노드는 웹에 접속하여 정보와 지식을 직접 찾아다 두뇌에 제공해 줍니다. 지식을 그런 방식으로 얻기 때문에 시험도 불필요합니다. CA(Continuous Accountability)라는 장치를 통해 학생의 두뇌에 접근해서 학습상태를 수시로 점검할 수 있습니다. 실제 교실은 나이에 따라, 학생에 따라 다릅니다. 가상 교실은 집에서 무선으로 접속할 수 있고, 상상할 수 있는 모든 주제에 관해 직접 경험하는 학습을 할 수 있습니다. 한마디로 기술을 통해서 이룩한 교육 혁명이지요.

시나리오 2: (2014, 이것도 몇 년 안 남았네요.) — 홈스쿨링(Homeschooling)

2014년에는 유치원부터 고3까지의 교육이 네 벽 안에, 교실에 갇힐 필요가 없습니다. 교육은 사이버공간이나 가상현실을 포함해 다양한 환경에서 가능합니다. 컴퓨터를 통해 대부분의 교육이 가능해지니 적지 않은 부모들이 학교 대신에 집에서 아이들을 교육시키려고 합니다. 부모들은 집이 더 안전할 뿐 아니라 아이들에게 학교보다 자신들이 더 수준 높은 교육을 제공할 수 있다고 생각하기 때문입니다.

2014년에는 홈스쿨링이 하나의 신분상징이 됩니다. 자녀를 홈스쿨링시키는 엄마들은 세련되고 훌륭한 인맥을 가지고 있다고 간주되는 것이지요. 그들은 학력도 높고, 수입도 좋고, 집안일도 솜씨 있게 잘 처리합니다. 이래서 홈스쿨링 받은 학생들과 공교육을 받은 학생들은 모든 면에서 현저한 차이가 나게 됩니다. 전자는 후자에 비해 정서적으로도 안정되고, 풍부한 감성을 보유하며, 사회적 능력도, 인지능력도 모두 뛰어납니다. 한 마디로 탈학교가 중산층의 새로운 유행이 되는 거지요.

시나리오 3: (2020) — 뒤처진 세대(Generations Left Behind)

가난하고 교육받지 못한 노동력은 희망 없는 저임금의, 비천한 노동에 묶이게 됩니다. 교육에 기반한 계급체계가 등장합니다. 한편에는 대학교육을 받은 정보생산자들(information pushers), 다른 한편에는 인종과 지위로 구분되는 육체노동자들로 갈라지지요. 이 시나리오에 따르면 미국사회가 구제불능으로 양극화됩니다. 특히 가난한 이민자들의 자녀들은 교육을 받지 못한 채 어린 나이부터 생활전선에 나서야 하기 때문에 육체노동자로 눌러 앉게 되지요. 그들은 미국사회 내의 제3세계 노동력입니다. 한 마디로 교육이, 나아가 사회가 양극화되는 거지요.

시나리오 4: (2025) — 경험적 학교(Experiential Schools)

사회적 기술과 인간관계 교육을 강조하는 경험적 교육(experiential education)은 최고의 교육방법으로 부상합니다. 그러한 교육을 도입하는 학교는 최고의 교육성과를 나타냅니다. 그런 학교는 보통의 학교와 다른 내용을 가르치는 것이 아니라 다른 방법으로 가르칩니다. 예컨대, '마스터 교사(Master Teacher)' 프로그램은 각 분야의 전문가들을 수업에 참여시키는 것입니다. 저명한 연구소를 은퇴한 통계학자가 수학을 가르치고, 그리고 나면 반을 작은 그룹으로 나누어 여러 보조 교사들이 학생들이 방금 배운 내용을 응용하는 것을 도와줍니다.

경험적 학교는 지역사회와 밀접하게 연계되어 운영됩니다. 더 이상 교사의 역할을 수행하는데 까다로운 자격을 구비하지 않아도 됩니다. 지역사회의 여러 분야 전문가들이 수업에 대거 참여합니다. 수업이 지역사회에 개방되어 있지요. 경험적 교육을 받은 학생들은 보통의 교육을 받은 학생들에 비해 성취동기도 높고, 사회성, 실천력도 뛰어납니다. 물론 성적도 탁월하고요. 한 마디로 학교와 지역사회의 벽이 무너지고, 지역 사회 전체가 학교가 된 거지요.

여러분은 우리나라의 공교육의 미래가 어느 시나리오를 따라 전개되리라 생각하시는지요? 아니, 우리 공교육이 어떤 모습이 되기를 원하시는지요?

2010.10.18

좋아요 · 댓글 달기 · 공유하기

최성웅, Min Moon, 김정수님 외 39명이 좋아합니다.

우선희 교수님, 머리 속에 뱅글거리는 교육의 문제를, 분류하여 보여주셨네요. 일독은 '공감'과 '설마'가 교차되고 있습니다. 세 번 정도 더 읽으면서, 유관된 생각이나 정보를 관련지어 제 생각을 포맷해보아야 할 것 같아요.
2010년 10월 17일 오후 8:39 2명

Taeyoung Choi 시나리오 1은 오바마 의료개혁안 1,000 몇 페이지 사이에 적시된 '베리칩'의 상용화 가능성을 말하는 것일까요? '인공지능'보다는 '인간 두뇌 자체'가 훨씬 더 성능이 좋은 시스템일텐데...
2010년 10월 17일 오후 8:51 4명

김진태 완전히 공각기동대네요. 네트워크에 전부 묶어서 어떤 행위든 하는 것. 두뇌를 노드를 인식한다. Wifi가 되었건 3G가 되었건, 어떻게든 네트워크에 연결한다. 서버, 네트워크, 데이터베이스 없이는 어떤 것이든 할 수 없는 인간이 되어가는 건가 싶네요.
2010년 10월 17일 오후 8:59 4명

Taeyoung Choi ① www.nyskc.org 에 Goshen child school of USA 관한 소식이 있거든요. 혹시나 해서 소개드립니다. 교육에 대해 참고하실려나 합니다. ②성취클럽// 문의 516-965-5452(최인영 회장) www.theachieverclub.org
2010년 10월 17일 오후 9:01

Brian Kim 시나리오 2와 3은 사실 정도의 차이는 있지만 과거나 현재에도 진행중이라는 의미에서 크게 새로울 것이 없네요. 오히려 시나리오1은 현실화되기에는 기술적으로는 가능하더라도 사회적으로 받아들여지기에는 상당한 무리가 있을 것 같습니다. 시나리오4가 바람직한 방향이라 생각합니다. 고령화 시대에 상생적 대안이라 생각됩니다.
2010년 10월 17일 오후 9:05 👍 6명

Sudo Choe 우리사회에서 우수한 정책을 입안하고 훌륭한 분이 이끌어 나간다고 하더라도 현재의 학벌풍토와 교육의 방향이 바뀌지 않는다면 공교육의 미래는 계속 어두울 것 같다는 다소 부정적인 생각을 갖습니다. 공교육은 학생에게 '인성'이라든지 그밖에 다른 '공부가 아닌' 것에 대한 교육을 하기 때문에 사교육에 근본적으로 뒤쳐질 수밖에 없습니다. 인성과 잠재성이 중요하게 다루어지는 교육계가 되었으면 하는 바램이 있습니다. 대학이 가능성 있는 인재를 선발해서 유능한 인재로 키워야 하는데 학교는 우수한 학생들만 뽑을 생각만 하고 있으니 답답한 현실입니다.

빈부격차의 심화, 사회적 위화감 등으로 인한 잘못된 환경이 반복되고 있는 현실이기에 완전한 양극화는 아니겠지만 그와 유사한 교육환경이 될 가능성도 있겠다는 우려도 할 수 있겠는데, 제대로 된 정책을 편다면 위 모든 시나리오가 공존하는 풍토도 나쁘지 않을 것 같습니다. 다양성이 존중되는 사회니까요.
2010년 10월 17일 오후 9:07 👍 5명

김진태 홈스쿨링에 대하여 말씀드리면 한국에서는 시작되었습니다. 이러닝이라는 이름으로 학원강사들이 학생들을 통제하죠. 쪽지시험, 문제풀이, 문법강의 기타 등등. 봤는지 안봤는지, 시험점수가 얼마인지, 지난달과 비교하여 성적이 얼마나 올랐는지 기타 등등.

제가 생각하는 한국의 공교육은 먼저 독일이나 프랑스처럼 전부 공립으로 돌리는 겁니다. 사립학교 이딴거 전부 밀어 버리고, 전부 공기업으로... 그럼 사학이니 사립이니 문제가 없어질 겁니다. 문제는 그네들이 그 기득권을 내놓겠느냐는 것이죠. 무슨 장사치들이 교육을 한다고(태광-세화),수학책 좀 쓰면 교육자이고.(홍성대-성산) 독일이나 프랑스처럼 학생들의 교육은 국가가 책임진다. 그러니 사립들은 끄지라라고 해야 한다고 생각합니다.
2010년 10월 17일 오후 9:15 👍 5명

조용미 시나리오 1은 조금 오싹하네요.
2010년 10월 17일 오후 9:23 👍 3명

정보사회학 진태님, 여기서 홈스쿨링은 학교 다니는 대신에 집에서 교육하는 것을 말합니다. 과외가 아니고요.^^
2010년 10월 17일 오후 9:23 👍 3명

김진태 그건 알죠. ㅎㅎ. 시스템적으로나 소프트웨어 적으로나 한국은 여기저기서 구현되어 있는 상태입니다. 정부에서 공교육시스템으로 통합작업만 하면 됩니다.
2010년 10월 17일 오후 9:24 👍 3명

Taeyoung Choi 캐나다 온타리오 주의 경우는 한국개념의 사범대학이나 교육대학이 없고요, 단지 대학원 과정의 Teachers College에서 1년 혹은 2년 수학 후 시험을 쳐서 자격증을 받고, 카톨릭계 학교나 공립교육청에 신청하고 면담 후 배정해주면 1년간 계약직으로 각 학교가 실험을 합니다. 그 후 3년 계약 형식으로 연장을 하며 교사노조는 유니언 샵 -자동가입-입니다. 각 학교는 교사노조가 있고 기타 사무원 노조-청소부, 사무요원-가 각 지역노조지부에 편성 활동합니다.
2010년 10월 17일 오후 9:24 👍 4명

김재원 어찌되었든 지금의 교육 체제가 일부분 무너질 것은 분명해 보이네요~
2010년 10월 17일 오후 9:46 👍 1명

박정민 저도 정보사회학님의 화두를 듣고 와서 읽어봤습니다. 많은 가치있는 토론들이 나올 수 있겠네요. 현실기반으로 가능성을 분석하시는 분도 계시고, 솔루션 가지고도 분석하는 분들이 계시고 저도 선희님처럼 정리해서 의견을 말씀드려야겠네요. 학습법이야 지엽적인 문제이지만 우리나라 교육의 가장 큰 영향력은 교육정책이니 장기교육과정 관련된 자료 읽어보고 제 생각을 정리해서 올리겠습니다.
2010년 10월 17일 오후 9:58 👍 3명

박영준 저도 시나리오 4가 바람직한 방향이 아닐까 생각해 봅니다. 한국의 현실에서 이러한 대안적 시나리오가 현실화되기 위해서는 넘어야 할 산이 많을 듯합니다. 미국에서는 메츠스쿨(국내 민들레 출판사에서 "학교를 넘어선 학교"로 출판되어 소개된 적이 있지요)이라는 학교에서 이미 시나리오 4를 현실화하고 있지요. 한국에서도 하자센터와 같은 공간은 이미 이러한 모델에 입각해서 운영된지 벌써 10여년이 되고 있습니다.
2010년 10월 17일 오후 10:42 👍 4명

오용수 '책상물림'으로만 접근하면, 미디어 기술이나 네트워크 발전 속도와 현실이 이미 모든 시나리오에 대응할 수 있을 것 같지만 글쎄, 교육 제도는 역시 '사람' 사이의 문제가 아닐런지, 퍼갑니다^^
2010년 10월 17일 오후 10:49 👍 5명

정보사회학 영준님 말씀처럼 우리나라에서도 하자센터처럼 훌륭한 시도를 이미 해오고 있는데 아직도 대안으로만 남아있으니...
2010년 10월 17일 오후 11:24 👍 3명

김진태 일이 하도 안풀릴 때 저도 하자센터 내의 노리단이라도 들어갈까 했습죠.
2010년 10월 17일 오후 11:37 👍 1명

최규문 음... 매우 의미심장한 화두를 던져주는 시나리오로군요... 제 담벼락에도 공유해주셔서 고맙습니다. 저도 올해 중학교에 들어간 딸아이가 하나 있어서 늘 우리나라의 교육이 앞으로 어떻게 되어야 아이들이 입시 전쟁의 혹사로부터 벗어날 수 있을까를 고민하게 됩니다. 다행인지 불행인지, 아내가 중학교 교사 출신이라 아이를 거의 [시나리오 2]에 가깝게 교육시키고 있는 편입니다. 물론 제도상 현재 공립학교를 보내고 있긴 하지만, 플룻 레슨 한 가지 과외 시키는 것 외에는 국영수 예체능 막론하고 사설 학원은 전혀 보내지 않고 집에서만 가르치고 학습하게 합니다. 딸아이도 자신이 학원에 나가서 밤늦게까지 혹사당하는 학교친구들과 같은 방식으로 묶여 있지 않다는 것을 다행스럽게 생각합니다. 담임선생님을 비롯한 학교 선생들은 학원을 보내지 않는 저희들의 [무모함]에 대해서 기회 있을 때마다 제발 보내라고 충고를 해주는데, 애써 무시하고 있습니다.

[시나리오4] 같은 방식이 상대적으로 유용하고, 현실성도 아주 없지 않아 보이는데, 좀더 체계적으로 모색되었으면 싶습니다. 국내 이런저런 대안학교의 실상도 그리 만만치는 않은 듯 싶습니다. 대안학교 중 나름대로 성공 모델로 회자되고 있는 [이우학교] 설립 멤버분들이 예전에 한때 같이 일하던 분들이어서 그 쪽 교육 시스템에 대해서도 종종 들어볼 기회가 있는데, 그곳도 또하나의 [특수층 교육]처럼 인식되고 있어서 고민인 모양입니다. 새로운 방식의 시도는 늘 그에 따른 고민을 동반하는 듯 싶습니다.
2010년 10월 18일 오전 12:08 👍 2명

정보사회학 사실 전 저 그림으로 올린 경험적 학습법에 관심이 많습니다. 수업에 도입해보려고 노력하고 있고요. 그런데 중고등학교 정규과정에 경험적 교육이 도입되면 좋을텐데 하는 생각을 하고 있습니다. 이 시나리오 논문을 쓴 저자들도 그러한 생각을 갖고 있는 것 같아요.
2010년 10월 18일 오전 1:48 👍 1명

최규문 발전적인 생각을 가진 분들의 다양한 시도 적극 지지하고 응원드립니다. 참, 다시보니, [정보사회학] 로고(?) 프로필 이미지가 바뀐 것 같네요... 복잡한 책 잔뜩 쌓아 놓았던 이미지보다 한결 여유와 사색이 있어 보여 좋습니다. 열공하는 모드 이미지는 좀 사라져서 아쉬운 면도 있는데... 여기 댓글 토론에 참여하시는 분들이 워낙 열심들이라서, 그건 별로 걱정이 안 되네요...^^ 해피 저녁 되셔요!!
2010년 10월 18일 오전 1:56 👍 2명

Min Jeong Son 제가 현재의 홈스쿨링맘인데요. 그럼 미래를 앞당겨 살고 있는 거네요! 저녁 먹이고 다시 후다닥 오겠습니다.~~~
2010년 10월 18일 오전 2:56 👍 1명

김천은 와, 근데 시나리오에서 얘기한 그런 날이 정말 일어날까요? 저도 요즘 교육에 관련된 자료를 찾다보면 홈스쿨링에 관한 정보들이 많던데.. 이곳에서 말하는 '신분상승'의 모습 말고 진짜 멋진 홈스쿨링이 이뤄졌으면 좋겠어요^^
2010년 10월 18일 오전 8:03

Davis Noh 교육체계를 좀 구분해서 평소에 생각해 볼 필요가 있어요. 특히 공교육체계는 보편화 교육에 좀더 충실해야 하지 않을까 싶어요. '현대사회'에서 인간(민주시민)으로서 최소한 갖추어야 할 역량과 품성에 초점을 맞추어야지 '기업이 원하는 직업인 만들기'가 되어서는 현재의 파행이 끝나지 않을 것 같습니다.

공교육이 초등과정 자체와 중등과정의 기본 골격으로써 보편화교육에만 힘쓰고, 나머지는 위와 같은 시나리오로 분화되지 않을까 싶네요. 따라서 이런 최소화된 보편교육체계가 의무교육이 되도록 한다면 뒤처진 세대는 한국에서 사회안전망 안에서 케어할 수 있을 것이고, 단지 공교육기관에서 교육받는 아이와 홈스쿨링으로 교육받는 아이의 양극화는 불가피하겠군요. 문제는 경험적 학교인데요. [중등교육기관 vs. 경험적 학교], [대학 vs. 경험적 학교]의 경우가 다른 양상으로 전개될 것 같습니다. 중등교육과정에 있는 학생의 경우 경험적 학교가 훨씬 큰 성취도를 나타낼 수 있겠지만, 대학과 경험적 학교는 분야별로 성취도가 달라서 어떤 경우는 경험적 학교가 보완적 기능에 그치지 않을까 싶네요.
2010년 10월 18일 오후 4:55 👍 4명

Min Jeong Son 제가 어제 후다닥 오긴 했는데, 무슨 말을 할 수 있을지 잘 모르겠더군요. 과연 내가 학부모로서 우리나라 공교육 체계에 대해 잘 알고 있는 건지, 또 구체적인 발전 방향에 대해 생각한 적이 있었나 싶었습니다. 공교육에서도 이미 수준별 학습은 시행하고 있는데, 그래도 전체적으로는 보편화 교육을 담당하는 것이니 @Davis님 말씀처럼 '좀더 충실'하다면 더 많은 학부모들의 지지와 참여를 얻을 수 있다고 생각합니다. 저는 두 아이의 엄마로서, 정말 재미있게 공부할 수 있는 시간을 마련해주고 싶었기에 홈스쿨링을 선택한 것이고, 앞으로 아이들이 가고자 하는 길을 함께 찾으려 노력 중이며, 아이들이 원하는 좋은 학교가 있다면 다시 보낼 수도 있다고 생각합니다. 동시에 제도나 체계보다는 '지식과 배움' 그 자체에 더 관심이 많은 선생님이다보니 이번 논의에서는 다른 분들의 말씀과 경험을 새겨듣도록 하겠습니다.
2010년 10월 18일 오후 5:55 👍 1명

정보사회학 손선생님은 진짜로 홈스쿨링을 하시네요. 우리나라에서는 엄청난 용기와 자신감이 있지 않고서는 엄두가 안나는 일인데. 손선생님 경험을 자세히 들어보고 싶은데 이곳에서는 불가능할 것 같고, 방학 때라도 자리를 만들어야 할 것 같네요.

2010년 10월 18일 오후 6:21 1명

Min Jeong Son 아유~ 아니에요, 윤교수님! '아이가 자라는 데에는 온 마을이 필요하다'는 아프리카 속담이 있는데, 제가 어찌 혼자만 아이들 교육을 담당하겠습니까? 다만, 공부라는 것이 그리 만만한 것이 아니니, 긴 인생에서 한 번쯤은 아이들이 공부에만 몰두하고, 또 스스로 자기 길을 좀 찾아볼 시간이 필요하지 않을까 생각했던 것뿐입니다. 부모만이라도 좀 편하게 아이들을 감싸주어야 하지 않을까 한번 용기내어 보았죠. 학교에 신나게 놀러다니던 두 아이를, 한 학기 정도는 미리 얘기하고 이제 그만 다니게 될 거다 하면서 친구들과 어울리지 못할 상황을 미리 simulation 해보게 했구요. 올해 들어서부터 학교가 아닌 도서관에서 스스로 놀고 공부하고 있는 중입니다. 앞으로 겪게 될 시행착오가 어마어마하겠지만, 긍정의 힘으로 잘 이겨낼 수 있으리라 믿습니다.^^
2010년 10월 18일 오후 6:34 2명

대화 65 페이스북 그룹을 이용한 온라인 수업에 관한 이야기(1)

금년(2010년) 가을 학기에 제가 가르치는 두 개의 학부 수업을 위해 페이스북 그룹을 온라인 교육 도구로 사용하고 있습니다. 하나는 '정보사회학입문'이라는 1학년 필수과목이며, 다른 하나는 '미래학입문'이라는 3학년 전공과목입니다. 현재 진행 중이지만 중간 정리를 해둘 겸 이곳에 현재까지의 진행 과정을 가볍게 소개하고자 합니다.

1. 현재까지 진행 사항 요약:

① 9월 2일: 그룹 개설

② 9월 2일: 첫 과제 게시. 이번 학기 대학 생활 계획 혹은 다짐 소개, 다른 학생의 포스팅에 댓글 달아주기, 마감 시한 9월 5일 밤 12시

③ 9월 3일: 학생들의 계획에 토익 등의 영어 공부에 대한 언급이 많았음.

④ 9월 7일: 오프라인 첫 수업 시작 주제: SNS 문해, 소셜미디어를 이용한 커뮤니케이션의 특성을 몇 가지로 나누어 설명하면서, 각각의 특성이 실제로 어떻게 구현되는가를 트위터와 페이스북으로 보여줌. 두 서비스의 해당 기능을 익히도록 하면서 수업을 진행.

⑤ 9월 8일: 두 번째 과제 게시. 마감시한 9월 12일 저녁.

⑥ 9월 9일: 지도교수의 페이스북 친구들 중 평소에 교류가 많았던 38분(수강학생 수와 동일)에게 멘토가 되어줄 것을 요청. 그룹의 친구초대하기 기능을 이용함.

⑦ 9월 9일: 멘토들이 온라인 수업에 참여하기 시작, 첫 번째 토론 주제가 자연스럽게 '영어공부방법'이 됨. 다수의 멘토들이 효과적인 영어 공부 방법

을 자신의 경험들과 더불어 소개.

⑧ 9월 10일: 멘토들이 영어공부 방법 이외의 다른 주제에 관해 글을 올리기 시작. 멘토들이 학생들이 올리는 과제나 글에 '좋아요', 댓글달기로 반응을 보여주기 시작함. 학생들도 수업에 관련된 정보나 학우들에게 유익한 정보를 자발적으로 공유시키는 경우가 나타남.

⑨ 9월 14일: 수업시간에 학생들에게 자신이 개인적으로 배우고 알아보고 싶은 멘토를 한 분씩 선택하라고 요청. 이때부터 멘토들이 올리는 게시글 수가 늘어남. 하루에 3~5개 정도가 올라옴. 멘토가 올리는 글에 대한 학생들의 반응이 증가함. 수업시간에 온라인 수업 참여에 대한 지도교수의 강조가 있었음. 세 번째 과제 게시. 마감시한은 9월 25일. 몇몇 멘토들이 효율적으로 과제를 하는 방법을 댓글로 소개함.

⑩ 9월 17일: 현재 멘토를 요청 드린 분들 중 현재까지 29분이 동참. 2분은 그룹 가입을 자발적으로 희망해서 총 31명의 멘토가 활동 중임. 그룹의 '운영진'이 지도교수, 조교를 포함 총 35명임.

2. 현재까지의 소회 및 향후 계획

① "대화를 통한 수업"을 온라인상에서 구현해 보려고 본인이 지금까지 시도한 방법 중 현재의 방법이 가장 성공적으로 보임. 학교당국이 제공한 온라인 학습커뮤니티, 동화상과 전자게시판을 이용한 사이버대학 수업, 동화상을 통한 인터넷 강좌, 이-러닝 업체의 플랫폼을 통한 인터넷 강의, 블로그(Blogger.com)를 이용한 강의에서의 경험과 비교할 때 페이스북의 그룹을 이용한 강의가 가장 동적인 대화가 가능할 것으로 생각됨.

② 과목의 성격에 따라 크게 다르겠지만, 본 과목과 같은 내용(SNS, 클라우드 컴퓨팅, 집단지성)의 수업에는 페이스북 그룹과 같은 반개방적 플랫폼(half-open platform)이 매우 효과적일 것이라는 생각이 듦.

③ 수업을 개방하면서 통제할 수 없는 변수가 워낙 많기 때문에 멘토들도, 학생들도, 담당교수도 앞으로 수업이 어떻게 전개될지, 어떤 효과를 거두게 될지 예측이 거의 불가능한 상황이지만, 담당교수가 가이드 혹은 퍼실리테이터(facilitator)로서의 역할을 잘 한다면 좋은 성과를 거둘 수 있으리라

생각됨.

④ 현재까지 사용해 본 바로서는 페이스북의 그룹이 이-러닝 도구로 사용하기에는 불편한 점이 너무 많음. 하지만 몇 가지만 보완되면 수업의 보조적인 도구로 사용하기에도 큰 문제가 없을 것으로 판단됨.

⑤ 온라인 수업(페이스북 그룹)에서의 참여를 평가하는데 어려움이 있음. 정량적 평가와 정성적 평가를 병행해야 하는데, 워낙 평가에 포함해야 할 학생들의 활동 양이 많기 때문임. 현재 온라인 참여를 '담벼락 포스팅', '댓글', '좋아요'를 학생별로 집계하는 프로그램을 작성 중에 있음. 각 활동에 가중치를 어떻게 부여할 것인지는 아직 결정하지 않았음. 교수는 학생의 과제 포스팅에 댓글을 달면서 과제의 내용을 평가하고 있음. 학생들의 댓글도 모두 읽고 가끔 댓글을 달아줌. 온라인 수업참여를 각 학생별로 매주 집계하여 그래프 형태로 게시할 예정임.

⑥ 지난 학기 비슷한 수업을 해본 결과, 소셜미디어, 집단지성, 클라우드 컴퓨팅은 SNS 리터러시의 관점에서 집중적으로 지도해야 한다고 판단됨. 그리고 그 교육은 학생들의 실제 활동을 통해서만 효과를 제대로 거둘 수 있다고 사료됨.

앞으로 학기 중간 중간 리포트를 올리겠습니다. 2010.09.17

좋아요 · 댓글 달기 · 공유하기

Ki Nam Jin, 강재원, Hyung Lee님 외 56명이 좋아합니다.

해글룡 아. 정말 감동적인 수업입니다. 학생들이 직접 참여하며 재미를 느끼고 활용할 수 있는 기회가 되었으면 좋겠습니다. 참고로 트위터 아이디, 페북 이름 등을 정할 때 지속적으로 자신의 캐릭터를 알릴 수 있도록 신중하게 결정했으면 좋겠습니다. 단순히 한학기 과목용이 아니라 자신의 캐리어를 채워가는 과정으로 소셜에서의 개인 브랜딩이 가능하도록 지도 해주시면 더욱 좋겠습니다. 한학기를 마무리 하면서 자신의 관심 분야에 대한 소셜 브랜딩 페이지를 개설하면 의미있는 시간이 될 것 같습니다.^^
2010년 9월 17일 오전 12:58 6명

Ben Byeongho Lee 윤교수님, 고생하신 만큼 큰 수확이 있으실 것 같습니다. 추석 때 재충전하시길 바라며 저도 좀더 참여하도록 하겠습니다.
2010년 9월 17일 오전 12:59 5명

이상우 일반인들도 이런 강좌를 통한 평생교육이 필요하다고 생각합니다. 실시간적이고, 체험적이어서 많은 효과를 기대할 수 있을 것 같습니다.

2010년 9월 17일 오전 1:02 👍 4명

김태훈 멋지네요! 다만 방법적으로 보완하면서! ^*^
2010년 9월 17일 오전 1:04 👍 3명

Takyoung Jung 정보화 사회에 살고 있는 현대인들에게 매우 유익한 강좌입니다. Digital Nomad인 현대인들은 정보가 있는 곳엔 언제든 이동을 하게 되는 속성을 지니고 있습니다. 현대인들은 문자를 해독하지 못해 문맹이 아니라, 정보수용능력이 부족한 현대문맹인이 많은 시대입니다. 앞으로 좋은 강좌를 통해 정보문맹인들에게 유익한 미디어 채널이 되기를 기대합니다. Paris에서 www.jungtakyoung.com
2010년 9월 17일 오전 1:15 👍 9명

정창권 교수님께 질문하나! 이 과정을 통해 교수님이 담고자 하는 꿈/비전은 어떤 것인지요? 교수님의 꿈의 크기를 알고 싶습니다. 그 꿈을 제 가슴에 담아야 저도 신날 것 같아서요
2010년 9월 17일 오전 1:26 👍 2명

임진숙 샘과 함께 수업하는 친구들이 한없이 부럽습니다. 선생님의 열정이 부럽고, 또 그 열정을 구체적으로 끌고 나갈 수 있는 힘이 부럽고, 그렇게 만들기 위해 옆에 도움을 요청할 끈끈한 인연의 분들이 많은 것 역시 참 부러운 일입니다. 한학기 이렇게 공부하면 이 공부만은 오래도록 가슴속에 또 머릿속에 기억될듯합니다.
2010년 9월 17일 오전 1:58 👍 6명

유창식 교수님 학생들이 부럽습니다. 즐거운 추석 건강한 추석 보내시기 바랍니다...
2010년 9월 17일 오전 2:21 👍 2명

정보사회학 정보사회학 페이지에 들어오시는 분이 그렇게 많은 수는 아니지만 전세계 20개국에 살고 계시는 것으로 통계에 잡히네요. 오늘은 파리에서 @정택영 선생님이 댓글을 달아주시니 이 페이지가 더욱 빛이 납니다. 선생님의 홈페이지에 들어갔더니 아래와 같은 글귀에 무척 공감이 갑니다. "현대인들은 참으로 고독한 존재들입니다. 먼저 마음의 문을 열고 다가가지 않으면 모두가 낯선 사람들 뿐입니다. 낯선 이 땅에서 스스로 고독해지기는 아주 쉽습니다... 모든 벽은 닫혀 있는 동시에 또다른 문이기도 합니다. 그 문을 열어야만 합니다." 저도, 제 학생들도 새로운 소셜미디어의 도움을 받아 좀더 쉽게 마음의 문을 열고 타인에게 다가갈 수 있었으면 좋겠다는 바람을 갖고 있습니다.

@정선생님, 제 꿈이 너무 소박한가요?^^ @해글룡님이 지적한 personal branding을 학생들에게 시도하게 해보겠다는 생각은 제가 미처 못했군요. 방법을 찾아봐야 겠습니다. 감사합니다. @이선생님, 이상우님, 진숙님, 태훈님, 모두 열심히 격려해주세요.^^ 소셜미디어에서 혼자서 할 수 있는 것이 별로 없더군요. 여러분의 격려가 동력이 되어 자그마한 성과라도 올릴 수 있기를 바라고 있습니다.
2010년 9월 17일 오전 2:21 👍 6명

Chanwoo Lee 대학1학년 〈정보사회학 입문〉에서 e-learning 도구로서 페북그룹을 사용하여 학생들과 함께 실험하고 진행하는 것은 살아있는 교육도구인 것 같습니다. 아주 좋은 도구가 될 것 같습니다. 사족입니다만, 덧붙여서 도구는 어디까지나 도구인 것이라는 것을 알 때쯤에 학생들은 어떤 콘텐츠, 어떤 정보를 만들어 이를 공유할 것인가에 대해 진지한 고민으로 이어지면 참 좋겠습니다.
2010년 9월 17일 오전 2:24 👍 8명

꿈꾸는마케터사진관 제가 학교 다닐 때에도 교수님들이 이렇게 열린 마음으로 학생들을 대했으면... 좀더 발전한 사회가 되지 않았을까 싶어요. 좋은 강의해주시고 창

조력을 팍팍 키워주세요..^^
2010년 9월 17일 오전 2:25 3명

Myungdae Cho 윤교수님께서 새로운 지평을 잘 열어가고 있습니다. 나중에 저도 벤치마킹 좀 하겠습니다. 추석 잘 보내시고요.^^
2010년 9월 17일 오전 2:47 3명

김주환 소셜미디어를 교수법에 접목시키시려는 참신한 노력이 많은 성과 거두기를 기원합니다~
2010년 9월 17일 오전 3:25 3명

김식 새로운 학습방법, 자신과 용기 없으면 안되는 일인데, 박수보냅니다.^^!ㅋ
2010년 9월 17일 오전 4:49 3명

정준호 멘토들이 수업에 참여하는 방식이 멋지네요. 같은 대학생으로서 부럽습니다^^ 저희학교 교수님께도 소개시켜드려야겠어요. ㅎㅎ
2010년 9월 17일 오전 6:01 3명

정준호 중찬형님도 멘토로 참여중이신가보네요~ 저에게도 멘토신데 ㅎㅎ
2010년 9월 17일 오전 6:03 2명

Changsoo Kim 김창수 金昌洙 많이 배웁니다.
2010년 9월 17일 오전 6:16 4명

김기한 멋진 시도에 박수를 보냅니다. 함께 고민해서 우리 아이들이 행복하도록 만드는데 힘을 더하겠습니다. 홧팅~.힘.힘.힘.
2010년 9월 17일 오전 6:44 5명

Alexander Park 제 발표에서 윤교수님의 FB 활용 강의를 매우 중요한 사례로 인용하여 많은 다른 교수님들의 참여 계기가 되었으면 합니다.
2010년 9월 17일 오전 8:01 4명

Brian Kim 소셜미디어라는 아주 큰 연못에 과감히 돌을 던지신 교수님과 물결이 더 커지도록 기꺼이 동참하신 멘토들에게 박수와 응원을 보내드립니다. 그리고 이 과목들을 수강한 학생들을 통해 더 크고 강력한 리플효과가 나타나길 기대합니다. 교수님의 수업 후 과제가 학생들 과제에 비해 너무 과중하다는 생각이 듭니다. 계량 툴 등의 개발을 통해 교수님의 시간을 좀더 효과적으로 사용하실 수 있게 되길 바랍니다. ㅉㅉㅉ
2010년 9월 17일 오전 8:08 5명

박은지 이런 수업을 저도 받고 싶네요. 그리고 무엇보다 '과제의 목적은 듣기(listening) 연습입니다' 라는 부분에 공감합니다.
2010년 9월 17일 오전 9:39 4명

Myungdae Cho @ Alexander Park: 분명히 많은 교수님들이 시도하실 것입니다. 저는 분명히 그중의 한 사람입니다. 개척자는 항상 고달픈데, 윤교수님.^^
2010년 9월 17일 오후 3:38 3명

정보사회학 그래서 이런 방법으로 여러분 옆구리 찔러서 격려 받고 힘을 낸답니다.^^
2010년 9월 17일 오후 4:28 1명

Myungdae Cho 아무리 생각해도 제 생각에 이 클래스는 역사에 남을 수업일 것 같습니다. 먼 미래에서 본다면 저도 mentor의 한사람으로써 기쁜 일입니다. 단순한 On-off mix가 아니라, interactive ON and insightful OFF.^^
2010년 9월 17일 오후 4:35 2명

정보사회학 과찬이십니다.^^ 꼭 좋은 결과를 낼 수 있도록 노력하겠습니다.
2010년 9월 17일 오후 4:48

Myungdae Cho IOIO이네요. interactive ON and insightful OFF.^^
2010년 9월 17일 오후 4:50 1명

박일영 항상 관심을 가지고 글을 읽고 있습니다. 오늘도 역시 좋은 아이디어를 주시는 군요. 감사합니다. 즐거운 추석을 행복하게 지내세요^^!
2010년 9월 17일 오후 10:06 1명

최윤정 멋집니다!^^b
2010년 9월 17일 오후 10:32 1명

Min-Chan Kim 어디서도 들을 수 없는 수업입니다! 그걸 듣는 학생으로서 왠지 자랑스러운 느낌이 드네요
2010년 9월 18일 오전 7:44 2명

Seoyoung Kim 이 노트 뭔가 감동적이네요! 교수님보다 저희가 더 배우려고 많은 노력을 해야할 것 같아요!
2010년 9월 19일 오전 3:25 1명

조정희 단순히 교수님의 '정보사회학입문' 일지가 아니라 교수님의 마음이 담겨있는 노트라 감동이 밀려옵니다. 단순히 온라인상의 교류를 배우는 수업이 아니라 마음의 소통, 마음의 교류를 가르쳐주셔서 감사합니다. 교수님! 교수님 마음에 감동, 감격하여 절로 더 열심히 하게 되네요. 감사합니다. 교수님 더 열심히 하겠습니다^^!
2010년 9월 19일 오전 7:28 2명

김재원 정말 이런 인터랙티브한 수업 재미있고 유익한 것 같습니다. 멘토로서 뭔가 도움이 되고자 할려다보니 제가 배우는 게 더 많습니다.^^
2010년 9월 19일 오후 7:26 2명

Jahyun Ryoo 소셜미디어에는 이런 것이 있다고 말해주는 것보다 실제 수업에 활용함으로써 스스로 느끼고 즐기게 해주는 것이 참 좋다고 생각합니다. 아직 제가 그 속도를 따라가지 못해 아쉬울 따름이에요..^^
2010년 9월 19일 오후 10:17 2명

Yeji Sophia Kim 다른 수업은 수업시간 안에서만 배우고 딱 끝나니 일주일 내내 잊고 사는데 정보사회학입문 수업은 제 생활안에 침투해 매일매일을 공부하고 있는 것 같아요! 일주일에 수업시간은 3시간인데 일주일 내내 공부하고 있는 느낌!
2010년 9월 23일 오전 12:20 2명

Myungdae Cho That's it, Yeji. We are learning forever here. You have to thank your professor Yun a lot.^^
2010년 9월 23일 오전 12:21

Min-Chan Kim Yeji Kim님 말에 120% 공감
2010년 9월 23일 오전 12:21

장성권 안녕하세요. SNS에 관심이 많은 학생입니다. 현재 SNS-T라는 작은 스터디 모임을 가지고 있습니다. 교수님의 페이지를 보며 많은 참조 하고 있습니다. 인터넷매체의 윤리적 의식과 사고에 대해 연구하려 합니다. 그리고 조언을 구하고자 글을 남깁니다. 다시 한 번 추후에 글을 남기도록 하겠습니다.
2010년 10월 4일 오전 3:45

대화 66 페이스북 그룹을 이용한 온라인 수업에 관한 이야기(2)

한양대 ERICA 캠퍼스 정보사회학과의 과목을 오프라인 수업과 병행하여 페이스북 그룹에서 온라인 수업으로 진행하고 있습니다. 이 자료는 지난 9월 17일의 노트에 이은 중간 정리입니다.

1. 수업 일정

① 9월 21일, 23일 수업: 트위터와 페이스북에서 콘텐츠 공유방법

② 9월 25일 제3차 과제 마감(멘토 한 분의 최소 2주간 트위터와 페이스북 사용 내력 분석): 전원 과제 제출. 소수의 학생을 제외하고는 열심히 과제를 수행한 것으로 판단됨. 6~7명 정도는 아주 우수한 보고서 제출함.

③ 9월 26일 수업: 트위터와 페이스북에서 정보관리 방법. 제4차 과제(멘토 1인 친구관계 분석), 제5차 과제(멘토 1인 페이스북 사용 소회 인터뷰) 공지

* 멘토는 선착순 신청

④ 9월 28일 수업: 온라인 글쓰기. 텀블러(Tumblr.com)를 이용해 "내가 생각하는 소셜미디어"라는 주제의 글을 작성하여 트위터와 페이스북에 올림. 페이스북 노트 이용 "내가 만난 멘토"라는 주제의 글 작성 및 태깅(tagging). 링크 이용 방법 습득.

⑤ 9월 30일, 10월 5일 수업: 소셜 출판(social publishing)/소셜 독서(social reading). 스크립닷컴(Scribd.com) 사용 실습. 워드로 문서 작성 → PDF 전환 → 스크립닷컴(Scribd.com)에 업로드 → 트위터와 페이스북에 동시 게시

(수업에서 배운 내용 중 주제 선택 글 작성). 학생들이 수강하는 수업들에서 소재를 찾아서 매일 짤막한 글을 남기도록 조언.

* 미니 과제(당일 제출): 학교 수업에서 배운 내용 중 한 가지 주제 선택, 1 페이지 정도의 글 작성하여 스크립닷컴(Scribd.com)에 출판 → 과목 그룹에 링크.

⑥ 10월 2일 과목 그룹에 "소셜미디어 글쓰기 가이드라인" (http://www.facebook.com/note.php?note_id=437546809299) 게시.

⑦ 10월 7일 수업: 지식공유와 퍼스널 브랜딩(personal branding)의 측면에서 블로그의 중요성 강조. 팀 블로그 편성 및 주제 결정(기숙사, 통학, 자취, 안산).

⑧ 10월 9일 제4차 과제(멘토 1인 친구관계 분석) 마감. 전원 제출. 고학년 학생들(4명) 전원 매우 우수한 보고서 제출함. 7~8명은 아주 우수한 보고서 제출. 반면에 3차 과제 때보다 성의 없이 제출한 과제가 다소 증가.

⑨ 10월 12일, 14일 수업: 학생들 요청에 의해 설치형 블로그 워드프레스(WordPress) 사용법 교육 + 팀블로그 관리자 교육(별도 실시).

⑩ 10월 15일: 팀블로그 개설이 완료되고 글들이 올라오기 시작함.

⑪ 10월 19일, 21일: 중간고사. 수업 없음. 학생들의 온라인 수업활동과 블로깅은 계속 진행됨.

⑫ 10월 26일 수업: 이정희(JH Lee Journey, Iblur)님 특강, "일본과 한국의 소셜미디어 문화".

⑬ 10월 27일 제5차 과제(멘토 1인 페이스북 사용 소회 인터뷰) 마감.

2. 성과

* 1개월 20일 동안에 대단히 높은 성과를 보였다고 사료됨.

① 다수의 학생과 멘토가 기대 이상으로 수업에 적극 참여. 수강생(32명)의 50% 정도가 열심히 참여, 총33분 멘토 중 15분 정도가 적극 참여.

- 일주일에 댓글 5회 이상 15명, 포스팅 5회 이상 10명. 3학년 학생들 4명이 모범을 보이며 수업을 리드함.
- 학생들의 요청을 받은 모든 멘토가 학생들의 조사에 협조해줌. 10여명의 멘토는 과목 그룹에 자주 들러 포스팅, 댓글 등으로 의사를 표시함.

② 다수 학생들의 소셜미디어 사용 행태가 단시간 내에 크게 개선됨. 경청, 발언, 공유 등을 상당히 자유롭게 실천하고 있음. 특히 경청의 중요성을 잘 이해하고 실천하려고 노력하는 모습이 보임.
③ 수업 범위를 넘어 멘토들과 학생들이 자발적으로 친구관계를 맺고 대화를 하고 있음. 멘토-멘티 사이의 대화의 내용도 수업 범위를 넘어 폭넓어져 가고 있음.
④ 적지 않은 학생들의 글쓰기가 크게 개선됨. 예상치 않았던 효과임.
⑤ 인터넷에 대한 학생들의 인식과 태도가 상당히 달라짐: 뉴스보기, 게임, 시간 죽이기의 도구 → 자기개발, 정보공유, 학습, 대인관리의 도구.

3. 어려움

① 페이스북 그룹 기능의 한계
- 오래 전의 포스팅을 찾기 위해 스크롤하기가 너무 힘들다 → 해결 못하고 있음
- 내용검색이 어렵다: 키워드, 참여자, 날짜, 어느 것도 안 된다 → 해결 못하고 있음
- 자료 보관 기능이 없다 → 토론방과 담벼락에 올리고 있음
- 통계 기록 기능이 없다 → 포스팅과 댓글 통계 프로그램 작성, 운영

② 담당교수의 업무량 과다 → 별 대책이 없음
③ 학생들의 글쓰기 어려움 → 소셜미디어 글 작성 가이드라인 제시
④ 학생들의 포스팅이 수업에 관련이 없는 내용도 적지 않음 → 기본 원칙만 주고 내버려 둠.
⑤ 다양한 포스팅으로 온라인 강의실이 산만해짐 → 문해 교육의 특성상 활발한 참여가 가장 중요하기 때문에 내버려 둠.
⑥ 수강생 감소: 38명에서 32명으로 감소(6명 탈락) → 수업강도가 높고, 누적성이 강하기 때문에 별 도리가 없음.
⑦ 학생들의 멘토 선택 시 일부 멘토에게 집중 → 1대1 관계를 강제함.

4. 멘토링 관리 방식

① 온라인 멘토링으로 제한: 멘토와 학생의 부담을 최소화하고 효과를 극대화할 수 있는 방법. 멘토의 말보다 행동을 통해서 배우도록 함. 멘토들의

자연스러운 참여를 유도하고, 학생들에게는 멘토에게 다가갈 수 있는 명분과 계기를 줄 수 있는 방안 개발.

② 우수 사례(Best practice) 방식의 학습: 멘토 관찰 및 인터뷰 보고서 작성(멘토 활동 기록 분석, 멘토 친구 관계 분석), 수업시간에 소감 작성('내가 만난 멘토'), 인터뷰(멘토의 페이스북 사용 소회), 소감 작성(아직 안함) 등을 통해 멘토와 학생 사이의 관계가 지속적으로 유지되도록 함.

③ 코치(Coach)로서의 멘토 학습: 자유롭게 진행되도록 함. 일대일로 조언을 해주는 경우도 있고, 온라인상에서 포스팅이나 댓글을 통해서 조언을 해주는 경우도 있음. 예상 밖으로 책임감을 느끼고 적극 참여하시는 멘토들이 적지 않음. 단, 담당교수의 수업지도 원칙을 크게 벗어날 경우에는 개입하여 학생들을 이해시킴. 멘토의 의지와 의견을 최대한 존중하면서도 수업지도 원칙이 유지되도록 함.

5. 향후 계획

① 실전을 통해 학생들이 소셜미디어의 세계를 경험하고 성찰하도록 지도.

② 핵심 프로젝트는 팀블로깅.

③ 글, 사진, 동화상 등 다양한 형식으로 자기를 표현하는 방법 습득.

④ 프로젝트 기획, 온라인 마케팅 능력 배양.

⑤ 소셜미디어 기반의 집단지성을 구현하도록 지도.

⑥ 학생들의 독립심, 자부심 및 자신감 배양.

2010.10.19

좋아요 · 댓글 달기 · 공유하기

허선호, 조윤경, 구성찬님 외 45명이 좋아합니다.

박정민 제가 아는 그 어떤 교수님보다 가장 능동적으로 수업에 참여하고 계세요. 학생들 6명이 탈락할 정도로 수업강도가 쎄지만(널널한 수업은 아니니) 이수하고 나면 부쩍 성장한 자신을 볼 수 있을겁니다. 모두에게 박수를 보냅니다. 남은 날에도 최선을 다하면 결과는 자연스럽게 따라올겁니다.
2010년 10월 19일 오전 7:51 13명

김성주 직접 수업 듣는 학생으로서 너무도 영광입니다. 저희가 따라가고자 하는 노력보다 교수님의 가르치고자 하는 노력이 더 크고 깊은 것 같습니다. 정말 감사드립니다.
2010년 10월 19일 오전 8:12 9명

Min-Chan Kim 무엇보다도 실전!!이란 게 참 중요한 것 같아요
2010년 10월 19일 오전 8:48 👍 6명

Myungdae Cho 역시 그림부터 예사롭지가 않네요. 가르치는 교수님이 이렇게 모든 면에서 정교하게 첨단을 달리니 학생들은 정말 행운입니다. 이 클래스는 우리나라 교육사에 큰 발자국을 남길 것입니다. 그리고 개선점을 찾으면서 더 좋아지겠죠? 저도 멘토로서 참여하게 돼서 영광입니다.^^
2010년 10월 19일 오전 8:49 👍 7명

Min Jeong Son 저도 강의를 본격적으로 시작하면서부터는 '최고의 교수' 관련 다큐는 거의 다 보았거든요. 그래도 윤영민 교수님이 진짜 최고 중의 최고이신 것 같아요! 어떤 점에서냐구요? 'Orientation'이 정말 탁월하시잖아요. / 시작이 반 /이라는 말이 있는데, 처음부터 명확하게 목표 설정을 해주시니까요. 그러니 모든 Mentee님들 앞으로 더 열심히 하시길!
2010년 10월 19일 오전 8:51 👍 8명

Brian Kim 지금까지 학생들의 기초체력훈련에 집중하신 것 같고 이제 본격적 전술훈련과 팀플레이 능력배양을 병행하시려는 것 같습니다. 학생들이 한학기에 한과목을 수강해서 이만큼 배우고 성장할 수 있다면 학생들의 미래가 크게 기대됩니다. 귀한 것은 쉽게 얻어지지 않으며, 힘들더라도 끝까지 '버티기'를 해보면 그것 또한 큰 능력이 됨을 알게 되기를...
2010년 10월 19일 오전 9:37 👍 7명

Ji Young Catharina Kim 저 그림이 정말 마음에 듭니다. 아름답네요. '담당교수의 업무량 과다 - 대책 없음' 이 부분에서 정보사회학님의 고충이 느껴져서 조금 안타까운 부분이 있습니다만 이렇게 수업 진행상황까지 알려주시는 노고에 찬사와 박수를 아끼지 않는 저를 포함한 많은 분들의 응원 속에 더 힘을 얻으실 수 있으리라 생각해봅니다. 꼭 제가 대학생으로 돌아간 기분이 괜히 드네요.^^ 감사합니다.
2010년 10월 19일 오전 11:05 👍 12명

탁연상 이런 방식의 수업이 준비하고 진행하는 교수님도 힘들고, 따라가려는 학생들은 기절하게 힘들죠. 주입식 교육에 익숙하다보니 이렇게 진행되면 황당하게 느껴지거든요. 학생들은 "아니, 1주일 내내 이것만 붙잡고 있냐고~"를 외칠 것 같네요.^^ 하지만 학생 여러분, 이 강좌에 한번 미쳐보세요. 지금 여러분의 시야에선 알 수 없는 많은 것을 얻을 수 있을 겁니다. 그런데 6명 탈락과 50% 정도 적극 참여라면 정말 좋은 성적입니다.^^
2010년 10월 19일 오전 11:57 👍 10명

김재원 저도 일부분 참여하는 것 자체가 즐겁습니다. ㅎㅎㅎ 그런데 요즘 윤교수님이 적절한 이미지 구하시느라 고생이 많으실 것 같네요. 저도 무슨 자료 하나 만들라면 좋은 이미지나 템플릿 구하면 내용은 사전에 머리속에 대충 정리되어 있었던거니 술술 풀리는데... 적절한 이미지를 못 구하면 본문 쓰는 시간보다 더 많은 시간을 이미지 검색하는데 허비하곤하죠... ㅎㅎ
2010년 10월 19일 오후 1:50 👍 10명

Brian Kim 이미지와 영상은 언어의 장벽을 훨씬 용이하게 낮추어 주니까요. 엘리지아가 생각나는군요.^^
2010년 10월 19일 오후 1:55 👍 5명

Haewon Kim 역사적인 수업을 지켜볼 수 있고, 참여할 수 있게 해주셔서 감사합니다!!^^
2010년 10월 19일 오후 4:25 👍 6명

김천은 저도 비록 눈으로만 보고가지만 이 공간이 너무도 자발적이고, 새로움이 많아 많이 배우고 갑니다. 교수님 파이팅^^
2010년 10월 19일 오후 5:36 👍 3명

정보사회학 멘토님들께 수업 경과도 말씀드리고, 겸사겸사 정사카페 회원님들도 참고하시라고 올렸는데, 여러분들이 분에 넘치는 칭찬을 해주시네요. 계속 열심히 하라는 격려와 채찍으로 알겠습니다. 여러분, 고마워요.
2010년 10월 19일 오후 5:47 👍 5명

최일규 교수님 고생하세요^^
2010년 10월 19일 오후 6:03 👍 3명

오윤아 우와+_+ 이렇게 활용을 하고 계셨군요!+_+ 담당교수의 업무량 과다 - 이 부분은 학생들 중에 리딩그룹을 만들어 이끌 수 있게 하는 건 어떠실까요, 아무래도 이제 슬슬 학생들 중에서도 빨리 이해하고 따라오는 친구들이 있을 것 같은데+_+ 중간 브릿지 역할을 할 수 있는 친구들이 분명히 있을 것이라고 생각합니다. ㅎㅎ
2010년 10월 19일 오후 7:14 👍 2명

이지남 좋은 정보네요. 참고하기 좋을 것 같아 공유해 가겠습니다. 감사합니다.~
2010년 10월 19일 오후 7:28 👍 2명

송준호 요즘 페북에서 정사학입문 수강생들이 올려놓은 글들을 아주 재밌게 읽고 있습니다. 특히 팀블로깅 프로그램은 블로그마다 학생들이 실생활에서 얻는 정보와 팁이 많이 올라오는거 같아서 특히나 참신하고 공감이 많이 가는 것 같습니다. 다만 아쉽게도 어려움 중에 오래전 포스팅을 찾는 문제나 특히 담당교수 업무량 증가랄지... 만만치 않은 어려움이 있는거 같습니다. 결국 기능적인 문제점도 보완되어야 하겠지만 후자와 같은 문제점은 난감하지만 뾰족한 해결책이 없는 것 같습니다.ㅜ 고생 많으십니다. 교수님!!
2010년 10월 19일 오후 8:55 👍 3명

Min Uhm 너무 훌륭한 자료입니다. :) 요즘 제가 느꼈던 문제점을 학생들도 함께 느꼈다는 사실을 확인하고 나니 참 기쁩니다. 최근에 학교용 SNS를 기획하고 있기 때문에 이 자료가 근거로서 큰 도움이 될 것 같습니다.
2010년 10월 19일 오후 9:58 👍 4명

Ben Byeongho Lee '예상치 못한 결과'와 '시행착오', 이것을 아우르고 가시는 교수님의 여유와 학생들의 열의가 본 수업내용보다도 더 가슴에 와 닿습니다.
2010년 10월 19일 오후 10:02 👍 4명

Alexander Park 솔직히 전 멘토로서 멘티에게 제대로 된 멘토링을 하기에는 역부족인 상태라 가급적 학생들에게 도움이 될 만한 자료들을 퍼나르는 일로 면피 해보려는 잔머리를-_-;;. 밥값도 해야겠기에 말이죠.^^ 윤교수님이 정교하게 기획하시고 열심히 지도하시는데 힘입어 학생들이 많은 성과를 이루어 내는걸 보는 것만으로도 흐뭇합니다. 재기발랄한 학생들의 이런저런 글들을 읽는 재미도 아주 쏠쏠하구요. 정사 2010은 한국에서 FB를 활용한 informal learning의 선도적 사례로서 많은 리뷰의 대상이 될 것이 틀림없으리라 생각합니다.
2010년 10월 20일 오전 12:11 👍 6명

Rakjoon Choi 100% 인터넷 영어교육 프로젝트를 진행 중인데 잘 활용하겠습니다. 교수님, 감사합니다!
2010년 10월 20일 오전 4:52 👍 2명

김정수 교수님의 강의는 소셜네트워크가 대세인 현 시대적 흐름에 부합하는 구성주의적 자기주도학습의 전형적인 사례라 생각합니다. 지속적인 보완과 발전을 기대하며 관심 가지고 있겠습니다.
2010년 10월 20일 오후 7:16 👍 4명

Seoyoung Kim 담당교수의 업무량 과다 → 별 대책이 없음. 힘내세요!!!!!!!!
2010년 10월 21일 오전 10:45 👍 5명

홍나영 우리가 수업했던 내용들을 한눈에 볼 수 있어서 좋네요^^ 어려움도 좋은 점도 기대치 않은 효과도 다 동감이에요...ㅋㅋㅋㅋ 컴퓨터로 하는 수업이라서 교수님도 힘드시고 그렇지만 모두 힘내요~ 저번주에 교수님이 말씀하신대로 아직 반이나!! 남아있으니깐 여태 소홀했던 것들 채우려고 노력할께요!
2010년 10월 22일 오전 4:48 👍 2명

조정희 SNS를 통해 정보를 나누어주고 온라인을 통해 감정을 전달할 수 있다는 사실을 깨달은 후 느낀 진하고 짠한 감동을 느끼던 순간, 그 순간을 아직도 생생합니다. 교수님의 수업에서 학문을 배운게 아니라 마음을 배운 것 같습니다. 교수님의 신념, 학생에 대한 사랑, 사회학에 대한 열정. 이 모든 것을 느끼고 체험하고 그것을 통해 감동받을 수 있는 수업이 또 있을까요? 더 열심히 하고 싶고 더 많이 배우고 싶습니다. 교수님 정말 감사합니다!
2010년 10월 23일 오전 10:05 👍 4명

조정희 안보시는 듯하면서 모든 것을 지켜봐주시고 어려움에 봉착해있을 때마다 그 벽을 부셔주시고 손을 잡아서 이끌어주신 교수님께 매번 감사드립니다! 힘들고 좌절할 때마다 어떻게 아셨는지 격려와 칭찬으로 세심하게 잡아주시는 것도 감사합니다. 이렇게 감사한 점이 너무나도 많은데 전 어떻게 이 감사함을 교수님께 다 갚을 수 있을까요? 너무나도 감사합니다. 교수님! 댓글을 쓰면서 또 혼자 감동받아서 주저리주저리T_T 열심히 하겠습니다 교수님!!!
2010년 10월 23일 오전 10:08 👍 3명

Yeji Sophia Kim 잘 읽어보았습니다! ㅎㅎ 이렇게 저희 수업을 체계적으로 분석하고 성찰하시는 교수님이 존경스러울 따름입니다. 전에도 여러 수업을 통해 교수님과 가깝게 느끼기는 했지만 이번 학기에는 소셜미디어를 통해 교수님과 매일 만나뵙는 기분이 들어서 더 가깝게 느껴졌습니다.ㅎ 대학에 오면 교수님들은 담임선생님과는 다르다, 라는 소리를 많이 들었었는데 교수님은 고등학교 때 담임선생님만큼 혹은 더 저희를 챙겨주시는 기분이 들었어요! ㅎㅎ소소한 일상도 다 공유하게 되면서 더 교수님께서 저를 이해해주시는 기분도 들었구요. ㅎㅎ하여튼 정말 훌륭한 수업이었습니다! 이게 공연이라면 끝나고 나면 서서 기립박수라도 치고 싶은 기분이에요 ㅎㅎ 이제 남은 반! 교수님 힘내세요! 저희도 열심히 따라갈께요!
2010년 10월 25일 오전 10:07 👍 2명

Yeji Sophia Kim 근데 정말 페북그룹 기능에 내용검색이 없는 건 이해가 안 가요ㅠ 그 흔한 기능이 왜 없는 걸까요... 수업 초부터 좋은 글 많이 올라왔었는데 다시 볼라면 돌아가기 너무 힘들어요! 그냥 저 멀리 사라진 정보라고 보는 편이 나을 정도에요... 정보를 체계적으로 관리할 수 있는 기능이 페북그룹에 있음 정말 좋을텐데...
2010년 10월 25일 오전 10:09 👍 2명

정보사회학 글쎄 말이다. 트위터처럼 해쉬 태그를 쓰던지 아니면 블로그에서처럼 태그라도 쓸 수 있게 해주면 될텐데.
2010년 10월 26일 오전 5:58 👍 1명

대화 67 혹시 역멘토십에 대해 들어보셨나요?

이번 학기에 제가 가르친 수업 '정보사회학입문'에 30여 분의 온라인 멘토를 모셨습니다. 학생이 30여명이니 학생과 멘토의 수가 거의 같았지요.

제가 그렇게 많은 멘토를 모신 이유는 세 가지였습니다. ① 혼자서 가르치기에는 제가 소셜미디어에 관해 아는 것이 너무 없다는 현실, ② 소셜미디어를 배우는 가장 효과적인 방법은 벤치마킹이라는 생각, ③ 학생들이 소셜미디어뿐만 아니라 삶에 대해서도 배울 기회를 가질 것이라는 막연한 기대.

결과는? 뭐. 항상 그렇듯이 모든 학생들에게 교육효과가 높았던 것 같지는 않지만, 저 혼자서 가르쳤을 때보다 한 백 배쯤 효과가 있었던 것 같습니다. 우선 멘토들 덕분에 저 자신이 SNS에 대해 많이 알게 되었으니, 학생들이야 말할 필요도 없겠지요. 그리고 기대했던 대로 적지 않은 학생들이 멘토들의 삶을 보면서 많은 걸 느낀 것 같아요.

그런데 예상치 않은 일이 벌어졌습니다. ① 몇몇 학생들과 멘토들이 서로 어우러져 점차 친구처럼 되는 거예요. ② 멘토 중에 학생들로부터 뭔가를 배웠다고 말씀하시는 분들이 적지 않아요. 사실 저도 멘토 중 한명이라고 할 수 있는데 학생들로부터 많은 걸 배웠습니다. 그래서 멘토십이란 것이 쌍방향적이라는 사실을 깨달은 거지요.

그런데, 오늘 아침에 읽은 매셔블닷컴(Mashable.com)의 기사를 보니 그것을 역멘토십(Reverse Mentorship)으로 개념화하고 있네요.[20] 몇몇 앞서가는 기업들이,

나이 든 '디지털 이민자' 경영자들과 '디지털 원주민' 젊은이들이 정기적인 미팅을 갖게 하는 역멘토십을 도입하고 있네요. 그것은 세대격차를 극복할 뿐 아니라 기업인들이 새로운 세대의 문화와 생각을 이해하는데 무척 효과적인 방법일 수 있겠다는 생각이 듭니다. 제 수업의 경험이 역멘토십의 효과에 대해 보증해드립니다. 기업가 여러분, 한번 시도해 보시지요. 2010.11.30

좋아요 · 댓글 달기 · 공유하기

Hana Jang, 이정연, Min Jeong Son님 외 56명이 좋아합니다.

Chul Ho Kim ㅎㅎ... 그러지 않아도.. Marshable에서 보고서 정보사회학 페이지에 올려드릴까 하고 있었는데 아무래도 윤교수님이 하실 듯싶어서요.
2010년 11월 29일 오후 1:04 10명

김재원 저도 역시 뭔가를 알려주기 위해 제가 더 많은 공부를 하게 되고, 저의 SNS 활동을 되돌아보고 정리해보고 반성하는 계기가 되었던 것 같습니다.^^
2010년 11월 29일 오후 1:05 10명

김재원 매쉬어블 기사를 보니 최고경영자 교육용 프로그램으로 만들어보면 좋겠다는 생각이...^^
2010년 11월 29일 오후 1:05 6명

고영혁 아까 매셔블에서 관련 글 보고 페북에서 또 이 글을 보네요^^ 모든 인간은 자기 이외의 모든 인간에게서 배울 수 있다는 말은 진리라고 생각합니다.
2010년 11월 29일 오후 1:15 10명

Brian Kim 링크해주신 글에 'There Are Knowledge Gaps on Both Sides'라는 문구가 와 닿습니다. Knowledge뿐이 아니라 Experience, Value system, Perspective... 등등이 다르고, 그래서 상호 배움과 도움을 줄 수 있는 것이겠지요. 그리고 정사학 페이지처럼 Open Group Mentoring 환경이 단순한 Individual Mentoring에 비해 더 높은 효과가 있었던 것 같습니다. 직접체험과 간접체험 그리고 공동체험학습효과를 다 볼 수 있었기 때문이라 생각합니다.
2010년 11월 29일 오후 1:18 17명

박정민 멘토를 수용하면서 느낀 점 중 가장 큰 부분입니다. 고객 이탈방지 방법중에 효과적인 것이 멘토-멘티 시스템인데 멘토는 자신의 인생경험(연륜, 직장생활)이 값진 자산이었다는 것을 멘티로부터 인정받고 끊임없이 자극받으면서 보람을 찾습니다. 어느새 멘티가 자신을 닮아가는 모습을 보면서 뿌듯하기도 하구요. 일반적인 교육커리큘럼이라고 하면 정보 수위차 때문에 쌍방향지향이지만 일방향으로 흐르기 쉬운데 멘토-멘티는 이미 검증된(멘토선정시 주로 성향파악이 가능한 사람 선정) 절차를 거치기 때문에 정이라는 인간적인 요소가 결합됩니다. 이는 학연, 지연 등에서 볼수 있는 요건들이 포함되기 때문에 커뮤니케이션이 보다 활발합니다. 멘토-멘티 동수지정도 불균형 및 이탈자를 고려하면 적절한 배분이구요.

20 Erica Swallow. 2010/11/29. "Why Your Business Should Consider Reverse Mentorship." http://mashable.com/2010/11/29/reverse-mentorship/

무엇보다 정보사회학입문과 정보사회학 페이지를 통해서 일대일을 넘어 한 사람의 포스팅에 다수의 멘토 의견들이 붙다보니 효과가 발생하네요. 저의 경우에도 대학생들의 고민, 관심사 그리고 대화방향들을 보면서 재원님 말씀처럼 닮아가고 공부하게 됩니다. 한번도 오프라인에서 만난 적도 없는데 닮아간다는게 정말 새로운 경험이었습니다. Reverse Mentoring이 페북으로 인생선배들을 유입하고 젊은 세대에게는 기존 막막한 동호회활동보다 훨씬 더 친밀함을 전달할 것으로 생각합니다. 항상 좋은 글 쓰실 때마다 태그해주셔서 놓치지 않고 읽게 되어 기쁩니다. 감사합니다.
2010년 11월 29일 오후 2:54 👍 14명

허윤호 교수님의 글을 읽으며 많은 생각을 하고 있는 초등교사입니다. 교수의 교수방법을 초등학생에게도 적용할 수 있는지 고민중이고요... 좋은 글 감사합니다.
2010년 11월 29일 오후 3:36 👍 12명

Myungdae Cho 그랬습니다. 교수님의 정예군(?)들이 워낙 막강해서 저희들도 많이 배운 한학기였습니다. 세대를 이어주고, 생각을 이어주고, 타 학문과의 벽을 허물어 버리는 것을 발견한 아주 귀중한 학기였습니다. 그리고 그 학생들이 쑥쑥 자라는 모습을 바라보고 있으니 정말 뿌듯합니다, 교수님. 역시 제가 좋아하는, 간주관이 형성되어 나가는 것도 볼 수 있었고요. 무엇보다도 학생들의 글을 쓰는 수준이 향상되어 가는 것은 모든 교육계가 반드시 주목해야 한다고 봅니다. 위의 허 선생님 Facebook을 사용하는 초등학생들의 능력이 어떨지는 잘 모르지만, 잘 사용할 수 있다면, 윤교수님처럼 시도해보시는 것도 우리 교육사에 큰 획을 그을 것입니다. 꼭 그런 것을 보고싶네요.

윤교수님 한학기 수고하셨습니다. 학점매기기가 쉽지 않을 것이라는 고민(?)이 드네요. ㅎㅎ워낙 다들 잘했으니까요? 그래도 엄정하게 구별해야 하니. 일부 factor에 대해서 일부 멘토들이 참여하는 것도...
2010년 11월 29일 오후 3:58 👍 14명

Alexander Park 멘토 멘티간의 관계가 멘토링 범주를 넘어서 친구화된다는 사실은 분명 발생 하더군요. 그리고 그 범위가 Facebook을 넘어서 트위터까지 확장되구요. 어떤 땐 트위터로 실시간 메시지도 오가고^^;; 그리고 내용적으로도 언급하셨다시피 수업관련 사항 외에 인생의 문제까지 포괄적으로 교류 내용에 포함되다보니 미처 느끼지 못했던 사항을 새삼 깨닫게 되면서 이른바 역멘토링의 경험도 하게 되더군요. 한가지 반성할 점은 제 경우 학생들에게 멘토로서 다른 분들만큼 열정적으로 멘토링을 하지 못했던 점입니다. 저만 바쁜건 아니었을텐데 마무리 시점에 돌아보면 보다 적극적으로 멘토쉽을 발휘하지 못한 부분이 아쉬움으로 남는군요. 어쨌든 교수님 글에서 세살 아이에게서도 배울게 있다는 옛말을 떠올려 봅니다.
2010년 11월 29일 오후 4:00 👍 13명

김재원 초등학생들에게도 학부모들 중에 다양한 직업적 경험을 가지신 분들을 초빙해서 초청 수업을 한다던가, 각종 대회나 팀 플레이를 요구하는 분야에 학부모들을 자발적 멘토로 초빙해서 가르쳐 주는 방식은 어떨까 합니다. 물론 이미 시도되고 있는 방법들이지만요. 멘토링에 대한 자발적인 참여를 이끌어내는 방법을 더 고민하셔야 하겠죠. 사실 방과 후나 퇴근 후 시간을 내기 어려운 우리나라에서는 온라인을 통한 멘토링의 다양한 방법이나 도구를 고민해 봐야할 것 같군요.
2010년 11월 29일 오후 4:07 👍 14명

Seungwoo Baek (닮아간다 → 나와 남을 변화시킨다 → 영향을 준다 → 리더쉽?!?)^^; 결국, 멘토-멘티의 관계도 적극적인 '자율의지'와 관계를 개선하고 발전시키려는 '긍정적사고'와 '열정'이 있어야 양쪽이 서로 상생할 수 있겠지요... 봉사활동의 경우도, 도움을 받는 분보다 봉사를 하는 사람이 더 많이 느끼고 배우고 반성하는 기회가 되지 않을까요?
2010년 11월 29일 오후 4:30 👍 8명

정보사회학 아마도 이번 학기 시작하고 처음이자 마지막으로 캠퍼스에 있는 카페에서 째즈를 들으며 아메리카노 한잔과 함께 여러분의 댓글을 읽고 있습니다. 진한 커피향과 더불어 속이 따뜻해지니 마음이 엄청 느긋해집니다. 가랑비 내리는 호수를 바라보며 잠깐 동안이지만 럭셔리한 순간을 만끽합니다.^^ 한 학기동안 거의 70~80명이 함께 대화에 참여하는 진기한 경험이었습니다.

조교수님이 지적해주셨듯이 나이, 지위, 성별, 경험, 전공분야 등을 넘어선 대화였습니다. 물론 참여의 정도에 차이가 있었지만 30~40여명의 멘토와 학생은 이런저런 방법으로 대화에 계속 참여해 왔던 것 같아요. 참 놀라운 learning community가 형성된 것이지요. 재원님께서 지적했듯이 여러 가지 제약 때문에 오프라인 멘토링이 성공하기는 쉽지 않은 현실에서 우연히, 정말 우연히(Davis Noh님이 수업그룹에서 들어와 조용히 관찰하겠다는 제의를 받고 생각해 낸) 시작된 배움의 공동체였는데, 진기한 경험을 하게 되었습니다. 30분 이상의 얼친들에게 멘토 요청 쪽지를 드릴 때만해도 학기 중에 한두번 도움을 요청해야지 하고 생각했었더랍니다. 오프라인 멘토링만 생각한 것이지요. 그런데, 어떨 때는 정보사회학 입문 그룹에 멘토님들의 포스팅과 댓글이 더 많을 정도로 여러 멘토님들이 적극 참여해주었습니다. 저도 학생들도 좀 당황했지요.^^ 이게 아니다싶어 정신을 차린 저와 학생들이 보다 적극적으로 멘토님과의 관계를 형성해 가기 시작했었지요.

나중에는 학생들의 팀블로그에도 멘토님들이 찾아주고, 격려해주고, 심지어 어떤 학생들은 자신의 fb노트에 태깅을 하면서 멘토님을 귀찮게(?) 할 정도로 적극적이 되었습니다. 이건 '우연한 멘토링(accidental mentoring)'이라고 명명해야 할 정도로 우연히 형성된 멘토링 커뮤니티였습니다. 그럼에도 불구하고 저나, 학생들, 그리고 멘토님들께도 두고두고 기억에 남을 경험이 된 것 같습니다. 때로 우연이 축복이 되는 맛도 있어 세상은 살만한가 봅니다.^^
2010년 11월 29일 오후 4:43 👍 14명

YoonSeong Oh 멘토링이라는 것이 멘토, 멘티간이 꼭 수직적 관계에서만 이루어지는 것이 아닌 수평적 관계에서 이루어지는 것이라고 생각됩니다. 간혹 수직적 관계(직급, 나이 등)로써 멘토링을 이해하다보면 '가르침'이란 인식으로 일방적인 소통이 될 수 있어 역효과가 나는 경우가 있습니다. 멘토가 수평적 관계로 인식하여 자신의 경험과 지식을 멘티에게 '전달'하는 것이 진정한 멘토링 아닐까 판단되어집니다. 그 멘토와 멘티간의 소통 과정에서 긍정적으로 역할이 전도되는 것이 역멘토가 아닌가 싶습니다.^^
2010년 11월 29일 오후 4:51 👍 10명

김진태 언젠가 제가 그랬잖아요. 이건 같이 배워가는 거라고.ㅎㅎ 상호작용인가 뭐 그럴껄요. 닮아 가는 것까지는 그렇다고 쳐도 어찌되었든, 서로 같이 배워가는거죠. 갓난쟁이 한테도 배울게 있다면 배워야 한다는 유학의 가르침은 결국 서로 배워간다는 것을 대변하는 게 아닐까 합니다.
2010년 11월 29일 오후 4:56 👍 10명

Pak G-Hun 궁금한 게, 앞으로도 계속 진행하실 계획이신가요? 다음 학기 다다음 학기 쭈욱?

2010년 11월 29일 오후 5:12 👍 6명

정보사회학 지훈님, 고민 중입니다.^^
2010년 11월 29일 오후 5:22 👍 5명

Pak G-Hun 네, 왠지 고민스러우실 것 같기도 합니다,,
2010년 11월 29일 오후 5:23 👍 5명

김진태 그냥 하시죠.ㅎㅎ
2010년 11월 29일 오후 5:30 👍 4명

Pak G-Hun 아무래도 다소 산만하게 진행되는 감이 없잖아 있는 듯하다는 느낌이었습니다. 하지만 그보다 장점이 더 많았다 싶구요. 일단 1회 해 봤으니 방법도 정리되겠고, 이래저래 좋은 것 같습니다. 그럼 새 학생들뿐 아니라 지난 학생들의 이후 성장에 대한 생각도 있어야겠네요. 학생들 입장에서 멘토링 방식은 아마 수업이 종료되고 시간이 좀더 지나야 진짜 가치를 발견할 수 있지 않을까 싶기도 합니다. 시간...
2010년 11월 29일 오후 5:37 👍 9명

EunYoung Kim 쌍방향의 멘토십과 역멘토십(Reverse Mentorship)만 와닿은 게 아니라 '디지털 이민자'와 '디지털 원주민'이란 단어에도 확 끌리네요.
2010년 11월 29일 오후 7:01 👍 3명

류성준 호오... 끄덕끄덕만 하다가 갑니다.^^
2010년 11월 29일 오후 7:31 👍 2명

Ji Young Catharina Kim @재원님. 이미 초등학교에서는 부모님 중 자원하시는 분들 중 선별하여서 직업교육을 합니다. 특히 고학년의 경우.^^
2010년 11월 29일 오후 7:45 👍 4명

Ji Young Catharina Kim reverse mentorship... 처음부터 계속 말씀 드렸지만 정보사회학이라는 생소하고 부담스런 학문에 제가 어쩌다가 발을 들여서 물을 흐린건 아닌지 아직도 좀 찝찝합니다만, 저한테는 멘토-멘티 관계를 넘어서서 많은 것을 가지게 된 소중한 시간이었습니다. 풋풋하고 순수한 대학생들과의 대화, 생각의 공유. 그리고 정보사회학의 어마어마하신 분들 틈에 끼어서 어려운 글들을 눈팅하고. 스위치 오프하고 살았던 삶의 다른 부분에 고개를 돌리게 된 가슴 설레는 경험을 얻게 된 계기였다고 할까요?^^ 멘티들에게서, 그리고 다른 정보사회학의 훌륭하신 분들에게서, 많은 것 배웠습니다. 그래서 저는 reverse mentorship을 한참 넘어선 그 무엇인가를 얻었음에 대하여 다시 한 번 진심 감사드립니다. 특히 '정보사회학'님께!
2010년 11월 29일 오후 7:51 👍 10명

Alexander Park 허윤호 선생님의 경우 멘토링이라는게 뭐 꼭 나이 먹은 사람들만 가능할 것으로 생각할 필욘 없을 것 같네요. 초딩들에게는 바로 윗 선배급인 중딩들도 멘토가 될 수 있지 않겠어요? 그리고 중딩들도 티칭 이즈 러닝이라고 지덜이 나름대로 후배들에게 멘토가 되어 멘토쉽을 발휘하는 과정에서 또 배우는 것이 있을테구요. 잘만 되면 도랑치고 가재잡고 님도 보고 어쩌구 이런 좋은 결과도 있을 수 있지 않을까 싶군요. 물론 좋은 효과를 얻으려면 그에 상응하는 많은 준비와 지속적인 모니터링, 재조율 등이 필요하겠지만요, 그래도 시도해 볼만하지 않을까 싶군요. 성과나 시행착오 등에 대한 기록은 좋은 연구 논문감이 되기도 할테구요. 한번 해보세요.
2010년 11월 29일 오후 8:32 👍 8명

Ben Byeongho Lee 좋은 기회를 주신 윤교 스님과 같이 동고동락했던 다른 멘토분들, 첨엔 멀멀하던 멘티학생들도 점차 멘토급으로 성장하는 것을 볼 때 온라인 러닝

커뮤니티를 통해 단순히 선생님과 학생이라는 쌍방향성을 넘어서는 다방향성 교육가능성에 대한 확신을 가질 수 있었습니다. 아마도 페이스북의 '친구'라는 애매한 관계 설정이 그룹과 개인간 경계를 완화시키는 데 결정적인 작용을 했다는 것을 느낍니다.
2010년 11월 29일 오후 11:02 👍 6명

Ben Byeongho Lee 참, 안산캠퍼스 인공연못 위 카페. 지난주 토욜 저도 한잔 했는데 너무 좋습니다. 교수님 말대로 비올 때 가면 럭셔리할 것 같습니다.
2010년 11월 29일 오후 11:06 👍 1명

정보사회학 이선생님, 아주 흥미 있는 지적입니다. 때로는 애매한 관계 설정이 새로운 관계 탄생의 룸을 주기도 할 겁니다.
2010년 11월 29일 오후 11:07 👍 2명

이준 "제 수업의 경험이 역멘토십의 효과에 대해 보증해드립니다. 기업가 여러분, 한번 시도해 보시지요.^^" 이 말씀에 절대 공감입니다.
2010년 11월 30일 오전 12:04 👍 2명

김지현 전 항상 언제나 제 주변 모든 분들께 배우면서 살고 있기 때문에 제가 멘토가 되었다는 것 자체가 무척 경이롭고 황송할 따름이져. 감사합니다.
2010년 11월 30일 오후 9:24 👍 3명

오윤아 우와... '역멘토십'이라 명확해지네요! 정보사회학 페이지와 구성원들의 모든 관계들이요 ㅎㅎ 정보사회학 수업을 듣는 학생분들, 그리고 이 페이지를 만드신 윤영민교수님, 그리고 멘토분들, 그리고 저같이 우연히 페이지를 발견해 들어와 댓글로서 참여한 모든 사람들이 서로 배워지는 것+_+ 아효 좋아요 좋아요 :-) 앞으로도 이런 수업 계속 부탁드립니다. 교수님! 전 학생은 아니지만, 참여를 통해 저도 정말 많이 배웠거든요^^
2010년 12월 1일 오전 1:03 👍 4명

Mina Lee 앗, 이수업... 또 들을껄 그랬나봐요. 물론, 교양수업들과 겹쳐서 그러긴 힘들테고... 또 후배님들과 친구님들이 수업과 과제를 열심히 하는 걸 보면서 내가 저렇게 못하니 안들은게 낫겠다라고 생각했었지만 말이에요. 하하 그렇지만, 멘토님들께 얻은 경험과 지식들을 활용하는 후배님과 친구, 선배님들을 보면서 아... 나도 저렇게 되고 싶다고 생각했었다는... 아무래도 정보사회학 페이지를 저는 멘토처럼 사용해야겠네요.. 그렇게 제가 여기와서 많이 활동하고 그러면 여기 계신 많은 분들이 제 멘토가 되어주시겠죠? 제 작은 바램? ^^*
2010년 12월 1일 오후 5:09 👍 2명

정보사회학 민아야, 참 좋은 생각이구나. 자주 들르거라.^^
2010년 12월 1일 오후 9:02

Mina Lee 네에 그래야겠어요! 그냥 일학년 아이들을 부러워하기보다는 제가 찾아다니면서... 멘토님들을 만드는 것도 나쁘지 않을 것 같아요!
2010년 12월 2일 오전 1:49 👍 1명

임진숙 부럽습니다. 이곳에서 일어나는 모든 일들이 재미있고 흥미롭고 새로와서 좋아요.
2010년 12월 2일 오전 1:59 👍 2명

Min Jeong Son 저도 연신 고개만 끄덕여지는 말씀들을 다 해주셔서 듣기만 하고 갑니다. 아니, 그런데 Davis님께서 그런 아이디어를 처음으로 내셨던 거예요? 진짜 몰랐네요. 겉보기만 까칠, 버럭이시니 참 진정한 mentor이십니다!
2010년 12월 5일 오전 12:33 👍 1명

대화 68 소셜미디어와 대학 수업(1): 대학 수업, 변해야 합니다

전문가들은 대학도 변해야 살아남는다고 역설합니다. 맞습니다. 그래야 할 것 같아요. 그런데 뭘 어떻게 바꿔야 하지요? 제 소견으로 세상에서 가장 변하기 힘든 기관이 대학입니다. 저 같은 교수들은 흔히 정치가 바뀌지 않는다고 핏대를 올리며 개탄하지만 아마도 대학도 정치만큼이나 바뀌지 않고 있을 겁니다. 참고로 정치적으로 꽤 진보적인 교수들의 수업도 대부분 구태의연하기는 마찬가지입니다.

대학 수업을 들여다보면 금방 압니다. 이제 옛날처럼 이삼십 년 된 강의노트를 그대로 사용하는 신화 속의 교수는 없지만, 이삼십 년 전에 쓰던 프레임은 지금도 그대로 쓰고 있습니다. 지금도 백묵과 칠판, 그리고 교과서가 주 도구이고, 조금 부지런한 교수들은 기껏해야 파워포인트나 멀티미디어 자료를 쓰고, 온라인 강의실을 보조적으로 사용합니다. 초 · 중등학교에서는 30-40명이 넘는 학급이 거의 없을 텐데, 대학에서는 아직도 교수 한 명이 조교와 함께 백 여 명, 심지어 수 백 명을 대상으로 강의를 하는 경우도 흔합니다. 그게 뭐가 문제냐고요? 문제이지요. 그걸 문제가 아니라고 생각하는 것도 문제이고요.

지난 백 여 년 동안 교육이론은 몇 세대 정도의 진화를 해왔지만 대학교육에는 거의 100여 년 전에 지배하던 패러다임이 그대로 유지되고 있습니다. 거기서 교수는 지식의 유일한 담지자요 전달자입니다. 학생은 교수가 전해주는 지식을 공손히 전수받고 열심히 정리하고 외워서 시험치고… (그리고 학기가 끝남과 동시에 깨끗하게 포맷하고) 다음 학기를 준비하고… 뭐 그런 대학교육이지요.

전공과목에는 토론수업도 있고, 조별 조사 수업도 있다고 강변할 교수나 학생도 있을 겁니다. 예, 맞습니다. 좋은 일이지요. 그러나 토론수업이나 조별 발표 수업을 들여다보세요. 10년 전과 달라진 게 뭐 있나요? 대부분의 학생들이 벙어리로 앉아 있는 토론, 인터넷에서 찾은 자료를 짜깁기 해 파워포인트로 그럴듯하게 치장만 하고 발표하는 프레젠테이션 수업, 아닌가요?

선배들이 가던 길을 후배들은 충실히 잘도 따라갑니다. 뭐, 좀 부족하다 싶으면 사설 학원에 가서 배우면 되고. 참, 착한 학생들입니다. 대학에 비싼 등록금 내고 학원은 왜 다녀야 하는지를 심각하게 묻지도 않습니다.

그렇게 해서 대학은 불량품을 양산합니다. 소중한 원료를 가져다 불량품을 생산하고도 이렇게 뻔뻔하게 버틸 수 있는 조직은 오직 대학뿐일 것입니다. 그렇게 해서 주워 담은 지식은 졸업과 거의 동시에 낡은 것이 되어버립니다. 차라리 안 배웠으면 새로운 지식을 쉽게나 터득할 걸 머리 속에 앨빈 토플러가 말하는 무용지식(obsoledge)으로 가득 차 있으니 새로운 지식이 쉽게 들어가지도 못합니다. 반면에 새로운 시대가 요구하는, 누군가 21세기적 기술(skills)이라고 명명한 능력은 배워 나오지를 못합니다. 예컨대 네트워킹 기술 같은 것 말입니다.

더구나 교수는 변하지 않았을지 몰라도 수업을 듣는 학생은 달라졌어요. 그리고 그 학생들이 접할 수 있는 정보와 지식의 양이 엄청나게 증가했습니다. 새로운 세대인 학생들은 오랜 시간 집중해서 강의를 듣지 못합니다. 제 경험으로는 15분에서 20분 정도가 집중력의 한계가 아닌가 싶습니다. 젊은이들의 일상이 다 그렇게 토막나 있거나 다기능적(multifunctional)인데 수업만 과거처럼 갈 수는 없지요. 더더욱 문제는 교수가 강의하는 내용은 교과서에 있거나 아니면 인터넷에 들어가면 다 찾을 수 있는 것입니다. 학생들은 도대체 그런 강의를 왜 하고 있는지를 이해하지 못합니다.

대학은 초·중등학교와 달리 교육 외에 연구 기능도 가지고 있습니다. 그러니 수업이 변한다고 대학의 혁신이 끝나는 것은 아닙니다. 하지만 국가의 고급 인력 양성을 위해서 대학이 우수한 교육을 제공해야 한다는데 이견을 가진 사람은 없을 것입니다. 뭐 그렇게 거창한 시각이 아니더라도 연간 1천만 원 내외의 등록금을 내야 하는 학부모나 학생으로서 훌륭한 교육을 기대하는 것은 당연한 일이지요.

그래서 앞으로 몇 차례에 걸쳐 대학 수업에 관해 이야기를 나눠보고 싶습니다. 소셜미디어에서 그 변화의 실마리를 찾을 수 있지 않을까 생각합니다만, 좀 잘근 잘근 씹으면서 천천히 가겠습니다. 참고로 여기에 나온 모든 비판은 저를 향한 것이기도 합니다. 오해 없으시길. 2011.01.06

좋아요 · 댓글 달기 · 공유하기

Chang-Ryeol Ye, 천영환, Young-eum Lee님 외 65명이 좋아합니다.

Taewon Kim 인도 영화중 세 얼간이(3 idiots)라는 영화를 못 보신 분들이 계시다면 추천드립니다. 우리가 지향해야할 교육의 모습을 한번쯤 생각하게 하더군요. 앞으로의 대학 수업에 관한 이야기들이 기대되네요.^^
2011년 1월 5일 오후 4:46 11명

한정훈 세 얼간이는 제가 후배들이나 친구들에게 적극 추천하는 영화이기도 합니다^^ 세 얼간이를 보시고 난 후에 SBS특집다큐였던 인재전쟁의 1편 "신화가 된 인재"편을 보시면 세 얼간이에서 전하는 메시지가 현실에서 적용되는 실제 사례들을 보실 수 있어서 좋습니다. 전 항상 이렇게 두 영상을 셋트로 권유합니다.^^
2011년 1월 5일 오후 4:51 10명

Davis Noh 아이구. 시작하셨군요. 저도 며칠 내로 하던 일 마무리하고 여유가 좀 생기면 동참하겠습니다.^^;;;
2011년 1월 5일 오후 4:56 4명

정보사회학 '세 얼간이' 영화의 메시지가 참 강렬하더군요. '신화가 된 인재'는 봐야겠군요. 노선생님, 천천히 오세요.^^ 저도 천천히 가렵니다.
2011년 1월 5일 오후 5:07 3명

최순희 은근히 기다려졌는데 반가운 마음에 일단, 동행 신고합니다.^^
2011년 1월 5일 오후 5:08 2명

원은란 저는 세 얼간이를 보고서 정말 충격을 받았어요. 도대체 인도란 나라는 어떤 나라인가!!! 이런 생각도 들었어요. 우리나라의 대학을 보여주는 청춘시트콤이나 청춘영화는 사랑이나 감정에 초점이 맞춰져 있는데 세 얼간이를 보고 이렇게 본질적인 것에 접근할 수 있다는 것이 정말 흥미로웠거든요! 대학 수업에 관한 이야기를 하게 된다는 기대됩니다! 저도 열심히 듣고 참여해보겠습니다!^^
2011년 1월 5일 오후 5:13 5명

고차원 후속글 기대하겠습니다. 흥미롭습니다. 그리고 영화도 봐야겠네요.
2011년 1월 5일 오후 5:16 👍 3명

Youngmi Oh 저도 기대하겠습니다. 저도 영화랑 다큐 꼭 챙겨봐야겠어요. 좋은 글 감사합니다^^
2011년 1월 5일 오후 5:31 👍 5명

조현퇴 예. 세상에서 가장 늦게 변하는 건 법이고, 가장 늦게 변하는 기관은 대학... 동감합니다.
2011년 1월 5일 오후 5:35 👍 4명

이영환 좋은 글입니다. 저 자신도 다른 교수들과 비슷한 수업을 하고 있는지라 화들짝 놀라면서 여러 가지 생각을 하게 되네요.
2011년 1월 5일 오후 5:38 👍 4명

Jeong Jae Wan 기대됩니다.
2011년 1월 5일 오후 5:50 👍 4명

Myungdae Cho 미국에 가 계시니 조금 천천히 가시겠지라고 생각한 제가 큰 착각을 했네요. ㅎㅎ 항상 우리 교육을 걱정하시는 교수님의 모습이 참 좋습니다. 여러 가지가 있지만, 주제가 socialty이니 그 부분으로 한정하도록 하죠. 정보검색에서뿐만 아니라, 학습 전 분야에서 이 socialty를 무시하고는 진정한 교육이 이루어질 수 없는 시대가 왔다고 봅니다. 우리 교육의 제일 큰 문제가 One-way communication이었습니다. 교수가 가진 지식을 객관적으로 학생들에게 던져주는 것입니다. 그러면 학생들은 별 여과 없이 받아서 외워서 시험을 치죠. 많은 문제가 있죠. 이것을 개선하기 위해서 많은 교수님들이 토론식 수업을 하고 계십니다.

그러나 윤교수님이 설명하신 것처럼 의도했던 그런 수업은 못되고 있습니다. 문제는 interactivity입니다. 이 문제를 해결하는 방법론 중의 하나로써 윤교수님의 정보사회학 입문이라는 수업이 획기적인 시작이 될 것입니다. 저도 mentor로 참여했습니다만, 그 효과는 대단한 것 같았습니다. 많이 부러웠죠. 때로는 mentor들이 mentee들에게 은근히 배우기도 했죠. 엄청난 interactivity가 일어난 결과죠. 바로 이 부분에서 네트워크 이론에서 말하는 "발현의 법칙"이라는 것이 조금이나마 일어난 것이 아닌지 모르겠습니다. 학생들이 타수업과는 달리 엄청난 interaction을 경험했으니까요. 사실 저는 제가 가르쳤던 학생들의 이름은 기억이 잘 안나는데, 한양대 그 학생들의 이름은 많이 기억하고 있습니다. 왜냐면 그들이 남긴 글, 질문, 일상의 행동 등에 그들의 채취가 더 진하게 남아 있으니까요. 물론 그들도 윤영민 교수님 한분만 아는 것이 아니라 25명 mentor들을 거의 속속들이 알고 있답니다. 틀에 박힌 레포트를 읽는 것과 그들과 직접 interactivity가 살아있는 글들을 접하니 그 효과는 달라질 수밖에 없었던 것 같았습니다.

우리는 그동안 기존의 환원주의자들이 바라보는 '부분의 합은 전체이다.'라는 교육의 틀 속에서 가르치고 배운 것이 아닌지 모르겠습니다. 환원주의를 통해 전체를 구성하는 각 요소들을 이해하는 능력을 키워왔다면 앞으로는 복잡계이론을 통해 요소들 간의 상호작용을 이해하는 능력을 키워갈 필요가 있을 것이고 두 관점의 조합을 통해 세상을 바라보는 시야를 넓힐 수 있을 것이라 기대합니다. 이제 학생들은 분석. 종합하는 능력뿐만 아니라 상호작용하면서 찾고, 배우고, 발표하고, 적용하는 법을 배워야 할 것입니다. 그럴 수 있는 좋은 운동장이 바로 이런 곳 Social Network이 아닐까요? 따라서 학생들과 교수님은 서로가 네트워크를 항해(navigate)할 줄 아는 능력과 네트워크의 구조(structure)와 위상(topology)을 잘 알아야 하지 않을까요? 저도 제 전공분야에서 그동안의 데이터의 산술적인 합으로 문서가 된다는 기존의 입장에서 데이터에 의미를 부여하여 다양한 관계가 맺어지니 산술적인 합 이상의 높은 수준의 새로운 질서를 형성해내더라는 것을 실증해 나가고 있습니다. Linked Data의 핵심인 연결(Connection)이 보여주는 새로운 interactivity에 많은 정성을 쏟고 있습니다. 우선 제자신이 과거의 갇힌 세계에서 벗어나서 열린 마음으로 저 미지의 세계를 달려가는 느낌입니다. 나 혼자가 아니고 학생들과 협업하면서 달려나가고 싶습니다.

그러나 때로는 새로운 지평을 열어나간다고 나가는데 과거의 잣대로 평가하는 이 상아탑의 세계가 때로는 원망스럽기도 합니다만, 그래도 분명히 옳은 길이라고 생각하기에 오늘도 그 길을 향해 달려갑니다. 저 초원을 질주하고 싶습니다. 많은 교수님들이 문을 열고 Social공간에서 가르치고 배워 나갔으면 합니다. 먼저 경험을 해야 되니까요. 쓸데없는 짓을 하는 곳이 아니라, 학생들에게 객관적인 틀에 박힌 지식만을 주는 것이 교수님이 아니라, 학생들이 주관적으로도 이 세상을 바라볼 수 있게 소통하는 법을 가르쳐야 하지 않을까요? Information fluency 또는 Communication Fluency가 필요한 시기입니다. 과거의 틀 속에서는 분명한 한계가 있습니다. 새로운 지평이 열려있습니다.

2011년 1월 5일 오후 5:55 👍 17명

손상훈 가감없는 교수님의 진솔한 글에 감사드립니다. 사실 작년 한 해 소셜네트워크에 관심이 많아 세미나도 여기저기 기웃거리면서 귀동냥도 하고 또 페이스북에서 만나는 많은 멘토들의 글을 접하면서(물론 정보사회학 페이지에서 멘토-멘티를 통한 수업을 진행하신 것도 관심있게 글로 접하면서요 :)) 듣고 보고 배우려고 노력하였습니다. 그러던 차에 아내가 다니던 대학원 수업의 선택 과목이 소셜네트워크가 주제로 정해지면서 아내의 대학원 강의를 어깨너머로 나도 좀 배워하지 하고, 힘들게 학비를 낸 보람을 좀 찾자며 기분 좋게 맘먹었습니다.

근데 막상 학기가 시작되니 정말 요즈음도 대학 강의를 이렇게 하고 있나 하고 많이 실망하였습니다. ㅜ.ㅠ 수업의 내용은 제가 안 들어봤으니깐 둘째 치고라도 7시부터 10까지 하는 수업을 7시반에 시작해서 9시반에 마치긴 일상이고, 또 이러저러한 이유로 수업이 취소되거나 영화관람이라든지 친목을 다지는 야외수업이랍시고 회식같은 자리로 대체되기도 하고는 빠진 수업에 대한 보강 수업 같은건 없었습니다. 정말 20여년 전에 철없을 때 학교 다니면서 강의가 취소되면 너도 나도 신나하며 강의실을 잽싸게 빠져나가는 모습이 떠오르면서 정말 변한 게 하나도 없구나 하여 정말 속상하였습니다. 그나마 이렇게 교수님의 진솔된 글을 읽으니 그래도 우리사회에 항상 고민하고 변화를 위해 노력하시는 분들이 많으신 것 같아 위안이 됩니다. 미리 알았더라면 아내한테 교수님 제자로 수업 들으러 가라고 보따리 들고라도 찾아뵈었을텐데 말입니다.^^

앞으로 Social learning으로 태그된 글 애정을 가지고 읽어보고 참여하도록 하겠습니다. 감사합니다. 위 글은 지극이 개인적이 사견으로 작성되었음을 말씀드리며 다른 오해는 없었으면 합니다.

2011년 1월 5일 오후 7:20 👍 10명

송승섭 대학 뿐만은 아니겠지만 사회 자체가 권위지향적이다보니 교수 행위도 절대적 권한이 되어 버린 것, 사실상 학생의 평가 자체를 무시할 수 있는 시스템으로 되어버린 것이 큰 문제인 것 같습니다. 앞으로 헤쳐나가시는 강론 저도 열심히 배워볼까 합니다.

2011년 1월 5일 오후 7:55 👍 5명

송정훈 대학 교육의 구태의연함은 결국 졸업하고서도 한참 후에야 깨닫게 되었지만, 억울해도 제 돈과 시간은 이미 날아간 후였지요. 이렇게 솔직하고, 유용한 말씀 꼭 필요한 것 같습니다. 감사합니다.
2011년 1월 5일 오후 8:08 👍 4명

김재원 지식이 낡고 뒤떨어져 새로운 지식을 배우지 못하는 것도 큰 문제인 것 같습니다. 하지만 세상이 워낙 빨리 변하고 있어 어제 배운게 내일 다른 새로운 정보가 출현하는 세상이니... 학생들이 스스로 세상을 이해하고 비판하고 나름의 지혜로 구성할 수 있는 방법이라도 제대로 배울 수 있었으면 좋겠습니다. 그런 부분에서 멋진 지혜와 토론을 저도 기대합니다.~
2011년 1월 5일 오후 8:13 👍 7명

정보사회학 여러분들이 열렬하게 성원해주시니 정신이 번쩍 듭니다. 사실 이제야 시차로부터 좀 자유로워졌습니다. 조명대 교수님은 발제글보다 더 긴 댓글을 써주셨네요. 저는 출발 신호만 울렸는데 벌써 종착역까지 가셨어요.^^ 전체적인 방향을 잡아주신 것으로 보면 될 것 같습니다. 늘 그렇듯이 제가 문제들에 대해 해답을 갖고 있는 것은 아닙니다. 저는 다만 문제를 제기하고, 여러분과 함께 "계급장 떼고" 토론을 해보자는 것입니다. 그러다보면 좋은 해법들이 나오겠지요. 각자 깨달음도 갖게 될 것이고요.
2011년 1월 5일 오후 8:33 👍 12명

송준호 언급하셨지만 수업을 '지도하는자' 교수님이나 강사님. 수업을 '참여하는자' '학생들'... 대학 강의실안 상호관계가 사회보편화된 교육방식으로 굳어진 것이 가장 큰 문제라고 생각합니다. 특히 '참여'라는 것은 의무적인 방법과 달리 주체적으로 행할 의사가 있어야 그만큼 참여하는 행위자가 의미를 찾을 수 있다고 생각합니다. 단순히 대학 수업강의계획서만 보아도 학생들의 수업참여점수는 10%이상이 넘지 못하거나 출석점수로 대체되거나 혹은 아예 평가항목에서 제외된 강의가 대다수 입니다. 평가기준이 모호하기 때문에 정확한 평가를 하기에 잣대가 될 수 없는지 구체적 이유는 모르겠지만, 그만큼 대학강의에서는 수업참여라는 것에 큰 의미를 부여하지 않고 있다고 생각합니다.
2011년 1월 5일 오후 10:23 👍 5명

원은란 맞아 나 수업참여 진짜 열심히 했는데... 진짜 점수 때문에 그렇게 참여한 건 아니었지만... 수업시간에 잠만 자도 시험 나보다 잘보면 점수 잘 받아가는 애들 보면... 진짜 맥빠져... 그랬었어... ㅠㅠ
2011년 1월 5일 오후 10:35 👍 4명

원은란 그런데 왜 나는 잠만 자는 애들보다도 시험을 못봤지? ㅜㅜ 아 그래서 나는 할 말이 없어. ㅜㅜ
2011년 1월 5일 오후 10:50 👍 2명

U Rim Han 다음회가 기대되는데요.~ 근데, 학생입장에서 보자면, 학점을 잘 받으려면, 각 과목교수님의 시각을 자신의 것으로 체내화시켜야 하거든요. 또, 프린트를 잘 외워야 하구요. 한편, 교수님들도 힘드실 것 같아요. 연구할 수 있는 수업 왜 하고 싶지 않으시겠습니까... 하지만, 최대한 '말 없는 성적주기'를 하셔야 하기 때문에 정확한 답이 있는 시험 문제를 내십니다. 이러한 대학의 학점시스템 내에서 "연구"를 한다는 것은 불가능하다고도 보이네요. 그 연구 또한 평가 대상이 되어야 하니까요. ㅜㅜ 이러한 상황에서 소셜미디어가 어떤 역할을 해줄 수 있을지 매우매우 기대됩니다.
2011년 1월 5일 오후 10:51 👍 5명

이정연 정보사회학 페이지를 읽다보면 한국에서도 마이클 샐던 교수 이상의 교수님이 나올 것 같다는 희망이 생깁니다. 윤교수님 참 어려운 이야기를 이렇게 풀어내 주셔서 감사드립니다. 계속 관심가지고 읽어보겠습니다.
2011년 1월 6일 오전 12:19 👍 9명

Alexander Park 수업을 듣는 학생은 달라졌어요 ← 이 한 귀절에서 모든 논의를 시작 해야 하지 않을까 싶습니다. 해야 할 말이 많아져서 아 저 인간 또 주절주절 말 많네 할까봐 ㅎㅎㅎ 논의를 시작해야 하는 출발점에 대한 의견만 피력해 봅니다.
2011년 1월 6일 오전 2:35 👍 6명

Taeyoung Choi 윤교수님, 조교수님// 캐나다 토론토에서, 한국교회에서, 좀 지내본 경험으로 한 말씀 드린다면 1.5세, 2세들에 비해 어학연수생, 장기유학---최소 1년 이상으로 정규 college, 대학, 대학원 진학생들의 독해력 부분을 생각하면서 학생들이 가진 지식이라는 것의 측면에서 좀 보태자면 1.한국에서 캐나다 토론토로 오는 학생들 가운데는 전공불문하고 기본적인 지식량이 절대적으로 모자란다--고로 암기공부가 기본으로 필요하다고 본다는 것 2.문맹에 대한 '독맹/한글 독해력 취약'이라고 할까요! 한글입니다. 영어가 아니고.ㅎㅎㅎ 문맥파악 능력 즉 본문/테스트, 텍트분석에 취약하더라는 것 3.자기인생의 5년 앞을 내다보기가 힘들더라는 것. 이런 문제도 거론을 하시면서 교수법을 논의하여 대학의 발전을 기하신다면... 개인적인 질문인데요. 4.서울대 법인화법안이 교수방법론에 가지고 올 영향은 어떻게 전망하시는지? 5.교육공학이라는 이름으로 시행되는 기업의 신입사원교육 책임담당자--최소한 이사급 지위의 분들을 초청하여 산학연계--Co-Up program 컨퍼런스는 어떠실런지... 6.삼성이 2011년 대학생 인턴 4000명을 받는다고 하던데 대학에 어떤 실질적인 도움이 되는지 궁금해요.^^ 답변 잘 해주시면 나이아가라 폭포로 함 모실까용?
2011년 1월 6일 오전 5:17 👍 5명

정보사회학 자고 일어났더니 여러분이 다녀가셨네요.^^ 최목사님이 지적하신 부분은 염두에 두겠습니다. 질문하신 사항들은 천천히 쪽지로 답을 드리겠습니다. 완전 숙제거든요.^^ 아름다운 토론토가 눈에 아른거리기는 하지만.
2011년 1월 6일 오전 6:04 👍 2명

Taeyoung Choi ㅎㅎㅎ 미끼에 걸리실라고 할랑말랑...
2011년 1월 6일 오전 6:09 👍 1명

마하반야 약이 되는 자아비판이 은근 기대가 됩니다. 비판과 반성에 동참하는 교수님들이 많이 생기면 좋겠다는 생각도 들구요... 응원합니다.
2011년 1월 6일 오전 6:19 👍 3명

Charles Kim 좋으신 말씀을 공유합니다.
2011년 1월 6일 오전 6:41 👍 1명

조근주 대학에 공부하러 다니는 것이 아니라 졸업하러 다닌다는 말이 있었습니다. 진부한 고전이 되어버린 선풍기 바람에 멀리 날아가는 답안지는 F, 바로 떨어지는 무거운 답안지는 A를 준다던 우스운 이야기도 있었습니다. 연일 이어지는 데모에 수업을 한 기억이 거의 없었던 80년도 1학기도 있었습니다. 그래도 이젠 POD캐스팅이니, TED니 하는 대안대학(?)이 널려있습니다. 지식이 중요한 것이 아니라 지식을 검색하는 능력이 중요하다고도 합니다. 그렇다면 대학이, 교수가 학생들에게 주어야 하는 것은 무엇일까요?

센델교수의 책이나 강의는 이미 우리가 익히 아는 공리주의나 롤스의 정의론을 딜레마 방식의 수업을 통해 집중하게 만들고, 생각하게 하고, 그리하여 논리적인 비판력을 갖게 하는 것이었습니다. 이미 세상에 널려있는 지식을, 익히 알고 있던 이야기들을, 스쳐지나가던 일상들을 다시 생각하고 새로운 것을 발견하게 하는 힘이 있었습니다. 무엇을 가르치느냐도 중요하겠지만 어떻게 가르치느냐도 중요하다는 것을 새삼 깨닫습니다.
2011년 1월 6일 오전 8:13 👍 7명

조근주 그런 관점에서 다양한 분야의 많은 사람들- 멘토와 멘티의 관계(혹은 그 역으로도), 댓글, 관전자, 반대론자, 등등과의 토론이 이루어지는, 혹은 수많은 디지털 스모그에 시달리지 않고, 이들에 의해 정제되어지고, 선별된 진짜 정보들을 시행착오를 줄여 만날 수 있는 공간, 혹은 champ로서의 SNS가 중요한 역할을 하리라는 생각이 듭니다.
2011년 1월 6일 오전 8:16 👍 6명

조근주 champ [불어/ 場, 마당]
2011년 1월 6일 오전 9:29 👍 1명

Young-Gil Chae 정보사회학에 댓글을 다는데는 항상 시간이 필요하네요... 그만큼 성찰할 기회가 많아서 좋습니다.ㅎ 지난 학기에 우리 학생들이 소셜미디어를 한 학기동안 운용하고 보고서를 작성하였습니다. 그 자료를 Media literacy 측면에서 정리해 볼 생각을 가지고 있습니다. 아이들 발표를 듣는 와중에 저도 많은 것을 느끼고 배울 수 있었구요... 정리되면 이곳에 풀어 보겠습니당...
2011년 1월 6일 오후 4:59 👍 3명

정보사회학 예. 기대하겠습니다.^^
2011년 1월 6일 오후 5:24

최현아 많은 사람들이 느끼지만서도 '그렇구나... 근데 어쩌겠어 에휴. 원래 그런 건가보지~'하고 넘어가는 점을 제대로 콕콕 짚어 지적해주셨네요. 다음 편도 읽어보겠습니다. 감사합니다.
2011년 1월 7일 오전 1:06 👍 1명

우항준 과거부터 있어왔던 질문이지만, 학생은 product일까요, customer일까요? 교육의 효율성 등 여러 가지 측면에서 보자면 product로 생각하는 것이 좋겠지만, 무엇인가 변화할 포인트를 찾는다면 customer로 생각해 보는 것도 좋을 듯합니다. 그런 관점에서 바라보면 민간의 비즈니스에서 힌트를 찾을 수도 있지 않을까 생각해 봅니다. (product vs customer 논쟁을 하자는 것은 아닙니다. 오해가 없었으면 좋겠습니다^^;)
2011년 1월 8일 오전 12:28 👍 1명

정보사회학 저는 수업의 관점에서 학생은 product도 customer도 아닌 교수의 partner라고 생각합니다. 물론 그 두 가지 성격과 상충되는 주장은 아닙니다. product가 가장 오래된 관점이고, customer가 비교적 근래의 관점이며, partner는 소셜미디어 시대의 관점이라고 할 수 있겠습니다. 교수와 함께 지식을 습득하고 창출하는 partner이지요. 제가 앞으로 글들에서 제시하고자 하는 관점입니다.
2011년 1월 8일 오전 7:41 👍 4명

Min Jeong Son 대학 수업은 변하지 않았지만, 그래서 "더 더욱 문제는 교수가 강의하는 내용은 교과서에 있거나 아니면 인터넷에 들어가면 다 찾을 수 있는 것입니다. 학생들은 도대체 그런 강의를 왜 하고 있는 지를 이해하지 못합니다."가 맞는 말씀이지만,, 저는 강의 내용이 인터넷에도 없는데, 대체 저 교수님께서는 무슨 강의를 하러 강의실에 오신 건지 도대체 이해하지 못했던 적도 많았기에, 그래도 요즘 대학생들이 무척 부럽습니다. 인터넷이 없던 예전은 강의 안내조차 없는 불친절한 시절 아니었던가요? 제목만 보고 수강 신청하고, 그러니 당연히 준비도 못하고, 수준에 맞지도 않는 강의를 들으면서 한 학기 내내 고전하다가 결국에는 굴욕적인 학점으로 마무리한 수업도 종종 있었거든요.

물론 제가 그런 정보를 미리 많이 챙겨두었어야 했겠지만, 그때는 다 일일이 사람 찾아 다니며, 여기 저기 물어보아야 알 수 있는 값비싼 정보들이었으니까요. 어차피 저야, 학점보다 제가 관심가는 수업이라면 무조건 들이대고는 했지만, 그래도 좀더 미리 준비하고 강의를 들었더라면, 강의실 내에서의 수업이 더 의미 있었을 것 같습니다.

2011년 1월 10일 오전 9:41 👍 2명

정보사회학 손선생님 경험에 공감이 갑니다. 사실 3-4년까지만 해도 수업계획서도 주지 않는 강의가 흔했으니까요. 저도 대충 수업계획서를 만들어 준 적이 적지 않으니까요(반성임). 그러나 그것은 우리나라의 매우 잘못된 관행이었다고 생각합니다. 수업의 구성이 복잡해질수록 교수가 준비를 많이 해야 하지요.

2011년 1월 10일 오전 10:28 👍 2명

Young-eum Lee Michael Sandel 교수의 수업을 들으면서 정말 잘 가르치는 것에 대해 다시 한 번 생각했습니다. 이 수업에서는 게시판을 통해 학생들이 토론을 하도록 했고 수업 시간 중에는 2~3번 정도밖에 언급되지 않았지만 아주 핵심적인 부분에서 효과적으로 활용하더군요. 주로 기존 방식을 이용하는 수업도 준비만 잘 되면 아주 효과적일 수가 있더군요.

2011년 1월 10일 오후 4:46 👍 2명

Min Jeong Son Young Eum님 안녕하세요? 새해 복 많이 받으세요!^^* 명강의라고 하면 Sandel 교수 절대 빠질 수 없이 거론되는 분이죠! 직접 강의를 들은 적이 있으시다니 부럽습니다. 저도 다큐에서 강의 장면 잠깐 본 적이 있는데, 그 많은 학생들의 시선과 집중을 한 몸에 받고도 전혀 흐트러짐이 없는 차분한 강의를 하시더군요. 강의실이 대부분 '학'의 공간이지, '습'의 시공간까지 함께 하기는 힘들기에 아무래도 일방향으로 전달되는 데 그치기 쉬운 것 같습니다. 그래서 교수는 물론이고, 수강생들도 미리 준비하고 들어가야 진정으로 참여가 가능하고 효과를 거둘 수 있다고 생각합니다.

2011년 1월 10일 오후 5:35 👍 3명

정보사회학 이 교수님, 인터넷으로 본 Sandel 교수의 강의는 매우 감동적입니다. 수업이 어떤 과목이냐, 교수 환경이 어떤가에 따라 다양한 수업방식을 선택할 수 있을 것입니다. 기존의 강의 방식도 효과적일 수 있는 과목이 많이 있다고 생각됩니다. Sandel 교수의 수업 방식에 대해서는 나중에 다시 논의할 기회가 있었으면 좋겠습니다. 손 선생님, '참여'를 어떻게 기획하는가도 중요한 것 같아요. 참여 자체도 의미가 있지만 참여를 통해서 보다 높은 학습 효과를 올릴 수 있도록 해야 되니까요. 저는 그런 점들에 대해 생각해 보고 있습니다.

2011년 1월 10일 오후 5:56 👍 3명

Young-eum Lee 손 선생님, 제가 직접 강의를 들은 것은 아니고 iTunes U에서 12강을 모두 다운받아 연속으로 '마치 학생들이 강의를 듣듯이' 들었다는 얘기입니다. 상황에 따라서 iPhone, iPad, 그리고 웹페이지(www.justiceharvard.org)를 통해 지난 며칠간 '수강'했습니다. 저 역시 직접 강의를 들은 학생들이 부럽더군요.

2011년 1월 10일 오후 6:13 👍 3명

Min Jeong Son ^___________^ e-편한 세상!

2011년 1월 10일 오후 6:18 👍 1명

대화 69 소셜미디어와 대학 수업(2): 소셜미디어 vs. 아카데미아

이제 얼른 소셜미디어를 수업에 어떻게 응용할 것인가를 이야기하라고요? 허허, 서두르지 마세요. 소셜미디어는 훌륭하고 강력한 도구이지만, 역시 하나의 도구(tool)일 뿐입니다. 도구가 세상을 변하게 한다고 믿는 분들도 많지만, 저는 그렇게 생각하지 않습니다. 사회구조(social structure)의 관성도 결코 약하지 않습니다. 동일한 도구가 주어져도 일어나는 사회변화가 천차만별입니다. 인터넷이 세상을 변화시켰다지만, 세상에는 여전히 다양한 모습의 사회들이 존재하고 있지 않습니까?

그래서 도구와 사회구조 양쪽을 잘 이해하고, 바람직한 방향으로 변화가 일어나도록 우리 자신이 개입해야 합니다. 그렇게 하려면, 우선 소셜미디어와 그것이 적용될 대학사회의 속성을 좀 따져봐야 합니다. 어떤 학자들은 이런 입장을 '약한 기술결정론(weak technological determinism)' 혹은 '사회구성주의(social constructivism)'라고 부릅니다.

소셜미디어 vs. 아카데미아(Academia), 만만한 대결이 아닙니다. 몇 가지만 볼까요?

첫째, 소셜미디어의 질서는 민주적인(democratic) 반면, 대학의 질서는 권위주의적(authoritarian)입니다. 소셜미디어에서는 누구나 평등하고 자유롭습니다.

누가 누구에게 존경을 강요할 수도 없고, 누가 누구를 억압할 수도 없다는 의미에서 말입니다. 반면에 정도의 차이는 있지만 어느 나라를 불문하고 대학은 학문적 권위라는 아우라(aura) 속에 권위주의적 질서가 지배적입니다. 특히 교수와 학생, 대학당국과 학생 사이의 관계는 근본적으로 권위주의적입니다.

대학은 참 흥미 있는 제도예요. 엄청나게 많은 비용을 지불하면서도 고객(학생)이 꼼짝 못하니 말입니다. 특히 좋은 대학일수록 완전한 공급자 시장입니다. 이 세상에 이런 제도가 대학 말고 또 있으려나 모르겠네요.

둘째, 소셜미디어에서는 사용자의 참여가 관건인 반면, 대학에서는 학생들의 참여는 매우 제한된 범위에서만 허용됩니다. 소셜미디어에서는 사용자의 주도권(initiative)을 기대하지만, 대학에서는 학생들의 주도권을 인정하지 않습니다. 특히 수업에 관한 한 그렇습니다.

예컨대, 소셜미디어에서는 UGC(User-Generated Contents; 사용자 제작 콘텐츠)가 무대의 중심을 차지한 반면, 대학에서 UGC는 허접하게 취급되지 않습니까? 대학에서는 교수들의 저작물들만이 귀하게 대접받으며, 지적으로 미성숙한 존재로 간주되는 학생들의 저작물은 성적 평가용일 뿐입니다. 대학의 지식 생산과정이나 지식 저장소에 학생들의 자리는 거의 없습니다.

또한 개설 과목들 중에서 어떤 수업을 들을까 선택할 수는 있지만, 수업에서 무엇을 배울 것인지를 결정하는데 참여할 수는 없습니다. 그것은 교수의 권한으로 간주됩니다. 인터넷에 올린 수업계획서, 이전의 강의평가결과, 선배들의 조언 등을 참고하여 시장에서 완제품을 쇼핑하듯이 선택할 뿐입니다.

셋째, 소셜미디어는 개방적인 반면, 대학은 폐쇄적입니다. 소셜미디어도 완전히 개방되어 있다고 할 수는 없지만, 손쉽게 서비스를 이용할 수 있고, 이메일만 있으면 누구나 가입할 수 있다는 점에서 개방적입니다. 반면에 대학은 비용을 지불할 능력이 있는 사람만이 들어갈 수 있고, 서비스를 이용하려면 소정의 절차를 통해 자신의 능력을 입증해야 한다는 점에서 근본적으로 폐쇄적입니다.

소셜미디어는 가입자의 확대를 통해 가치가 증가하지만, 대학은 수월성(excellence)을 입증하여 가치를 인정받습니다. 그러다 보니 대학은 자원을 배타적으로 사용하게 됩니다. 연구 장비, 도서관, 서적, 서비스 등등. 대학은 소유의식이 대단히 강합니다. 특히 지적재산권에 대해 매우 민감하지요. 대학 수업도 예외가 아닙니다.

어떤 분은 「소셜미디어와 대학수업 (1)」의 댓글에서 알렉산더 박(Alexander Park)님이 지적하셨다시피 OpenCourseWare라고 해서 세계 유수의 대학들이 대학 강의를 녹화하거나 녹음한 자료를 무료로 사용할 수 있게 하고 있는데 왜 그렇게 비판적으로 말하느냐고 반문할 수도 있습니다. 강의 자료를 공개하는 것 자체는 좋은 일입니다. 하지만 그것은 홍보자료라고 보는 게 맞습니다. 맛보기 뭐 그런 것이지요. 각 대학에서 최고의 전공 수업들은 모두 교수와 학생들 간의 상호작용이 워낙 높기 때문에 그렇게 띄워봐야 별로 의미가 없습니다. 인터넷에 띄워놓는 것은 대부분 101(개론) 수준의 강의이거나 외부 인사 초청강연 정도입니다.

넷째, 소셜미디어는 협력적인 문화이지만, 대학은 고립적인 문화입니다. 소셜미디어는 사용자들이 이기적인 동기에서 행동하더라고 결과적으로 다른 사용자들에게 이익이 되게끔 설계되어 있습니다. 대학에 그런 장치는 없습니다. 오히려 반대로, 특히 교수집단은 대단히 개인주의적입니다. 교수들은 서로 기능적으로 거의 의존하고 있지 않습니다. 연구도 수업도 홀로 수행하고 책임지게 되어 있습니다. 최근에는 교수들 간의 공동연구나 기업체(혹은 연구기관)와의 공동 연구가 늘어나고 있지만, 아직 교수의 지식생산은 근본적으로 혼자서 하는 것이라는 인식이 지배적입니다.

교수들 사이에 수업은 지식의 일방적인 전달과정으로 인식되고 있습니다. 풍부한 전문지식을 가진 교수가 지적으로 미숙하거나 지식이 부족한 학생들에게 지적 훈련을 시켜주고 지식을 채워주는 과정이라는 것이지요. 간혹 학생들로부터 '신선한' 지적 자극을 받는다는 사실을 부정하는 교수는 없지만, 자신이 "학생들을 가르친다"는 인식에는 변함이 없습니다.

연구나 교육에 집단지성(collective intelligence)과 같은 구상이 들어올 자리는 없습니다. 연구 성과(지식생산)가 개인의 천재성 혹은 창의력에 달려 있다고 믿는 학자들에게 집단지성이란 어불성설입니다. 그들은 지식의 습득도, 지식의 생산도 개인의 역량에 달려 있다고 믿습니다. 집단지성이란 학술적인 연구가 무엇인지를 제대로 모르는 대중적 지식인들의 환상이며, 기껏해야 무시해도 좋은 잠시 동안의 유행일 뿐이라고 생각합니다. 지적 활동이란 본질적으로 고독한 여행이라는 것이 그들의 인식입니다. 근본적으로 개인주의적 인식이지요.

이 정도면 소셜미디어와 대학사회 사이의 이질성이 어느 정도인지 공감이 가나요? 여기서 제가 묘사한 대학사회의 모습은 정도의 차이가 있을 뿐 다른 나라에도 대체로 타당할 겁니다. 소셜미디어를 대학 수업에 도입한다는 것은 이렇게 이질적인 두 가지 문화의 결합에 다름이 아닙니다. 어렵겠지요? 그런데 이러한 일반적 수준의 문제 말고 소셜미디어의 활용을 어렵게 만드는 우리나라 대학만의 문제들이 또 있습니다. 그건 차츰 얘기하지요.

제가 볼 때 소셜미디어와 대학의 관계는 가치의 충돌, 막스 베버(Max Weber)의 표현을 빌려오면, "신들의 전쟁(war among gods)"이라고 부를 만한 것입니다. 해법을 찾기 쉽지 않은 갈등이 내재해 있습니다. 아무튼 그렇다고 대학 혁신의, 이 좋은 기회를 포기할 수는 없지요. 다음에는 교육학에서 나오는 '학습 성과(learning outcomes)'라는 개념을 가지고 이야기를 풀어보겠습니다.

2011.01.07

좋아요 · 댓글 달기 · 공유하기

장철호, Chang-Ryeol Ye, 오윤아님 외 59명이 좋아합니다.

송승섭 소설 미디어의 특성과 대학교육의 속성과의 관계를 잘 밝혀주셨습니다. 그 관계를 충분히 이해하고 계시니 대안도 기대가 됩니다. 학생 입장에서도 흥미로운 교육이네요.^^

2011년 1월 6일 오후 4:23 2명

Brian Kim 일단 화두로 던진 질문의 답은 'Yes'로 제출합니다. 하지만 그 결과에 이를 과정의 험난함이 생각보다 광범위하고 높아보여 한숨이 나오기도 합니다. 말씀하신 사회구조의 관성이 변하려면 엄청난 노력이 다발적으로 나타나야 하는데 그 범위가 정부, 대학, 교수, 학생, 부모, 기업 모두가 포함되어 있습니다. 그럴 때 누가 주도적으로 이 문제를 풀 수 있을까요? 일단 이곳에서 시도되고 있는 소셜미디어 연관 수업방식이 성공사례의 prototype이 되고 이것이 benchmarking되어서 기하급수적 파급효과를 가져온다면 변화의 큰 실마리가 될 수도 있겠다는 희망을 가져봅니다. 너무 단순 긍정적인가요?ㅎㅎ
2011년 1월 6일 오후 5:23 👍 4명

문순현 수업방식의 혁신이 꼭 Tool에 있지는 않겠지요. 하지만 Tool을 어떻게 사용하느냐가 분명 학습효과에는 큰 영향을 주리라 생각합니다. 소셜미디어가 대학사회를 송두리째 바꿀 수도 있겠지만 그러기에는 말씀하신 사회적 관성, 문화환경, 의식, 태도의 문제에 이르기까지 쉽지만은 않은 이슈들을 갖고 있습니다. 전 소셜미디어가 교수자에 의존하던 기존 수업방식의 틀에 어떤 식으로든 영향을 주게 되고 그 틀에 익숙한 학습자들에게도 변화를 요구할 것이라 생각됩니다. 중요한 건 때로 리스크가 큰 이런 실험을 해봐야 한다는 것 아닐까요? 어떤 결과가 나올지는 모르겠지만 사자를 잡으려면 사자굴에도 들어가야겠지요.^^
2011년 1월 6일 오후 7:06 👍 3명

정보사회학 브라이언님이나 문순현님이 말씀하시듯 변화는 모색되어야 합니다. 여기서 논의하려는 점은 왜 변화가 필요한가, 어떤 변화가 일어나야 하는가, 어떻게 변화를 일으킬 수 있는가에 대해서입니다. 제가 이 논의의 장을 마련한 것은 섣부르게 시도하다 이 좋은 기회를 놓칠 수도 있다는 우려 때문입니다.
2011년 1월 6일 오후 7:24 👍 3명

최현아 "연구도 수업도 홀로 수행하고 책임지게 되어 있습니다. 최근에는 교수들간의 공동연구나 기업체(혹은 연구기관)와의 공동 연구가 늘어나고 있지만, 아직 교수의 지식생산은 근본적으로 혼자서 하는 것이라는 인식이 지배적입니다." 〉〉 이 부분은 중국 교통대 교수님이 특강 나오셨을 때 저희 과 한 교수님이 (중국에 비해) 한국 대학교들이 이런 성향이 강해서 우리가 경쟁력이 좀 떨어진다 하시더군요. 중국의 "이거 해라!"하면 "해야 하는" 사회주의가 그럴 땐 좋다고 하셨는데요. 그렇다면 우리나라 대학교에 교수님들끼리의 협업 system이 부재하는 것은 각각의 관심 분야가 다르고 이를 조율하지 못해서인지?? 어쨌든 창의력 관련 수업을 듣고는 뛰어난 창의력이라는 것은 '집단지성'의 산물이라 생각했는데, social media를 접목해서 조금은 달라질 수 있을까요? 기대해 봅니다-
2011년 1월 7일 오전 1:28 👍 5명

Myungdae Cho 아주 좋은 지적이시네요. 분명 두 가치의 충돌입니다. 오늘 점심을 서울대 모교수님과 같이 하면서 나눈 이야기와 맥을 같이합니다. 우리나라의 대학도 대안학교가 있어야 할 실정이다라는 화두에서 ① 경직성 vs 유연성 ② 폐쇄성 vs 개방성 등등 그중 사제지간의 관계에 대해서 한참 이야기를 나누었습니다. 우리는 학점이라는 무기(?)가 너무 막강하다. 교수는 너무 힘을 주고 학생은 너무 조아린다. 너무 벽이 높다. 이 벽이 허물어 지지 않으면 진정한 창의성의 발휘를 기대하기 힘들다. 그러면서 제가 정보사회학 입문을 또 소개했죠. ① 정규수업 + facebook의 조화 ② 중간·기말고사 없이 interactivity에 따른 창의성에 의한 평가 ③ 학생들과의 간단한 chicken wing party(?) 등등을 생각해 봤습니다. 겨울의 언 땅에 아무리 씨를 뿌려도 꽃은 피어나지 않습니다. 봄이 와서 땅이 녹아야 그 씨앗을 무럭무럭 자랍니다. 우리의 지금 환경은 완전 언 땅입니다. 그냥 지식전수의 장입니다. 이것을 이런 Facebook 같은 곳에서 뜨거운 열기를 뿜어내어 그 언 땅을 조금씩이나마 녹여야 합니다. 그럴 때 우리의 다음 세대는 아름다운 꽃을 피울 것입니다. 지금 여기 정보사회학이라는

invisible college가 그 역할을 잘 해나가고 있다고 봅니다.
2011년 1월 7일 오전 4:52 👍 9명

Charles Kim 또 공유합니다.
2011년 1월 7일 오전 5:00 👍 1명

정보사회학 현아님, 교수의 개인주의적 문화는 서구사회도 크게 다르지 않을 것입니다. 교수 뿐 아니라 지식인 사회가 그런 경향이 강하지요. 조교수님, 말씀하신 것처럼 온라인상에 비공식적인 학습제도(informal learning institutions)의 등장은 대학에 대한 큰 압박이고 위협이지요. 이미 그걸 느끼는 대학인들이 적지 않은 걸로 알고 있습니다. 서구사회에서 천년 가까이 크게 모습이 달라지지 않고 유지되어온 대학이 지금 지구적인 참여문화의 확산과 virtual learning communities의 등장으로 변화를 강요받고 있다는 인식이지요. 다음 번 글에서 그걸 주제로 다루어보려고 합니다. 찰스님, 공유해주셔서 감사합니다.
2011년 1월 7일 오전 6:16 👍 8명

Brian Kim 댓글을 읽으며 이런 생각이 듭니다. 천년 가까이 크게 달라지지 않은 대학이 스스로 변하려면 언땅에 바가지로 물뿌리는 격이라... 아무래도 외부적 압박이 존립에 위협이 될 정도로 커야 할텐데... 그러려면 아무래도 자본력을 가진 기업이 가장 큰 위협이 될 수 있을 것 같습니다. 가정입니다만 Facebook university나 Google university처럼 강력한 브랜드를 가진 virtual social media based 대학교들이 등장하고 그들이 유력한 교수들을 영입하고 소셜미디어 플랫폼으로 전세계인을 대상으로 Interactive한 수업을 진행하며 전략적 지역마다에 offline 대학들을 인수해서 분교 형식의 교류 가능한 시설(연구소, 도서관, 실험실, 등등)을 운영한다면 어떤 결과가 나올까 잠시 상상해 보았습니다.
2011년 1월 7일 오전 7:49 👍 12명

정보사회학 브라이언님, 멋진 아이디업니다. 그런데 교과부가 국내 대학 인수 허가를 안 내 줄 것 같군요.^^ 그러나 이미 압박을 느낀 세계적인 대학들이 변하기 시작하면 우리도 달라질 겁니다. 정도 문제이지.
2011년 1월 7일 오전 11:48 👍 7명

Myungdae Cho Thumbs up for Brian's idea. It will take some time, but soon it will come true, I hope.^^
2011년 1월 7일 오후 3:35 👍 6명

심 재억 사람이든 동물이든 세상의 모든 조직은 그것이 가지고 있는 공통적 속성이 있는 듯합니다. 바로 기득권이라는 것이지요. 그 달콤함을 지속적으로 누리고자 하다 보니 자연스레 "견고한 폐쇄적 문화"가 생겨나는 것 아닐까요? 배타적인 사람에게는 "튄다"고 팽 하는 경향도 있고요. 그렇지만 분명 조직이나 개인은 변화하고 있습니다. 학생들이 갖는 기대도 예외는 아니라 생각합니다. 소셜미디어를 Tool로 이용하여 흥미와 학습효과를 향상시킬 수 있는 시도를 희망합니다.
2011년 1월 7일 오후 11:29 👍 7명

정보사회학 재억님, 의견에 공감합니다. 그 '시도'를 꿈꾸고 기획해 보지요.^^
2011년 1월 8일 오전 12:59 👍 2명

장성권 어릴적 친구 녀석이 회사에 다니고 있습니다. 대학컨설팅 하는 곳인데 요즘 많이 힘들어합니다. 그 이유는 수많은 대학들이 재정 어려움이나 앞으로 학령인구가 줄어드는 과정에 대한 컨설팅을 하는데, 한 학부의 교수님들이 서로의 의견충돌로 인해 여러 학과로 나누어서 운영하고 직원들의 문제점을 이야기할 때는 스스럼없지만 정작 자신의 문제점에선 이해하지 못하는 모습을 보며 자신이 생각하는 순수한 학교에 모습이 실상 그렇지 못한 현실을 보며 많이 실망하더군요. 아마 위글과 맞지 않는 내용일지 모르겠습니다. 친구가 힘들어하는 모습을 위로하고자 이 글을 남깁니다.
2011년 1월 9일 오후 5:06 👍 2명

정보사회학 대학의 못난 모습을 들킨 것 같아 씁쓸하군요. 그러나 변화는 바로 그 현실에 대한 인식에서 시작되어야 할 것입니다.
2011년 1월 9일 오후 8:13 👍 2명

Taewon Kim Ditto!! 기술과 사회의 공진화!! 함께 가야죠. 정보사회학 글은 혼자보기 정말 아까운 주옥같은 글들이 많네요. 페북 안하는 분들에게 어떻게 말로 표현할 수는 없고... 답답하군요.
2011년 1월 9일 오후 10:38 👍 1명

정보사회학 고마워요.^^
2011년 1월 9일 오후 11:12

류병장 대학도 이제는 변해야 한다고 생각합니다. 고객에 대한 배려도 다른 측면으로 접근을 해야 되지 않을까요?
2011년 1월 10일 오전 3:55 👍 2명

정보사회학 예. 변해야지요. 수업을 중심으로 그 변화의 방향과 방법을 한번 찾아보자는 취지로 지금 논의를 하고 있습니다.
2011년 1월 10일 오전 6:43 👍 2명

Min Jeong Son 〈정보사회학〉과 〈정보사회학입문 2010〉에 그동안 참여하면서 제가 경험하고 느꼈던 점을, 지금 읽고 있는 책에서 발견했기에 조금 길지만 인용해봅니다.
하상복, [푸코&하버마스: 광기의 시대, 소통의 이성] pp. 220-221
한편, 우리는 앞의 서신에서 주목할 만한 또 다른 지점을 발견한다. 그것은 마르쿠스 아우렐리우스가 하루 동안에 수행한 자기배려의 과정을 프론토라는 '스승에게' 아주 '솔직하게 이야기하고' 있다는 것이다. 여기서 우리는 자신의 참된 주체성을 찾아가는 훈련 과정은 혼자가 아니라 타인과의 언어 행위를 통해 이루어진다는 사실에 접근하게 된다. 푸코는 그러한 언어 행위를 '파르헤지아 parrhesia'로 명명했다. 어원상 '모든 것 pan을 말하기 rhesis'로 정의되는 파르헤지아는 본질적으로 솔직하게 말하는 것을 의미한다. 그런 면에서 파르헤지아는 도덕적 자질이자 태도라고 할 수 있다. 그런데 파르헤지아는 인간에게 선천적으로 내재된 능력이 아니라 엄격한 훈련을 통해 습득되는 특별한 도덕적 재능이다. 스승은 제자가 자신을 솔직하게 드러낼 수 있도록 가르쳐야 하는데 그것은 스승 스스로가 제자에게 파르헤지아를 실천함으로써 가능하다. 제자는 정숙과 경청을 통해 스승이 실천하는 파르헤지아를 확인하는 과정이 필요하며 스승은 일정한 단계에 이르러 제자가 자신의 진실을 드러내는 파르헤지아를 수행할 수 있도록 유도해야 한다.
타자를 향하는 아첨과 수사학적 담론과는 달리 파르헤지아는 사람들이 참된 주체가 되도록 서로 이끄는 과정인 것이다. 푸코의 표현을 빌리자면, "서로를 구원하며 서로에 의해 구원되는 것"이다.; 소셜미디어라는 도구를 대학 수업에 활용해서 혁신이 다 이루어진다기보다는 그 수업을 이끌어가기 위해 적극적으로 준비하고, 함께 참여하는 교수와 학생들이 얼마나 '파르헤지아 parrhesia'를 실현할 수 있는가의 문제가 결국 관건이 아닐까 생각됩니다.
2011년 1월 10일 오후 6:11 👍 3명

정보사회학 "파르헤지아는 인간에게 선천적으로 내재된 능력이 아니라 엄격한 훈련을 통해 습득되는 특별한 도덕적 재능이다." → 이 대목이 팍 다가오네요. 앞으로 논의를 전개할 때는 "파르헤지아"를 염두에 두도록 하겠습니다. 물론 그것만이 수업의 지향이 될 수는 없겠지만, 전공에 관계없이 파르헤지아를 습득하는 것이 중요하리라 생각되는군요.
2011년 1월 10일 오후 6:51 👍 2명

대화 70 소셜미디어와 대학 수업(3): 참여적 학습

앞 포스팅에서 소셜미디어와 대학교육이, 그것들이 지닌 속성 상, 서로 결합되기 쉽지 않다고 말씀을 드렸습니다. 그 포스팅을 올리고 나서 *The Future of Learning Institutions in a Digital Age* 라는 보고서를 읽었더니 저자들이 저와 유사한 분석을 제시하고 있더군요.[21]

그 보고서는 온라인 실험과 오프라인 포럼의 결과라고 합니다. 온라인 실험은 보고서의 초고를 웹사이트에 개방하고 코멘트를 받은 것을 말합니다. 실험 방식이나 참여 수준으로 볼 때 크게 대단한 프로젝트는 아니지만 보고서의 각 문단(paragraph)에 코멘트를 붙일 수 있게 만든 시도는 좋아 보입니다.

저자들은 웹 2.0 환경이 제공하는 새로운 교육의 핵심적인 성격을 '참여적 학습(participatory learning)'이라고 부릅니다. 위키피디아처럼 사람들이 온라인상에 지식과 정보를 게시, 토론, 수정하면서 공유하는 활동을 가리킵니다. 요즈음 여러 웹사이트에서 우리가 수없이 경험하고 있는 현상이지요. 이곳 〈정보사회학 페이지〉도 그 중 하나일 것이고요.

그들은 참여적 학습이 이미 수많은 사용자들이 웹에서 매일 경험하고 있는

21 Cathy N. Davidson and David Theo Goldberg. 2009. *The Future of Learning Institutions in a Digital Age*. Cambridge, Mass.: MIT Press. http://mitpress.mit.edu/books/chapters/Future_of_Learning.pdf

현상인데, 대학들은 아직 그 개념을 도입하지 않고 있다고 지적합니다. 그들은 오랫동안 대학이 독점적으로 수행하던 전문적인 교육과 연구가 온라인상의 참여와 협력을 통해 가능해졌다고 단호하게 주장합니다. 다음의 인용은 인상적입니다. "2008년 뉴욕 타임즈(New York Times)의 한 기사는 미래에는 세계적인 대학의 암 연구자가 아니라 다수의 전문가들(어떤 사람들은 학위가 없기도 할 것이다)이 참여한 토론과 협력 활동을 통해 실제적으로 암 치료 방안을 발견한 어떤 블로그 커뮤니티(blogging community)가 노벨상을 수상하게 될 수도 있다고 전망했다(13)."

온라인상에서 일어나는 집단지성의 성과가 대단히 전문적인 영역까지 확장될 수 있다는 주장이지요. 뿐만 아니라 저자들은 기업이나 정부의 운영도 온라인을 통한 참여와 협력이라는 시대의 흐름을 따르고 있기 때문에 그러한 문화에 적합한 인재를 대학이 배출해야 한다고 주장합니다. 참여적 학습을 도입하지 않는다고 대학이 망하지는 않겠지만, 시대의 요청에 부응하지 못한다는 비판을 벗어날 수 없을 것이라고 지적합니다.

이 보고서는 지난 8월 이곳에 몇 차례에 걸쳐 소개해 드렸던 헨리 젠킨스(Henry Jenkins, USC) 교수팀의 보고서와 마찬가지로 맥아더 재단(The John D. and Catherrine T. MacArthur Foundation)의 후원을 받아서 수행된 프로젝트의 성과물입니다.

내친 김에 그 보고서의 내용 중 중요하다고 생각되는 주장들을 좀더 소개하지요. 저자들은 대학제도의 혁신에 고려해야 할 사항으로 "학습의 미래를 위한 10가지 원칙"을 제시하는데, 몇 가지는 기억해둘 만합니다. 여기서는 다섯 가지만 소개하지요.

① 자율 학습(Self-Learning): "야자(야간자율학습)" 같은 말에서 사용되는 의미와는 조금 다르며, 웹상에서 자신이 원하는 정보를 검색하고 또 그것과 관련된 문건이나 사이트를 찾아 읽어가면서 스스로 지식을 습득하는 활동을 말합니다. 오늘날 이 능력은 아주 어렸을 때부터 어른이 되어서까지 개발된다고 지적합니다. 두 말 할 필요가 없지요. 물론 네이버의 '지식인'에서 벗어나지 못하는

사용자가 없는 건 아니지만.

② 수평적 구조(Horizontal Structures): 이 점에 관해서는 앞 포스팅에서 제가 충분히 강조했습니다. 기존의 대학은 계층적이고 개인화된 학습 구조를 지니고 있는데, 앞으로는 수평적인 협력을 통한 학습이 대세가 될 것이라는 전망입니다.

③ 추정된 권위에서 집합적 신빙성으로(From Presumed Authority to Collective Credibility): 이 점에 아주 공감합니다. "학습이 권위(authoritveness)의 문제에서 신빙성(credibility)의 문제로 전환된다"는 것입니다. 인터넷에 지식과 정보가 넘쳐남에 따라, 학습이 '어떤 것(that)'을 배우는 활동에서 '어떻게(how)'를 배우는 활동으로, 즉, 학습의 중심이 '내용(content)'에서 '과정(process)'으로 넘어가는데, 이때는 지식에 대한 판단이 중요합니다.

그런데 지식에 대한 판단이, 기존에는 교육기관의 명성, 교수(혹은 저자)의 학위나 업적 등으로부터 추정된 권위에 의존했는데, 이제는 여러 참여자들의 토론을 통해서 신빙성이 검증되는 방식으로 이루어진다는 지적입니다. 사실 과거에는 지식에 대한 판단 자체가 학습에서 전혀 중요한 이슈가 아니었지요.

④ 탈중심적 교육(A De-Centered Pedagogy): 전문가가 홀로 판단하고 수행하는 교육이 아니라 많은 사람들이 참여해서 문제를 제기하고, 검증하고, 평가하는 방식으로 수행되는 교육으로 바뀐다는 이야기입니다. 저자들은 새로운 시대의 이점을 활용하기 위해 대학이 이러한 교육방법을 도입해야 한다고 역설합니다.

⑤ 네트워크로 연결된 학습(Networked Learning): 저자들은 개인화된 학습(individualized learning)에서는 개인적 이익을 극대화할 수 있을 때만 협력하지만, 네트워크 학습에서는 협력, 상호성, 사회적 참여가 그 자체로서 강조된다고 지적합니다.

이 밖에도 공개 소스 교육(Open Source Education), 접속성과 상호작용성(Learning as Connectivity and Interactivity), 평생교육(Lifelong Learning) 등을 열거하고 있습니

다. 관심 있는 분은 보고서를 참고하세요.

다음 포스팅에서는 참여적 학습을 어떻게 대학 교육에 도입할 것인가를 논의해 보지요. 2011.01.10

좋아요 · 댓글 달기 · 공유하기

Ji Young Catharina Kim, 오윤아, Young-eum Lee님 외 51명이 좋아합니다.

Myungdae Cho 저녁에 다시 출석하겠습니다. 지금은 교회 요셉스쿨에서 할 일이 있어서 ㅎㅎ 대충 봤는데 정말 좋은 내용이네요. 오늘 서울대 어느 랩의 연구원에게 숙제를 내주고 왔습니다. 정보사회학 페이지를 일주일 안에 요약하라고. ㅎㅎㅎ
2011년 1월 9일 오후 9:24 10명

정보사회학 예. 조교수님 천천히 오세요.^^ 그런데 연구원에게 엄청난 숙제를 주셨네요. 노트글만도 백개가 넘고 거기에 붙은 댓글까지 하면 책으로 한 1천페이지는 될텐데요.^^
2011년 1월 9일 오후 9:29 7명

Chul Ho Kim 헉... 조교 스님이 수행 숙제를 행자한테 주셨군요!
2011년 1월 9일 오후 9:47 7명

김재원 중요한 키워드들이 많네요.^^
2011년 1월 9일 오후 10:51 5명

Myungdae Cho 처음의 그림 한 장이 모든 것을 다 말해주네요. Learning as Connectivity and Interactivity 이 말이 참 좋네요. 연결을 통한 상호작용 속에서 우리는 배우기도 하고 또 중요한 정보를 찾아내기도 하면서 계속 발전해 나가는 것 같아요. 저도 매일 느끼는 점입니다. Seamless Connection of Knowledge라는 표현이 있죠. 끊임없이 지식을 연결시켜줄 수 있는 플랫폼을 만들어주자는 것입니다. Linked Data가 그 역할의 일부를 감당할 것 같고요. 지금은 많은 참여가 없지만 이 Cloud에 적극적인 참여가 이루어지면 정말 상상하기 어려운 데이터 내지는 지식 플랫폼이 만들어질 것입니다. Wikipedia에서 DBpedia에로의 발전을 보면 정말 놀라운 현상입니다. 집단지성으로 wikipedia를 만들고 난 우리들은 또 다시 데이터 중심의 다른 방법으로 지식을 조직함으로써 엄청난 연결성 및 상호작용성을 통해서 상호운용성을 확보해 나갑니다.

지금 Web 3.0을 사랑하는 사람들을 중심으로 그런 기본 그림이 그려지면 국가발전에 큰 공헌을 할 것 같지 않습니까? 오늘 그 연구원도 적극 참여시켜서 새로운 물결을 이해하게 하고 싶습니다. SN 등의 새로운 대안교육을 찾는 분들이 이런 Participatory 학습을 모르고서야 디자인을 하기 힘들겠죠. 그래서 제가 일단 1주일의 시간을 주 본 것입니다. 힘들겠죠? 1,000페이지가 넘는 분량을 요약하라는 너무 힘든 과제를 줬나봅니다. 제가 한 말은 "윤영민과 정보사회학을 모르고서는 그런 프로젝트 수행할 생각하지 말라"고 했습니다. 윤교수님이 엄청난 일을 해버렸죠? 이젠 트렌드가 되어갑니다. 만들어 나가는 것입니다. 계속 달려가 주시기 바랍니다. 항상 감사합니다.^^ 미국에 가서는 숙제를 더 많이 주시네요. Be soft on us.^^
2011년 1월 10일 오전 12:19 8명

정보사회학 조교수님, 저도 "Learning as Connectivity and Interactivity"라는 대목이 맘

에 들어서 뒤에 별도로 포스팅을 한번 해볼까 생각 중입니다. 연결성과 상호작용성이 새로운 학습의 모습이라면 시맨틱웹도 그걸 구현하는 도구로 들어와 줘야 하겠지요. 물론 위 보고서 저자들은 거기까지 언급하지는 않았지만요. 그들은 interdisciplinary approach를 무척 강조합니다. 이제 한 분야의 전문 지식만... 가지고는 지식을 정당하게 평가할 수 없을 정도로 지식이 융합되어 존재하기 때문이랍니다. 우리가 하는 협력도 그것을 잘 보여주는 것 같습니다.

방학 때 좀 몰아서 진도를 나가야지 학기 중에는 깊이 있는 작업을 하기가 어렵더라고요. 근근이 숨만 쉬고 있게 되고. 미뤄둔 이론적인 작업도 진전시키고, 그동안 수행한 실험적 작업의 분석도 마치려고 하는데, 워낙 읽을 게 밀려서 좀더디네요. 미국학자들 같으면 한 100만불은 받아가면서 할텐데... 돈 달라고 할 시간이 없으니. ㅎㅎ 이 영역만은 그 사람들에게 뒤쳐지지 않았으면 합니다.

2011년 1월 10일 오전 12:41 👍 6명

원은란 이럴 수가! 교수님 저는 2탄이 언제 나오나... 했더니 3탄이 벌써 나왔네요! 얼른 2탄 읽고 왔어요!^^ 위 내용이 저에게 어떻게 적용되었는지 조금 풀어놓고 싶습니다. 제목은 제가 스스로 즐겁게 공부(1.자율학습)할 수 있는 배경(2. 수평적 구조와 탈중심적인 네트워크로 연결된 학습)이랄까요?^^; 요즘 저의 구글리더에 부쩍 구독 리스트가 늘었습니다. 이전에는 트위터의 뉴스들을 골라 읽기만 했었는데 어느 순간 깊이는 없이 넓게 훑어보기만 한다는 생각이 들었습니다. 그래서 그 뉴스의 원본을 제공해주었던 블로그나 사이트(대부분 블로그 or 페북 노트)를 RSS로 구독하고 있습니다. 이게 생각보다 굉장히 자율학습을 하게끔 도와주고 있습니다. 한 달 전부터 RSS 구독을 중심으로 배운 것들을 정리하고 있습니다. 러프한 필기 정도인데 되돌아보며 모르는 부분을 위키백과에서 찾아보기도 하고 있지요. 아직도 깊이 있는 정도까지는 아니지만 그래도 그냥 보기만 하던 것 보다는 좀더 자연스럽게 읽히는 용어들도 있고 점점 축적되리라 기대하고 인내하며!^_ ^)! 공부하고 있습니다.

그리고 이게 왜 가능할까 생각해봤더니 일단은, 제가 구독하는 블로그의 주인들에게 제가 다이렉트로 커뮤니케이션 할 수 있다는 것이 이유인 것 같습니다. 글의 저자에게 "왜 이게 이거냐? 나는 이해 잘 안가는데"라고 말하면 그 다음날 트위터로 "아, 그건 이래서 이렇다" 답변이 와 있으니까요. 두 번만 뭘 여쭤봐도 어떤 저자분은 기억하셨다가 고맙다고 말해주기도 합니다. 또 하나는 페북에 저의 선생님 베이스가 탄탄하게 있다는 겁니다. 이건 제가 심정적으로 느끼는 것이기도 하지만^^ 이건 물리적으로도 충분히 입증 가능하다고 생각합니다. 제가 질문을 올리면 여러 분야의 여러 분들께서 진지하게 답변해주시니 다각도로 생각해 볼 수 있게 도와주십니다. 음... 여기까지입니다! 4탄에서는 뭘 다루실건가요?^^ Social Media가 대학 수업으로부터 배울 것은 없는지도 궁금합니다!

2011년 1월 10일 오전 12:45 👍 11명

YoonSeong Oh 수동적에서 능동적 교육으로 많이 강조될 것 같네요.^^

2011년 1월 10일 오전 12:46 👍 3명

정보사회학 은란아, 네가 자율학습의 살아있는 사례구나. 다음 번에는 이제 소셜미디어를 대학수업에 접목하는 방법을 논의해야겠지. 소셜미디어가 대학으로부터 배울 수 있는 게 뭔지는 한번 생각해보자. 아마도 institutionalization이 아닐까 생각되는구나. 대학은 생명력과 안정성이라는 측면에서 탁월한 제도이지. 소셜미디어가 장기적으로 생존하기 위해서는 제도화에 성공해야하는데, 대학제도의 경험에서 아이디어를 얻을 수도 있을 거란 생각이 드는구나.

2011년 1월 10일 오전 1:08 👍 6명

송승섭 요즘 TV광고도 나오던데요. 자기 주도형 학습^^
2011년 1월 10일 오전 1:08 👍 2명

원은란 아! 대학의 생명력이라면 뭔가 교육현장이라는 그런 분위기인가요? 제가 생각하는 게 교수님께서 말씀하시는 대학의 생명력이 맞나요? 다음시간에는 그럼 제도화에 대해서 좀더 생각해보고 참여하겠습니다.^^
2011년 1월 10일 오전 2:06 👍 2명

박정민 아..태그 주셨는데, 지금 읽고 댓글달기엔 머리속이 차있어 우선 선 Like 날립니다. 잊지않고 태그 주셔서 감사합니다. 이런 것이 참여형 학습이 아닐까 하네요.^^
2011년 1월 10일 오전 2:30 👍 4명

Myungdae Cho 윤교수님 당연히 뒤쳐지지 않아야죠. 제가 Connectivism에 대해서 제 delicious에 한 1년 전까지 북마킹해 놓은 것이 있는데 connectivity에 대해서 도움이 될 수 있는 자료가 있을지 모르겠습니다. http://www.delicious.com/mdcho/connectivism
2011년 1월 10일 오전 3:36 👍 3명

정보사회학 은란아, 내가 말한 대학의 생명력은 endurance의 의미이니 '지구력'이라고 해야 더 맞겠구나. 서양의 대학이 800~900년씩 크게 달라지지 않고 유지되고 있다는 의미이다. 정민님, 기다리겠습니다.^^ 조교수님, 안그래도 다음에 connectvisim이 constructionism을 대체한다는 주장을 새겨보려고 하던 차입니다. 링크 참고하겠습니다.
2011년 1월 10일 오전 6:40 👍 5명

Charles Kim 윤교수님! 공유합니다. Thanks.^^
2011년 1월 10일 오전 6:51 👍 3명

Brian Kim ㅎㅎ 그러고보니 맨 꽉대기 사진의 주인공이 윤교와 조교 스님으로 보이는군요. 두분과 연결되어 함께 배울 수 있음이 큰 기쁨이고 감사입니다. 고맙습니다.^^
2011년 1월 10일 오전 10:25 👍 3명

정보사회학 아, 그 그림이 그렇게도 보이는군요.^^
2011년 1월 10일 오전 11:15 👍 3명

Brian Kim 운동을 열심히 하셔서 몸매는 저렇지 않으실 것 같지만요.ㅎㅎ 조교 스님도 운동 열심히 하셔야 하는데.^^
2011년 1월 10일 오전 11:20 👍 2명

Haewon Kim 좋은 화두를 던져주셔서 감사합니다. 지난 학기 때 학부수업 조교를 하면서 비슷한 문제의식을 가져보았습니다. 거의 학생들의 참여로만 이루어진 수업이었는데 저는 학생들에게 너무도 좋은 시간일꺼라는 생각을 했고 또 학생들을 통해 저도 많이 배울 수 있는 시간이었는데요. 학생들의 강의평가는 극과 극을 달리고 있더군요. 정답이 주어지지 않고 스스로 주제를 탐구하게 하는 방식에 대해서는 호기심들이 많고 대체로 긍정적이었지만, 평가를 하지 않을 수 없는 현실에, 도대체 평가 기준이 뭐냐는 반응들도 있었습니다. 올해 가을에 다시 이 과목을 하게 되는데 보다 참여적인 학습이 이루어지려면 어떻게 해야 하는지 심도있게 고민해보고 싶습니다.
2011년 1월 10일 오후 5:23 👍 5명

정보사회학 해원님이 좋은 문제를 지적해주셨는데, 우리나라 대학의 환경에서 강의평가에 넘 신경쓰면 새로운 시도는 어려워요.^^ 학생들 모두가 참여적 학습을 반기는 것도 아니고, 학생들에 대한 평가는 항상 숙제입니다. 평가를 참여와 연동시켜야 하는데, 쉽지 않습니다. 학생들은 다른 과목에 비해 열심히 했는데 성적이 기대한 만큼 나오지 않았다고 항의하기도 해요. 특히 의무적으로 상대평가를 해야 하는 과목의 경우는 더욱 평가가 논란이 될 수 있습니다. 이 이슈도 나중에 좀 논의해 보지요.
2011년 1월 10일 오후 5:41 👍 3명

Jahyun Ryoo 소셜미디어를 사용한 소셜 러닝, 아직은 층위가 나뉘어져 있는 것 같아요. 일상생활이든지 관심 분야에 대한 학습을 실행함에 있어서는 소셜미디어를 많이 사용하게 됩니다. RSS를 이용한다든지, 블로그를 구독하든지, 이렇게 페이스북에서 공부를 하든지... 하지만 대학교육이라는 측면으로 소셜 러닝을 보면 아직 많이 도입되지 않은 것으로 보입니다. 일반적으로 강의를 진행하시고, 그것에 덧붙여 커뮤니티 등을 이용하시는 게 대부분인 듯싶어요. 사이버대학에서 진행되는 수업에 있어서도 툴 자체는 상호작용이 될 수 있게끔 설계되어 있으나, 실질적으로 많은 학생들이 참여하지 않는 경우도 많지요. 하지만 이런 모습이 서서히 변해가지 않을까 합니다. 물론 여전히 대학엔 기존의 학습방식을 고수하시는 분들도 많이 계십니다만, 이미 스스로 학습을 시작한 많은 분들이 계시고, 이와 같은 문화가 많이 확산되고 있으니까요. 대학에서도 소셜 러닝까지는 아니지만, 어떻게 하면 학생들을 강의 속에서 더 많이 참여하게 할 것인지에 대한 고민을 하기 시작한 듯싶습니다. 스스로, 또한 함께 참여할 수 있도록 만드는 분위기와 가이드라인, 그리고 함께 문제를 찾고 해결할 수 있는 훈련 등이 병행되어야 하지 않을까 생각해봅니다.
2011년 1월 10일 오후 6:05 👍 5명

Young-Gil Chae 잠시 푸념 하나 늘어놓겠습니다. 대학이 깨어있는 상아탑으로서의 교육적 성격이 없어지는 것이 대학교육의 질과 연관된 것이라면 그 교육의 질은 굉장히 사회적으로 구성되어진다고 봅니다. 예를 들면 전 개인적으로 교육철학자 Paulo Freire식의 교육을 제 연구이론과 강의방식에 적용하고자 '시도들'을 하는 편입니다. 다만 조선중앙의 대학평가는 저와 같은 주니어 교수들에게는 악몽과도 같습니다. 증가하는 영어 의무 논문 편수의 증가와 영어강의의 부담이 이들 평가기관에 의해 간접적으로 강제되고 이는 소위 사회적 수요에 의한 것이라고 합니다. 그리고 그건 분명 사실입니다.

결국 영어 강의가 의무인 저 같은 주니어들에게 있어서 수평적 커뮤니케이션과 성찰적 비판의 기회, 그리고 의식화로 이어지는 일련의 교육 과정은 사실 너무나 큰 도전입니다. 수업준비와 강의시간외에는 소위 SSCI에 영어논문을 발간을 준비해야 합니다. 사실 재임용과 관련해서는 강의보다 논문이 더 중요합니다. 심사 기준에서 강의는 '평균'만 하면 되니까요. 결국 사회적으로 규정되는 교육과 연구 현실에서 비판적 판단과 재구성의 역할은 교수 '개인'에게 주어지는 셈인데요.

SNS 미디어가 지닌 Freire식 해방교육 철학의 실현은 사회의 대학 교육의 가치에 대한 재인식, 평가 기구의 공정성 및 신뢰성 검증, 평가 잣대의 교육적 가치 실현 등과 관련한 논의도 필요한 거 같아요. 대학수업의 혁신이 교수 개인의 실라버스 내용의 개혁에서 출발하더라도 제도적인 뒷받침이 되었으면 하는 바램에서 휴... 이 글 써야하나 하는 주저함으로 올려 봅니다.
2011년 1월 10일 오후 6:20 👍 6명

정보사회학 채 교수님, 참 쓰기 어려운 댓글을 써주셨네요. 말씀하신 요지에 크게 공감합니다. 제도적인 뒷받침이 되지 않으면 교수가 수업을 개선할 수 있는 범위가 매우 제한되겠지요. 학생의 입장에서도 그런 점들이 있는 것 같아요. 소수의 언론사들의 사익을 위한 대학평가가 주니어 교수들을 무척 몰아대는 결과를 초래하는 현실이 참 안타깝습니다. 의무적인 영어 강의, SSCI 논문 작성, 그 두 가지만 가지고도 주니어 교수들이 직면한 갑갑한 현실을 짐작할 수 있습니다. 그래도 길을 찾아야지요. 아무래도 의무의 중압이 상대적으로 적은 저같은 사람이 많은 짐을 지고 혁신을 모색해야겠지요.^^
2011년 1월 10일 오후 6:41 👍 4명

Young-Gil Chae 윤교수님, 쓰고 나니 좀 부끄럽습니다.TT 우리 사회가 좀더 성숙한 교육 문화를 갖게 하기 위해서는 여전히 지금, 우리 학생들과 함께 좀더 성숙한 커뮤니케이션과 미디어 이해 방식을 배워 나가야 한다는 것이 참 중요하겠구나라고 새삼 다시 되뇌입니다~ 감사합니다.
2011년 1월 10일 오후 11:19 👍 3명

Alexander Park 에고... 태깅까지 해주셨는데 지난주부터 계속 사업적 미팅이 금주 말까지 지속되다보니 제대로 읽어보질 못했습니당.-_-;; 조금 여유를 가지고 잘 읽어 본 후 숙제하겠습니다ㅎ 언제 귀국하세요?
2011년 1월 11일 오전 5:08 👍 2명

Alexander Park 참 바로 위에 채선생님께서 프레이리의 교육론과 관련한 의견을 언급하신 부분이 있어서 잠깐만 제 생각을 말씀드린다면 이제 프레이리가 견지했던 관점에 대해서는 조금 다른 접근이 필요한 시점에 도달치 않았는가 하는 생각도 해봅니다. 억압으로부터 주체의 해방을 위한 주체적 의식의 형성(이른바 의식화죠)과 이를 위한 교육적 실천이 역사적 정당성을 가졌던 시기가 분명 있었습니다만 이제는 주체의 해방을 넘어 오히려 주체의 해체를 중심으로 형성된 포스트모던의 시기마저 지나 새로운 모색이 얘기 되고 있는 시점이 아닌가 싶습니다.

물론 사회의 층위는 매우 다양하기에 주체의 각성을 통한 해방의 의식화가 요구되는 부분도 분명히 존재 할 것입니다만 프레이리의 의식화론이 주류가 될 것이 요구되던 역사적 시점과는 사회 구성의 역사적 성격이 현격히 달라지지 않았나 싶다는 생각이 듭니다. 잘 알지도 못하면서 주제넘은 소리로 채 선생님 논지를 어지럽히지나 않았나 걱정됩니다 -_-;;
2011년 1월 11일 오전 5:16 👍 3명

Jake Seunghoon Lee 이게 사실은 미디어리터러시, 즉 미디어교육학에서 다루는 내용인데, 우리나라는 미디어리터러시 분야의 불모지죠. 미디어리터러시가 정식 개설된 학교가 서강대학교 언론대학원에 있고 그리고 학부에는 최근에 이름 알려지지 않은 지방대학교에 하나 생긴 것으로 압니다. 외국에는 이런 내용이 초중등학교 정식 교과과목으로 등재돼 있습니다.
2011년 1월 11일 오전 10:03 👍 4명

정보사회학 알렉스님, 다음 주말에 귀국합니다. 천천히 오세요. 우리가 fb의 시간 리듬에 휘둘릴 필요가 없으니까요.^^ 파울로 프레리에 관해 마침 재작년에 써둔 메모가 있어 포스팅으로 올립니다. "의식화"에 관한 그의 주장은 많이 톤다운을 시켜야 하겠지만 '대화'를 통한 교육방법의 강조는 오히려 지금 더 적합한 게 아닌가 하는 생각이 듭니다.
2011년 1월 11일 오전 10:06 👍 2명

최순희 어젯밤엔 우연히 ebs의 '정의'라는 인문학 강의를 프로그램으로 치면 초반을 넘은 시점에서 보기 시작했습니다. 사회안에서 일어나고 있는 현상(정자은행, 대리모 출산, 계약과 거래)을 던져놓고, 학생들에게 워밍업을 시키고, 특정사건의 판결의 결과를 말하기 앞서 일어난 현상에 대한 학생들의 입장을 말하게 하고, 각자의 입장이 갖는 의미와 판결의 결과가 말하는 의미를 짚어주는 아주 전통적인 강의 방법이었는데, 물론, 방송프로그램으로 편집된 강의이긴 하지만, 잘 준비된 하나의 연극 각본이 관객을 끌어들이는 흡입력을 구현하는 것처럼 강의가 진행되더군요. 강의실 안에서 교수와 학생, 학생과 학생의 상호작용을 일으키며 의견이 보태지는 방식, 그것이 강의실 밖으로 확대(소셜 러닝)된다하면, 표현의 방법이나, 사례가 많아지는 것이지 본질이 달라지는건 아니라고 봅니다.

한편, 우리사회에서 통섭의 필요성이 강조되었던 맥락과 연관되어있는 문제 등 교수들 개인이 수업의 내용, 방식, 제도안에서의 생존과 교육 자체의 완성을 모두 고민하라는 것이 버겁겠다는 생각이 듭니다. 그리고, 이것이 평가하고 연관되니, 더더욱 새로운 시도라는 것이 몇몇 앞선이들의 희생(?)이 전제된다는 것을 생각하면, 좀 우울해지네요. 삭풍을 이기고, 잎을 틔우는 나무처럼 이 정보사회학 페이지가 던지는 화두가 교육현장을 키우고, 저와 같은 사람의 생각을 키우는 장이 된다는 것부터가 의미충천입니다.

2011년 1월 11일 오후 6:22 👍 4명

정보사회학 뛰어난 수업을 하는 교수들의 공통점은 교실강의를 대단히 정교하게 기획된 연극처럼 한다는 것이더군요. 그런데 소셜미디어를 타고 수업이 확장되면 더 많은 기획이 요구되지만, 불확실성이 증가하는 것은 피할 수 없더군요. 사실 그 불확실성이 새로운 가능성을 가져다주기도 하고요. 변화는 대화로부터 시작된다는 생각이 듭니다. 우리가 이렇게 저렇게 함께 대안을 모색하고 수업에 변화를 가져오려고 노력한다면 지금보다 훨씬 훌륭한 대학수업을 만들어갈 수 있을 겁니다.^^

2011년 1월 11일 오후 11:36 👍 1명

최순희 제가 이 페이지에서 무엇을 말할 수 있을까,해서 조심스레 지켜보는데.. 이렇게 태그해주셔서 지속적으로 관심 갖고 성장하게 해주시는 것이 바로 좋은 소셜러닝을 기획, 수행하고 계신 사례가 아닐런지요?^^

2011년 1월 12일 오전 1:53 👍 1명

대화 71 소셜미디어와 대학 수업(4): 출발은 학생에 대한 관심의 회복에서

한참 이 글을 쓰고 있는데 카이스트(KAIST)의 한 학생이 자살했다는 소식을 들었습니다. 로봇을 잘 만드는 특기로 그 대학에 들어온 학생이랍니다. 수업을 잘 따라가지 못하고 좌절감에 빠져 죽음을 선택한 모양이더군요. 그런데 그 학교의 정재승 교수가 트위터에 반성문(?)을 올려서 화제가 되었습니다. 그 아이의 죽음에 대해 학교와 교수가 책임을 져야 한다고.[22]

그 학생의 잠재력을 인정해주고, 따뜻하게 대해준 교수가 단 한 명이라도 있었다면 그 학생이 쉽게 목숨을 버리지 않았을 것 같네요. 그런데 그 학교의 시스템 속에서는 그러한 교수가 원천적으로 나오기 힘들게 되어 있습니다. 살아남기 위한 논문출판의 엄청난 압박, 그리고 성적 쟁취를 위한 학생들의 피를 말리는 경쟁 상황에서 학생 개인에게 따뜻한 관심을 갖는다는 것은 거의 불가능하다는 말씀입니다. 그렇다고 교수들의 책임이 면피되는 건 아닙니다.

한 마디로 교육은 그 학교의 일차적 관심사가 아닙니다. 그리고 교육은 우리

[22] 노컷뉴스. 카이스트 교수 "숨진 학생에 미안…학교 시스템 '문제'." 2011/1/3. http://www.nocutnews.co.kr/show.asp?idx=1689448

나라 대학의 일차적 관심사가 아닙니다. 교육기관에서 교육이 뒷전이라는 사실이 믿기지 않으시지요? 그것은 엄연한 현실입니다. 이걸 전제로 대학수업의 혁신을 논의해야 하는 게 괴롭습니다.

혁신의 출발은 관심의 회복에서 시작되어야 합니다. 뭐 대단할 게 없습니다. 학생들에 대해 애정을 갖고, 학생들이 성취할 것에 대해 관심을 가지면서 변화가 시작됩니다. 아직 사춘기를 제대로 거치지 않은(요즘 우리나라 젊은이들은 대부분 대학에 와서 사춘기를 보냅니다) 학생들이라 자신이 무엇에 대해 관심이 있는지도 잘 모르고, 미래에 어떻게 살아가야 할지에 대해서도 별로 생각해 본 적이 없는 경우가 많습니다. 대부분 막연히 미래를 염려할(때로는 두려워할) 뿐입니다. 학생들의 그 닫힌 마음의 문을 두드리고 대화를 시작하면 이미 반은 변화가 성공한 겁니다.

오프라인에서 대화를 하지 않은 교수가 소셜미디어에서 대화를 한다는 건 좀 우습지요. 학생들이 교수를 두려워하는 것 못지않게, 사실 교수도 학생들을 경계합니다. 교수에 임용되고 나면 누구나 금세 알아차립니다. 학생은 자신의 직업적 성공에 별로 중요한 존재가 아니라는 사실을. 학생들을 가까이 대하면 감수해야 할지도 모를 여러 가지 부담이 역으로 자신의 커리어에 방해가 될 것이라는 데까지 생각이 미치면, 선배 교수들처럼 교수실 문에 일주일에 두세 번 정도의 면담시간을 표시해두는 것으로 일단 방어벽을 칩니다. 아주 당연하다는 듯이.

면담이요? 5분, 길어야 10여 분 정도의 면담시간에 할 수 있는 얘기란 다분히 형식적일 수밖에 없습니다. "잘 지내니? 이번 학기에 무슨 과목 듣니? 학교 다니는 건 재미있어? 뭐 기숙사 생활 불편한 건 없니?" 등등. 이 얘기를 나누기에도 짧은 면담시간입니다.

한 마디로 우리 대학은 모두가 공장(factory)입니다. 그것도 대부분 아주 부실한 지식공장입니다. 어쭙잖게 미국의 연구중심 대학 모형만 좇아간 우리 대학들은, 심지어 비교적 규모가 작고 교수 대 학생 비율이 낮은 대학마저도 대학의 공장식 교육행태를 답습하고 있습니다. 미국에는 우리에게는 잘 알려져 있지 않지만 미국인들로부터 크게 사랑 받는 수많은 훌륭한 교육중심 대학인 리버럴 아츠 컬리지(liberal arts college)들이 있는데도 말입니다. 우리나라에서는 대학경영자들이 자신의 대학이 교육중심대학으로 분류되면 모두 죽는 줄 압니다. 등록금 책정이 정부의 통제 아래 있고, 민간 기부금도 취약한 상황에서의 대학운영이라 뭐 이해가 가지 않는 것은 아니지만 그래도 이건 아니다 싶습니다.

학생들에게 애정을 갖고 나면, 안 보이던 것이 보입니다. 안 하던 고민도 생깁니다. "도대체 이 학생들이 졸업하면 어떤 세상에서 살게 될까? 그 세상을 사는데 꼭 필요한 능력이 무엇일까? 그 능력을 키워주는데 내(혹은 우리)가 할 수 있는 일이 무엇일까?" 아주 당연하고도 평범한 질문입니다. 그런데 우리 대학 사회에서는 정말로 잘 던지지 않은 질문입니다(제가 경험한 미국의 연구중심대학들에서도 제기하지 않더군요). 이건 대학교육의 목표를 재검토하는 정도의 중대한 출발입니다.

만약 그 질문에 대한 대답이 현대사회, 그리고 가까운 미래사회에 우리 제자들이 살아갈 세상이 네트워크 사회이고, 그 시대가 요구하는 가장 중요한 역량 중 하나가 '참여적 학습(participatory learning)'이라고 결론을 내린다면, 소셜미디어는 대학수업의 혁신에 아주 훌륭한 도구가 될 수 있습니다. 트위터에서 정재승 교수는 "기초과학교육과 창의적인 사고를 하는 방법"을 가르치는 것을 카이스트의 교육 목표로 삼아야 한다고 주장하던데, 저는 네트워크 사회에서는 창의적 사고도 참여적 학습에 의해 더 잘 성취될 수 있다고 생각합니다. 우리나라 대학들은 미래가 지구적 사회이고, 모두 영어를 배워야 한다고 해서 전 과목을 영어로 가르치는 걸 꿈꿉니다. 만약 목표가 그렇다면 소셜미디어가 기여할 수 있는 게 그다지 많지 않네요.

저는 카이스트 학생의 죽음이 학습은 하나의 생태계(an eco-system of learning)라는 엄연한 사실을 망각한 데서 발생했다고 생각합니다. 생태계란 한 곳의 변화가 다른 곳들에 크게 영향을 미치는 환경을 말하지요. 입학사정관제를 도입해 학생을 선발하면 거기에 맞춰 학교 운영 방법도 바뀌어야 합니다. 새로운 제도로 입학한 학생들에게 기존에 존재하던 시스템에 적응하라고 요구하는 것은 엄청난 폭력이 될 수 있습니다. 그 학생은 경쟁을 통한 자기 개발의 독려 외에는 관심이 없는 교육기관의 희생자이지요.

소셜미디어가 대학 수업에 도입되면 대학 내의 학습생태계에 영향을 초래합니다. 아직 소셜미디어만을 가지고 수업을 한 사례는 거의 없기 때문에, 누군가 지금 시도한다면 오프라인 강의와 온라인 활동을 결합한 '혼합적 학습(blended learning)'의 형태일 것입니다. 그것의 영향은 당장에 학생과 교수 모두의 시간 쓰임새에서 나타납니다. 소셜미디어의 특성인 대화적 학습이 활발하게 유지되게 하려면 교수는 보통 수업의 배 이상의 노력을 기울여야 하고, 학생들도 몇 개의 수업을 수강하는 것만큼의 시간을 써야 합니다.

그러나 그것은 파동의 시작일 뿐입니다. 교수 중심으로 짜여진 수업 목표와 주별 수업 계획, 교과서, 시험을 통한 학습 평가 등 기존의 강의실 수업의 모든 부분이 요동칩니다. 한 과목의 '지나친' 학습 요구는 다른 과목의 운영에도 영향을 미칩니다. 학생들이 소셜미디어의 야밤 이용을 선호하기 때문에 밤을 꼬박 새우는 학생들이 증가하고 결과적으로 다른 과목의 수업태도에 나쁜 영향을 주기도 합니다.

따라서 참여적 학습이 교육목표로 분명하게 설정되지 않은 상태에서 소셜미디어가 기여할 수 있는 게 별로 없습니다. 트위터로 하는 피드백 정도는 이메일이나 단문메시지(SMS)를 가지고도 했었고, 페이스북에서 하는 소셜라이징(socializing)이야 전자게시판이나 카페를 가지고도 했었습니다. 현재 수업이 가지고 있는 문제들 — 결석, 부주의, 태만 등 — 을 해결하는데 소셜미디어는 도움이 되지 않을 겁니다. 만약 주입식 교육의 기조를 그대로 유지한다면 강의 목표를 달성하는데도 전혀 도움이 되지 않을 것입니다.

소셜미디어를 수업에 도입한다는 것은 교수가 학생들과 수업의 주도권을 나누겠다는 겁니다. 그것은 수업에서 무엇이 논의되고 학습되어야 하는가를 교수와 학생들이 공동으로 결정한다는 것입니다. 이것을 교육민주주의와 혼동하지는 마십시오. 그것은 새로운 시대의 에토스가 바로 참여문화이고, 학생들이 참여적 학습 능력을 갖도록 하겠다는 의지입니다. 만약 그것이 정치적으로 민주주의의 모습을 띠고 있다면 그것은 결과일 뿐입니다.

20세기 미국의 소위 명문대학들은 글쓰기 능력을 사회적 리더와 중산층의 필수적 소양으로 간주하였고, 정도의 차이는 있지만 전공에 관계없이 4년 동안 글쓰기 훈련을 시켜왔습니다. 글쓰기가 대학 교육 내에서 확고한 정통성을 확보한 것이지요. 우리나라 대학에도 유사한 구상이 도입되었는데, 교양 과목에 들어오는 것으로 끝났습니다. 그래서 우리나라에서는 글쓰기가 특별한 재능이 되었습니다. 어쩌면 그 때문에 세계에서 가장 문맹률이 낮은 국가이면서 글을 쓰는 사람이 참으로 적은 희한한 나라가 되었는지도 모르겠네요.

소셜미디어를 수업에 도입하기에 앞서 고민해야 할 점은 바로 '참여적 학습'의 문화적 정통성입니다. 만약 그것이 보편적 능력으로 인정을 받지 못하면 전문적 소양으로 남을 것입니다. 그렇게 되면 물론 제가 가르치는 학생들은 좋겠지요. 차별화된 능력을 갖고 있을 테니까요. 하지만 저는 20세기 미국사회에서 글쓰기가 그랬듯이 21세기 우리나라 사회에서는 참여적 학습이 보편적 능력이 되어야 한다고 생각합니다.

결국 소셜미디어를 대학 수업에 도입한다는 것은 강의식 수업에서 참여적 학습으로의 전환이며, 그것이 수반하는 파장이 예상보다 크기 때문에 학습생태계의 변화를 충분히 고려하고, 그에 잘 대비하면서 추진되어야 한다는 것이 요지입니다. 다음에는 제 수업 경험을 토대로 보다 구체적인 방법을 논의해 보지요. 2011.01.14

좋아요 · 댓글 달기 · 공유하기

권윤구, 장철호, Ji Young Catharina Kim님 외 48명이 좋아합니다.

신세영 아 오늘도 느끼는 게 많은 글이네요. 미대를 다니는 학생인데 컨펌할 때를 제외하고 교수님들과 얘기를 한 적이 거의 없네요. 다른 소셜미디어로 대화한 교수님은 단 3분^^ 에구구 저도 대학 와서 사춘기를 겪는 사람인가봅니다. ㅎㅎ 졸업하고 뭘해야 할지 고민도 많고. ㅠㅠㅠ
2011년 1월 13일 오후 10:15 5명

박지영 오랫만에 보는 교수님의 장문 글이 무척 반가웠습니다. 역시나 꽉 찬 좋은 글... 교수님 같은 분들이 조금씩조금씩 변화를 이끌어 주시리라 기대해봅니다

2011년 1월 14일 오전 3:27 👍 4명

Jeny Mi 대학교육의 현실에 대해 언급하신 부분을 읽으면서 고개를 끄덕이게 되는 제 자신에게 슬퍼졌습니다만, 희망을 가져봅니다. 좋은 글 감사합니다.
2011년 1월 14일 오전 4:08 👍 3명

Myungdae Cho teacher-centred learning vs participatory learning 교수 중심의 학습에서 탈피해서 참여학습을 해야 된다고는 오래 전부터 교육학전공자들에 의해서 다양한 방법으로 소개되어 왔습니다. 주로 facilitation을 활용한 방법이었습니다. 물론 좋은 방법입니다. 철저하게 가르치는 사람 위주에서는 배우는 사람은 수동적으로 듣는 것 외는 달리 할 게 없었습니다. 수업의 말미에 질문있냐고 물어도 메아리가 없는 것이 대부분이죠. 그러나 참여학습에서는 facilitator의 역할로 다양한 방법으로 참여를 유도하면서 학습의 효과를 올렸습니다.

그러나 여기 윤교수님이 제안하고 있는 참여적 학습은 SNS를 적극 활용하면서 근본적으로는 교수-학생간의 관계회복을 통한 참여를 주장하고 계십니다. 윤교수님의 말씀대로 관심의 회복이 중요합니다. 학생들을 사랑의 대상으로 봐야 한다는 것이지요. 조금만 더 신경을 써주면 학생들의 기를 살려줄 수 있다는 것이지요. 자살한 그 학생에게 "괜찮아 너는 더 잘 할 수 있는 것이 있지 않냐."라고 누가 한 마디만 해줬다해도 그런 비참한 죽음으로까지는 가지 않았을 것입니다. 선발방법과 그 후의 평가방법의 불일치가 부른 끔찍한 비극이었습니다. 중재자가 필요하지 않을까요? 중재자를 통한 화해(reconciliation)를 통해서 교수-학생의 관계가 회복되어야 할 것입니다. 그러나 윤교수님의 말씀처럼 메마른 토양에서 그 관심의 회복이 쉽지는 않을 것입니다. 저는 그 회복을 위한 최소한의 몸부림으로 출석 부를 때 학생들의 first name을 부릅니다. 은란~, 예지, 복순, 춘배 등등 이름을 부르면서 경계를 허물려고 나름대로 노력을 했는데, 학생들은 의외로 그것을 좋아하더라고요. 어떤 학생은 아주 신선한 충격이라고 하더라고요. 원.은.란. / 김.예.지 / 최.복.순 / 김.춘.배 이렇게 기계처럼 호명을 하는 것보다는 그들과 눈을 하나 하나 맞추면서 하나의 귀중한 인격체임을 인정하고 불러주면 뭔가 조금씩 달라질 것입니다. 출석체크를 통해서 관계회복을 시도해보니 결과는 아주 좋았던 것 같습니다.

칼을 쥔 자가 눈높이를 낮추고 그들 속으로 들어가야 되지 않을까요? 때로는 친구도 되어주면서 facilitation을 잘 해주면서 on-off 방법으로 참여를 학습효과도 좋아질 것입니다. 하지만 이것이 쉬운 일이 아니라는 것이지요. 엄청난 시간과 인내가 필요하겠죠. 그래도 노력해 봅시다. 적어도 윤교수님은 그럴 수 있다고 봅니다.
2011년 1월 14일 오전 8:57 👍 11명

정보사회학 조 교수님이 또 제 부족한 부분을 보충해주셨군요.^^ 맞습니다. 제가 말씀드리는 참여적 학습은 소셜미디어의 활용을 포함합니다. 참여적 학습은 기존의 오프라인에서의 참여학습과 맥을 같이 하는 부분도 있지만 차이도 적지 않을 것입니다. 다음 포스팅에서 좀더 구체적인 내용을 제시하겠습니다. 사실 이번에 그 내용을 담으려했는데, KAIST 사건이 터져 글을 다시 쓰느라 밀렸네요.^^

출석 부를 때 이름을 불러주는 일은 학생에게 다가가는 좋은 시도라는데 공감합니다. 이름을 부르면 친근해지지요. 저는 학기초에는 성과 이름을 함께 외우기 위해 성까지 부르지만, 3~4주 지나면 이름을 부릅니다. 어떤 수업에서는 한 학기 동안 20여명 출석을 부르는데 매번 한 시간 가량을 쓰기도 했습니다. 학생 각자가 준비해온 퍼포먼스를 매 시간 보기 위해서였지요. 제가 말하는 혁신은 영어의 innovation에 해당되는데, 대학수업의 혁신이 지향하는 목표가 학생 한명 한명의 발전에 있어야 한다는 점은 양보할 수 없는 원칙이라고 생각합니다. 소셜미디어 기반의 참여적 학습은 바로 그점에서 탁월한 교육방법이 되지 않을까 생각되는군요.
2011년 1월 14일 오전 9:44 👍 8명

Charles Kim 공유합니다.
2011년 1월 14일 오전 10:35 👍 2명

Brian Kim Kaist학생의 일은 참 가슴 아픈 일입니다. 학생들과 늘 함께하시는 교수님들은 더 하시겠지요. 명대님께서 말씀하신 중재자가 결국은 대학과 학생 사이에 계신 교수님들이라 생각되는데, 실제 그 자리에 계신 분들에게 그 역할은 대단히 어려운 일이란 생각이 이 글과 전 글들을 통해 듭니다. 그럼에도 그 책임을 감당하려 하고 또 하시고 계신 분들을 알게 되어 얼마나 기쁜지요. 희망을 갖고, 꾸준히 Progressing하면 점점 그 목표에 도달하게 되리라 믿습니다.
2011년 1월 14일 오후 12:19 👍 8명

Jeny Mi 저도 공유합니다.
2011년 1월 14일 오후 1:43 👍 2명

이정연 오늘 조간신문에 카이스트 로봇영재의 장례 뒤의 가족이야기가 잠시 실려있는데요. 브라운대 물리학과 재학중인 그 죽은 학생의 우상이었던 형은 책임을 아무에게도 돌리고 싶지 않다고 이야기합니다. 경쟁이 유발된 사회, 성적에 따라 등록책정이 되어버린 정책-특히 카이스트뿐만 아니라 특목고에서도 다른 어떤 곳에서도 사회현상의 일부가 된 것을 굳이 카이스트만 부각시키는 것도 바람직한 것은 아닌 것 같습니다. 다만 그 아이의 죽음에 조용히 한사람 한사람 자성하는 맘이 들게 하는 것은 사실인 것 같습니다. 파동 울림이 좀더 강하게 시작되었습니다. 윤교수님^^ 글 잘 읽었습니다.
2011년 1월 14일 오후 3:19 👍 7명

Myungdae Cho 윤교수님이 말씀하시는 혁신이 필요합니다. 사실 제가 요즘 서울대 의생명지식공학연구소(BIKE: Biomedical Knowledge Engineering)에서 서울치대 부학장이신 김홍기 교수님과 함께 School of Innovation을 디자인하고 있습니다. 대안교육으로 대학이 가진 문제점을 조금씩이나마 극복해보자는 것이지요. "소셜미디어 기반의 참여적 학습"도 그 중 아주 중요한 부분이 될 수 있겠지요. 이참에 이 말의 source는 윤교수님이니 영어로는 "SMPL: Social-Media Based Participatory Learning" 정도로 해놓지요. 그렇게 인용하겠습니다. 그 예는 정보사회학입문이었고요.

그 School of Innovation의 여기저기에는 윤교수님의 정보사회학 Community의 흔적이 묻어날 수밖에 없을 것입니다. 사실 김교수님과는 1년 반 정도 전에 그 말을 해왔었는데 구체화하기가 쉽지가 않았는데 여기 facebook에서 많은 것을 배운 뒤 조금씩 자신감을 회복하기 시작했답니다. 그 중심에는 윤교수님이 계셨다는 것은 숨길 수 없는 사실이고요. 앞으로 여기 정보사회학방의 페북 친구들을 많이 초빙해서 자문할 예정입니다. 시작은 미약하나 일단 점을 찍어보려고 합니다.

'Web 3.0을 사랑하는 사람들'도 그런 Innovation의 일환이겠죠. 사실 지난 Web 3.0 만남에서 윤교수님이 제일 앞자리에 앉아서 학생들과 똑같이 앉아서 배우겠다는 그 모습에서 Innovation의 모습을 보았지요. 누가 그 연세(?)에 그 추운 날씨에 그 먼 곳까지 오셔서 그 긴 시간 동안 그런 장을 마련했겠습니까? 그 자리에서 저는 혁신의 피를 느꼈습니다. 그렇습니다. 가르치는 사람이 변해야 합니다. 저희가 그려나가는 School의 강사중에는 저명한 대학교수님은 아닐지라도 숨어 있는 인재들이 나와서 처음에는 조금 헤맬 수도 있겠지만, 교수-학생의 눈높이를 맞추고 따뜻한 사랑을 가지고 배우는 사람들과 함께 하는 그런 platform이 될 것입니다. 학습생태계에 혁신이 일어난 그런 Platform이 되겠지요. 꽁꽁 얼어붙은 겨울에 아무리 씨를 뿌려도 그 씨는 살아남지 못합니다. 봄이 와서 온 땅이 녹아내릴 때 씨를 뿌려야 합니다. 그런 토양, 그런 환경을 만들어보자는 것이지요.

우리가 어떻게 대학 자체를 바꾸겠어요. 그것이 힘드니 대안을 내어놓겠다는 것입니다. 절대 쉽지는 않을 것입니다. 말은 이렇게 해도 가르치는 사람들의 타성이 기존의 교수-학생 paradigm에서 벗어나기가 어려우니까요. 이 점에서 저희들은 구체적인 방안을 고민 중인데 윤교수님으로부터 또 많이 배울 수 있다는 희망과 함께 오늘은 여기서 줄여야겠네요.^^

2011년 1월 14일 오후 3:30 👍 8명

Brian Kim 조교 스님... 30배 60배 100배의 결실을 가능케 하는 좋은 토양을 만들어내시길 응원합니다.^^

2011년 1월 14일 오후 3:38 👍 7명

딸랑 박연순 대학을 들어가기 위해 수많은 어린 학생들이 방학에도 공부만하고 있는 현실이 걱정만 됩니다. 그러고 들어간 대학은 어떻게 학생들에게 보상이 될지~ 초딩 학부모가~

2011년 1월 14일 오후 5:46 👍 5명

정보사회학 조교수님이 추진하시는 일은 대단히 매력적으로 보입니다. 필요하다면 저도 열심히 힘을 보태드리겠습니다. 우리나라에 제대로 된 대안 대학이 출현할 수 있는 절호의 타이밍이라는 생각입니다.

2011년 1월 14일 오후 5:48 👍 6명

정보사회학 연순님 아이가 대학에 들어오기 전까지는 대학이 새로운 모습으로 되어 있길 손 모아 기도합니다.^^

2011년 1월 14일 오후 5:53 👍 6명

Myungdae Cho 윤교수님 대단히 감사합니다. 필요하다면이 아니라 당연히 필요하죠. 귀국하시면 김홍기 교수님과 언제 저녁 식사 한 번 하죠. 제가 여러 번 말씀드려 잘 알고 계십니다. 옆집 아저씨는 같은 교수님들이 만나시면 첫눈에 서로를 읽으실 것입니다.^^

2011년 1월 14일 오후 5:56 👍 6명

김재원 이런 논의가 이루어지고 있다는 것 자체가 우리 대학에 적지 않은 변화의 물결이 되어 퍼지리라 믿습니다.^^ 저도 제 담벼락에 공유할게요.

2011년 1월 14일 오후 6:11 👍 8명

정보사회학 예. 그렇게 하시지요.^^ 저도 기대가 됩니다.

2011년 1월 14일 오후 6:11 👍 3명

백재현 전 교수는 아닙니다만. 지난학기 강의에서 느낀 점은. 참여와 토론으로 수업을 해보려해도 잘 안되더군요. 페북 트위터 카페 등을 동원해봤지만 역시 잘 안됐어요. 질문을 유도해도 역시 안됐어요. 저는 '얘들이 학업에 관심이 없거나 너무 몰라서 그렇다'라고. 그런데 주제를 주고 발표를 시켜보니 놀라울 정도로 잘 하는 친구들이 있었어요. 그 순간 현재 한국 교육의 단면을 봤다고나 할까요. 저희 때와는 달리 논술 등을 준비해서인지 말하는 능력이 많이 향상됐는데 대화하고 토론하는 능력은 여전히 많이 부족하다는 것을... 'SMPL' 기대하겠습니다.

2011년 1월 14일 오후 6:25 👍 5명

Sudo Choe 윤교수님 말씀 들으니 참 충격적이군요. 교육이 학교의 일차적 관심사가 아니라는 것... 얼마전 신임 국방부 장관이 한 말씀이 떠오릅니다. 우리나라 군대, 전투대비군대가 아닌 행정군대 같다는 자조섞인 말 말입니다. 교육계도 성격은 다르겠지만 유사한 분위기라는 느낌이 듭니다. 위에서 말씀하신대로 오늘날 대학이 부실한 지식공장이라는 지적 공감합니다. 그렇게 만든 우리 사회의 잘못이고 책임입니다. KAIST학생 이야기를 통해서 나눔과 소통 부재가 우리사회를 얼마나 어둡게 했던가를 느낍니다. 그 학교에는 일정한 성적에 미치지 못하면 등록금을 더 내는 '징벌적 등록금 제도(Punitive Tuition Fee System)'가 있다고 들었는데, 제도의 도입배경은 모르겠으나 잘못된 제도입니다. 오로지 경쟁만 조장하는 비교육적 행태에서 부작용들이 튀어나왔다고 봅니다. 비단 그 학교만 그런 것이 아니고 대화와 소통, 상호-교류-작용(interaction) 등이 모두 부족한 오늘날의 교육현실을 개선해나가기 위해서는 열린 자세의 인본주의가 바탕에 깔린 교육(수업)이 되어야 한다고 믿습니다. 윤교수님 지적대로 부실한 지식공장과 같은 대학을 바꾸어가는 것은 제도보다는 우선 사람 아니겠습니까?

사람 중심의 '참여적 학습으로 수업분위기를 전환한다면 수업의 혁신이 될 수도 있겠지만, 전공에 따라 그 효용성은 다를 수 있을 것입니다. 우리사회가 비단 교육계뿐만 아니라 정치적으로, 사회적으로 소통의 문제가 제기된 것이 오래되었지요. 소통이 되려면 서로에 대한 이해와 양보를 바탕으로 해야겠지만 제가 알기로는 대학교육에서는 학생들의 의견을 들어보지도 않는다고 들었습니다. (제가 잘못 알고 있는지는 모르겠지만) 대학이란 곳은 서로 다른 배경의 개인들이 각각의 목적과 목표를 가지고 새로운 만남을 시작하는 곳입니다. 강의실에서는 목적과 목표에 대한 이해도 없이, 학생들의 이야기를 들어볼 기회도 없이 일정 형식의 강의를 받습니다. (물론 그렇지 않는 교수님들도 있겠지요) 저는 아이 2명이 대학에서 이공계를 나오고 현재 직장생활을 하고 있습니다만, 그들과의 대화를 통해서 특히 이공계 대학의 교수-학생- 학교 당국자들간의 소통부재가 아주 심각하다는 것을 알고 있습니다. 인문계보다 더 심각한 것 같습니다. 지명도도 있다는 대학의 교육이 유감스럽게도 Vocational School 수준으로 이야기해도 할말 없을 정도입니다.

강의실 밖 다양한 소통의 통로를 통해 이러한 문제들을 해결할 수 있겠지만 교수-학생-대학당국에 대한 상호 이해와 양보 없이 진정한 소통이 이루어질 수 없고, 진정한 소통없이 교육을 말할 수 없을 것 같다는 느낌입니다. 윤교수님, 조교수님께서 말씀하신 소셜미디어의 특성인 대화적 학습, 참여적 학습이 교수-학생간 인본주의에 바탕을 둔 상호교감하고 소통하는 학습이 되기를 기대해봅니다. 의욕들이 대단하시니까 좋은 방향으로 추진하실 것으로 믿습니다.

2011년 1월 14일 오후 7:37 👍 4명

정보사회학 채선생님, 대학에서 밥벌이를 하는 사람으로서 "교육이 대학의 일차적 관심사가 아니다"라고 공공연하게 떠벌이기가 매우 부끄럽습니다. 그러나 그걸 먼저 인정하지 않고는 우리가 상대해야 하는 대상을 오판하게 됩니다. 백선생님께서 하신 경험은 저도 수업현장에서 늘상 겪는 일입니다.^^

학생들의 무반응에 대한 한 가지 해석은 학생들은 시간을 매우 전략적으로 사용합니다. 학생들은 우선 순위를 잽싸게 판단하고, 정말로 꼭 어쩔 수 없이 필요하다-예컨대 성적을 따는데-는 판단이 드는 경우가 아니면, 설령 그것이 자기에게 도움이 되는 것이라 할지라도 하려들지 않습니다. 미국 학생들도 그래요. 우선 학생들이 너무 바쁘고(술 먹는 것 포함해서), 또 때로는 수업관련 활동은 하릴없이 빈둥거리는 것만도 못하게 간주되곤 합니다.^^ (제 학생들도 여기에 많이 들어오는데, 제 말이

틀리면 항의 댓글을 다세요.)

수업시간 토론이요? 평생 안해보던 토론이 대학에 왔다고 갑자기 되나요? 대학 들어와 2~3년 지나고 나면 토론을 상당히 잘하는 학생들이 생겨납니다. 문제는 고등학생들이 학원에 가서 밤늦게 공부하느라 학교에 오면 자듯이, 수업 이외의 일에 정신을 뺏긴 학생들이 수업에 들어와 '쉽니다'. 대한민국은 고시공화국입니다. 뭔 고시가 그리도 많은지... 사시, 행시, 외시, 7급, 9급, 지방직, 회계사, 계리사, 기술사, 교원임용고시, 언론고시, 취업고시. 게다가 학생들이 스펙 쌓기를 위한 공모전은 왜 그렇게도 많은지. 취업에 도움이 안되는 수업은 그냥 머리 좀 식히는 시간입니다. 너무 섭섭하게 생각하지 마세요.^^

오래 전에 제가 국립대 사범대에서 몇 년 강사를 했는데, 첫날 가니 학과장님이 그러대요. "윤 박사님, 미안한 부탁이 있는데, 학생들에게 너무 과제를 많이 내주지 마세요. 우리 학생들 70~80%가 고시를 준비하거든요." 고등학교 공교육을 사교육이 망가뜨렸듯이, '고시와 공모전'이 대학교육의 삼분의 일쯤을 망가뜨리고 있습니다.^^ 대학은 신뢰를 받을 수 있는 교육을 제공해주지 못하고, 사회도, 학생도 그런 대학을 신뢰하지 않습니다. 지금 우리는 대학이라는 제도에 대한 신뢰가 부재하기 때문에 발생하는 고비용을 지출하고 있습니다.

2011년 1월 14일 오후 8:55 👍 4명

Myungdae Cho 바로 위의 글들과는 약간 포커스가 안 맞지만. 아래의 링크를 보면 web 2.0을 활용한 학습에 대한 겉모습은 설명하고 있는데, 진실로 우리가 원하는 '질적인 대안'은 제공해주지 못하고 '양적인 트렌드'만 설명해주고 있습니다. 어떤 매체를 몇% 사용하고 몇%가 좋아한다 등입니다. 그래도 한번 보세요. http://www.slideshare.net/kclauson/web-20mediated-blended-learning-separating-fact-from-fiction

2011년 1월 14일 오후 9:09 👍 2명

문순현 대학교육에 대한 말씀을 하고 계시지만 사실은 우리교육의 문제이겠지요. 현장에서 교육방법 및 교육평가 등에 대한 많은 연구와 고민이 있지만 근본적으로 교육을 통해서 우리가 얻고자 하는 것은 무엇인지에 대한 기본적 질문으로 돌아가야 한다고 생각합니다. 또한 인격적 관계의 틀에서 지식이 다루어지고 그 지식이 우리 삶과 유리되지 않아야 살아있는 교육이 될 수 있지 않을까 하는 생각을 해봅니다. 진짜 교육은 시스템이 아니라 사람과 사람의 만남에서 출발한다는 것을 잊어버리지 말아야 할 것입니다. 그렇지 않으면 마틴 부버가 말한 It의 세계의 산출물만 만들어 내겠지요.

2011년 1월 14일 오후 9:40 👍 4명

정보사회학 우리나라에서 미국식 연구중심대학-교육중심대학 분류는 별 의미가 없습니다. 우리 대학시스템은 모두 동형구조를 가지고 있지요. 그것에 대해서만도 긴 설명이 필요하지만, 아무튼 그 속에서 학부모와 학생은 선택의 여지가 없습니다. 교육에 대한 관심이 좀 떨어지더라도 다른 장점이 있는 연구중심대학을 가겠다 혹은 반대로 유명한 학자와 좋은 연구시설은 없지만 교육에 심혈을 기울여주는 교육중심대학을 가겠다는 선택이 불가능합니다.

우리나라 대학의 교수들은 그런 상황에 처해 있습니다. 그 상황에서 대학 교수는 연구자임과 동시에 교육자여야 합니다. 그러니 교육을 제대로 시키지 못하는 대학인은 부끄러워해야 당연하지요. 사실 그렇지 않아도 대학 교수는 연구자임과 동시에 교육자여야 합니다. 그건 미국에서도 마찬가지입니다. 제가 박사과정을 다닐 때 4년 동안 GSI(Grdauate Student Instructor)를 하느라 다른 대학원생들에 비해 좀 비교적 소상히 학교의 고민을 읽을 수 있었습니다. 공립대학이기 때문에 일정수의 학생을 의무적으로 받아야 하고, 연구의 수월성을 유지하기 위해 교수들에게 최적의 연구환경을 제공해줘야 하고 그렇게 어정쩡하게 대처하다가 학부 교육의 질이 떨어지고 비판의 목소리가 높아지자 연구중심대학이지만 학부 교육을 개선하기 위한 많은 노력을 기울이기 시작했습니다. 교수들도 그렇습니다. 비록 교육이 자신의 커리어에 별로 중요하지 않음에도 불구하고, 제가 다니던 학과의 교수들은 대부분 정말로 열심히 가르쳤습니다. 물론 대부분 일년에 2-3개 과목을 넘게 가르치지 않았지만요. 그중에 어떤 분은 열성을 넘어 감동의 수업을 했습니다. 지금 많은 분들이 경탄해 마지않는 마이클 센델 교수의 강의보다도 더 훌륭한 수업이었지요.

저는 학부 교육을 경시하는 대학은 지식공장이지 더 이상 대학이 아니라고 생각합니다. 그냥 연구소라는 제도로 가면 됩니다. 석박사 학위만 수여하는. 그런 이유 때문에 제가 우리나라 대학들을 부실한 지식공장이라고 부른 것입니다.

2011년 1월 14일 오후 9:55 3명

정보사회학 좋게 보아주시니 고맙습니다.^^ 변화해야지요. 종연님이 대학 교수가 될 때쯤에는 조금이라도 더 나은 환경이 되길 기원합니다.

2011년 1월 14일 오후 10:13 3명

정보사회학 문순현 선생님, 말씀에 공감합니다. 우리는 근본적인 문제를 지속적으로 제기해야 합니다. 그래야 설령 탁월한 시스템이라고 할지라도 동맥경화에 빠지지 않을 수 있지요.

2011년 1월 14일 오후 10:18 2명

송승섭 주말 게으름 끝에 이제야 봅니다. 교육은 한 인간의 내적 속성을 끌어내는 작업이라고 배웠습니다. 결국 20세기 글쓰기가 중요한 과제였던 것은 인문학적 소양이 삶의 바탕이 된다는 것인데, 창의성을 추구하는 21세기에도 다를 바 없다고 생각됩니다. 자칫 소셜미디어가 기계중심적 도구론에 매몰되면 인간이 빠진 계량화된 파편적 지식을 전수하는 것으로 보일 수도 있다는 걱정이 듭니다. 안타까운 죽음에 부쳐... 대학은 멘토가 아니더라도 인생의 모델을 발견하게 하는 다양한 기회를 주는 곳이기도 합니다. 소셜미디어도 맥루한의 핫 미디어와는 다른 의미에서 대화와 참여, 격려가 있는 따뜻한 미디어가 되기를 바랍니다. 물론 윤교수님께서 앞장 서 주시고 계시지만요^^

2011년 1월 16일 오후 6:12 2명

Haewon Kim 제가 작년에 조교로 참여했던 학부과목 〈현상과 의미〉는 참여적 수업~베스트 프랙티스로 공유하고 싶었는데, 올해 가을 수업에는 소셜미디어를 결합할 수 있는 방법을 고민해봐야겠습니다!! (게으른 저를 일으켜주시는 정사카페엔 주기적으로 들러 수혈을 해야합니다^^)

2011년 1월 17일 오후 1:29 2명

정보사회학 해원님, 담당교수님과 의논하여 그 수업 사례 좀 올려주세요.^^

2011년 1월 17일 오후 3:09

대화 72 소셜미디어와 대학 수업(5): SMPL의 세 가지 특성

제 경험에 의하면, 우선 작은 영역에서 일으킨 실험이 성공하고, 그것이 새로운 방법의 탁월함과 실행 가능성을 구체적으로 보여줄 때, 사회적 혁신이 성공적으로 확산될 가능성이 높습니다. 그래서 변화를 원한다면 우수 사례를 찾아야 합니다. 만약 찾지 못한다면 자신이 우수 사례를 만들어 내야겠지요. 만약 자신마저 우수 사례를 만들어내지 못한다면 자신의 구상을 재검토해야겠지요. 이 원칙은 대학 수업에도 그대로 적용됩니다. 우선 자신이 가르치는 수업에서 우수 사례를 만들어내야 합니다.

소셜미디어 기반의 참여적 학습(이하 SMPL, Social Media based Participatory Learning)이 기존의 오프라인에서의 참여학습과 가장 확실히 구별되는 세 가지 특징이 있습니다.[23]

첫째, 상호작용성의 확대(expansion of interactivity)입니다. SMPL에서는 학습의 효과를 일으키는 상호작용이 크게 확장될 수 있습니다. 교수와 학생들 사이, 학생들 사이, 또 초청된 외부인들까지 포함한 광범위한 대화와 정보교류가 가능합니다. 참여적 학습의 성패는 공동의 학습목표를 위해 학습자들로부터 얼마나 많은 상호작용을 끌어낼 수 있는가에 달려 있습니다. 소셜미디어는

[23] SMPL은 필자의 페이스북 친구인 조명대 교수가 붙인 이름임.

이러한 점에 있어 발군의 도구입니다. 소셜미디어를 활용하는 교수는 소셜미디어의 이 특성을 최대한 활용해야 합니다.

둘째, 교실의 통제적 개방(controlled opening of classroom)이 가능합니다. 수업교실의 개방은 교수와 학생들 모두를 긴장하게 만듭니다. 초등학생 때 공개수업을 상상해 보십시오. 저는 수업이 공개됨으로써 얻게 되는 효과가 대단하다고 생각합니다.

수업의 공개 효과는 최근 하버드대 마이클 센델(Michael J. Sandel) 교수의 수업이 잘 보여줍니다. 저는 센델 교수의 강의가 실시간은 아니지만 녹화를 통해 외부에 공개되면서 수업의 질이 크게 향상되었으리라 생각합니다. 교수 자신도 더욱 철저하게 강의를 준비하게 되고, 학생들도 다소 긴장하면서 좀더 열심히 수업에 임하려는 분위기가 형성되었을 것입니다. 물론 학교 측도 전폭적으로 지원할 것이고요. 연간 5만 달러의 수업료를 지불하는 학부모들, 그리고 앞으로 그 이상의 수업료를 지불할 생각을 가진 잠재적 학부모들이 볼 수도 있잖아요. 대학이 돈 값을 하는지 늘 의심스러운 눈초리로 바라보는 정책결정자들, 기업인들, 자선 사업가들도 그 강의를 보겠지요. 그 하나의 수업 공개가 갖는 홍보효과가 어마어마할 것입니다.

그래서 그 수업은 점점 모든 것이 빈틈없이 갖추어져야 하는 한편의 연극 공연이 됩니다. 센델 교수의 강의는 보기 드물게 대성공을 거두었고 그 성과를 참여자 모두가 나누어 가졌을 것입니다. 짐작컨대 학생들도 자기 몫을 넉넉히 챙기기는 했겠지만 상대적으로 돌아간 몫이 가장 적었을 겁니다. 학생들이 챙긴 몫이란 물론 깨달음이지요.

SMPL에서는 교수와 학생들이 합의 하에 수업의 공개 수위를 조절할 수 있습니다. 제 경험으로는 수업의 공개야말로 SMPL이 지닌 폭발적인(때로는 파괴적일 수도 있는) 특성이라고 판단됩니다.

단, 학생들 모두가 수업 공개에 동의하지 않을 수도 있습니다. 수강 신청 전이나 최소한 학기 첫 주에 모든 학생들이 수업의 공개를 인지하도록 해야 할 것입니다. 수업 공개를 원하지 않는 학생은 다른 수업을 들을 수 있도록 배려해주어야 할 것입니다.

셋째, 실제상황 실습 환경(environment for real-situation practice)을 제공해 줄 수 있습니다. 웹 2.0 도구는 유튜브, 플리커, 위키, 팟캐스팅, 이-포트폴리오(e-portfolio), 소셜 북마킹(social bookmarking), RSS, 블로그, 트위터, 페이스북, CMS(Conversational Monitor System) 등등 다양합니다. 그 중에서도 소셜미디어가 수업도구로서 특히 매력적인 이유는 학생들이 실험실이 아니라 실제 상황 속에서 실습을 할 수 있다는 사실입니다. 이 점은 학습주제에 따라 적용이 제한되기는 하지만 주제만 잘 맞는다면 뛰어난 잠재력을 갖고 있습니다.

SMPL의 이러한 세 가지 특성을 한 수업에서 동시에 구현되려면 여러 가지 조건이 맞아야 합니다. 운이 좋게도 제가 지난 학기에 가르친 과목 중 '정보사회학입문'이 그런 수업이었습니다. 지금부터는 그 수업을 간략히 소개하고 분석해 보도록 하겠습니다.

제가 소속된 한양대 ERICA 캠퍼스 정보사회학과는 2009년까지는 언론정보대학의 신문방송-정보사회학부 내 정보사회학 전공이었습니다. 학생들은 학부로 입학한 후 2학년에 올라가면서 전공을 선택하게 되어 있었지요. 그리고 그 과목은 1학년 학생들에게 전공을 소개해주기 위한 필수과목이었습니다. 학과교수들이 자신의 전공분야를 간략히 소개하는 팀 티칭(team teaching) 방식으로 운영되었습니다.

그런데 2010년부터 학부에서 학과로 독립되면서 전공 교육을 강화하기 위해 커리큘럼이 상당히 조정되었습니다. 정보사회학과에 입학하면 1학기에는 미국인 교수에게 'Invitation to Sociology'라는 강의를 듣고, 2학기에는 '정보사회학입문'을 듣도록 만들었습니다. 과목은 제가 전담하고 정보사회학 전공자에게 필요한 정보기술 기초훈련을 시키기로 했습니다.

'정보사회학입문'은 그렇게 완전히 리모델링되어 2010년 가을 처음 개설되었습니다. 저는 이 과목을 소셜미디어 리터러시 수업으로 만들고, 학생들에게 소셜미디어, 집단지성, 클라우드 컴퓨팅을 익숙하게 해주겠다는 쪽으로 방향을 잡았습니다. 저는 그 세 가지가 인터넷의 대세이며, 최소한 앞으로 5~10

년 정도 그 흐름이 지속되리라 예상하고 있었기 때문입니다. 그리고 설령 그 흐름에 변화가 온다고 하더라도 이 수업을 통해 배운 인간관계의 경험과 스킬(skill)은 학생들에게 큰 힘이 되어줄 것이라고 생각했지요.

한 가지 더 중요한 수업목표는 학생들이 인터넷 기반 네트워킹의 힘을 실제로 느낄 수 있도록 하겠다는 것이었습니다. 그동안 수업 경험으로 보니 학생들이 인터넷을 통해 구현되는 네트워킹의 힘을 잘 모르는 것 같아요. 디지털 원주민 세대라고는 하지만 인터넷 기반의 네트워킹의 힘에 대한 이해가 거의 없어요. 이 힘을 제대로 인식하고 이용하는 개인이나 조직은 네트워크 사회의 주인공이 되기 한결 쉽지요. 그래서 그걸 실제로 느끼게 해주겠다는 생각을 했습니다.

저는 강의 시작 전에 수업에서 전개될 모든 사항들을 확정하지 않고, 수업을 진행해 가면서, 또 학생들과의 협의를 통하여 수업계획을 지속적으로 조정합니다. 교육학에서 말하는 소위 '발현적 교수 설계(emergent model of instructional design)'의 틀을 따릅니다. 예외적인 요소도 있습니다. 예컨대 출결사항에 대해서는 타협이 없습니다. 유사한 실습수업을 해 본 분들은 아시겠지만, 스킬을 익혀야 하는 수업에서 지각이나 결석을 하는 학생이 있으면 수업의 효과적 운영이 대단히 어렵게 됩니다. 그래서 출결사항에 관한 원칙은 확고하게 지킵니다. 그 외의 사항들은 모두 가변적이라고 보면 됩니다.

소셜미디어 리터러시를 학습하는데 당연히 소셜미디어를 사용해야 합니다. 그런데 소셜미디어는 매우 다양하고 각각의 속성도 상당히 다릅니다. 따라서 여러 가지 소셜미디어를 소개해주지 않을 수 없어요. 하지만 잘못 하다간 이런 저런 소셜미디어의 맛보기만 하다가 한 학기가 끝날 수도 있습니다. 그래서 하나를 집중으로 공략하고 다른 것들은 간략히 둘러보는 정도로 끝내기로 했습니다. 그래서 내린 선택이 페이스북에 그룹의 개설입니다.

페이스북을 선택한 데는 무엇보다 소셜미디어의 흐름이 페이스북으로 가고 있었다는 사실이 가장 중요했지요. 게다가 제가 이미 몇 달 째 운영해 온 '정보사회학 페이지'라는 비빌 언덕이 있었습니다. 2010년 5월에 시작한 '정보사회학 페이지'는 8월쯤에는 이미 학습공동체로서의 모습을 드러내기 시작했지요. 느슨하지만 20-30명 정도의 열성 참여자들의 그룹이 형성되어가고 있었습니다. 제가 페이스북에 대해 충분히 이해하고 있다는 확신이 없었기 때문에 아차 하면 그분들의 도움을 받을 수도 있으리라 기대를 가지고 있었지요.

그에 못지않게 중요한 점은 페이스북의 그룹 기능이 수업의 통제된 개방을 가능하게 해주었다는 사실입니다. 이미 그 전 학기에 다른 수업에서 토론용으로 사용해 보았기 때문에 그룹 기능의 유용성을 알고 있었지요. 또한 그 수업에서는 블로그로 온라인 수업을 운영했는데 블로그보다는 더 높은 수준의 통제가 가능한 플랫폼이 필요하다고 느꼈습니다.

그렇게 해서 은 컴퓨터실과 '정보사회학입문2010 그룹'이라는 두 개의 무대와 '정보사회학 페이지'라는 자산을 갖고 출발하게 되었습니다. 2011.01.16

좋아요 · 댓글 달기 · 공유하기

Hyezung Ahn, 권윤구, Ji Young Catharina Kim님 외 54명이 좋아합니다.

이윤하 교수님!! Social Media for Trainers: Techniques for Enhancing and Extending Learning 이라는 도서를 보면 다양한 Social Media를 활용해서 학습한 사례가 나옵니다. 학습에 대한 구조화나 이론적 개념은 없지만 실천적 사례로써 좋은 책인 것 같습니다. *^^*
2011년 1월 15일 오후 9:26 4명

정보사회학 이 박사님, 고마워요. 그런데 그 책은 소셜미디어의 활용법에 초점이 맞춰져 있어서 분석적 측면에서 도움이 별로 안되고, 나온지는 좀 되었지만, E-Learning and Social Networking Handbook: Resources for Higher Education(2008)는 많이 도움이 되었어요.
2011년 1월 15일 오후 9:55 4명

조정희 우선, 이 수업을 들은 학생으로서 이 수업을 통해 제 일상에 많은 변화가 생겼습니다. '그 중에서도 소셜미디어가 수업도구로서 특히 매력적인 이유는 학생들이 실험실이 아니라 실제 상황 속에서 실습을 해낼 수 있다는 사실입니다.'라는 위의 교수님의 말씀처럼, 단순히 이것저것 대충 파보다 끝나는 수업이 아니라 실제상황에서 어떻게 사용하는지 수업을 통해서 배웠고 그것이 일상이 되어 어느덧 제 하루의 시작과 끝을 소셜미디어가 차지하게 되었네요^^
처음엔 정보사회학입문이 어떤 수업인지 몰랐지만, 교수님께서 학생들이게 첫시간 확실히 수업의 가이드라인을 숙지, 강조해주시는 덕에 큰 혼란이 없었습니다. 소셜미디어, 집단지성, 클라우드 컴퓨팅 이렇게 커다란 주제 세가지를 기반으로 수업이 진행되었습니다. 소셜미디어-트위터, 페이스북, 텀블러 등을 이용하는 방법에서 그치는 것이 아니라 이를 어떻게 '소셜'하게 사용하는지 체험하고 배웠다는 점에서 매우 인상깊었습니다. 집단지성-위키피디아, 페이스북 그룹 등을 통해 조그마한 정보가 참여를 통해 눈덩이처럼 불어난다는 것을 배웠고 그만큼 정보의 교류가 얼마나 중요한 것인지 깨닫게 되었습니다. 직접 위키피디아에 학생들 각각 알고있는 지식을 동원하여 수정, 등록을 한 것이 인상깊습니다. 뿌듯하기도 했구요^^. 클라우드컴퓨팅-유튜브, 프레지 등을 통해 클라우드컴퓨팅의 개념과 사용방법을 배웠습니다. 마지막 정보사회학보고서를 프레지로 제출, 실제 활용한 사례가 될 수 있겠네요:-)!

제일 인상깊었고 수업을 떠나 더불어 직접 소셜미디어를 사용하시고 어떻게 그것을 활용하는지 배울 수 있었던 멘토님들을 만난 것에 대해 감사한 마음이 듭니다. 멘토님들을 통해 수업시간에서의 부족한 2%를 채울 수 있었습니다. 힘들고 빡센(ㅎㅎ) 수업이었지만 모두가 잘 따라와 주었고 같이 수업을 듣는 학생의 90%가 수업이 끝나도 소셜미디어를 소셜하게 사용하고 있습니다. 한 수업이 종강되었다고 그 수업의 배움이 끝난 것이 아니라, 연장선으로 이어갈 수 있게 하신 교수님의 수업방침이 대단하신걸 늘 느끼고 있습니다^^

그 외에도, 팀블로그 운영을 통해 워드프레스라는 설치형 블로그를 배우며 트랙백, 플러그인 설치 등을 배웠습니다. 블로그운영을 하며 단순한 운영이 아니라 '어떤 글이 사랑받는 글인가?'라는 것을 고민하게 해주시며 글 포스팅하는 방법을 몸소 깨닫게 해주셨습니다. 소셜미디어를 사용하며 직접 정보생산자가 될 수 있도록 교육을 시키신 교수님의 방침이 인상깊습니다.

저는 이 수업을 통해 너무나도 많이 변화되었습니다. 수동적 정보수용자에서 능동적 정보전달자로, 그리고 소셜미디어를 조금 더 소셜하게 쓸 수 있게 되었습니다. 한 학기동안 열과 성을 다해 가르쳐주신 교수님께 정말 감사하다는 말씀드리고 싶습니다. 수업이 끝났지만 정보사회학 페이지에 대학수업에 관련한 글이 올라오니 직접 그 수업을 들었던 학생의 리뷰도 있으면 좋겠다싶어서 이렇게 댓글을 쓰게 되었네요:-)! 배운만큼 써내지 못한 수업리뷰라서 부끄럽고 표현을 잘하지 못하는 제가 답답하기도 하네요ㅠㅠ 흑흑... 제가 배운 100을 다 써내지 못해서 아쉽습니다. 대학 들어와서 참여하는 수업의 효과가 얼마나 대단한지 몸소 체험했던 정보사회학 입문이었습니다!

2011년 1월 15일 오후 10:11 👍 9명

이윤하 아... 교수님. 감사합니다. 저두 그 책 함 봐야겠어요. 후후*^^*

2011년 1월 15일 오후 11:39 👍 2명

이윤하 ㅋㅋㅋ... 살까말까 고민했던 책이에요. 교수님 추천으로 바로 구매...

2011년 1월 15일 오후 11:45 👍 3명

류병장 교수님의 노트를 보면서 문헌정보학에서도 매우 유용한 강의 기술이 될 수 있다는 생각이 듭니다. 앞으로도 좋은 강의, 잘 보도록 하겠습니다.

2011년 1월 16일 오전 3:03 👍 5명

심 재억 차원이 다른 수업과 학습효과... Best Practice를 넘어 우리나라 전체 대학이 그려지는 모습으로 변화되기를 희망합니다. 교수님, 아무리 잘 짜여진 기획으로 출발했다 하더라도 처음부터 완벽한 결과를 얻기란 쉽지는 않을 것입니다. Fine tunning 해가면 자연스레 Best Practice가 될 것이고, 자연스런 전파는 새로운 "문화"로 자리매김될 것을 확신합니다.

2011년 1월 16일 오후 7:26 👍 1명

정보사회학 들어와보니 제가 9시간을 잤군요.^^ 귀욤이 정희가 방학 중인데도 향학열에 불타서 긴 댓글을 남겼구나.^^ 내가 자느라 답글을 못해줘 미안하다. 학기가 끝난 지 한참 지났는데도 배운 걸 너처럼 생생하게 기억하는 학생이 있는 걸 보니 〈정보사회학입문〉을 best practice에 등극시켜도 될 것 같다. 사실 좀 낯간지러운 일이었는데 말이다.^^

이 박사님, 그 책이 Handbook이라 좀 두텁기는 한데 중간에 좀 건너뛰어도 될 때도 있어 읽을만해요. Web 2.0 툴들을 대학수업과 접목시키는데 필요한 이론, 개념, 개별 도구 분석, 사례 등이 풍부하게 들어 있어요. 저는 교육학에 좀 문외한이라 그 책 읽고 정리하는데 일주일 걸렸어요. 이 박사님은 그렇게 오랜 시간이 필요없을 거예요.

류병장님, 맞습니다. 문헌정보학에도 쓰기에 좋은 플랫폼입니다. 제 짐작으로는 신문방송학, 정치학, 인류학, 경영학 등의 사회과학은 물론이고 어문학에도 유용하게 쓸 수 있는 도구라고 생각됩니다.

재억님, 항상 제 글을 좋게 보아주셔서 감사합니다. 'fine tunning'이라는 말씀이 기억에 남을 것 같네요. 지금 제가 해야할 역할은 제가 경험한 사례에 대해 최대한 상세하게 기록을 남기는 일이라고 생각합니다.

1월 16일 오전 7:55 👍 9명

이종연 좋은 글 감사합니다. 제 경험을 조금 공유해보자면, 제가 1년간 TAing했던 과목에는 Blogger를 사용했었어요. 허브가 되는 course website 가 있고, 학생 각자한테도 개인 blog를 만들라고 했습니다. 그래서 서로가 서로를(강의자인 저랑 학생/ 학생 서로간) follow했고요. 수업을 들으며 개인 과제 같은 것들은 문서로 제출하지 않고 blog에 공개하도록 했지요. 허브가 됐던 제 사이트는 공개로 하고 학생 블로그는 원하는 대로 프라이버시 설정을 하도록 했습니다.

저는 사실 윤교수님이 지적하신 첫번째, 두번째 특성을 제일 많이 느꼈습니다. 작은 댓글을 통해서 서로 좀더 친밀해지고, 어떤 생각을 갖고 수업에 오는지, 어떤 게 마음에 들었는지 파악해갈 수 있었고요. 그리고 거의 드물긴 했지만 외부인이 들어와서 댓글을 남기거나 사이트를 잘 봤다 그러면 긴장이 되더라고요. 덧붙여서 제가 뿌듯하게 느낀 건 학생들이 개인 블로그를 통해 한 학기의 성과물을 온라인상에 어떤 작업물처럼 남길 수 있었던 건데요. 페이퍼 제출해서 그레이드 주고 지나가면 펼쳐보지 않을 그런 시스템보다 학생들이 자기의 어떤 결과물을 웹상에 갖고 있다는 건 제가 보기에도 뿌듯하더군요.

하지만 조심할 부분은, 저런 웹공간을 통해서 interaction 맺고 싶지 않은 학생들도 있을 것이고, 강의자들도 모두 이런 새로운 환경에 대한 preference 가 한결같은 게 아니기 때문에 그런 점들을 미리 조율하는 게 신중을 기해야 할 부분이 아닌가 싶습니다. 가끔은 facebook 도 두 개의 아이디를 사용해야 할 정도로 (사실 그게 맞을 수도 있고요.) 사적인 스페이스와 공적인 스페이스가 섞여서 돌아가는 경우가 있는데 아무리 두 개의 이메일, 두 개의 독립된 공간을 쓴다하더라도 우연찮게 공/사적 스페이스가 오버랩된다면, 학생 입장이나 강의자 입장이나 참 불편할 때가 있더군요. 그래도 윤교수님 지적하신 특성에 전반적으로 동감하고, 저는 세상은 변하고 학생들이 관심을 가지게 되는 방식이 현격하게 달라졌는데도 불구하고, 우리 학교들은 한결같은 교육방식을 제공하는 것에 좀 불만 아닌 불만을 갖고 있습니다.^^ 이런 논의가 좀더 활발하게 이뤄지고 실제 좋은 예들이 많이 나왔으면 좋겠네요. 다시 한 번 글 감사합니다.

2011년 1월 16일 오전 9:59 👍 6명

Charles Kim 공유합니다.

2011년 1월 16일 오후 12:00 👍 4명

정보사회학 종연님, 수업에 blog를 사용한 경험을 공유해주셔서 고마워요. 강의자 웹사이트가 있음에도 불구하고 학생들로 하여금 블로그를 만들고 수업 제출물을 그곳에 올리게 한 시도는 참 좋아 보입니다. 학생들에게도 좋은 경험이 되었을 겁니다. TA로서는 운신의 폭이 넓지 않을텐데 과감한 시도를 했군요.^^
2011년 1월 16일 오후 12:46 👍 5명

김계순 귀한 정보 공유합니다.
2011년 1월 16일 오후 3:23 👍 3명

Dongul Lee 정보사회학 교수님께 먼저 고마움의 인사를 드립니다. 주욱 이어졌던 노트를 통해서 정보사회학에 관심을 갖게 되었습니다. 프레지 발표한 내용에 대해 여러 견해들을 만나는 모습도 보았구요. 변화된 대학강의실의 박진감 넘치는 현장을 보면서 흥미가 있었습니다. 교수님의 열심과 준비, 학생들의 참여의 모습, 개방된 수업내용 등이 재미있었습니다. 앞으로도 이렇게 사회변화에 걸맞는 좋은 수업의 예들을 볼 수 있기를 바랍니다. 고맙습니다.
2011년 1월 16일 오후 3:54 👍 6명

정보사회학 격려해주셔서 감사합니다. 더 좋은 수업을 만들어가도록 노력하겠습니다.
2011년 1월 16일 오후 4:41 👍 3명

Alexander Park 조명대 교수님이 늘 언급했듯이 정보사회학입문2010 클래스는 세계적으로도 선구적 사례로 가록될만한 베스트 프랙티스라 여겨집니다. 덕분에 여기저기 기회 있을 때마다 소개할 수 있어서 저도 참여의 보람을 만끽한 경우구요. 이제 윤교수님이 주관하셨던 입장에서 전체적인 성과와 앞으로의 과제를 정리하기 시작하셨으니 여기 시리즈로 게재하고 있는 글들이 조만간 정리되어 논문으로 발표될 것이라 기대하고 있습니다. 아마도 소셜미디어 기반의 학습 관련해서 필독 논문이 되지 않을까 싶습니다.
2011년 1월 16일 오후 7:13 👍 6명

정보사회학 저는 알렉스님의 손바닥 위에 있습니다.^^ 한국에 돌아가기 전에 다 마치려는데 몸이 잘 안 따라주네요.
2011년 1월 17일 오후 3:07 👍 2명

김재원 저도 멘토로 참여했던 경험이 소중하고 좋았습니다. 다만 저를 멘토로 삼았던 성주군과 리사양이 저의 막대한 소셜 활동을 트랙킹하느라 힘들었던걸 생각하면 지금도 미안합니다^^;;;
2011년 1월 17일 오후 4:48 👍 3명

Yeji Sophia Kim 역시 역시 우리의 멋진 교수님!! 감탄하며 읽었습니다!! 수업도 훌륭했지만 그만큼 중요한 기록 역시 너무 멋져요 교수님! ㅠ 상호작용성의 확대, 교실의 통제적 개방, 실제상황/실습환경 이 세가지 특징을 명확히 설명해주신 교수님께 정말 박수갈채를 보내드리고 싶습니다! 수업에 참여했던 학생으로서 그 세가지 특징을 제시하신 것에 대해 깊이 공감하고 있습니다. 이 수업을 통해, 소셜미디어를 통해 그 누구보다, 그 어느 때보다 교수님과의 상호작용이 활발하게 이루어졌습니다. 수업 시간 이외에는 교수님들께 문자나 전화로 연락을 드리기에는 조심스럽고 메일로는 소통의 더딤을 느꼈었는데 소셜미디어를 통해 더 교수님과 가까이 지내면서 터놓고 질문하고 상담할 수 있어 참 좋았습니다.

또 그 수업을 통해 알게 되었던 여러 영역의 많은 사회인이신 멘토님들과 알고 지내며 상호작용을 하게 된 것은 사회로 나가기 전 사회생활을 간접적으로 경험케

하여 저를 많이 성장토록 했습니다! 멘토님들과의 상호작용 확대로 배움도 확대되었구요. 교실의 통제적 개방 또한 수업에 대단히 큰 영향을 끼쳤습니다. 개방하지 않은 수업에서와 학생들의 태도가 크게 달랐어요. 다들 정말 자신에 대한 평가와 사랑하는 학교, 과에 대한 평가, 교수님에 대한 평가를 의식하며 좋은 모습과 좋은 결과를 내기 위해 대다수가 노력했습니다. 개방된 과제는 경쟁도 치열하게 했구요. 또 그것이 실제상황이었기 때문에 다들 과제 하나, 댓글 하나, 올리는 글 하나에도 긴장하고 깊이 생각하고 공을 들였습니다.

그 과정에서 있었던 여러 사건들을 통해서 단지 '이렇다 저렇다'라는 강의로 배우는 것이 아니라 정말 실제상황을 통해서 아 인터넷상에선 이래야하는구나, 인터넷 파워는 이렇구나를 배웠구요. 많이 배웠던 훌륭한 수업이었습니다. 다른 수업에도 권하고 싶을만큼 훌륭한 수업방식이었습니다. 소셜러닝의 한획을 긋는 수업에 참여하게 되어 저는 정말 영광이었습니다. 들은 학생으로서 너무너무 만족도가 큰 수업입니다. 별점 5개에 5개를 주고 싶은 대단한 수업!!!!!! 정말 저희 교수님이시지만 너무 멋지십니다!!!!!!!

2011년 1월 18일 오전 8:33 👍 6명

정보사회학 드디어 예지가 돌아왔구나.^^ 계절학기를 잘 끝낸 모양이다. 글에 에너지가 넘치는 걸 보니. 네가 조목조목 아주 잘 정리해주니 고맙구나. 기록을 남겨야지 기억이 희미해지기 전에.

2011년 1월 18일 오전 8:43 👍 2명

Yeji Sophia Kim @정보사회학 넵 교수님! ㅋㅋ계절학기 끝냈습니다. 계절학기는 한 학기분을 단시간에 끝내니 정말 너무 정신이 없어요..다 끝내고 나니 지금 너무 기뻐서 에너지가 넘쳐요!!!!!!!!ㅋㅋ

2011년 1월 18일 오전 9:03 👍 1명

Yeji Sophia Kim @정보사회학 참, 교수님 다른 수업과 비교되는 SMPL의 중요한 특성으로 하나 더 추가 하고 싶습니다. "literacy, 즉 글을 읽고 쓰는 능력의 향상" 소셜미디어를 기반으로 참여를 한다는 것은 결국 다른 사람의 글을 '읽는 것'이었고 내 의견을 '쓰는 것'이었기 때문에 제가 들었던 모든 수업 중에서 이렇게나 글을 많이 읽고 또 많이 쓴 수업을 없었던 것 같습니다. 정보사회학입문 수업을 참여하면서 깨알같이 긴 글들도 집중해서 소화하는 능력 또 순발력있게 내 의견을 정리해서 다른 사람들에게 전달할 공식적 글을 쓰는 능력을 배우게 된 것 또한 큰 성과였습니다.^^

2011년 1월 18일 오전 9:20 👍 6명

정보사회학 나중에 부수적인 성과로 지적하려고 했는데 네가 먼저 얘기를 꺼내주었구나. 사람들은 소셜미디어로 우리가 얼마나 많은 글을 읽고 쓸 수 있는가, 다시 말해 생각하게 되는가를 무시하곤 하지. 특히 종이책 세대에 속한 사람들에게는 좀 납득하기 쉽지 않은 현상일 수 있다. '생각', '성찰' 이런 건 종이의 영역이라고 생각하지. 나중에 관련된 포스팅을 올릴테니 그때 본격적으로 얘기해 보자꾸나.

2011년 1월 18일 오전 9:31 👍 4명

김재원 예지 학생은 필화(?)를 좀 겪어서 더욱 감회가 남다르겠어요. ㅎㅎ 윤교수님의 온라인을 통한 사유와 성찰의 효과에 대한 포스팅도 기대됩니다. 저도 온라인을 통해서도 얼마든지 가능하지 않은가? 라고 늘 생각해왔었거든요~

2011년 1월 18일 오전 11:35 👍 5명

Young-eum Lee 예지양의 경우를 보더라도 사실 샌달 교수님의 강의를 들은 학생들의 경우에도 예상보다 훨씬 더 많은 것을 얻어간 학생들도 있었을 것입니다. 일단 활발하게 토론에 참여한 학생들의 전세계적 '인지도'가 상당하겠지요. 저부터도 이 학생들이 뚜렷이 기억나니까요. 예지양도 직접 만나지는 못했지만 앞으로 혹시 스치는 인연이 된다면 무엇이라도 시키고 싶고 같이 하고 싶은 학생으로 기억하게 되었답니다.
2011년 1월 18일 오후 5:34 2명

Yeji Sophia Kim @Young Eum님 좋은 말씀 감사드립니다^^ 교실의 통제적 기반은 한낱 학생인 제게 미약하지만 '인지도'를 얻을 기회도 주었던 것 같습니다. 학생 신분으로 만나뵙기 힘든 분들과 토론을 나눌 수 있었고 또 제 의견을 많은 사람들이 볼 수 있도록 할 수 있어 학생의 한계를 깰 수 있었습니다.^^
2011년 1월 18일 오후 6:32 2명

Min Moon '출결상황에 대해서는 타협이 없습니다' ㅜㅜ하아 교수님^^ 수업 정말 감사했습니다.
2011년 1월 20일 오전 3:06 1명

대화 73 소셜미디어와 대학 수업(6): SMPL의 잭팟, 소셜 멘토링

이노베이션은 예정된 시각에 오는 열차가 아닙니다. 혁신적인 아이디어는 어느 순간 번개처럼 우리의 머리를 스치고 지나가지요. 수업의 최대 이노베이션도 그렇게 찾아왔습니다.

개강 첫 주, 오프라인 수업 시작과 함께 페이스북에 '정보사회학입문2010 그룹'을 개설했습니다. 그런데 다비스 노(Davis Noh)님이 쪽지를 보냈어요. 아무 말도 않고 있을테니 그 그룹에 넣어주면 안되겠냐는 거예요. 그 순간 제 머리에 번쩍 불이 들어왔습니다. '정보사회학 페이지'의 멤버들의 경험과 지혜를 수업에 활용했으면 좋겠는데 마땅한 해답이 없었거든요. 그런데 다비스 노(Davis Noh)님이 누구입니까? 저와 논쟁을 유발하며 초기 정보사회학 페이지의 열띤 담론이 형성되게 만든 주역 아닙니까? 그런데 그런 '유지'가 자발적으로 수업에 들어오겠다는 겁니다. 저는 무릎을 쳤지요. "들어오면 구경만 할 수 있나, 말도 해야지."

그래서 즉시 온라인 멘토링(online mentoring) 구상에 들어갔습니다. 중요한 원칙만 마련한 다음, 9월 9일 멘토로 초청할 38분을 선정해 쪽지를 보냈습니다. 이렇게 해서 제가 사후적으로 소셜 멘토링(social mentoring)이라고 명명한 이노베이션이 탄생했습니다. 지금은 이렇게 자신 있게 쓰지만 당시에는 그것이 그토록 큰 효과를 거두게 될 줄 몰랐습니다. 오히려 걱정이 많았지요. 이제 그 소셜 멘토링을 분석해 보겠습니다.

1. 소셜 멘토링이란?

정의부터 내리자면, 소셜 멘토링은 온라인 학습공동체에서 일어나는 배움의 상호작용을 말합니다. 제가 대학 수업에 적용하기는 했지만 소셜 멘토링은 온라인 학습공동체가 존재하는 어떤 곳에서도 일어날 수 있습니다. 기업의 온라인 학습공동체든, 어떤 웹사이트의 온라인 학습공동체든.

통상적으로 멘토링은 경험(혹은 지식)이 풍부한 멘토(mentor)가 경험(혹은 지식)이 짧은 멘티(mentee)에게 대화를 통해 조언과 충고를 해주는 활동을 가리킵니다. 대개 멘티가 멘토를 찾아가서 자신이 조언을 얻고 싶은 문제들에 관해 질문을 하고 멘토가 답변을 해주는 방식으로 이루어집니다.

그래서 정보적 관점에서 보면, 통상적인 멘토링은 수직적인 관계이고 대체로 일방적인 관계입니다. 정보와 지식이 멘토로부터 멘티에게 흘러가는 관계이지요. 실제 인간관계가 그렇게 딱딱하게만 이루어질 수 없기 때문에 멘토는 멘티에게 따뜻한 관계가 될 수 있도록 노력합니다. 그러나 그 근본적인 성격을 바꿀 수는 없지요. 그래서 멘토링은 멘토와 멘티 양쪽 모두에게 '의무'로 느끼는 좀 부담스러운 관계입니다. 이런 관점에서 보면 멘토링은 수평적 대화가 특징인 소셜미디어하고는 잘 맞지 않습니다.

소셜 멘토링은 그러한 고정관념을 깨트립니다. 분명한 학습 목적을 가지고 만났지만 상하관계적 질의-응답이 아니라 수평적 상호작용을 통해서 배움이 발생합니다. 즉, 멘토-멘티의 특별한 면담이 아니라 학습공동체 구성원들의 수평적 대화와 일상적 행동 속에서 배움이 일어납니다. 학습공동체 구성원들은 말하고, 행동하고, 그리고 관찰하면서 깨달음을 얻게 되는 거지요. 때문에 소셜 멘토링에서 멘토와 멘티는 부담이 없고, 개방적이며, 생기 넘치는 관계가 됩니다.

퍼실리테이터(Facilitator)로서 교수의 역할은 바로 멘토-멘티의 관계가 생기 넘치는 관계가 되도록 유도하는데 있습니다. 그러기 위해 교수는 수업에서의 모든 활동이 학생들뿐만 아니라 멘토들에게도 유익하도록 설계해야 합니다. 결국 학생이 두 배가 되는 셈이지요. 양적으로도 질적으로도. 멘토들은 오프라인 수업에 참여하지 않고 과제를 제출하지 않은 학생이라고나 할까요.

'정보사회학입문2010 그룹'에서 진행된 소셜 멘토링은 정확히 말하자면 상호 멘토링(cross-mentoring)입니다. 멘토링과 소위 역멘토링(reverse-mentoring)이 마구 뒤섞여 일어났지요. 수업을 진행하는 교수는 물론이고, 멘토, 학생, 그리고 옵저버(수업을 참관하겠다는 분들 중 소수를 옵저버로 초청)까지, 페이스북의 입문 그룹에 들어오는 참여자들은 특별한 경우가 아닌 다음에는 각자의 신분에 구애 없이 활동하였습니다. 포스팅을 하고 댓글을 달고, '좋아요'를 누르고. 모두가 모두에게 멘토가 되는 상황이었다고 해야 할 것입니다. 담당교수인 제가 수없이 배웠으니, 아마도 열심히 그룹 활동에 참여한 학생들과 멘토들은 모두 많이 느끼고 배웠으리라 생각합니다. 배움은 정보와 지식의 습득뿐만이 아니라 깨달음이라는 진리를 모두가 느낄 수 있는 기회였던 거지요.

페이스북 그룹 참여 외에 학생들은 멘토들의 소셜미디어 활용을 관찰하고 분석하는 과제들을 통해 멘토들의 소셜미디어 활용법뿐 아니라 글쓰기, 라이프스타일 등을 배웠고, 그것을 보고서로 작성하여 모두와 공유함으로써 학생들은 자신도 모르게 지식 생산의 당당한 주체가 되었고, 참여자 모두에게 가치를 제공하였습니다.

학생들이 네 차례에 걸쳐 제출한 보고서(과제)는 소셜미디어에 관한 귀중한 자료들이었습니다. 비록 대부분 아직 보고서 작성 능력이 부족한 학생들이었지만 내용만은 훌륭했어요. 특히 개별 학생의 보고서로 보지 않고 총 120여 편이 넘는 보고서를 전체로 읽어보면 그 안에서는 집단지성의 성과까지도 느낄 수 있습니다. 표절이 난무하는 우리나라의 대학 현실에서 사실 대학생들의 한낱 과제물이 그만한 가치를 갖는 경우는 대단히 예외적일 것입니다. 그러한 지적 생산물들이 '정보사회학입문'이라는 학습 공동체를 더욱 풍요롭게 하였으며 소셜 멘토링의 가치를 크게 높였다고 생각합니다.

이 정도의 설명이면, 여러분들은 소셜 멘토링이 기존의 멘토링과 어떻게 다른지, 어떤 잠재성을 지니고 있는지, 그리고 그것이 실제로 '정보사회학입문' 사례에서 어떻게 적용되었는지를 짐작할 수 있으리라 생각합니다. 다음은 이

번 사례를 통해서 추출한 소셜 멘토링의 10가지 주요 포인트를 소개하겠습니다. 2011.01.18

좋아요 · 댓글 달기 · 공유하기

탁연상, Brian Kim, Ji Young Catharina Kim님 외 48명이 좋아합니다.

Haewon Kim 역사적인 현장에 함께 할 수 있어서 정말 감사했습니다^^ 사실 작년 한 해는 살인적(^^)으로 바쁜 한 해였는데 제가 감히 멘토로서 미미하게나마 결합할 수 있었던 것은 "페이스북"에 수업 그룹이 있었기 때문이었던 것 같아요. 페이스북이 이미 일상의 일부가 되어버린 "삶의 현장"이기 때문에, 아무리 바빠도 매일 On-line할 수밖에 없고, 그렇기 때문에 바쁜 중에도 그룹이 돌아가는 모양새도 눈팅이라도 하면서 함께 할 수 있었다는 것이 정말 좋았습니다.

사실 사이버 캠퍼스에도 이렇게 학생과 교수간에, 또 학생들 사이에 교류할 수 있는 공간을 그럴듯하게 만들어놓았는데도 불구하고, 늘 on하고 있는 것이 아니라서, 즉각적으로 피드백을 하기가 어려웠거든요. 그런면에서 늘 반쯤은 깨어있는 SNS에 둥지가 있다는 것이 좋은 것 같아요. 물론 이런 환경적인 면보다도 더욱 놀라웠던 것은 멘티가 저를 관찰하고 있다는 사실 때문에 저의 소셜미디어 활동, 소셜 라이프에 대해서 진지하게 성찰^^적이 될 수밖에 없었다는 것입니다. 소셜미디어에 대한 어떤 글을 읽는 것 보다도 더 효과적인 체험과 깨달음이 있었다고 할까요? 그런 면에서 저는 수업료를 내지 않고 수업을 들은 행운의 1인이었답니다~~~^^ 다음에 이런 기회를 다시 갖게 된다면, 학생들에게 '참여관찰과 인터뷰'에 대해서나 '효과적인 스토리텔링'에 대해서 작은 도움을 드릴 수 있도록 갈고 닦고 있겠습니다아~~~~~!!!!

2011년 1월 17일 오후 1:57 · 14명

정보사회학 해원님, 페이스북에 그룹이 개설되어 있었기 때문에 멘토로서 참여가 쉬웠다는 지적이 중요합니다. 특히 해원님처럼 무지하게 바쁜 분들에게는 더더욱 참여를 쉽게 하는 요인이 될 겁니다. 저도 대학이 운영하는 별도의 e-learning community가 지닌 한계 중 하나가 그점이 아닌가 생각합니다. 멘토가 아니라 담당 교수나 조교도 자주 들어가기가 불편하다면 뭔가 획기적인 대책이 필요합니다. 학생들이 배우고 과제를 하기 위해 "멘토를 주시하고 있다"는게 심리적인 부담을 드렸군요. 멘토분들에게 너무 큰 부담은 아니었기를 바랍니다. 학생들에게 인기 좋은 해원님이 멘토를 또 자원해주셨으니(^^) 멘토링을 다음 학기에도 계속해야될 모양입니다.

2011년 1월 17일 오후 3:05 · 9명

김재원 새로 나온 그룹 기능을 활용하면 실시간 피드백도 매우 빠르게 소셜 멘토링이 가능할 것 같군요~

2011년 1월 17일 오후 4:55 · 6명

원은란 교수님, 저는 정보사회학 입문 수업에 발가락? 정도만 담그고 ㅋㅋㅋ 옆에서 지켜봤지만. 지켜보면서도 배우는 게 많았습니다. 특히 일반적인 관념상 수직적인 '가르침' 형태인 멘토링이 소셜을 만나면서 어느 정도 형태를 무너뜨리고 역멘토링과 상호 멘토링까지 가능하게 하는 것은 현장에서 봤으니 그 생생함이 더합니다. 제가 이번에 진행하는 꿈꿈이 프로젝트 http://facebook.com/DDproject가 코칭이나 멘토링과는 조금 다른 팀 프로젝트 형태를 컨셉으로 하는데 이것을 멘토링과 다른 차원으로 인식하도록 이해시키는 것에 어려움을 겪고 있습니다. 그런데 이 노트를 보니 정보사회학 입문 수업을 예로 들어 상호 멘토링과 역멘토링과 팀 프로젝트와 결합된 것으로 설명하면 되겠다라는 아이디어가 떠오릅니다!^^ 그리고 다음 번에는 10가지 포인트를 쓰신다니 벌써 다음 노트가 기대됩니다!
2011년 1월 17일 오후 5:05 👍 8명

최대원 저도 객으로서 다음 노트가 기대됩니다.
2011년 1월 17일 오후 5:16 👍 2명

Haewon Kim 어 꿈꿈이 프로젝트가 은란님이 하고 있는거였어요? "좋아요!"
2011년 1월 17일 오후 5:41 👍 4명

Myungdae Cho 저도 한 사람의 멘토로서, 도움을 줬다기보다는 더 많이 배웠다고 할까요? 역멘토링이 일어나는 현상을 직접 겪은 사람입니다. 우리 학생들이 우리 가르치는 사람들이 생각하는 것보다 훨씬 더 잠재력을 가진 존재라는 점을 확실하게 느낀 한 학기였죠. 교수님의 글 중에서 "학생들은 자신도 모르게 지식 생산의 당당한 주체가 되었고, 참여자 모두에게 가치를 제공하였습니다."라는 부분에 저는 더 주목합니다. 기존의 정보생산 패턴을 완전히 무너뜨려버린 것이지요. 흔히 말하는 Prosumer가 된 셈이죠. 이것을 통해서 우리 학생들은 엄청난 자신감을 갖게 되었고, 지금도 그 관계는 끊어지지 않고 계속되고 있지 않습니까? 현섭이, 예지, 은란이, Lisa 등등 윤교수님의 학생이자 저의 학생이기도 합니다. 방금도 은란이에게 숙제를 하나 내주고 왔습니다만. ㅎㅎ 기존의 학습이 하나의 짧은 단타였다면, 교수님이 시도하신 Social Mentoring은 거의 Permanent 한 Social "Permanent" Mentoring이 될 것 같습니다.
이 시점에서 BSL(Ben Sustainable Lee)님이 주장하시는 Sustainability가 생각납니다. 지속 가능한 상호교류라고 할까요? 저도 제가 가르친 학생들에게 내가 살아 있는 한 영원히 AS하겠다고요. 그렇게 될 수밖에 없는 플랫폼입니다. 바로 이 페이스북 말입니다. 제일 마지막 그림이 와 닿네요. 어제는 바빠서 읽기만 하고 글을 써야지 하고 있는데 6번이 나와 버렸네요. 대단하십니다. 또 다음 편이 기다려집니다. 좋은 것을 가두지 못하고 내뱉기를 너무 좋아하시는 윤교수님 존경합니다. 이젠 귀국하실 때도 얼마 남지 않았네요. 여기의 노트 하나가 국가의 동량재를 만들어내는데 큰 역할을 할 것입니다. 계속 좋은 글 부탁합니다. 그럼
2011년 1월 17일 오후 6:25 👍 9명

정지훈 호. 정말 멋지십니다. 독특한 실험에 박수를... 학생들에게도 많이 배울 수 있을 것 같은데요?
2011년 1월 18일 오전 4:59 👍 4명

정보사회학 조교수님, 정교수님, 격려해주셔서 감사합니다. 답글을 제때 못 올려드려서 죄송합니다. 일주일 째 지독한 감기에 시달리다보니 잠자는 시간이 깨어 있는 시간보다 많은 지라...
2011년 1월 18일 오전 8:17 👍 2명

Myungdae Cho 죄송하긴요. 올리시기도 바쁘고 힘드신데 어떻게 일일이 그때 그때 답글을 올려요. 몸 잘 보살피시고 건강한 모습으로 귀국하셔야죠.^^
2011년 1월 18일 오후 3:21 👍 1명

정보사회학 조교수님 이해해주셔서 감사합니다. 바짝 밀어붙이겠습니다.^^
2011년 1월 18일 오후 3:59 👍 2명

Ben Byeongho Lee 이렇게 사후평가(Post Evaluation)까지 하시고... 개방, 참여, 공유와 함께 멘토링이 학문분야 뿐만 아니라 업무분야에도 확산되기를 바랍니다. 특히 전문가 자문이 대부분 일방적인 것으로 그치고 있는 것이 대부분이라 역멘토링의 역

할을 보다 중요하게 보고 있습니다. @조명대 교수님, Sustainability의 든든한 지지자가 되어주셔서 감사드립니다. 교육에서의 Sustainability도 생각해보는 계기가 되었습니다. 생태계의 원리인 순환성이 멘토링과 역멘토링을 통해 구현될 수 있는 가능성이 보이구요 이를 통해 자족성(Self-sufficiency)이 확보된다면 Educational Sustainability 이란 개념도 가능할 것 같습니다. 단, 우리나라에서 생태계의 중요한 원리인 다양성을 교육 부분에서 확보하기 쉽지 않다는 것이 아쉽습니다.
2011년 1월 18일 오후 7:42 4명

박지영 교수님의 이런 방식을 보고 기업내부에서 활용할 방법은 없을까 라는 생각을 잠깐 했었습니다. 내부전문가제도 등을 활용할 수 있는 방법으로 또는 멘토 멘티제도의 활용으로 어떨까. 참 좋은 경험에 동참할 수 있었던 기회가 주어진 것이 행운이었습니다^^ 올해는 어떤 일이 생길지 항상 윤교수님 이벤트에는 설렙니다.
2011년 1월 18일 오후 9:51 2명

정보사회학 지영님, 그렇지 않아도 기업체 응용에 관한 부분을 별도로 포스팅 해봐야지 하는 생각을 갖고 신간 한 권을 주문해 놓았습니다. 기업의 특수성을 반영하고 사례들이 포함되어 있을 같아서요.
2011년 1월 19일 오전 7:46 1명

Ji Young Catharina Kim 지금도 이해가 안됩니다. 어떻게 제가 38명의 멘토에 끼어 있었을까요?^^ 잊지 못할 신기하고 신나는 경험이었습니다. 새삼 감사드립니다.
2011년 1월 26일 오전 12:07 2명

대화 74 소셜미디어와 대학 수업(7): 소셜 멘토링 운영의 핵심 요소(상)

삶에 있어서 성취는 중요합니다. 그러나 그 성취에 관한 기록은 더욱 중요합니다. 성취는 순간이지만, 성취의 기록은 영원합니다. 그러니 틈만 나면 최대한 기록해 두어야 합니다. 이 일련의 포스팅은 70여명에 이르는 참여자들이 함께 이룬 성취를 기록하기 위한 것입니다.

아래에 제시된 내용은 지난 학기의 '정보사회학입문'의 경험으로부터 도출된 것입니다. 아직 일반화하기에는 설익은 내용이지만 공개적 논의를 위해 정리해 보았습니다.

2. Social Mentoring **운영의** 10**가지** Key Points

① 멘토링 활용 이유와 목표가 분명해야 한다

학생들이 어떤 부분을 학습하는데 멘토링을 적용할 것인가를 판단하고 그에 대한 계획을 세워야 합니다. 대학 과목에서 수업 전체에 멘토링이 필요한 경우는 별로 없을 겁니다. 수업의 어떤 부분에 멘토링을 어떻게 활용할 것인가에 대한 분명한 구상이 있어야 합니다.

'정보사회학입문'에서는 멘토링에 수업의 큰 비중을 두었습니다. 소셜미디어 리터러시 교육은 '따라 하기'가 가장 효과적이라고 믿었기 때문입니다. 단순한 사용법 교육이 아니고 어떻게 현명하게 사용하는가를 배우는데 우수사례를 따라 하기보다 좋은 방법은 드물 겁니다. 대단히 다양한 모습의 우수사례를 보여줄 있도록 멘토들이 선정되었습니다. 실제로 학생들이 멘토의 페이스북 친구나 트위터의 팔로워가 되어 멘토를 관찰하고 따라 하는 것이 가장 중요한 멘토링 과정이었지요.

수업에서 학생들은 멘토의 소셜미디어 활용에 관해 가벼운 일상적 관찰을 넘어서 체계적이고 심도 있는 분석을 수행하였습니다. 그렇게 함으로써 학생들은 소셜미디어가 실제 현실에서 어떻게 다양한 용도로 사용되는지, 그리고 현실 생활과 온라인 활동이 실제로 어떻게 서로 결합되는지를 느낄 수 있도록 하였습니다. 멘토 관찰 활동은 담당교수가 오프라인 수업에서 하는 추상적인 강의 내용이 지닌 한계를 크게 보완할 수 있도록 마련되었습니다. 결국 오프라인 강의와 온라인 멘토링은 수업의 두 축이었던 셈이지요.

② 멘토를 잘 선정한다

너무도 당연한 말이지만 언급하지 않을 수 없는 요소입니다. 사실 한 두 명도 아니고 학생 수만큼이나 많은 멘토를 수업에 초청하는 일은 그 자체가 사건일 정도로 큰 도전입니다. 어떤 멘토를 어디서 구하나? 멘토링의 첫 번째 숙제일 겁니다.

멘토 선정에 있어 소셜미디어는 매우 강력한 몇 가지 이점을 가지고 있습니다. 첫째, 우선 멘토로 활용 가능한 인력 풀(pool)이 큽니다. 전공이나 관심 주제에 따라 차이가 있겠지만, 소셜미디어에는 많은 전문가들이 포진해 있습니다. 둘째, 검증된 인물을 찾을 수 있습니다. 실명과 사진 등과 같은 개인정보도 풍부하지만 그보다 오랜 시간 대화를 통해 인품, 지식, 관심사 등을 확인한 분들을 멘토로 초청할 수 있습니다.

셋째, 멘토들 사이에도 커뮤니티가 형성될 수 있습니다. 멘토로 활동하기 이전에 이미 서로 온라인 친구인 경우도 있지만, 멘토로 만나서 친구가 되는 경우도 많습니다. 일종의 멘토 커뮤니티가 생기는 셈이지요. 끝으로 자신들이 늘 출입하는 곳(페이스북)에서 멘토 활동을 하게 됨으로 접근이 아주 편리합니다. 이는 지난 포스팅의 댓글에서 김해원님이 자신의 경험을 가지고 자세히 설명해주었습니다.

'정보사회학입문' 멘토진은 다음 몇 가지를 고려하면서 구성되었습니다. '정보사회학 페이지'의 팬, 담당교수의 페이스북 친구, 담당교수의 오프라인 지인 중 페이스북(혹은 트위터)의 열성적인 이용자, 페이스북 친구(혹은 트위터 팔로워)가 많은 분, 페이스북(혹은 트위터)를 독창적으로 이용하는 분, 직업(혹은 사회) 활동이 바빠 페이스북을 자주 이용하지는 못하지만 나름대로 잘 활용하는 분을 선정하였습니다. 수강학생 수만큼(38명)을 선정하여 초청장을 보냈습니다. 그리고 참여해주신 분들에게는 최소한의 활동 가이드라인을 담은 다음과 같은 안내 쪽지를 보내드렸습니다.

"제가 뜬금없이 보내드린 요청에도 불구하고 흔쾌히 학생들의 멘토가 되어주신 여러분께 깊이 감사드립니다. 사실 제가 SNS를 학생들에게 가르쳐야 하겠는데, 의욕만 앞서지 여러분도 아시다시피 제가 초보입니다. 여러분들은 제가 지난 반 년 동안 만난 페이스북의 고수분들입니다. 가끔 제가 요청을 드리거나, 아니면 여러분이 보시기에 한 마디 거들어 주면 좋겠구나 하고 생각되시면 언제든 학생들에게 좋은 말씀 올려주셨으면 합니다. 저도 이런 수업 방식이 생전 처음이라 잘 될지 걱정입니다. 여러분이 도와주시면, 우리나라의 대학수업에 새로운 모습도 개척하고, SNS 발전에도 조금은 도움이 되지 않을까 생각됩니다. 다시 한 번 여러분의 호의에 감사드립니다.^^ 윤영민 배상"

멘토 선정은 분야나 주제에 성격에 따라 크게 다르겠지만 이번 수업을 통해 보니, ① 직업상 너무 바쁜 분은 초청하지 않는 게 바람직하리라 생각합니다. 30여명의 멘토 중 5~6분은 한 학기 동안 온라인 대화에 전혀 참여하지 않았습니다. 대개 아주 바쁜 직업을 가진 분들이었습니다. ② 오프라인 지인보다는 온라인에서 적극적으로 활동하는 분을 초빙하는 것이 바람직할 것입니다. 온라인에서 활동적인 분이 역시 온라인 멘토링에도 적극적일 가능성이 높습니다.

③ 멘토 매뉴얼(학생 매뉴얼)을 제공한다

이는 제가 '정보사회학입문' 운영에서 가장 반성하는 부분 중 하나입니다. 멘토들에게 수업에 무엇을, 어떻게 참여하면 되는지에 대한 가이드라인과, 수업 개요, 수업운영방침, 학교 및 학과 소개, 수강생 소개, 학생을 대할 때 유념한 사항 등을 담은 매뉴얼을 온라인으로라도 제작해 보내드렸어야 하는데 하는 아쉬움이 있습니다. 멘토님들께 그렇게 못해 드린데 대해 이 자리를 빌려 사과드립니다.

너무 상세한 가이드라인은 멘토의 자유로운 판단과 행동을 제약하겠지만, 제가 드린 가이드라인은 너무 간략하다고 아니 할 수 없습니다. 저로서는 최대한 자유와 권한을 드리겠다는 의도였지만, 여러 멘토분들을 당황스럽게 했으리라 생각합니다.

학생들에게도 멘토분들을 어떻게 대해야 하는가에 대한 가이드라인, 그리고 멘토 소개를 담은 간략한 온라인 매뉴얼을 제공해주면 좋으리라 생각합니다. 저는 한 달이 지나서야 학생들에게 멘토 접촉 가이드라인을 보내주었습니다. 워낙 많은 사람들 사이의 접촉이 있기 때문에 예상치 못한 상황이 발생할 소지는 항상 있습니다. 이에 대해 미리 준비를 해 둘 필요가 있을 겁니다.

④ 온라인 커뮤니티의 활발한 대화를 유도한다

온라인 커뮤니티의 관건은 항상 어떻게 대화를 띄우느냐에 달려 있습니다. 한 마디로 장이 서야 합니다. 그러려면 서로 말문을 열어야 하는데 그게 쉽지 않거든요.

다행히도 '정보사회학입문2010 그룹'에 들어온 멘토들은 바로 참여할 기회를 발견했던 것 같아요. 제가 개강과 동시에 학생들에게 내준 첫 번째 과제가 새 학기의 계획이나 다짐을 포스팅하는 것이었는데, 여러 학생들이 토익 공부에 관한 이야기를 올렸고, 그에 대해 학생들과 제가 이런 저런 얘기를 나누고 있었거든요. 대한민국 성인 중 영어교육에 대해 할 말 없는 사람이 누가 있겠습니까? 성공한 사람은 성공한 대로, 실패한 사람은 실패한 대로. 여러 멘토들이 그 댓글 대화에 참여하고, 덕분에 자연스럽게 학생들과 멘토들 사이에 서먹한 관계가 누그러지게 되었지요. 그리고 그것은 학생들이 이 수업이 누군가에게 개방되어 있다는 사실을 느끼는 순간이기도 했을 겁니다.

며칠 뒤(9월 10일)부터는 멘토들이 영어공부 방법 외 다른 주제에 관해서도 글을 올리기 시작했습니다. 또한 멘토들은 학생들이 올리는 과제나 글에 '좋아요', 댓글 달기로 반응을 보여주기도 했고요(어떤 멘토는 학생의 과제물에 저보다 먼저 코멘트를 달기도 했어요). 이렇게 그룹의 분위기가 뜨기 시작하자 학생들도 수업에 관련된 정보나 학우들에게 유익한 정보를 자발적으로 공유시키기 시작했어요. 학생들의 '정보사회학입문2010 그룹' 참여는 성적에 반영된다고 공지되어 있었지만, 실제로 학생들에게 참여의 모범을 보인 것은 멘토들이었습니다. 초기에는 어리둥절한 학생들보다 멘토들이 포스팅을 더 많이 하기도 했습니다. 9월 중순부터는 멘토들이 올리는 포스팅이 매일 3~5개가 되었고, 그 포스팅에 대한 학생들의 반응도 증가하였습니다.

저는 그룹에서 상호작용을 활발하게 유지시키기 위해 과제를 적절히 활용했습니다. 초기에는 매 주마다 과제를 냈고, 학생들은 과제를 그룹에 게시하였습니다. 과제를 누구나 읽고 코멘트를 달 수 있도록 했습니다. 그래서 각 과제 포스팅에는 동료 학생들과 멘토들의 댓글(대부분 격려하는 내용)이 여러 개씩 붙고는 했지요. 저도 학생들의 과제에 댓글을 달았지만 과제 성적은 공개하지 않았습니다. **[계속]** 2011.01.19

좋아요 · 댓글 달기 · 공유하기

탁연상, Brian Kim, Ji Young Catharina Kim님 외 45명이 좋아합니다.

이지은 @교수님, 이 글과는 상관이 많이 떨어지는 내용이지만 언제 뵈면 여쭈어야지, 하다가 지금 생각나서 댓글답니다. 전에 '페이스북 세상은 마치 동화 속 마을과 같다'고 이야기해주셨는데요. 학술제 때 상민오빠가 질문했던 걸 나중에 가만 생각해보니까 꼭 그런 것만은 아닐 거라는 생각이 들었어요. 그때 오빠가 '예전에 천리안이 처음 시작되던 시절, 일부 사람들만 이용했을 때는 욕설이나 악이 없고 아주 깨끗했던 것 같다'라고 이야기 했었는데 그 말이 일리가 있는 것 같아요. 지금의 SNS는 아직까지는 작은 세상이기 때문에 '악함'이 끼어들 틈이 없지만 언젠가는 이곳도 찌들게 될 것 같아요. 마치 밀림 속 소수부족들이 범죄없이 평화롭게 살아가는 반면 이 복잡한 도시에선 끔찍한 사건들이 날로 터지는 것처럼 사람들이 이곳 세상에 점점 많이 유입됨으로써 언젠가는 SNS도 오염되지 않을까요?
2011년 1월 18일 오전 8:54 2명

정보사회학 네가 설마 오염되기를 기다리는 건 아니겠지?^^ 동화 속의 마을에서는 갈등과 다툼이 없겠니? 내가 그 얘기를 한 건 페이스북에 들어오는 사람이 특별히 선한 사람들이라는 의미는 아니다. 그럴리야 있겠니? 페이스북이 지닌 구조와 메커니즘이 사용자들의 선한 행동만 남게 만드는 경향이 있다는 말이다. 매우 강력한 filtering 기능이지. 그 기능은 피괴적 행동을 하는 자는 가차없이 excommunicate할 수 있고, 자신의 행동에 대해서도 일종의 자기검열이 작동하게 만드는 힘이 있어. 이미 우리나라의 fb 사용자수가 3백만명이 넘었다. 작은 마을과는 거리가 멀어. 크게 소문은 안 나지만 이미 적지 않은 사람들이 fb에서 상처받아 떠나기도 했고 앞으로 매일매일 fb 어디선가는 반목과 갈등, 사기 행위도 일어나겠지.

그러나 fb는 결코 개방된 공간이 아니다. 느슨하게 보이지만 여기저기서 형성되는 커뮤니티들이 있고 그 커뮤니티의 구성원들은 자신들의 만남을 지켜내기 위해 노력하는 것으로 알고 있다. 이 세상이 귀한 것은 누구나 느끼기 마련이다. 그리고 그것이 사라지지 않기를 염원한다. fb는 그러한 사용자들의 희망이 잘 이루어지도록 구조화되어 있다. Fb의 시대가 언제까지 계속될지는 알 수 없지만, 무한하지는 않을거야. 성공 자체에 발목이 잡힐 수도 있고, 다른 새로운 서비스가 사람들의 마음을 끌어낼 수도 있지. 지금까지 늘 그래 왔어. Fb라고 특별히 다를 이유는 없을 것 같구나.
2011년 1월 18일 오전 9:15 7명

이지은 그러고보니 천리안 시대와 비교한 생각이 오류인 것 같습니다. 구시대의 기술과 최신기술이 메타포가 될 순 없겠네요.. 천리안 시절과는 달리 우리는 서로가 서로의 파놉티콘이기 때문에 자기검열의 힘이 있다고 결론지었는데 제가 옳게 이해한 것입니까?
2011년 1월 18일 오전 9:27 3명

Yeji Sophia Kim @정보사회학 전에도 말씀드렸지만, 멘토 선정에서 이전 수업의 선배들의 일부를 멘토로 선정하는 것 또한 좋은 방법이라고 생각합니다. 매해 학생 수만큼의 멘토님을 구하는 것도 어려운 일이고, 같은 멘토님께 여러번 부탁을 드리는 것도 죄송스럽기때문에 이미 수업을 경험한 선배들의 일부를 멘토 인원으로 충당시키는 것도 좋은 방법일 것 같습니다. 그렇게 한다면 수업을 끝낸 선배 학생들도 지속적으로 수업에 참여하고 배운 것을 연결해나가면서 SNS를 관리해나가는 효과를 볼 수도 있을 것 같구요.
2011년 1월 18일 오전 9:33 3명

정보사회학 글쎄. 용어가 좀 센 것 같구나. 꼭 감시의 세계라고는 볼 수 없지. "자기선택적 위생공간(self-selected sanitized space)"이라고 부르면 어떨까? 잡음(noises)에 지친 사람들이 잡음이 적고 신호(signals)가 많은 곳을 찾아들어 온거란 의미에서 말이다.
2011년 1월 18일 오전 9:41 2명

정보사회학 지은이하고 사이에 예지가 들어왔네.^^ 예지야, 나도 네 제안을 기억하고 있다. 좋은 생각이야. 올해는 네 의견을 적극 반영하도록 하겠다.
2011년 1월 18일 오전 9:44 3명

김재원 멘토링에 대한 가이드라인이나 수업 중 어떤 활동이 이루어지는지 알았다면 저도 개인 담벼락에 그렇게 폭풍 포스팅을 하지 않았을텐데요.ㅎㅎ 하필 개인 페이지 만들기 전에 겁나게 페부킹할 때랑 맞물려서 말이죠. ㅎㅎ 그러나 어떻게 보면 어떤 멘토링을 할지 잘 몰라서 자기검열이나 포장없이 진솔한 모습을 보여줄 수 있었던것 같기도 하네요. 영어에 대한 댓글들도 기억납니다. 자기주도적 학습이 효과가 높아지려면 도입부에서 아이스 브레이킹과 흥미로운 콘텐츠 제시로 동기부여가 중요한데 적절한 커뮤니케이션이었던 것 같습니다.^^
2011년 1월 18일 오전 11:32 👍 6명

김재원 그리고 페이스북을 통한 SMPL 사례는 체계적으로 잘 정리해서 페이스북에서 장학금이라도 받아야 한다고 봅니다.^^ http://www.facebook.com/fellowships
2011년 1월 18일 오전 11:55 👍 5명

정보사회학 재원님, 철저한 준비 없이 멘토링을 시작했다는 점에 대해 운영자인 저는 비판을 받아 마땅합니다. 그런데 재원님 지적처럼 멘토 입장에서 그게 없었기 때문에 자유로웠던 측면도 좀 있었군요.^^ 도입부 때 영어에 관한 논의가 그렇게 효자 역할을 해주리리고 예상하지 못했습니다. 그나저나 fb fellowship에 누구를 밀어줘야 할까요??? 박사과정 학생이어야 하는데, 좋은 분 추천 좀 해주세요.
2011년 1월 18일 오후 12:09 👍 4명

Namsook Han 윤교수님이야말로 fb을 대학수업에서 중요한 tool로 사용하고 계시는 군요.
2011년 1월 18일 오후 12:33 👍 4명

김재원 자현님을 추천하시면 될거 같은데요. 그런데 컴퓨터 사이언스 전공자들에게 많이 주는거 같군요. 웹 3.0과 SMPL을 잘 접목하면 될 것도 같구요^^
2011년 1월 18일 오후 12:47 👍 2명

정보사회학 남숙님, fb를 도구로 사용했었고, 지금은 복기 중입니다.^^ 재원님, 아무래도 공학도에게 기회가 많이 가겠지만, 자현이에게 지원하도록 격려해 보지요.
2011년 1월 18일 오후 2:29 👍 4명

박정민 @재원님 덕분에 좋은 Fellowship을 알았네요.
2011년 1월 18일 오후 2:53 👍 3명

신재용 페이스북을 "자기선택적 위생공간(self-selected sanitized space)이라고 부르면 어떨까?"라는 말씀이 특히 와 닿습니다. 흔히들 요즘 SNS의 사생활침해 요소를 이야기하곤 합니다만, 그것 또한 자기선택적인 요소이지요. 예전 개인 홈페이지 시절에도 사생활을 노출하는 만큼 침해될 소지는 있었으니까요. 물론, SNS에서는 그 연계가 더욱 활발하긴 합니다만 말입니다. ^_^
2011년 1월 18일 오후 3:20 👍 5명

Myungdae Cho ① 저도 자현학생을 적극적으로 추천합니다. 남다른 집념과 소통의 기술을 지녔더군요. 그 부분에 제가 도울 수 있는 부분이 있으면 돕겠습니다. ② 그렇게 세월이 꿈같이(?) 흘러갔네요. 사실 제 강의보다도 더 재미있게 "참여"하고, 서로 "나눈 것" 같아요. 그리고 어떤 형식에 매이지 않았기 때문에 더 자유롭게 마음가는 대로 표현하고 나누었던 것이 아닌지 모르겠습니다. 무형식 속의 어느 정도의 형식이라고 할까요? implicit formality without a formal structure? ③ 자기선택적 위생공간(self-selected sanitized space)이라는 표현도 와 닿네요. 저는 이것을 "자기선택적 건전공간"이라고 하고 싶습니다. sanitize에 '바람직하지 못한 부분을 삭제해서 건전하게 하다.'라는 뜻을 살려서요. ④ 아직 남은 6개를 기대하고 있습니다. 그러나 몸도 생각하시면서 천천히...
2011년 1월 18일 오후 5:57 👍 3명

Ben Byeongho Lee 멘토에 선배를 선정하는 것은 장단점이 있을 듯합니다. SNS멘토링의 특징인 다양성이 자칫 '선배말씀' 한마디에 왔다갔다 할 수가 있을 것 같은 면이... 물론 자신을 뛰어넘는 후배를 인정하고 도와줄 수 있는 '검증된 선배'라면 가능할지 모르겠네요. 예지학생 정도면 쫌 가능할 것 같기두 하고^^;;
2011년 1월 18일 오후 10:30 4명

Alexander Park 저는 진행 도중에 멘토로 참여하게 되어 초기 상황에 대해 잘 모르는 부분도 있었습니다만 수업 진행과정에서 제가 오히려 깨닫고 배우는 바가 많았습니다. 그리고 정보사회학 자체에 대한 이해를 가질 수 있는 계기가 되었구요. 대신 저는 학생들에게 멘토라기보다는 과제 도우미로서 ㅎㅎ 저를 멘토 삼은 학생이 진행하는 과제의 질을 높이는데 도움이 될만한 코멘트나 가이드를 나름대로 했다는 생각은 합니다. 단, 학생들과 개인적인 정서적 교류의 차원에까지 이르기에는 나이차가 좀 컸다는게 장애인 듯했어요. ㅎㅎ 나는 안 그런데 학생들이 좀 거리를 좁히기에 어려움이 있지 않았나 싶었습니다. 그래서 멘토와 학생들 오프라인 모임을 통한 거리 없애기는 유효했다는 생각이 듭니다.
2011년 1월 18일 오후 11:36 5명

정보사회학 이박사님, 지난번 멘토 중에도 선배를 한 사람 포함시켰어요. 몇 사람 정도는 좋을 것 같아요. 예지 같은 학생 멘토가 있으면 수업의 전통을 만들어가는 데도 도움이 될 것 같고요. 알렉스님, 늦게 조인하셨지만 누구 못지않게 많은 족적을 남기셨지요. 늘 거리감 없이 학생들을 대해주시니 학생들도 좋아합니다. 다만 알렉스님이 올려주시는 포스팅이 영어로 된 것도 많고, 내용도 너무 수준이 높아서 학생들이 다가가기에 조금 주저되는 부분이 있었을 겁니다.^^
2011년 1월 19일 오전 7:43 3명

원은란 댓글이 너무 늦었지만!^^ 이런 생각도 듭니다. Ben님께서 말씀하신 단점도 있겠고요. 만약 검증된 선배를 멘토로 한다면 그 기준은 무엇으로 하냐는 것도 해결이 필요한 부분입니다. 선배라고 해도 다 같은 학과, 같은 교수님들의 학생들이거든요. 그렇게 되면 멘티 눈에는 멘토가 두 종류로 보이지 않을까요? 말하자면 ①멘토 ②선배 멘토. 이런 식으로요. 저는 이번 수업에 그냥 청강생으로 참여했습니다. 구경하고 배우고 같이 토론했지요. 부담도 없었고 재미있었고 즐거웠습니다. 제 생각에 이 수업을 열심히 들은 선배들은 멘토와 멘티를 잇는 조력자 역할을 해주는 정도가 좋지 않을까 싶습니다. 아쉬운 점으로 제기되었던 멘토와 멘티의 거리감을 좁히는 역할, 이미 참여해봤으니 같이 공부하는 학생 입장에서 좀더 활력을 불어넣을 수 있는 그런 역할을 하는 정도로 말입니다. 음... 멘티에게 약간은 멘토처럼 느껴지지만 멘토는 아닌 정도로요? 그러니까... 멘티+멘토 = 티..토.. 정도? ㅋㅋㅋㅋㅋ (아 ㅋㅋㅋ 저는 왜 이러나요)
2011년 1월 20일 오후 7:19 3명

대화 75 소셜미디어와 대학 수업(8): 소셜 멘토링 운영의 핵심 요소(하)

80여 년 전 미국의 교육철학자 존 듀이(John Dewey, 1927/1954)는 공동체 구성원들이 공동의 일을 함께 수행하고 그 경험을 글로써 해석하고 공유할 때 공동체가 살아난다고 설파했습니다.[24] 듀이의 주장은 온라인 공동체에도 타당합니다. 지금 이 성찰이 학습공동체 '정보사회학'이 발전하는데 있어 자양분이 되어 주리라 믿습니다.

2. Social Mentoring 운영의 10가지 Key Points

⑤ 멘토-멘티가 함께 수행하는 미션(mission)을 만든다

뭐니 뭐니 해도 이 부분이 소셜 멘토링의 가장 핵심적인 부분이 아닌가 합니다. 멘토와 멘티가 함께 수행하는 과업이 주어져야 멘토링의 중심이 잡힙니다. 그런데 과업을 기획할 때는 멘티의 입장만을 생각하지 말고 멘토의 입장도 고려해야 합니다. 멘티가 멘토로부터 일방적으로 지식을 얻어내는 것이 아니라 멘토도 깨달음과 보람을 느낄 수 있는 방향으로 과제를 만드는 것이 좋습니다.

'정보사회학입문' 수업에서 학생들이 수행한 6개의 큰 과제 중 세 개가 멘토와 관련된 과제입니다. 9월 14일에 나간, 그 중 첫 번째 과제는 학생들이 자신이 개인적으로 배우고 알아보고 싶은 멘토를 선정해 그 멘토의 소셜미디어(페이스북과 트위터) 활용을 꼼꼼하게 관찰하는 것이었습니다. 최소한 2주일 동

[24] John Dewey. 1927/1954. *The Public and Its Problems.* Swallow Press.

안 관찰하여 정량적 분석과 정성적 분석을 하고 본인이 얻은 교훈을 덧붙여 제출하는 것이었습니다. 절대 다수가 1학년 학생들이기 때문에 이런 교육이 전혀 되어 있지 않을 것이라 가정하고 어떻게 멘토의 활동을 계량적으로 집계할 것인가에 대해 비교적 상세한 가이드를 주었지요. 과제를 그룹에 게시하자 몇몇 멘토들은 댓글로 학생들에게 효율적으로 활동 통계를 내는 툴을 소개해주기도 했습니다.

여기서 제가 큰 실수를 했어요. 학생들이 멘토를 선정할 때 중복이 되지 않도록 조정해주었어야 했는데, 그냥 학생들의 선택에 맡겨버렸습니다. 그랬더니 몇몇 멘토들에게 학생들이 몰리는 일이 발생했고, 멘토 여러분이 이 미션에서 빠지게 되었지요. 그 분들에게는 이 자리를 빌려 사과 말씀을 드립니다. 순전히 제 미숙한 결정 때문에 그렇게 되었어요.

학생들은 마치 '스토커'가 된 것 마냥 선정한 멘토의 활동을 신나게 추적했습니다. 각 멘토의 동의를 받고 학생들이 활동을 시작하기는 했지만 아마도 멘토들에게는 당황스런 경험이었을 겁니다. 학생이 자신의 페이스북과 트위터 활동을 헤집고 분석하니 어떤 분들은 다소 찜찜하게 느낄 수도 있었을 것이고, 어떤 분들은 덕분에 자신을 돌아보는 기회라고 여기기도 했을 겁니다. 아무튼 그 과제가 진행되고 마무리된 3주 정도의 기간 동안 소셜 멘토링은 급진전되었다고 생각됩니다. 학생들의 과제 보고서가 하나 둘 '정보사회학입문 2010 그룹'에 올라오면서 댓글 잔치가 벌어졌지요. 대부분 격려성 댓글이었고 그룹의 분위기는 아주 고조되었습니다.

9월 25일 첫 번째 과제를 마감한 다음날 바로 두 번째와 세 번째 과제를 올렸습니다. 멘토와 학생에게 수업 활동에 관한 예측 가능성을 높여주고 학생들에게 충분한 시간을 주겠다는 생각이었습니다. 물론 학생들의 긴장도 유지하고. 두 번째 과제는 멘토의 페이스북 친구관계에 대한 분석이었고, 세 번째 과제는 멘토의 페이스북 사용 소회에 관한 인터뷰였습니다. 그 뒤 약 한 달 동안은 그 두 가지 과제가 멘토링을 끌고 갔습니다.

⑥ 수업진행 상황을 지속적으로 공지한다

다른 직장 생활을 하면서 짬을 내 멘토링에 임해야 하는 멘토들에게 수업은 쉽게 관심에서 멀어질 수 있습니다. 교수는 멘토들에게 도대체 무엇을 하는 수업인지, 지금 무엇을 진행하고 있는지, 앞으로 무얼 하려는 것인지 등에 대해 수시로 알려야 합니다. 그것은 멘토가 수업에 대한 관심을 유지하고, 방향 감각을 잡고, 멘토링에서 의미를 찾는데 도움이 될 것입니다.

'정보사회학입문'에서 저는 이 부분에 많은 노력을 기울였습니다. 9월 하순에는 이미 멘토가 31명, 학생 32명, 담당교수와 조교를 합쳐 70여명에 가까운 식구가 되었기 때문에 공동프로젝트인 수업을 모두에게 가깝고, 의미 있게 느끼게 하는 노력은 매우 중요했습니다. 수업 자체가 큰 프로젝트가 된 것이지요.

그래서 저는 페이스북의 개인 프로필, '정보사회학 페이지', '정보사회학입문 2010 그룹', 트위터 등에 수업 관련 소식을 자주 내보냈고, 열성적인 학생들은 자발적으로 자신의 담벼락이나 노트에 수업에 관한 글을 올리고 트윗을 날리는 등 활발히 활동했지요. 물론 '정보사회학입문' 그룹에 매일 매일 글이 올라왔기 때문에 멘토들은 쉽게 수업에 관한 소식을 들을 수 있었겠지만, 그러한 노력들이 합쳐져 한 학기 동안 멘토들은 페이스북에 들어오면 최소한 일주일에 한번은 '정보사회학입문' 수업에 관한 얘기를 만날 수 있었으리라 생각합니다.

⑦ 돌발상황에 대해 차분히 대처한다

온라인상이기는 하지만 개성이 강하고 다양한 직업을 가진 멘토들이 학생들과 매일 만나게 되면 얼마든지 예기치 않은 일이 발생할 수 있습니다. 하지만 크게 걱정할 일들은 아닐 겁니다. 기본적으로 애정을 가지고 좋은 의도로 만들어진 공동체이기 때문에 차분히 대처하면 모든 일이 잘 풀어질 것입니다. 서둘러서 조치를 취하기보다는 앞뒤 정황을 잘 살피고 최대한 신중을 기하는 편이 좋습니다. 멘토나 학생이 먼저 나서서 문제를 수습하려고 할 가능성이 높으니 기다리는 것도 현명한 방법이 될 수 있습니다.

저는 아주 단순한 원칙을 가지고 문제에 대처했습니다. 첫째는 학생을 보호하고, 둘째는 멘토를 존중하는 것입니다. 이 두 가지를 지키지 못하면 효과적인 멘토링이 될 수 없다고 생각했습니다.

'정보사회학입문2010' 그룹에서 두 번의 다소 심각한 사건이 발생했습니다. 첫 번째 사건은 학생이 멘토와 전화 인터뷰를 하고 과제를 작성했는데, 내용을 제대로 전달하지 못해서 생긴 일입니다. 그 멘토는 댓글을 통해 학생에게 직설적으로 꾸지람을 주었습니다. 따끔하게 충고한 것이지요. 똑똑하고 열성적으로 수업에 참여하는 1학년 여학생인데, 온라인상으로 보니 그 여학생이 금방 울음이 터질 듯한 상황에 몰려 있었습니다. 그래서 즉시 그 여학생에게 몇 번 쪽지를 보내 토닥거려 주었어요. 사건은 다행히 잘 마무리 되었습니다.

이 사건은 제게는 상당히 충격적이었습니다. 제 교육 원칙이 '칭찬과 격려'인데, 멘토의 행동이 그 원칙에 정면으로 부딪쳤으니 말입니다. 물론 그 멘토는 제 교육 원칙을 알 리가 만무했지요. 설령 알았다고 하더라도 멘토가 굳이 제 원칙을 따를 필요는 없었겠지요. 그래서 제가 택한 방법은 멘토의 입장을 존중해주고 따로 학생에게 멘토의 입장을 이해시키는 것이었습니다. 제가 여러 대학에서 20년 정도 가르쳤는데, 우리나라 대학생은 아주 소수를 제외하고는 칭찬과 격려가 절실히 필요합니다. 자신감이 너무 없어요.

다른 또 하나의 사건. 어느 날 새벽에 일어나보니 간밤에 멘토 한 분이 심각한 포스팅을 한 거예요. 학생들이 과제를 하는데, 인터뷰 질문을 멘토에게 쪽지로 보내고 멘토로부터 받은 답장을 그대로 카피해서 제출한다는 겁니다. 그렇게 함으로써 그 과제는 학생이 아니라 멘토 과제가 되었고, 멘토의 프라이버시를 침해했다는 비판이었습니다. 거기에 대해 여러분 멘토들이 의견을 올렸고, 저도 사과의 글을 게시하였습니다.

저는 학생들이 그런 식으로 인터뷰를 할 줄을 전혀 예상하지 못했습니다. 제가 학생들에게 인터뷰 방식에 관해서도 가이드라인을 줬어야 하는건데 또 실수를 한 것이지요. 사건은 곧 마무리되었지만 아마도 학생들은 정신이 번쩍 들었을 것입니다. 저도 그랬으니까요.

⑧ 프라이버시 보호에 최대한 노력한다

수업과 멘토링에서 생산된 부산물 중에서는 멘토와 학생의 개인 정보가 포함된 자료가 적지 않습니다. 그런데 자료가 모두 디지털로 되어 있기 때문에 얼마든지 외부로 유출될 수 있습니다. 본인이 자발적으로 자료를 밖으로 내보는 경우를 제외하고는 탈개인화하는 것이 바람직합니다. 특히 그 자료가 멘토나 학생의 신상정보를 담고 있지 않도록 유념해야 합니다.

'정보사회학입문'에서 제가 그 부분에 대해 충분히 관심을 쏟지 못했다고 생각합니다. 특히 멘토의 소셜미디어 활동에 관한 과제들에서는 학생들이 해당 멘토에게 익명화 여부에 대해 사전 동의를 구하도록 지침을 줬어야 한다고 생각합니다. 수업 전에 소셜미디어나 클라우드 컴퓨팅 서비스를 받을 때 발생할 수도 있는 프라이버시 문제를 학생들에게 알려주고 그에 대비하도록 유도하는 것이 맞을 겁니다.

⑨ 멘토에 대해 감사를 표시한다

모든 멘토가 동일한 정도로 열성을 가지고 수업에 참여하지는 않지만, 어떤 멘토들은 헌신적으로 멘토링에 참여합니다. 학교 입장에서 멘토들에게 감사를 표시할 사전 준비를 해두는 것이 좋습니다. 총장이나 학장, 최소한 학과장 명의의 감사 편지(더불어 선물까지)를 보낸다면 좋을 것입니다.

이 부분에 대해서도 저는 잘 하지 못했습니다. 학기 도중에 그 필요성을 느꼈지만 예산을 세워 놓지 않았으니 그때는 별로 할 수 있는 게 없었습니다. 그래도 고민을 하다 멘토들에게 쪽지를 보냈어요. 자그마한 선물을 보내드리고 싶은데 주소를 보내달라고. 두세 번 반복해서 요청했지만 반 정도밖에 응해주지 않았습니다. 주소를 보내주신 멘토들에게는 제가 사는 이천시의 명품인 쌀을 조금씩 보내드렸습니다(해외에 계신 멘토께는 보내드릴 수가 없었습니다). 여러분들이 좋아하셨어요. 저는 쌀이 화제가 되어 멘토들 사이에 화기애애한 분위기가 되는 모습을 보고 잘 했구나 하는 생각이 들었습니다. 작은 선물이라도 마음을 표시한 게 좋았던 것 같아요.

⑩ 멘토들이 보람과 즐거움을 느끼게 한다

시간(time)과 관심(attention)이 소중한 지식사회에서 누구나 얼마큼은 전략적으로 행동하게 됩니다. 당연하지요. 특히 멘토링처럼 일정한 정도의 헌신(commitment)을 공식적으로 약속한 일이 아닌 경우에 최소한의 행동과 최대한의 행동의 차이가 매우 클 수 있습니다. 멘토링에서 멘토들이 보람과 즐거움을 느낄 수 있다면 멘토의 행동은 최대치에 접근할 것입니다. 그런 점에서 멘토링은 도입보다 운영에 훨씬 품이 많이 드는 수업 방식입니다.

'정보사회학입문' 수업에서 멘토들은 보람과 즐거움을 느꼈을까요? 사실 전 잘 모릅니다. 그런 분도 있을 것이고 그렇지 않은 분도 있겠지요. 하지만 탈물질주의(post-materialistic) 시대를 살아가는 현대인들에게는 의미(meaning)가 중요합니다. 그들은 의미 있는 일을 사랑합니다. 온라인 만남을 통해 젊은이를 도와주고 내가 배울 수 있는 학습공동체가 있다면, 거기서 충분히 의미가 발견되지 않을까요?

이상으로 소셜 멘토링을 '정보사회학입문'이라는 사례를 가지고 탐색해 보았습니다. 원래 멘토링은 장기간의 인간관계가 요구되는 비형식적인 학습 유형입니다. 그것은 단기간에 일어나는 공식적인 수업에 딱 들어맞지는 않습니다. 하지만 세상일은 거꾸로 가기도 하잖아요? 수업을 통해서 형성된 멘토-멘티 관계가 수업이 끝난 후에도 유지되는 모습을 보면서 드는 생각입니다.

돌연변이는 우연히 생깁니다. 그러나 그것은 유전자에 족적을 남깁니다. 소셜 멘토링은 우연히 제 수업에 찾아왔지만 SMPL의 빼놓을 수 없는 요소로 자리를 굳혔습니다. 2011.01.20

좋아요 · 댓글 달기 · 공유하기

탁연상, Brian Kim, 조정희님 외 34명이 좋아합니다.

문순현 멘토링은 그 자체만으로도 멘토와 멘티 모두에게 도움이 된다고 생각합니다. 꼭 지식의 교류가 아니더라도 인격적 만남이 이뤄내는 성과는 상상외로 크기 때문입니다. 먼저 좋은 배움의 기회를 열어주신 윤교수님께 다시 한 번 감사드립니다.^^ 저도 멘티가 저와 인터뷰한 쪽지를 사전얘기 없이 페이지에 포스팅해서 사실 당황스러웠던 기억이 있습니다. 그때는 학습과정의 작은 배움이 될 걸로 생각했습니다.

하지만 교수님께서 말씀하신 대로 인터뷰가이드라인과 개인정보보호에 대한 사전 교육이 있었다면 훨씬 좋았겠다는 생각이 듭니다. 또한 바쁘다는 핑계로 적극적 멘토가 되지 못한 점은 제가 반성할 부분이지요. :) 이런 좋은 온라인 학습공동체에서 인격적 관계를 통해 의미 있는 성과가 많이 생겼음 좋겠습니다. 그리고 응원합니다. 파이팅!!!^^

2011년 1월 20일 오전 10:59 👍 4명

정보사회학 문선생님, 멀리 계시면서도 늘 성원해주셔서 감사합니다. 다음에는 좀더 잘 할 수 있을 것 같아요.

2011년 1월 19일 오후 7:25 👍 3명

최대원 정보사회학과 멘토링은 이렇게 이루어져 있구나! 상당히 낯설었지만, 엄청난 의미를 담고 있군요. 다소 소화하기 어려운 것도 있었지만, 요즘처럼 페북과 SNS가 진지한 의미로 다가올 거라 생각하지 못한 터라. 생활에 많은 변화를 페북이 주었는데 이렇게도 발전방향이 있고. 더 나아가 무한의 확장성이 있겠습니다. 아무튼 좋은 정보 글 잘 읽고 갑니다. 계속 기대하겠습니다.

2011년 1월 20일 오전 2:27 👍 4명

Alexander Park 이천 쌀밥에 고기국으로 흑흑 장군님의 평생소원. 헐 내가 먼 말을? ㅎㅎㅎ 야튼 참 좋았던 이벤트였습니다. 글고 7번에서 언급된 다비스님의 나는 이제는 말할 수 있다류의 긴박한 비하인드스토리도 있었지만 걍 묻어두고. ㅋㅋ 전 12시간의 난이라 명명했는데요. 난의 발생에서 댓글을 통한 공성전을 거쳐 사태가 진정되고 평온을 되찾을 때까지 딱 12시간 정도 걸려서요.ㅎ

그런데 그 과정이야말로 정보사회학입문 클래스의 토론을 통한 역동적 자기 조절 기능이 완벽하게 작동한 아주 모범적 케이스였다는 생각이 들더군요. 제가 그래서 그 과정에서 발생한 프로 콘 댓글 갯수까지 통계내고 하면서 소셜미디어 기반의 학습과정에서 발생한 견해 충돌 문제가 어떻게 해결되는지에 대한 케이스로 정리해서 제 발표자료에 포함했던 적도 있었습니다.ㅎ 이처럼 저로서는 참으로 즐거운 경험이었고 너무 즐거웠다는 점과 아울러 이천쌀밥의 부작용으로 허리둘레가 늘어나는 문제가 있었다는 점을 보고드립니다.^^

2011년 1월 20일 오전 7:30 👍 8명

정보사회학 알렉스님, 일에는 참 우연히 많아요. 면에 있는 하나로마트에 생선 사러 갔다가 그 앞에 쌓여진 쌀을 보고 생각해낸 거였어요. 우리 면에서 생산된 쌀이냐고 농협직원에게 몇 번을 확인하고 쌀을 보내드리기로 결심했답니다. 비누세트를 보내드린 것보다 확실히 잘한 것 같아요. 작은 선물에 스토리가 있었으니까요.^^ '12시간의 난'. 제가 새벽 4시에 깨어 그룹에 들어갔더니 글쎄 Davis님의 준엄한 '항의문'이 떠 있는거예요. 눈이 침침해서 몇번이나 눈을 비비고 다시 읽었어요. 큰일 났다 싶더라고요. 그런데 바로 Ben님이 반박하는 글을 올렸더라고요. 그래서 아, 이번 기회에 우리가 또 한번 쎄게 배우겠구나 하는 생각이 들었죠. 사실 이 수업을 시작한 이후 발 뻗고 자질 못했어요. 하도 엉성하게 준비해서 진행하다보니 어디서 뭐가 터질지 늘 불안했습니다.^^

2011년 1월 20일 오전 7:59 👍 6명

Ben Byeongho Lee 전 갠적으로 9번이 제일 맘에 들었습니다. 사람은 역시 물질에 약해서리^^;;

2011년 1월 20일 오전 8:24 👍 5명

JongUk Lee 수업에 대한 내용을 듣고 여러 가지 생각을 해봤습니다. 저도 학생들에게 가능하면 칭찬을 하려하고, 좀더 수업에 집중할 수 있도록 동기 부여를 하지만 어느때는 지치기도 합니다. 제 나름은 잘 가르친다는 자부심도 가지고 있지만, 글을 보면서 더 노력해야겠구나 생각이 들었습니다. 재미있는 시도 잘 봤습니다^^
2011년 1월 20일 오전 9:31 👍 5명

정보사회학 처하신 상황은 정확히 알 수 없으나 종욱님의 말씀을 이해합니다. 그래도 전 끊임없이 칭찬과 격려를 해주어야 한다고 생각합니다. 사회학에서 거의 유일하게 인정된 사회법칙이 하나 있습니다. "자기실현적 예언(self-fulfilling prophecy)"이란 것입니다. 사람은 자신이 된다고 믿는 미래를 갖게 된다는 법칙이지요. 저도 그걸 믿습니다.^^
2011년 1월 20일 오전 9:55 👍 6명

JongUk Lee 네! 사람은 자기가 바라고자 하는대로 된다! 흔들리지 않고 걷게 되면 그 미래가 바로 현실이 되겠지요! 늦은밤에 감사합니다!^^
2011년 1월 20일 오전 10:03 👍 3명

Namsook Han 참 좋은 내용입니다. 특히 우리나라 학생들에게 격려와 칭찬이 많이 필요하다는 내용에 마음이 아프군요. 학교교육에서 만들어진 과정과 결과들을 함께 읽도록 해주셔서 고맙습니다.^^
2011년 1월 20일 오후 12:42 👍 5명

Myungdae Cho knowledge management economics에서 말하는 "Knowledge Spillover"를 개인적으로 크게는 정보사회학 커뮤니티에서, 적게는 정보사회학입문반의 Social Mentoring에서 느꼈습니다. 개인이 가진 지식을 다양한 cloud crowd participants를 통해서 개인이 가진 지식, 경험, 세상사를 나누면서 서로 돕기도 하고 때로는 약간의 논쟁도 있는 모습이 참 좋습니다.

제가 누차 언급해왔습니다만, 이번의 정보사회학입문반의 SMPL은 우리 교육사에 큰 발자국을 남길 것입니다. 윤교수님이 제시하신 대로 가다듬을 것은 가다듬어 더 나은 과정으로 만들어나가야 할 것입니다. 윤교수님처럼 어느 정도의 그림으로 일단 저지르고(?) 봐야 뭔가 작품이 나온다는 것도 느꼈습니다. Web 3.0도 그렇고요. 발전의 원동력입니다. Innovation의 원동력입니다. 그 제자분들도 여기저기 저지르는 듯한 느낌도 받습니다. 아주 좋은 현상입니다.^^
2011년 1월 20일 오후 2:55 👍 7명

정보사회학 조교수님, 학생들도 선생을 닮아가나봐요.^^ 저지른 대신에 이렇게 복기를 하면서 땀을 흘리고 있습니다.
2011년 1월 20일 오후 6:41 👍 3명

김재원 정말 우리 학생들에게는 칭찬과 격려가 필요합니다. 어릴 때부터 많은 칭찬과 격려를 받지 못하고 주입식 교육의 굴레에 갇혀 있었으니까요. 레고 구성주의 교육에서도 실전적인 방법론에서 칭찬과 격려를 많이 강조합니다. 따끔한 지적이 필요할 때도 있지만 동기유발에서는 칭찬이 매우 효과적이라고 봅니다. 물론 그 칭찬의 과잉으로 인해 아동기에는 아이들이 부모의 칭찬을 받을만한 것만 찾아서 하게 되는 부작용이 있지만, 오히려 청소년기가 지나고부터는 칭찬과 격려가 큰 자신감을 길러주고 패배주의를 씻어줄 수 있다고 봅니다.

다만, 지난 과정에서 스텝 바이 스텝 방식의 난이도 조정은 잘 계획되었는가를 돌이켜봅니다. 좀 쉬운 것부터 시작해서 보다 난이도가 높은 과제를 던져줘야 하는게 아닌가 하는 생각이 살짝 들었습니다. 소셜미디어와 성과 측정 툴에 대해 잘 모르는 학생들이 첨에 좀 힘들었을 것 같아요. 물론 학우들끼리 또 몇몇 멘토님들의 실시간

코칭으로 빠르게 툴들을 익히고 정보가 빠르게 공유되었지만요.

그리고 저번에 정보사회학 입문 그룹 토론 게시판에 성적 산출 방식에 대해 제가 문의를 드렸는데 온라인 활동이 주로 되는 수업에 출석 점수가 큰 비중을 차지하는 것이 살짝 의문이 들기도 했었습니다. 지난 노트에서 교수님이 설명을 해주셔서 이해는 되었습니다만. 제가 볼 때는 학생들이 강의시간 외에도 보통 다른 수업과 달리 밤을 지새면서까지 학습에 투입한 시간이 많았는데(사실 좀 가여웠을 정도로...) 오프라인 출석까지 철저히 해야 된다면 다른 일반적인 수업과 형평성 문제는 없는가? 하는 생각이 약간 들었습니다. 하기야 지나고보면 그렇게 밤을 지새워 공부한 수업들이 머리에 오래도록 각인은 되긴 하더군요.^^

2011년 1월 20일 오후 10:17 👍 4명

정보사회학 재원님, 제 수업에 있어 출석은 타협이 안됩니다. 제 오랜 경험상 혼합식 수업에서는 오프라인 수업이 확실히 중심을 잡아주어야 해요. 오프라인 수업에서는 온라인 활동에 의미를 부여하고 방향을 잡는 일들이 이루어집니다. 특히 이 수업에는 교과서나 교재도 없어요. 오프 수업에서는 거의 매 시간 마다 학생들과 중요한 메시지를 공유하고 학생들이 부딪힌 문제들에 대한 해법을 찾습니다. 비록 그 양은 적지만 수업에 오지 않으면 터득하기 어려운 내용들입니다. 설령 잘 정리된 노트를 빌려본다해도 별 도움이 안돼요. 머리와 가슴으로 느껴야 할 것들이거나 아니면 직접 배워야 하는 스킬들이기 때문입니다.

2011년 1월 20일 오후 11:41 👍 3명

김재원 그렇군요. 사실 애정이 가고 흥미로운 수업은 웬만하면 결강 안하게 되기도 하죠. 역시 블렌디드 러닝이 중요한 것 같아요.^^

2011년 1월 21일 오전 12:26 👍 3명

Namsook Han 출석 이야기 하시니 생각나는 이야기가 하나 있어요. 제 아들이 대학교 다니면서 한 학기 동안 실험했다는 교실수업에 안 들어가면 어찌 되는가.ㅎㅎ 페이퍼와 그 외 숙제만 내고 그 과목 땜에 GPA가 떨어졌다나요^^

2011년 1월 21일 오전 3:49 👍 2명

정보사회학 남숙님, 제가 미국 서부에서 다니던 대학은 공립이지만 출석을 무척 엄격하게 관리했어요. Law나 medical school을 가려는 학생들의 성적에 대한 집착이 엄청나더군요. 당연히 지각과 결석은 찾아보기 어려웠지요. 며칠 잠을 자지 않고 공부하는 일이 비일비재 했음에도 말입니다. (그렇다고 인생을 즐기지 않는 것도 아니지요.) 그러다보니 한학기 학습량이 어마어마하지요. 저는 대학원이었지만 거기서 한 학기 공부한 양이 그 전에 다녔던 남부의 한 주립대 대학원에서 2년반 공부한 양보다 많았어요. 그런 상황에서 지각과 결석은 상상할 수도 없는 일이지요. 저는 우리 대학도 그런 모습이 되어야 한다고 생각합니다. 저는 우리 학생들이 축복받은 능력을 갖고 있다고 생각합니다. 그 학생들이 자신의 능력을 발견할 기회를 가질 수 있어야 해요. 그런데 그 능력을 끝까지 써보지 않고는 제대로 계발이 될 수 없잖아요.

2011년 1월 21일 오전 7:58 👍 1명

Namsook Han 아들 다닌 학교도 ivy 소속입니다. law school 입학원서 내면서 아쉬워서 제게 고백한 거지요.ㅎㅎ columbia law school 졸업했으니 뭐 그리 손해 본 것도 없는 듯싶은데 law school 들어가서 1학년 때 자기 평생 공부 제일 많이 했다고 합니다.^^

2011년 1월 21일 오전 8:09 👍 2명

정보사회학 우리 대학들도 standard를 끌어올려야 합니다. 우리 대학들 상당수는 인적

자원(교수, 학생) 측면에서 세계적 수준에 접근해 있다고 봅니다. 시스템이 문제이지요. ivy를 부러워할 이유가 없어져야 합니다. 그게 우리 대학이 사는 길일 뿐 아니라 우리 나라가 사는 길입니다.
2011년 1월 21일 오전 8:40 👍 3명

김재원 사실 공부는 대학 가서 제대로 해야되죠. 청소년기에는 맘껏 뛰어놀고 다양한 경험을 하면서 자신의 꿈을 일구어나가야 하고. 그런데 우리는 고등학교 때 억지로 공부하고 대학 가서 놀려고 하고 그제서야 자신의 인생에 대해 고민하기 시작하니 방황의 늪에 빠지는 경우가 많은 것 같습니다. 저 또한 그러했고 얼마전 노트에 윤교수님이 우리나라 대학생들은 대학교에 와서야 사춘기를 앓는다는 말이 새삼 기억나네요..
2011년 1월 21일 오후 4:53 👍 3명

송승섭 지난 과정을 조금씩 알게 되니 정보사회학의 내공이 절로 쌓인게 아닌 것 같습니다. 파이팅입니다!
2011년 1월 21일 오후 5:55 👍 2명

대화 76 소셜미디어와 대학 수업(9): 팀블로깅 - "이건 실제 상황이야"

'정보사회학입문' 수업에 참여했던 멘토들은 당연히 멘토링이 가장 기억에 남겠지만 학생들은 그렇지 않을 수도 있습니다. 또 다른 강력한 체험이 기다리고 있었으니까요.

수업을 하던 중 제게 고민이 생겼습니다. 학기가 절반이 넘게 지나갔는데 학생들이 예상만큼 소셜미디어를 제대로 사용하지 않는 겁니다. 정보와 지식의 생산자로 거듭나 줘야 하는데, 대부분 잡담 수준의 대화를 하거나 정보를 퍼나르는 수준을 벗어나지 못하는 거예요. 물론 그것도 필요한 활동이지만, 전문가가 되려면 그 수준을 넘어가야지요. 이미 툴은 충분히 배웠는데, 프로슈머(prosumer)가 되지 않는 겁니다.

온라인 글쓰기 방법도 가르쳐주고, 수없이 많은 샘플(멘토, 교수의 글들)을 보게 했고, 수업시간에도 자주 글을 쓰게 하는 등 저로서는 온갖 노력을 다하는데도 대부분의 학생들이 글을 안 쓰는 겁니다. 그렇다고 그들이 UGC를 만들어 올리는 것도 아니고. 글 쓰는 자체도 중요하지만 자신의 글이나 UGC의 온라인 프로모션을 해봐야 네트워크 세상이 어떻게 돌아가는지 감을 잡을 수 있는데, 글을 안 쓰니 학습이 진전이 안돼요.

학생들이 거기까지 가야 수업 목표에 도달하는데, 잘못 하다간 실패할 수도 있겠다는 위기의식이 들었습니다. 그래서 중간고사 이후에 수업의 방향을 크게 조정했습니다. 저는 학생들의 절대 다수가 글을 쓰게 하고야 말겠다는 의지를 불태웠지요. 그래서 선택하는 방법이 팀별 블로그 운영입니다. 6주 정도 남은 기간 동안 학생들로 하여금 팀블로깅 경쟁에 전념하도록 하겠다고 결심했습니다.

수업시간에 학생들에게 제 취지를 설명하고 성적의 절반을 걸었습니다. 네 팀을 구성하고, 학생들과의 논의 끝에 기숙사, 자취, 통학, 안산이라는 네 가지 주제로 블로그를 만들기로 했어요(아래 각 블로그 링크 참조). 블로그를 얼마나 성공적으로 운영하는가를 가지고 팀끼리 경쟁을 하고, 그 결과에 따라 차등적으로 점수를 주기로 했습니다.

안산 블로그(http://midas.hanyang.ac.kr/infoso2010/ansan/)
자취 블로그(http://midas.hanyang.ac.kr/infoso2010/homealone/)
통학 블로그(http://midas.hanyang.ac.kr/infoso2010/goncome/)
기숙사 블로그(http://midas.hanyang.ac.kr/infoso2010/dorm/)

그런데 시작한 첫날부터 브레이크가 걸렸습니다. 팀 별로 한 명씩 간사를 정해 수업시간 끝난 후에 특별 교육 시간을 잡자고 했는데, 그 중 한 팀이 간사를 남기지 않고 그냥 가버린 것이에요. 팀장들에게 원격으로 서버에 접속해서 블로그 업데이트 하는 방법을 별도로 지도해주려고 했는데 말입니다. 화가 나기도 하고 어이가 없기도 하고 그랬지요. 이제 겨우 대학 1학년 학생들이 교수의 지시를 깡그리 무시하다니. 만약 그대로 가면 그 팀 학생들은 모두 F를 주겠다고 마음을 먹었습니다. 다행히 나중에 그 팀 학생한테서 전화로 연락이 와서 팀 간사들 교육을 진행했습니다.

먼저 블로그 타입을 선정해야 하는데, 학생들이 가입형 블로그보다는 설치형 블로그로 해보고 싶다고 해서 워드프레스(Word Press)를 선택했습니다. 수업시간 하루를 잡아 워드프레스 사용법 교육을 시킨 다음, 그 다음 주부터 실전에 들어갔습니다. 서버는 학과 블로그 서버를 사용하기로 했습니다. 학과 서버가 좀 부실하고, 학교 네트워크의 보안 수준이 높기 때문에 이용이 좀 불편하기는 하겠지만 그것도 네트워크에 대한 산교육이 될 수 있다고 판단했습니다.

팀들은 매주 목요일 수업시간에 그 주 활동 계획 및 주별 성과를 발표하도록 했습니다. 첫 주에 블로그 운영 계획을 발표하는데, 한 조는 상당히 체계적인 계획을 만들어 왔고, 두 조는 좀 비현실적이지만 그런대로 무난한 계획을 가져 왔는데, 한 조는 아주 무성의한 계획을 가져 왔습니다. 아무튼 그렇게 해서 팀블로깅 레이스가 시작되었습니다. 저는 수업시간에 "이것은 실제 상황이야"라고 수없이 강조했지요.

학생들의 글이 올라오기 시작했는데, 거의 들어오는 사람들이 없는 거예요. 제가 볼 때는 당연했지만 학생들은 크게 실망하는 눈치였습니다. 사실 그게 현실의 벽이지요. 저는 수업시간에 블로그를 활성화시킬 수 있는 다양한 방법들을 지도했습니다. 타겟팅(Targeting), 포커싱(focusing), 글쓰기, 소셜미디어를 포함한 온라인 프로모션 등 바로 적용할 수 있는 실무적 방법을 가르쳐 주었습니다. 그리고 재미있는 글들은 제 페이스북 담벼락에 공유시켜주기도 했습니다.

2-3주가 지나면서 몇몇 팀들에서 히트작들이 나오기 시작했습니다. 어떤 팀

은 스스로 내부 경쟁을 도입해 동기부여 문제를 풀어가기도 했지요. 팀 블로깅에서는 무임승차의 문제를 잘 해결해야 하는데, 그 점에서 발군의 능력을 보이는 팀들이 나타난 것입니다. 리더십의 격차가 블로깅의 성과 차이로 드러나기 시작한 것이지요. 어떤 주에는 고급 저녁식사와 커피를 상으로 내걸고 경쟁을 시키기도 했습니다.

그렇게 약 5주 동안 강력한 드라이브를 건 결과 가장 우려했던 팀도 어느 정도 성과를 냈고, 어떤 팀은 기대 이상의 좋은 결과를 내기도 했습니다. 시간적 제약 때문에 제가 좀 지나치게 밀어부치기는 했지만, 아마도 학생들은 팀 블로깅 경쟁을 통해 많은 것을 느끼고 배웠을 겁니다. 블로그는 학생들이 네트워크를 배우는데 아주 훌륭한 도구였습니다. 팀블로깅은 실제 상황에서 성과를 내야 하기 때문에 학생들이 느끼는 현실감과 박진감도 높고, 이론과 실무에 대한 탁월한 학습 기회가 되어주었다고 생각합니다. 학생들에게는 두고두고 기억에 남는 체험이 될 것입니다. 아래 링크한 한 팀의 최종 보고서를 보면 전체적으로 어떻게 활동이 진행되었는지 각 학생이 무엇을 배우고 무엇을 느꼈는지가 잘 나타나 있습니다. 각주에 링크된 보고서를 꼭 읽어보세요.[25] 한편의 드라마에요.

아마도 특히 글쓰기와 글읽기에 대한 학생들의 생각과 태도가 달라졌을 겁니다. 요즘은 중고등학교 시절에 단 한 권의 책도 제대로 읽지 않고 대학에 오는 학생들이 많습니다. 책만 보지 않는 게 아니라 온라인 상에서도 남의 글을 진지하게 읽어 본 적이 별로 없는 것 같아요. 물론 논술 시험에 대비한 연습 말고는 글을 써 본 적도 없고요. 이번 수업을 통해 학생들은 남의 글을 차분하게 읽거나, 자신의 생각이 남과 잘 공유되도록 글로 표현하는 중요성을 인식하고, 또 그렇게 하는 방법도 어느 정도 배우지 않았을까 생각합니다. 어느 학생은 이 수업이 '말과 글'(1학년 교양국어)을 또 수강하는 느낌이라고 말하기조차 했습니다. 아마도 어떤 학생들은 앞으로 글을 잘 쓰기 위해 책을 읽어야겠

---

25 안산팀 블로깅 보고서.
https://docs.google.com/viewer?a=v&pid=explorer&chrome=true&srcid=0B45fcqIHWPCwNmIxNTI2MjEtMTdkZi00ZWQyLWJhMjktZDIyY2EzMTBmMzNm&hl=en&authkey=CLSqu9YH

다는 결심을 하기도 했을 것 같아요.

저도 이 수업을 통해 글쓰기가 소셜미디어 시대에 필수적인 소양이라는 사실을 깨달았습니다. 그리고 학생들이 그 소양을 갖추기 위해 일찍부터 체계적인 훈련을 받아야 한다는 점, 그리고 대학 교육이 그 역할을 상당 부분 떠안아야 한다는 점도 느꼈습니다. 2011.01.30

좋아요 · 댓글 달기 · 공유하기

이승훈, 이미선, Haewon Kim님 외 53명이 좋아합니다.

진소영 Young people just want to chat on facebook or twitter. They don' think seriously....They believe SNS is part of chatting. Many people also abuse facebook for business as well.
2011년 1월 29일 오후 3:01 5명

송승섭 참으로 대학의 산교육의 실례라고 생각됩니다. 그리고 고전적 표현이지만 많이 읽고, 생각하고 쓰게하는 교육이 정말 중요하다고 생각됩니다. 그런 소양을 위한 좋은 사례 감사합니다.
2011년 1월 29일 오후 4:19 3명

Yeji Sophia Kim 교수님! 보고서 링크가 잘못된 것 같습니다! 실제 상황이었기에 더 긴장감 넘치는 경쟁이었어요!ㅎ 치열한 경쟁에 정말 궁리도 많이 하게 되었고 글로 사람들의 마음을 끄는 것이 얼마나 어려운 일인가도 알게 되었어요..ㅎㅎ 혼자만의 블로그가 아니라 팀블로그라 각자의 부담을 나누어가지고 또 시너지 효과도 낼 수 있어 좋았구요.ㅎㅎ 글이 히트가 나면 이루 말할 수 없는 성취감도 느껴졌었습니다.^^ 전 이제 라섹수술하러 가요! 눈이 회복하면 또 돌아오겠습니다!
2011년 1월 29일 오후 4:35 6명

정보사회학 예지야, 수술 잘 되기 바란다. 링크를 고쳐 놓아야겠구나.
2011년 1월 29일 오후 4:45 3명

Young-eum Lee 정말 산교육이었군요. 보고서를 보면 유명 블로그 댓글이 가장 큰 유입효과를 냈다고 하는데, 앞으로는 페북이나 트위터를 통한 유입이 가장 클 것 같기도 합니다. 예지양, 라섹수술 잘 되었으면 좋겠네요. 회복하는데 시간이 좀 걸리지만 라식보다는 오래 간다니 좋은 효과 있었으면 좋겠네요.
2011년 1월 29일 오후 8:12 5명

Davis Noh 아고... 보고서 읽어보니 수업이 넘 빡세요. ____;; 제가 학생이었다면 괴로웠을 듯합니다. ㅋ
2011년 1월 29일 오후 9:21 7명

정보사회학 이 교수님, 다비스님, 그래도 그런대로 해피엔딩이 되었으니 망정이지 사실 제가 느낀 위기감이 상당히 컸답니다. 한 팀이라도 best practice를 만들어내야 하는데 3-4주가 지나도 성과가 제대로 나오지 않으니 무척 초조했어요. 아마도 학생들보다 제가 더 조바심이 났을 겁니다. 저도 처음 시도해 본 수업방식이라 불안하기도 하고 시행착오도 적지 않게 했어요. 학생들을 과도하게 괴롭히기도 하고. 다음에는 좀 여유 있고 체계적으로 지도할 수 있을 것 같아요.^^

그런데 실제 상황에서 실습을 통해 학습하는 방식은 학습효과가 큰 것 같아요. 지난 학기에 저희 학과의 전성우 교수님은 '도시사회학' 과목에서 안산시 YMCA와 협력해서 안산시 마을신문 만들기 프로젝트를 수행했는데, 성과물인 마을신문을 보니 학생들이 많은 걸 배운 것 같아요.
2011년 1월 29일 오후 9:40 👍 8명

Alexander Park 연말에 가나리 여사 주최 오찬 때 모였던 학생들의 생생한 경험담을 토대로 말씀드리면.. 빡셌지만 정말 좋은 공부였다는 게 중론인 것은 틀림없더군요. 이구동성으로 그리 얘기하더라구요. 그날은 교수님도 안계신 자리라서 학생들이 맘 놓고 한 이런저런 얘기들을 가감없이 전달해 드리는 겁니당...ㅎㅎ
2011년 1월 30일 오전 2:09 👍 4명

정보사회학 알렉스님, 다행이군요.^^ 학생들이 그렇게 느꼈다니.
2011년 1월 30일 오전 4:30 👍 2명

최규문 ㅎㅎㅎ 정말 재미있고도 좋은 경험을 하셨군요... 그리고 멋진 성과물을 내신 것 같아 축하(?)드립니다... 실전만한 훈련은 없다고 하잖아요... 링크 걸린 아이들의 보고서 리포트를 근 3분의2 이상 훑어보았는데... 좋은 교육이 되었던 듯싶습니다. 글쓰기 훈련 정말 중요합지요... 그것도 혼자서 쓰는 독백이 아니라, 누군가에게 읽히는 글을 쓰는 훈련은 더욱이나!!
2011년 1월 30일 오전 4:56 👍 3명

정보사회학 맞습니다. 최선생님. 앞으로도 수업에서 학생들에게 실전 환경을 만들어 주는데 신경을 좀 많이 쓸 생각입니다.
2011년 1월 30일 오전 5:01 👍 3명

김연지 정말 훌륭한 커리큘럼에 많은 것을 배울 수 있었던 수업이었습니당^^ 제가 그만큼 따라가지 못했던 것이 아쉽긴 하지만...ㅠ 다음 학기 수업 커리큘럼을 살펴보니 정말 이번 학기 못지 않은 대단한 수업이 기다리고 있는거 같아요!^^ 너무 기대됩니다!!!!
2011년 1월 30일 오전 7:33 👍 4명

김재원 독서 〉 사유 〉 글쓰기 과정이 참 중요하죠. 블로그스피어도 아마존만큼이나 탐구할 것이 무궁무진하게 많은 것 같아요. 저는 지금 페이스북 페이지가 그렇게 되어가고 있지만, 소셜미디어에서 블로그를 꾸준히 키워간다면 한 개인의 퍼스널 로그를 꾸준히 쌓아가면서 퍼스널 브랜딩을 할 수 있는 베이스캠프가 될 것 같습니다.
2011년 1월 30일 오전 11:44 👍 3명

정보사회학 연지가 그동안 페이스북을 꾸준히 사용한 걸 보니 수업이 효과가 있었던 모양이구나.^^ 다음 학기에도 함께 멋진 수업을 만들어보자. 재원님, 블로그는 대단히 유용한 툴인 것 같아요. personal branding의 베이스 캠프로서의 역할은 계속될 것 같습니다.
2011년 1월 30일 오후 1:03 👍 3명

김영재 살아있는 교육 같습니다. 정말 감동입니다. 저도 4학년 졸업반 정보통신공학과 학생들에겐 15중에 3주를 활용하여 주제발표를 직접 시키고, 멘토를 해줍니다. 그들에게 큰 도움이 되었다는 메일을 자주 받습니다. 이공계학생들의 발표력이 너무 부족한 게 현실이니까요.
2011년 1월 30일 오후 1:48 👍 2명

정보사회학 영재님, 역시 현업에 계시니 프리젠테이션 기술의 필요성을 많이 느끼시는군요. 이공계 학생들에게도 자기표현 능력을 향상시키는 훈련이 제공되어야 한다는데 크게 공감합니다.
2011년 1월 30일 오후 1:56 👍 1명

조정희 그때의 기억이 생생하게 다시 떠오르는 이 느낌은?ㅎㅎ 서로 경쟁을 하며 블로그를 운영하고 홍보를 배운 정말 좋은 기회였고, 수업이었습니다. 그때의 엄청난 치맥 경쟁ㅎㅎ 여담으로 전 그거 때문에 하루를 밤새고 피토했다는...ㅋㅋ 아파도 쭉쭉 올라가는 투데이 수에 더 열심히 눈에 불을 켜고 홍보를 한 기억이 나네요. 정말 즐거웠고 신나는 수업이었습니다!
2011년 1월 30일 오후 5:12 👍 6명

Namsook Han 윤교수님과 공부한 학생들은 대단히 복이 많습니다. 전에 가끔 올려주시던 학생들 글이 이런 것이었군요. 아주 재미있게 읽었는데요. 미국의 좋은 고등학교는 글쓰기를 잘 하도록 가르치는 학교라고 알고 있습니다. 고등학교 때 잘 배운 학생들은 어려운 대학에 가서도 잘할 수 있구요. 새 학기를 어떻게 또 이끌어 가실런지 흥미진진합니다. ㅎㅎ
2011년 1월 30일 오후 5:36 👍 3명

김성주 글쓰기라는 것에 있어 평생 해온 양보다 더 큰 고민을 했던 블로그 프로젝트였습니다. 상대방을 염두에 두고 글을 쓴다는 것이 생각만큼 쉽게 이루어지는 일이 아니더라구요. 친히 교수님의 기억으로 되돌아보니 더욱 감회가 새롭습니다.^^
2011년 1월 30일 오후 5:41 👍 4명

정보사회학 남숙님, 고등학교 때 글쓰기 훈련을 잘 받아서 오면 대학에서 훨씬 수준 높은 공부를 할 수 있을텐데 하는 아쉬움이 있습니다. 정희야, 성주야, 아직도 두 꼭지는 더 써야 우리가 함께 했던 수업에 대한 기록이 끝날텐데... 항상 일을 저지르기보다 일에 대해 기록하기가 더 힘들구나. 그래도 늬들이 이렇게 참여해주니 더 좋은 기록이 될 것이다.
2011년 1월 30일 오후 6:09 👍 1명

원은란 예지언니랑 다른 수업에서 만나면 언니는 쉬는 시간마다 '이건데 어떤 것 같아?' '이렇게 해보려고 하는데... 재밌겠지?' 등등 고민을 많이 했었어요. 그리고 여진이도 '언니, 우리 이번에 뭐했어요!' '이렇게 하려는데 고민이에요.' 등등 정보사회학 입문을 들었던 사람들을 만나면 팀블로그 이야기로 고민하고 생각하는 모습을 항상 쉽게 볼 수 있었어요. '그만큼 생활에 녹아들었구나' 하는 생각을 하게 했어요. 블로그라는 게 진짜... 혼자만의 힘으로 꾸준히 하기가 어려운 것 같은데ㅜㅜ 팀블로그로 운영하다보니까 정말 놀라운 에피소드들도 만들어가고요!

마지막 팀블로그 성과? 발표할 때 잠깐 청강을 했었던 기억이 나네요. 다방면으로 홍보하고 분석했던 게 되게 인상적이었어요. 그리고 이렇게 10편이 넘어갈 연재의 기록으로 이어지고 있으니 정말 흥미롭습니다!^^
2011년 1월 30일 오후 6:18 👍 3명

정보사회학 은란이가 교실 밖에서의 학생들의 모습에 대해 증언(?)까지 해주니 더욱 풍부한 기록이 되는구나. 함께 일을 벌이고, 함께 기록하는 즐거움이 크구나. 그렇지?
2011년 1월 30일 오후 6:25 👍 2명

김영재 제가 현장에서 느끼는 엔지니어들과의 소통 속에서 느끼는 바가 많더군요. 엔지니어니까 하고 접어둘 수 없는 것은 연구개발 속에 박혀 있으면 모르지만 비즈니스현장을 뛸 때는 크게 단점이 될 수 있습니다. 현재 엔지닝출신 파트너에게 멘토중입니다. 혼자서도 잘 해요가 아닌 여럿이 잘 어울릴 줄 알아요를 가르치고 있습니다. 이해는 잘 하는데 몸에 밴 근성을 어이할꼬?

2011년 1월 30일 오후 6:49 1명

정보사회학 여럿이 함께 어울려 일하는 방법! 아주 중요한 말씀입니다.
2011년 1월 30일 오후 6:55

원은란 네^^ 함께 기록할 수 있다는 것도 새롭고... 정보사회학 입문 뿐만 아니라 정보사회학 페이지의 성장? 흐름 같은 것이 개인적으로는... 저의 사고방식을 많이 무너뜨리고 있어요.^^
2011년 1월 30일 오후 10:03 1명

마하반야 학생들에게 로드가 적지 않게 걸리는 수업방식이지만, 성취하고 나면 배우는 것도, 느끼는 것도 많고 실력 증진에 있어서도 많은 도움이 되는 방식인 것만은 확실해 보입니다:-)
2011년 1월 31일 오전 2:54 1명

배운철 저도 지난 학기 학생들에게 블로그 운영을 시켰는데 다음 학기는 더 집중적으로 소셜미디어를 연동시켜보려고 하던 중 윤 교수님 페이지를 소개 받았습니다. 잘 참고해서 좋은 결과 공유하도록 하겠습니다~ 감사합니다~
2011년 1월 31일 오전 5:10 1명

정보사회학 예. 제 경험이 도움이 되었으면 좋겠네요.^^
2011년 1월 31일 오전 8:08

김낙효 국문과 강의를 하는 사람이지만 너무 공부할 것이 많아, 공유한 후 글쓰기와 정보사회학이 함께 가는 즐거움을 느끼도록 해보려 합니다. 새로운 정보 감사합니다.
2011년 2월 5일 오후 6:52 1명

정보사회학 김선생님, 환영합니다. 소셜미디어가 국문학 수업과는 높은 친화성을 가질 수 있으리라 생각됩니다.
2011년 2월 6일 오후 7:33

대화 77 소셜미디어와 대학 수업(10): 성찰과 기록

소셜미디어를 이용한 소셜 러닝의 수월성은 성찰(reflexion)과 기록(recording)으로부터 나옵니다. 디지털 정보기술로써 인터넷은 원래 기록에 탁월한 매체이지만, 소셜미디어는 거기에 성찰 기능을 추가했습니다. 소셜미디어는 개인적 성찰을 넘어 집단적 성찰까지 가능하게 해줍니다. 집단적 기록과 성찰은 소셜미디어 이전에는 상상할 수 없었던 새로운 학습의 세계로 들어갈 수 있게 해줍니다.

'정보사회학입문'에서 저는 소셜미디어의 기록과 성찰이라는 속성을 최대한 활용하려고 시도했습니다. 사실 소셜미디어 문해는 그 속성 자체에 대한 이해가 반드시 포함되어야 합니다. 거의 대부분의 정보 리터러시(information literacy) 혹은 미디어 리터러시(media literacy) 교육에 기록과 성찰에 대한 이해와 활용이 빠져 있습니다. '정보사회학입문' 수업에서는 이 속성에 대한 이해와 활용이 학습의 중요한 부문이었습니다. 그 수업에서 실제로 다음과 같은 시도들이 있었습니다.

① **멘토의 소셜미디어 활동 기록 분석**: 학생들은 과제의 일환으로 멘토의 트위터와 페이스북 사용에 대한 정량적 및 정성적 분석을 수행하였습니다. 그리고 그 분석 결과를 멘토들과 학생들 모두가 공유하였습니다. 소셜미디어의 기록성과 성찰성을 십분 이용한 학습이었지요. 소셜미디어가 아니었다면 불가능했을 학습 방법입니다.

② **학생들의 온라인 활동 주별 집계 발표**: '정보사회학입문2010' 그룹에서 학생들이 활동한 내용을 계량적으로 집계해서 매주 공표하였습니다. 이 발표는 학생들이 자신의 활동을 돌아보는 계기를 제공해주었을 것입니다. 물론 학생들

에게 스트레스를 주기도 했겠지요. 이것도 소셜미디어(페이스북)가 아니었다면 대단히 어려웠을 겁니다.

③ **학생들의 팀블로깅 주별 통계 보고:** 5주 동안 팀블로깅 실습을 하면서 학생들은 팀별로 매주 전 주의 활동 및 성과 보고를 제출하였습니다. 학생들은 다양한 계량적 지표를 사용하여 팀블로깅의 성취도를 측정하고 발표하였습니다. 학생들은 매주 어떤 글에 얼마나 많은 사람들이 언제, 어떤 경로를 통해 들어와 포스팅을 읽고 댓글을 달았는지, 또 포스팅이 몇 회나 트위터에 RT되고, 페이스북의 '좋아요'를 받고 공유되었는지에 대한 집계를 냈습니다. 그리고 그 집계를 토대로 팀블로깅에 대한 자체 분석과 평가, 그리고 대책 마련까지 할 수 있었지요. 매 주마다 매우 체계적인 검토 과정(review process)을 거쳤기 때문에 팀 블로깅이 단기간에 큰 성과를 낼 수 있었을 것입니다. 물론 이것도 학생들에게는 커다란 스트레스를 주었겠지요. 소셜미디어가 아니라면 초보자들이 그렇게 성찰적인 실습을 하기 어려웠을 것입니다.

④ **학생들의 팀블로깅 최종 보고:** 팀블로깅을 종료한 후 학생들은 팀별로 상세한 활동 보고서를 제출했습니다. 지난 포스팅에 링크된 안산팀 보고서를 보신 분들은 느꼈겠지만, 학부 학생이 작성한 그렇게 상세한 활동 보고서는 대단히 예외적입니다. 매 주마다 스스로 활동에 대해 정량적, 정성적 분석을 하지 않았다면 짧은 시간 동안에 그런 활동 보고서가 작성된다는 것은 불가능한 일입니다. 그것이 학기말 보고서도 아닌데 말입니다.

⑤ **수업 참여에 관한 개인별 학기말 보고서:** 학생들은 프레지(Prezi.com)를 사용해서 자신이 한 학기 동안 이 수업에서 배우고 느낀 점을 정리해 학기말 보고서로 제출했습니다. 학생들은 클라우드 컴퓨팅 서비스(cloud computing service)의 하나로써 프레지의 사용법을 배웠습니다. 원래 학생들에게 이-포트폴리오(e-portfolio)를 작성케 하는 계획을 가지고 있었는데, 마침 작년에 프레지라는 좋은 도구를 알게 되어 수업에 활용했습니다.

비록 제 학생들이 사회과학 전공이지만 저는 미술이나 디자인 전공 학생들처럼 포트폴리오를 갖도록 지도해 왔습니다. 그것이 가깝게는 취업에 도움이 되고, 먼 훗날에는 대학시절의 추억을 살려주는 기록이 되리라 생각했기 때문입니다. 그런데 소셜미디어와 클라우드 컴퓨팅 덕분에 포트폴리오 작성이 아주 쉬워졌어요.

포트폴리오를 작성하기 위해 수업에서 배우고 느낀 내용을 상세하게 기록하고 돌이켜보는 과정에서 학생들은 수업의 전 과정을 다시 한 번 공부하게 되지요. 만약 소셜미디어가 아니었다면 짧은 시간 동안에 그런 보고서를 작성할 수 없었을 겁니다. 소셜미디어의 기록성이 최대한 활용된 학기말 보고서였지요. 대표적인 사례로, 필화(?) 사건까지 유발했던 김예지 양의 보고서를 다시 한 번 링크합니다.[26]

⑥ **수업에 관한 보고 및 기록**(정보사회학 페이지 게시): '정보사회학입문' 수업은 '정보사회학 페이지'와 떼어 놓고 생각하기 어려울 정도로 서로 밀접하게 연관되어 있습니다. '정보사회학 페이지'는 '정보사회학입문 수업을 위한 자원 저수지, 중계 방송국, 집단적 성찰의 장 등의 역할을 수행했지요. 만약 기록과 성찰을 위해 '정보사회학 페이지'를 활용하지 않았다면 수업은 효과적으로 분석될 수 없었을 것입니다.

'정보사회학입문' 수업에 관해 두 차례의 중간보고가 '정보사회학 페이지'에 게시되었고, 현재 그 수업에 관해 세 번째의 보고 및 분석이 연재되고 있습니다.[27] 물론 이 포스팅도 그 중 하나이고요. 포스팅이 올라갈 때마다 멘토들과 학생들은 물론이고 다른 '정보사회학 페이지' 회원들이 댓글 토론에 참여했습니다. 수업에 관한 집단적 성찰이 진행된 것이지요. 이렇게 해서 그 수업은 참여했던 학생, 멘토, 교수는 물론이고 '정보사회학 페이지' 이용자들에게도 다시 한 번 배움과 깨달음을 얻을 수 있는 기회로 재탄생했다고 볼 수 있습니다. 이런 확대재생산이 소셜미디어가 아니라면 가능했을까요?

소셜 러닝은 학습공동체(learning community)를 필요로 합니다. 그런데 학습공동체가 하나의 공동체(community)로서 활력을 유지하기 위해서는 공동체 의식

---

26 김예지. 2010. "SNS Woman." http://prezi.com/r117zc3srwbo/sns-woman/

27 대화 65, 66 참조.

의 재생산, 그리고 활동에 대한 의미 부여가 필수적입니다. 이것은 공통의 기억을 창조하고(common memory), 의미를 공유함으로써(sharing of meaning) 가능합니다. 그러한 집단적인 기록과 성찰이 손쉽게 가능하다는 점에서, 소셜미디어는 소셜 러닝을 위한 탁월한 플랫폼입니다. 2011.02.01

좋아요 · 댓글 달기 · 공유하기

이준, 이승주, 원은란님 외 54명이 좋아합니다.

Chul Ho Kim 멘토들에 대해선 주욱 말씀을 하셨었지만 이런 정도의 멘토를 모으실 수 있었던 건, 그리고 학생들을 끌어당겨서 수업을 즐길 수 있게 한 것은 윤교수님의 덕이기도 하고 복이기도 하죠. 수고 많으셨습니다. 2011년에도 건강하시고 복 많이 받으세요!!^^
2011년 2월 1일 오전 3:03 9명

박정민 작년에 가장 인상깊게 본 사건이었죠. 정보사회학입문과 정보사회학의 유기적인 관계와 여러 가지 교육에 대한 시험들이 참 의미있었습니다. 멘토-멘티 관계설정도 의미있었구요. 다만 아쉬웠던 건 교육의 효과가 연속성, 지속성이라는 측면도 있는데 (소위 말하는 학습효과 지속) 그 점에서 꾸준하게 수업이후에도 관리하는 학생들이 많은지 의문이 들긴 합니다. 이점에서 향후에는 이런 학습에 따른 지속성에 대한 부분도 고민해봐야되지 않을까 생각해봤습니다. 사견으로는 교육이 사람의 본질을 변화시키기는 어렵지만 행동패턴을 바꿀 수 있다고 믿기에 그런 생각이 드네요. 새해 복 많이 받으세요 x2
2011년 2월 1일 오전 3:31 10명

김성주 정민 멘토님의 말씀에 덧붙여 해당 수업 수강생으로서 말씀드립니다. 사실 대학에서 이루어지는 수업이 그 아무리 인상적이고 유익했다 하더라도 그 결과가 수업 이후에도 지속적으로 이루어지기란 굉장히 힘듭니다. 언급하신 부분처럼 사람의 변화 자체가 힘들기도 하고, 수업 내용이 겨우 한 학기 3개월에 그친다면 더욱 그렇겠지요. 어쩌면 한계선이 있을지도 모르겠습니다. 그러나 정보사회학 입문의 수강생 대부분은 1학년생이었습니다. 저는 이점이 굉장히 큰 발전 가능성을 담고 있다고 생각합니다. 세상을 바라보는 관점과 방향 자체가 달라지기 때문입니다. 그리고 그 달라진 관점을 견지한 채로 적어도 3년 이상은 계속 학업에 전념할 것이기 때문입니다.
졸업이 얼마 남지 않은 채 슬슬 앞날을 걱정해야 할 시점에 정보사회학 입문 수업을 듣게 된 저로서는 대학 초년생부터 이러한 기회를 갖게 된 1학년 후배들이 참으로 부럽습니다. 앞으로도 이들은 더 나은 방향 더 나은 수업을 들으며 성장하겠지요. 보다 장기적인 관점에서 바라본다면 말씀하신 교육의 지속성, 연속성이 분명 크게 부각될 것이라 생각합니다. 그리고 사실 제 주변엔 이미 벌써부터 눈을 부릅뜨고 이리저리 더 배우고자 노력하는 학생들도 있습니다. (!)
사족으로, 한번 멘토 - 멘티 사이로 이루어진 관계가 수업 후에도 끊어지지 않고 이렇게 지속적으로 이야기 나눌 수 있음 역시 이번 수업이 낳은 바람직한 결과 중 하나가 아닐까 싶습니다. :) 항상 감사드릴 따름입니다. 그럼, 새해 복 많이 받으십시오! x100
2011년 2월 1일 오전 4:14 12명

박정민 맞아요. 성주학생의 이야기처럼 사람이 변화할 수 있는 불씨(그것이 사회학자로서 역할이든 다른 분야의 역할이든지)를 심어 그 싹을 틔울 수 있다면 그 자체가 연속성이라고 생각합니다. 사람은 가꾸고 키우는 인재라는 말을 기업에서 쓰는 것처럼 정보사회학입문 수업을 들었던 혹은 관계되었던 모든 분들의 마음속에 그러한 단초가 있다면 눈에 보이진 않지만 큰 성과를 이뤘다고 생각합니다. 좋은 답변 고마워요~^^. 새해 복 많이 받구요. 현장의 목소리를 들으니 이점이 좋네요.
2011년 2월 1일 오전 4:25 👍 7명

Namsook Han 마지막 paragrph를 bold로!! 읽습니다.^^ 교수님과 학생들 그리고 멘토로 수고하신 모든 분들이 앞으로 함께 만들어 낼 결과를 기대하며 박수를 보냅니다. 모두들 열매 가득 맺힌 새해 되시길 바랍니다.
2011년 2월 1일 오전 4:57 👍 6명

정보사회학 처로님, 제가 그다지 유머가 풍부한 사람이 못되는데 뛰어난 유머감각을 지닌 멘토분들이 여러분 계셔서 많은 학생들이 즐겁게 수업에 참여할 수 있었던 것 같습니다.^^ 정민님, 수업의 효과가 얼마나 지속적으로 유지될 수 있느냐 하는 중요한 점을 잘 지적해주셨습니다. 학생들이 흔히 하는 우스개소리로 한 학기 동안 수업에서 배운 내용은 학기말 고사가 끝남과 동시에 학교에 반납한다고 합니다.^^

그런데 이 수업은 봄학기에 '정보기술과 사회'라는 다음 단계의 수업으로 이어집니다. 그 다음 학기에는 또 다른 수업들이 기다리고 있고요. '콘텐츠 기획 방법론', '멀티미디어 제작', '의사소통의 사회학', '정보기술과 사회조직' 등 6-7과목을 학생들이 듣게 됩니다. 그 과목들을 듣느냐 마느냐는 학생들의 선택에 달려 있습니다만 통상적으로 많은 학생들이 후속 과목들을 계속 수강하기 때문에 그 문제는 어느 정도 해결될 수 있으리라 생각합니다.

정보사회학 입문은 말 그대로 입문 지식을 터득하고 기본적인 툴을 배우는 과정입니다. 성주 학생이 지적한 것처럼 이 과목은 1학년 과목이기 때문에 학생들은 상급학년에서 이 과목에서 배운 지식과 스킬을 더 갈고 닦을 수 있는 기회가 많습니다. 남숙님, 썩 재미있는 글은 아닌데, 열심히 읽어주셔서 감사합니다. 이제 학습 평가에 관한 분석, 한 꼭지 남았습니다. 처로님, 정민님, 남숙님, 성주 모두 새해 복 많이 많이 받으시고 즐거운 명절 되시기 바랍니다.
2011년 2월 1일 오전 11:41 👍 7명

Brian Kim 윤교수님, 고향에 잘 도착하신거죠? 혹시 거기서도 댓글 다시느라 가족들께 눈총받으시는건 아니시겠죠.ㅎㅎ 집단 성찰과 기록에 대한 교수님의 의견에 공감합니다. 개인적으로도 적자생존(memo=survival)에 대해 절감하게 된답니다. 숏텀 메모리의 기능이 약해지기 때문이기도 하지만 지적하신대로 기록되지 않은 것은 집단이 공유하거나 성찰할 기회를 애초에 불가하게 하기 때문이겠죠. 입문을 들은 학생들이 후속 과목도 열심히 수강하게 되면 졸업할 무렵 상당한 수준의 소통력과 성찰력을 지닌 예비전문인이 될 것 같습니다. 고향에서 좋은 시간 보내시기 바랍니다.^^
2011년 2월 1일 오후 4:26 👍 7명

Ben Byeongho Lee ㅎㅎ 정민님, 성주학생, 윤교수님. 여기서 수업의 지속성이 계속되고 있는 것 같은 데요. 교수님이 계속 올리시는 노트와 여기 댓글이 학생들 뿐만 아니라 멘토님들께도 공통의 기억으로 확대재생산되고 있는 것 같습니다.^^
2011년 2월 1일 오후 5:26 👍 4명

Brian Kim 그러니까요.. 아무튼 윤교수님 글과 댓글들은 중독성이 강하다니까요. 윤교수님 → 윤교 스님 → 윤교주님. 이렇게 바뀌는 건 아니겠죠.ㅎㅎ

2011년 2월 1일 오후 5:30 👍 5명

박정민 윤교주님... 참 어울리는 단어입니다.^^
2011년 2월 1일 오후 6:22 👍 3명

송승섭 참여와 공유의 미덕, 교육적 혁신의 좋은 사례를 잘 배우고 있습니다. 제 아들에게도 보라고 자극을 줍니다^^
2011년 2월 1일 오후 6:36 👍 3명

정보사회학 브라이언님, 다섯시간 걸려 부모님댁에 도착하였습니다. 역시 명절에는 대중교통을 이용해야 편해요.^^ 그런데 정민님하고 두 분이서 저를 갑자기 사이비 '교주'로 만들려고 하시나이까?^^ 송 박사님, 자제분한테까지 보라고 하신다니 제가 글을 더 재미있게 써야할 것 같습니다. 어익후, 부담인데요.^^
2011년 2월 1일 오후 11:07 👍 7명

Brian Kim 사이비가 아니라 사이버 교주님은 어떠신지요?ㅎㅎ 무사히 도착하셨다니 다행입니다... 좋은 시간되시길... 설거지 같은 것 열심히 하시면서요.
2011년 2월 1일 오후 11:11 👍 7명

조정희 매번 기록을 함으로써 다시 한 번 성찰을 하게 됨은 물론이고 목표를 재정립하여 조금 더 나은 방향을 찾게 해준 것 같습니다. 정량적 분석을 통해 어디서 문제점이 있었는지 알게 해주었고, 그 취약점을 고칠 수 있도록 하여 과제수행 후에도 또다른 발전을 할 수 있었다고 생각합니다. 포스팅과 더불어 기록에 대해 교수님-멘토님-멘티가 참여하여 댓글에 피드백과 의견을 달아주면서 그것이 정보의 확대재생산과 동기부여가 된다는 점이 인상깊었습니다.

이러한 활동이 소셜미디어가 아니었으면 불가능하리라 생각하는 점입니다. 댓글을 달면서 첫수업 때 트위터, 텀블러 계정을 만드는 것조차 어려워서 낑낑대던 제 모습이 생각나 미소가 절로 띄어지는군요. 교수님 말씀대로 '소셜을 소셜하게 사용하라'라고 하신만큼은 아니지만 조금씩 발걸음을 떼고 커가는 제 모습이 신기하기도 합니다. 다음 수업을 통해 더 발전이 있을 제 모습이 궁금해지고 기대가 되네요! 교수님, 멘토님들 모두 새해 복 많이 받으시고 즐거운 명절 되시길 바랍니다*_*
2011년 2월 2일 오전 1:11 👍 5명

우선희 교수님과 다른 멘토 선생님들, 그리고 풋풋한 멘티 후배들로부터 많이 배우고 업데이트가 되었습니다. 서로 남이라 생각지 않고 한 배를 탄 심정으로, 목적지를 순항한 것이 참으로 뜻 깊습니다. 모두 수고하셨고 감사합니다.
2011년 2월 2일 오전 2:31 👍 3명

정창권 소중한 글 감사합니다.
2011년 2월 2일 오전 3:16 👍 2명

Ben Byeongho Lee 정희학생이 소셜을 통해 매우 많이 성장하고 것을 같이 느낍니다. 설 잘 보내길 바래요.
2011년 2월 2일 오전 5:21 👍 3명

정보사회학 부모님 댁에 와 있느라 늦게야 잠깐 들어왔네요.^^ 브라이언님, 낼 아침에는 설거지를 확실히 하겠습니다. 정희야, 네가 마치 일학년 대표로 들어온 것 같구나.^^ 고맙다. 매사에 항상 적극적으로 임하는 네 모습이 든든하고 자랑스럽다. 계속 그렇게 열심히 하면 매우 보람있는 대학생활이 되리라 믿어 의심치 않는다. 우선생님, 정선생님, 이박사님, 함께 할 수 있어서 기뻤습니다.
2011년 2월 2일 오전 5:48 👍 3명

Charles Kim 윤 교주님! 설거지 검사는 제가 합니다...^^...
2011년 2월 3일 오전 3:16 👍 2명

김낙효 끝까지 숙독을 아직 못하였지만 너무 존경스럽습니다. 수업으로 한 것을 다시 서술한다는 것 또한 대단한 것이죠. 감사합니다.
2011년 2월 6일 오전 5:10 👍 1명

대화 78 소셜미디어와 대학 수업(11): 평가

기존 방식의 수업에서 평가(evaluation)는 세 가지 특징을 가지고 있습니다. ① 쪽지 시험, 중간시험, 학기말시험 등을 통해 교수가 가르친 것을 얼마나 잘 이해하고, 잘 기억하고 있는지를 측정하고, ② 거기에 교수가 제시한 요구에 얼마나 잘 따랐는가에 대한 평가(예컨대, 과제, 출결, 수업참여 등)를 합산해서 최종적인 성적을 산출합니다. ③ 이는 근본적으로 개별 학습자 단위의 성취와 행동을 평가하는 것입니다.

그러한 평가 방식은 소셜 러닝에 그대로 적용될 수 없습니다. ① 소셜 러닝은 학습자 중심의 수업이기 때문입니다. 소셜 러닝에서는 교수가 가르쳐준 것을 얼마나 잘 이해하고 기억하는지가 아니라 학습자 스스로 무엇을 깨우치고 무엇을 할 수 있게 되었는가, 즉, '학습 성과(learning outcomes)'를 평가해야 합니다. ② 또한 소셜 러닝은 협력적 학습(collaborative learning)이기 때문에 학습자 개개인의 성취뿐 아니라 학습자들이 함께 무엇을 성취했는가를 평가해야 합니다.

기존 방식의 수업에서도 평가가 그러한 성격을 갖지 않은 것은 아니지만, 특히 소셜 러닝에서 평가는 학습 성과와 협력활동을 제고하는 방향으로 활용되어야 합니다. 평가가 단지 수업의 성과를 측정하는 도구가 아니라 학습 과정을 효과적으로 만드는 도구가 되어야 한다는 말씀입니다. 평가는 소셜 러닝의 성과에 대한 측정이면서 동시에 소셜 러닝을 촉진하는 수단입니다.

이론적으로 그렇기는 하지만 실제로 소셜 러닝다운 평가방식을 고안하고 적용하기란 참 어렵더군요. 특히 공식적 학습(formal learning)에서는 개별 교수가 학생들에 대한 평가 방식을 임의로 결정할 수 없기 때문에 더욱 난감합니다. '정보사회학입문'도 그랬습니다.

1학년 과목인 '정보사회학입문'은 대학규정상 상대평가를 적용해야 했습니다. 저는 상대평가제도 자체를 근본적으로 반대합니다. 특히 학생들 절대 다수가 열심히 수업에 참여하게 하는 데는 상대평가가 아주 부적절한 도구라고 생각합니다. 상대평가는 A를 받을 수 있는 가능성이 있는 학생들에게는 별 문제가 없겠지만, 그렇지 않은 학생들에게는 학기 도중에 수업 참여 의지를 꺾어 놓습니다. 성적을 잘 받을 수 없는 과목을 끝까지 열심히 하는 학생이 어디 있겠습니까? 게다가 최종 성적이 나오면 성적에 불만을 가진 학생이 적지 않게 나오게 됩니다. 열심히 수업에 참여했는데도 성적이 잘 나오지 않는데 불만이 없는 학생이 어디 있겠습니까?

정부가 사회 전체에 경쟁을 확대하려는 상황에서 대학도 예외가 될 수 없습니다. 학교 측은 자꾸만 상대평가 적용을 확대하려고 하고, 1학년 과목들에 대해서는 담당 교수의 선택권을 빼앗아 버린지 오래 되었습니다. 이제 전공수업마저도 절대평가를 없애려고 하고 있습니다. 이런 구조적 제약 아래 소셜 러닝에 어울리는 평가방식을 도입한다는 것은 참으로 어려워요. 집단지성은 경쟁보다는 협력을 통해서 창출되는데, 상대평가는 학생들의 협력을 어렵게 만들거든요.

'정보사회학입문'에서는 수업계획서에 평가방식이 다음과 같이 공지되었습니다.

"본 과목은 상대평가이다. 출석과 수업참여가 각각 30%, 과제가 40%이다. 본 과목은 중간시험이나 학기말 시험이 없기 때문에 출석, 수업참여, 과제에 대한 평가가 매우 엄격하다. 수업시간에 1분 이상 늦으면 지각, 2회 지각은 1회 결석으로 간주된다. 1회 지각은 학기말 성적에서 2점을 감점하고, 1회 결석은 학기말 성적에서 5점을 감점한다. 6회 이상 결석은 학기말 성적이 F로 처리된다. 수업참여와 과제는 상대적으로 평가된다.

* 성적 평가에 있어 가장 중요한 잣대는 ① 수업 시간에 배운 서비스를 얼마나 적극적으로 이용하는가, ② 그 서비스들을 얼마나 효과적으로 활용하는가, ③ 온라인 및 오프라인에서 다른 사람과 얼마나 잘 대화하고 협력하는가이다."

출석, 수업참여, 과제가 30-30-40의 비율로 성적산출에 반영되도록 하였습니다. 우선, 출석(지각과 결석)의 비중이 과도하다고 생각될 정도로 높습니다. 수업에서 아무리 두각을 나타내더라도 출결상황이 부실하면 좋은 성적을 받을 수 없도록 구성되었지요. 이유는 크게 두 가지입니다. ① 오프라인 수업에서는 소셜미디어에 관해 소위 "초기진입교육(initial induction)"을 실시하였습니다. 교재가 따로 없기 때문에 결석을 하면 수업을 계속 따라가기가 어렵습니다. ② 거의 매 수업시간마다 인터넷 활용의 집체 교육이 실시되는데 지각을 하는 학생이 있으면 원활한 수업 진행이 어렵습니다. 이 때문에 저는 학습 성과를 올리는데 정시 출석이 대단히 중요하다고 생각하였고, 높은 점수 비중을 통해 학생들에 그 메시지를 강력히 전달하고자 했습니다.

수업참여와 과제의 비중은 합해서 70%인데, 이중 20%는 오프라인 수업활동 참여이고, 50%는 온라인 수업활동 참여입니다. 그렇게 해서 전체적으로 오프 대 온이 50% 대 50%로 구성되도록 하였습니다. 정량적 평가 외에 정성적 평가도 포함되어야 하기 때문에 그 비율이 아주 엄격하게 적용되기는 어려웠지만, 가이드라인으로 사용되었습니다. 학생들은 수업 외에도 팀 활동을 위한 오프라인 참여가 있었습니다. 온라인 수업참여에는 그룹에의 참여, 트위터 이용, 페이스북 담벼락/노트 이용, 페이스북 '정보사회학 페이지' 이용 등 광범위한 활동이 포함되었습니다. 아주 가벼운 미니 과제를 제외하고 수업의 거의 모든 활동에 점수가 주어졌습니다. 성적에 반영되지 않는 활동에는 학생들의 참여가 현저히 떨어질 것이기 때문이었습니다.

위에서 성적 평가에 있어 가장 중요한 고려사항으로 열거한 세 가지는 이 수업을 통해서 학생들이 터득하길 기대하는 스킬과 능력이 무엇인지를 보여주고 있습니다. 즉, 그것은 수업의 목표와 방향을 나타내고 있습니다. 이 기준은 온라인과 오프라인 수업참여를 평가하는데, 그리고 학습 성취를 전반적으로 평가하는데 적용되었습니다. 현실적으로 이 기준은 A+나 A를 받을 학생들을 선정하는데 주로 적용되었습니다.

실제로 최종 점수를 계산하기 위해 아래와 같은 공식이 사용되었습니다.

취득 점수 = [(과제당 100점 만점, 학기말보고서 100점 만점으로 한 평균점수)

+ (팀 활동 100점 만점)] /2

출결 점수 = 결석 1회 이상 1회당 5점 감점, 지각 1회 이상 1회 2점 감점,
2회 5점 감점

최종점수 = 취득점수 - 출결점수

이렇게 일단 점수를 계산한 다음, 학생 한 명, 한 명의 성적을 보면서 적절성을 판단해 보았습니다. 그런데 몇몇 우수한 학생들의 성적이 현저히 낮게 나온 것이 아닙니까? 큰 일 났다 싶더라고요. 특히 한 학생은 취득점수에서 학생들 중 거의 최고점수를 받았는데, 지각을 많이 해서 최종 점수가 크게 떨어졌어요. 그 학생이 먼 거리를 통학하기 때문이라는 사실을 알고 있지만 출결에 관한 제 원칙을 깰 수는 없었습니다. 며칠 동안 마음이 편하지 않았어요. 그리고 대여섯 명의 학생은 절대평가라면 충분히 A를 받을 수 있었는데 상대평가이기 때문에 B+를 받기도 했어요. 제 잘못만은 아니었지만 역시 마음이 많이 불편했습니다.

학생들이 성적에 이의를 제기하리란 것은 불 보듯이 뻔했습니다. 아니나 다를까 다른 때보다 성적에 이의를 제기하는 학생이 많았습니다. 그러나 그 중 한두 명을 제외하고는 성적을 정정해 줄 수 없었습니다. 한 명을 A로 올려주면 다른 학생을 B+로 끌어내려야 하니까요.

나중에 강의평가를 보니 몇몇 학생이 성적 산출에 대해 매우 강한 불만을 표시하였더군요. 성적에 대해 학생들로부터 그렇게 강하게 이의 제기를 받아본 건 20년 가까운 교수생활에서 처음이었습니다.

학생들과 저의 인식이 가장 크게 차이가 난 부분은 세 가지였습니다. ① 출결점수입니다. 수업시간에 제가 수차례 출결의 비중을 강조했지만, 정작 학생들은 출결이 그렇게 큰 결과를 가져오리라 예상하지 못했습니다. ② 팀 활동입니다. 팀 활동의 비중에 대해서도 역시 수업시간에 수차례 강조했지만 학생들은 제가 팀 간의 성적 차이를 그렇게 크게 주리라 예상하지 못했습니다. ③ 학습 성과가 성적에 반영되는 방식을 학생들은 이해하지 못했습니다. 하기야 그런 방식으로 평가하는 수업을 들어본 적이 없었을 것이니 그럴 수도

있었을 겁니다. 다음 수업에서는 학생들이 소셜 러닝의 평가 방식을 보다 잘 이해해주리라 생각합니다. 물론 저도 학생들에게 평가방식에 관해 더 잘 설명해주어야 하겠지요.

소셜 러닝에서 평가는 학습을 촉진하는 도구이며 동시에 성과에 대한 척도가 되어야 합니다. 그런데 실제 해보니 효과적인 적용이 쉽지 않습니다. 제 실수를 타산지석으로 삼아 여러분들은 보다 치밀하고 적절한 평가를 수행하실 수 있기 바랍니다. 2011.02.08

좋아요 · 댓글 달기 · 공유하기

류성준, 문순현, Jahyun Ryoo님 외 46명이 좋아합니다.

Chul Ho Kim 어익후... 평가 참 어렵군요!! 열심히 한 친구들도 많을텐데 정말 고생하셨겠습니다.
2011년 2월 7일 오후 7:47 4명

정보사회학 저는 원래 "수업은 빡세게, 성적은 후하게"라는 원칙을 20년 이상 유지해왔는데, 상대평가가 그것을 불가능하게 해요. 미국에서 그러다가 한 학생이, 제가 모든 학생들에게 A줬다고 학과장에게 일러 바쳐서 불려간 적이 있습니다. 사실 25%정도를 A줬는데 거기 기준으로는 좀 후하게 줬지요. 그 녀석은 자신이 A받았으면 됐지, 쪼잔하게 남의 성적을 잘 줬다고 항의를 하기는. 교수가 자기 원칙에 따라 성적을 주는데, 다 A를 주면 어때서. 물론 그런 경우는 거의 나오지 않지만.
2011년 2월 7일 오후 8:29 8명

Chul Ho Kim ㅎㅎ 그래요? 흠... 자기만이 뛰어나길 바랐나요? 요새 우리나라 애들도 그런 맘 가질라나요? 아님 부모들도??
2011년 2월 7일 오후 8:34 2명

정보사회학 글쎄 말입니다. 햇병아리 대학선생인 저에게는 충격이었어요. 설마 그 학생이 좀 비정상이겠지요.
2011년 2월 7일 오후 8:41 3명

송승섭 무리하게 상대평가제도를 운영하는 것도 문제고 성적을 친구와 비교하여 감정적으로 받아들이는 풍토도 문제인 것 같습니다. 어떤 친구는 이의제기 이유가 '왜 저 학생보다 내가 못하다는거냐'거든요. 평가는 어려운 문제죠. 그런데 일종의 성과평가라는 점에서 참 좋은 시도라고 봅니다^^
2011년 2월 7일 오후 8:55 5명

Chul Ho Kim A 기준이 상위 10%였나요? 그렇다고 해도 평가는 교수의 권한이자 의무인데...
2011년 2월 7일 오후 8:57 4명

박윤희 항상 제가 받는 점수만 생각했었는데 점수를 주시는 교수님의 노고를 몰랐던 것 같아요 흑.
2011년 2월 7일 오후 9:09 5명

Myungdae Cho 참 어려운 문제이더군요. 학생들 숫자가 적을 경우에는 더욱 더 그래요. 출석도 지각도 없고 모두가 다 열심히 그룹 프로젝트 개인 프로젝트 시험을 잘 봤는데... 아직도 마음이 아프네요. 그래도 한 학생이 "교수님도 얼마나 마음이 아팠겠어요."라는 말을 들으니 더 그랬습니다. 물론 절대평가를 하니 Ceiling Effect가 일어난다는 것 때문에 이런 문제가 비일비재합니다. 윤교수님처럼 확실한 원칙을 정해놓고 해도 그러는데... 교수님이 말씀하신 것처럼 "평가가 단지 수업의 성과를 측정하는 도구가 아니라 학습 과정을 효과적이 되게 만드는 도구가 되어야 한다." 그리고 "평가는 소셜 러닝의 성과에 대한 측정이면서 동시에 소셜 러닝을 촉진하는 수단입니다."라는 부분이 더 와 닿네요.

저는 온톨로지를 만들어서 발표를 시켰는데, presentation skill 및 그 contents에 방점을 두고 학생들이 다른 학생들을 평가해 보게 했는데요. 문제는 자기가 친한 친구는 무조건 최고이고 안 친한 친구는 C로 가더라고요. Peer view도 별로 효과적이지 못하다는 것을 알았습니다. 윤교수님이 시행하시고 제안하신 방법으로 평가에 혁신이 일어났으면 합니다. Innovation이 될 수 있게 nurture 해줘야 하는데 기존의 평가라는 전근대적인 방법으로 학생들을 위협(?)하니 좋은 아이디어가 나오기 힘든 것 같아요.^^

2011년 2월 7일 오후 9:33 👍 9명

Chul Ho Kim 학생들끼리의 상호 평가는 마치 정치에서의 선거와 같을 수 있겠군요.. 아무래도 자기가 끌리는 쪽에 더 기우는... 그러고보니 인기가요 베스트 10도 마찬가지인가요? 흠~

2011년 2월 7일 오후 9:34 👍 2명

Myungdae Cho 맞아요. 마구 전화 돌려주고 ㅎㅎ

2011년 2월 7일 오후 9:39 👍 2명

정보사회학 송박사님, 평가를 교수와 학습 과정에 유기적으로 통합시키는 일이 쉽지 않네요. 처로님, A를 10% 내외를 주도록 권장하더라고요. 강요는 아니고요. 윤희야, 수업을 리모델링하면 평가방법도 그에 따라 바뀌야 하는데 그게 쉽지 않구나.

2011년 2월 7일 오후 10:16 👍 2명

정보사회학 조교수님, 평가를 수업과정 전반에 유기적으로 통합시켜야 하는데, 그걸 제대로 잘 하려면 앞으로도 시행착오를 적지 않게 거쳐야 할 것 같습니다. 특히 개인별 평가를 넘어 집단지성의 성과를 평가하는 데는 평가 개념도 바뀌고 도구도 새롭게 개발되어야 할 것 같아요. 뭐, 시간이 좀 걸리겠지요.^^

2011년 2월 7일 오후 10:23 👍 3명

Myungdae Cho 그렇네요. 수업에 평가를 통합시킨다는 발상 그 자체가 기존의 교육 생태계를 뒤흔드는 일이니까요. 게다가 집단지성의 성과를 평가를 효율적으로 하려면 시간이 걸리겠지만 누군가는 툴을 만들어 내야 하겠지요. I think you are THE one.^^

2011년 2월 7일 오후 10:47 👍 2명

류병장 정말 모든 평가는 괴로운 일 같습니다. 모두를 만족시킬 수는 없으므로...

2011년 2월 7일 오후 10:56 👍 2명

정보사회학 조 교수님, 많은 사람들이 시도하고 결과를 공유하다보면 좋은 모델이 만들어지겠지요. 유선생님, 맞습니다. 평가는 늘 괴로운 일이지요.

2011년 2월 8일 오전 12:10 👍 2명

심 재억 먼저, 윤교수님의 애정과 고뇌가 곳곳에 묻어납니다. 학생들도 충분히 이해하리라 믿구요. 출결, 팀 활동, 학습성과 등 세가지 평가의 틀은 매우 바람직하다는 생각이 듭니다. 윤교수님 말씀대로, 정시 출석은 기본 자세일 뿐 아니라 학습분위기를 위해서라도 지켜야 할 기본중의 기본이며, 학업성취 즉 학습의 성과 또한 매우 중요한 요소입니다. 다만, 성과는 Outcome이 맞을지 아니면 Performance로 해야 할지는 학생들의 결과물을 보고 Simulation을 해 보신다음 Tunning하시는 것도 좋지 않을까 하는 생각을 해 봅니다. 또한 팀 활동의 평가에 있어서, 협업을 근간으로 하는 팀 활동은 팀원 개개인의 적극적인 참여가 매우 중요하다고 봅니다.

따라서, 교수님의 평소 관찰과 기록 외에, 팀 Leader가 팀원들을 평가한 결과에 각각 가중치를 부여하여 복수로 평가를 해보는 것은 어떨까 하는 생각을 해 봅니다. 이것은 Leader의 단독적인 판단이 아닌, 한주 한주 진행해가는 과정에서의 협업의 결과물로서 팀원 모두가 인정하는 참여와 협업의 기여도입니다. 대부분의 직장에서는 1년에 두 세차례 평가(반드시 상대평가)를 실시하여 승진과 년봉, 재배치 등에 활용하고 있습니다. 아마도 교수님들과 똑 같지 않을까 싶습니다. 그러나 현실인 만큼, 학교에서부터 스스로를 인정하는 문화를 만들고, 그러한 평가에 대해 익숙해지고 성숙된 상태에서 배출된다면 그 또한 좋은 교육이 아닐까하는 짧은 생각을 해봅니다.
2011년 2월 8일 오전 12:40 👍 6명

김낙효 열정이 대단하십니다. 평가는 항상 사람을 좀 갈등하게 하지요^^*
2011년 2월 8일 오전 2:02 👍 2명

Ben Byeongho Lee 평가의 원칙을 세워놓고 학생들에게 주지시키고 매 과제마다 리뷰를 해주고.. 그래도 마지막엔 교수님처럼 뭔가가 안맞는 학생들이 나올 때는 안타깝더군요. 저는 출결, 학습성과(과제 및 프로젝트)와 함께 '참여'라는 평가항목을 강조하고 있는데 주관적 평가로 정량적 평가의 보완을 일부라도 반영하고 있습니다. 그리고 과제리뷰 후 다시 제출하는 학생에게 인센티브에 해당하는 점수를 주고 있는데 이것을 꽤 좋아들 하는 것 같습니다. 하지만 상대평가라는 것이 이 모든 것을 한방에 날려보낼 때는 자질있는 학생을 위해 본부컴퓨터라도 해킹하고 싶은 일 때도 있습니다.
2011년 2월 8일 오전 3:05 👍 4명

정보사회학 심선생님, 좋은 의견 감사합니다. 팀활동의 평가가 항상 어렵습니다. 이번에는 학생 각자가 스스로 자신의 기여를 점수화하도록 하였습니다. 그것만 의존한 것은 아니지만, 상당히 도움이 되는 방법이었다고 생각합니다. 어떤 학생은 겸손하여 자신의 활동에 대해 낮게 평가하고, 또 어떤 학생은 그 반대이기도 하겠지만요. 김선생님, 갈수록 평가가 어려워요. 이박사님, 과제 리뷰 후에 재 제출하는 학생에 대해 인센티브 점수를 주는 것을 학생들이 좋아하는 것 같아요. 맞아요. 상대평가가 참 교수자를 어렵게 해요. 예전에는 상대평가와 절대평가를 담당교수가 선택할 수 있도록 했었는데, 언제부터인가 선택이 줄어 들었어요. 교과부 대학평가시 상대평가 과목의 비율이 항목에 들어 있나봐요.
2011년 2월 8일 오전 3:27 👍 2명

박성준 고생 많으셨을 것 같습니다. 소견 잠깐 말씀드리고 싶네요. 모 상대평가의 문제점은 자명할 것 같고요, 중요한 것은 팀평가 부분이 아닐까요. 특히 소셜러닝이 '협력학습'이라고 하였으니 '협력학습'의 성과를 어떻게 평가하느냐가 핵심일 것 같습니다. 협력학습의 결과물의 수준을 평가한다면 그것이 협력의 산물이라는 것이 보증될 수 있는 지표로 명백해야 할 것이고, 협력의 산물이 개인으로 귀결되는 것인지 아니면 팀의 산물로만 간주될 것인지의 문제도 있을 것 같습니다. 연관하여 협력학습의 성과에서는 팀내 개인차는 존재할 수 없어야 하는 문제도 있을 것입니다. 학생들의 반응에서 팀 평가에 대한 불만이 많았다는 것은 이런 부분이 어렵기도 하고 사전 합의 공유가 되지 않기 때문에 애초부터 발생할 수밖에 없는 문제였을 것 같습니다. 하지만 '평가의 도구가 학습 자체의 성과를 규정'할 수밖에 없기 때문에 세련된 '협력학습 성과'에 대한 평가 도구가 반드시 필요하겠지요. 사실 상대평가 제도나 일반 기업에서의 성과평가제도는 애초 '체계적 배제'를 전제로 한 시스템이지요. 이는 '개인 역량이 전체역량을 결정한다'는 기본관점인데 소셜 러닝이 가지는 협력학습, 협력활동의 '구조가 가지는 성격'과 근본적으로 배치된다고 봅니다. 현재 대부분의 평가 시스템은 사실상 전자의 형태밖에 존재하지 않는다고 봅니다. 그래서 더 흥미진진한 주제일 것 같아 댓글 길어졌네요.
2011년 2월 8일 오전 8:10 👍 8명

정보사회학 성준님, 좋은 지적 감사합니다. 팀활동평가에 대해서는 보다 세련된 도구가 마련되어야 한다는 지적에 공감합니다. 제가 이전 수업에서는 팀활동평가에서 개인차를 두지 않는 경우가 많았습니다. 팀이 받은 성적이 팀원 모두의 개인적 성적이 되었지요. 그런데 항상 학생들의 불만이 많았습니다. 이번에는 free-riding 문제를 해결하고, 열심히 참여하도록 유도하기 위해서 개인별 기여도를 팀활동 평가에 반영하였지요. 팀별 활동보고서에 개인별 기여도에 대한 자체 평가와 그것의 근거를 포함하도록 하였습니다. 담합해서 모두 동일한 점수를 제출하면, 팀 전원에게 중간 점수를 주겠다고 공고했습니다. 사실 팀활동평가에 대한 불만은 이전 수업에 비하면 다소 줄었습니다. 다음 학기에는 그 방식을 좀더 다듬어 볼 생각입니다.
2011년 2월 8일 오전 10:32 👍 5명

김재원 저도 두번 정도 한 학기씩 강의를 해본 일천한 경험이 있지만 평가가 정말 젤 어렵더군요. 전 진짜 별 다른 기준도 없이 했고 그랬지만요. 그런데 요즘 전문대는 얼굴도 한번 못 본 학생인데도 대충 B 이상은 성적줘서 자퇴 안하도록 해야된다고 학과장님이 그러시던데... ㅎㅎㅎ 팀별 활동에 있어서는 자신을 희생해서라도 팀을 위해 기여한 학생들을 우대해줘야 한다고 생각합니다. 이타적인 사람이 대우받아야 모두가 이기적이 되지 않는다고 봅니다.^^
2011년 2월 8일 오후 1:59 👍 6명

정보사회학 재원님, 한편으로 헌신적으로 열심히 하는 학생을 우대해주어야 하고, 다른 한편으로 남의 밥상에 숟가락만 얹고 학점을 따려는 학생들에게 동기부여를 해주어 하는 게 수업인데, 평가는 효과적으로 수업을 진행시키는 하나의 도구인 것 같습니다. 하지만 평가는 하나의 도구, 그것도 보조적인 수단일 뿐입니다. 그것에만 의존하면 참여적 학습은 불가능할 것입니다.
2011년 2월 8일 오후 3:34 👍 4명

박정민 소중한 자산일텐데 이렇게 쉽게 공유해주시니 감사합니다. 내용을 읽어보면서 많은 고민을 하셨겠다는 생각이 드네요. 여러분께서 말씀해주신 대로 절대평가/상대평가의 경우 대학입시 내신평가와 같은 속성을 가지고 있더군요. 몇해 전 고려대학교가 고등학교별 등급을 매겨서 지원학생들의 학생부를 평가한 것을 가지고 말들이 많았는데 절대평가는 성적의 부풀림을 유발하는 잠재적인 요소가 있기 때문에 (악용하는 사례) 상대평가를 많이 권하는데 그 문제점은 지적해주신 바와 같다고 할 수 있습니다. 평가관련된 항목들을 조목조목 적어주셨는데 직장도 이와 비슷한 매년말, 혹은 매년초 KPI 또는 MBO를 작성하고 연말에 평가를 합니다. (반기, 연간결산) 그런 점에서 위의 글에 깊이 공감합니다. 앞으로 수강신청하는 학생들의 생각들도 변화(학점이수를 위해 쉬운 과목을 선택하는 형태가 아닌 미래를 보고 자기 발전을 위한 훈련)가 된다면 훌륭한 사례가 될 듯합니다. 좋은 정보 감사합니다.
2011년 2월 8일 오후 3:47 4명

박정민 공유하겠습니다. 이 말을 누락했네요.^^
2011년 2월 8일 오후 3:47 2명

원은란 교수님께서는 워낙 소규모 수업이 대부분이시잖아요. 시험 제도에 대해서 한 학기동안의 한 명 한 명을 이미 다 아는데 뭐하러 시험을 봐서 다시 평가하느냐고 하셨던 말씀이 생각납니다. 일단 시험을 안보니까 ㅎㅎㅎ 좋아했지만 사실은 학생 한 명 한 명 애정을 담아 관심을 갖고 지켜보시는 것 같아서 감사한 마음이 들었습니다. 교양을 비롯한 많~은 수업들을 들어보면 정말 다양한 교수님이 계시고 저마다 성향이 전부 다른 것 같습니다. 어떤 경우에는 워낙 점수를 후하게 주시는 교수님이 계셔서 열심히 한 사람이나 대충 한 사람이나 고만고만한 점수를 받기도 하고요. 어떤 분은 아~주 짜게! ㅎㅎㅎ 주시기도 하고요. 어떤 분은 질보다는 양으로! 어떤 분은 보기 좋은 것에 점수를 주시기도 하고요.^^

음... 개인적으로 저는 이제껏 딱 한 번 점수에 대해서 이의 제기한 적이 있는데요. 이의 제기에 대한 답변은 '다른 학생들도 다 그 점수를 줬으니 오해하지 말아라'였습니다. 절대평가였음에도 불구하고 학생들에게 점수를 상대적으로 비슷비슷하게 줘야겠다고 생각하셨나봅니다. 그 이후로는 점수에 대해 이의 제기한 적이 없습니다. 그냥 교수님들의 특성이나 나름의 평가기준에 따라 점수가 들어가는 것이니 그냥 인정해야겠다고 생각했거든요. 그리고 너무 따지고 드니까 학점의 노예가 되는 것 같고ㅎㅎㅎ 아무래도 스트레스가 되더라구요... ㅠㅠ 평가는 전부를 만족시키기가 정말 어려운 심오한 것이었군요!
2011년 2월 8일 오후 5:25 5명

정보사회학 정민님, 열심히 읽어주고 공유해주셔서 고마워요. 정사입문 수업은 저만의 자산이 아니잖아요? 학생들과 여러 멘토들이 함께 일군 성과인데 당연히 공유해야지요.^^ 은란아, 다른 과목에서 내가 사용하는 방식의 성적 산정이 상대평가에서는 통하지 않는구나. 네 말대로 내 과목의 평가에는 시험이 필요없는데 말이다. 시험으로 측정하는 것보다 더 자세히 각 학생의 성취에 대해 알고 있는 경우가 대부분인데.^^
2011년 2월 8일 오후 9:56 2명

대화 79 소셜미디어와 대학 수업(12): 마무리

이제 소셜 러닝에 관한 시리즈 포스팅을 마칠까 합니다. 지난 학기 수업에 대한 되새김질을 끝내고 나니 벌써 학생들은 다음 학기 수강신청을 하고 교수는 강의를 준비해야 하는 때가 되었군요. 짧은 시간 동안에 좀 무리하게 밀어붙이다 보니 치밀하게 기획된 글을 쓰지 못한 점이 아쉽습니다. 여러분들께 미안하기도 하고요. 그래도 이 시리즈 포스팅을 통해 수업에 참여했던 멘토와 학생들의 노고를 조금이라도 더 가치 있게 만든 것 같아 보람을 느낍니다. 더구나 아이디어와 이론으로만 존재하던 소셜 러닝의 실체적 사례를 부족하나마 '정보사회학 페이지' 회원 여러분께 가장 먼저 보여드릴 수 있어서 더욱 기쁩니다. 개인적으로도, 학술 논문은 아니지만 원고지로 250매가 넘는 글을 썼으니 그렇게 억울하지 않은 방학이 되었고요.

대학 수업이 변해야 한다는 주장으로 시작된 제 글은, 소셜미디어와 아카데미아의 하위문화가 잘 어울리지 않는다는 다소 비관적인 지적을 거쳐, SMPL(Social Media based Participatory Learning)에 대한 분석으로 이어졌습니다. 제 글의 핵심적인 주장은 SMPL가 지닌 세 가지 특성인 상호작용성의 확대, 교실의 통제적 개방, 그리고 실제상황 실습 환경 제공을 제대로 살릴 수 있다면, 소셜미디어는 대학 수업 혁신을 위한 놀라운 도구가 될 수 있다는 것입니다.

총 11편의 글 중 거의 7편에 걸쳐, 지난 학기에 제가 가르친 '정보사회학입문'이라는 사례를 분석하였습니다. 많은 분들에게 그 글들이 지나치게 상세한 분석처럼 느껴졌으리라 생각합니다. 그러나 기록의 관점에서 보면 더 자세하게 다루어졌어야 했을 부분도 있습니다. 사실 페이스북 페이지에 이러한 전문적인 글을 연재한다는 시도 자체가 좀 실험적입니다만, 그래도 매회 적지 않은 분들이 관심을 가져주시고 댓글 토론에 참여해주셔서 얼마나 힘이 되었는지 모릅니다.

저는 이번 분석 중 특히 소셜 멘토링 부분의 독창성에 대해 자부심이 큽니다. 제가 전 세계에서 출간된 최근 문헌까지 리뷰를 했지만 멘토링을 그만큼 확장시킨 사례는 없었습니다. 다음 학기에는 소셜 멘토링을 이론적으로나 실천적으로 더욱 발전시키려고 합니다. 그것은 앞으로 SMPL의 핵심 요소로 정착될 수 있는 잠재력을 갖고 있다고 판단됩니다.

팀블로깅(team blogging)도 블로그의 개방 환경을 제약이 아니라 자산으로 활용했다는 점에서 새로운 시도였다고 생각합니다. 실제상황을 주고 학생들이 팀워크(team work)를 통해 문제를 해결해 가는 방식의 수업은 많은 과목에서 이상적으로 간주될 수 있는 접근방식입니다. 블로그가 그것을 가능하게 해 줄 것이라고 상상하기 쉽지 않습니다만, 앞으로 이 접근방법은 페이스북이나 트위터에서도 효과적으로 시도될 수 있을 것이며 SMPL의 훌륭한 요소로 발전할 수 있을 겁니다.

성찰과 기록은 교육적 측면에서 소셜미디어가 가져다 준 최고의 선물일 수 있습니다. 이번 포스팅을 통해 최종적으로 마무리되는 수업이 다른 수업과 확실하게 차별화되는 점이 바로 줄기찬 성찰과 많은 양의 기록일 것입니다. 다양한 전공분야에서 여러 교수자들에 의해 SMPL이 시도되고, 그 결과가 공유될 있다면 대학 교육의 이노베이션이 한층 앞당겨질 수 있으리라 기대합니다.

끝으로 평가는 앞으로 많은 개선이 요구되는 부분입니다. 특히 작은 규모의 수업이 아니라 큰 규모의 수업에 SMPL이 도입되면 아마도 가장 도전적인 부분이 평가가 아닐까 생각됩니다. 평가가 잘못 이루어지면 집단지성의 구현으로서 참여적 학습이 지닌 진정한 이노베이션은 완성될 수 없을 겁니다. SMPL의 평가는 대학의 제도적 개선에 의해 뒷받침되어야 할 부분이기도 합니다. 교수자에게 평가에 대한 권한이 대폭 주어져야 완성도 높은 SMPL이 구현될 수 있다는 점을 지적하고 싶습니다.

현재의 수업을 과감하게 혁신하지 않고 우리나라 대학의 수월성을 세계적인 수준으로 끌어올릴 수는 없습니다. 많은 교수들이 수업의 질을 높이기 위해 노력하고 있습니다. 저는 그런 분들에게 소셜미디어는 훌륭한 도구가 되어줄 수 있으리라 생각합니다. 지금까지의 긴 글은 그 가능성을 보여주려는 노력이었다고 해도 과언이 아닙니다. 이제 곧 새 학기가 시작되고 새로운 수업이 가슴 벅찬 도전으로 교수와 학생들 앞에 다가옵니다. 새 학기에는 또 새로운 역사를 만들어 갈 수 있기를 여러분과 함께 기대해 봅니다. 감사합니다.

2011.02.09

좋아요 · 댓글 달기 · 공유하기

박효용, 반현, Hyuncheol Chung님 외 46명이 좋아합니다.

정창권 만세!!!
2011년 2월 8일 오후 11:20 4명

오윤아 크으! 연재가 끝났네요 ㅠ좋은 시리즈를 연재해주셔서 감사합니다 교수님!^^
2011년 2월 8일 오후 11:23 3명

박기태 그동안 글 잘 읽었습니다. 제가 하는 일과는 무관하지만 소셜이 여러 영역에서 어떻게 활용되고 있는지 살펴볼 수 있어서 무척 좋았습니다. 수고 많이 하셨습니다.
2011년 2월 8일 오후 11:23 1명

강영재 좋습니다!^^
2011년 2월 8일 오후 11:27 2명

이윤하 교수님!!! 좋은 글 감사합니다. 소셜멘토링에 대해서는 소셜미디어라는 도구적 관점에서 접근한다면... 분명 최초로 시도된 것임에는 틀림없을 것 같습니다. 그리고 이러한 소셜멘토링이 소셜의 핵심개념이 '확대'에 있어서는 중심적 역할임에도 틀림없습니다... 교수님의 인사이트와 경험에 저절로 고개가 숙여집니다. 저 역시 이번 학기 수업은 교수님의 발자취를 따라가보려고 합니다. 후후 *^^* 너무 감사합니다.
2011년 2월 8일 오후 11:33 4명

정보사회학 정선생님이 지금 저의 홀가분한 기분을 가장 잘 표현해주시는군요. 무거운 짐을 벗은 이 순간의 즐거움을 단 한 마디로ㅎㅎ 윤아님, 기태님, 영재님, 잘 읽어주셔서 감사합니다. 이박사님, 이제 함께 해야 할 일이 있지요?^^
2011년 2월 8일 오후 11:39 6명

이윤하 예... 교수님!!! *^^*
2011년 2월 8일 오후 11:41 2명

Brian Kim 마지막 사진을 잘 선택하셨습니다. 윤교수님께 또 참여한 멘토들에게 큰 미소와 함께 엄지 손가락을 세워드립니다. 참 수고 많으셨습니다. 참여할 수 있는 기회 주심도 감사드리구요.^^
2011년 2월 8일 오후 11:54 6명

류병장 교수님, 고생하셨습니다. SNS에 대해 많은 관심은 가지고 있었지만, 어떻게 활용해야 될 것인가에 대해 확신을 가질 수 있었던 좋은 강의였습니다. 앞으로도 좋은 글 많이 많이 부탁드리겠습니다. 감사합니다.
2011년 2월 9일 오전 12:09 👍 3명

Davis Noh 역사의 한 획을 긋고 시초의 사례로 인용될 리뷰에 제 이름이 여러번 등장하여 가문의 영광입니다. ㅋㅋ 좀더 다듬고 발전시켜 확실히 자리잡는 데에 도움이 저도 된다면 열심히 돕도록 하겠습니다.
2011년 2월 9일 오전 12:19 👍 7명

심 재억 전 세계가 주목하고 환호할 수 있는 Social Learning으로서의 Best Practice가 될 것을 확신합니다.
2011년 2월 9일 오전 12:32 👍 4명

원은란 교수님, 저도 영광입니다.^^ 정말로 노고가 많으셨습니다. 저도 만~~~세~~~!^^^^^
2011년 2월 9일 오전 12:52 👍 5명

송승섭 감사하며 잘 보았습니다. Sns라는 도구를 이용한 학습에 기조를 이루는 참여 공유 개방의 정신을 교육철학적 측면에서 깊이있게 성찰하게 한 시리즈였습니다. 시간을 내어 다시 한 번 리뷰해야 할 것 같습니다.
2011년 2월 9일 오전 1:01 👍 3명

Eliot Bu insightful.
2011년 2월 9일 오전 1:24 👍 3명

박정민 Olleh~!!
2011년 2월 9일 오전 1:43 👍 5명

최순희 짝짝짝짝, 큰 박수로 감사를 전합니다. 방학중이라고는 하지만, 여러 여정을 거치면서 힘차게 달리신 노트를 매번 앉아서 받아먹는 그 맛이 꿀맛이었습니다.ㅎ 함께 행복했습니다. 그리고 부럽습니다. 그 홀가분함과 뿌듯함까지요. ^^
2011년 2월 9일 오후 7:21 👍 2명

정보사회학 브라이언님, 다비스님, 정민님, 그동안 고마웠습니다. 긴 수업이 이제야 끝났습니다.^^ 병장님, 재억님, 송박사님, 순희님, 항상 관심을 가지고 보아주셔서 감사합니다. 여러분의 관심이 제게는 동력입니다. 엘리어트님, 감사합니다. 은란아, 너도 수고했다.
2011년 2월 9일 오전 3:53 👍 7명

Sudo Choe 윤교수님, 시원섭섭하시겠습니다. 옆에서 듣고 보는 입장에서 완전히 동화되고 이해하지는 못했다 하더라도 저는 이런 툴을 이용해서 적극적인 참여와 나눔을 통한 이해의 장을 넓힌 윤교수님의 Objetives가 의미있는 도전이었고 일정부분 성과도 컸었으리라 믿습니다. 저는 이런 분야와는 관련없는 곳에 일하는 사람입니다만, 열린 공간에서 소통하고 교류하면서 서로의 이해의 폭을 넓혀가는 플랫폼에서 큰 희망을 봅니다. 수고 많으셨습니다.^^
2011년 2월 9일 오전 7:04 👍 8명

Myungdae Cho 정말 대단했습니다. 수업을 진행할 때의 섬세함도 압권이었거니와 그 후의 11회에 걸친 분석과 오늘의 마지막 손질까지 대단하십니다. 저가 누차 글을 써 왔습니다만, 아마 교육사에 길이 빛날 획기적인 수업이었습니다. 다음 학기에는 어떻게 진화할지 궁금하네요. 사회학도가 바라보는 정보와의 접점을 이처럼 세밀하게 또 광범위하게 다루기는 힘들 것입니다. 다음에는 멘토가 되기 위해서 사전심사

해야할지 모르겠네요. ㅎㅎ 그래요 교수님 아직 평가문제를 약간 남겨두고 있지만 그 점도 점점 해결되겠지요. 수고 많으셨습니다. 이젠 조금 쉬세요. 내일 뵙겠습니다.^^
2011년 2월 9일 오전 7:16 👍 9명

Charles Kim 윤교수님! 수고 하셨습니다. 그리고 감사합니다. 공유합니다.^^
2011년 2월 9일 오전 9:25 👍 3명

Namsook Han 누군가 먼저 걸어가야 할 그 길이 쉽지 않으셨을텐데 이렇게 정리 정돈까지 잘 해 두셨으니 많은 분들이 그 혜택을 누릴 수 있을 거라 생각됩니다. 수고 많으셨구요. 새 학기 어떤 글들이 쓰여질지 내심 아주 궁금하고 기대됩니다. 고맙습니다.
2011년 2월 9일 오전 11:18 👍 6명

김재원 저는 멘토링에 있어서 1대1 수준이 될 정도로 학생 대 멘토의 비율이 높았던 점이 참 좋았던 것 같습니다. 멘토풀이 풍부하니까 학생들이 자신의 성향에 맞는 멘토를 고를 수도 있고, 여러 멘토들의 다양한 견해도 풍부하게 수렴할 수 있었구요. 대학이 발전해야 한다면서 대부분의 대학들이 시간 강사를 교수로 채용하지 않고, 비정규직화하고 있으며, 학생 대 교수 비율을 교과부에서 대학경쟁력 평가의 중요한 지표로 삼고 있음에도 대학들은 교수들을 별로 채용하지 않는 것 같습니다. 이러한 현실을 조금이라도 보완하는 방법은 사회에서 다양하고 풍부한 경험을 가진 전문가를 대학에서 활용하는 것이겠죠. 바로 그러한 사례를 처음으로 개척하신 것이라 봅니다. 암튼 다시 한 번 축하드리고, 감사합니다!^^
2011년 2월 9일 오후 12:07 👍 9명

정보사회학 채 선생님, 조교수님, 찰스님, 남숙님, 재원님, 좋은 말씀 감사합니다. 채 선생님 지적처럼 소셜미디어라는 툴을 잘 길들여서 좀더 나은 세상을 만드는데 도움이 되도록 해야하는데 제가 했던 시도는 아주 아주 미미한 노력에 불과합니다. 조교수님도 아시다시피 저야 그냥 facilitator 역할이었지요. 남숙님, 제가 지금 다음 학기 수업을 기획하고 있는데, 아이디어가 팍팍 안 떠올라 애를 먹고 있습니다.^^ 재원님, 대학이 교수는 충분히 확보하고 전문가도 적극적으로 활용하는 게 으뜸이겠지요.^^
2011년 2월 9일 오후 3:52 👍 5명

Ji Young Catharina Kim 수고 많으셨습니다! 새학기에도 더욱 새로운 길을 앞장서서 개척하실 정보사회학님의 앞길이 반짝거리는게 보입니다. ヾ(@⌒ー⌒@)ノ
2011년 2월 9일 오후 4:24 👍 5명

정보사회학 고마워요. 까나리님. 앞으로도 많이 도와주시길 부탁합니다.^^
2011년 2월 9일 오후 4:31 👍 2명

Alexander Park 정말 큰 일 하셨습니다. 저도 나름대로 교수님의 실천 성과를 알리는데 바람잡이는 쬐끔 한듯해서 맘 한구석 뿌듯하기도 합니다 ㅎㅎ 고생하셨습니다.
2011년 2월 9일 오후 4:40 👍 6명

Ji Young Catharina Kim 정보사회학님. 지가 뭘 도와 드릴게 있어야죠...^^;;
2011년 2월 9일 오후 4:55 👍 3명

정보사회학 알렉스님이 소문내신 수준에 어떻게든 가까이 가보려고 하다보니 더 열심히 하겠되었네요.^^ 감사합니다. 까나리님, 함께 해주시는 것 자체부터가 커다란 지원입니다.^^
2011년 2월 9일 오후 5:24 👍 4명

나도선 참 대단한 일을 하셨습니다. 축하합니다.
2011년 2월 18일 오후 2:01 👍 2명

정보사회학 나 교수님, 좋게 보아주셔서 감사합니다.
2011년 2월 20일 오전 4:13

보론 페이스북 강의로, 교수와 학생은 절친이 된다[28]

1. 들어가면서

2년 전 필자는 미국에서 8개월 간 연구년을 보냈다. 당시에 그곳에서는 소셜 미디어의 중심이 블로그에서 SNS로 빠르게 이동하고 있었다. 페이스북의 사용자가 한 달에 천만 명이나 증가할 정도였다. 그래서 필자도 페이스북과 트위터를 쓰기 시작했다. 6개월 쯤 사용하고 나니 이것을 수업에 사용해 볼까 하는 직업적인 욕심이 생겼다. 안식년 직전 학기에 블로그를 수업에 사용했다가 실망했던 터였다.

어떤 분들은 필자에게 집요하게 묻고는 한다. 전문적인 이러닝 지원 시스템도 많은데 굳이 수업에 페이스북을 사용해야 할 이유가 무어냐고. 지난 1년 반 동안 필자는 여섯 과목에 페이스북을 사용해 보았다. 그 사용경험을 기반으로 세 가지를 말씀드리고자 한다. 첫째, 페이스북을 이용한 수업(Facebook-based Learning: f-learning이라고 부르자)을 어떻게 했나? 둘째, f-learning의 이점은 무엇인가? 셋째, f-learning을 성공적으로 구현하려면 어떤 점에 유념해야 하나?

2. 페이스북 그룹을 이용한 혼합 학습

필자가 가르친 수업은 모두 오프라인 수업과 온라인 활동을 병행하는 혼합 학습(Blended Learning)이었다. 오프라인에서 주당 3시간 통상적인 수업을 하고 온라인에서 토론, Q&A, 혹은 실습을 실시하였다.

페이스북은 네 가지 영역으로 구성되어 있다. 개인이 포스팅을 하고 다른 사람들과 대화를 나누는 담벼락, 친구들과 자신의 포스팅이 올라오는 뉴스피드, 친구들과 그룹을 만들어 활동하는 그룹, 그리고 블로그처럼 운영할 수 있는 페이지가 있다.

28 〈공무원 HRD〉, 2011 vol. 60, 58~65쪽의 기고문을 전재.

그 중 그룹이 수업용으로 적당하다. 페이지를 수업에 사용하는 경우도 있지만 완전히 개방되어 있어 있기 때문에 홍보 목적을 겸하는 경우가 아니라면 수업에 사용하기가 부적합하다. 그룹은 운영자의 희망에 따라 공개 범위를 설정할 수 있고 회원 가입을 제어할 수도 있다. 그룹에는 수업에 유용하게 사용될 수 있는 여러 가지 기능이 있다. 회원들과 대화를 나눌 수 있는 '담벼락'에는 외부 사이트를 링크로 공유하거나, 사진이나 동영상 파일을 올리며 의견을 나눌 수도 있다. 또한 회원간 실시간 대화가 가능한 '채팅', 위키(wiki) 방식으로 자유로운 편집이 가능한 '문서', 전체 회원들에게 동시에 묻고 답할 수 있는 '질문', 그리고 행사를 공지하고 참여자를 모을 수 있는 '이벤트'도 있다.

필자가 가르친 모든 수업에는 이 그룹 기능이 이용되었다. 맨 처음 강의 계획서를 올리고, 학생들과 페이스북 친구관계를 맺은 다음 그룹에 가입시키고, 필자와 페이스북 친구인 멘토를 그룹에 초청하여 그룹 활동을 시작하였다. 수업의 성격에 따라, 학생들은 매주 1~2회 그룹에서 온라인 토론을 하거나 과제를 제출했다. 또한 학생들은 의무적으로 온라인 토론에 참여해야 했으며, 다른 학생들의 과제에 대해 '좋아요'를 누르거나 '댓글'을 달아 자신의 의사를 표현할 수 있었다. 멘토는 자유롭게 학생들의 토론이나 과제에 댓글을 달거나 담벼락 포스팅을 통해 자료를 공유시키거나 의견을 말할 수 있었다(〈그림 1〉 참조).

조별 활동을 하는 경우 학생들은 그룹의 문서나 담벼락을 통해서 조원간 대화를 하고, 교수와 멘토의 도움을 받을 수 있었다. 학생들의 개인별 그룹 참여 기록은 매주 통계처리 되어 그래프나 수치로 그룹에 게시되었다. 그룹에서의 모든 활동은 양적으로나 질적으로 평가되어 학생들의 성적에 반영되었다. 학기말에 학생들은 프레지(prezi.com)를 이용하여 조별 보고서를 제출하고, 개인별 포트폴리오(e-portfolio)를 작성하였다.

3. F-learning의 이노베이션

가. F-learning은 학습자를 찾아간다

특정 학교나 기업, 혹은 기관을 위해 개발된 학습관리시스템(LMS)은 수업 관

그림1 페이스북 '정보사회학 입문 2010' 그룹

리의 측면에서 페이스북에 비할 수 없이 우수하다. LMS는 인사 D/B 혹은 학적 D/B에 연동되어 있어 수업에 관련된 학생의 성적이나 교수자의 인사를 관리하는데 대단히 편리하다.

그러나 LMS 안에서 운영되는 수업은 교수와 학생이 찾아 들어가야 한다. 마치 오프라인 수업을 위해 강의실을 찾아가듯이 교수와 학생은 LMS에 로그인하고 들어가 해당 과목 사이트를 열어야 한다.

그것은 추가적인 클릭 몇 번의 불편만을 의미하지 않는다. 실시간으로 수업을 진행할 때를 제외하고 교수와 학생이 LMS 강의실에서 만나는 것은 적막과 고립이다. 그곳에는 창밖을 내다 볼 수도 있고 창으로 따스한 햇볕이나 시끄러운 소음이 들어오기도 하는 오프라인 강의실보다 고립감이 훨씬 크다. 그런 점에서 온라인 강의실은 매우 기계적이며 인공적인 느낌이 지배적인 수업 환경이다.

반면에 페이스북 그룹 강의실은 교수와 학생이 일부러 찾아갈 필요가 없다. 클릭 한두 번으로 뉴스피드나 담벼락에서 바로 들어갈 수 있으며, 사실상 그것은 페이스북이라는 일상 무대의 일부이다. 온라인 강의실에 포스팅이 게시되면, 그것이 교수와 학생의 뉴스피드에 올라오고 스마트폰이나 PC에 알림(notification) 신호가 뜬다. 온라인 강의실에 누군가가 들어오면 항상 교수와 학생은 모두가 호명되는 것이다. 그 때문에 페이스북 강의실에서는 교수와 학생이 편안함을 느끼고, 그곳은 다른 페이스북 그룹과 마찬가지로 자꾸 들어가고 싶은 온라인 공간이 된다.

이 한 가지만으로도 페이스북 강의실은 놀라운 학습 효과를 낳을 수 있다. 수업이 학습자의 자연스러운 일상이 된다는 것은 모든 교수자와 학습자의 로망이 아니던가. 물론 그 강의실이 즐거움이 넘치는 곳이 될지 아니면 고통스러운 곳이 될지는 교수자에 달려 있지만.

나. F-learning은 교수자와 학습자를 친구로 만들어 준다

페이스북에서 교수가 그룹을 구성하려면 우선 수강생들과 페이스북 '친구'가 되어야 한다. '친구' 관계가 선행되지 않고서는 교수가 학생들을 그룹에 일방적으로 가입시킬 수 없다. 그것은 기술적으로 불가능하다.

그런데 수업을 위해 페이스북 '친구'가 된 교수와 학생들은 자연스럽게 진짜 친구처럼 된다. 교수의 포스팅이 학생들의 뉴스피드에 올라오고, 학생들의 포스팅은 교수의 뉴스피드에 올라온다. 단순히 수업 그룹에서만 만나는 것이 아니라 교수와 학생이 일상적으로 만나는 것이다.

학생들은 교수 개인의 담벼락에 들어와 포스팅에 댓글을 달기도 하고, 교수는 학생 생일에 축하글을 남길 수도 있다. 때로는 친구의 친구가 되어 교수와 학생이 어떤 사람의 담벼락에서 댓글놀이에 함께 참여하기도 한다.

물론 교수나 학생이 원한다면 게시글 숨기기 기능을 이용해 서로의 포스팅이 뉴스피드에 뜨지 않게 할 수도 있다. 그러나 페이스북 수업이 성공하려면 교

그림2 정보기술과 사회 2팀 페이스북 그룹

수와 학생들이 친구처럼 되어야 한다. 페이스북을 통해 형성된 친밀성 덕분에 온라인 강의실에서는 말할 것도 없고 오프라인 강의실에서도 교수자와 학습자가 혼연일체를 이룰 수 있기 때문이다. 이 또한 교수자와 학습자의 로망이 아니던가.

교수자와 학습자의 친밀성은 때로 부담스럽기도 하지만 놀라운 학습효과를 성취할 수 있는 기반이 된다. 수업시간에 질문을 않던 학생들이 온라인 강의실에 스스럼없이 질문을 올리고, 교수는 더욱 친절하고 성의껏 수업에 임하게 된다.

교수와 학생이 친구가 되는데 학생들끼리는 말할 나위도 없다. 수강생들 사이가 가까워지면 학생들 사이에서는 자연스럽게 협력의 분위기가 조성된다. 즉, 서로 돕고 격려하는 사이가 되는 것이다(〈그림 2〉 참조). 그러한 협력이 학습 성과로 이어지도록 수업이 설계되어 있으면 학생들은 상부상조하면서 많은 것을 성취한다.

실제로 필자의 수업에서 온라인 강의실의 포스팅이나 댓글을 성적 평가에 반영하고, 학생들로 하여금 팀 활동 프로젝트를 수행하게 한 결과, 협력을 통한 학습이 매우 활발하게 일어났으며, 그 학습 성과도 우수했다.

다. F-learning은 소셜 멘토링을 가능하게 해준다

최근 멘토링의 효과가 재발견되면서 교육 방법으로 널리 채택되고 있다. 그런데 페이스북 수업은 멘토링의 잠재력을 극대화시킬 수 있는 가능성을 제공한다.

통상적으로 멘토링을 도입하는데 두 가지 어려움이 있다. 첫째, 훌륭한 멘토를 구하는 일이다. 멘토는 해당 분야에서 풍부한 경험을 가지고 있을 뿐 아니라 멘티에게 기꺼이 자신의 경험을 알려주고자 하는 마음이 있어야 한다. 교수자가 주위에서 이 두 가지 조건을 만족시키는 멘토를 구하기란 쉽지 않다.

둘째, 멘토링에 들어가는 시간과 비용이다. 멘토가 바빠서 시간을 내기 어려운 경우도 많고, 멘토와 멘티가 멀리 떨어져 있어 만나기 어려운 경우도 흔하다.

이러한 이유들 때문에 멘토링이 높은 교육효과를 갖고 있음에도 실제로 교육현장에 도입되기 어렵고 도입되더라도 효과적으로 운영되기 쉽지 않다. 멘토의 사정이 변하는 경우도 적지 않기 때문이다.

페이스북 수업은 멘토의 일상 속에 멘토링을 통합시켜 이러한 어려움을 해결할 수 있다. 우선 멘토의 풀(pool)을 크게 확대할 수 있다. 교수자가 페이스북의 활동적인 사용자라면 수업에 필요한 훌륭한 멘토를 많이 구할 수 있을 것이다. 게다가 기본적으로 페이스북을 사용하여 멘토링이 이루어지기 때문에 멘토링 비용이 매우 작다. 멘토는 심지어 짜투리 시간을 활용해서 멘토링을 수행할 수도 있다. 또한 멘토와 멘티가 페이스북 친구가 되기 때문에 오프라인 멘토링의 경우보다 훨씬 친밀한 관계를 가질 수 있다. 교수와 학생이 가까워지는 것과 같은 원리이다.

더욱 중요한 점은 멘토-멘티의 1대1 멘토링이 아니고, 다수의 멘토가 다수의 멘티를 상대하는 일종의 소셜 멘토링(social mentoring)이 가능하다는 사실이다.

소셜 멘토링은 전통적인 멘토링을 포함하지만 몇 가지 점에서 이를 넘어선다.

첫째, 교수, 학생, 멘토가 하나의 학습 커뮤니티를 이룰 수 있다. 학생만 멘토로부터 배우는 것이 아니라 교수도 멘토로부터 실무적인 경험을 배우며, 멘토는 수업으로부터 새로운 지식을 접할 수 있다. 또한 멘토가 멘티에게서 배우는 역멘토링(reverse mentoring)도 발생한다. 사실상 누가 교수자이고 누가 학습자인지가 구분되기 어려울 정도로 매우 역동적인 학습이 일어날 수 있다.

필자의 한 수업에서는 학생 33명에 멘토가 33명이었으며, 다른 수업에서는 학생 30명에 멘토가 47명이었다. 페이스북이 아니면 상상하기 힘든 멘토링의 새로운 모습이다. 두 수업 모두에서 실제로 생동감 넘치는 학습 커뮤니티가 형성되었다.

그림3 정보기술과 사회 멘토 페이스북 그룹

둘째, 소셜 멘토링에서는 멘토들 사이에서 수업을 매개로 인적 네트워크가 형성되기도 한다. 멘토들이 자연스럽게 페이스북 친구가 되고 서로 신뢰하고 의지하는 관계로 발전할 수도 있다. 필자는 2011년 봄학기 수업에서 멘토들의 네트워크를 지원하고 멘토들과 효과적인 커뮤니케이션을 위해 멘토 페이스북 그룹을 개설하여 운영하였다(〈그림 3〉 참조).

셋째, 한 멘토가 감당할 수 없는 문제에 대해 여러 멘토들이 전문적인 조언을 해줄 수 있다. 실제로 학생들이 올린 질문들에 대해 담당 교수보다 먼저 멘토들이 답을 올려주는 경우도 있었으며, 교수가 답할 수 없는 문제에 대해서 멘토가 답을 주기도 했다.

라. F-learning은 학습자 중심의 교육을 가능하게 해준다

E-learning이 발달하면서 학습자 주도 학습이 크게 부각되고 있다. 그러나 지금까지의 학습자 주도 학습은 학습자 개인이 학습의 진도와 수준을 결정한다는 정도의 의미만을 지니고 있었다. F-learning은 교수가 가르치고 학생들이 배우는 교수자-학습자 관계에서 학생들이 학습을 하고 교수가 지원해주는 관계로의 전환을 가능하게 해준다.

이는 f-learning의 세 가지 요소 때문이다. 첫째, 공유와 협력이다. 페이스북 그룹에서 풍부한 자료가 공유되고, 학생들이 서로 도와주고 지지해주기 때문에 학생 스스로 매우 효과적인 학습활동을 할 수가 있다.

둘째, 온라인 토론이다. 오프라인 수업에서 강의한 내용을 온라인상에서 토론하면 매우 깊이 있고 수준 높은 토론이 이루어진다. 온라인 토론이 형식적으로 끝날 수도 있지만 교수의 적절한 개입과 평가를 통해 얼마든지 활발해질 수 있다. 시간이 흐르면서 학생들은 온라인 토론이 탁월한 학습기회라는 사실을 느끼고 온라인 토론 참여는 더욱 활발해진다. 필자의 한 수업에서는 심지어 학생들 스스로 주제를 올리고 토론하는 경우도 있었다.

셋째, 멘토의 역할이다. 멘토들이 지켜보고 있다는 사실만으로도 학생들은 어느 정도 긴장을 하는데, 멘토들이 학생들의 질의를 받아주거나 격려해주고, 심지어 토론에 참여하면서 지식습득의 무게 중심이 교수의 오프라인 강의에서 학생들 자신의 온라인 활동으로 이동된다. 이는 필자의 모든 페이스북 수업에서 공통적으로 나타나는 현상이었다.

4. F-learning의 성공 요인

가. 교수자 역할의 재정의

전통적인 수업에서 교수자-학습자는 권위적인 관계에 있다. 교수의 지식, 권위, 그리고 리더십을 학생들이 좇아간다. 근본적으로 교수는 가르치고 학생은 배운다. 그러나 그러한 일차원적 관계로는 f-learning을 성공적으로 수행하기 어렵다. F-learning은 단순히 수업도구의 전환이 아니라 수업 자체의 혁신이기 때문이다.

F-learning이 성공하려면 무엇보다 교수자의 역할이 새롭게 정의되어야 한다. 교수자는 감독, 기획자, 코치, 퍼실리테이터(facilitator), 그리고 커뮤니티 운영자라는 다양한 역할을 수행해야 한다. 반면에 교사로서의 역할은 크게 줄여도 된다. 교수는 학생들을 직접 가르치는 것이 아니라 학생들에게 학습 동기를 부여하고 학습 환경을 만들어주는 역할을 수행한다.

학기가 시작되기 전에 교수는 수업에 대해 치밀하게 설계하고 준비해야 한다. 학습 목표를 달성하기 위해 오프라인 수업과 온라인 활동을 어떻게 조합할 것인가, 어떤 목적으로 멘토링을 도입하고 멘토에게 어떤 역할을 부여할 것인가, 멘토와 학생, 혹은 멘토와 교수의 관계를 어떻게 설정할 것인가, 학생들의 참여를 유도하기 위해 어떤 인센티브 시스템을 사용할 것이며 어떻게 평가를 활용할 것인가 등에 대해 기획해야 한다.

또한 학생들이나 멘토의 수업 참여가 저조해지면 그들의 참여를 높이기 위해 여러 가지 시도를 해야 하며, 학생과 멘토 개개인에 대해 지속적인 관심을 갖고 좌절, 무관심 혹은 소외가 일어나지 않도록 해야 한다. 전통적인 강의 중심 수업에서는 학생 개개인에 대한 관심이 다소 부족해도 강의 자체에 크게 문제가 되지는 않았지만, 학생 중심의 학습에서 학생들의 관심과 참여가 떨어지면 모든 것을 잃게 된다.

나. 학습자의 리더십 활용

교수 대신에 학생들이 수업의 중심이 되면 수업의 이니시어티브가 학생들로부터 나와야 한다. 그러기 위해서는 학생들 사이에 리더십이 존재해야 한다. 수업 전체의 분위기를 끌어가는 리더십도 필요하고, 팀별 활동을 위한 리더십도 필요하다.

교수자는 학생 리더십이 등장할 수 있는 구조를 의도적으로 만들 필요가 있다. 예컨대 저학년 학생 수업이라도 고학년 학생들이 섞여 있는 것이 바람직하다. 필자는 심지어 면학 분위기를 끌고 갈 수 있는 고학년 학생을 개별적으로 접촉해서 수업을 재수강하도록 유도하기도 했다. 프로젝트 팀을 편성할 때도 저학년과 고학년이 섞이도록 했다. 팀 프로젝트의 결과를 비교해보면 리더십의 요소가 크게 작용하고 있음을 쉽게 확인할 수 있다.

다. 멘토링의 적극적 활용

멘토링 제도를 도입할 때 가장 큰 문제는 훌륭한 멘토 구하기이다. 이 문제를 푸는데 두 가지 해법이 있다. 첫째, 졸업 동문이나 교수의 친구 등과 같은 특별한 이해관계자에게 기대를 걸지 말아야 한다. 학생들에 대한 그들의 애정은 자신의 분주함이나 관심을 넘어서지 못한다. 학생들에게 흔쾌히 시간을 나누어주는 사람은 수업 자체에 흥미를 느끼거나 배우고 가르치는 일을 진정으로 좋아하는 사람이다.

멘토링은 일종의 선물경제(gift economy)이다. 선물경제에서는 선물 교환이 일종의 사회적 의무이다. 선물을 주는 일도, 선물을 받는 일도, 선물에 답례하는 일도 모두 도덕적 의무이다. 도덕적 의무 관계가 형성되려면 건강한 부채의식이 존재해야 한다. 교수자는 수업에서 선물로 활용할 수 있는 자산이 무엇이 있는지를 정확히 파악하고 그것을 적재적소에 활용해야 한다. 선물은 가급적 지식, 정보, 관심, 애정 등 비물질적인 것이어야 한다. 물질적이거나 금전적인 선물은 가장 최후로 사용해야 할 수단이다. 그것을 잘못 사용하면 순수한 선물 교환 관계가 위기에 빠질 수도 있다.

필자는 페이스북에 '정보사회학 페이지'를 운영하여 선물경제를 구동시켰다(〈그림 4〉 참조). 그 페이지를 통해 정보사회학 분야의 최신 지식과 정보를 교환하며 전문가들과 폭넓은 유대 관계를 쌓았다. 멘토는 거의 대부분 그 페이지에서 왕성하게 활동하던 전문가들이다

멘토가 충분히 확보되면 그들 사이에 유대 관계를 촉진하고, 수업에 대해 확실한 오리엔테이션을 제공한다. 멘토들에게 수업의 목표, 방식, 특성 등을 알려주고, 수업에서 멘토가 담당해주길 바라는 역할이 무엇인지 정확히 알려주어야 한다. 뿐만 아니라 멘토들에게 학생들을 대하는 가이드라인도 제시하고 수업의 진행상황을 수시로 알려주어야 한다. 여건이 허락되면 멘토-멘티 사이의 오프라인 미팅을 주선할 수도 있다. 필자의 한 과목에서는 멘토 그룹을 통해서 멘토들과 수시로 대화를 나누었으며, 멘토-멘티가 함께 참여하는 오

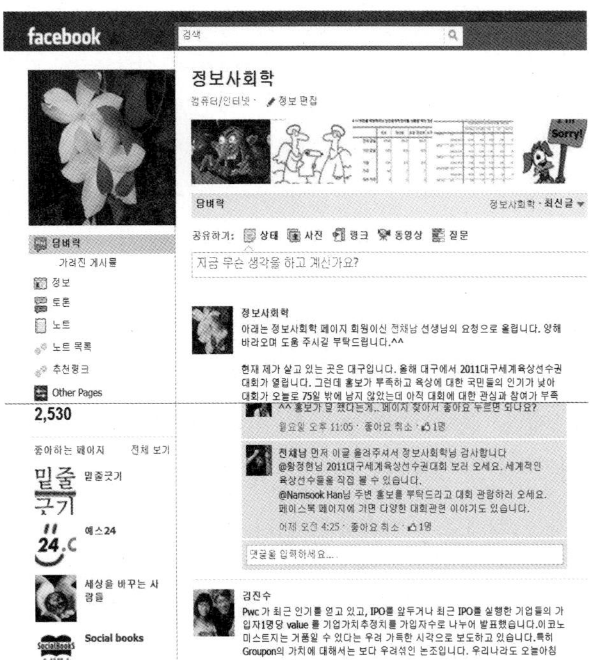

그림4 페이스북 '정보사회학' 페이지

프라인 축제를 개최하기도 했다.

라. 학습 평가의 재설계

평가는 학습자로 하여금 열심히 공부하게 하는 한편, 학습의 성과를 파악하는 가장 핵심적인 수단이 되기도 한다. 그런데 시험을 통한 전통적인 평가 방식은 f-learning에 적합하지 않다. F-learning은 협력을 통한 학습의 비중이 높다. 협력은 집단적인 현상인데 그것을 개인이 치루는 시험을 통해서 평가하는 것은 적절하지 않다. F-learning에서 학생들은 수업의 기획부터 최종 보고서의 발표까지 수업 전반에 능동적으로 참여하도록 요구받는다. 따라서 당연히 수업 참여와 기여가 평가에 크게 반영되어야 한다. 즉, 평가에서 결과 이상으로 과정이 중시된다. 그런 측면에서도 통상적인 시험은 부적합하다.

이상적으로 말해 f-learning에서 평가는 수업 전반에 걸쳐 이루어져야 한다. 오프라인 수업의 출석, 페이스북 그룹에서의 활동, 오프라인에서의 팀별 활동에 대한 기여 등이 모두 평가에 적절히 반영되어야 한다. 학생들은 교수가 어떤 점을 높이 평가하고 어떤 점을 가볍게 평가하는지를 금방 알아차린다. 만약 페이스북 그룹에의 참여가 가볍게 평가된다고 판단되면 그룹 활동은 빠르게 위축될 것이다.

5. 나가면서

페이스북은 교육용으로 개발된 플랫폼이 아니다. 페이스북은 인간관계라는 가치를 생산하는 소셜미디어이다. 그것이 생산하는 인간관계의 기반 위에서 상업적 거래, 게임, 정보 교환 등의 부가적 활동이 전개될 수 있고, 교육도 그 중의 하나가 될 수 있다.

본고에서 필자는 실제로 페이스북을 여러 개의 대학 수업에 사용한 경험을 소개하였다. 그것은 놀라운 경험이었다. 페이스북 수업은 단순히 새로운 도구의 사용을 넘어 수업 자체를 새롭게 접근하도록 만들었다. 필자의 경험에 의하면, 한 마디로 페이스북은 대학 교육을 위한 탁월한 플랫폼이었다.

그렇다고 그것이 모든 수업을 위한 완벽한 플랫폼이라는 말은 결코 아니다. 수업의 주제와 성격에 따라 페이스북은 적합한 도구일 수도 있고 아닐 수도 있을 것이다. 기술적으로도 페이스북은 수업용으로 활용하기에 불편한 점이 한두 가지가 아니다. 검색도 잘 되지 않으며, 과거에 올라온 포스팅을 찾아보기는 거의 불가능할 정도이고, 수업 참여에 대한 통계적 분석도 어렵다.

그럼에도 불구하고 필자는 페이스북이 교육의 새로운 장을 열 수 있을 정도의 잠재력을 갖고 있다고 주장하고 싶다. 필자 자신이 f-learning에서 오랫동안 꿈꾸던 교육을 실현할 수 있는 기회를 발견했기 때문이다. 필자에게 기회의 땅인데 독자 여러분에게도 그렇지 않겠는가.

대화 80 혹시 페이스북에서 실시간으로 토론해 보셨나요?

페이스북은 원래 수업용으로 개발된 플랫폼이 아닙니다. 더더욱 페이스북은 실시간으로 진행되는 온라인 토론을 하기 위해서 개발된 플랫폼도 아닙니다. 그런데 페이스북을 이용해 수업을 한다면 실시간 토론이 빠질 수가 없습니다. 여러분, 혹시 수업을 위해 페이스북에서 실시간으로 온라인 토론을 해보셨나요?

제가 지난주와 이번주에 두 차례에 걸쳐 시도를 해보았습니다. 몇 가지 재미있는 현상이 보이더군요.

① **정신을 차릴 수 없이 진행됩니다:** 한 수업은 30명, 다른 수업은 10명(대학원) 정도가 참여했는데도 글 올라오는 속도가 읽는 속도보다 빠를 정도입니다. 자꾸 에러 메시지도 뜹니다. 컴퓨터가 다운되는 학생들도 있고요. 컴퓨터, 통신 환경이 모두 다르기 때문에 생기는 문제를 미리 예상해야 합니다.

② **글의 흐름이 하나만 허용됩니다:** 예전에 뉴스그룹에서는 곁가지 만들기(threading)가 가능했는데, 페이스북은 각 포스팅에 하나의 댓글 흐름만 허용됩니다. 그러다 보니 얘기가 뒤죽박죽이 되고는 합니다. 조금만 방심하면 무척 산만해져 버립니다. 시작 전에 토론 참여 원칙을 공지하는데, 토론 주제에 관련 없는 화제는 꺼내지 않아야 한다는 내용을 넣는 것이 좋을 것 같아요.

③ **엄청난 집중을 요구합니다:** 글의 흐름이 워낙 빠르다보니 잠깐만 한 눈을 팔아도 흐름을 놓치게 됩니다. 1시간 정도 진행한 다음에는 10분~15분 정도 휴

식을 취하는 것이 좋을 듯합니다. 학생들은 이러한 토론을 "폭풍(댓글) 토론"이라고 이름 붙였습니다.

④ **현미경처럼 초점을 맞추어야 합니다:** 교수자는 주제 선정을 아주 잘 해야 할 것입니다. 정말로 중요하다고 생각되는 이슈 하나에 집중해서 토론을 유도해야 합니다. 그럴수록 효과가 큰 것 같아요. 물론 학생들이 사전에 예습이 되어 있어야 합니다. 그렇지 않은 경우는 토론에 따로 읽는 시간을 두어 모두 토론 주제와 자료를 숙지하게 해야 합니다. 그래야 수준 높은 토론이 가능합니다.

⑤ **예상보다 시간이 엄청 많이 걸립니다:** 토론하는데 시간이 엄청 많이 걸립니다. 오프라인 수업에서 필요한 시간보다 몇 배가 든다고 생각하면 됩니다. 한 가지 주제만 가지고 토론하는데 2시간도 짧습니다.

⑥ **그래도 해볼 만합니다:** 좋아하는 학생들이 많습니다. 한 학기에 몇 번 정도는 해도 괜찮을 것 같습니다. 오프라인 수업 대신으로요.

혹시 여러분도 수업에서 실시간 온라인 토론을 해보셨으면, 이러한 제 경험을 일반화해도 될런지 말씀해주시겠어요? 2011.05.20

좋아요 · 댓글 달기 · 공유하기

Yeji Sophia Kim, 정건희, 신성현님 외 43명이 좋아합니다.

박군화 ㅎㅎㅎ
2011년 5월 19일 오후 11:37 1명

정보사회학 이 글에 대해서는 여러분의 댓글이 매우 적군요^^ 제가 발제를 잘못 했나요?
2011년 5월 20일 오전 9:23 1명

Seok Hwan Mo 메신저를 대화를 이용한 토론을 많이 하는데, 진행이 상당히 어렵습니다. 호흡이 긴 말은 특히 전달되기 어렵고, 내가 어떤 말을 쓰고 있으면 다른 사람이 하는 말에 집중하기가 어렵습니다. 좋은 점은 모르는 부분을 찾아본다거나, 말을 하기 전에 한번 더 생각해볼 수 있다는 점? 정도가 있는 것 같습니다.
2011년 5월 20일 오전 9:36 2명

최익상 기업의 교육 환경에서는 고려할 사항이 많아 선뜻 못하시는 듯합니다. 그래도 계속 고민하고 시도를 해봐야겠죠 ^___^;
2011년 5월 20일 오전 9:41 2명

Jong-Dae Park 페북에서 실시간 온라인 토론이 가능한가 탐색해보는 것은 좋은 시도라고 생각합니다. 하지만 온라인 실시간 토론 도구가 있다면 페북에 얽매일 필요는 없지 않나 생각합니다.
2011년 5월 20일 오후 2:33 👍 4명

Jong-Dae Park 무들과 같은 lms 에서는 채팅 기능을 제공하며 재버와 같은 채팅 서버와 연동해서 사용할 수 있습니다. 아도비 커넥트 미팅 같은 솔루션은 하위 모듬 구성을 허용합니다.
2011년 5월 20일 오후 2:37 👍 3명

Jong-Dae Park 무들에서 토론을 하기 위해서는 포럼을 이용하는데 5가지 유형의 포럼을 사용할 수 있습니다. 1. 일반적인 포럼- 큰 토론주제아래 여러 개의 주제의 토론방 구축 가능. 2. 간단한 토론- 1개 주제에 대한 토론. 3. 개인별 토론 - 개인별로 포럼이 만들어지며, 각자의 포럼에서 자신의 주장을 게시할 수 있습니다. 4. 질의응답포럼- 다른 사람의 게시한 답을 보려면 먼저 답글을 올려야 합니다.
2011년 5월 20일 오후 2:40 👍 4명

Jong-Dae Park 무들에서는 여러 가지의 강좌 포맷을 제공하는데 주차별로 강좌를 설정하거나 토픽별로 강좌를 설정할 수 있으며, 사회적 포맷이라고 해서 완전히 토론만으로 강좌를 구성할 수 있습니다. 퀴즈나 성적처리 과제 제출, 토론에 대한 평가(무들에서는 여러 가지 활동들에 대해 점수를 줄 수 있고, 학습자들도 얼마의 점수를 받았는지 알 수 있는데, 피북은 알 수가 없지요) 같은 것은 lms를 통해서 하고, 학습커뮤니티는 페북이나 워드프레스+버디프레스를 사용한 소셜네트워킹 시스템을 사용하고, 성찰학습을 위해서는 이포트폴리오를 사용하는 것은 어떨지요? 저희 대학에서는 http://moodle. pcu.ac.kr/ http://social.pcu.ac.kr/ http://myspace.pcu.ac.kr/을 사용하고 있습니다.
2011년 5월 21일 오전 6:47 👍 2명

Jong-Dae Park 페북에서 토론은 쓰레드를 허용하지 않습니다. 어떤 사람의 주장에 대한 반론을 제기하고자 하는 경우, 그 사람의 글에 댓글을 달 수 있어야 하는데...
2011년 5월 20일 오후 2:53 👍 2명

김재원 페북에서도 댓글에 댓글 기능만 달려도 참 좋겠습니당...
2011년 5월 20일 오후 3:04 👍 3명

김종현 제 생각에도 페북에 없는 기능 임에도 페북만 고집하실 필요는 없는 것 같습니다만 제 동아리 사이트 운영 경험에 비추어 보면 무들을 페북 안으로 집어넣지 않으면 그 또한 어려움을 겪을 것 같습니다. 물론 동아리 활동과 수업은 다르지만요.^^
2011년 5월 20일 오후 3:55 👍 3명

정보사회학 @박종대 교수님, 무들을 사용해서 구축한 배재대학교 온라인 배움터를 둘러보았습니다. CMS로서 무들이 장점을 많이 가지고 있는 것 같군요. 그런데 제가 가르치는 대학에서 사용하는 온라인 학습커뮤니티와 크게 다르지 않습니다. 제가 특별한 키가 불필요한 몇 개 수업을 둘러보았는데 활발한 수업 모습을 보기가 어렵군요. 혹시 가장 활발하게 운영되는 수업 1-2개만 소개해주시겠습니까? 제가 교수님들께 부탁해서 참관을 해보고 싶습니다. 제 담벼락에도 댓글을 달아드렸지만 제가 워드프레스와 버디프레스를 가지고 학습커뮤니티를 구축해 이용해 보았습니다만, 별로 좋은 성과를 내지 못했습니다. 위키문서도 사용했고 e-portfolio도 학생들에게 작성케 하고 있습니다.

그런데 문제는 어떻게 학생과 교수가 활발하게, 지속적으로 참여하게 하는가가 관건이 아닐까 합니다. 그것이 교육효과로 나타나야 하고요. 그러한 툴을 사용해서 성공적으로 운영된 수업 사례를 들을 수 있으면 좋겠군요. 아마도 많은 분들이 도구 자체에 대한 정보보다도 best practice에 관한 정보를 얻고 싶어하리라 생각합니다. 좋은 수업 사례가 있으면 소개 부탁드립니다.^^
2011년 5월 20일 오후 4:54 👍 2명

정보사회학 ㅎㅎ 종현님 좋은 의견입니다. 무들을 페북안에 집어넣는다는.^^ 그런데 사실 제가 문제를 제기한 것은 페북에 국한해서보다 실시간 온라인 토론 일반에 대해서입니다. 실시간 토론에서는 쓰레드가 허용된다고 난제가 해결되지는 않을 것 같네요. 그것은 기술적인 문제 이상으로 사회적인 문제이기 때문입니다. 토론을 어떻게 운영하는가가 매우 중요한 것 같아요.
2011년 5월 20일 오후 5:18

Jong-Dae Park 제가 운영하는 강좌는 물리학 1입니다. http://moodle.pcu.ac.kr/course/view.php?id=275 예습과제로 토론을 이용하고 있는데, 유튜브 등에서 동영상을 가져다 질문을 만들고 답글을 달게 했습니다. 심화과제는 연습문제 물어서 포럼에 게시하는 형식으로 진행됩니다. 저의 강좌가 best practice 라고 하기에는 거리가 있습니다. 학기초에는 열심히 하는데 시간이 가면서 활동이 줄어듭니다. 다음 학기에는 방법을 찾아 개선하고자 합니다. 워드프레스+버디프레스는 기능이 그전보다 좋아졌을 것이라 생각합니다. 아직 부족한 부분도 있을 것입니다만.
2011년 5월 20일 오후 10:58 👍 3명

Jong-Dae Park 물리학 1강좌에 대한 학습커뮤니티 사이트는 http://ting.pcu.ac.kr/groups/phys1/입니다. 설치한지 얼마 안되어 활동은 많지 않습니다.
2011년 5월 20일 오후 10:59 👍 3명

정보사회학 박 교수님, 답글을 올려주셔서 감사합니다. 물리학 1과 그것의 학습커뮤니티를 둘러보았습니다. 무척 열심히 수업을 진행하시는군요.^^ 비실시간 뉴스그룹 방식의 포럼으로 운영되는군요. 사실 제가 이 포스팅에서 논의하고자 했던 것은 실시간(real time) 토론입니다. 오프라인 수업에서처럼 학생들이 동시에 접속한 상태에서 강의를 하거나 발표를 하고, 혹은 질문을 던지고 즉각적인 토론을 진행하는 것입니다. 실시간 토론은 시스템에 부하를 높이고 학생들이 다른 환경에서 접속해야 하기 때문에 여러 가지 제약이 많습니다. 그래서 자주 사용할 수는 없지만 어떤 경우에는 효과적인 수업방식이 될 수도 있습니다. 그럴 때 어떻게 토론을 진행하면 좋을까 하는 문제를 함께 생각해보고자 했습니다.

학생들이 학기초에 열심히 하다 점차 활동이 줄어드는 문제를 푸는 문제도 나중에 함께 논의해보면 좋을 것 같네요. 사실 그 문제는 어느 수업에서나 공통적인 현상일 것입니다. 학습 동기와 열정을 유지하는데 social learning이 효과가 있는 것 같습니다. 그것은 기술의 문제라기보다는 협력(collaboration)의 문제라고 생각됩니다. 제가 이 페이지에 얼마 전에 공유한 기사를 보면 물리학 교육에도 social learning 방식이 적용될 수 있을 것 같더군요. 참고하시기 바랍니다.^^
2011년 5월 21일 오전 4:31 👍 4명

제7장 공중의 귀환: 소셜미디어가 열어가는 세상

대화 81 소셜미디어와 공중의 귀환(매스미디어 버전)

소셜미디어의 대표선수는 단연 페이스북이다. 지난 7월 초 전 세계 페이스북 가입자가 5억 명을 넘어섰다. 온라인, 오프라인을 막론하고 인류 역사상 그렇게 많은 수의 사람들이 자발적으로 가입한 서비스는 없었다. 적어도 구성원의 규모에 있어 매체, 게임, 커뮤니티, 기업, 국가 등 인류가 만든 그 어떤 사회적 구성도 그에 비견되지 못한다. 믿기 어렵겠지만 그것도 22살 대학생 마크 주커버그(Mark Zuckerberg)가 약 6년 만에 이룬 성과이다.

그런데 소셜미디어에 페이스북만 있는 것이 아니다. 수백만 개의 블로그, Twitter, MySpace, Renren, Last.fm, Scribd, Delicious, 싸이월드, 미투데이 등 이미 셀 수 없이 많은 소셜미디어가 존재할 뿐 아니라, YouTube, Flickr 등과 같이 원래 다른 성격의 사이트들도 소셜미디어로 변신하고 있다. Google, MS, Yahoo 등 굴지의 인터넷 기업들이 소셜미디어 시장 제패에 사운을 걸고 있기도 하다. 가히 소셜미디어의 시대라고 할 만하다.

소셜미디어의 발달은 사회에 어떤 영향을 수반하게 될까? 워낙 짧은 시간 동안에 일어난 변화이다 보니 아직 학문이 따라잡지 못하고 있다. 하지만 점차 몇 가지 특성들의 윤곽이 드러나고 있다. 소셜미디어에 관해 지금까지 밝혀진 가장 중요한 특징을 한 가지 든다면 '참여'이다. 발신자-수신자 혹은 공급자-수용자라는 정보전달의 비대칭형 구조가 무너지고, 누구나 정보의 생산자이면서 소비자가 되는 구조가 들어서고 있는 것이다.

이 변화를 매체 지형적 측면에서 보자면, "소수가 자신이 획득한 정보와 뉴스를 다수에게 나누어주는" 구조에서 "다수가 소수에게 나누어 주는" 구조로 바뀌고 있음을 의미한다(Qualman, 2009).[29] 다시 말해 매체 지형이 매스미디어(mass media)에서 틈새 미디어(niche media)로 바뀌고 있다는 것이다. 원하면 누구나 정보를 생산할 수 있을 정도로 정보생산의 문턱이 낮아졌기 때문이다.

이는 참 무서운 변화이다. 만약 이 변화가 지속된다면, 신문, 방송, 잡지 등 세상의 모든 대중매체는 간판을 내려야 할 판이다. 틈새시장에서는 대규모 수입을 기대할 수 없고, 따라서 대중매체의 현 고비용구조가 유지될 수 없게 되기 때문이다. 그렇게 되면, 대중매체 시스템의 일부를 이루고 있는 광고, 홍보, 프로덕션, 출판, 인쇄 등의 존립 기반도 뿌리부터 흔들리게 될 것이다.

LA타임즈와 시카고 트리뷴지를 보유하고 있으며 미국의 두 번째로 큰 신문재벌이었던 트리뷴사는 2008년 말 파산 신청을 했고, 크리스천 사이언스 모니터지는 2009년 3월 인쇄본의 일간 발행을 멈추고 온라인으로 전환했으며, PC 매거진도 2008년 인쇄출판을 중지하고 이 흐름에 동승했다. 이 전환에 신속하게 대처하지 못한 신문사들이 미국에서만 일 년에 25개씩 문을 닫고 있다는 보도도 있다.

그 변화를 정보적 측면에서 보면, 정보의 생산과 소비가 더 이상 특권적 소수나 고립된 개인에 의해 이루어지는 것이 아니라 네트워킹된 개인들에 의해 집합적으로 이루어짐을 의미한다. 에릭 퀄먼(Erik Qualman, 2009)은 소셜미디어를 "세계에서 가장 거대하고 가장 강력한 추천 프로그램"이라고 지적했다.

인터넷 검색엔진에서와 달리 소셜미디어에서 정보는 해석과 분리되지 않는다. 뉴스는 물론이고 상품, 책, 음악, 영화, 대통령 후보 등에 관한 모든 정보가 소셜미디어 공간에 들어오면 의미를 부여받는다. 흔히 그 의미는 '내'가 신뢰할만한 사람들에 의해 부여되고, '나'는 대체로 그 사람들의 해석을 존중한다. 물론 '나'도 의미를 부여한다. 그리고 '나'를 신뢰하는 사람들은 '내'가 부여한 의미를 존중한다. 그러한 뜻에서 소셜미디어의 정보는 해석된 정보이고 추천된 정보이다. 사실 소셜미디어는 이런 의미에서 소셜(social)이다.

---

[29] Erik Qualman (inmD 역). 2009. 〈소셜노믹스〉. 에이콘출판.

그것만이 아니다. 많은 사람들이 서로 의미를 교환하는 과정에서 각각의 개인적 해석보다 뛰어난 해석에 도달하고는 한다. 곧, 집단지성이 발현된다. 소셜미디어는 집단지성의 풍부한 토양이다. 소셜미디어에서 이루어지는 다양한 사람들의 대화는 특정한 문제에 대해 뛰어난 해답을 제공해주는 것이다. 이미 적지 않은 기업과 기관이 소셜미디어에서 소위 크라우드소싱(crowdsourcing)을 통해 신제품 개발이나 디자인, 제품 홍보 등을 구현하고 있다.

인터넷 전문가들은 세계 최초의 소셜미디어 대통령이 오바마라고 주저 않고 말한다. 오바마 대통령은 선거에서 블로그, 페이스북, 마이스페이스, 트위터와 같은 소셜미디어를 누구보다 잘 활용하였고, 현재도 1천3백만 명이 넘는 페이스북 팬을 가지고 있다.[30] 최근 청바지 제조사 리바이스는 페이스북의 좋아요(like) 버튼을 온라인 상점페이지에 달아 소셜 쇼핑(social shopping)을 시작했다. 이는 social publishing, social reading, social listening, social watching, social bookmarking 등으로 이어지는 소셜 시대 참여문화의 한 단면이다.

우리는 소셜미디어에서 특권적 소수에서 참여적 다수로의 권력 이동을 목격한다. 수동적 대중(mass)의 자리에 능동적 공중(public)이 들어서면서 수반되는 변화이다. 70여 년 전 미국의 정치철학자 존 듀이(John Dewey, 1927/1954)는 사회적 쟁점이 있을 때에만 공중이 등장한다고 주장했다.[31] 하지만 오늘날 우리는 소셜미디어 덕분에 항상적으로 존재하는 공중을 보고 있다. 어쩌면 소셜미디어가 가져온 최대의 사회적 영향은 바로 이 공중의 귀환에 있는 지도 모른다. 소셜미디어의 힘은 바로 이 공중에서 나오는 것이 아닐까.

제가 이곳에서 자주 드리던 말씀을 과거에 신문 칼럼 쓰던 스타일로 작성해 보았습니다. 뭐 새로운 내용은 없습니다. 그런데 제가 봐도 좀 권위적이고 재미없어 보입니다. 여러분은 어떻게 느끼시는지요? 2010.09.28

---

30 오바마 대통령 페이지의 팬은 2011년 7월 29일 현재 2천2백16만 명임.

31 John Dewey. 1927/1954. *The Public and Its Problems*. Swallow Press.

좋아요 · 댓글 달기 · 공유하기

이윤하, 심재필, Taewon Kim님 외 22명이 좋아합니다.

Sudo Choe 윤교수님, 차분하게 잘 정리된 글을 읽고 도움이 많이 되었습니다. 앞으로 또 어떤 방향으로 진화할지 그 가능성의 끝이 보이지 않는 무한대에 있는 것 같군요.
2010년 9월 28일 오전 10:29 5명

Mina Lee 교수님의 글, 가벼운 한 꼭지의 강의를 들은 느낌이에요, 페이스북과 소셜미디어를 간략하게 설명한 느낌, 저희도 그렇지만 아직 소셜미디어를 모르는 사람에게 설명하고 전해주기 적당한 설명인 것 같아요. 참여가 기반이고, 틈새미디어, 또 어제 설명해주신 듣기가 우선이 돼야하는 소셜미디어인 페이스북, 간단하지만 간단치 않은 느낌이 들어요. 감사합니다ㅜㅜ 교수님=]
2010년 9월 28일 오전 10:29 6명

Chul Ho Kim From mass media to public media, by social media?
2010년 9월 28일 오전 10:30 5명

김재원 소셜의 힘은 공중에서 나오니 그럼 공군사령부에서 관장하겠군요. ㅎㅎㅎ 농담이구요. 길지 않은 글에 핵심만을 잘 정리하신 것 같습니다. 책, TV, 인터넷 보면서 혼자 메모하고 중얼거리던 것이 이제는 모두 같이 참여하니 좋습니다. 제가 생각했을 때 소셜의 중요한 가치 중에 하나가 원천적으로 외로울 수밖에 없는 사람들이 덜 심심하고 덜 외롭게 해주는 것 같습니다. 물론 그래서 사람들이 계를 하고, 산악회를 하고, 동호회를 하고, 카페를 해왔던 것이겠지만 물리적, 양적, 질적 한계를 더욱 넓혀주니까요. 그리고 즐겁게 놀면서 공부도 할 수 있구요. 다만 그게 너무 지나치면 중독을 낳는 폐단이 있는데 그것을 슬기롭게 조절하고 극복하는 것도 좀 훈련이 되어야 할 것 같아요. 그래야 만약 소셜에서 또다른 소외를 받더라도 좀 극복도 되지 않을까 싶고요.
2010년 9월 28일 오전 10:31 6명

해글롱 전적으로 동감합니다. "흩어져있는 다수가 모여서 큰힘을 발휘한다. 서로가 서로에게 영감을 주는 구루(Guru) 역할을 하고, 이것이 모여서 떼구루로 진화한다. (여기서 떼구루란? 집단지성을 보다 쉽게 설명하기 위해서 만든 말임다. ㅎㅎ) 떼구루가 떼굴떼굴 구르면 눈덩이처럼 불어난다.(눈덩이 효과, 스노우 에펙트), 그러면 세상을 바꿀 수 있다."저만 혼자 떠드는 내용입니다.^^ 저작권 전혀 없음, 인용시 출처 안 밝혀도 됨다.^^
2010년 9월 28일 오전 10:33 11명

송헌수 교수님의 글을 잘 읽었습니다. 이 사회적인 흐름에 대해 저는 이렇게 생각합니다. 인류의 역사는 개인의 자유가 확대되는 과정이었다는 헤겔의 말이 전제 조건이 됩니다. 이런 사회의 흐름의 기저에는 두 가지의 가치가 자리잡고 있습니다. 하나는 공존의 가치, 그리고 하나는 창의성입니다. 물론 이것들도 대기업 대자본에 의해 점유된 것처럼 보이지만 언제든 진정한 공존과 창의성은 돋보이게 되는 기회를 갖게 되는 것이므로 여전히 강력하고 원칙적인 가치로 자리잡고 있다고 봅니다. 그래서 저는 이 흐름을 단순한 사실로 받아들이는 수준이 아니라 민족의 생존과 개인의 경쟁력으로 끌어안아야 한다는 생각을 합니다. 두가지의 가치를 끌어안고 살아야만 한다는 절박함과 당위성이 모든 이념 위에 올라앉아야 우리의 미래가 있다고 봅니다.
2010년 9월 28일 오전 10:45 5명

김진태 떼구루ㅎㅎ에서 빵 터지네요.ㅎㅎ 무서운 집단지성. 그러나 정예화 시키지 않으면 문제가 발생하겠죠.
2010년 9월 28일 오전 10:47 👍 1명

김재원 송헌수님의 말씀에 깊이 공감!
2010년 9월 28일 오전 10:48 👍 3명

김진태 내 머리속에 있는거, 내가 해본거, 내가 잘 아는거 다 푸고 가자. 어차피 죽으면 없어질꺼고, 구글링하면 바로 나오기는 하지만 누군가 어떤 내가 잘 알고 해봤던 경험이 있다면, 일단은 다 푸고 가자. 그러다 보면 누군가 갑론을박 할 것이고, 그렇게 조금씩 쌓이다 보면, 공통의 지식이 될 것이고, 그것이 사회를 발전시키지 않을까라는 희망(?)을 조금 가져 봅니다. 돈이 없으니 몸빵이라도 해야겠죠.
2010년 9월 28일 오전 10:51 👍 6명

이춘우 교수님 좋은 글 잘 읽고 갑니다. 종이신문에서 일하는 저로서는 더 관심이 갈 수밖에 없는 글인 듯합니다. '공중의 귀환'이라는 말이 색다른 느낌으로 다가옵니다. 공중의 귀환이 어떤 식으로 귀결될지는 두고 볼 일이지만요ㅎ
2010년 9월 28일 오전 10:52 👍 2명

Myungdae Cho 좋은 내용 감사합니다. 역시 제가 항상 강조하는 간주관(intersubjectivity)이 펼쳐지는 공간... 어느 한 사람의 머리속의 생각이 웹상의 수많은 사람의 생각과 서로 나누고, 주고받고 하는 공간. 그러다보니 교수님이 말씀하신 것처럼 공중으로 귀환되는 것을 저도 확실히 느낍니다. 소수 Elite위주의 비대칭구조에서 모두가 생산과 소비를 하는 구조로 바뀌고 있다는 것에도 이견이 있을 수가 없습니다.

지금 제가 여기 박스에 타이프를 하고 있는 동안에도 왼쪽에는 "계속 ~~가 대글을 남겼습니다." 글이 3개 정도 지나갑니다. 대단한 눈덩이입니다. 그래요 snow balling effect라고 할까요? 저희 정보검색에서의 가장 큰 흐름은 이렇게 눈덩이처럼 모인 생각이 이젠 정보를 찾을 때 하나의 access point로 활용된다는 것입니다. 이전에는 감히 생각도 못한 일입니다. 몇 몇 Elite들이 만든 색인어 외에는 생각도 못할 일이었죠. 그러나 실제 이용자들은 그 색인어를 얼마나 사용했는지요? 자기들 나름대로의 세상을 표현한 것이지 민중(?)이 진정하게 표현하고자 했던 것은 못했던 것입니다. 사회의 여러 분야에서 아주 좋은 현상이 나타나는 것은 정말 좋은 일입니다. 언제 우리도 1년에 한 번 정도는 만나서 허심탄회한 정보공유의 장을 마련해봅시다. 교수님 마당도 괜찮을 것 같던데... ㅋㅋㅋ
2010년 9월 28일 오전 10:53 👍 7명

Davis Noh 훨씬 좋은데요. 저는 아무래도 노트족인 거 같아요. 노트를 읽을 때가 상태를 읽을 때보다 만족도가 높아서 상태족은 아닌 듯합니다. ㅎ
2010년 9월 28일 오전 10:55 👍 7명

Albert S. Kim 윤 교수님, 좋은 글 읽고 갑니다. 권위적이지 않습니다. 간단하고 명료하고 이해하기 쉽고 산뜻합니다. 중간 중간에 짧은 미소를 머금을 수 있는 유머 한두 개 넣으셔도 좋을 듯합니다. (짧은 소견이었습니다.)
2010년 9월 28일 오전 10:57 👍 5명

Alexander Park Facebook의 경우 이제 소셜미디어의 범주를 넘어서 글로벌 소셜 플랫폼-주커버그는 유틸리티라고 말하죠, 한마디로 전력이나 수도 같은 사회 기반 설비의 개념- 으로 이미 자리 잡은듯합니다. 한마디로 FB가 현실세계와 웹 세계를 매개하는 글로벌 크로스 소셜 플랫폼(이런 말 있나요? 야튼 전 그렇게 부르렵니다) 으로 자리잡고 대부분의 웹 관련 서비스가 SaaS 형태로 FB 안에 자리잡는 그런 메가 플랫폼으로 진화 할 듯합니다.

2010년 현재 약 180개국에서 백만명 이상의 개발자가 50만개 이상의 FB 어플리케이션을 개발해내고 있는 상태이고, 이미 10만개 이상의 웹사이트가 FB와 Open Graph, Social Plug-In를 통해 연동있는 상태인지라 가면 갈수록 그 위력은 구글을 넘어 설 수 있는 충분한 힘을 가졌다고 할 것 같습니다. 이미 순 방문자와 체류 시간에서 구글을 넘어 섰구요. 이제 인터넷은 FB 위에서 움직이고 있다고 해도 과언이 아닐듯합니다. 이러한 흐름을 정확히 인지하고 네이버 등도 새로운 전략을 마련해야 할 듯합니다. 지금처럼 안방에서만 큰소리치는 모습으로 일관하다가는 멀지 않은 장래에 큰 곤경에 빠지게 되지 않을까 싶습니다.

2010년 9월 28일 오전 11:00 👍 8명

YoonSeong Oh 강좌를 듣는 듯한 느낌이었습니다. 소셜미디어가 제 자신에게 미친 영향은 많지만 제 주변을 둘러보면 활용하는 사람은 아직 많아보이질 않습니다. 소셜미디어의 힘인 그 '공중(Public)'에 대한 반감이 있는 사람들이 많은 것 같습니다. 자신의 것을 노출하거나 공유하고 싶지 않은. 공중의 힘이 커지게 된다면 정말 모든 미디어의 획기적인 반전이 있지 않을까 생각됩니다.^^

2010년 9월 28일 오전 11:07 👍 4명

Myungdae Cho 이미 교육도 윤교수님이 시작하셨듯이 FB위주로 많이 갈 것 같습니다. 저도 영어로 강의하는 과정은 그룹을 하나 만들어서 실제로 학생들이 "마음대로 표현을 할 수 있는 공간"을 만드려고 합니다. 우리 교육의 문제는 학생들이 질문하고 싶고, 말하고 싶은 것이 있어도 표현을 못해왔는데 이곳에 자기들만이 마음대로 털어낼 수 있는 공간을 마련해주는 것도 엄청난 효과를 가져올 것 같습니다. 저는 그래서 윤영민교수님이 FB를 교육에 적용한 선각자라는 표현을 서슴치않고 하고 있습니다.

교육, 언론 비즈니스 등등 엄청난 변화가 이미 일어났습니다. 그래서 Global Cross Social Platform이라는 표현이 맞을 것 같습니다. 위키피디어가 만들어 놓은 집단지성이 이젠 Linked Data라는 분야에서는 세계의 중심이 되어 있습니다. 누구든지 자기가 발행을 하려면 owl:sameAs라는 것을 활용해서 "이 말은 wiki에 있는 이말과 같은 말이다"라고 정의도 해주면서 더 필요한 것을 서로 참조하게 만들어주고 있습니다. 어느 누구도 상상하지 못했던 일이 현실로 자라잡고 있습니다. 음~~ 오늘은 여기서^^

2010년 9월 28일 오전 11:12 👍 5명

김재원 페이스북의 오픈 그래프를 이제 지배적 소셜 프레임워크라고도 하더군요. 처로형님 담벼락에도 달았었지만 구글이 고속도로 깔고 도로변 광고판 사업 잘하다가, 페이스북이 벽돌 공장차려서 자기 얼굴 찍힌 벽돌도 무료로 노나주고, 라이크 버튼 찍힌 벽돌도 온갖 곳에 나눠주니, 세상 사람들이 그 벽돌로 집을 지어 엄청 큰 제국이 되어 버리니 구글도 이제 골목마다 도로 깔고, 케이블 깔아서 레이어처럼 그걸 뒤덮으려고 하는데 이미 세워진 전봇대에 케이블들이 너무 촘촘하게 많아서 새로 전선 깔기가 힘들어지는 형국인 것 같아요. 그러나 이미 검색이라는 고속도로를 가진 구글이 돈도 많고 하니 흥미진진한 영역 싸움이죠. 누가 되던 다양한 레이어가 다층적으로 뒤덮여질 것 같아요. 동영상, 게임, e-북, 음악 등등. 그래서 우리는 기간망 인프라를 깔려고 드는 것보다는 이미 잘 깔려진 도로와 케이블, 파이프를 이용해 무슨 콘텐츠나 어플리케이션을 팔아먹을지 잘 고민해야 될 것 같습니다. 그런데 영어를 잘 못하니 쉽진 않고... 흠

2010년 9월 28일 오전 11:12 👍 10명

해글룡 비트를 운반해서 돈 벌려면 망한다. 비트의 가치를 팔아야 한다. -네그로폰테-^^

2010년 9월 28일 오전 11:16 👍 5명

김식 읽을거리, 생각할 거리가 쏠쏠합니다.^^!ㅋ 가끔 써주시면 좋겠구여... 토론방(그룹)에 올리셔 보는 것도 괜찮을 듯합니다.ㅎㅎ 여기서 한가지 넣고 싶은 점은 사람중심의 관계가 중시되었는데 그것도 해석의 문제와 연관되어 인정받고 존중받는 개인에 기반하고 그것이 '숲'처럼 성장하고 성숙한다는 점입니다. 가치가 물질을 이기는, 우위에 서는 사회의 등장을 볼 수 있게 된다는 점이 희망적입니다.^^!
2010년 9월 28일 오전 11:19 👍 4명

탁연상 윤교수님의 글도 좋고, 참여하는 친구분들의 글도 좋네요. 바로 이런 게 페북에 점점 더 오래 체류하게 되는 이유가 되는군요.
2010년 9월 28일 오전 11:24 👍 5명

Ji Young Catharina Kim 페이스북이 없었다면 저는 아마도 저랑 같은 직종의 사람들만 만나다가 끝났을거 같습니다. 여기서 제 시야를 넓히고 다양함을 배우고 우물안개구리 생각만 하지 않고 멀리 바라볼 수 있는 가치관을 가지게 되는거 같아서 기쁩니다. 또한 세상엔 좋은 사람이 더 많다는 것을 다시 한 번 되새기게 해주는 계기가 되기도 하였습니다. 소셜 소셜 그런 것 잘 모르는 저에게도 분명 페북이나 트윗은 삶의 큰 전환점이 되는거 같습니다. 교수님 좋은 글 태깅해주셔서 감사합니다, 맑은 날씨에 행복한 하루 되십시오!
2010년 9월 28일 오전 11:26 👍 6명

Myungdae Cho If we haven't had this Facebook playground(?), I wouldn't've heard JIyoung Kim's wonderful Jazz song. Am I right, Jiyoung?
2010년 9월 28일 오전 11:30 👍 6명

Ji Young Catharina Kim I'm flattered! haha! Thank you so much, but you overpraise me! ;) nevertheless, God bless you, Myundae님~! ^_^
2010년 9월 28일 오전 11:40 👍 3명

박정민 SK가 화려한 브랜딩 광고를 통해 이야기하고자 하는 "사람을 향합니다."의 실체가 소셜이 아닌가 합니다. 정보의 유통의 장악, 그 유통 장악을 통해 그동안 권력이 생겨났고, 권위 아닌 허울적인 권위로 위세를 전통적인 미디어들이 오랜시간 해왔습니다. 사람을 계층화시키고, 그 계층화된 사람들을 통제화하고 목적에 따라 이쪽으로 저쪽으로 유도하기도 했습니다. 윤교수님께서 태그로 노트글을 주셨길래 냉큼 달려가 한번에 읽고 좋아요를 날릴 수 있었던 건 오프라인의 계급, 계층구조의 장벽을 소셜에서는 상대적으로 적게 느낄 수 있다는 점입니다.

서두에 말씀드린 SK의 브랜딩캠페인(어디까지나 브랜딩에 국한돼서 보면)처럼 소셜은 사람을 지향하는 유교의 인본주의(人本主義)와 일맥상통하는게 아닌가 싶기도 합니다. 이전 패러다임에서는 사람의 그릇에 따라 정해진 모양대로 정보를 전달해줬다면 소셜은 원재료를 가지고 수많은 사람들이 달려들어 이렇게도 해석하고, 저렇게도 해석하면서 좀더 높은 지향점을 향해 달려가는 정반합 논리를 충실하게 수행하고 있는 듯합니다. "그렇다면, 왜 그동안 이런 일들이 활발하게 진행되지 못했는가?"라고 누군가 물으신다면 그동안은 그 과정이 너무나도 복잡하고, 소수사람들에 의해 플랫폼이 장악되어 있었지만 지금은 누구나 모바일, 인터넷 등을 통해 쉽게 만들고, 정보를 생산하고 배포할 수 있도록 플랫폼이 지원하고 있습니다. 제가 윤교수님이나 조교수님 같은 분이나 재즈싱어 까나리님을 이곳이 아니면 어디서 만날 수 있었을까 생각해보면 현재의 윤교수님의 멘토-멘티 마니또 게임도 좋은 수업모델이라고 생각합니다. 소셜미디어 움직임은 근대부터 있었지만 진행은 최근 들어 활발해지고 있는 듯합니다.

2000년대 Expert, About.com으로 대변되는 전문가들이 응답서비스 (전문가상담이나 지식인 같은) 모델이 초기모델이라면 지금은 누구나 어느 곳의 정보도 링크로 불러와서 그 정보의 참 거짓을 알 수 있는 시대가 되었으니 그 변화에 맞춰 사람을 향하고 언로가 막혀 어려운 사람들, 소외되는 사람들을 챙길 수 있는데 소셜미디어가 일조했으면 좋겠습니다. 다시 한 번 태그로 좋은 글 놓치지 않고 읽게 해주신 윤 교수님께 감사드립니다. (_ _)

2010년 9월 28일 오후 12:14 👍 8명

김지현 교수님의 글과 댓글 읽으면서 소셜이 저희 일상에 미치는 영향력과 향후의 모습에 대해서 한번 더 고민하는 시간을 가지게 되었습니다. 부족하지만 계속 고민하면서 앞으로 나아갈 제 모습을 잡을 수 있으니 좋습니다.

2010년 9월 28일 오후 12:26 👍 3명

Ji Young Catharina Kim 근데 저는 왜 Return of the Jedi가 생각이 나는지요. 교수님 죄송합니다. 4차원... =3=3

2010년 9월 28일 오후 12:40 👍 5명

박정민 그러고 보니 귀환이라는 단어를 스타워즈나 스타크래프트 빼고는 거의 사용 용례를 본적이 없어서리...ㅋㅋㅋ

2010년 9월 28일 오후 12:42 👍 4명

Chul Ho Kim 음... 4차원이 아니고 딱 맞는 것 같은데?A New Hope ⇒ The Empire Strikes Back ⇒ Return of the Jedi!

2010년 9월 28일 오후 12:45 👍 5명

김진태 집단지성이 무서울 때가 있지요. 정확하지 않은 데이터 혹은 정보를 가지고 소수의 의견을 무시할 때와 말 그대로 떼로 우르르 몰려다닐 때. 반대를 위한 반대 의견이 하나 나왔을 때 그들 중 누군가 다소 감정에 호소하거나, 비논리적인데도 그 사람의 말 빨에 밀려 우르르 몰려다니는 경향은 좀 배제해야 한다고 생각합니다. 결국은 중용을 해야 하는게 그 중용이 어려운 거죠.

차라리 기계나 컴퓨터처럼 딱 떨어지며 좋은데 그런 것도 아니고. 다른 게 무섭다기보다 괴펠스 같은 사람 하나 혹은 처칠 같은 사람 하나가 떼구루에 대한 구루가 된다면 세상은 거의 망할지도 모르지 싶은 생각입니다. 갈릴레오의 이론은 참이었으나 당시의 천동설이 지배적이었기 때문에 그의 이론이 참이었다는 것을 나중에 알게 되는 것처럼요.

지금처럼 정보가 넘쳐날 때는 도저히 무엇이 진실 혹은 진성이고 무엇이 그렇지 않은지 분간하기 어렵습니다. 특히 이 SNS라고 하는 바닥은 더 하죠. 한 번 퍼지기 시작하면 걷잡을 수 없습니다. 그래서 더 조심하고 조심해야 하는 거지요. 내가 아는 것에서만, 내가 경험 해본 것에만 국한한다 해도 그 말이 절대적인 진실은 아닙니다. 상대적으로 현재는 진실일 수 있지만, 미래에는 아닐 수도 있는 거지요. 그런데도 정보를 전달하는 사람이 진실성을 가지고 될 수 있으면 자신의 경험과 지식을 논리화해서 이야기한다면 조금은 달라 지지 않을까 합니다. 더럽고 척박하고 개떡 같은 세상이라고 해도 정보전달자가 최소한의 도덕적 의무감을 가지고 정보를 전달한다면 그래도 살만한 세상이지 않을까라는 막연한 긍정적인 희망을 품어봅니다.

2010년 9월 28일 오후 1:14 👍 7명

김재원 진태님 의견처럼 부정확한 정보가 확산된다거나 일방적인 매도가 이루어지는 경우를 우리는 종종 보아왔죠. 사실 그래서 다수의 사람들이 침묵을 지키고 살아왔구요. 하지만 아직까지는 자신의 얼굴 내놓고 하는 SNS에서 그런 경우보다는 그것이 자정되거나 교정될 가능성이 더 크다고 봅니다. 그리고, 오히려 자신이 인지하는 좁은 세계만 보아오다 다양한 견해와 관점을 접할 수 있는 기회가 늘어남으로써 보다 긍정적인 방향으로 사회가 변화할 여지도 많은 것 같구요...^^
2010년 9월 28일 오후 1:23 👍 5명

윤영민 얼친 여러분, 제가 수업시간 직전에 어렵사리 글을 올려놓고 수업에서 나와보니 벌써 여러분들이 엄청난 댓글을 올려주셨네요. 너무 감사합니다. 그런데 페이스북이 오늘 말썽을 많이 부립니다. 노트 편집 에러에, 태깅 에러, 링크 에러 등등. 그러다 정보사회학 페이지 노트에 올라가야할 글이 제 프로파일 노트에 와서 붙어버리고, 이 노트가 정보사회학 페이지에는 링크로 걸리지를 않습니다. 태깅도 안되고. 제가 얼숲의 기능을 이거저거 좀 확장해서 제가 구상한 용도로 사용해보려고 하는데 장애요인이 꽤 많군요.
　학생들 오프라인 수업에서도 애를 많이 먹습니다. 컴퓨터를 35대 이상을 써 가면서 하는 수업이다보니 웹브라우저를 통일해 놓아도 여기저기서 문제가 생겨요.ㅠㅠ 제가 윗글은 써놓은지 몇 주 되었는데, 얼숲에 안올리고 있었습니다. 글 스타일이 제 맘에 안들어서요. 그런데 여러분이 좋게 봐주시니 몸 둘 바를 모르겠습니다. 사실 저는 한 반년 동안 저 글 스타일에서 벗어나려고 시도하고 있습니다. 나름대로 소셜미디어 스타일을 찾아보려는 시도입니다. 아직도 제 탐구는 계속되고 있습니다. 여러분이 애정을 갖고 지켜봐주시니 힘을 받아 더욱 열심히 탐구하겠습니다.^^
2010년 9월 28일 오후 1:23 👍 6명

김재원 워낙 진지한 노트들로 단련을 받아와서 그런지 이번 노트가 오히려 잘 읽히는 것처럼 느껴지는데요?^^
2010년 9월 28일 오후 1:24 👍 3명

김진태 페이스북 개발자들이 아직은 아마추어라 그런가 봐요. 버그가 수두룩...ㅎㅎ 차차 나아지겠죠. 안 그러면 여기에 남을 사람도 없을 테니까요.
2010년 9월 28일 오후 1:24 👍 3명

김재원 요즘 저도 블로그나 노트를 써보면서 느끼는 점은 긴 글일수록 연관 있는 이미지 같은 시각적 정보를 맨앞에 붙이는게 좋은 것 같습니다. 그럼 일단 시선을 집중시키고, 말하고자 하는 메세지를 가장 직관적인 감각기관인 시각을 통해 전달하면서 집중도를 높이는 것 같습니다. 그리고, 중간에도 너무 텍스트가 길어질 때는 살짝 쉬어가는 타임으로 이미지를 한번 집어넣으면 좋겠죠. 너무 주제와 상관없는 이미지는 안되겠지만 말로 이끌어내기 어려운 유머스런 이미지를 삽입해도 좋은 것 같아요.^^
2010년 9월 28일 오후 1:27 👍 6명

윤영민 진태님 말씀처럼 버그가 수두룩한데, 이렇게 참아가며 서비스를 계속 사용하고 있는 것이 어떨 때는 신기해요.^^ 하기야 다른 서비스를 이렇게 괴롭히면서 써본 적도 별로 없었던 것 같기는 하지만요.
2010년 9월 28일 오후 1:27 👍 4명

윤영민 재원님 말씀과 같은 취지의 얘기를 오늘 수업시간에 학생들에게 했는데, 저도 잘 실천을 못하네요.ㅎㅎ
2010년 9월 28일 오후 1:29 👍 3명

김진태 그래도 쓰는 것은 아마 한국외적 사고에 어느 정도 적응 하신 듯ㅎㅎ 한국이라면 바로 바로 수정 들어가고 할테지만, 한국 밖에서는 에러 및 수정사항 수집, 분석, 코딩, 테스트, 적용의 각 단계를 거쳐요. 그래서 처리가 좀 늦기도 하지만 제대로 일을 해가는 거지요. 한국처럼 클라이언트 징징거린다고 바로 바로 수정해주지 않으니까요.
2010년 9월 28일 오후 1:31 👍 4명

박정민 @진태님 의견처럼 익명성에 의한 다구리문화는 앞으로도 계속 될겁니다. 인터넷 속성 자체가 익명성 뒤에 숨는 다수의 사람들이 있으니 (실명제 폐지하자는 분들도 계시고) 하지만 페이스북에 국한해서 본다면 다구리문화가 완충지대를 찾은게 아닌가 싶습니다. 타 SNS툴처럼 일방향 콘텐츠 전달(속보, 자신의 주장)하는 것이 아니라 페북은 인증을 통한 실명제 아닌 사용자가 만드는 실명제를 기반으로 토론할 수 있는 토양을 제공해준다고 봅니다.

윤교수님 노트나 정보사회학 토론이나 제가 최근에 친구로 추가한 조국교수님 담벼락이나 토론이나 모두 본인이 자발적으로 기록한 실명제를 기반으로 토론할 수 있는 문화가 생겨나고 있어 이곳만큼은 다구리 문화가 약해질 것으로 생각합니다. 떼구루로 인한 정보의 오작동 같은 경우도 댓글이나 공유를 통해서 얼마든지 반박이 가능한 구조를 가지고 있습니다. 마지막 말씀처럼 개떡 같은 세상이 죽어도 저승에 가서 호강하느니 개똥밭에 굴러도 이승이 낫다는 말처럼 페북을 통해 우리도 토론하는 문화가 정착되어 자신이 주장할 때 인용내용에 대해서는 출처를 표기하고, 의견과 사실을 구별하고 하는 훈련이 된다면 오프라인에서도 좀더 나은 모습으로 변화가 일어나지 않을까 저도 같이 희망을 품어봅니다.
2010년 9월 28일 오후 1:31 👍 5명

박정민 @늦더라도 올바른 수정. 외국처럼 기다림. 그게 한국사회가 성장하게 된 틈새시장이자 발목을 잡은거죠. 속도전쟁으로 날림처리... 저도 외국아이들 일처리하는거 보고 비슷한 생각해 봤습니다.
2010년 9월 28일 오후 1:34 👍 5명

윤영민 "떼구루", "다구리 문화" ㅎㅎ 이런 발칙한(?) 상상은 얼숲이니 가능한 게 아닐런지요?^^ 너무 뛰어난 해학적 표현입니다.
2010년 9월 28일 오후 1:34 👍 3명

Ben Byeongho Lee '공중의 귀환' 카타리나님 좋아하는 표현대로 Return of Public. 여기서 2가지를 저는 생각합니다. 첫번째는 SNS에서 오바마를 대통령으로 만든 것처럼 무형이든 유형이든 파워를 갖게 된 Public이 제도화되는 과정, 즉, 정책결정과정에 어떠한 모습으로 등장하게 되는가이고 초기형태라 보이지만 미국은 Gov.2.0을 통해 시도를 하고 있는 것 같습니다. 우리도 막무가내 서명운동이 아닌 집단지성이란 말에 어울리는 합리적이고 다수와 소수의 의견의 수렴될 수 있는 균형성을 가질 수 있는 SNS기반의 정책결정모형이 준비되어야 할 것 같습니다.

두번째는 역사 속에서 반복되는 Private과 Public의 갈등과 조정입니다. FB가 그래도 가장 Private과 Public의 양면성을 기술적 조절장치에 의해 어느 정도 균형을 잡으려고 하고 있는 것 같기는 합니다. 하지만 이것이 첫번째에서 말씀드린 대로 사회정책결정에 개입되는 형태로 진화할 때 (알렉산더님이 인용하신 주커버그의 유틸리티건 뭐건) 필연적으로 깊게 고민되어야 할 부분인 것 같습니다. 개인의 이해와 복합적으로 레이어드된 각종 개별집단, 국가와 자치단체, 공공기관들간의 조정은 미디어부분의 변화 이상으로 새로운 개념과 차원으로 진화될 것 같습니다. 미리 준비해두어야겠습니다.
2010년 9월 28일 오후 1:35 👍 6명

김진태 다들 조상님 잘 만난 덕입니다. 한국말이 얼마나 재미있는데요.

2010년 9월 28일 오후 1:36 👍 3명

박정민 병호님의 말씀에 공감합니다. 지금의 페북이 아니라 페북이 가는 방향성, 그 방향성에 우리가 어떻게 대처할 것인가가 우리의 숙제입니다. 구글이 인수해서 그 기술을 자기 것으로 흡수하고 앞으로 나아가는 것처럼 말입니다.
2010년 9월 28일 오후 1:38 👍 5명

박정민 그런데, 스크롤 내리려면 많이 힘들군요. 만선이네요. ㅡ.ㅜ
2010년 9월 28일 오후 1:38 👍 4명

김진태 검지는 돌리기만 할 뿐...ㅎㅎ
2010년 9월 28일 오후 1:39 👍 2명

Ben Byeongho Lee 윤 교수님, 오늘 대박입니다. 저도 댓글 쓰는 사이에 지나가는... 정보사회학의 귀환입니다.^^
2010년 9월 28일 오후 1:40 👍 2명

윤영민 이선생님 말씀처럼 댓글 달기가 어렵네요.^^
2010년 9월 28일 오후 1:41 👍 2명

김진태 검지 돌리며 생각하시고, 타이핑하시면 됩니다. 지금 시스템 하나 걸어 놓고, 프로그램 수정하며 이러고 있지요.ㅎㅎ
2010년 9월 28일 오후 1:46 👍 2명

윤영민 이선생님이 지적하신 정부와 변화와 관련해 몇 년 전에 제가 어디에서 강연을 하면서 몇 가지 지적한 적이 있습니다만, '참여'의 시대에 "행정적 집행력"을 어떻게 확보할 것인가가 큰 과제입니다. 정당성과 효율성 사이의 고전적 문제이기는 하지만, 항상적 공중을 가져본 적이 없는 근대적 대의 정부로서는 벤치마킹이 어려운 커다란 도전입니다.
2010년 9월 28일 오후 1:46 👍 2명

Ben Byeongho Lee 네, 제가 세종시와 관련하여 저탄소연구용역자문을 한 적이 있는 데 각 이해집단과 정부부처간의 이견을 fb 좋아요 개수 가지고 해결할 수는 없을 것 같더라구요.
2010년 9월 28일 오후 1:51 👍 2명

윤영민 맞아요.ㅋㅋ
2010년 9월 28일 오후 1:52 👍 1명

박정민 오늘자 기사인데, 아이폰 도입으로 활성화된 SNS서비스의 날개짓이 공유로 대변되던 Web2.0 을 뒤늦게 우리나라에서 꽃피우게 도와주네요. 소셜의 기본정신... 참여와 공유 이 흐름이 우리나라 전역에 퍼져 모두가 똑똑해지는 세상이 되었으면 좋겠습니다. http://bit.ly/abuuQi
2010년 9월 28일 오후 1:54 👍 2명

해글룡 댓글 달 때 한두번씩 엔터를 쳐주시면 읽기가 더욱 수월할 것 같습다.^^
2010년 9월 28일 오후 3:09 👍 2명

Brian Kim 오늘 너무 늦은 관계로 본문도 댓글도 읽지 못하고 얼숲 퇴장합니다. 내일 천천히 보겠습니다. 교수님께 눈도장만 찍고 갑니당~^^
2010년 9월 28일 오후 4:27 👍 2명

Soon Hee Park 할 말은 많은데 나라도 댓글을 줄여줘야 하지 않을까 싶어 걍 교수님 강의만 듣고 이만 할랍니다.ㅋㅋ
2010년 9월 28일 오후 5:59 👍 1명

Haewon Kim 아이고나 어제 밤새고 하루내내 너무 바빠 이제서야 들어왔는데 다 읽을 시간이 없네요.~~~ 낼 저녁은 돼야 짬이 날 것 같아요. ㅠ 내용은 물론이고 교수님이 고민하시는 글쓰기에_관해서 이야기 나눠보고 싶어요. 아마도 '중간재적 글쓰기', 그리고 나로서 완성/완결되는 것이 아니라 만남과 나눔으로 완성을 향해가는 글쓰기, 결론을 짓는 글쓰기가 아니라, 질문과 사유를 도발하는 글쓰기를 생각하시는게 아닐까 생각해봅니다.
2010년 9월 28일 오후 8:47 👍 2명

윤영민 브라이언님, 순희님, 해원님, 천천히 의견 주세요.^^
2010년 9월 28일 오후 9:35.

조근주 '다수가 소수에게 정보를 주는 것'보다는 '다수가 다수에게 정보를 주는 것'이란 정의가 맞지 않을까요?
2010년 9월 29일 오후 1:34.

윤영민 글쎄요. 소수와 다수를 어떻게 정의하느냐에 따라 다르겠지만, 제가 의도한 바에는 전자가 맞게 생각됩니다. '다수가 다수'에게라면 공급자만 늘어난 모양새이지요. 대중매체에는 '공급자의 증가'보다 '수요의 국지화'가 더 큰 충격이지요. 네트워크 기반에서 정보의 흐름에 대한 묘사로서는 '다수가 소수'에게가 적합할 것 같습니다.
2010년 9월 29일 오후 3:07.

조근주 그렇군요. 저는 '소수'가 모인 '다수'를 말씀드렸던 것인데, 결국 같은 의미일테고, 윤교수님 말씀대로 '소수'가 모인 '다수'에서 다시 '소수'에게로 전달되는 과정이 맞습니다. 감사합니다.
2010년 9월 29일 오후 3:18.

윤영민 같은 말씀을 하시는 것 같더라고요.^^
2010년 9월 29일 오후 4:39.

Brian Kim 불특정 다수를 대상으로 하는 매스미디어 버전은 '간결'하고 '정확'하게 전하는 바를 전달하는 것이 핵심인데 이 글을 읽으면서 드레싱 뿌리지 않고 먹는 샐러드 맛을 느꼈습니다.ㅎㅎ 그리고 소셜에서 만나는 소수도 당연히 그 다수에 포함되어서 오히려 소셜미디어 버전으로 이미 친밀해진 관계에 더하여져서 훨씬 깊이있게 읽혀집니다...
2010년 9월 30일 오전 4:00 👍 1명

윤영민 아 제가 미처 그 생각을 못했군요. 브라이언님. 이미 여러분들은 "불특정 다수"가 아니기 때문에 제 글의 스타일을 바꾸어도 이미 친숙한 맥락에서 읽히게 된다는 점을. "드레싱 뿌리지 않고 먹는 셀러드맛"이란 표현이 참 좋습니다.^^
2010년 9월 30일 오전 5:05.

대화 82 틈새 미디어, 성찰, 그리고 공중: 〈소셜노믹스〉에서 읽어낸 화두[32]

요즘은 맨하탄과 압구정의 동시 패션이라더니, 책도 그럴 때가 많군요. 덕분에 책을 요약해야 하는 부담이 줄었습니다. 이 책은 지하철에서도 가볍게 읽을 수 있는 그런 내용입니다. 그렇다고 내용이 빈약하지는 않습니다. 더구나 소셜미디어에 관한 사회과학적 분석이 매우 드문 상황에서 그나마 소셜미디어에 관한 우리의 지적 갈증을 해소하는데 크게 도움이 됩니다. 번역이 잘 되었는지는 번역본을 보지 못해서 잘 모르겠네요. 바로 핵심적 논의로 들어가지요.

1. 첫 번째 논점은 매체 지형이 변화하고 있다는 것입니다. 저자는 "소수가 자신이 획득한 정보와 뉴스를 다수에게 나누어주는" 구조에서 "다수가 소수에게 나누어 주는" 구조로 바뀌고 있다고 주장합니다. 뭐 기억하기 좋게 표현해, 매스미디어에서 틈새 미디어(niche media)로 바뀌었다고나 할까요?

이것은 참 무서운 주장입니다. 만약 그 예상이 맞는다면, 신문, 방송, 잡지 등 세상의 모든 대중매체는 간판을 내려야 할 것입니다. 대중매체의 현재 비용구조와 수익모형이 유지될 수 없다는 말입니다. 대규모 수입을 전제로 한 고비용 구조(인쇄신문, TV방송)는 감당할 수 없게 되겠지요. 일차적 도달 대상이 소수에 불과하게 되면, 구독료와 광고라는 수익모형으로는 충분한 수익을 올리기 불가능할 테니까요. 어디 그것 뿐입니까? 대중매체 시스템의 일부를 이루고 있는 광고, 홍보, 프로덕션, 출판, 인쇄 등의 존립 기반도 뿌리부터 흔들리게 되겠지요. 고비용 구조를 탈피하지 않는 한 대중매체는 대단히 고통스

32 Erik Qualman (inmD 역). 2009. 〈소셜노믹스〉. 에이콘출판.

런 날들을 보내야 할 것 같군요. 신문업계가 지난 15년 동안 겪어온 일들이 이제 대중매체의 전 영역으로 확산되는 것이지요.

뭐 대중매체가 그렇게 쉽게 무너져 내리기야 하겠습니까만, 대중매체 시스템에 종사하는 분들이 거대한 변화에 고통스럽게 적응해야 할 것이란 점은 분명해 보입니다. 궁극적으로 새로운 수익모형의 창출이 이루어져야 하는데, 단시간 내에 해답이 나오지는 않을 것 같습니다. 많은 시행착오가 있은 후 뭔가 길을 찾을 수 있겠지요. 지금까지 뉴욕타임스가 보여 왔던 것과 같은 시도들 말입니다. 아마도 그런 상황에서는 우선 비용구조 혁신부터 해두는 것이 순서가 아닐까 하는 생각이 듭니다. 여러분께서는 어떻게 생각하시는지요?

2. 두 번째 논점은 소셜미디어가 성찰성(reflexivity)을 높일 것인가 하는 점입니다. 저자가 그런 용어를 사용하지는 않았지만, 책에 서술된 내용을 종합해 보면 저자는 소셜미디어가 개인이나 집단의 성찰성을 크게 높일 거라고 주장합니다. 안소니 기든스(Anthony Giddens, 1997)는 개인이나 집단이 자신의 내외부에서 발생하는 사회관계, 그리고 그것이 존재하는 환경에 대해 지속적으로 관찰하고 분석하면서 그에 대한 대응을 결정하는 경향을 성찰성이라고 불렀습니다.

저자는 페이스북의 프로필 업데이트와 같은 기능을 통해 소셜미디어 사용자들(집단을 포함해서)이 자기 자신과 자신의 주위를 돌아볼 기회를 많이 갖게 되고, 주변을 잘 정돈하게 된다고 지적합니다. 안소니 기든스는 성찰성을 후기자본주의의 하나의 강력한 트렌드로 지적하였습니다만, 소셜미디어가 그러한 성찰성을 일상화하는데 크게 기여하게 된다는 주장이지요.

뭐 좀 복잡한 주장 같지만, 사실 그렇지도 않습니다. 성찰성이란 우리가 중요한 사안에 대해서는 물론이고, 하찮다고 생각되는 것에 대해서까지도 이전과는 비교할 수 없을 만큼 많은 정보와 지식을 사용하면서 의사결정을 하는 경향을 가리킵니다. 여기서는 다이어트, 외식, 쇼핑, 직업선택, 투자, 신제품 개발 등에 있어 우리가 소셜미디어가 제공하는 정보와 지식에 크게 의존하는 현상을 가리킵니다.

소셜미디어를 통한 성찰에 정보와 지식만 포함되는 것은 아니겠지요. 생활에 있어 의미를 발견하고, 깨달음을 얻는 것까지도 포함되어야 할 것 같습니다. 즉, 저는 저자의 주장을 좀더 확장할 수 있다고 생각합니다. 대중매체도 그런 역할을 전혀 하지 않았던 것은 아니지만, 소셜미디어는 확실히 사용자들에게 자신과 주변, 나아가 사회 전체에 대해서 생각해 볼 기회를 많이 주는 것 같습니다. 여러분도 그렇게 느끼시는지요?

3. 세 번째 논점은 소셜미디어가 공중(public)의 시대를 열고 있는가 하는 점입니다. 저자가 직접 그렇게까지 거창한 주장을 하지는 않았지만, 저자는 시민, 유권자, 소비자, 고객으로서의 소셜미디어 사용자들을 존중해야 한다고 강조합니다.

그는 소셜 그래프(social graph)가 지구상에서 가장 거대하고 가장 강력한 추천 프로그램(referral program)이라고 주장합니다. 그리고 기업이나 기관은 소비자와 시민이 자신의 제품이나 서비스에 대해 소셜미디어를 통해 벌이는 대화와 토론을 주도하려 하지 말라고 충고합니다. "먼저 듣고, 다음에 팔아라(Listen first, sell later)."이라는 충고가 인상적입니다.

존 듀이(John Dewey)의 지적처럼 대중매체의 시대에는 쟁점이 있을 때만 공중이 등장했을 겁니다. 듀이는 그것을 '이슈 퍼블릭(issue public)'이라고 불렀지요. 그러나 소셜미디어의 시대에 공중은 항상적으로 존재하는 것이 아닌가 생각합니다. 저는 소셜미디어 상에 시민-공중, 소비자-공중이 늘 존재하고 있으며, 큰 쟁점이 출현하면 그 공중이 순식간에 거대한 사회적 힘으로 전환되는 것이 아닌가 하는 생각이 듭니다.

어떤 사람들은 소셜미디어 상의 공중이 대단히 파편화된 모습으로 존재한다고 비판할런지 모릅니다. 한 마디로 따로 따로 노는 소집단으로 구분되어 있다는 것이지요. 저는 파편화(fragmentation)라는 지적에 동의하지 않습니다. 저는 대신에 세분화(differentiation)라는 용어가 적절하다고 생각합니다. 파편화는 집단이 서로 분리되어 있는 상태이지만, 세분화는 서로 연결되어 있는 상태입니다. 소셜미디어에는 수많은 소집단이 서로 다양한 채널을 통해 네트워킹

되어 있지 않습니까? 만약 공중이 파편화되어 있다면 그 공중은 두려워할 대상이 아니겠지요. 소셜미디어가 무서운 점은 그것이 대단히 세분화되어 있지만 서로 연결되어 있어 결정적인 순간에 거대한 힘으로 전환될 수 있다는데 있을 겁니다.

〈소셜노믹스〉는 매우 다양한 주장과 사례를 담고 있습니다. 저는 정보사회학적 관점에서 몇 가지 주요한 쟁점을 읽어냈습니다. 그것은 쟁점일 뿐입니다. 논란거리라는 뜻입니다. 저자의 주장도, 제 해석도 많은 논의를 기다리고 있습니다. 혹시 그 책을 읽으셨다면 어떤 점이 가장 흥미가 있으셨는지요?

2010.08.17

좋아요 · 댓글 달기 · 공유하기

박삼종, 원은란, 정영록님 외 14명이 좋아합니다.

임현섭 좋은 글 잘 읽었습니다.^^ 성찰성이란 용어는 처음 들어봤는데 쉽게 풀어 주셔서 잘 이해가 됐습니다. 저는 지식에 있어서는 많이 의존하려 하는데, 아직 일상생활에까지는 소셜미디어의 힘이 닿지 않는거 같아요.ㅠ SNS..참 쉬우면서도 어려운거 같아요.^^;; 앞으로 열심히 공부해 봐야겠습니다! 이 책을 먼저 읽어봐야 겠어요.~ 물론 번역본부터요.ㅋㅋ
2010년 8월 17일 오전 6:38 3명

Cheong Hwa Moon 저도 읽어봐야지 하며 생각만 하고 있었는데, 빨리 봐야겠어요. ㅎ
2010년 8월 17일 오전 7:10 1명

Roja You 좋은 글 감사합니다...
2010년 8월 17일 오전 7:11 1명

Min Jeong Son 사회적으로도 성공하신 분들은 대부분 '자아성찰지능'이 높다고 하죠. 기본적인 IQ, EQ 이외에 더 요구되는 다중지능의 분야가 물론 있겠지만요. 개인의 삶을 돌아보는 '성찰력'과 함께 전체 사회 속에서의 자신의 자리매김도 되짚어볼 수 있어야 할 것이구요.

개인의 경우, 사실 이렇게 자아 성찰을 위해 fb, tw를 이용하고 있다고 해도 크게 틀리지 않거든요. '정신없는 일상 속에서 나의 영혼이 나의 육체를 잘 따라오고 있는가'하는 숨고르기를 위해서. 다만, 이를 얼마나 의식적으로 하느냐의 정도 차이(자아성찰지능이 높은 분은 더 효과적인 성찰이 가능)가 있을 뿐. 타인과의 사회적 관계를 위해서는 자신을 먼저 살펴보고, 다듬어보고 하잖아요.

교수님은 성찰성이 높아지는 것의 한 예로, 일상생활에서의 SNS 정보 의존성이 높아지는 것이라고 하셨네요. 저는 이렇게 SNS 정보를 무조건 신뢰하거나 권위를 부여하는 쪽보다는 오히려 Anthony Giddens가 정의한 Reflexity의 개념 그 자체에 해당하는 정도에 fb, tw을 이용하는 시간이 더 길기도 합니다. Giddens가 정보, 지식의 차원으로만 성찰성의 범위를 정해 놓았다면, '깨달음'까지 확장되어야 한다는 교수님 의견에는 물론 동의하고요. 기존 매체와 달리 SNS는 나와 익숙한 사람들을 통해 전달하고, 내가 논의에 참여할 수 있는 적극적인 관심사가 되도록 해주기에, 세상에 대해 더 많은 호기심을 가질 수 있는 것 같습니다.
2010년 8월 17일 오후 3:13 👍 5명

Jiyoung Lim SNS를 통한 성찰성이라...이 부분이 새삼 새롭게 다가오네요. 개인적으론 단순히 개인/집단간 정보파급력에 대한 부정적 시각도 있었기에 말이죠. 암튼 좋은 글 감사합니다~
2010년 8월 17일 오후 11:44 👍 2명

김재원 이제 다품종 소량 생산의 패러다임이 미디어에도 적용되겠군요.^^
2010년 8월 17일 오후 11:48 👍 2명

정보사회학 재원님, "다기업 소량 생산"이라고 하면 어떨런지요? 민정님, 지영님, 저도 SNS를 성찰성과 특별히 관련 지어 생각하지 못했는데, 이 책 덕분에 좀 새롭게 생각해 볼 수 있었습니다. 공감도 많이 했고요.^^
2010년 8월 18일 오전 1:23 👍 2명

김재원 다매체 소량 생산, 다수 채널 전파가 더 맞겠네용~^^
2010년 8월 18일 오전 1:24 👍 1명

우항준 한글판을 보았습니다. '신뢰'라는 키워드와 "소비자가 브랜드를 소유한다"라는 부분이 눈에 들어왔습니다. 사전지식이 부족하다보니 책을 읽고 느낀 부분도 제한적이었습니다. 제 한계...^^;;
2010년 8월 18일 오전 5:55 👍 1명

정보사회학 항준님. 제가 같은 얘기를 좀 다르게 썼을 뿐입니다.^^
2010년 8월 18일 오후 6:25 👍 1명

원은란 1. "소수가 다수에게"에서 "다수가 소수에게 나눠주는" 형태로 변하고 있다는 것에 대해서 말하고 싶습니다. 뭐 꼭 그렇게 이전과 반대로 변했냐 라는 생각보다는 좀 '다르게' 변하지 않았나 하는 생각입니다. 그래서 저는 소수〉〉다수, 다수〉〉소수 라는 변화보다는 소수든 다수든 어쨌거나 'give'가 주된 커뮤니케이션이 소셜미디어의 등장으로 "give&take" 커뮤니케이션으로 변하고 있다고 생각합니다. 페북에서 그 성격이 짙게 나타나고 있는 것 같고요.

2,3. 성찰성에 대해서는 기업의 성찰성을 확대시키는 데 분명 일조하고 있다고 생각합니다. 소셜미디어디렉터라는 직업만 봐도 알 수 있지요. 기존의 카페/클럽 등 커뮤니티에서도 기업에 대한 토론이랄까요. 그런 평가가 있었지만 소셜미디어는 그보다 더 전문성과 개방성을 가지고 있는 것 같습니다. 그러니까.. 기업의 입장에서는 어쩔 수 없이? 성찰을 하게 되는? 그런 것 아닐까요? *

그리고 저는 소셜미디어 시대의 구성원들이 파편화되어 있지 않다고 생각합니다. 교수님 말씀처럼 파편은 깨어진 조각들이잖아요. 세분화라는 말이 더 좋네요. 하하. 오히려 어떤 데서는 벌집처럼 끈끈하게 모여있지요. 정말 벌집처럼 세분화된 조직화를 자유롭게 이루기도 하고요. 좋은 글 재미있게 읽었습니다! :-)
2010년 8월 23일 오전 10:48 👍 1명

조응진 우선 좋은 글 참 감사합니다. 이 책 가운데 "소셜미디어는 사용자가 스스로 공동체의 일부라고 느끼게 한다." 나아가 느낌으로서 머무는 것이 아니라 "사람들은 공동체에서 무언가(그것이 성찰이든, 정보이든 무엇이든지 간에)를 얻으면 그만큼을 다시 돌려주고 싶어한다."라는 대목에 많은 공감을 했습니다. 또한 논점에 대한 저의 생각은 ①말씀하신 것처럼 "비용구조의 혁신"이 우선이라는 것에 동의하며, 동시에 융합과 분화간의 경계설정도 이루어져야 한다고 봅니다. ②성찰의 기회가 주어지고 그것이 나로부터 공중으로 확대, 재생산 된다는 것에 동의합니다. ③책에서도 언급한 것처럼(회사가 소셜미디어를 '하지 않기'로 결정하더라도 세상 사람들은 이미 하고 있다.) 공중의 시대를 열어가고 있으며 그 과정 중에 경계해야 할 모습들도 나타나고 있다고 생각합니다. 다시 한 번 좋은 글과 화두를 통해 제 개인의 지견을 넓혀주신 것에 감사를 드립니다.^^
2010년 8월 23일 오후 8:07 1명

정보사회학 얼숲 노트가 댓글을 notification을 해주지 않아 어떤 분이 이전에 올린 포스팅에 댓글을 다시면 그것을 보기 위해서는 제가 수시로 이전 포스팅들을 다 훑어봐야 한답니다. 댓글을 달았는데 답글이 없다고 너무 서운해 하지 마시길.^^ 은란님, 응진님 열심히 읽어주어 고마워요. 응진님이 인용해준 "사람들은 공동체에서 무언가를 얻으면 그만큼 돌려주고 싶어한다"는 대목에 저도 많이 공감한답니다.
2010년 8월 24일 오전 7:32

대화 83 소셜미디어, 공동체를 위협하는가

몇 달 전 미국의 댄 슐츠(Dan Schulz)라는 젊은 프로그래머가 〈미디어 시프트(Media Shift)〉에 소셜미디어(Social Media)에 관한 매우 분석적인 글을 올렸습니다.[33] 개방, 참여, 공유의 정신을 대표하는 소셜미디어에 대해 찬양 일변도인 요즈음 분위기에서 모처럼 비판적인 글이라 무척 신선한 느낌이 들었어요. 더구나 이미 미국인의 30% 이상이, 그리고 세계적으로 수억 명이 사용하고 있으며, 지금도 욱일승천의 기세로 뻗어나가는 매체에 대해 일침을 가하는 비판정신과 용기가 돋보였습니다.

그는 지난 10여 년 동안 온라인 커뮤니티에 관여된 일을 해왔는데 아직 페이스북도, 트위터도 사용하지 않으며, 블로그에 글도 올리지 않는다고 합니다. 거기에 커뮤니티가 빠져 있기 때문이랍니다. 그는 대부분의 소셜미디어가 개인화(personalization)를 추구하며 사회적 관계를 개인(individual) 중심으로 재편하고 있다고 비판합니다. 아마도 공동체주의(communitarianism) 운동을 주도하는 아미타이 에치오니(Amitai Etzioni) 교수가 그의 글을 읽었으면 매우 반가워했을 겁니다.

그러나 미국의 현실은 실천적으로나 학문적으로 공동체가 아니라 네트워크가 대세입니다. 캐나다의 원로 사회학자 배리 웰먼(Barry Wellman)은 이미 10여

33 Dan Schulz. 2009. "In Search of a Community That Takes 'Me' Out of Social Media". Media Shift Idea Lab.
http://www.pbs.org/idealab/2009/12/in-search-of-a-community-that-takes-me-out-of-social-media333.html

년 전에 미국과 캐나다와 같은 선진국에 네트워크 개인주의(networked individualism)가 등장하고 있다고 선언했지요. 소위 선진국의 사회관계가 끈끈하고 폐쇄적인 공동체(community)에서 느슨하고 개방적인 네트워크(network)로 변하고 있으며, 인간 존재는 공동체의 구성원(members of community)에서 네트워크 개인(networked individuals)로 바뀌고 있다는 주장입니다. 그의 용어로 네크워크 개인주의(networked individualism) 시대가 온 것입니다.

최근에 퓨(Pew) 인터넷 조사는 블로그, 페이스북, 트위터 등의 폭발적인 확산을 거증하며 네트워크 개인주의의 승리를 확인해주었습니다. 웰먼 교수가 흐뭇해 할 일이지요. 그러나 사실 그는 네트워크 개인주의가 발현되는 조건 중 하나로 경제적 부유함을 들었습니다. 그런데 페이스북의 세계적 확산이 보여주듯이 소셜미디어의 확산이 꼭 경제발전 수준에 비례하는 것은 아니며 따라서 그의 이론을 확실히 지지하는 것은 아님을 지적해 둡니다.

그렇다면 공동체와 관련해서 소셜미디어의 세계적 확산을 어떻게 해석해야 할까요?

그 젊은 프로그래머는 예리한 사회학적 감수성을 지녔습니다. 소셜미디어와 온라인 커뮤니티의 차이를 금방 알아차린 것입니다. 오랫동안 온라인 커뮤니티에 관련된 활동을 해 와서 그런지도 모르겠습니다만, 커뮤니티를 단순히 개인들의 합으로 간주하는 조악한 환원주의를 벗어나지 못하는 사회과학자들보다 몇 배 나은 것 같네요. 최근의 한 논문에서 보스턴대 경영학과의 크리산도스 델라로커스(Chrysanthos Dellarocas, 2010)라는 교수는 군중이나 커뮤니티는 개인들의 합(sum)에 불과하다고 거침없이 주장하더군요.[34] 대담한 건지 아니면 단순한 건지...

지금은 마치 유행이 지난 옷처럼 보이지만 지난 20여 년 동안 일어난 온라인 커뮤니티의 융성은 자본주의든 교통통신의 발달이든 인간이 지닌 커뮤니티의 본성을 결코 약화시키지 못했다는 사실을 보여주었음을 상기합시다. 앞다투

---

34 Chrysanthos Dellarocas. 2010. "Online Reputation Systems: How to Design One That Does What You Need," MIT Sloan Management Review.

어 온라인 커뮤니티를 찬양하던 비즈니스맨, 경영학자들이 이제 남에게 뒤질세라 소셜미디어를 찬양합니다. 그렇다고 20년 사이에 인류사회가 공동체적 사회에서 갑자기 네트워크적 사회로 바뀌었을 리는 없습니다.

아마도 이런 것은 아닐까요? 인간은 과거나 지금이나(그리고 앞으로도) 공동체적 존재이지만 ① 공동체의 성격이 시대가 변함에 따라 달라졌고, ② 가족을 제외하고 다른 공동체들은 베네딕트 앤더슨(Benedict Anderson)의 주장처럼 '상상의 공동체(imagined community)'인 것이 아닐까요?

과거의 달리 현재의 공동체는 상호의존성이 현저히 떨어집니다. 함께 생산적인 노동을 수행하는 경우도 비교적 드물고, 지리적 이동성이 높아 정서적 교류도 많지 않습니다. 물질적 지원이나 정서적 지지(support)와 같은 역할을 친구나 때로는 이웃이 대신해주지요. 이동성이 높아 사람들은 매우 유동적인 공동체의 일원이 됩니다. 직장을 옮기거나 타 지역으로 이사를 가면 늘 새로운 공동체에 들어가게 되지요. 물론 그렇다고 과거의 인연이 사라지는 것은 아니지만 평생 고락을 함께할 때와 같을 수는 없습니다. 때문에 같이 사는 가족을 제외하고 사람의 일상 속에서 공동체란 상당 부분 관념적이며, 일상생활의 배경으로 존재하거나 삶의 대단히 제한된 부분에만 관여하는지도 모릅니다.

페이스북과 트위터 같은 소셜미디어는, ① 인간이 일상적 삶에 있어 강렬한 대화욕구 혹은 정보욕구를 갖고 있으며, ② 그것을 충족시키는 것은 사람들과의 만남이며, ③ 그것은 공동체 안의 만남일 수도 있고 밖의 만남일 수도 있는데, 이 점이 그다지 중요하지 않다는 사실을 드러내 주고 있는 것이 아닐까요?

페이스북과 트위터가 온라인 커뮤니티를 촉진하지는 않는 것 같습니다. 페이스북의 그룹 기능은 온라인 커뮤니티 구성을 가능하게 해주지만 별로 인기가 없는 것 같고, 하워드 라인골드(Howard Rheingold)는 트위터가 공동체적이라고 강변하지만 별로 설득력이 없어 보입니다. 본인은 자신의 팔로워들에게 공동체적 유대감을 느낄 수 있겠지만 팔로워들 사이에도 그런 유대감이 있을지

의문입니다. 스타와 팬으로 이루어진 온라인 커뮤니티가 적지 않게 있지만 그것은 의사공동체(pseudo-community)이거나 매우 약한 의미의 공동체에 불과할 것입니다.

그러나 온라인 커뮤니티를 넘어 오프라인 커뮤니티까지 고려한다면 페이스북이나 트위터가 공동체적 관점에서 우려할 대상이 아니라 오히려 환영할만한 현상으로 볼 수 있을 것입니다. 에치오니(2004) 교수는 그 점에서 온라인 커뮤니티든 소셜미디어든 환영하고 있습니다.[35]

페이스북이나 트위터와 같은 소셜미디어의 융성은 미하일 바흐찐(Mikhail Bakhtin)이 갈파한 것처럼 인간이 대화(dialogue)적 존재라는 것을 보여주고 있습니다. 공동체에서 대화는 대단히 중요하지요. 대화 없이 공통의 정체성을 갖는다는 것은 불가능합니다. 그리고 대화가 없는 공동체는 전제주의나 전체주의로 전락하기 십상이지요.

그러나 대화가 공동체에 갇힐 필요는 없습니다. 공동체의 대화는 흔히 공적 대화(public dialogue)입니다. 하지만 사람들은 일상 속에서 공적인 대화 뿐 아니라 사적인 대화도 필요합니다. 아니 사적인 대화가 더 필요하다고 말해야 할 것입니다. 몇몇 가까운 사람들과의 친밀하고 즐거운 대화 말입니다.

그리고 친밀한 대화 말고 유용한 대화도 필요합니다. 세상 돌아가는 소식, 직업적인 정보와 지식을 얻을 수 있는 대화도 필요하지요. 그것은 대화라기보다 다소 일방적인 방송의 모습일 수 있습니다. 소셜미디어는 온라인 커뮤니티와 달리 그러한 대화를 지구적 규모로 가능하게 해줍니다.

지금까지 인간을 괴롭힌 것은 독백이거나 대화의 부재였습니다. 페이스북과 트위터가 인류사회에 어느 시대보다도 풍부한 대화와 정보와 지식의 공유를 가능하게 해준다면 우리는 소셜미디어 열풍을 환영해야 할 것입니다. 그 뒤에 상업적 의도도 있고, 때로 그것이 테러를 모의하고 극단주의적 신념을 전파하는데 사용되기도 하겠지만, 소셜미디어가 공동체를 약화시킨다고 생각되지는 않네요. 오히려 그 반대가 아닐까요? 2010.04.18

---

[35] Amitai Etzioni. 2004. *The Common Good.* Cambridge, UK: Polity Press.

좋아요 · 댓글 달기 · 공유하기

김성주님, Jongheon Kim님과 Haewon Kim님이 좋아합니다.

Haewon Kim 이 글을 뒤늦게야 발견했어요!!! 엄청 많은 생각!!을 하게 합니다~ 고민의 결과를 나중에 올릴께요~^^
2010년 6월 14일 오후 8:01

Davis Noh 과거로 갈수록 좋은 글이 많네요.^^
2010년 7월 23일 오전 8:48

Davis Noh 근데 해원님의 고민의 결과는 언제 읽어볼 수 있을까요?
2010년 7월 23일 오전 8:49

김한도 이 글을 읽고 커뮤니티와 개인과의 관계에 대해 생각해 오다가 이번에 글을 적어 보았습니다. http://novathin.kr/174 날카로운 지적 부탁드립니다.
2010년 10월 14일 오전 12:08

김성주 교수님 말씀처럼 시간이 흐름에 따라 공동체와 개인 간 상호 의존성이 낮아지다보니, 사람들이 소셜미디어에도 보다 더 빠르게 적응하는 것이 아닌가 싶습니다. 문화 특성 상 특히나 공동체를 더 중시하는 우리나라에서 페이스북이 급성장한 점은 어떻게 해석해야 할지 고민해봐야겠습니다.
2011년 2월 14일 오전 5:02

대화 84 소셜미디어를 가지고 우리는 뭘 하고 있는 건가요?

주위에 페이스북이나 트위터를 사용하면서 생활이 변했다는 말씀을 하시는 분들이 적지 않습니다. 어떤 분은 잠자리에서 눈을 뜨자마자 침대에 누운 채 스마트폰을 집어 들고 간밤에 쌓인 노티(알림)를 살펴봅니다. 어떤 분은 이른 새벽부터 얼친들의 담벼락에 들러 인사말을 남기고, '좋아요'를 누르고 댓글을 답니다. 많은 사람들이 그렇게 스마트폰-소셜미디어와 더불어 하루를 시작되고 하루 종일 소셜미디어를 들락거리다 잠자리에 들 때야 소셜미디어와 헤어집니다. 저의 어떤 학생은 꿈에서도 페이스북을 했다고 합니다.

이런 현상을 두고 언론사들이 '소셜미디어 중독'이니 '스마트폰 중독'이니 하는 기사를 내보내기 시작했습니다. 센세이셔널리즘에 빠진 일부 언론인들이야 늘 그렇다고 치고, 심지어 일부 학자들까지 나서서 그에 대해 '과학적인' 연구보고서를 내놓고 있습니다. 스마트폰-소셜미디어를 사용하면서 '중독'이라고 말해도 그럴듯하게 들릴 정도로 심각하게 일상생활이 흔들리는 사람들이 적지 않은 건 사실입니다. 그러나 제 소견으로는 '소셜미디어 중독'이란 기존의 생활 패턴이 무너지는 것을 병리현상으로 밖에 접근하지 못하는 일부 학자와 언론인들의 좁은 시각이 낳은 허구에 불과합니다.

스마트폰과 소셜미디어가 만나서 우리에게 가능하게 해 준 게 무엇입니까? 사람들과 수시로 대화하는 것입니다. 제가 과문한 탓인지는 모르지만 '대화'에 중독된다는 이론은 없습니다. 대화에 빠지거나 몰입된다는 건 말이 되지만 중독된다는 건 좀 말이 되지 않습니다. 얼마든지 더 그럴듯한 설명이 있을 겁니다. 현대인이 직면한 고립감이 사람들로 하여금 소셜미디어의 대화에 빠지게 만든다든가, 충족되지 못한 공동체적 욕구가 소셜미디어를 통해 발산되고 있다든가 하는 식으로 말입니다. 그런데 요즘 보면 그저 아무데다 중독을 갖다 붙이는 경향이 있어요.

아마도 여러분은 이렇게 물을 겁니다. 그럼 당신은 그러한 현상을 어떻게 보는데? 뭐 아직 아주 체계적으로 설명할 준비가 되어 있지는 않습니다. 그러나 지금까지 소셜미디어에 대한 관찰을 종합해 볼 때 대화주의(dialogism), 노마디즘(nomadism), 그리고 부족주의(tribalism)를 가지면 비교적 잘 설명될 것 같습니다. 뭐 제가 이런 이론들을 얘기한다고 해서 크게 머리 아프게 생각할 것은 없습니다. 이론이란 게 세상에 대한 간결한 설명일 뿐입니다. 아무리 복잡한 이론도 그것이 설명하려는 세상보다는 훨씬 간결합니다.

러시아의 문예이론가이며 철학자인 미하일 바흐찐(Mikhail Bakhtin)은 인간을 대화적 존재로 보았습니다. 거칠게 말씀 드리면, 그는 인간이 항상 다른 사람과의 관계 속에서, 그것도 다른 사람과의 대화를 통해서 자기를 발견하고 자기를 만들어가는 존재라고 봅니다(Holquist, 2002).[36] 이 관점에서 보면, 새벽에 눈을 뜨면서부터 잠들 때까지 스마트폰-소셜미디어를 통해 남들과 대화하려는 경향은 무슨 병리적 현상이 아니라 지극히 정상적인 모습입니다. 우선 인간을 이렇게 놓고 보아야 뭔 얘기가 됩니다.

스마트폰-소셜미디어 덕분에 대화가 폭발하고 있습니다. 인류 역사상 사람들

36 Michael Holquist. 2002. *Dialogism: Bakhtin and his World.* New York: Routeledge.

이 이렇게 수다를 떨고 산 적이 거의 없을 겁니다. 그런데 바흐찐의 대화주의 입장에서 보면 그것은 전혀 놀라운 현상이 아닙니다. 인간이 원래 그런 존재인데 그동안 그렇게 여러 사람이 수시로 수다를 떨 수 있는 도구가 주어져 있지 않았었던 거지요.

요즘 뉴스를 보니까 자크 아탈리(Jacques Attali)가 이달 말에 서울에서 있을 컨퍼런스에 참석하러 온답니다. 이미 아시는 분도 많겠지만 이 양반이 예사롭지 않습니다. 머리 좋기로 프랑스에서 둘째가라면 서러워할 사람이랍니다.

그런데 세상을 보는 그의 관점이 독특합니다. 그는 인류의 역사를 정주성과 유목성의 대립으로 파악합니다. 그는 유목적 질서가 21세기 인류의 미래를 규정짓게 될 것이라고 확신하고 있습니다. 태초부터 인간은 노마드였고 다시 노마드로 돌아가려고 한다는 것입니다. "정주성은 아주 잠깐 인류 역사에 끼어들었을 뿐"이라는 것이지요(Attali, 2003).[37]

아탈리는 이동 목축을 기본적인 경제생활로 영위하는 유목사회는 점차 사라져가겠지만 그들이 가졌던 사회구성의 원리로써 노마디즘은 바야흐로 부흥의 시대를 맞이하고 있다고 주장합니다. 그 사람만 노마디즘의 부활을 얘기한 것은 아닙니다. 관련된 문헌을 두루 살펴보니 노마디즘은 크게 세 가지 차원을 갖습니다. 흐름(flow), 경계의 해체(deconstruction of boundary), 탈중심(decentralization)이 그것입니다.

흐름은 이동, 변화, 그리고 속도를 선호하는 라이프스타일을 가리킵니다. 물리적 공간만이 아니라 사이버공간에서의 이동까지 감안하면 우리는 매일 엄청난 이동을 경험하고 있습니다. 또한 우리는 지속적으로 혁신과 적응을 요구 받고 있으며, 신속함이 덕성으로 칭송 받고 있습니다. 뭐 이런 복잡한 설명을 하지 않아도 스마트폰-소셜미디어에서 우리는 매일 흐름의 문화를 경험하고 있습니다. 아마도 "흐름"이라는 말을 듣는 순간, 여러분들은 속절없이 흘러가는 페이스북이나 트위터의 뉴스피드, 타임라인을 떠올렸을지도 모릅니다.

---

[37] Jacques Attali(이효숙 역). 2003. 〈호모 노마드: 유목하는 인간〉. 웅진닷컴.

역사적으로 유목집단 간의 경계는 정주국가들 사이의 경계에 비해 훨씬 유동적이었습니다. 마찬가지로 네트워크에 항상 접속해 있는 사람들에게 있어 자아와 타자 사이에 분명한 경계가 존재하지 않습니다. 사이버공간은 어찌 보면 자연적 경계물이 없는 대초원지대와 같습니다. 거기에는 국가 사이에도, 개인 사이에도 뚜렷한 경계가 있을 수 없습니다. 이런 곳에서 고립된 존재로서 개인을 가정하고 프라이버시를 운위한다는 것은 원천적으로 무망한 일인지도 모릅니다.

끝으로 노마디즘은 탈중심이라는 차원을 갖고 있습니다. 역사상 존재했던 유목국가들은 거의 예외 없이 탈중심적 정치구조를 갖고 있었습니다. 원래 부족이나 씨족과 같은 유목집단 단위로 활동했으며, 대제국을 이루었을 때마저도 느슨한 정치연합체적 성격을 벗어나지 않았습니다. 사이버공간에도 중심이 없습니다. 소셜미디어도 중심이 없는 네트워크입니다. 네트워크를 운영하는 중앙의 주체가 있지만 이용자들의 일상에는 거의 관여하지 않습니다.

탈중심구조는 프랑스 사회학자 미셸 마페졸리(Michel Maffesoli, 1996)가 지적한 부족주의 현상과 결부되어 있습니다.[38] 그는 부족주의를 포스트모던 사회의 특징으로 봅니다. 그는 친목그룹, 학급친구, 취미모임, 직장동료 모임 등을 부족 개념으로 파악하고, 특히 인터넷 덕분에 그러한 부족이 폭발적으로 증가하고 있다고 지적합니다. 사람들이 마치 과거의 부족처럼 집단화되어 거기에 소속감을 느끼고 일상생활을 영위해 간다는 것입니다.

아마도 여러분들의 온라인 대화를 생각해 보면 마페졸리의 지적에 쉽게 동의할 것입니다. 확실히 사람들은 스마트폰-소셜미디어를 통해 아무하고나 대화하지 않습니다. 과거의 부족들만큼 폐쇄적이지는 않지만, 소셜미디어에서 사람들의 관계가 수없이 많은 그룹으로 분화되고 있습니다. 트위터에서는 무수한 '당'이 생겨나고, 페이스북에서는 엄청나게 많은 그룹이 생겨납니다. 여러분은 오늘도 새벽에 부스스한 모습으로 스마트폰-소셜미디어 속의 부족 식구들에게 인사를 건네고 있지 않습니까?

---

38 Michel Maffesoli. 1996. *The Time of The Tribes*. London: Sage Publications.

스마트폰-소셜미디어가 가져온 항상적 대화라는 사회현상은 '중독' 아니라 '대화', '노마디즘', '부족'이라는 코드로 풀어야 하지 않을까요? 그것을 새로운 문화, 새로운 사회관계의 등장으로 보아야 한다는 말씀입니다. 조금 복잡한 설명을 하다 보니 글이 길어졌습니다. 죄송합니다. 그런데 여러분은 우리들이 날마다 겪고 있는 이 새로운 현상을 어떻게 설명했으면 좋겠는지요? 2010.10.13

좋아요 · 댓글 달기 · 공유하기

김형희, Yeji Sophia Kim, 박현주님 외 67명이 좋아합니다.

Chul Ho Kim 그러지 않아도 매체에서 또는 사람들이 떠드는 페이스북 중독 운운 하는 이야기가 거슬렸더랍니다. 왜냐하면 사람에의 중독 사람과의 대화에의 중독, 사람과의 관계에의 중독이라 하는 것이 맞다 여겼으니까요. 다만, ""대화'에 중독된다는 이론은 없습니다"라 하셨지만 (또한 제가 이론적인 것은 아니겠습니다만), 대화에의 중독, 관계에의 중독이라는 것이 정말 없을까요? 저는 살아오면서 관계에의 중독이라 여겨지는 것에 빠져보기도 하고 또 보았던 적도 여러 번이라...
2010년 10월 13일 오전 2:19 16명

김성주 저희 수업 그룹 내에서도 어제 같은 화두의 이야기가 나왔었습니다. "소셜미디어 중독"이라는 인터넷 기사 링크로부터 시작했었는데요, 그 때의 제가 적은 소견을 먼저 담아보고 싶습니다. 역사적으로 뭔가 '특출나다', '트렌드다' 싶은 건 언제나 저렇게 중독이라는 이름으로 비판받아온 것 같습니다.
옛날 저 어렸을 적 케이블TV가 그랬고, 컴퓨터가 그랬고, 컴퓨터 게임이 그랬고, 인터넷이 그러더니, 이젠 SNS가 그렇습니다. 인간의 행동양식이 이전과 달라졌다고 해서 그것이 꼭 문제가 됩니까? 막상 SNS 때문에 본인의 업무 자체를 하지 못하는 사람의 비율은 과연 얼마나 되겠습니까? 새로운 무언가가 반향을 일으키면 인간은 일단 고개부터 돌리고 보는 것 같습니다. 계속 기존 가치에 동화되어 살아왔는데, 뭔가 다시 배워야한다는 점에 거부감부터 들기 때문일 거라 생각합니다. 자연스러운 현상이기에 이해는 해야 하지만, 그들의 말을 곧이곧대로 믿어서도 안될 것 같습니다. 사회 현상에 대한 본인의 올바른 '주관'이 더욱 필요하다 믿고 있습니다.
2010년 10월 13일 오전 2:36 10명

Pak G-Hun 빛나가는 말이지만: 볼거리, 먹거리, 읽거리 등 각종 정보의 비망 목적 기록, 메모, 이런저런 용도의 텍스트 드래프트 저장 & 그 단계에서의 일반적·전문적 피드백 수령 후 반영, 소재별 공통 관심사 범위 등에 대한 리서치, 심지어 외부 전문가에 대한 간이 컨설팅... 뭐 그런 용도로도 사용하고 있고 충분히 쓸모있다고 생각되네요. / 중독 운운은 뭐, 그러려니 합니다.
2010년 10월 13일 오전 2:45 11명

Davis Noh 미디어 심리학이란 책이 있어서 잠깐 봤더니 소셜미디어에서 인간은 소통과 즐김이라는 두 가지 경향이 있다고 하네요. 소통은 인간이 대상이고 즐김은 콘텐츠가 대상이라는 데요. 콘텐츠를 보는 것도 즐김이고 생성하는 것도 즐김이라고 합니다.
2010년 10월 13일 오전 3:00 12명

Albert S. Kim 그 "노마니즘"에 강하게 한표 던집니다. 남성들의 공격적 성향의 근간이기도 하겠죠.
2010년 10월 13일 오전 3:42 👍 4명

류성준 1. 이 새로운 세계에 대한 설명: 페이스북을 통해 '나'는 항상 '우리'에게 연결되어 있음을 느낍니다. 2. 이를 통해 무엇을 하나: - 교감의 즐거움 (쪽지, 포스팅, 남의 포스팅에 댓글달기), 채팅 : 커뮤니케이션 - 생산의 즐거움 (쪽지, 포스팅, 노트작성) : 컨텐츠 생산 - 소비의 즐거움 (노트읽기, 포스팅 읽기, 댓글 읽기) : 컨텐츠 소비 - 오락의 즐거움 (팜빌류의 소셜 게임): 컨텐츠 소비
2010년 10월 13일 오전 3:43 👍 7명

전채남 이런 스마트폰과 소셜미디어 이용자 형태는 중독보다는 생활화로 읽어야하지 않을까 싶습니다. 정보통신기술의 발달로 라이프스타일이 변화하는 것으로 자유롭게 자기 이야기를 할 수 있고 그를 통해 자신의 존재감을 느낄 수 있기에 마슬로우의 욕구 5단계 중 자존의 욕구가 충족되기 때문인 것 같습니다. 특히 소셜미디어 헤비유저는 소통에 강한 욕구를 가진 사람이 아닐까요?
2010년 10월 12일 오후 2:51 👍 8명

Brian Kim 흥미로운 화두를 던지셨네요. 이제 날이 밝는대로 엄청난 댓글이 달릴 것 같습니다.ㅎㅎ 저는 노마디즘의 3가지 차원중 '흐름'과 '경계의 해체'에 대해서는 공감하지만 '탈중심'에 대해선 조금 이견이 있습니다. 중심의 숫자가 엄청나게 많아졌기 때문에 그것도 탈중심이라 할 수 있겠지만, 수 없이 많아진 작은 그룹(부족)에서도 여전히 중심은 존재하고 또 그럴 수밖에 없다고 생각합니다. 중심이 없는 그룹은 종국에는 해체되고 말테니까요. 소통의 욕구가 높은 분들이 글로벌 수다쟁이(?)가 됨으로 시간 관리에 문제가 생길 수 있고 탐닉성향이 높은 분들이 광대한 자료의 홍수 속에서 헤메는 과정이 중독증세로 비춰질 수는 있겠지만 그것을 '중독'이라기보다는 '개인화 과정(Personalization)'으로 봐야하지 않을까요?
2010년 10월 12일 오후 3:37 👍 12명

Myungdae Cho 좋은 지적입니다. 자기들은 극히 정상이고 자기들과는 다른 행동을 보이는 무리를 혹평하는 버릇이 있는 분들의 말이죠. 하나의 현상을 모든 것에 적용하려는 "Law of Hammer"라고 할까요. 아주 단세포적인 발상입니다. 꼬마들에게 망치를 주면 모든 것이 못 대가리로 변하고 맙니다. (참조: law of Hammer: give a kid a hammer and everything becomes a nail) 저도 그런 기사를 읽을 때마다 현실의 본질은 보지 못하고 그저 밖으로 드러난 현실만 보는 우리 언론이 정말 한심했습니다. 그들이 한번이라도 이런 현상을 연구해보려고 생각했는지 모르겠습니다.

저는 감히 말하건대, 제가 즐겨 사용하는 표현이지만, 하나의 invisible college가 형성되고 있다는 것입니다. 이 말은 윤교수님이 지적하신 3가지 속성을 다 가지고 있는 것일 것입니다. 즉, 대화주의(dialogism), 노마디즘(nomadism), 그리고 부족주의(tribalism)를 다 내포하고 있다고 보입니다. Invisible college라는 말은 제가 지어낸 말이 아니고, Derek de Solla Price라는 학자가 인용문헌 쪽에서 어떤 학자 또는 그의 저서를 중심으로 많은 사람들이 인용을 시작하면서 자연스럽게 형성된 하나의 엘리트 그룹을 가리키는 데 사용한 용어입니다. 그 당시에도 offline상에서 지금의 wiki같은 협업도 있었던 모양입니다. 이런 현상을 과학적으로 한 번 규명해 보는 것도 좋은 연구라고 생각됩니다.

두 번째는 지금의 이 현상은 우리 인간의 정보요구를 잘 반영한 것이라는 것입니다. 기존의 정보조직 및 검색은 너무나 기계주의적이었습니다. 네이버 검색창에 넣으

면 뭔가가 나오니까 전 국민이 감동을 했습니다만, 사실은 그것이 전 국민을 바보로 만든 것이 아닌지 모르겠습니다. 우리는 상황과 맥락 속에서 정보를 찾으며, 또한 Association(연관) 속에서 정보를 찾으려고 합니다. 바로 SNS가 그런 흐름을 빨리 읽어낸 것이죠. 기존은 우리를 자기들의 입장에서 만든 계층 속으로 끌고 들어가려고 하고 있고, 우리는 자유롭게 연관 지으면서 찾으려고 하니 당연히 마찰이 있을 수밖에 없었습니다. 더 넓게 보면 기계주의 철학이냐 현상학이냐로 나누어 볼 수도 있겠습니다. 그런 것을 중독이라는 단어 하나로 환원해서(reduced) 설명해버리니 그저 멍해질 따름입니다. 아직 유아적인 발상을 하고 있는 그들이 불쌍할 따름입니다. 할 말은 많지만 글이 길어져서 일단은 여기서^^ 좋은 하루되세요.
2010년 10월 12일 오후 4:11 👍 9명

이탁렬 '중독'이라는 의미를 어떤 매개체를 통한 그 행위를 하지 않을 때 불안해지는 상태로 정의한다면 '소셜미디어 중독'도 틀린 말은 아닌 듯합니다. 그런데 '대화 중독'은 성립하지 않는 이유는 대화는 어떤 매개체를 통하는 것이 아니기 때문이며, 소셜미디어의 경우는 미디어라는 말 그대로 매개체를 통한 대화의 시도이기 때문에 중독이 가능한 것 같습니다.
2010년 10월 12일 오후 4:11 👍 5명

이전행 넘 어려운 이야기를 저는 그냥 제 생각에 그치는 작은 거 하나 언급하겠습니다. 제가 학교 다니던 시절엔 광장에서 주장하고 행동을 하면 바뀌었습니다. 미디어 창구가 막힌 시절에는 광장이 충분한 역할을 했는데 그러다보니 적은 수(?)가 모여도 파급력이 매우 컸던 것으로 기억됩니다. 그에 반해 지금 소셜미디어는 너무 풍부한 소통의 장을 연결해주어서 뭔가 급하고, 혹은 목마름을 느낄 때 바로 해소하거나 누그러뜨리는 효과가 있다고 생각합니다. 이것이 좋은 기능인 줄 알았는데 한편 또 다른 고민거리를 준 것은 해소 효과가 좋을수록 변화에 대한, 특히 사회나 집단의 변화에 대한 모멘텀에 줄어 들 수도 있다는 사실이었습니다. 해소를 위한 소통은 잘되고 자기주장을 펼치고 나누는 데는 좋은데 정작 행동과 실천의 효과는 크게 떨어지고 있다고 생각됩니다. 물론 올바른 것에 누구나 보편적으로 알고 있다면 소리없는 진전이 있으리라는 신념을 가지고 있고 그것에 움직이는 건전한 사회를 더 이상적으로 꿈꾸고는 있습니다.
2010년 10월 12일 오후 4:33 👍 6명

김재원 90년대 초반 모뎀을 통한 PC 통신의 시기에서부터 저는 대화에 중독되었던 것 같습니다. 밤잠을 자지 않고 채팅을 하고, 무수한 카페와 게시판에서 댓글 놀이를 하고, 온라인게임, 아이러브스쿨, 동호회 사이트, 싸이월드, 블로그를 거쳐 이제 소셜네트워크에서도 끊임없이 대화를 하고 있군요. 그런데 그런 서비스들 중에서 한 곳에 머무르지 못하고 다른 곳으로 끊임없이 유목민처럼 떠돌게 된 원인을 가만히 살펴보면 어디에서 피드백을 받을 수 있느냐의 문제였던 것 같습니다. 진지한 토론이든, 단순한 공감이든 사람들이 점차 다른 곳으로 떠나면서 피드백이 메말라지면 어딘가를 찾아 저도 어쩔 수 없이 떠났던 것 같습니다. 소셜네트워크와 모바일 네트워킹이라는 환경을 만나서는 피드백이 매우 즉각적이고 또한 아주 다양하고, 풍부하기 때문에 더욱 깊이 빠져드는 것 같습니다. 결국 저는 항상 누군가의 피드백에 결핍되어 왔던 것 같습니다. 솔직히 저 개인적인 경험으로는 이것이 일상생활이나 직장 생활에도 조금 차질을 줄 정도까지 경험을 해봤습니다.

하지만 저는 이를 통해 현대인들이라면 누구나 겪는 소외와 관심의 결핍을 상당부분 충족할 수 있으며 이것만으로도 충분한 가치가 있다고 봅니다. 또한 기존 대량생산의 시대가 지나가고 지식정보적 가치의 생산이 더욱 중요해지고 있는 현대와 미래에서, 단순 반복 업무적 스킬의 향상 보다는 다양한 지식과 정보의 습득이 개인의 경쟁력 확보에 더 중요한 요인이 되는 환경이라면 소셜미디어의 거대한 스트림에서 정보와 학습을 하고, 소셜네트워크에서 탄탄한 인맥을 얻는 것이 가장 효율적 방법이 아닌가 여기고 있습니다. 어떤 산업이든 초기 도입기가 지나면 본격적인 성장기가 오기 전에 버블이 꺼지는 조정기를 거치는 것이 일반적이니 SNS도 곧 버블이 꺼지는 시기가 오겠죠. 그때가 되면 지금보다 전통적 관점에서 소셜미디어에 대한 비판적 시각은 더욱 거세질 것입니다. 그러나 지금부터 장대한 미래 흐름을 간파하고 탄탄한 내실과 적절한 포지셔닝을 통해 좋은 길목을 선점하는 기업이나 개인에게 향후 더 큰 기회가 오겠죠.
2010년 10월 12일 오후 5:44 👍 9명

박정민 아침부터 저녁까지 우리는 무엇을 위해 페이스북이나 트위터를 접속하고 방문하여 소통하려고 할까요? 부족주의나 노마드형태의 혼자서 살수 없고 집단을 통한 소속감으로 안정감을 얻으려할까요. 언론에서 쓰는 중독이라는 표현(addiction)은 그 뒤에 표현하고자하는 목적성이 담겨있습니다. 중독은 그로 인해 수반되는 피해라는 개념을 인과관계로 내포하고 있으며 이는 이를 SNS을 네거티브한 네트워크로 규정함으로써 파급효과를 약화시키려는 함목적성을 지니고 있습니다. 미래학을 연구하는 측면에서는 이러한 시류가 어떤 방향으로 흘러가는지 방향성에 대한 연구가 필요하지만, 많은 일반 사람들은 그 의미에 대한 담론들을 접할 기회가 없습니다. 오히려 언론들의 소셜미디어 중독으로 인한 사람들의 부정적 요소들을 부각할겁니다. 사기(Fraud)나 욕정(lust)들의 사례들을 (이미 미국 메이저언론에서도 이 부분을 언급하고 있죠) 나열하면 사람들은 긍정적인 흐름이나 이면의 배경에는 관심없이 단편적인 현상에만 집착하여 이해하려고 할 겁니다.

인문학이나 사회학이나 그동안 어려움을 겪었던 이유는 담론에 대한 토론이 부족했다기 보다 사람들의 눈높이에 맞춰 좀더 이해하기 쉽게, 접근하기 쉽게 하는 부분에서 어려움이 있었던 게 아닌가 싶습니다. 소셜미디어에 대한 소통 부분도 우리가 너무 현학적인 접근에만 (물론, 정보사회학에서는 그 부분에 대한 논의가 필요하다는 데에 절대적인 지지를 보내지만) 천착하는 건 아닌지 생각해봅니다. 어릴 적 영화 보았던 총몽이라는 만화에서 상류층이 사는 자렘과 고철마을(하층민)에 사는 주인공이 자렘을 동경하는 모습이 연상됩니다. 대중에게 어떠한 개념이 전달되려면 정보수위차 부분도 고려해야 된다는 점에서 말씀드렸습니다. 오늘도 던지신 화두에 많은 분들이 좋은 글을 남겨주셔서 천천히 숙독해야겠네요.
2010년 10월 12일 오후 5:56 👍 10명

최규문 광장과 행동이라 의미있는 지적이신 듯싶습니다. 말로는 입버릇처럼 떠들면서도 막상 행동으로, 실천으로 나서라고 하면 쭈볏거리면서 망설이는 이들도 없지 않으니까요. 다만 그래도 저는 소통의 도구로서 소셜미디어의 확산은 인류가 진보시켜온 민주주의 확장의 한 형태이자 증거로 봅니다. 소셜미디어를 통한 정보의 신속한 교환과 나눔이 행동과 실천을 위한 동기와 밑거름이 된다고 봅니다. 동시에, "정보의 공유"와 "팩트의 공개" 행위 자체가 행동(물리적인 실력 행사)이 필요없는 대중적 설득력과 효과를 일으키는 실질적인 실력행사의 도구가 되었기 때문이라고 봅니다.

간단한 사례를 들자면, 국무총리나 장관 등의 국무위원 임명 과정에서의 국회 동의나 청문회 절차라는 것이 예전 같으면 최고 권력자의 의중이나 말 한 마디면 끝나는 요식행위에 불과했을 것입니다. 그런데 지금은 그들의 과거 행적이나 부정 행위가 팩트로 드러날 때마다 후보자의 도덕성이 "정보"로 걸러지고, 그들의 해명이 국민 다중에게 설득력을 갖지 못할 때 결국은 자진 사퇴나 낙마로 귀결되는 모습 속에서 소셜미디어 자체가 하나의 행동력을 담보하는 도구로서의 힘을 보여주는게 아닐까요?

따라서 "행동과 실천"이라는 범주도 단지 물리적인 힘의 행사나 집회 시위 같은 집단적 조직력으로 외화되는 범주로 한정지을 필요는 없다고 봅니다. 시대가 변하면 행동의 방식도 변할 수 있으니까요. 오늘 아침 아이폰으로 들어온 문자 한 구절이 제가 실천의 한 영역에 발을 딛고 있음을 확인하게 해주어서 마음이 뿌듯하네요.

2010년 10월 12일 오후 5:57 👍 7명

김재원 정민님의 지적에 저도 공감합니다. 너무 심도깊고 현학적인 표현은 저같이 지식의 깊이가 얕은 사람들은 그냥 건너뛰기 해버릴 공산이 크죠. ㅎㅎ 규문님 댓글을 보니 인사청문회 같이 단기간에 방대한 팩트를 검증해야할 사안에 대해서는 크라우드 소싱을 이용하자던 어떤 블로거의 글이 떠오르네요~

2010년 10월 12일 오후 6:04 👍 5명

Ji Young Catharina Kim 그냥 읽기만 하고 조용히 가려다가 뜨끔해가지고. "어떤 분은 잠자리에서 눈을 뜨자마자 침대에 누운 채 스마트폰을 집어 들고 간밤에 쌓인 노티를 살펴봅니다. 어떤 분은 이른 새벽부터 얼친들의 담벼락에 들러 인사말을 남기고, '좋아요'를 누르고 댓글을 답니다. → 두리번두리번... 저요?? ... orz... 자다가 중간에도 일단 노티를 보고 좋아요만 눌러두고 다시 자기도 합니다... =3=3

2010년 10월 12일 오후 6:20 👍 10명

박정민 까나리님 = 인간 Like의 실체. 까나리님이 페이스북을 일반인의 눈높이에서 잘 사용하고 계신다고 생각합니다. 정보가 많아도 사람들의 눈높이에 맞춘 정보가 아니면 학술대회용으로 치부되는 현실에서 사람들의 마음을 움직일 수 있는게 소셜네트워크의 힘이 아닐까 합니다. 가까운 예로는 나비채마켓 진행사례도 있구요. KISS(Keep It Simple Sentence)가 소통에 담겨있는 진정성과 인본성이 아닐까 생각합니다. 근원적 가치는 언어에 상관없이 통한다는.

2010년 10월 12일 오후 6:26 👍 7명

Ji Young Catharina Kim 인간 라이크의 실체... 헉...! 그래도 자세히 읽어보니 칭찬이신 듯하여서 라이크꾸욱~! ㅎ

2010년 10월 12일 오후 6:29 👍 6명

오승주 차분한 설명 잘 듣고 공유했습니다. "중독"이라는 표현을 쓰는 사람들의 생리에 관해 관심이 많습니다. 페이스북이 활성화되면 입지가 위협받을 것을 두려워한 언론들이 "트위터 중독"이라는 말 대신 "페이스북 중독"이라는 말로 갈아탔다는 이야기가 들리더군요^^

2010년 10월 12일 오후 6:34 👍 6명

Panseok Kim 오프라인 사회의 변화에는 높은 비용이 듭니다. 온라인 사회, 즉 SN에는 아주 저렴한 비용과 스스로 관리할 수 있는 시간만 들이면 자신 혹은 타인의 변화를 이끌어낼 수가 있습니다. 보수적인 본질의 오프라인 사회와 진보적일 수밖에 없는 SN의 공유는 어떻게 보면 인간의 본성과 닮아있는 듯합니다. 안정을 바라면서도 변화하고 싶은 이중적 욕구. 과연 나(혹은 우리)는 그 가운데서 어디를 지향하고 무엇을 하고 있는 걸까요?

2010년 10월 12일 오후 6:38 👍 7명

해글룡 중독을 말하는 사람들 중 대부분이 이런 경험을 하지 않은채 머릿속으로만 폐혜를 떠듭니다. 그리고, 기존의 자신들이 구축해왔던 아성이 무너질 것 같은 위기감에 그런 목소리를 내는 것입니다. 요즘에 저는 매우 놀라운 경험을 하고 있습니다. 지금 대 유행을 하고 있는 SNS와 그에 수반되는 참여, 공유, 개방의 정신들이 이미 인문 사회학적 관점에서 수많은 논의가 이루어지고 있었다는 것입니다. 어떤 면에서는 (어떤 면이 아니고 당연한 것이지만) 기술은 그저 따라오는 것이라는 생각이 듭니다.

윤교수님이 지적하신 부분은 요즘에 제가 많이 고민하고 있는 부분입니다. 현재의 기술적 흐름을 인문사회학의 관점에서 재조명해보고 싶은 생각이 있습니다. 그러기에는 기술적인 지식도 딸리고 인문사회학적인 지식도 딸립니다. 그런데 그런 부족한 면을 SNS를 통해서 메꾸어나갈 수 있다고 생각합니다. 공부할것이 산더미 같습니다. 먹고는 살아야 되는데, 하고싶고 해야할 것은 많고 심각하게 갈등을 하고 있는 중입니다.^^

2010년 10월 12일 오후 6:38 👍 8명

우항준 이제는 역기능을 고려해야 할 만큼 많은 사람들이 소셜컴퓨팅 기술을 사용하고 있다고 이해할 수도 있겠습니다. 어디에 어떤 식으로 사용하느냐에 따라서 모든 기술은 역기능을 가질 수 있습니다. 기술이 주는 편익을 누리기 위해서는 역기능 또한 효과적으로 다룰 필요가 있으며, 그런 의미에서 '중독' 논의 또한 필요한 것이 아닌가 생각해 봅니다.^^

2010년 10월 12일 오후 6:46 👍 6명

박정민 @해글룡님. 철학을 다시 공부해야 된다는 생각이 아직도 확고하신가 봅니다. 밥벌이와 지적갈증에 대한 이해상충이 보이네요.

2010년 10월 12일 오후 6:46 👍 7명

김진태 어느 순간부터 사람들 입에 오르내리게 된 SNS라는 거. 전 솔직히 왜 그런 단어를 쓰는지부터 이해가 되지 않습니다. 왜냐면 원래부터 있었던 거니까요. 인간은 집에서건 직장에서건 좋알좋알 대며 자신의 생각이나 의사를 남에게 이야기하고 듣고 하는 것을 아주 오래전부터 해왔으니까요. 굳이 SNS라고 칭할 필요도 없다고 봅니다. 인간은 사회적으로 어떻게든 나름의 네트워크를 형성하며 살고, 그 네트워크는 상당히 유동적이죠. 물리적으로는 정주형인데 논리적으로는 유목민입니다. 그리고 무엇인가 재미를 찾기 위해 부단히 움직이구요. 그 재미란 수익창출이 될 수도 있고, 저처럼 실증 나거나 하는 것에 반대 되는 것일 수도 있구요. 혼자서도 나름의 재미추구를 할 수도 있지요. 그러나 대다수의 사람들은 혼자서 재미를 못 느끼죠. 성행위라고 하는 것도 자웅동체가 아닌 이상 혼자서 할 수는 없으니까요.

결국 인간은 원래 사회적인 동물이었고, 태어나면서 어떻게든, 자의적이든 타의적이든 네트워크 안에 속합니다. 이건 그냥 사람 사는 거지 제 생각에는 거기에 뭐 시덥잖은 단어들 붙여 요상한 이론으로 정립시키는 것은 좀 아니라고 봅니다. SNS던 뭐든 간에 단지 새로운 네트워크가 형성돼서 그 안에서 이건 뭐지 하며 노닐다가 실증나면 다른 네트워크로 옮겨타는 거지 중독이니 뭐니 할 것은 아니라고 봅니다. 그게 중독이라면 인간은 어버버거리며 엄마 아빠 하는 순간부터 SNS 중독에 빠진거죠.

2010년 10월 12일 오후 6:49 👍 8명

해글룡 정민님/ 제가 소싯적에 철학책 꽤나 읽었다고 자부하고 있었는데, 그땐 뭣도 모르고 읽어서 그 심오한 뜻을 이해하지 못했습니다.ㅎㅎ 그리고, 한참을 잊고 살다가 이제 다시 예전 느낌이 불타오르네요.ㅎㅎ

2010년 10월 12일 오후 6:50 👍 6명

해글룡 진태님의 말씀에 동의합니다. SNS는 없던게 갑자기 나타난게 아니라 원래부터 있던건데, 그걸 사이버 상에서 가능하도록 기술적으로 구현한 것에 불과합니다.
2010년 10월 12일 오후 6:52 👍 8명

박정민 그래서 사회학이 재조명받고 있는게 아닌가 합니다. 원래 있었던 것을 기술적으로 연결해주니 좀더 새로워진 것일 뿐 p2p 서비스도 그렇죠. 기술격차수준이 점점 얕아지면 결국 판은 돈을 가진 자, 좀더 철학적으로 현상을 분석 새로운 판을 그리는 자들의 몫일 겁니다. 스티브잡스도 그런 제후 중에 한 명이고.
2010년 10월 12일 오후 7:05 👍 8명

이전행 예전에 미디어 일을 할 때는 미디어 학자들이 너무 예전 것에 매달려 새로운 것에 대해 관심이나 학술적인 고민을 안하신다는 느낌을 받았는데 SNS쪽을 하다보니 이젠 사회학쪽 학자들이 또 그런 소리를 들어야 하나요? ㅎㅎ 암튼 원론적인 것에 대한 고민은 예전에 다 나왔고 이젠 실제 현상에 그런 것들을 접목하고 해석하면 훨씬 잘 보일 거 같은데 느낌만 있지 실제 이론에 약한 저 같은 사람들은 답답하기만 하더군요. 인문학이 바야흐로 빛을 발할 수 있는 환경같은데...ㅎㅎ
2010년 10월 12일 오후 7:14 👍 6명

장성권 교수님의 글에 굉장히 공감합니다. 짧은 시각으로 바라보는 언론인들의 글을 보면 항상 아쉬운 마음뿐입니다. 그것이 또한 대중들의 잘못된 인식과 결부되어 더 큰 아우라를 형성하는 것 같습니다. 긍정의 '대화', '노마디즘', '부족'이 널리 알려졌으면 하는 바램입니다.
2010년 10월 12일 오후 7:24 👍 5명

김식 중요한 단어 '중독'을 잡아매달고 이를 대체할 논리적인 설명을 해주시고 소중한 내용과 댓글을 일게 해주신 윤교수님과 얼숲 벗님들에게 박수를 보냅니다. 아름다운 광경이 얼숲에 펼쳐지는 듯 환해집니다. 중독이란 현상적으로 일부 나타나지만 본질상 '중독'이라 표현하는 것은 새로움에 대한 반동입니다. 단지 새로움과 반동이 폭력적으로 싸우지 않고 대화와 논의를 통해서 정리돼 나가는 흐름이라는 점이 다를 거라 생각됩니다. 그래서 저는 페이스북을 "얼숲"으로 불러 페이스북 중독이니 '폐인'이니 하는 공격거리를 지웠으면 하는 바람으로 '얼숲놀이' '얼숲생활'이란 말로 부르자고 제안하고 더욱 얼숲을 풍요롭고 평화롭게 가꾸어 갔으면 하는 바램입니다. 본문 단어중에 '노마디즘'이 용어상 외래어이기에 쉽게 바로 오지 않고 '탈중심주의'도 이해는 되는데 좀더 용어를 다듬었으면 하는 생각입니다.^^ 감사합니다.
2010년 10월 12일 오후 7:51 👍 7명

EunYoung Kim @Pak G-Hun 댓글에 덧붙여 저는 소셜미디어로 일도 합니다. 또한 타인과의 대화뿐 아니라 나와의 대화도 즐겨하고 있습니다. '병적인'이라는 '중독'의 의미가 약간 거슬리긴 하지만 때론 사람이 살아가는데 '(좋은)중독'도 필요하더이다. 윤 교수님의 심오한 글과 얼벗들의 댓글들에 너무 가벼운 덧붙임인가요. 그래도 기분 좋습니다. 생각할 거리를 주셔서-
2010년 10월 12일 오후 8:00 👍 5명

장성권 "얼숲놀이" "얼술생활"을 보니 신영복 선생님의 FB의 메인화면이 떠오르네요 "나무가 나무에게 말했습니다. 우리가 더불어 숲이 되어 지키자." 이곳의 모든 분들이 나무가 되어 얼숲을 지켰으면 하는 바램입니다.
2010년 10월 12일 오후 8:09 👍 6명

Ji Young Catharina Kim 교수님이 질문하신 현상에 대한 설명은 할 수 없지만 가장 중요하다 생각되는 저 제목에 대한 대답을 드릴 수는 있을거 같습니다. "소셜미디어를 가지고 우리는 뭘 하고 있는 건가요?" - '우리'에 대한 대답은 드릴 수 없고 '나'에 대한 대답을 드릴 수 있겠습니다. "사람을 만납니다, 결코 만나보기 어려웠을 다양한 사람들을 만납니다." 그것 하나만으로도 저 개인한테는 무엇과도 바꿀 수 없는 소중한 것입니다. 그들의 다양함을 보고 느끼고 공유하는 것만으로도 제 삶이 부자가 되는 듯 뿌듯해지며 늘 즐거워하고 있는 저 자신을 새롭게 발견합니다.
2010년 10월 12일 오후 8:30 👍 3명

Sudo Choe 여러 님들의 좋은 말씀 공감합니다. 경쟁시스템으로 인한 사회적 병폐와 일련의 현상들을 지켜볼 때 새로운 패러다임의 사회통합 시스템은 사람들이 자발적으로 참여하여 공유하고 공감하면서 행동으로 실천할 수 있는 온라인, 오프라인을 통합한 시스템인 것 같은데, 사회적 기업의 역할이 아주 미미한 우리 시장환경에서 SNS는 교수님이 지적하신 바와 같이 혁신과 적응, 신속함으로 무장되어 일찍이 우리가 경험하지 못했던 새로운 사회적 연결망 문화를 형성해줄 것으로 이해합니다. 순수한 열정을 지속적으로 발휘할 수 있는 플랫폼에 중독이란 말은 좀 어울리지 않는 것 같습니다.
2010년 10월 12일 오후 8:30 👍 6명

Taewon Kim 웹이 등장하던 때에도 사람들의 우려는 대단했죠^^;; 하지만 이제 웹은 우리 생활의 필수적인 존재가 된 것은 아무도 부정할 수 없습니다. 웹이든 SNS든 스마트폰이든 단점이 없을 수는 없겠지요. 다만 그것들이 가져다주는 기여를 잘 이용하며 단점을 최소화시키는 것이 가장 현명한 행동 아닐까 생각합니다. 저는 구렁이가 무섭지만 장을 담그고 싶은데요?^^;;
2010년 10월 12일 오후 8:39 👍 6명

해글룡 아앗... 구더기 아닌가요? ㅎㅎ^^;;
2010년 10월 12일 오후 9:00 👍 6명

Taewon Kim 아 그러네요 ㅋㅋㅋㅋㅋㅋㅋㅋㅋㅋㅋㅋㅋㅋㅋㅋㅋ 수정도 할 수 없고 ㅜㅜ 구렁이가 아니라 구더기 맞습니다 ㅋㅋ
2010년 10월 12일 오후 9:47 👍 3명

해글룡 저도 예전에 그 말을 쓰다가 '두더지 무서워서 장 못 담근다'고 했던 기억이 납니다. ㅎㅎㅎ
2010년 10월 12일 오후 9:58 👍 6명

정건희 대화, 항상적 대화... 결국은 사람간의 관계입니다. 그 관계 형성의 중요한 수단입니다. 온라인을 이분화해서 현실과 구분하는 것은 옳지 못합니다. 현실이고, 지금 이 순간, 사람과의 관계를 이루어가는 공간입니다. 소셜미디어... 스마트폰... 관계 향상의 매우 중요한 수단입니다.
2010년 10월 12일 오후 10:16 👍 3명

김진태 페이스북은 World of warcraft와 조금은 비슷한 부분이 있는 거 같습니다. 소위 말하는 MMORPG 게임, 어떻게 보면 MMORPG도 SNS죠. 저랩일 때 버스 태워 달라고 고랩들한테 부탁 한다던가, 길드에 들어간다던가, 캐릭을 키운다든가...
2010년 10월 12일 오후 11:15 👍 3명

조정희 아침에 눈을 뜨면 페이스북, 트위터로 시작하고 해가 지고 자기 직전 페이스북, 트위터로 마무리하는 제 일상에 솔직히 페북과 트윗은 성가시기도 했습니다. 잠깐 놔두면 노티로 디링디링거리고, 몇시간만 들어가지 않아도 막 내려가는 타임라인에 쫓겨 저도 소셜미디어를 중독으로 받아들이고 해석했지 않나 싶습니다. 솔직히 온라인과 오프라인으로 구분짓고 벽을 형성해왔던 제 자신에게 강한 일침이네요. 이제 소셜미디어도 현실이고 일상으로 받아들여야겠다는 생각이 강하게 듭니다.

2010년 10월 13일 오전 12:20 👍 4명

Jake Seunghoon Lee 한 보수 언론학자는 인터넷과 소셜미디어의 여러 가지 폐단을 나열하면서 해결책으로는 인터넷 자체를 없애야 한다는 결론을 내더군요. 농담도 아니고, 아주 진지하게 주장하더군요. 그 수업 듣고 있던 학생들이 모두 황당해서 말을 꺼내지 못했습니다.
2010년 10월 13일 오전 12:27 👍 4명

정건희 Jake Seunghoon Lee 님. 실례가 안 된다면, 혹시 그 보수 언론학자분이 누구인지 알 수 있을까요? 다른 분야의 학자라면 조금이나마 이해하겠는데... 언론학자 입장에서의 온라인 체계의 모든 것을 부정한다는 것이 개인적으로 이해가 쉽지 않아서요... 어떠한 내용인지 그 내용의 논문이나 글을 읽고 싶어서요.
2010년 10월 13일 오전 1:45 👍 3명

Jake Seunghoon Lee 아... 그거 공개적으로 밝히기는 뭐한데 쪽지로 보내드릴께요. 쪽지로도 그 분의 실명은 밝히지 못하고요. ㅎㅎ
2010년 10월 13일 오전 2:36 👍 3명

김명수 여러분들이 뜨겁게 반응해주시는군요. 시간이 없어 일일이 읽지 못하고 있음을 안타깝게 생각합니다. 트위터의 단점 중에 하나가 단문에 빠지고, 장문을 멀리하게 된다라고 하는데, 실제로 저는 트윗 중에서 관심가는 글은 URL을 타고 웹으로 이동해서 정독하는 편입니다. 다만, 그 시간이 출퇴근 시간대에만 가능해서 조금 답답한 편이죠.

여하간 지식과 정보의 소통과 공유가 활성화된다는 것은 굳이 집단지성이란 화두까지 갈 것도 없이 생산적인 일입니다. 최근에는 정말 의미있는 글과 정보 중심으로 트윗을 활용하고 불필요한 멘션을 자제해야겠다는 생각을 하게 됩니다. 타인의 소중한 시간을 침해하지 않을 밸류가 있는 글을 생산해야 모두에게 유익할 것이란 생각입니다.
2010년 10월 13일 오전 2:52 👍 4명

Min Moon 우와! 교수님께서 Dialogism, Nomadism, Tribalism으로 설명을 해주시니 정말 쉽게 이해할 수 있네요. 저도 요즘 이런 기사들을 보고서 '소셜미디어의 문제'가 무엇일까 라는 생각을 해보는데요. 문제라기보다는 교수님께서 설명해주신 것처럼 인간의 본질에 해당하는 문제라고 생각해요. Dialogism에서 설명하셨듯이 인간은 사회적인 동물이잖아요. 그 사회적인 동물이라는건 분명 사회속에서 누군가와 '관계'를 맺어간다는 거구요. '관계'라는 단어가 정말 중요한 것 같아요. 내가 사회속에서 타자와의 '관계'를 통해 내가 누구인가, 나의 존재위치가 어디인가 하는 자아를 찾는거니까요..
2010년 10월 13일 오전 10:37 👍 2명

Min Moon 그리고 전 Dialogism과 Tribalism을 연관지어서 생각할 수 있을 것 같아요. Tribalsim이라는게 나와 세상과 또 나와 사회와의 연대감과 소속감을 확인해서 나라는 자아를 놓치기 싫어서 생기는 거라고 생각하거든요.
2010년 10월 13일 오전 10:39 👍 2명

Min Moon Nomadism 또한 인간의 본능적 욕구의 한 측면이라고 생각해요. Nomadism을 검색해보니 '특정한 가치와 삶의 방식에 얽매이지 않고 끊임없이 자기를 부정하면서 새로운 자아를 찾아가는 것을 의미하는 철학적 개념' 이렇게 나오네요. 저는 인간의 본능 중 또 다른 하나를 '창조'라고 생각해요. 이게 어디서 왔느냐하면 이건 정말 모르겠는데, 예수님의 본성을 따르지 않았을까요? 하나님께서 저희를 만드실 때 흙으로 빚으시고 자신의 성질을 불어 넣어주셨다고 하셨잖아요. 그런데 하나님의 성질이 창조의 성질, 본성이 아닌가요?
2010년 10월 13일 오전 10:53 👍 2명

Min Moon 결국 현재의 나를 부정하고 새로운 나를 창조해 가는 과정이 Nomadism이라고 생각해요. 그렇게 되면서 스스로 자아를 찾아가는 거죠. 세포가 존재하는 이유는 불완전하기 때문이라네요. 결국 세포로 이루어진 인간이라는 존재가 불완전한 존재이기에 살아가는거죠. 정점이라고 생각했던 지점에 도달했을 때 또다른 불완전성을 깨닫고 새로운 지점을 향해 자신을 새롭게 창조해 나간다고 생각해요.
2010년 10월 13일 오전 10:56 👍 3명

Min Moon 교수님 글을 읽고 제 생각을 정리해 봤습니다, 교수님. 혹시 이 댓글을 보신다면 시간 내서 Nomadism에 대해서 한번 정리해주시면 안될까요^^? Nomadism이라는 단어가 생각해볼 거리가 많아서 재밌는거 같아요 ㅎㅎ
2010년 10월 13일 오전 10:57 👍 2명

정보사회학 민아, 다음 학기에 〈정보기술과 사회〉 수업에서 2주 정도는 노마디즘을 다루게 될거다. 그런데 넌 이미 충분히 감을 잡은 것 같은데... 그리고 댓글은 쪼개지 말고 길게 써도 괜찮단다. 단, 문단별로 한 줄씩 띄워주면 다른 분들이 읽기가 편하다. 민이가 아주 생각이 깊구나.^^
2010년 10월 13일 오후 1:23 👍 1명

Migyeong Bahc 개체발생은 계통발생을 반복한다... 인류가 유목과 정주사이를 기싸움했듯 우리들도 유목성으로 정착 그리고 정주하면 탈주를 꿈꾸고... 비히클, 인터넷, 스마트해진 모바일까지 유목본성을 지원하는 좋은 도구들이로군요! 우리들의 몸은 소셜미디어와 함께 '한동안은 열렬히' 흐를 모양입니다. 대화와 소통이 불가능했던 공적영역에서의 울화가 소셜미디어를 만나 폭발하는 것만 같습니다. 이론화로는 모르겠지만, 중독이 아니라는 설명으로는 대화'주의'보다 대화지향성, 대화위주적으로 언어화하는 것이 좋지 않을까하는 잠깐 생각^^
2010년 10월 13일 오후 6:08 👍 2명

Alexander Park 음 일 때문에 이번주 글들을 제대로 못 읽었더니 이런 중요한 논의가 진행중이었네요. 찬찬히 다 읽어본 후에 언제나 그렇듯이 있어도 없어도 그만인 제 생각을 한마디 첨가해 보겠습니다^^
2010년 10월 13일 오후 11:07 👍 1명

Sangmin Ahn 물론 소셜네트워크가 많은 대화의 창을 열어주며, 노마디즘에 일조하는 것은 사실이지만, 제가 궁금한 것은 그러한 창들이 실생활에서의 '대화'에는 어떠한 영향을 주는걸까요? 소셜네트워크로 현대인의 외로움을 해소하는 것일까요, 아니면 소셜네트워크로 인해 현대인들은 고립되고 외로워지는 것일까요? 저도 정확한 답을 모르겠습니다. 소셜네트워크로 인해 과거에 비해 현대인들은 정신적으로 풍요로워졌을까요? 소셜네트워크로 인해 미래의 사람들은 행복해질까요? 너무 원론적인 질문이군요. ㅋㅋ
2010년 10월 14일 오전 9:55

곽경원 노마디즘에 상당한 동의를 표합니다. 사실 인터넷이 처음 생길 때부터 정착을 강요하는 담벼락이 계속 생성되어 왔지만, 시간의 흐름에 따라 해체되는 혹은 소멸되는 것이 반복되는 것을 보면서 유사한 생각을 하고 있었습니다. 그건 그렇고 유목을 하게 된다면 정착할 때 중요했던 가치들을 포기해야하는 경우가 생길텐데, 어떤 것들이 있을까요? 혹은 현실의 유목에서는 중요하지 않은 가치들이 새로운 공간에서 부각되는 상황도 발생하지 않을까요? 아, 궁금하다.
2010년 10월 14일 오전 10:46

Ben Byeongho Lee 교수님의 노마디즘 강조에 화답하듯 사이언스 타임즈에 좋은 기사가 났네요. 백남준의 북방DNA적 접근을 부각한 "소통과 융합과 백남준". 최근 활발한 논의의 노마디즘과 부족주의, 세계화에 대한 이해를 백남준의 문화예술활동을 중심으로 소개한 기사입니다. 저자가 강조했듯이 노마디즘과 세계화가 제국적 패권주의로 전락하지 않기 위해서는 Localism의 다양성과 지역의 지속가능성이 확보되어야 한다고 생각합니다. 원문 아래 링크 참조바랍니다. http://www.sciencetimes.co.kr/article.do?todo= view&atidx=0000045049&WT.mc_id=sc_newsletter&WT.senddate=20101013&WT. linkid=0000045049
2010년 10월 14일 오후 6:27

대화 85 개인화된 뉴스 소비 시대에도 사회통합이 가능한가?

아래 재원님이 올려주신 매셔블닷컴 링크는 보기 드물게 우수한 평론 기사입니다.[39] 소셜미디어의 발달과 함께 뉴스 소비에서 일어나는 변화가 조목조목 잘 분석되어 있군요. 사회학도인 제게는 특히 "조우(serendipity)와 개인화(personalization)"라는 대목이 눈에 들어오네요.

오바마 행정부에서 전자정부 수장을 맡고 있는 카스 선스타인(Cass Sunstein) 하버드 법과대학원 교수가 불을 지핀 논쟁에 대한 하나의 해답이 암시되어 있습니다. 선스타인 교수는 인터넷이 지닌 탁월한 필터링 기능이 민주주의에는 독이라고 생각합니다. 기존의 신문이나 방송과 같은 '일반 미디어(general media)'에서는 본인이 원하지 않는 뉴스도 조우하게 되어(serendipity), 자신과 다른 생각, 다른 입장에 있는 사람들에 대해서 알게 되고 이해하게 된다는 것입니다. 그리고 그것은 한 사회가 통합되고 민주주의가 이루어지는데 있어 반드시 필요하다고 주장합니다.

그런데 인터넷에서는 자신의 입맛에 맞는 뉴스만 선택하고, 자신이 원하는 사람만 만날 수 있어, 결과적으로 사회가 파편화되고(fragmented), 민주주의가 위기에 처할 수 있다고 주장합니다. 소위 "반향실 효과 가설(eco-chamber effects hypothesis)"입니다.

하지만 인용된 기사에서 지적하듯이 뉴스 소비가 선스타인 교수가 예상한 것

39 Vadim Lavrusik. 2010/8/10. "How News Consumption is Shifting to the Personalized Social News Stream". Mashable http://mashable.com/2010/08/10/personalized-news-stream/

과 달리 개인적으로 일어나는 것이 아니라 사회적으로 일어납니다. 소셜미디어를 통해 자신이 상상하지도 예상하지 못한 매우 흥미 있는 뉴스를 접할 수 있게 된다는 것입니다. 자신이 선택한 사람들에 의해 추천되거나 제공되는 뉴스를 접한다는 의미에서 "개인화된 소비"이지만, 추천되거나 제공되는 과정이 매우 사회적이며, 늘 개인이 예기치 못한 뉴스까지 접하게 된다는 의미에서 매우 "사회화된 소비"이기도 합니다.

물론 그럼에도 불구하고 일부 사람들은 선스타인 교수가 예견한 대로 자신이 이미 갖고 있는 가치관이나 정치적 입장에 맞는 뉴스만을 선택해 보겠지만, 많은 사람들은 중립적이거나 자신과 입장이 다른 뉴스까지도 즐겨 볼 것입니다. 얘기의 핵심은 인터넷상에서도 사람들은 다양한 뉴스와 충분히 조우한다는 사실입니다. 이 기사는 그 점을 잘 지적해주고 있습니다. 조우가 읽기까지 이어지느냐는 사실 별도의 문제이지요. 우리가 신문을 보면서 입맛에 맞지 않는 기사는 건너뛰고, TV뉴스를 보면서 채널을 돌리기도 합니다. 소셜미디어에서도 마찬가지이겠지요. '친구'들이 추천한 기사라고 해서 모두 보지도 않고, 또 다 볼 수도 없는 경우가 많겠지요.

기사는 판도라 라디오(Pandora radio)에서 사람들이 자신이 좋아하는 음악과 새로운 음악의 발견을 조화시키듯이, 소셜미디어를 통한 뉴스 소비에서도 마찬가지 현상이 나타나고 있다고 지적합니다. 저는 그 주장을 민주주의의 관점에서 한번 생각해 보았습니다. 여러분은 어떻게 생각하시는지요? 2010.08.12

좋아요 · 댓글 달기 · 공유하기

이진석, 한세희, Sudo Choe님 외 17명이 좋아합니다.

Davis Noh 개편된 노트기능에 버그가 있는 모양입니다. 트랙백처럼 쓰려고 했더니 임시저장된 노트가 날아갔네요.^^

뉴스의 전달과 의미수용 측면에서 이미 3번째 패러다임을 맞고 있다고 보여지는데요, 1. 이른바 'general media'가 전달되어 이미 알고있는 친구들끼리 의견을 교환하는 패러다임. 2. 그 'g.m.'이 인터넷 서비스를 하면서 그 기사 밑에서 댓글 달면서 만난 '광의'의 친구들끼리 만나 의견을 교환하는 패러다임. 3. 그 'g.m.'를 대부분 소셜미디어의 '친구'들을 통해서 '소셜미디어' 내에서 조우하게 되는 패러다임. 4. 하나 더하면 그 'g.m.'은 역할을 상실하고 소셜미디어 '외부'에서 신디케이터 역할만하는 서비스를 통해 personal news를 소셜미디어의 '친구'를 통해 '소셜미디어' 내에서 조우하게 되는 패러다임. 5. 마지막으로 '소셜미디어 내에서' 생산된 '친구의' personal news (note)를 그냥 접하게 되는 패러다임. 다섯 가지의 케이스에서 3,4,5는 병행될 것으로 보이므로 패러다임으로 구분될 수는 없을 것 같습니다. 물론 보는 시각에 따라 구분할 수도 있겠습니다. 저는 3번 케이스의 종말이 오겠고 4,5의 경우가 4번째 패러다임을 형성하여 양립된다고 생각합니다.

즉, 소셜미디어의 시대에는 news(note) writer와 commentor의 큰 구분 속에서, news(note) writer가 소셜미디어 외부에 있느냐 내부에 있느냐, 또는 내부를 선호하겠느냐 외부를 선호하겠느냐, 아니면 내부와 외부를 병행하겠느냐의 의미들이 있을 것 같습니다. 물론 commentor가 전달자 역할만 하는 것은 아니죠. 또한 writer가 생산자 역할만 하는 것도 아니겠고요.

2010년 8월 12일 오전 7:19 👍 2명

Davis Noh 제가 Sunstein, Yoon 두 분의 프레임을 시간 축을 좀더 길게 늘여놓고 deframing을 해봤는데요. 소셜미디어 '외부'에서 생산하는 뉴스와 '내부'에서 생산하는 뉴스 중에서 어떤 것이 더 사회통합에 기여할까요? 여러분의 생각은 어떠세요?

2010년 8월 12일 오전 7:28 👍 1명

Myungdae Cho 저는 오늘 오후 3시에 있었던 서초구민회관에서 있었던 김미경 원장의 아트스피치 강의에 자녀들과 함께 다녀왔습니다. 아주 보람된 오후였습니다. 저는 TV로는 (그 유명한) 그분을 볼 기회가 없었지만, 저는 twitter를 통해서 그 분을 알게 되었고 급기야는 오늘 그 강의에까지 가서 많이 배우고 왔습니다. 다분히 Serendipity(저는 '우연한 정보발견'으로 번역합니다만)와 개인화의 장점의 한 예로서 설명하고 있습니다. 이 뿐만 아니라 다양한 각도의 뉴스 및 정보를 아주 빠른 속도로 접하고 소화할 것은 소화하고, 그냥 버릴 것은 버리고 하면서 어떤 것은 저의 지식창고인 delicious에 차곡 차곡 정리도 하면서 남도 필요하다면 물론 보겠지요. 또 foursquare라는 application을 활용해서 친구와 만날 곳을 정확한 위치를 보내서 만나죠. 그만큼 이제 우리는 개인이 웹상의 데이터를 원하는 대로 만들어내고 있지 않습니까?

윤교수님이 지적하신 대로, Socialty가 아주 중요한 요소인 것 같습니다. 어떤 현상을 자기만 그렇게 보는 줄 알았는데, 비슷하게 바라보는 사람들의 생각이 모여 (주관과 주관들이 모여) 간주관이 형성되어가는 것을 저는 너무나 많이 느꼈습니다. 제 자신이 그 중의 일부라는 것을 분명히 느꼈다는 것이지요. 복잡계 이론을 연구하시는 분이 말하는 발현의 원칙(Principle of emergence)을 느낀다는 것입니다. 별뜻없이 말한 작은 동기(Micromotives)들이 이리저리 뭉쳐서 교수님이 말하는 그 Socialty에 의해서 macro motives로 변하더라는 것입니다. 그리고 또 하나는 저하고는 생각이 다른 분들의 의견을 아주 천천히 생각하고 볼 수 있는 기회가 있더군요. 저의 정치적인 소신, 종교관, 학문에서의 패러다임 등등과는 다른 분들의 글을 접하고는 나 자신을 돌이켜 생가해보는 기회를 여기 Social상에서 느낀 것이 참 많습니다. 예로 교수님이 저에게 숙제로 주고 가신 하버마스의 글을 읽으면서 그 속의 그 어른에 대한 생각이 많이 달라지는 계기도 바로 여기의 Socialty가 준 선물이라고 할까요?

그외 더 많은 예가 있습니다만, 주장하고 싶은 것은 Sunstein의 반향실 효과 가설(eco-chamber effects hypothesis)은 너무 과민한 반응이라고 생각합니다. 기존의 커뮤니케이션에서 주장하는 다원주의(Pluralism)이론은 여기에서도 성립하는 것 같았어요. 우리 인간은 자정(自淨)하는 능력이 있지 않습니까? 물론 기존 인터넷 댓글문화만 보고 놀란 가슴은 이해합니다만, 여기의 Socialty를 그렇게 보는 Sunstein의 이론에는 무리가 있다고 봅니다. 결론적으로, 그동안 웹에 표현하지 못했던 non-information resources(가령, 개념, 지명, 사람, 차 등등)를 마음대로 만들어서 표현할 수 있는 공간이 마련된 것은 민주주의의 역행이 아니라, 진정한 민주주의가 실현되어가는 곳이라고도 생각하고 싶습니다.

(ps) 제가 이곳 페이스북에 본격적으로 활동을 시작한 것은 불과 한 며칠에 지나지 않습니다만, 제가 배우고, 생각하고, 만들고 한 지식의 분량은 옛날의 저 자신을 비교하면 반년 내지는 일년에 가까운 분량의 지식과 접한 느낌입니다. 긴 글 읽어주셔서 감사합니다.

2010년 8월 12일 오전 7:48 👍 6명

정보사회학 노선생님의 예견(4, 5)은 현재의 대중매체 종사자들이 가장 두려워하는 시나리오일 겁니다.^^ 아마도 "전문적 뉴스생산"이 문화적으로 얼마나 요구되는가가 관건이 되겠군요. 저는 보도자료(press release)나 받아서 돌리는 뉴스서비스는 도태될 것 같으나, 조사저널리즘(investigative journalism)은 여전히 높은 수요가 있지 않을까 생각합니다. 그리고 뉴스를 묶어 제공하면서 공론장(public sphere)을 형성하던 g.m의 기능은 빠른 속도로 인터넷으로 옮겨올 것으로 예상됩니다. 터치패드의 보급은 종이신문, 공중파 TV의 전통적 수용방식이 사라지는 속도를 크게 높이지 않을까 생각되기도 하고요.

짐작컨대, 매체들의 웹사이트는 나름대로 존재하겠지만, 공론장은 그 매체들이 오픈한 social media의 outlet에서 활발하게 형성되지 않을까 예상됩니다. 예컨대 facebook의 워싱턴 포스트 페이지와 같은. 그러나 그 과정에서 충성심 높은 독자를 확보할 능력이 없는 매체들은 희생되겠지요. '친구들'의 링크를 따라 들어오는 사용자를 전제한 온라인 광고나, 신디케이트에 뉴스를 팔아서 얻는 수익 정도밖에 기대할 수 없기 때문에 '개인화'의 희생자가 될 가능성이 매우 높을 것 같습니다. 그 매체들은 그냥 취재력이 있는 블로그 정도로 밖에 인정을 못받는데, 그래가지고서는 독립적인 운영을 위한 재정 확보가 불가능하겠지요.

노선생님이 제기한 이슈로 돌아오면, 글쎄, 사회통합과 관련해서 뉴스 생산이 social media의 내부냐 외부냐가 큰 쟁점이 될까하는 의문입니다. 그 두가지는 뉴스의 내용에 큰 차이가 있지 않을까요? 외부에서 생산되는 뉴스는 '객관적' 사실 보도와 분석이 특징이고, 내부에서 생산되는 뉴스는 '주관적' 분석이 특징을 이룰 것 같습니다. 그리고 후자는 전자에 의존할 가능성이 높을 거구요. 그리고 그 두가지 모두 조선생님이 지적하신 '간주관적' 뉴스 소비를 통해 사회통합에 기여하게 되지 않을까요?

2010년 8월 12일 오후 3:14 👍 2명

Davis Noh 저는 소셜미디어의 특성(Network Color)에 따라 Sunstein이 포착한 경향(반향실 '경향')이 발생할 것이라고 봅니다. 근데 Suntein의 우려와 달리 사람들이 거기에 매몰되지 않고 반향실화 되는 것을 불편하게 여겨 네트워크의 '외부'를 찾게 되리라고 생각하는 겁니다. 파편화로 굳어지지 않는다는거죠. 예컨대 fb의 외부가 없다고 가정하고 소셜네트워크의 제약들을 적용하면서 쭉 시간을 흘려 상상해보면 네트워크의 여기저기에 Black Ponds가 필연적으로 형성되는 것을 쉽게 상상해볼 수 있습니다. 여기 정보사회학 페이지 주변처럼요.

그런데 어느날 네트워크 외부에서 Black Ponds 간의 파편화 경향을 깨닫게 되면 이를 극복하려고 할테지만, Network Color의 제약 때문에 비용이 많이 들어 '외부'를 시도하게 될 겁니다. 이 '외부'는 각각 Black Ponds에 중립적이라서 모든 Black Ponds에 도달효과가 생기기를 기대하는거죠. 저는 Network Color에 따라 이 '내부'와 '외부'

의 역할 특성이 궁금해지는데요.
2010년 8월 12일 오후 5:08

Davis Noh 조교수님 지적하신 간주관적 경향은 네트워크 접속의 초기효과 정도로 봐야하지 않을까요? 새로운 사람들이 만나면 정보와 관점의 차이가 커서 인지적 엔트로피가 낮기 때문에 활발한 인지 교류가 이루어지죠. 하지만 Network Color에 따라 엔트로피가 높아지고 나면(관점의 평형상태가 이루어지면) Black Ponds가 되어 '외부' 효과가 없으면 더 이상의 창발성은 생성되지 않습니다.
2010년 8월 12일 오후 5:35

김재원 휴... 댓글들이 더 어려워서 댓글 달기가 힘들어용.^^
2010년 8월 12일 오후 5:54 👍 3명

Davis Noh 윤교수님의 카니발리스크 연구과정과 연결을 좀 하자면, 2002년 즈음 인터넷의 담론형성 가능성이 포착되자 많은 사람들이 유입되면서 네트워크 접속의 초기효과를 형성하여 g.m. 들의 프레임기능 즉, 아젠다 세팅 파워가 현저히 떨어졌죠. 오히려 네트워크 초기효과가 훨씬 파워가 있었다고 봐야겠죠. 그러나 그 후 유입률이 정체되면서 간주관적 엔트로피가 높아지자(인지적 평형) '외부(기존 미디어의 콘텐츠)'의 의존성이 높아져 그에 대한 호불호, 찬반 논쟁으로 이어졌습니다. 그때부터는 비록 카니발리스크의 양태는 있었지만 '외부'의 프레임에 갇혀 그 안에서 노는 꼴이 되었지 않습니까?
2010년 8월 12일 오후 5:58 👍 1명

Davis Noh 아... 정리를 좀 하지 않으면 카니발리스크 사례 때문에 상반된 주장을 한 것처럼 보이겠군요. 저의 요지는 소셜네트워크의 Network Color에 따라서는 Black Ponds가 형성되고 이를 현명하게 자발적 '외부'를 형성하지 않으면, 기존 미디어의 프레임에 갇히는 반복 사이클이 도래할지도 모른다는 겁니다. Suntein의 우려처럼 반향실효과가 민주주의에 악영향을 주는 것이 아니라 그런 경향 때문에 기존 미디어의 통제 아래 놓여 민주주의가 다시 퇴보될 수 있다는거죠.
2010년 8월 12일 오후 6:15 👍 1명

김재원 댓글들로 이어지는 토론의 요지에서는 좀 벗어나는 이야기지만, 전 소셜미디어의 개방성이 민주주의 발전에는 도움이 된다고 여겨집니다. 얼마전 개각의 엠바고가 트위터를 통해 무너진 사태가 있었듯... 예전까지는 소수 제너럴 미디어들만 통제하면 정부에게 불리한 정보 확산을 막을 수 있었던 데 비해 소셜을 통해서는 이런 통제가 쉽지 않습니다. 또한 정부에 비판적인 견해가 더욱 득세를 하는 것이 현실이구요. 그리고, 정보의 타이밍성에 있어서도 마찬가지입니다. 예전에는 정보를 취득하기 손쉬운 제너럴 미디어에 먼저 보고가 되고 그것이 인터넷 등으로 확산되는 것이 일반적이었다면, 요즘은 소셜에서 뉴스를 많이 만들어내시는 분들이 먼저 소셜에 공개하고 이것이 역으로 제너럴 미디어에 퍼지고 기사화 되는 사례들이 많은 것 같습니다. 타이밍이 중요한 가치인 뉴스에서 이런 케이스가 더욱 강화된다면 그만큼 제너럴 미디어들이 설 입지가 좁아지겠죠.
2010년 8월 12일 오후 6:24 👍 1명

김재원 그리고, 편향성의 문제에 있어서는 보수에 가깝고 중도적이었던 제가 소셜미디어를 접하면서는 좌파적인 의견과 견해를 많이 접하다보니 저도 이데올로기의 스펙트럼이 조금 더 넓어진 기분입니다. 물론 그러한 성향이 이미 잠재되어 있었을 수도 있겠지만, 자신이 속한 계층과 자신이 선택한 매스미디어의 이데올로기에서만 많은 정보를 접하고 고착화 되어 있다가 다양한 계층과 지역, 국가에 위치한 사람들과 많이 접하게 되는 소셜로 인해 다양한 영향을 받게 되고 이것이 정립되면서 내재화되는 것 같습니다. 어떤 면에서는 매스미디어를 상대적으로 소유하고 통제하기 쉬웠던 보수주의자들이 이의 통제권력을 소셜에 뺏길 것을 염려하는 맘에서 소셜미디어를 비판하고 있지는 않을까 하는 생각이 듭니다.
2010년 8월 12일 오후 6:31 1명

정보사회학 재원님, 저도 노선생님 댓글이 어려워서 답글 달기가 곤란합니다.^^ 노선생님 쉽게 좀 써주세요. Please~~. 우리가 인터넷상에서 처음 대화를 시작할 때는 끼리끼리 만나도 즐겁고 유익한 대화가 이루어지겠지만, 시간이 흐르면 대화가 좀 지루해 지겠지요. 좀 다른 발상, 좀 다른 관점을 지닌 사람들이 참여해야, 대화에 긴장도 생기고 때로 다투기도 하고, 그러면서 새로운 관점과 인식을 배우는 기쁨도 있을 텐데, 맨날 똑같은 사람들만 만나서 얘기하게 되면 '까만 연못'에 갇히듯 뻔하고 지루하고 답답한 관계가 되어버린다는 것이지요. 그렇게 되면 결국 사람들은 생각이 다른 사람들을 찾아 나서서 대화를 하게 된다는 것. 노선생님 말씀은 그런 의미가 아니던가요?

옛말에 세상에서 제일 재미있는 구경이 불구경과 쌈 구경이라고 했지 않나요? 온라인 대화와 뉴스 소비를 정보적 관점에서만 보지 말고 재미적 관점에서 보면, Sunstein의 반향실 효과 가설은 지지되기 어려울 것 같습니다. 경제학자인 Van Alstyne과 Brynjolfesson은 사이버 발칸화에 대한 논문에서, 개인의 선호에 따라 정보수용은 매우 다른 모습으로 귀결된다고 논증하였습니다. 사람들이 다양한 정보를 선호하면 통합이 강화되고, 반대로 입맛에 맞는 정보를 선호하면 발칸화가 강화된다는 것입니다. Sunstein은 후자의 가능성이 높다고 본 것입니다. 반면에 노선생님, 조선생님, 저는 모두 전자의 가능성에 방점을 찍고 있는 것 같습니다. 저는 위 경제학자들이나 Sunstein의 정보적 관점을 수용하지 않습니다. 대화적 존재로서 인간의 모습은 뉴스소비에서도 예외가 아니라는 것이지요.

과거에는 노선생님 지적처럼 신문이나 방송에서 뉴스를 접하고, 술이나 차를 마시며 화제를 삼았었는데, 이제 social media나 매체 사이트, 혹은 토론 사이트에서 대화를 합니다. 그 어느 경우에도 사람들은 대화 자체를 즐기는 측면이 강하다는 것이지요. 대화라는 것이 다양한 사람들이 만나서 해야 제 맛이지요. 아니면 세상을 향한 다양한 채널을 가진 사람들과 해야 풍부한 대화가 가능하지요. 그렇지 않으면 대화가 오래가지 못할 겁니다. 제가 어느날 딸에게 말했습니다. 돈 잘버는 사람과 매일 새로운 얘기를 들려 줄 수 있는 사람 중 남편을 선택해야 한다면, 후자를 택하라고. 요즈음은 얘기 잘하는 사람이 돈도 잘 번다고. ㅋㅋㅋ
2010년 8월 12일 오후 6:39 2명

김재원 얼마전 트위터에서 본 이야기인데... 초창기 트위터가 재미있긴 하지만 별로 효용가치가 없어 길게 가지 못할거란 이야기에 트위터 설립자 중 한명인 에반스가 "아이스크림도 사람들이 많이 좋아하지만 별로 효용적이진 않다"라고 했던 이야기가 문득 생각나네요. 제가 볼 때는 앞으론 이성적, 논리적, 남성적 미디어보다는 감성적, 여성적 뉴스와 미디어가 더 각광을 받을 것 같습니다. 그런 면에 사람들이 더 재미를 느끼고 시간을 더 투입할 수 있는 것 같구요. 사실 좋은 정보나 효용성 있는 지식을 트윗이나 담벼락에 올릴 때보다 소소한 일상, 유머, 사진 한 장이 더 큰 피드백을 받는 것을 보면서 이러한 경향이 더욱 심해지리라 봅니다.
2010년 8월 12일 오후 6:45 1명

Davis Noh 하하 네~^^

2010년 8월 12일 오후 6:48 👍 1명

Davis Noh 저는 이성적 미디어와 감성적 미디어가 역할분담해서 상호 개방, 공유, 의존하는 식으로 가게 되지 않을까 싶어요. 클레이 셔키의 구분에 따라보면 Communal 기여와 Civic 기여를 하면서 말이죠. 사람의 구조가 그렇게 생겼고, 사회가 그렇게 흘러가고 있는 것 아니겠어요.
2010년 8월 12일 오후 6:57 👍 1명

김재원 ㅎㅎㅎ 그렇네요. 어찌 보면 지금까지 이성적인 미디어에 무게 중심이 많이 쏠린게 감성적인 미디어와 무게 균형을 찾아가는 과정일까요?^^
2010년 8월 12일 오후 6:59

김재원 남성중심 사회에서 여성 중심으로 이동해가고 있는 것처럼 이미 감성적인 커뮤니케이션에 더 무게가 쏠린 것 같기도 하구요~
2010년 8월 12일 오후 7:01

Davis Noh 커뮤니케이션을 마케팅 중심으로만 보면 확실히 여성이 구매력이 높아서 감성 커뮤니케이션으로 중심이동 되었죠. 커뮤니케이션이 상업적으로만 볼게 아니니 미디어도 상업적으로만 보면 안될 것 같습니다.
2010년 8월 12일 오후 7:16 👍 1명

김재원 맞습니다. 분명히 이성적, 논리적 커뮤니케이션과 미디어도 그 중요성이 있죠. 양보다 질로 승부해야하는... 그나저나 오히려 남성들이 이제 근엄하고 과묵한 이미지만 가지고 있을 필요가 없으니까 SNS에서는 더 수다스러워지는 면도 있는 것 같아요.ㅎㅎㅎ
2010년 8월 12일 오후 7:27

Myungdae Cho 저는 black pond를 잘 몰랐는데, 윤교수님이 완곡하게 겸손하게 설명을 해주셔서 그 의미를 알겠습니다. offline상에서는 그런 것이 가능할 것입니다. 끼리끼리의 '울'을 넘기가 힘들 때가 많죠. 그러나 여기 소셜마당에서는 그렇지 않다고 봅니다. 여기에 대한 특정한 이론도 아직 없는 것으로 알고 있고, 있더라도 어떤 방법론으로 어떻게 객관화시켰는지도 궁금합니다. 포인트는 우리는 어떤 사람 또는 대상만 보고 자기가 조금이라도 관심이 있으면 슬며시 끼어드는 경향이 있지 않습니까? 저는 분명히 그렇습니다. 가령 이 정보사회학이 아닌 다른 코너에서는 David Yim이라는 교수님이 올린 사진 한장을 보고 제가 몇 마디 한 것이 효시가 되어 지금 엄청나게 긴 담론이 이루어지고 있죠. 그것은 어떤 객체로부터 의미를 만들어 나간다고 할까요? 또 다른 경우는 어떤 사람에 대해서도 대화가 시작이 되어 계속 각자 많은 의미를 찾아가더라고요.

결국은 인간 본연의 심리에 바탕을 두고 있는 이런 Social Platform이기에 제 생각에는 민주주의를 더 꽃 피울 수 있는 public space가 된 것 같습니다. 그리고 이미 general media보다 훨씬 빠른 속도로 퍼져나가지 않습니까? 게다가 다양한 tag 및 annotation까지 붙여가면서 더 많은 부가가치를 지닌 정보들이 (Value Added Information) 확산되지 않습니까? 기존의 미디어들이 객관성, 전문성만가지고 지금 여기 Socialty를 폄하한다면 아마 큰 코 다칠 것입니다. 물론 그들도 폄하하지는 않을 것입니다만, 앞으로는 조화롭게 bottom-up과 top down이 공존하는 정보 공유의 장이 만들어졌으면 합니다.

그리고 노선생님 저는 창발현상에 대한 전문가는 절대 아닙니다만, 기존의 환원주의에 의해서 이 세상을 설명하던 Paradigm과는 출발을 달리하지 않습니까? 흔히 말하는 환원주의자들은 '부분의 합은 전체이다'라면서 그 부분을 연구하기를 강요하지 않았습니까? 지난 세기까지 얼마나 많은 분야에서 그 부분에 대한 연구를 해서 다시 전체라는 퍼즐에 맞추어보려고 했습니까? 제 생각에는 우리가 이렇게 'interaction'을 계속하는 한 그러한 emergence는 계속 나타난다고 봅니다. 이미 Cass Sunstein의 이론에 이렇게 의미있는 대화들이 오고가면서, 윤교수님이 아니었더라면 저 구석에 묻혀서 저에게는 낯설기만 했던 그 이론이, 보는 사람의 관점에 따라 더 많은 의미를 부여되고 있지 않나요? 저는 그 외부효과라는 것 없어도 이 내부에서 만들어지고 있다는 생각을 표현해봤습니다. 이미 김재원 선생님이 의견을 내셨고, 아마 더 많은 분들이 어떤 어떤 경로로 아시고 더 찾아오셔서 더 많은 의미를 부여하실 것입니다. 저의 생각입니다. 저도 전문가가 아닌지라 노선생님의 말이 조금 어려워서 고전했습니다. 약간만 쉽게 ㅎㅎㅎㅎ 감사합니다. 노선생님, 김선생님, 윤교수님^^
2010년 8월 12일 오후 7:29 · 1명

Davis Noh 며칠 전 트위터에 정재승박사가 "트위터가 세상을 바꾸는 게 아니고, 세상을 바꾸는 사람들이 트위터를 한다."라고 멋진 트윗을 날려서 좋아요 해놨는데요. 남성들이 SNS에서 더 수다스러워지는 것이 아니고, 수다를 아는 남성들이 SNS를 하는 것 아닐까요? ㅎㅎㅎ
2010년 8월 12일 오후 7:50 · 2명

Davis Noh 본의 아니게 조교수님께 고통을 드려 죄송하네요. 저는 연구자가 아니라 배경지식이 없어서 인용해서 얘기하면 쉽게 공유되고 이해될 개념을 그때그때 만들어서 쓰느라고 어려워 보이는 모양입니다.^^;;; 창발현상이나 간주관성에 대해서는 저는 그 자체의 의미보다 시간이 흐르면 어떻게 변화되어 갈까에 더 관심이 있어서 그에 대한 말씀을 드린 겁니다.

예를 들어 실험실의 뱃지에 영양물질을 놓고 거기에 미생물을 넣으면 초기에는 엄청난 번식을 하지만, 임계치에 도달하면 번식률이 감소하고 어두운 그림자가 드리우게 됩니다. 지금 소셜네트워크에서 느끼는 현상들은 초기 현상들입니다. fb에 지구인구 50억명이 모두 가입하고 나면, 새로운 만남과 그 만남이 주는 흥분과 희열은 사라지고 반복되는 일상의 어두운 그림자만 남게 됩니다. 좀 과장했지만 이런 고려를 해보자는 제안을 드린 겁니다.
2010년 8월 12일 오후 8:05 · 2명

Myungdae Cho 우선 우리 인간은 실험실의 뱃지가 아니라는 것입니다. 기계주의 및 실증주의 철학에 바탕한 실험이라는 이름의 다양한 연구결과들 많죠. 저는 개인적으로 별로 좋아하지 않는 방법론입니다. 저 개인적으로는 질적인 연구를 선호합니다. 현상학에서 말하는 본질을 보자는 것이지요. 그 본질을 다시 생각하면 우리 인간은 우리가 생각하는 것보다 훨씬 더 창조적이고 자기를 통제할 줄 안다고 봅니다. 물론 어떤 학자가 몇 년 전에 구글 다음에는 SN이 온다고 말했습니다. 지금 그렇게 되어가고 있죠? 물론 이 SN다음에는 뭐가 올지 모르지만, 결국은 우리 인간본연의 심리에 바탕을 둔 Platform으로 자연스럽게 흘러가지 않을까요? 심리학, 인지심리학이 각광을 받을 수밖에 없는 이유도 여기에 있을 것입니다. 저는 임계치에 도달하여 어두운 그림자가 드리운다라고는 보지 않습니다.

그리고 '지금 소셜네트워크에서 느끼는 현상들은 초기 현상들입니다.'라고 단언을 하셨는데 어떤 근거가 있으신지? 말기현상을 예견 하신 것이 어두운 그림자라는 것인지요. 예 저도 초기라고 보는데, 바라보는 방향이 달라요. 아직 시맨틱웹의 기술이 더 발달할 것이라는 것입니다. 그런 면에서는 초기현상이라면 동의합니다. 온토로지, Linked Data 등이 더 발달하면 지금보다 훨씬 더 신뢰할 수 있는 웹공간으로 변화해

나갈 것입니다. 저도 어떻게 하면 더 많은 데이터를 만들어 효율적으로 관계를 맺어 더 많은 이용자에게 더 큰 의미를 줄 수 있게 노력하고 있어요. 결론적으로 저는 그 제안을 좀더 건설적으로 현실에 기반을 둔 시맨틱웹 기술의 개발 및 활용으로 가자고 답하고 싶습니다. 감사합니다. 노선생님. 노여운 것은 아니죠? 제 입장의 표현이었습니다.^^
2010년 8월 12일 오후 8:26 👍 1명

Joan Lee 페북을 통해 대학원 수업을 하는 느낌이네요. 공부하고 갑니다
2010년 8월 12일 오후 9:44 👍 1명

이성규 인터넷 서비스를 기획해본 입장에서 Sunstein의 우려는 어쩌면 일어나지 않을 가능성이 높아 보입니다. Only my news 서비스 즉 특정 개인의 특성을 Data mining을 통해 필터링해 제공되는 맞춤형 뉴스 서비스는 성공하기 힘들더군요. 전적으로 이 서비스만 존재할 경우 말이죠. 그런 연장선상에서 서비스 기획자들은 '나의 관심'+'타인의 관심'을 동시에 서비스할 수 있는 미디어를 기획단계에서부터 준비합니다. 추천 뉴스뿐 아니라 사람의 관심을 압축적으로 담아 알고리즘화해 서비스하는 인기 뉴스(가장 많이 본 글 등), 실시간 인기 검색어 등등. 타인의 관심, 사회적 관심을 담고 있는 콘텐츠가 옆에 제공되지 않으면 개인화 콘텐츠 서비스는 성공하기 힘들다는 게 경험적 평이었습니다. 트위터의 Trending 토픽도 이러한 관점에서 부착된 서비스일 겁니다.

개인은 철저하게 개인화하면서도 동시에 철저하게 사회화하는 경향이 더욱 크다는 걸 늘 절감하게 되더군요. 이 양방향의 흐름은 동시에 비슷한 강도로 진행된다는 경험적 느낌을 많이 받았습니다. 더 개인화할수록 더 사회화하는 경향이랄까요. 따라서 소셜미디어가 사회통합에 기여를 하지 못하기에 민주주의에 좋지 않은 영향을 미칠 것이라는 우려는 선뜻 동의하기 어려운 명제라고 저는 생각됩니다. 오히려 저는 참여의 관점에서 소셜미디어가 민주주의에 기여하는 부분을 주목해야 한다고 생각합니다. 링크는 참여의 관점에서 본 소셜미디어와 민주주의에 대한 제 글인데 첨부해보겠습니다. 논의 확장을 위해서라고 해야 할까요?^^ http://bit.ly/bcJetd
2010년 8월 12일 오후 11:21 👍 1명

Davis Noh SNS 다음에 무엇인가가 온다면, SNS의 임계치를 넘어서서 그 활력요소가 다 떨어졌을 때가 되지 않겠어요? 그리고 아마도 그것은 SNS보다 더 효율적으로 초기 증가율을 높일 수 있는 구조가 될 겁니다. 달리 말하면 SNS보다 더 초기 현상의 흥분과 희열을 주는 것 말입니다. 아무튼 기술은 발전할 것이고 그때마다 우리는 진전된 개인적이든 사회적이든 의미를 하나씩 만이라도 획득하면 되겠습니다. 하지만 그것이 더 세련되고 교묘해진 자본의 수단으로 변질되지 않았으면 좋겠습니다. 휴대전화가 생활의 편리함을 가져왔지만 대신에 이전보다 더 높은 통신비용을 고정 지출로 가져가고 있고 그렇다고 쉽게 그 올가미를 벗어날 수도 없습니다. 삶에 있어서 휴식의 공간과 시간은 그만큼 빼앗겼으면서도 말이죠. SNS와 결합된 스마트 모바일의 시대에는 많은 새로운 경험을 우리에게 주고 있지만, 그 만큼 업무의 강도는 세지고 휴식의 강도는 얇아졌습니다.
2010년 8월 12일 오후 11:51 👍 2명

Guyoung Jeong 아 교수님이 가끔 언급하시던 Sunstein의 글이네요. 방학 동안에 정보사회학에 대한 감을 잃은 거 같아 큰일이에요. 어서 공부를 시작해야 할텐데.
2010년 8월 13일 오전 12:27 👍 1명

Sang Don Lee 뉴스의 개인화 경향을 비롯해 정치의 개인화 및 소비화 경향에 대한

다양한 논의가 있는 것 같습니다. 울리히 벡, 러셀 달톤은 현대사회의 시민은 과거 물질주의적인 경향에서 탈피하여 개인의 라이프스타일과 관심에 더욱 집중하는 경향을 보인다고 지적합니다. 이로 인해 기존의 정당정치와 정부에 대한 변화가 요구된다는 것이 그들의 주장입니다. 뉴스의 개인화가 민주주의의 위기를 가져오는 것이 아니라 기존의 정치가 과거 노동, 가족, 종교 등의 동일한 이슈에 정체되어, 시민의 다양한 삶에 기반한 새로운 변화된 이슈와 그에 집중하는 시민(공중)의 요구에 대응하지 못하는 것이 더 민주주의 위기를 초래하는 것이 아닐까 생각합니다.

이번주 내내 달톤의 "시민정치론"을 읽고 있는데, 그는 "민주주의 성공여부는 대체로 인민의 요구에 대한 체제의 대응과정 및 대응성과 관련하여 공중이 어느 정도나 참여하는지에 의해서 가늠된다"라고 합니다.

2010년 8월 13일 오전 1:31 👍 1명

정보사회학 9시간만에 들어왔더니 많은 토론이 진행되었군요. 온라인 토론이 general media가 만든 아젠다를 벗어나지 못하지 않을까하는 노선생님의 우려는 위르겐 하버마스도 지적한 적이 있습니다. 온라인 대화가 상업적 동기에 의해 좌우되지 않을까 하는 우려도 공감이 갑니다. 저는 기술적(descriptive) 정보생산에 있어서는 대중매체와 거기에 소속된 전문가들의 능력이 탁월하다는 점을 인정합니다. 그러나 평가적, 해석적 정보생산에 있어서는 그렇게 생각하지 않습니다. 그 점에서 저는 하버마스의 지적에 완전히 공감하지 못합니다.

많은 경우 신문이나 방송에서 나온 뉴스가 대화의 소재가 되겠지요. 그러나 그보다 훨씬 많은 뉴스가 공중에 의해 나올 수도 있으며, 더구나 해석적 뉴스 생산과 소비에 있어서는 기자나 소위 직업적 평론가보다 더욱 뛰어난 일반인이 많이 있고, 한발 더 나아가 온라인 토론을 통해 집단적으로는 어느 개인보다 더욱 뛰어난 해석에 도달할 수도 있다고 생각합니다. 즉, 저는 '공중(public)'의 뉴스 생산능력과 집단지성의 해석능력을 매우 신뢰합니다.

조선생님께서는 페이스북을 시작하신 지 며칠밖에 안되셨다니 믿어지지 않네요.^^ 저도 emergence에 많이 공감합니다. 뭐 제가 사회학도이니 당연한 것이기도 하겠지만, 집단지성이라는 개념도 창발성을 전제한 것이거든요.

성규님, 뉴스소비가 개인화와 사회화가 동시에 진행된다는 지적을 실무적 관점에서 매우 설득력 있게 제시해주었군요. 링크해주신 오마이뉴스 글도 흥미있게 잘 읽었습니다. 다수의 공중이 발언을 시작할 때, 그것도 끝없는 토론을 통해 세상을 인식하고, 세상에 대해 발언하게 될 때, 한 사회가 갖게 되는 정치제도를 인류는 아직 경험해 보지 못했습니다. 참여민주주의라는 개념에 가장 근접한 모습일거라고 짐작은 됩니다만, 그것이 민주주의를 진보시킬 지, 아니면 민주주의를 위기에 빠트릴지에 대해 아직 단정하기는 이릅니다. 저는 개인적으로 전자일거라는 생각이 강합니다만, 정당성과 효율성이라는 요구를 제대로 수용할 수 있는 생존가능한 정치체제로서의 참여민주주의는 아직 해결되어야 할 문제를 너무 많이 안고 있습니다. 좌초할 수도 있다는 염려가 듭니다.

그런 관점에서 상돈님이 제기한 대응성이 큰 숙제라고 생각됩니다. 시민 참여는 폭발적으로 증가하는데, 국가는 거기에 효율적으로 대응하지 못하는 현상이 우리 눈앞에서 벌어지고 있습니다. 어쩌면 social media의 발달은 민주주의 국가의 '정당성의 위기'가 아니라 '대응성의 위기'를 초래할지도 모른다는 생각이 듭니다. 현명하게 대처할 수 있어야 할텐데 말입니다.^^

2010년 8월 13일 오전 7:20 👍 1명

권혁 하 ~~ 재원씨 말대로 댓글의 내용이 상당히 어렵네요.ㅋㅋ 재원씨도 학구적으로 댓글을 남기셨고... 앗 학구적으로 이야길 해야 하나요?^^ 강의실에 온 느낌 ㅠㅠ
2010년 8월 14일 오전 2:16 👍 1명

정보사회학 권혁님, 그냥 편하게 얘기해주시길.^^
2010년 8월 14일 오전 4:10 👍 1명

원은란 제 머리를 뎅~ 하고서 울리는 글입니다. 제가 어렵게 느끼는 부분들도 많아서 댓글 토론을 보니 머리가 어질어질하기도 하지만 기분이 좋습니다!^^ 저는 막연히 매스미디어는 주입식이고 인터넷 상의 개인적 뉴스 소비는 자율적이라고 생각했었는데 자율적이다보니 편식을 할 우려가 있다는 것을 너무 쉽게 간과하고 있었던 것 같습니다. 매스미디어가 때로는 객관성을 버리고 의도를 가진 선동을 하기도 하지만 매스미디어의 기본적인 자세가 좋든 싫든 '골고루' 보도한다는 것을 염두에 두고 있어야겠습니다. 하지만, 이런 생각도 듭니다. 개인적 뉴스 소비이지만 "사회화된 소비"이기 때문에 '편식하지 않고 이것저것 골고루 먹고 건강해져야지!'라고 스스로 의식하기만 한다면, 매스미디어가 주는 '골고루 식단'보다 훨씬 더 건강한 영양을 섭취할 수 있지 않을까요?^^ p.s: 제 수준에서 ㅠㅠ 쉽게 말하려다보니 매일 이렇게 먹는 이야기를 하고 있군요 ㅠ.ㅠ 흑흑
2010년 8월 16일 오후 4:38 👍 3명

Brian Kim 은란님 글이 제게는 제일 먹을만하고 맛있군요. 감사합니다. 저도 본문만 읽고 나가려다 댓글 읽는라 고생 좀 했습니다. 댓글도 폰트 사이즈를 키워 주든지 해야 할 것 같습니다.ㅎㅎ
2010년 8월 16일 오후 5:57 👍 1명

Cheong Hwa Moon 저는 트위터로 요새 social media 관련 뉴스를 주로 리트윗하면서 저의 사견을 달고 있습니다. 그리고 주로 저를 팔로우 하는 분들이 social media에 관심이 있는 분들이더군요. 이렇듯 개인적인 관심의 뉴스를 소비하기도 하지만, 다른 분야의 뉴스를 보고 싶을 땐 다른 분을 팔로우하기도 합니다. 좀더 신뢰있게 느껴지고 빠른 정보를 얻고 있다는 느낌이 들거든요. 편향된 정보를 얻는다는 우려는 개인 스스로의 자정능력이 있으니 걱정을 많이 안해도 되지 않을까 생각이 듭니다
2010년 8월 17일 오전 7:05 👍 2명

박삼종 집단지성의 지식생태계가 버티고 있어 1인 미디어는 개인적인 미디어가 아닙니다. 선스타인 교수가 억측을 한 것 같군요. 오히려 자기가 속한 매스미디어의 의제 선점 아젠다가 깨지고 정보 조우의 다양성이 증가하게 될 것입니다.
2010년 8월 18일 오후 8:14 👍 1명

박삼종 그리고 지식소비자들이 단순한 정보수용자를 넘어서 정보생산자, 유통자의 능동적 지위를 갖는다는 점에도 그의 전제가 잘못되었습니다. "통합"하기 위해서 정보가 통제되어야 한다는 사고가 엿보여 좀 불쾌하군요. 미국의 정보통제권도 상당합니다.
2010년 8월 18일 오후 8:17 👍 1명

대화 86 도정일 교수님, 몇 가지 이의가 있습니다

7월 30일자 프레시안에 도정일 경희대 명예교수의 인터뷰[40]가 떴습니다. 그걸 읽고 자려고 했는데, 한 마디 하지 않고는 편히 잠들 것 같지 않군요. 책읽기를 강조하는 그 분의 의견에 대부분 동의합니다만 몇 가지 점에서 저는 의견을 달리합니다.

① 민주주의를 지키는데 시민의 능력이 중요하다는 것에는 동의하지만, 우리나라 시민의 능력이 약하다는데는 공감하기 어렵습니다. 저는 비록 우리의 근대민주주의 경험이 서구에 비해 짧지만 시민의 정치적 역량은 세계 어느 나라에도 뒤지지 않을 정도로 훌륭하다고 생각합니다. 특히 도 교수님과 달리 저는 인터넷이 우리나라의 시민역량을 높이는데 크게 기여하고 있다고 생각합니다. 민주주의의 핵심은 '사색'이 아니라 '대화'입니다. '생각하기'는 참으로 중요합니다만, 민주주의만 가지고 보자면 '대화하기'는 더욱 중요합니다.

도 교수님, 계몽의 시대는 끝났습니다. 지금은 '발화(presentation)'의 시대입니다. 천재적인 선생님도 결국 시대의 아들이군요. 계몽시대의 지식인은 좋은 의미든지 나쁜 의미든지 민중을 계몽 대상 이상으로 보지 못하는 것이 한계입니다.

② 책읽기가 중요하다는 점은 아무리 강조해도 지나치지 않을 겁니다. 그러나 닭이 먼저냐 달걀이 먼저냐 하는 논쟁이 될 수도 있겠지만, 저는 책을 읽지 않는 것 자체보다 책을 읽을 필요가 없는 사회라는 사실이 더 근본적인

40 프레시안. 2010/7/30. "한국을 좀비의 나라로 만드는 바이러스에 맞서라" http://http://pressian.com/article/article.asp?article_num=50100730161125&section=04

문제라고 생각합니다. 교사나 교수조차 책을 읽지 않고도 잘 살아가는 세상이 아니던가요? 중고등학교 때부터 책 읽은 척만 하면 내신, 수능, 논술까지 좋은 성적을 받을 수 있는데 왜 책을 읽습니까?

도 교수님, 멀티미디어 세상에서 책에게 특별한 문화적 지위를 부여하려고 하지 마십시오. '3초5분' 문화면 어떻습니까? 세상사에 대해 진지하게 생각하고, 남을 존중하고, 남과 더불어 생각할 수만 있다면 정보와 지식을 얻는 수단이 무엇이면 어떻습니까? 책을 읽는다고 그런 문화가 자동으로 생기지 않습니다. 잘못하다간 훈고학이나 주석문화가 발달하지요.

책은 필요에 의해 읽어야 합니다. 요즘 젊은 사람들도 필요하면 책을 읽습니다.

③ 제가 볼 때는, 민주주의에 관한 한 핵심은 '대화(dialogue)'입니다. 고대 로마의 시민들이 책을 많이 읽어 민주주의를 잘 했나요? 소크라테스나 플라톤도 책을 별로 좋은 수단이 아니라고 생각하지 않았습니까. 직접 민주주의를 잘하는 스위스 국민들이 책을 특별히 많이 읽는다는 얘기는 들어보지 못했습니다.

민주주의가 잘 되려면 토론문화가 발달되어야 합니다. 그러다 보면 책도 읽습니다. 뭐 설령 종이책을 조금 덜 읽는다고 문화의 쇠퇴가 초래될 것 같지는 않군요. 도 교수님도 페이스북에 들어와 젊은이들과 대화해 보시길 강력히 권장합니다.

요즘 젊은이들도 선생님 세대만큼 충분히 진지하고, 지식과 지혜에 대한 갈증도 높습니다. 그리고 인터넷 덕분에 토론문화가 그 어느 때보다 왕성합니다. 우리 역사상 어느 시대에 요즘처럼 발달된 토론문화를 가져 보았나요?

도 교수님, 젊은이들에 대해 너무 염려하지 마십시오. 그들은 선배님과는 다른 세상을 살아갈 것입니다. 저는 그들이 살아갈 세상을 "메시지가 매체로부터 자유로운 세상"이라고 부릅니다. 오늘날 맥그루한 교수가 부활한다면 "미디어가 메시지다"는 자신을 주장을 철회할 것 같습니다.

밤이 늦었네요. 선생님, 세상 걱정 내려놓으시고 편안히 주무세요. 2010.08.01

좋아요 · 댓글 달기 · 공유하기

Seokgu Bang님, Bora Yen님 외 2명이 좋아합니다.

Haewon Kim 앗... 잠시 잊고 있었던 중요한 올해의 화두 "메시지가 미디어로부터 자유로운 세상"을 다시 생각하게 해주시네요!!!
2010년 7월 31일 오전 11:09

정보사회학 해원님이 그 대목을 유일하게 기억해주시는 분인 것 같군요.^^
2010년 7월 31일 오후 6:18

이요훈 도정일 선생님이 설레발치신 부분은 있지만, 이 글에도 동의할 수 없는 부분이 꽤 많아서 난감하네요...
2010년 7월 31일 오후 9:07

정보사회학 @요훈님, 제 글은 발견의 최종적 산물이 아니라 과정재(throughput)일 뿐입니다. 대화를 통해 우리의 인식이 함께 발전할 수 있겠지요? 언제든, 어떤 의견이든 올려주세요.^^
2010년 7월 31일 오후 10:58

Cheong Hwa Moon 대중이 미디어를 대체하고 있다고 생각합니다.
2010년 8월 1일 오전 8:38

정보사회학 흥미 있는 말씀이군요. 조금 더 부연 설명해주시면 좋겠는데...
2010년 8월 1일 오전 9:51

Cheong Hwa Moon 메시지가 미디어로부터 자유로워진다면, 그동안 미디어로부터 지배된 대중이 자유로워지지 않을까요... 그래서 대중이 곧 미디어의 기능을 하지 않을 까 생각해봤습니다ㅎ
2010년 8월 1일 오전 9:57

정보사회학 그런 말씀이었군요. 고전적인 비판사회학 전통을 따라 저는 그러한 '대중(mass)'을 '공중(public)'이라고 부릅니다. 메시지와 미디어의 관계에 대해서는 지금 McLuhan을 다시 읽으며 생각 중에 있습니다. 곧 글을 올리도록 하겠습니다.
2010년 8월 1일 오전 10:05 1명

Brian Kim 제가 도정일님에 대해 알지 못하고 그분의 인터뷰기사를 보지 않은 상태에서 이글을 읽고 느낀 점은 발화와 대화(쌍방향소통)의 중요성을 잘 지적해주셨다는 것입니다. 그런데 저는 여전히 책읽기(특히 유년기, 청소년기)가 그 두 가지를 강화시켜주는 원천임에는 전혀 이의를 제기할 수 없군요. 인터뷰기사도 찾아보도록 하겠습니다.
2010년 8월 3일 오전 9:18

Pak G-Hun 모든 우수한 토론자가 다독가인 건 아니지만 그럴 확률이 아주 높다는 점에서, 그리고 그 확률은 책읽기의 중요성을 다소 맹목적으로 강조하더라도 괜찮다 싶을 만치 높다는 점에서 위 글의 어떤 흐름에는 공감이 좀 안되는군요. '책을 읽을 필요가 없는 사회' 현실에 대한 긍정인지 부정인지도 좀 모호하다 싶구요.
2010년 8월 3일 오전 10:24

정보사회학 @Brian님, @Park G-Hun님, 좋은 지적 감사합니다. 두 가지 점을 말씀드리고 싶군요. ① 제 입장은 "책에 특별한 문화적 지위를 부여하지 말자"는 것입니다. 물론 저도 책 시대의 산물입니다. 어느 누구 못지않게 책을 좋아하고 책을 읽고 삽니다. 하지만 이제 책은 훌륭한 여러 가지 매체 중 하나일 뿐이란 사실을 받아들여야 된다는 생각입니다.

② "책을 읽을 필요가 없는 사회"가 근본적인 문제라는 표현에서 "책"은 "생각"의 은유라고 생각해주십시오. 저는 깊이 있는 성찰을 요구하는 사회에서 책읽기는 자연스런 문화현상이라고 생각합니다. 그런데 우리는 책읽기(결과)만 구두로 강조할 뿐, 책읽기의 근본적 요구가 되는 '생각하기'(원인)는 늘 뒷전에 가 있습니다. 저는 그점을 비판한 것입니다. 다만 도정일 교수님과의 대화에서 그점은 좀 덜 중요한 논점이라고 판단되어서 가볍게 넘어간 것입니다.
2010년 8월 3일 오후 4:22

Pak G-Hun 네, 그런 의중이시리라는 건 짐작했지만 문자해석상 오독으로 이어질 부분이 있음을 지적한 것이다 라고 이해해주시면 감사하겠습니다.
2010년 8월 3일 오후 9:50 👍 1명

Brian Kim '책에 특별한 문화적 지위를 부여하지 말자'는 입장은 긍정적으로 받아들입니다. 다만 말꼬리를 잡는 듯해서 뭐하지만 아직 책을 대체할만한 총체적 사색의 결과물을 찾아보긴 힘들군요. 그래서 전통적 서책이 빠르게 e-book으로 옮겨가는 것 아닐까요.
2010년 8월 4일 오후 1:14 👍 1명

정보사회학 맞습니다. 그것이 어떤 형태이건 책은 앞으로도 오랫동안 우리의 지식원이 될 것 같습니다. 다만 새로운 세대들에게는 책이 우리하고는 다른 문화적 지위를 갖는 것으로 받아들이지 않을까요?
2010년 8월 4일 오후 3:54

원은란 @Brian Kim 말로 설명할 수 없는 종이책만이 주는 매력을 뭐라고 표현해야 좋을지 고민했었는데 "총체적 사색의 결과물"이라고 표현하시는 걸 보니 아주 멋지네요!^^
2010년 8월 16일 오후 4:41

Hyung-seok Cho 예전에 교수님께서 수업중에 태블릿pc에 대해서 설명하시면서 "책이 가진 아우라를 이길 수 있을까?"라고 말씀하셨던게 생각납니다. 그 말이 진짜 가슴에 많이 와닿았는데요. 내 두손에 놓인 책만큼 오감을 사로잡을(?)도구가 또 있을까 생각이 들었다가 막상 태블릿을 만져보고 스마트폰을 만져보니 이건 육감을 사로잡는 듯합니다.ㅎㅎ 뭐 잠깐이었지만요. 이 녀석 무척 감성적이구나 라고 느끼실지도 모르겠지만 그래도 전 책이 뭔가 따뜻해 보입니다.^^ 그러한 점에서 책의 아우라라는 표현을 교수님께서 하신거 같습니다. 오랫동안 책이 문화적 지위를 가져왔지만 이제는 그러지 말아야 한다는 점이 너무 좋습니다. 중요한 건 무언가를 읽고 공유하고 느낀다는 거라고 생각해요.
2010년 9월 9일 오전 1:07

Hyung-seok Cho (일 끝나고 다시 집에 와서 씁니다.ㅎ) 그런 점에서 홍대에서 서울와우북페스티벌이 재미있어 보입니다. 책을 문화적 콘텐츠로 활용하여 문화예술축제로 만들었는데 인쇄 책 뿐만 아니라 디지털 북도 선보이고 책을 이용한 다양한 놀이가 진행되는데 책이 가졌던 고리타분한 문화적 지위를 버리고 문화예술쪽으로 풀어나간 모습인 듯합니다.
2010년 9월 9일 오전 3:40

Alexander Park 이런저런 목적으로 윤교수님 포스팅을 거슬러 읽다가 딱 멈추게 만드시네요 dialogue의 중요성은 아무리 강조해도 부족할 정도겠습니다. 계몽보다는 발화 그리고 대화가 핵심이라는 통찰에 기립 박수. 한가지만 첨언하자면 한국의 젊은

이들이 예전에 비해 분명 많이 나아졌지만 토론다운 토론을 제대로 할 수 있기 위한 기본 소양의 배양은 아직도 아주 많이 필요하다라는 게 제 생각입니다. 분명히 dialogue를 해야 하는데 monologue를 dialogue로 착각하고 있는 경우를 많이 목격하게 되어서 말입니다. 여튼 도정일 교수님의 계몽의 필요에 대한 교수님의 반론은 전적으로 동감입니다.
2010년 11월 21일 오후 9:32 👍 1명

대화 87 선거에서 좀 다른 방식으로 투표할 수 없을까요?

오늘 아침 한 트윗을 받고 옛 일이 떠올랐습니다. 캐나다 선거관리위원회가 2008년 선거를 결산하는 보고서를 며칠 전 의회에 제출했는데, 그 중 세 개 선거구에서 실시한 인터넷 투표 시범 사업에 대한 보고에 관련된 기사입니다. 뭐 인터넷 투표가 투표율을 올릴 것인가라는 매우 낡고 좁은 관점에서 쓴 기사라 별로 마음에 들지는 않지만, 2주 전에 끝난 우리의 지방선거가 생각나 그냥 지나가지 못하고 키보드를 두드립니다.

윤 교수: "왜 우리는 투표하러 꼭 지정된 투표소에 가야 하는 걸까요? 아무 투표소에 가서나 투표하면 안되나요?"

윤 교수: "왜 우리는 부재자 신고를 하지 않는 한 꼭 투표일에만 투표를 해야 하나요? 좀 편한 시간에 먼저 투표 해놓고 투표일 당일에는 밀린 일을 보거나 여행가면 안되나요?"

윤 교수: "왜 우리는 꼭 투표소에 가서 투표를 해야 하나요? 우편, 전화, 휴대폰, 인터넷, 디지털 TV, 키오스크 등 투표소에 가지 않고도 투표할 방법이 여러 가지가 있는데 왜 사용하지 않는 것이지요?"

윤 교수: "왜 우리는 꼭 자신이 직접 투표를 해야 하나요? 다른 사람에게 위임을 해서 대신 투표하게 하면 안될까요?"

중앙선거관리위원회: "예, 모두 안됩니다. 부정 투표를 예방하고 공정선거를 구현하기 위해서입니다."

윤 교수: "그렇게 하는 나라들도 있는데요."

중앙선거관리위원회: "우리나라는 민주주의의 연륜이 짧고, 유권자들이 의식 수준도 낮아서 안됩니다."

한나라당 국회의원: "맞아요. 우리 민도가 너무 낮아요."
시민단체 대표: "선거를 관리하는 정부를 믿을 수가 없습니다. 부정선거, 조작선거가 될 가능성이 높아요."
윤 교수: "21세기의 유권자들에게 20세기 방식의 정치, 19세기 방식의 투표를 강요하고 있는 것은 아닐까요? 참고로 우리나라는 세계에서 가장 문맹률이 낮은 나라에 속하고, 대학진학률로는 세계 최고입니다. 게다가 정보인프라도 세계 최고 수준입니다. 그리고 정치의식도 높습니다. 그런데도 그것이 황당하거나 위험한 상상인가요?"
중앙선관위, 한나라당, 시민단체: "교수님, SF를 너무 많이 보셨거나, 해외에서 너무 오래 살았군요. 우리 사회 현실에 너무 어두우십니다."
윤 교수: "…"

이 대화는 가상이 아니라 실제로 5년 전에 일어났던 수많은 대화를 짧게 재구성한 것입니다.

저는 당장에 투표방식을 바꾸자고 한 적이 없습니다. 민주적 과정으로서의 선거방식, 행정서비스로서의 선거방식을 시대에 맞게 좀 재고해 보자는 것이었습니다. 그리고 그것을 만약 바꾸어야 한다면 적어도 10년은 준비하자고 제안했지요. 저는 2015년이나 2020년쯤에도, 참관인은 두터운 선거인명부에서 유권자의 이름을 확인하고, 유권자는 서명을 하거나 지장을 찍고, 투표용지를 받아 들고 장막 속에 들어가 붓뚜껑으로 기표하는 방식으로만 여전히 선거를 시행하고 있다면 좀 우습지 않겠냐고 했어요.

참고로 투표율 저하로 고민하던 영국은 1999년부터 선거과정 개선을 위한 시범사업을 시작해 수년 간의 시범사업 끝에 우편투표가 투표율을 올리는데 가장 효과적이라는 사실을 발견하였습니다. 그래서 2004년 선거부터 아예 우편투표로만 투표를 하게 하는 선거구를 크게 늘리기도 하였지요.

지금 추세로 보니 우리나라에서는 아마도 수년 내에 투표방식이 바뀔 것 같지 않군요. 그리고 그것은 졸지에 바뀌어서도 안 됩니다. 그것은 적어도 10년이나 20년은 준비해야 하는 국가적 과제라고 생각됩니다.

세계에서 가장 높은 수준의 유권자들을 앞에 두고 민도가 낮아 선거과정을 혁신할 수 없다는 주장에 전 지금도 도무지 공감할 수 없습니다. 여러분 생각은 어떠한지요? 2010.06.19

좋아요 · 댓글 달기 · 공유하기

조양익님이 좋아합니다.

조양익 지난 대통령선거 후보 선출과정에서 민주당에서 투표한 방식은 종이투표(투표소), 전자투표(투표소), 모바일(핸드폰) 등에 여론조사를 추가했던 것으로 기억합니다.
2010년 6월 18일 오후 1:56

최창학 윤 교수님 의견에 전적으로 공감합니다. 2004년으로 기억하는데 당시 교수님과 한나라당 의원 2분, 민주당의원 2분, 선관위 국장, 혁신위 등 전자투표 도입을 위하여 프랑스 이시네믈리네, 네덜란드, 핀란드를 함께 다녀온 기억이 생생합니다. 그동안 많은 시간이 흘렀고, 여러 가지 여건도 좋아졌지만 이 과제를 책임지고 함께 풀어 나가야 할 사람들의 인식의 벽은 아직도 높기만 한 것 같습니다. 이미 수많은 토론이 있었고, 문제점에 대한 대안들도 수 없이 논의되었건만... 현장에서는 한 걸음도 앞으로 나가지 못하고 있는 현실이 답답합니다. 새로운 환경하에서 투표의 의미와 민주주의 그리고 투표의 방법에 관하여 진지한 재해석이 더 늦기 전에 절실히 필요한 상황입니다.
2010년 6월 18일 오후 2:39

송재문 기권표를 정당별 비례해서 나눠주면 어떨까요?? 그럼 남 잘되는거 보기 싫어서라도 투표는 하지 않을까요??? 이런 생각도 해보게 됩니다...
2010년 6월 18일 오후 5:56

정보사회학 @최박사님, 전문위와 특위에서 함께한 많은 시간이 떠오릅니다. 현실의 벽은 늘 높았지만 그래도 그 때는 꿈과 비전이 우리 가슴을 뜨겁게 했습니다. 지금도 그러한 지???? @Jae-Moon님, 참신한 아이디어군요. 저는 호주식의 의무투표제만 생각했었는데. @조양익님 예, 정당들이 내부 선거에서는 꾸준히 새로운 투표방식을 도입하면서도 공직 선거에서는 이해관계에 묶여서인지 잘 움직이질 않습니다.
2010년 6월 19일 오전 8:39

Sungwon Kim 교수님 말씀처럼, 이해관계가 가장 문제겠죠. 투표방식을 바꾸자는 제안이 나오면, 그 방법의 효율성을 검토하기보단 어떤 방식이 자신들의 득표에 유리 or 불리할지 머릿속으로 계산하느라 바쁠 듯.
2010년 6월 19일 오후 9:18

대화 88 소셜미디어 시대의 청소년: 만13세에 선거권을 주면 어떨까요?

며칠 전 정건희 선생님께서 올리신 질문에 대한 답변입니다. 청소년들의 온라인 시민참여에 대한 제 의견을 물으셨습니다. 그런데 그것이 아무래도 우리가 함께 논의해 보아야 할 주제라고 생각이 들어 포스팅합니다.

지금부터 약 30년 전, 닐 포스트맨(Neil Postman)은 〈청소년 시절의 실종〉(*The Disappearance of Childhood*)이라는 파격적인 제목의 저서를 내놓았습니다. 그 책의 요지는 인쇄매체 시대의 산물인 청소년 시절(childhood)이라는 개념이 영상매체 시대에 들어와 설 자리를 잃었다는 것입니다.[41]

그에 의하면, 인쇄문화가 발달하면서 청소년(child)과 성인(adult)의 구분이 생겨났습니다. 장기간의 교육을 받지 않고서는 신문이나 책을 제대로 읽을 수 없는 상황이 되면서, 사회적으로 배제된 집단 중의 하나로 '청소년'이 등장했다는 주장입니다. 정신적으로나 사회적으로 미숙한 존재로서 '청소년'이라는 사회적 범주가 출현했다는 말이지요. 성인 혹은 시민으로서 자격을 갖추지 못한 '청소년'은 당연히 정치와 시민사회에서 자연스럽게 배제되었고요. 그런데 포스트맨은 전기적 영상매체인 TV가 청소년과 성인의 구분을 결정적으로 해체시켜버렸다고 강조합니다. 영상매체를 보는 데는 장기간의 교육이 필요 없기 때문이라는 것입니다.

41 Neil Postman. 1994. *The Disappearance of Childhood.* New York: Vintage Books.

포스트맨의 이 생각은 인터넷 시대, 소셜미디어 시대에 더 더욱 타당하지 않을까요? 저는 지난 30년 동안 디지털 정보기술은 지식에 있어 생산자와 소비자의 구분을 해체시키는 방향으로 빠르게 진화해 왔으며, 덕분에 우리 사회는 시민권(citizenship)을 청소년들에게까지 확대해야 할 시점에 도달했다고 생각합니다. 60년 전 영국의 사회학자 마샬(T. H. Marshall)이 "공동체의 정식 구성원들에게 부여되는 지위"라고 말한 의미에서의 시민권 말입니다.

인터넷상에서 정보와 지식은 성인과 청소년을 구분하지 않습니다. 일부 성인물을 제외하고는. 그리고 초등학교 6년 정도의 교육만 제대로 받으면, 시민권을 행사하는데 필요한 정보와 지식을 인터넷상에서 얼마든지 구할 수 있고, 당당한 시민과 소비자로서 시민활동에 얼마든지 참여할 수 있습니다.

그런데 우리 사회의 현실은 청소년에 관한 한 온갖 모순과 혼란 속에 빠져 있습니다. 정보와 지식의 접근성 측면에서 청소년과 성인의 차이가 없음에도 불구하고, 정치와 시민사회 영역에서 청소년들은 '현재의 시민(citizens now)'이 아니라 '형성 중인 시민(citizens-in-the-making)' 혹은 '대기 중인 시민(citizens-in-waiting)'으로 간주되고 있습니다(Livingstone, 2009).[42] 반면에 시장에서는 편법을 써가면서까지 청소년을 미래의 소비자가 아니라 현재의 소비자로 대우하고 있습니다. 특히 TV, 영화, 만화 등 문화산업에서 그렇지요.

우리 현실을 보면, 청소년의 삶에 결정적인 영향을 미치는 네 가지 제도가 있습니다: 가정, 학교, 학원, 매스컴. 가정에서 청소년은 미성년자로 취급받고, 기껏해야 미래의 시민으로 행동하길 요구 받습니다. 일부 소수의 진취적인 가정을 빼고 말입니다. 가정에서 청소년이 받는 메시지는 정치사회 문제에 관심 갖지 말고 우선 공부하라는 것이지요.

학교는 다른가요? 청소년들은 스스로 판단능력이 없다고 간주되어 온갖 규범에 매여 있고, 사회참여는 매우 제한된 영역에서의 자원봉사 활동 정도만 허용됩니다. 시민으로서 현실정치나 현실개혁에 관심을 가지면 큰일 나는 줄 압니다. 그런 학생이 발견되면 특별 지도에 들어가고 거의 보고 대상이지요.

---

42 Sonia Livingstone. 2009. *Children and the Internet.* Cambridge, UK: Polity Press.

학원은 더 하지요. 학교에 버금갈 정도로 많은 시간을 보내는 학원은 개별 학생의 경쟁력 강화가 사명입니다. 오직 조금이라도 성적을 올려서 좋은 대학에 진학하는 것이 지상목표 아닌가요? 거기서 시민으로서 무슨 메시지를 받겠습니까? '현재의 시민'은 없습니다. 물론 학교나 학원에 학생들을 소위 의식화시키는 수상한(?) 선생님들이 없는 건 아니지만, 극소수에 불과할 겁니다. 입시교육기관이라는 틀을 벗어날 수 없지요.

매스컴, 그 중 청소년들을 가장 인정해주는 제도입니다. 칭찬하는 얘기 아닙니다. 그들이 인정하는 것은 소비자로서의 청소년이지, 시민으로서의 청소년은 아닙니다. 물론 포스트맨의 지적처럼 영상매체의 메시지는 청소년과 성인을 구분하지 않고 전달됩니다. 하지만 청소년들이 보는 것은 거의 대부분 광고, 오락, 연예, 영화 등과 같은 프로그램입니다. 정치나 정책 혹은 사회문제와 관련된 프로그램은 입시 목적이 아닌 다음에야 청소년들의 시야에 들어오지 않지요. 매스컴은 그런 상황을 상업적으로 최대한 이용하고 있고요.

그런데, 지난 100년 동안의 역사에서 청소년이 항상 그렇게 주변집단이었을까요? 결코 아니지요. 광주학생운동, 4.19혁명, 부마항쟁, 광주민주화운동, 그리고 촛불집회에 이르기까지 역사의 중요한 국면에서 청소년은 당당히 시민의 역할을 해냈습니다. 그런데 수학기간이 길어지고 사회진출이 늦어지면서 청소년들은 점점 '형성 중인 시민'으로 전락하였습니다. 물론 이는 비단 우리나라만의 현상이 아닙니다. 그러나 청소년의 80% 이상이 대학에 진학하고, 대학입시가 인생의 성패를 좌우하는 우리나라에서는 특히 그러한 경향이 강한 것이지요.

이렇게 한편으로는 성인들과 차이 없는 정보와 지식이 제공되고, 다른 한편으로는 독립된 인격체로의 존재를 계속 부정당해야 하는 것이 청소년의 현실입니다. 청소년들은 "우리 알 것 다 알아요"라고 강변합니다. 그리고 사실 그들은 "알 것 다 아는" 시대를 살고 있습니다. 우리 어른들이 그러한 환경, 그러한 시대를 만들어 놓았습니다. 그래 놓고는 사회적으로 청소년들을 '철부지' 취급합니다. 이 모순된 현실이 오래 갈 수는 없을 겁니다.

소셜미디어와 청소년? 청소년들이 소셜미디어를 어떤 용도로 어떻게 사용할 것 같습니까? 참여, 개방, 협력이라는 소셜미디어의 환경을 그들이 어떻게 이용할 것 같습니까? 정보와 지식 측면에서 시민 혹은 소비자로서 소위 성인에 비해 조금도 뒤지지 않지만, 그러한 자아를 부정당해야 하는 청소년이 할 수 있는 게 무엇이겠습니까?

현재까지 조사 결과도 그렇고, 뭐 조사를 하지 않아도 충분히 예측가능하기도 합니다. 미니홈피, 인스턴트 메시징, 문자 등을 가지고 쓰던 것 이상을 기대할 수 없습니다. 오프라인 친구와 수다 떨기, 연예인 팬클럽 활동, 연예 정보 습득, 게임 정보 습득, 게임 커뮤니티 활동, 입시정보 획득 말고는 잘 떠오르지 않네요. 소셜미디어가 무슨 요술방망이도 아니고 그것이 청소년들에게 시민참여의 동기를 부여하고 사회의식을 심어줄 수는 없습니다. 청소년의 일상을 지배하는 모든 제도가 그걸 부정하는데, 어떻게 그것이 가능하겠습니까?

사실 우리는 중대한 결정을 해야 합니다. 청소년을 계속 미숙한 존재로 간주하고 사회적으로 배제할 것인지, 아니면 우리 사회의 당당한 일원으로 인정할 것인지. 사회적 합의가 필요한 쟁점이라고 생각합니다.

제 개인적 소견은 분명합니다. 청소년들에게 독립된 인격체로서의 권한과 책임을 주어야 합니다. 현대사회에서는 시민과 소비자로서의 권리를 행사하지 않고는 독립된 인격체로 인정받을 수 없습니다. 그러기 위해서는,

첫째, 중학교 1학년부터는 선거권을 주어야 합니다. 그렇게 해서 미래의 시민이 아니라 현재의 시민으로 행동하도록 해주어야 합니다. 청소년에게 현실권력에 참여할 기회를 주어야 합니다. 그리고 초등학교 때부터 시민교육을 시켜야 합니다. 시민교육의 가장 효과적인 방법이 시민참여라는 것은 학계의 정설입니다.

둘째, 고등학교만 졸업하면 직장생활을 할 수 있도록 중등학교 교육과정을 완전히 바꾸어야 합니다. 그래서 지금보다 3-4년은 더 일찍 사회생활을 시작할 수 있도록 해주어야 합니다. 대학교육은 언제든 원하는 때 받으면 되겠지요. 대학에 다니지 않는다고 공부를 못 배우는 세상도 아니지 않습니까? 동기가

강하면 교육효과가 높습니다. 국가 실업률이나 낮추는 역할밖에 못하는 현재의 대학 교육은 엄청난 사회적 낭비입니다. 그렇지 않아도 출산율이 낮아 노동력의 고령화가 심각한 문제가 되어가고 있는데 이는 그에 대한 대단히 효과적인 대책이 될 것입니다.

이상이 제 마음 속에 있는 청소년에 대한 그림입니다. 제가 너무 황당한 생각을 하고 있나요? 토요일에 긴 글로 여러분들을 괴롭혀 죄송합니다. 2010.10.16

좋아요 · 댓글 달기 · 공유하기

양룡, 백재욱, 박영준님 외 29명이 좋아합니다.

신현묵 개인적으로 교육쪽이나 지방선거쪽에 반영하면 어떨까 해본다는...
2010년 10월 16일 오전 4:44 4명

김지현 사실 저도 최근 소셜미디어가 대세가 되어가고 페이스북과 트위터 공간에서 10대 아이들과 친구를 맺으면서 그 아이들과 어른들이 모두 함께 어우러져 있는 이 공간에서 어떤 글이 어떻게 올라올지 모르는데 사회적으로 보호받아야 한다는 아이들에게는 어떤 영향을 미칠까에 대해 잠시나마 고민했던 적이 있습니다.

그런데 교수님께서 너무나 시원하게 정리를 해서 올려주시는군요. 저는 고민만 했었는데 교수님은 그 아이들에게 선거권을 주고 시민으로서 대우해주자는 것이네요. 그리고 고등학교 졸업 후 바로 취업할 수 있게 교육과정을 맞추자는 것이네요. 제가 생각하는 것과 어찌 그리 똑같은지, 참... 우리나라 부모들이 얼마나 호응할지는 모르겠으나 일단 제도적으로 그렇게 바뀌어 간다면 사회 문화적으로 그렇게 적응되어가지 않을까 하는 생각을 해봅니다.
2010년 10월 16일 오전 4:48 3명

Min-Chan Kim 선거권을 너무 빨리 주면 잘 알지 못하고 선거하지 않을까요? 제 경험으로 비추어볼 때 현재 대학생들도 잘 알지 못하고 선거를 하는 경향이 있더라구요. 만약 그렇게 하려면, 선거에 대한 교육을 따로 받아야 하지 않을까 생각이 듭니다. 그리고 현재 있는 고등학교 교육과정에서는 경험적인(?) 교육이 필요하다고 생각해요. 이론만으로 배우는 것들은 전부 수능을 위한 것이지 사회생활에서 배우는 것은 아니거든요. 대학교육도 그렇구요. 그리고 맨 마지막 사진은 광주 시내에 있는 우체국 앞이네요!! 광주가 그리워요ㅜ.ㅜ
2010년 10월 16일 오전 4:57 4명

박정민 투표권을 19세에서 18세로 낮추는 것에 대해 2005년에 논의가 있었네요. 2005년 "청소년의 정치참여와 선거연령"이라는 주제로 중앙대 청소년학과 최윤진교수님 외 여러 발제자의 발표가 있었습니다. 한번쯤 읽어볼만한 내용입니다. 화두로 던진 내용에 대한 해외사례 및 관련내용들을 집대성했다고 할 정도로 내용이 나와 있네요.(아래링크를 참고하세요) 관련 내용을 보려면 http://bit.ly/aZBQtS을 눌러주세요. 사실 투표권 연령을 낮추는 것은 대의적인 명분 외에도 실리적인 명분을 가지고 (여당이 유리한지 야당이 유리한지) 지리멸렬한 싸움을 하고 있습니다. 전통적으로 투표권의 연령이 낮아질수록 보수보다는 진보진영쪽의 득표에 도움이 될 것이라는 관측이 나오고 있습니다. 관련기사 : http://bit.ly/cIN1AD

이런 현실이다 보니 사고의 독립성을 가지고 청소년에게 투표권을 부여하자는 생각들이 naive하게 비쳐질 수 있습니다. 자신들에게 불리한 투표권 연령하향조정을 굳이 감행할 필요가 없기 때문입니다. 결국, 투표권을 하향조정하자는 이야기는 정치세력판도 변화를 주도할 것이라 여겨지기 때문에 쉽게 수용될 수 없는 이야기입니다. 다만, 1318세대의 특성상 (친구간의 의사소통이 가장 활발하며, 결속력도 강한) 투표권에 대한 기회부여가 현실화되기보다 투표할 때 참고할 수 있는 각종 정보제공을 전달하는 역할로서 자리매김할 수 있을 듯합니다. 광우병 관련하여 촛불시위할 때 그 가능성의 단초를 볼 수 있었습니다. 그래서 앞으로 이 세대가 투표세대가 되었을 때의 변화를 꿈꾸고 있습니다.
2010년 10월 16일 오전 5:15 👍 5명

Wonyoung Sohn 전적으로 동감입니다. 감사합니다. 특히 교육비평가로서 닐 포스트만의 통찰은 참 대단한 것 같습니다. 새삼 오래전에 썼던 그의 책, 〈The End of Education〉이 갑자기 떠오르네요!!
2010년 10월 16일 오전 5:16 👍 4명

Rakjoon Choi 저도 공유합니다.
2010년 10월 16일 오전 5:21 👍 2명

Pan Je Cho 연령을 기준으로 선거권을 주고 부모 동의없이 결혼할 수 있도록 하며 무능력자의 범위를 정하는 것 등이 과연 타당할지 의문은 있습니다. 이 모든 것이 사회 구성원들의 합의에 기인한 것이어서 절대적인 기준이 될 수는 없다고 봅니다. 그만큼 신중하게 생각해야 할 부분이 아닌가 합니다.

지금 선거권은 제가 생각할 때는 그 자체가 벌써 형해화되어 있어 아무 의미가 없다고 봅니다. 좀 극단적인 생각이긴 하지만 기본적으로 돈이 있어야 선거도 할 수 있는 시스템이고 싫어도 주어진 사람 안에서 판단해야 하는 웃지못할 상황이 지금 현재의 선거라고 봅니다. 4.19 등과는 차원이 다르다고 봅니다. 당시 상황을 지금 현실과 비교하는 것은 무리가 아닌가 합니다. 버나드 마넹이 이야기한 것처럼 선거는 민주주의의 적이 되었다고 하겠습니다. 선거권에 집착하기보다는 사후적으로 통제하고 시민들이 참여할 수 있는 장(場)을 많이 만드는 게 중요하지 않을까 합니다.
2010년 10월 16일 오전 5:23 👍 5명

Sangsam An 제일 중요한건 국회의원 월급을 확 줄여야 돼 기본부터 뜯어 고치고 정말 헌신하는 사람 뽑아야 돼! 아직도 줄서면 성공하는 세상 말이 됩니까?
2010년 10월 16일 오전 5:42

Namsook Han 미국에서는 투표일이 항상 11월 2일로 정해져 있고 그 날짜에 18세를 지나야 합니다. 하루라도 모자라면 물론 투표권이 없습니다. 16세로 낮추어야 한다는 운동이 있다고 하지만 아직은 바뀌지 않고 있습니다. 아직도 19세나 되어야 투표권을 행사할 수 있다는 것은 참으로 구시대적이군요. 그 나이면 이미 대학생들 아닌가요? 주제와 약간 벗어나지만 위에 언급하신 책의 childhood는--제가 책을 읽지 않아서 잘 모르겠지만 -- 청소년기를 뜻한다고 보기엔 좀 그렇지 않은지요? youth/ young adult란 단어를 많이 쓰고 요즘은 11-12살 아이들을 가리키는 tween이라는 단어도 등장했습니다. 유아기를 10살까지로 본다면 단어가 가리키는 teen ager(13-19)들과의 사이(between) age group입니다.
2010년 10월 16일 오전 5:47 👍 2명

정보사회학 그 책에서 Postman는 childhood를 대체로 학령기(8세~18세)와 유사한 연령대를 가르치는 의미로 사용하고 있습니다. 그렇다 보니 '유년시절', '소년시절'보다는 '청소년 시절'로 번역하는 것이 나을 듯하더군요.
2010년 10월 16일 오전 6:15 👍 3명

Namsook Han 30년 사이에 사회가 그만큼 세분화 되었다고 생각해도 좋을까요? 그만큼 사회의 변화에 따라가지 못하는 생각과 관습과 제도들도 또 많겠지요. 감사합니다.
2010년 10월 16일 오전 6:19 👍 2명

Taeyoung Choi Young Adult는 30세까지인 것 같은데요. 교회단체명으로는 청년면려회가 55세까지입니다. ㅎㅎㅎ 민주평화통일/평통/의 해외 차세대 위원은 55세까지가 차세대래요. 캐나다는 연방 수상부터 각종 장관, 주 수상들이 죄다 48살이었는데... 한국은 장년-노인공화국인가봅니다.
2010년 10월 16일 오전 6:35 👍 1명

Min Jeong Son @Namsook님, 저도 청소년기라면 구체적으로 'adolescence'가 있는데, 왜 'childhood'라고 했을까 잠시 의문을 가졌었네요. 교수님께서 일단 '청소년 시절'이라고 전체 문맥에 맞게 번역하신 것에 따라 영단어를 생각하면 자꾸 걸리고 어색하지만, Postman은 어른 adult에 비해 아직 미숙한 시기를 가리켜 childhood라고 통칭한 것이 아닐까 싶은데요.^^ 저희 집에도 13살 큰 아이가 저보다 더 커서, 금방 취직하고 일해도 될 것 같다는 생각을 자주하게 됩니다. 10살인 둘째도 자기는 18살에 2년 6개월 군대가고, 20살에 빨리 결혼하고 싶다고 하니... '그렇게 니 맘대로 결정하면 절대 안 돼!' 하고 단번에 소리 지르고 좌절시키기는 좀 아닌 것 같다 싶어 제가 그냥 열심히 들어주는 척만 합니다.

하지만, 교수님! 중 1학년 선거권 부여, 지금보다 좀더 이른 취업교육과 자립 등의 논의를 가능하게 하는 Postman의 가장 중요한 논거, "영상매체를 보는 데는 장기간의 교육이 필요 없기 때문이라는 것"에 저는 적극 동의하기 어렵습니다. 물론, 동영상을 통한 교육은 언제 어디서든 열려 있고 가능하지만, 실제로 학습자가 모든 내용을 그렇게 쉽게 이해할 수 있는 것은 아닌 것 같습니다. 특히나 수학, 과학, 경제 과목의 경우, 요즘은 정말 좋은 학습 자료가 많아서 참 좋다 하면서 보여주는데요. YouTube에 관련 Video clip을 보여주어도 금방 집중하고 이해하는 학생은 많지 않습니다. feedback으로 질문을 해보면 이런 것을 금방 파악할 수 있는데, 이런 학습이 만약 일방향으로 지속된다면 그 학습자의 인지, 의식수준이 높아지기는 어렵지 않겠나 하는 것이 제 생각이구요.

그래도 우리 사회가 청소년에게도 좀더 실행력있는 시민권을 부여해야 한다는 부분에 대해서는 계속 생각해보도록 하겠습니다. 사회적인 관심은 사실 제가 많이 부족해서, 어디서부터 어떻게 생각해야 하는 건지 어렵지만 그래도 아이들과도 함께 논의해볼 수 있을 것 같네요.^^
2010년 10월 16일 오전 6:45 👍 4명

Davis Noh 시민권은 병역의무와 일치시키는 게 좋습니다. 상징적으로요.
2010년 10월 16일 오전 7:00 👍 3명

Min Jeong Son Davis님 이런 말은 저 같은 사람이 이해 못한다는... 상징보다는 그냥 기술로 해주삼~~~
2010년 10월 16일 오전 7:02 👍 1명

Davis Noh 지금 주제는 연령에 대한 것이니 남녀 구분을 염두에 둔 것이 아닙니다. 연령에 대해서만 얘기한 거예요.
2010년 10월 16일 오전 7:04 👍 4명

정건희 윤교수님께 진심으로 감사드립니다. 교수님께서 정리해주신 글의 내용에 앞서 온라인에서 관계하며 전혀 모르는 한 사람의 부탁을 이렇게 진지하게 받아 들여주심에 진심으로 감사드립니다. 윤교수님의 겸손함과 진지함에 고개까지 숙여집니다. 교수님의 글 잘 보았습니다. 원고 쓰는데 많은 도움이 될 것 같습니다. 교수님께서 제안하신 선거권과 일하는 권리에 대한 부분은 적극 지지합니다.

이미 10여년 전부터 18세 선거권 운동은 지속하고 있습니다. 정치적인 부분의 한계도 문제였지만 이를 주장하는 민간 ngo단체, 그것도 청소년단체들의 총회원권도 마찬가지더군요. 형식적이기는 하나 몇년 전부터 지역의 YMCA간사들과 노력해서 YMCA내의 15세 총회원권도 만들었지요. 하지만 자칫 어른들의 들러리 역할로서 행할까 걱정이 되기도 했지만 상징적인 의미가 있었습니다. 나름 청소년시민권에 대해 공부도 하고 현장에서 노력을 해봅니다. 앞에서 친구분들이 다양한 의견을 개진하시며 현실의 벽에 대해 어려움을 토로하시죠. 맞습니다. 하지만 그 안에서 청소년들(전 Youth로 표현합니다.)과의 관계함으로 그들이 변해가며 자신의 이야기들을 논할 때 실제적인 정책 변화까지 일어나는 것을 많이 목격합니다. (지난 교육감 선거 관련에 개입했던 내용을 올려 드립니다. 아래 두가지 블로그 글 참고) http://blog.daum.net/babogh/13746908 http://blog.daum.net/babogh/13746909

청소년들을 교수님의 글에서와 같이 '현재의 시민(citizens now)'이 아니라 '형성중인 시민(citizens-in-the-making)' 혹은 '대기중인 시민(citizens-in-waiting)'으로 간주하며 만들어지는 민주사회에서 있어서는 안되는 수많은 문제들이 있습니다. 그 문제의 해결 방안 가운데 매우 중요한 수단 한가지로 인터넷은 매우 유용한 도구임을 확신합니다. 수많은 병폐가 존재하나 소셜미디어의 특성을 활용하여 만들어갈 수 있는 "안전한 민주적 사회의 공간"이 가능하다는 판단입니다. 이를 접목해 많은 고민을 해보아야겠습니다. 다시 한 번 감사하고 고맙습니다. 원고 정리되면 제일 먼저 교수님께 전하겠습니다. 평안한 시간되시기 바랍니다.

2010년 10월 16일 오전 7:05 👍 6명

정보사회학 손선생님, Postman는 일반적인 TV프로그램을 가리킵니다. 제가 드리는 말씀은 청소년들을 더 이상 '미숙아'로 보지 말자, 그리고 '미숙아'가 아니라면 그들에게 권한과 의무를 정식으로 부여하고 시민교육과 시민참여를 유도했으면 좋겠다, 그렇게 된다면 소셜미디어는 소위 성인들에게나 마찬가지로 청소년들에게도 훌륭한 참여의 도구가 될 수 있을 것이다, 뭐 대충 그런 얘기입니다. 모순된 현실은 그대로 놔두고 '도구'에서 변화의 계기를 기대할 수는 없다는 생각입니다.

2010년 10월 16일 오전 7:06 👍 5명

Min Jeong Son 네, 교수님. 저도 교수님 말씀이나 의도는 알 것 같았어요. 그리고 30년 전의 책이니 인터넷 교육 동영상은 또 상관없는 얘기겠죠. 하지만, 요즘 워낙 e-learning이 주류가 되다보니 저도 느끼는 점을 좀 얘기하고 싶었던 거구요. ㅎㅎ 그런데 Davis님의 병역의무는 아직 이해를 못했어요. ㅠ.ㅠ

2010년 10월 16일 오전 7:13 👍 1명

정보사회학 제가 위 손민정 선생님 댓글에 덧글을 다는 동안 정선생님의 댓글이 올라왔군요. 정선생님처럼 현장에서 청소년들과 함께 활동하시는 분에게 제가 올린 말씀 정도는 전혀 새로울 게 없으리라 생각됩니다. 사실 청소년들의 소셜미디어 사용에 관한 자료, 관련된 이론이나, best practice 자료를 소개해 드리는 것이 정선생님께 도움이 되었을 것입니다. 그런데 사실은 제가 그동안 몇 권의 책을 구입하고, 청소년 관련 자료를 대충 훑어만 보고 정리를 미루고 있었습니다. 그러다

정선생님 요청을 받고 제 생각을 정리할 기회로 삼다보니 그렇게 되었습니다. 별로 도움을 못드려 죄송합니다. 양해 부탁드립니다.
2010년 10월 16일 오전 7:17 👍 4명

정건희 손선생님과 몇 분께서 '청소년' 용어에 대해 논의하시는 것에 대해 부가하여 설명 드립니다. 일반적으로 children은 아동(우리말로 어린이) 개념이 강한 단어입니다. adolescence 또한 발달론적, 심리학적 개념으로 청소년에 대해 주로 사용하는 개념이죠. 발달론적 시각을 부정하지 않으나 이로 인해서 청소년들의 기본권 중 보호권만을 강화해 시민권적 자율권을 억눌렀던게 세계사적 역사에서도 많이 나타납니다. 지속해서 'youth'라는 단어를 고집하는 이유가 여기에 있습니다. UN의 아동권리협약에도 children이라는 단어가 사용되죠. 나중 청소년권리협약도 따로 만들려 했다는 UN의 속사정을 조금이나마 아는 저로서는 이 단어가 갖는 역사적 의미 자체만으로도 많은 논의가 필요하다고 보여집니다.

윤교수님께서 논의의 글을 던져준 내용은 이러한 아동이나 청소년의 용어상의 문제적 관점은 아니라 생각합니다. 개인적 관점으로는 청소년들의 시민권, 즉 참여권에 더 많은 비중을 두어 강화해야 한다는 논지로 이해했습니다. 저는 이 부분에 매우 크게 공감합니다. 실제 그러한 운동을 진행하고 있습니다. 나중 여건이 되면 단어의 의미만으로 논의해 볼 필요가 있다고 보입니다. 감사합니다.
2010년 10월 16일 오전 7:24 👍 6명

Davis Noh @민정님 병역법에서의 의무부과 연령은 18세면서 선거법에서의 선거권자 연령은 겨우 몇년전에 19세가 되었는데 이는 18세로 일치시켜야 한다는 말이에요. 이건 정말 오래된 전통이거든요. 근데 이런 불일치가 근대에 와서 시작된 것이고 한국은 일치-불일치의 근거도 없는 나라에요.
다른 측면에서 일단 윤교수님 의견에 전적으로 찬성하기는 하나 전략전인 측면에서 단계적 진보를 주장하는 겁니다. 한살 낮추기 운동을 보수적 시각에서 이룩하자!!!!!!!!!!!!!!!!
2010년 10월 16일 오전 7:25 👍 5명

정건희 Davis Noh님 말씀에 적극 동조합니다. 한살 차이기는 하나, 19세와 18세는 우리사회에서 엄청난 차이가 있는 나이입니다. 기형적인 교육문제부터 정치사회 참여문제와 학교의 민주시민교육까지 송두리채 변화시킬 수 있는 매우 핵심적 주제이지요. 10여년 넘는 시간동안 민간에서 많은 노력을 기울이나 도저히 움직이지 않을 것 같은 벽을 만납니다. 이를 깨기 위한 노력의 일환으로 소셜미디어가 저는 매우 중요한 도구라고 생각하고 있습니다. 청소년들의 자주적인 논의와 실행이 지속적으로 가능하다는 판단입니다.
2010년 10월 16일 오전 7:28 👍 4명

Min Jeong Son 에고 에고... Davis님 이제 좀 알겠어요. 제가 진짜로, 울 둘째가 18살이라고 말한 걸 제대로 기억했으니 그나마 다행이지, 군대 그 나이에 가는 줄도 몰랐어요. - 근데 걘 어디서 그런 걸 알았나 그래... 암튼 요즘 애들은 아는 게 너무 많군요. 전 무슨 주장을 하기 전에 제대로 알아야 할 사회적인 사실들이 더 많은거군요. ㅠ.ㅠ 그래도 기죽지 말고, 열심히! 감사해요!
2010년 10월 16일 오전 7:32 👍 3명

Albert S. Kim 미국 초등학교에서는 모의 대통령 선거를 공식적 온라인에서 합니다. 포털사이트의 투표기능이 없는 것은 아니지만, 일단 온라인 쪽에서 문을 열고 결과를 지켜보는 것이 시작이 될 수 있겠죠.

2010년 10월 16일 오전 10:05 3명

김재원 저는 선거권의 연령이 더 낮추어지면 OECD 국가 중에서 평균에도 미치지 못하는 우리나라의 아동복지 관련 예산이 좀더 늘어나고, 현재의 교육 환경도 좀 나아지지 않을까 하는 근거없는 기대감에서 찬성해봅니다.^^

2010년 10월 16일 오전 10:47 3명

김식 '청소년'에 대한 이해의 폭을 대단히 넓혀 주셔서 감사드립니다. 대단히 신선한 주장입니다. 문제는 실천인데, 정건희 선생이나 윤교수님이 실제 페이스북 얼숲에서 청소년운동을 벌일 수 있도록 하는 것이 정치권에 의지하는 것보다 선차적으로 중요하다고 생각합니다. 함께 동조하고 지지하는 분들이 실제 실험해서 증명해 보이는 것에 나서게 될 것이라 생각합니다.^^!

2010년 10월 16일 오전 10:54 3명

Albert S. Kim Education should take care of their maturity.

2010년 10월 16일 오전 11:43 1명

Namsook Han @Taeyoung Choi / young adult를 한국어로 청년으로 번역할 수 있다면 서른 전 나이일 수도 있겠지요. 실제로 교회의 청년부를 young adult group이라고 말하긴 하지만 실제로는 청소년 group을 뜻하는 듯싶군요.

2010년 10월 16일 오후 2:10 1명

정보사회학 자고 일어났더니 여러분이 댓글을 올려주셨네요. 여러분들이 여러 나라에 사시다보니 이곳은 항상 24시간 토론입니다.^^ 예. 제가 시민권을 확대하자는 말씀은 현재의 청소년 상태를 가정한 것은 아닙니다. 사실 현재 상태만 보자면 대학생도 대부분 어린이 같아요. 일찍 자신과 사회에 대한 권한과 책임이 주어지지 않아서 생기는 문제가 아닌가 생각됩니다. 만약 시민권을 청소년들에게 확대하려면 초등학교부터의 교육과정도 대폭 개편되어야 하고, 시민교육도 일찍 시작해야 하겠지요. 저는 지금의 커뮤니케이션 환경이면 청소년들이 누군가의 선동에 휘둘리는 일은 별로 없으리라 생각합니다. 성인유권자와 다를 바 없다는 말씀입니다. 지금 우리가 여기서 하고 있는 토론을 청소년들은 할 수 없을까요?

대학 1-2학년 학생들과 온라인 토론을 하면서 '미루어진 성년'이 청소년들의 시야를 얼마나 좁게 만들어버리는가를 자주 느낍니다. 청소년들을 당당한 파트너로 인정하고 그들과 함께 세상 문제를 논할 때가 되지 않았나요? (전 중학교 때부터는 집에서 온갖 세상 문제를 토론하며 자랐습니다. 아버님은 단 한번도 나이가 어리다는 이유로 저를 내리누른 적이 없습니다.^^) 15세에 대통령이나 국회의원이 될 수 있게 하는 건 좀 주춤되지만, 대통령이나 국회의원을 뽑거나, 정책을 논하는데 참여하게 하는 것은 충분히 가능하지 않을까요? 결국 우리 마음 속에 그어진 금이 문제가 아닐까요? 성인 vs 청소년. 타진요를 운영한 사람은 57세의 성인입니다. 시민적 정신연령이 유아기를 못 지난 사람이지요. 인터넷과 소셜미디어 시대에 청소년=미숙자라는 고정관념을 깨도 되지 않을까요?

2010년 10월 16일 오후 3:08 7명

Taeyoung Choi 캐나다 연방정부의 경우// *만14세 이상 자에게 정당의 당원으로 등록할 수 있다. *청년실업을 통계낼 때 그 기준은 만15세 이상 25세. *만18세가 되면 모든 선거에 출마할 수 있다. *만16세 생일날부터 운전면허(필기/G 1)를 치고, 면허증을 받을 수 있다. 단 1년간 3년 이상 완전면허(G)를 가진 자가 동승한 경우에 한해 야간운전과 고속도로를 제외한 전 구간에서 운전을 할 수 있다. *만16세가 넘으면 부모 동의에 의해 결혼할 수 있으며 18세가 넘으면 부모 동의가 없어도 증인 2명 이상을 대동한 경우 결혼이 가능하다. *만18세 이상은 의무적으로 매년 수입의 유무를 떠나 소득신고를 반드시 해야 한다. *모든 사람의 만18세 생일 이전까지는 정부에서 child Tax benefit(일명 우유값)을 지불한다. *온타리오 주 정부는 엄마가 직장을 가진 경우 만7세 미만자에게 특정 혜택을 제공한다. *온타리오 주 정부는 모든 주민에게 의료혜택을 제공한다. *교육부분은 연방정부는 예산만 지원하며, 각 주정부가 교육정책과 예산집행을 관할한다. 주 교육부의 정책에 따라 각 교육구청이 교육행위를 집행한다.

2010년 10월 16일 오후 4:52 👍 2명

정보사회학 태영님, 캐나다의 사례를 상세히 올려주셔서 감사합니다. 만14세 이상이면 정당에 가입할 수 있다는 조항, 만18세가 되면 모든 선거에 출마할 수 있다는 조항, 그리고 만18세 이상은 의무적으로 소득신고를 해야 한다는 조항이 정말 반갑네요.^^

2010년 10월 16일 오후 5:38 👍 3명

Taeyoung Choi 좀더 자세히 알아보셔야 할 겁니다.ㅎㅎㅎㅎ 민주당 이인영 최고가 조세에 대해 의견을 듣고 싶다고 하던데요. 국회 전문위원들 동원하여 '캐나다 연방 조세법을 연구하고' 참조하시면 좋을 듯했습니다.

2010년 10월 16일 오후 5:41 👍 1명

최규문 하나밖에 없는 제 딸아이가 지금 중학교 1학년입니다. 가끔 집안에서 TV뉴스나 드라마, 오락 프로그램을 함께 시청하면서 아이가 제기하는 내용이나 주장들을 보면, 어른들 수준에 못 미치는 게 하나도 없습니다. 사회적 책임과 권리에 대한 문제만 제대로 학습시킬 수 있다면 그들에게 선거권을 주어서 안될 일은 전혀 없다고 봅니다. 문제는 윤교수님 지적마냥 대학 진학 이외에 어떤 다른 가치나 대안도 제공하지 못하고, 조기 취업을 보장하는 어떤 사회적 환경이나 교육 시스템도 없이 정치적 권한만 우선 허용한들 그게 사회적으로 얼마나 실질적인 역할을 할 수 있겠냐는 것이지요.

2010년 10월 16일 오후 8:18 👍 4명

오승주 "민주주의의 첫 단추는 청소년들의 적극적인 정치참여. 정치가 사회 입문 이후에나 나에게 영향을 준다면 얼토당토 않겠지만 정치는 나의 탄생, 또는 탄생 이전까지를 지배하고 있습니다. 공식적으로는 전체 주민의 1/10, 비공식적으로는 1/3이 학살당한 제주4.3의 아들로서 나는 정치의 위협 때문에 탄생 자체가 아슬아슬했습니다. 정치가 일부의 "박제"가 아니라 살아 숨쉬는 생물이 될 수 있도록 당사자들과 정치를 연결해줘야 합니다."라고 공유했습니다.^^

2010년 10월 16일 오후 8:30 👍 2명

Taeyoung Choi 규문님/ 이제는 서울대학 졸업해도 특별한 지식이나 기술이 없는 한 별 볼일없는 시대가 됩니다. 캐나다 경우 만16세 지나면 합법적으로 일을 할 수가 있습니다. 그전에는 불법이든지 미성년자 불법 고용이 될 겁니다. 아이들 아르바이트 해서 돈 버는 것 얼마나 좋아하는지 아시는지요.ㅎㅎㅎ 부모 돈은 공것이고 자기 돈은 자기 것이라는 대학가서 적당히 공부하는 아이들 많습니다. 코피 터집니다. 공부하려는 아이들만 대학진학하는 것이 당연하고요, 대학도 더 엄격하게 졸업관리해야 합니다. 참고로 토론토 대학은 졸업비율이 입학대비 25% 정도입니다. 환경이나 시스템은 그들 스스로 만들어가게 될 것이고요, 그들을 대변할 세력이 나타날 것입니다. 고교 졸업 후 바로 교육위원 선거에 출마하면서 고교교육은 내가 가장 잘 안다고 할 후보들이 많을겁니다. '현 시대는 모든 권력은 투표에서 나온다'.

2010년 10월 16일 오후 8:34 👍 2명

정건희 원고 시작할 때 처음 제목을 "타진요와 아고라"로 잡았습니다. 일방적인 자기 논증을 강조하고 상대를 인정하지 않는 타진요의 문제와 집단지성(상호소통)이 그나마도 일어난다 생각했던 아고라의 대비였죠. 소셜미디어의 핵심은 그 누구도 일방적으로 자기의 주장만을 강조하여 강압할 수 없는 구조이죠. 우리 청소년들이 19살이 되는 순간 어찌 되는지 잘 생각해 보아야 합니다. 18세까지는 그들을 보호하며 입시에 매몰되게 완전히 강압하는 구조가 만들어져 있습니다. 부모와 교사에게 좋은 아이들이 어떤 아이들인지 생각해 보시면 극명해 집니다. 18세의 마지막 날에 자고나니 성인이 되고 맙니다.

사회참여, 정치참여, 민주주의 이념에 따른 실질적인 참여. 어떻게 하루만에 일어납니까? 청년들을 많이 만납니다. 강의 나가는 대학부터 저희 기관단체의 아이들까지 사회참여하며 자신의 생각을 가지고 고민하는 청소년들보다 오히려 수준 낮은 행동을 하는 대학생들도 있습니다.

문제는 윤교수님이 지적했듯이 민주시민교육은 초등학교 때부터 자연스레 이루어져야 합니다. 시민성은 민주주의 국가에서 일상적으로 일어나는 일이어야 합니다. 그 시민성이 어떻게 어린이, 청소년이라고 해서 억압받아야 하는지 이해할 수 없습니다. 아이들의 자발적 시민참여는 우리 사회의 민주주의와 사람이 사람답게 살 수 있는 매우 근본적인 내용에 맞닿아 있다고 보여집니다. 이미 독일에서 안나뤼어만 같은 친구는 19살에 국회의원이, 미국에서 제이슨네츠키라는 아이도 19살에 뉴욕의 발라트시라는 곳에서 시장이 되었습니다. 우리 아이들의 수준을 우리가 너무도 일방적으로 매도하고 있습니다. 멀리 갈 것도 없습니다. 유관순 열사의 나이가 몇살이었습니까? 현재 모 당의 거물급 정치인의 아버님은 일제시대 법원 관련 공무원을 하셨다죠. 이 분과 유관순 열사의 차이가 무엇입니까?

2010년 10월 16일 오후 9:26 👍 2명

정보사회학 정선생님 말씀에 100% 공감합니다. 소셜미디어는 시민교육을 위한 좋은 도구가 되겠지요. 하지만 그것이 시민참여의 동기를 가져다주기는 어려울 겁니다. 그래서 학교, 가정 등이 달라져야 하는데, 선거권 연령을 낮추는 것이 큰 계기가 될 수 있지 않을까 생각이 들었습니다. 페이스북을 만든 주커버그는 고등학교 때 그것에 대한 아이디어를 가졌고, 대학에 와서 실천에 옮겼다고 합니다. 저는 우리학생들에게서도 그런 인물이 나오기를 간절히 바라고 있습니다. 그런데 우리 대학생들에게서 그러한 사업가 정신을 찾아보기 쉽지 않습니다. 사회참여는 먼 훗날의 일로만 생각하는 경향이 있습니다. 훌륭한 아이디어가 떠오르면 바로 실천에 옮기는 실행력과 모험정신에는 자신감과 책임감이 필수적입니다. 그것을 길러주려면 일찍 권한도 주어야 합니다. 그리고 사회적으로 존중받아야 합니다. 아주 어린 나이에서부터 사회와 가정으로부터 독립된 인격체로서 존중을 받을 때 우리 아이들이 그런 당당한 모습을 갖게 되지 않을까요?

2010년 10월 16일 오후 10:47 👍 2명

김형희 선거권 연령을 낮추는 것에 대해서 전적으로 동의합니다. 하지만 갑자기 낮추는 것보다는 단계적으로 낮추는 것이 좋지 않을까 생각됩니다. 매년 달라지는 대학입시 정책이 아닌 충분히 계획하고 학생들에게 교육을 통하여 참여권의 중요성을 일깨우는 것이 우선되어야 할 것입니다. 대학이 목표가 아닌 청소년들이 진정 원하는 것, 하고 싶은 일이 무엇인지 스스로 찾도록 하는 교육이 선행되어야 할 필요가 있다고 생각됩니다.^^

2010년 10월 17일 오전 1:08 👍 4명

오승주 김형희 님이 논점을 잘 환기해주신 것 같습니다. "만13세에 선거권을 주면 어떨까요?"는 일종의 목표이기 때문에 첫 번째 단계를 무엇으로 만드는가가 중요하다고 생각합니다. 교육하고 경험하게 하는 것이 선행되어야 하겠지요. 그러면 방법론에 대한 고민으로 자연스럽게 흘러갈 것 같습니다.
2010년 10월 17일 오전 1:39 👍 2명

나마리 ^0^ 고운 글 마리표 깡통하나 놓구 덩냥질 혀가요~~ 뭐시라하믄 깡통속에 행복의 바이러스 꺼내가시구요~ ㅎㅎㅎ
2010년 10월 17일 오전 4:36 👍 2명

정보사회학 형희님, 승주님, 마리님 참여해주셔서 고마워요.^^ 결코 쉽지 않은 길이겠지요. 우리가 문제의식을 공유하고 함께 무언가를 모색해 간다면 변화가 일어날 수 있으리라 생각합니다.
2010년 10월 17일 오전 5:38 👍 3명

김진태 저는 고등학교 때 전교조 데모 꽤나 하고 다녔습니다. 어른들이라는 존재가 많이 원망스러웠죠. 왜 내가 배우고 싶은 것에 대하여 어른들이 뭐라하는지. 그로 인해 나 같은 학생들이 거리로 나와 화염병과 돌을 던지며 데모를 하는지. 아프리카에서는 10대 애들을 강제로 징집하여 총질을 하게하고 있죠. 약까지 먹여가면서. 한국도 한국전쟁 당시에 그랬었죠. 남한이건 북한이건 애 어른 따지지 않고 강제 징집. 현재 한국의 청소년들과 전세계의 청소년들 다를 것이 없다고 봅니다. 우리는 우리가 배우고 싶은 것을 배울 권리가 있다 라고 외치는 것이지요. 그들이 그렇게 외치는 데는 우리들의 잘못이 200%입니다. 과연 청소년들에게 참교육이라는 것을 얼마나 가르쳤는가? 진실을 가르친 적이 있는가? 인간다움이라는 것에 대하여 가르친 적이 있는가?

프랑스는 연금개혁 때문에 고등학생들까지 나와서 연일 데모한다고 합니다. 한국의 고등학생들은 시덥지 않은 TV나 보며, 학교와 학원과 집 사이를 오가며, 상전 아닌 상전이 된지가 오래되었고, 고3이 한 명만 있어도 집안 분위기는 살얼음판이 된지가 오래입니다. 청소년에게 투표권을 주자는 것에 대하여 반대 할 이유는 없습니다. 그들의 배울 권리를 위하여 교육감은 부모가 아닌 청소년이 투표해야 한다고 생각은 하나, 정치권에서 청소년병을 양성하지 않을까 걱정스럽네요. 독일에서는 19살 먹은 소녀가 국회의원에 당선되는 일들이 있지만, 한국에서는 불가능한 일입니다. 그리고 썩을 데로 썩어 빠진, 보수건 진보건 개판인 상황에서 청소년에게 투표권을 준다는 것은 상당히 위험한 일이라고 생각됩니다. 총, 칼만 안들었지 청소년들이 아프리카의 소년병과 다를 바가 없으니까요. 물리적인 약물 중독으로 우리의 청소년들의 정신을 흐리게 하는 것이 아니고 논리적인 약물중독(세뇌)를 통해 우리 청소년의 정신을 흐리게 하는 게 문제입니다. 그런 시스템은 아주 오래전부터 아주 효과적으로 잘 먹혔죠. 저는 그게 싫었던 것이구요.

아시다피시 89~90대 전교조 데모가 붐이었을 때, 모 고등학교 학생회장은 학교 옥상에서 투신하고 그 사건이 뉴스에 나왔던 것을 기억하실겁니다. 왜 그때 우리가 그랬을까요? 그 세뇌교육이 싫었던 겁니다. 지금은 더욱 교묘하게 세뇌시키고 있지요. 그렇게 12년간 교육부 혜택보고 대학가고 그 뒤에 그들은 사회에서 과연 무엇을 할 수 있을까요? 전혀 스스로 자생능력이 없습니다. 각 개별 집안에서 독하게 가르치지 않으면요. 그게 한국 교육 시스템의 총제적인 문제이죠. 유학 정치 철학의 기본은 1. 먹고 사는 데 지장이 없게 한다. 2. 교육에 힘쓴다. 3. 부국강병이다 입니다. 한국은 아직 백성이 먹고사는데 불편함이 많습니다. 교육에 힘도 쓰지 않습니다. 단지 부국강병만 힘쓸 뿐입니다.
2010년 10월 17일 오후 6:15 👍 1명

홍학순 애들은 사리분별 못한다 못한다 하는데... 어른은 잘하나요? 분별력은 나이 먹는다고 생기는게 아닌 것 같아요. 의견을 표현하고 토론하는 문화가 어릴 때부터 습관화된 사회일수록 집단적인 오류를 범하지 않는다고 생각합니다.(소셜미디어 발달과 관계없이)
2010년 10월 18일 오전 4:48 👍 1명

대화 89 페이스북에서의 서명운동은 얼마나 효과적일까?

며칠 전부터 페이스북에서는 "PD수첩 방송 촉구", "반구대 암각화 살리기"와 같은 서명운동이 진행되고 있습니다. 현재 진행 중인 캠페인에 대해 효과를 따지려는 것은 아니고, 우연히 제가 읽은 논문의 주제와 일치해서 운을 뗍니다. 현재 다음 아고라의 PD수첩 방송 촉구 서명은 4만 명이 넘었습니다. 반면에 페이스북의 서명은 1천 5백 명 정도입니다. 숫자만 놓고 본다면 페이스북의 영향력이 상대적으로 미미한 것은 분명해 보입니다. 왜 그럴까요?

온라인 학술저널 First Monday의 최근호에 실린 웨이유 장(Weiyu Zhang)과 롱 왕(Rong Wang)의 공동저술 논문이 하나의 해답을 주고 있습니다.[43] 저자들은 중국의 대표적인 SNS라고 할 수 있는 Douban.com과 Renren.com을 비교

[43] Weiyu Zhang and Rong Wang. 2010/8/2. "Interest-oriented versus relationship-oriented social network sites in China," *First Monday* vol.15, no.8

하면서 SNS의 성격에 따라 집합행동에 대한 영향이 크게 다를 수 있음을 보여주고 있습니다.

2004년 3월에 일반인을 대상으로 오픈한 Douban.com은 처음에 소셜 읽기(social reading) 사이트로 시작되어, 2005년에 영화와 음악에 관한 서비스를 추가하였습니다. 그 사이트에서 사용자들은 책, 영화, 음악에 관해 평가와 코멘트를 공유할 수 있습니다. 저자들의 표현을 빌리면, douban.com은 대상-중심적이며(object-centric), 관심지향적(interest-oriented) SNS입니다. 회원가입을 하는데 실명을 사용할 필요가 없으며, 개인정보를 많이 제공할 필요도 없습니다. 그리고 트위터의 팔로윙과 같은 기능도 있습니다. 상대방의 동의 없이 정보를 받아갈 수가 있지요. Douban.com은 2007년 11월에 1백만 명 등록 회원을 가지고 있었습니다.

반면에, 2005년 12월에 개통한 renren.com(처음에는 이름이 Xiaonei.com이었음)은 중국판 페이스북이라고 생각하면 됩니다. 페이스북처럼 renren.com은 대학생을 대상으로 비즈니스를 시작했다가 점차 사용자를 확대해왔습니다. Renren.com에는 실명을 사용하여 등록해야 하고, 오프라인의 관계에 기반한 활동이 지배적이라고 할 수 있습니다. 저자들의 표현을 빌리면, renren.com은 사용자-중심적(user-centric)이고, 관계지향적(relationship-oriented) SNS입니다. Renren.com은 2009년 4월 현재 4천만 명의 등록 사용자(약 1천3백만 명의 활동적 사용자)를 가지고 있습니다.

이 논문은 이렇게 다른 성격을 지닌 SNS가 집단행동(collective actions)에 다른 효과를 갖고 있음을 논증하고 있습니다. 두 SNS는 비슷한 크기의 사회적 관계로 구성되어 있으나(renren.com 사용자는 평균 172명, douban.com 사용자는 평균 102명의 친구를 가짐), douban.com에는 '약한 유대(weak ties)'가 발달하고, renren.com에는 '강한 유대(strong ties)'가 발달되어 있다고 합니다. Renren.com의 사용자간 관계는 학교 친구나 동창, 직장동료 등의 대부분 오프라인 관계에 의존하고 있으며, 사용자들은 오프라인의 관계를 유지하고 강화하는데 renren.com을 이용하고 있습니다. 반면에 douban.com의 사용자간 관계는 상당 부분 온라인에서 형성된 약한 유대라고 합니다.

저자들은 설문조사 자료를 가지고 로버트 푸트남(Robert Putnam)의 '접합사회자본(bonding social capital)'과 '연결사회자본(bridging social capital)'을 측정하여, 그 효과를 비교하고 있습니다. 조사결과를 보면, 접합사회자본은 renren.com보다 douban.com에서 확실한 우위를 보이고 있으며, 연결사회자본은 거의 반대의 결과를 보이고 있습니다.

그리고 SNS의 사용용도에 관한 문항분석에서는, 학교친구와 동료에 대해 더 알아보기 위해, 옛 친구와의 접촉을 유지하기 위해, 사회에서 만난 사람에 대해 확인해 보기 위해 SNS를 사용한다는 응답자는 renren.com 사용자 중에서 비중이 높고, 반면에 새로운 사람을 만나기 위해서 SNS를 사용한다는 응답자는 douban.com 사용자 중에서 비중이 더 높게 나타났습니다.

그런데 저자들은 집합행동에 관한 한, douban.com이 renren.com보다 효과적이라고 주장하고 있다. 전자가 후자보다 약한 유대가 발달되어 있고, 또한 공통의 관심사에 의해 네트워크가 형성되어 있기 때문이라는 것이지요. 저자들은 마크 그라노베터(Mark Granovetter)의 "약한 유대의 강함(strength of weak ties)"이론이 여기에 적용될 수 있다고 봅니다.

이 논문에서 제시된 논리를 적용해 보면, 동일한 이슈를 가지고 집합행동이 발생한다면, 페이스북보다는 트위터가, 트위터보다는 다음 아고라나 커뮤니티가 더 효과적일 것이라는 예측이 가능합니다. 공통의 관심사, 공통의 정치지향, 그리고 약한 유대가 페이스북, 트위터, 아고라로 갈수록 발달되어 있기 때문입니다. 물론 여기서 페이스북과 트위터는 SNS이고, 아고라는 (공론장) 커뮤니티라고 할 수 있지요. 이 논문의 논리를 따르면, 정치적 측면에서는 SNS가 온라인 커뮤니티보다 영향력이 약할 것으로 예상되네요. 여러분은 어떻게 생각하시는지요? 2010.08.20

좋아요 · 댓글 달기 · 공유하기

김기한, 최소영, Jiyoung Lim님 외 6명이 좋아합니다.

Davis Noh 음... 이스크라

2010년 8월 20일 오전 3:20 1명

Davis Noh 트위터와 페이스북의 지향성이 딱히 관심사, 관계로 구분할 수 없는데도 불구하고 나타나는 차이점은 구조와 기능의 차이 때문 아니겠어요?
2010년 8월 20일 오전 4:10 1명

Davis Noh 대체로 위에 언급하신 순서대로 페이스북-트위터-아고라 순의 이슈에 대응하는 순발력은 동의합니다. 하지만 정치지향에 따라 모인 커뮤니티가 훨씬 이슈의 집단행동에 영향력이 있다는 말씀은 동어반복 아닌가요?
2010년 8월 20일 오전 4:18 1명

Davis Noh 오늘 내주신 화두에서 위의 순서대로 이슈행동의 순발력은 오른쪽으로 높지만 왼쪽으로는 점진적 진지론에 적합하겠다 이런 생각이 갑자기 떠오르네요. ㅋㅋ
2010년 8월 20일 오전 4:21 1명

정보사회학 얼숲이 '진지'가 될 가능성은 생각해 볼 문제네요!!
2010년 8월 20일 오전 5:27 1명

김재원 자신의 실체적 정보가 잘 드러나지 않고, 느슨한 연결관계일수록 정치적 성향을 드러내기 쉬운 것 같아요. 사실 페이스북에서는 편향된 정치적 성향을 드러내기는 쉽지 않더라구요~^^
2010년 8월 21일 오전 8:28 2명

정보사회학 재원님처럼, 인용된 논문의 저자들도 얼숲과 같은 관계지향적 SNS에서 정치적 성격의 집단행동이 효과적으로 수행되기 어렵다고 봅니다. 하지만 얼숲이 네트워크의 블랙홀로 변신하고 있기 때문에 얼숲의 그룹이나 페이지는 노선생님이 말씀하신 '진지'로 이용될 수 있는 가능성은 충분히 있다는 생각이 듭니다. 오바마대통령의 얼숲 페이지의 8백만명이 넘는 팬들이 다음번 선거에서 어떤 역할을 하게 될지 궁금하군요.
2010년 8월 21일 오전 11:24 1명

원은란 처음 페북과 트위터를 할 때 둘 다 약한 유대라고 생각했는데... 하다보니 점점 페북의 유대가... 약한 유대인지 아닌지 헷갈려요. 약하다고 말하긴 뭐하고 강하다고 말하기엔 만난 적 한번 없고.. 아! 아닌가요? 우린 페북에서 매일 "만나고" 있군요!
2010년 8월 23일 오전 11:01 3명

Jiyoung Lim 예전 '촛불시위' 한참 때, 정치에 무관심하던 제가 한창 '아고라'를 드나들던 때가 생각나네요.ㅎㅎ 제 소견으론, 이전의 온라인커뮤티니를 포함하여, 각각의 SNS가 각기 사회적 기능을 가지는 개체로서, 살아남고 진화하여(?), '개성화' 되어가는 과정의 반복이지 싶습니다..^^ (갑자기 살아 숨쉬는 생물같은 느낌이... 섬뜻 ㅎㅎ)
2010년 8월 24일 오전 7:06 1명

정보사회학 @은란님, 말씀처럼 페북이 약한 유대는 아닌 것 같아요. 미국 페북 문화에 대한 연구에 의하면 페북은 강한 유대를 유지하는데 주로 사용된다고 합니다. 본문 중에 인용한 중국 renren.com(중국판 페북)에 대한 연구에서도 마찬가지 현상이 보고되고 있고요. @지영님, 각 SNS가 진화한다는 말씀까지는 알겠는데, '개성화' 되어간다는 말씀은 좀 이해가... 아고라의 기억을 공유하고 있어 반갑습니다.
2010년 8월 24일 오전 7:39 1명

Jiyoung Lim 여러 개의 커뮤니티와 여러 개의 SNS들이 각각의 특성이 있고, 나름대로 그 특성에 맞는 사회적 기능을 하게 되어, 의인화하여 '개성화'라는 표현을 썼습니

다... 좀 안맞나요.^^
2010년 8월 24일 오전 8:03 1명

정보사회학 그러셨군요. 제가 댓글을 최대한 정확히 이해하려고 하다보니, 짐작은 갔지만 다시 확인하고자 질문했답니다. 양해해주시길.^^
2010년 8월 25일 오전 2:11 1명

대화 90 줄리안 어센지와 위키리크스: 여러분은 어떻게 생각하십니까?

지금 전 세계에서 가장 주목받는 사람, 머지않아 여러 정부의 공적 1호가 될 가능성이 가장 높은 사람은 오사마 빈 라덴이 아니라 줄리안 어샌지(Julian Assange)가 아닐까요?[44] 그는 이 순간 한편으로 명예박사학위를 수여받으며 '영웅'으로 추앙받고, 다른 한편으로 체포와 암살 대상의 '범법자'가 되어 도망 다니는 전 세계 지명수배 1호(The Most Wanted Man in the World)이며 특히 미국의 국가 공적(The Enemy of the State)임에 틀림이 없습니다.

그가 만든 사이트인 위키리크스(wikileaks.org)는 단 4년 만에, 정확히는 단 몇 개월 만에 세계에서 가장 영향력 있는 웹사이트로 부상했으며, 이 정부, 저 정부의 사이버 공격의 대상이 되고 있습니다.

오사마 빈 라덴과 알카에다는 테러를 통해 미국의 세계 지배에 도전함으로써

44 어샌지는 2010년 12월 런던에서 체포되었다가 보석으로 풀려났고, 빈라덴은 2011년 5월 미국 CIA에 의해 사살된 것으로 발표되었음.

전세계 1위의 지명수배자가 되었으며, 전 세계의 악명 높은 범법자로 비난받고 있습니다. 하지만 줄리안 어샌지는 정부의 주요 문건들에 대한 폭로를 통해 권위주의 관료체제에 도전하면서 정부들에게는 공적이 되었지만, 시민들이나 약소국 정부들에는 현대판 의적이 되었습니다.

사실 그가 수단으로 삼은 '폭로'나 '내부 고발'은 적지 않은 나라에서 법적 보호의 대상입니다. 전 세계에서는 실제로 수없이 많은 '폭로'가 매일 벌어지고 있다고 해도 과언이 아닙니다. 그런데 유독 어샌지와 위키리크스의 폭로가 많은 정부를 떨게 하고, 동시에 많은 사람들을 통쾌하게 하는 것은 그가 공개하는 문건들의 폭발성 때문일 겁니다.

여태까지 그의 손을 통해 공개된 것은 주로 전쟁 혹은 외교에 관련된 주요 국가의 기밀정보(classified information)입니다. 우리는 위키리크스를 통해 공개된 정보를 보고 혀를 내두릅니다. 전쟁이 얼마나 비열하고 추악하게 일어나고 있는지, 국가의 고위 공무원들이 어떤 음모를 꾸미고 있는지를 생생하게 엿볼 수 있기 때문입니다. 그동안 국가 기밀이라는 이름 아래 비밀에 쌓여 있던 정보들을 보면서 "저자들이 지금 무슨 짓을 하고 있는 게야?" "아니 어떻게 저럴 수가!!!" "그러면 그렇지, 나쁜 넘들" 등등을 외치게 됩니다.

"우리는 정부를 공개한다(We Open Governments)"라는 위키리크스의 구호가 오바마 행정부의 "투명성(transparency)"이라는 구호와 다를 바 없는데, 미국, 영국, 호주 정부의 "열린 정부(Open Government)" 프로젝트는 칭송받고, 어샌지의 열린 정부 프로젝트는 그들 국가에 의해 범죄로 간주되어야 하는지 모르겠네요.

아래의 문건들은 읽어보시면 어샌지가 단지 소영웅주의나 모험주의 때문에 위키리크스를 만든 것 같지는 않군요.[45] 그는 "정권은 스스로 바뀌려 하지

---

45 "Julian Assange and the Computer Conspiracy; 'To destroy this invisible government'." http://zunguzungu.wordpress.com/2010/11/29/julian-assange-and-the-computer-conspiracy-%E2%80%9Cto-destroy-this-invisible-government%E2%80%9D/#
"오바마를 벌벌 떨게 만든 위키리크스." http://www.leejeonghwan.com/media/archives/001826.html
"위키리크스 기밀문서 유출, 처벌 가능할까." http://www.leejeonghwan.com/media/archives/

않는다(regimes do not want to be changed). 테크놀로지의 발전은 우리 선조들이 상상할 수 없었던 방법으로 정부를 바꿀 수 있게 해주고 있다"고 주장합니다.

인터넷상에 국가기밀을 공개해 권위주의적 정부에 변화를 불러오겠다는 그의 시도는 성공할 수 있을까요? "음모와 권위주의에 대한 전쟁"이며 동시에 "위험하고 무책임한 폭로 행위"인 어샌지의 도전에 대해 여러분은 어떻게 생각하십니까? 박수를 쳐야 할까요? 아니면 비판을 해야 할까요? 과연 어샌지가 얼마나 오랫동안 살아남을 수 있을까요? 그의 과격한 규범 파괴적 행동은 목적과 결과로 정당화될 수 있는 걸까요? 2010.12.01

좋아요 · 댓글 달기 · 공유하기

Haewon Kim, 김경연, 박종진님 외 36명이 좋아합니다.

Jh Lee Journey 짧게 몇 줄 달아보면, 제 담벼락에 적었던 글과 같습니다. 22살의 청년이 훔쳐낸 정보이기도 한 기밀문서. 어센지 그가 만든 WikiLeaks가 폭로 그 자체를 위한 것이라면 정당화 될 수 없다는 생각이지요. - (Martino님, 폭로문건은 1966년 12월부터 2010년 2월까지의 내용을 담고 있습니다. 추측성 이야기는 하지 않으심이...)
2010년 11월 30일 오후 9:34 2명

Sudo Choe 상당히 우려스러운 상황이 전개되고 있군요. 남북관계관련 중국에 대한 우리측 인사의 언급이 가감없이 미국측에 전달된 것이 노출되었는데, 어떻게 이런 일이 일어났는지 미국이 고심하여야 할 것 같습니다. 국방성을 통해서 유출되었지만 폭로 그 자체만을 위한 영웅심리의 발현이라면 정의롭지 못한 짓이고 국제적인 외교질서를 흔들 수 있는 정당화될 수 없는 행동이라고 보여집니다. 엄연한 국가간의 외교관계, 상거래, 조약 등이 있을진대 불법적으로 입수한 자료를 이용하여 혼돈을 야기하는 것을 대단한 영웅적 행동으로 미화한다면 국제질서가 왜 필요하겠습니까.
2010년 11월 30일 오후 9:59 5명

Martino Kim 그렇군요. 저는 WikiLeaks가 문건을 갖고 있느냐 아니냐는 관심없습니다. 추측성 이야기도 아니고요 주관적으로 생각하지 마시기 바랍니다. 문득 그런 생각이 들었다는 것 뿐입니다. 말 그대로 더도 덜도 아니죠. Jh Lee Journey께서 이상하게 들으셨다면 원인 제공한 자로서 사과드리는 바입니다.
2010년 11월 30일 오후 10:01 2명

Sang Gil Park 저도 개인적인 프라이버시를 폭로하는 것은 경우에 따라선 (물론 폭로는 언제나 즐거운 일이긴 하지만 :-p) 정당화될 수 없다고 생각합니다. 인간이 완벽할 수 없고 그 결점이 자신이 선택한 것이 아닌 선천적이거나 환경적인 것일 경우 그것을 들춰내는 것은 단순한 괴롭힘 이상일 수 있으니깐요. 하지만 개인이 아닌 정부라면 이야기가 틀려지는 것 아닐까요? 정부라면 들춰내서 곤란한 짓을 하면 안되

001830.html

는 거라고 생각합니다. 물론 정부도 완벽할 수는 없죠. 하지만 개인의 결점보다 정부의 결점은 더 엄격하게 다루어져야 합니다. 민주 사회의 정부는 국민들의 권력을 이양받은거네 어쩌네 하는 고등학교 교과서에 나오는 이유로 파급효과가 엄청날 것이기 때문입니다. 같은 이유로 강한 권력을 갖고있는 사회지도층의 도덕성은 엄격하게 다뤄져야한다고 생각합니다. 물론 저는 지도층이 아니니까 좀 적당히 살아도 되겠죠. 으히히히히히! 하여간 저러한 이유로 인해 저는 위키리크스 만쉐이~
2010년 11월 30일 오후 10:11 👍 2명

Sang Gil Park 아... 글을 올리고 보니 저의 무정부주의적 성향이 너무 여과없이 드러나서 좀 창피하네요. 그러나 지우진 않겠습니다.
2010년 11월 30일 오후 10:13 👍 3명

김진태 각국 정부들의 Open Governments는 통제된 즉 Control이 가능한 오픈 정부이지만, 위키리스트는 그 정도 말고 "전부 까발리자. 너희들이 뒤에서 무슨 짓을 하는지 우리는 알고 싶다"는 것이지요. 음모론에 맞서는 것처럼 보여지기도 합니다. 그래서 오사마 빈 라덴보다, 김정일보다 더한 각국의 적이 되는 것이지요. 한편으로는 좋은 데라는 생각도 들지만, 이거 너무 까발리면 사회가 많이 혼란해질 수도 있겠구나 합니다... 좌파든 우파든 간에 통제가능한 다수를 원하는 것이지 통제가 안되는 다수는 대책이 없는 것이니까요.

만약에 위키리스크에서 나온 정보들이 사실이고 그것으로 사람들이 혼란에 빠져 어느 정부의 말이건 믿지 않는 사태가 발생한다면 무척이나 혼란스러워지는 사태가 발생하는 거라고 보입니다. 주제 사마라구의 소설들을 보게 되면 통제되지 않는 군중들이 주 소재입니다. 그와 같은 일이 발생하지 않을까 합니다. 물론 알권리는 있습니다. 모든 것을 알게 된다 해도 통제가 되지 않는다면 우리는 많이 힘들거라는게 제 생각입니다. 때로는 모르는게 약일 때가 있으니까요.
2010년 11월 30일 오후 10:14 👍 3명

Martino Kim 내가 쓴 덧글을 가만히 들여다보니 본의 아니게 오해를 일으킬 여지가 있슴을 확인하면서 덧글을 삭제합니다.
2010년 11월 30일 오후 10:43 👍 1명

정보사회학 글쎄. 삭제까지는 안 하셔도 될 내용 같았는데... 저는 마르티노님의 댓글을 앞으로 언젠가 위키리크스가 그러한 정보를 갖게 될지도 모르겠다는 정도로 해석했습니다.
2010년 11월 30일 오후 10:51 👍 2명

Pak G-Hun 어퓨굿맨의 "You can't handle the truth! We live in a world that has walls. And those walls have to be guarded by men with guns. Who's gonna do it? You?" 대사가 떠오릅니다. 물론 극중 악역의 대사였지만, 톰 크루즈도 '애송이 도련님' 이었죠. 그러니 전 양가적입니다. 국제질서의 부정은 분명 심각한 문제지만, 만약 그 질서가 그릇된 질서라면 교정해 마땅한데 이런 일탈 없이 교정의 기회라도 있을까 싶네요. 그 해커의 범죄 목적과 명분이야 자기가 빽빽하게 우기면 그만이니 어차피 알 수 없는 것일테고, 그저 그 정보 공개 행위의 '효과'에만 집중해 봅니다. 이후 '균형'은 어떻게든 찾아지리라고 낙관하고, 그 균형이 이루는 세계는 여태껏 뭐든지 극비에 부치던 시절의 세계보다 더 나은 세계 아닐까 낙관합니다. 알 깬 놈이 어떤 놈이든, 알은 깼다 이거죠. 지금 그 알 상태, 그다지 좋아 보이지도 않구요.
2010년 11월 30일 오후 11:16 👍 2명

Jh Lee Journey 학교 근처에도 가본 적이 없는, 초등학교 포함, 규범적 생활을 해본적 없고, 세금 낸 적이 없는 "한 남자의 불쌍한 자기만족"이라는 표현이 적절하지 않을까 합니다. "투명성"의 의미를 부여하기엔 좀 그렇군요. Martino님, 제가 좀 민감하게 말씀드려 죄송합니다. ___;
2010년 11월 30일 오후 11:20 👍 3명

오승주 저는 균형의 관점에서 보고 싶습니다. 주역에서는 차면 기운다는 철학을 담고 있는데, 고도화된 문명사회로 나아갈수록 기밀문서나 조작 같은 일이 더욱 세련되고 은밀하게 벌어지는 것을 볼 수 있으며, 오히려 투명성은 포장만 세련될 뿐 그 자체가 발전하지는 않는다고 생각합니다. 상당히 구조적인 문제인 것 같습니다. 이렇게 세련된 은폐의 반작용이 바로 위키리크스가 생존하게 해주는 환경이 아닐까 합니다. 위키리크스 자체가 아니라 이를 바라보는 대중과 그 폭발성이 핵심이라고 봅니다. 진실이 아무리 폭발적이고 위험하고 남용된다고 하더라도 그것은 대중이 결정할 문제 아닐까요? 저는 위 질문을 대중이 받아들일 수 있는가 없는가의 문제로 이해합니다.
2010년 11월 30일 오후 11:53 👍 6명

정보사회학 굳이 위키리크스가 아니더라도 이미 정부가 점차 투명해지는 것은 대세인 것 같습니다. 문건의 폭로가 국제적인 갈등을 일으키기도 하지만 전쟁을 방지할 수도 있으니, 간단히 판단할 문제는 아니군요. 언론인들의 용기있는 '폭로'가 세상을 좀더 낫게 만드는데 많이 기여했다는 사실을 부정할 수 없을 것 같군요. 어샌지도 무원칙적으로 폭로만을 일삼는 것 같지는 않습니다. "25만건에 달하는 전문의 폭로", 이것이 혹시 테크놀로지의 발달로 인해 대량의 정보가 개인에 의해 손쉽게 다루어질 수 있는 시대에 우리가 목격하게 될 새로운 현상의 일부가 아닐까요? 지금은 그 사건이 충격이지만, 이제 우리가 그런 유형의 현상에 견딜 수 있는 새로운 규범과 질서를 만들어가야 할 때가 오고 있는 것은 아닌지...
2010년 11월 30일 오후 11:55 👍 8명

David Ilwoo Choi 호주 출신인 Julian Assange 어머니가 오늘 자기 아들이 잡혀 감옥에 가길 원치 않는다고 인터뷰를 했더군요. 쥴리안의 죄명은 '성범죄'(sex crimes committed in Sweden this year) 혐의랍니다.ㅎㅎㅎ 참...
2010년 12월 1일 오전 12:08 👍 2명

David Ilwoo Choi http://wikileaks.org/ 여기를 제외한 모든 페이지는 볼 수 없도록 조치를 해놓은 모양입니다...
2010년 12월 1일 오전 1:18 👍 1명

Young-Gil Chae 그가 바라보는 곳에 대한 팩트를 일단 짚는게 좋을 듯하네요 http://zunguzungu.wordpress.com/2010/11/29/julian-assange-and-the-computer-conspiracy-%E2%80%9Cto-destroy-this-invisible-government%E2%80%9D/#
2010년 12월 1일 오전 1:30

David Ilwoo Choi ㅎㅎㅎ 영길님... 복잡하고 길은데 요약을 부탁드리면 안될까요? 죄송.ㅎㅎ
2010년 12월 1일 오전 2:23 👍 1명

정보사회학 @David Ilwoo Choi님, 이제 문제의 전문들을 볼 수 있군요. 그 사이트에 들어가서 링크만 따라가면 지금까지 공개된 전문들을 볼 수 있네요. @채교수님, 다른 분들도 링크해주신 문건을 읽었으면 좋겠군요.^^ 폭로된 외교전문에 대한 뉴욕타임즈의 심층 분석 기사들도 읽을만하군요. http://www.nytimes.com/interactive/world/statessecrets.html
카자흐스탄을 방문 중인 클린턴 장관이 이번 폭로 사건에 대해 한 학생으로부터 질문을 받고 차분하게 대답을 잘 했네요. 외교전문을 공개한 것은 잘못되었지만, 정부는 개방적이 되어야 한다고 말입니다. http://www.nytimes.com/2010/12/01/world/asia/01diplo.html
2010년 12월 1일 오전 2:46 👍 2명

정보사회학 David님, 사실 제가 포스팅한 발제문에 그 문건의 핵심적인 내용을 반영하기는 했습니다. 좀 표가 안날 정도로 간략히 담긴 했지만요.^^
2010년 12월 1일 오전 2:54 👍 1명

Panseok Kim 미국이 세계 유일의 초강대국으로 우월적 지위를 남용해왔고, 그 누구에게도 견제받지 않았습니다. 견제받지 않는 권력은 부패할 뿐입니다. 이번 폭로는 제2 제3의 어샌지로 이어질 수 있을 뿐만 아니라, 절대 권력에 대항하는 새로운 방법론이 될 수 있음을 여실히 증명했습니다. 혁명적 파괴자인 그에게 고마움을 전하고 싶습니다. 어샌지여! 영원하라~~!
2010년 12월 1일 오전 3:27 👍 4명

Dongul Lee 그래서 우리가 더 정확하고 확실히 미국의 실체를 알게 되었어요. 혈맹도 우방도 될 수 없음을... 우리를 그냥 지켜주는 것도 아니고 그저 자국의 이익을 우선 할 뿐, 우리에게는 누구보다 무서운 상대인 것을. ^0^
2010년 12월 1일 오전 4:26 👍 3명

Sang Gil Park 리플들을 읽다보니 @G-훈님의 이야기처럼 이번 위키리크스 사태 이후에 나타날 파급효과에 대해 상상해 보는 것도 재미있을 것 같다는 생각이 드네요. 줄리안어샌지의 정체성이나 미국의 음모를 비난하는 것보다는 @승주님 이야기처럼 결국엔 이번 사태가 세계에 미칠 영향이나 대중들의 반응이 더 중요한 것 아닐까 생각이 들기도 하고요. 각설하고!

수도님과 진태님 이야기처럼 국제질서가 흐트러지고 국내 정세도 혼란과 정부 불신이 찾아올 수도 있을 것 같습니다. 만약 정말로 한국에도 이러한 혼란과 불신이 퍼진다면 울 맹박각하의 레임덕이 앞당겨진다는 점에서는 좀 긍정적일 수도 있겠습니다만(#낄낄) 그 외에는 심각한 문제가 될 수도 있겠네요. 물론 G-훈님의 낙관론처럼 이번 일을 계기로 정치가들이 참회하여 각국의 정부가 매우 건전하고 솔직하고 바람직한 형태로 바뀌고 그에 따라 시민들은 믿음을 회복함과 동시에 전 세계에 새 바람이 불고 인류의 지적 수준은 한단계 진화하고!!! 더욱 성숙한 인류가 되는 좋은 결과가 생길 수도 있겠죠. 그런데 과연 그런 일이 벌어질 가능성이 높을까요?

저의 생각에 그보다는 오히려 정치가들과 정부는 자신들의 비밀을 감추기 위하여 보안과 암호화와 같은 분야에 더욱 투자하고, 위키리크스 같은 위협을 미연에 방지하기 위한 도청, 감청 기술들에 투자를 시작할 것이라고 생각됩니다. 승주님의 이야기처럼 더욱 세련되고 은밀한 방법론들이 등장할 수도 있을테고요. 당장 지금부터 수학과 암호학 공부를 시작하고 컨설턴트로서의 역량을 키우기 위한 노력을 시작해야겠습니다. 학부 때 교양으로 들었던 논리학 공부도 시작해봐야겠습니다! 음... 그래도 사실 저도 진통은 되도록 적게 겪고 사회가 좀더 건전하고 투명하게 발전하길 바라긴 합니다. 사실 룰을 성실하게 지키는 사람은 바보취급 당하고 은밀한 곳에서 편법이나 일삼는 사람이 스마트하다고 평가되는 사회는 너무 짜증나잖아요.
2010년 12월 1일 오후 8:35 👍 4명

정보사회학 상길님이 정리를 잘 해주셨네요. 감사해요.^^
2010년 12월 1일 오후 8:59 👍 1명

곽경원 @상길님의 말씀이 위의 토론을 함축적으로 표현해주고 있군요. 감사드려요.

먼 미래의 낙관론을 좋아하지만, 가까운 곳에 있는 더욱 큰 편법의 개발에 눈이 쏠리는 것이 사실이네요. 그리고 그들은 돈을 벌겠죠. 쓰면서도 짜증나네요.^^;; 정말 투명이 극으로 가서 아예 사라져버렸으면 좋겠어요. ㅎㅎ 너무 아이처럼 징징댔나요? 오늘은 웬지.ㅋㅋ
2010년 12월 2일 오전 2:42 👍 2명

대화 91 인터넷에서 누릴 수 있는 표현의 자유는 어디까지일까요?

위키리크스(Wikileaks)의 케이블게이트(Cablegate)는 인터넷에서 표현의 자유가 지닌 한계가 어디까지인가를 돌아보게 합니다. 지난 며칠 사이에 표현의 자유와 관련해 현재까지 우리가 주목해야 할 세 가지 부수적인 사건이 발생했습니다.

첫째, 아마존닷컴(Amazon.com)이 위키리크스에 대한 호스팅(hosting) 서비스를 중단했고, 페이팔(PayPal)도 위키리크스에 대한 결제 서비스를 중단했습니다. 아마존은 세계 최대의 호스팅 서비스를 제공하는 업체 중 하나입니다. 아마존은 그와 같은 결정에 대해 공식적으로 이유를 밝히지 않고 있지만, 그 뒤에 미국 정부의 압력이 있었지 않았겠느냐 하고 추정되고 있습니다.[46]

둘째, 외교전문에서 드러난 사실 중의 하나가 중국과 구글의 갈등에 관한 구체적인 증거입니다. 외교전문이 아니고서는 알기 어려운 1급 정보입니다. 중국 정부가 인터넷에 대해 어떤 인식을 갖고 있는지, 인터넷을 통제하기 위해 실제로 어떻게 조치를 취하고 있는지에 대한 정말 보기 드문 증거들이 나온 것이지요. 중국정부가 집요하게 구글을 굴복시켰고, 적어도 중국 내의 인터넷상의 정보에 관한 한 자신들이 완전하게 장악하고 있다고 확신한다는 사실도 놀랍습니다. 중국 관리들이 웹에 대해 두려워하다가 이제 "웹이

46 "WikiLeaks was kicked out from Amazon Server" http://www.blogintech.com/wikileaks-was-kicked-out-from-amazon-server.html

근본적으로 통제가능하다"는 결론에 도달했다는 대목도 충격적입니다. 또한 중국정부기관이 조직적으로 해킹을 수행하고 있는 것으로 의심되는 증거들도 있더군요. 그것은 미국 관리의 추측이지만 믿을만한 내부 보고로 생각됩니다.[47]

셋째, 미국무부에 근무하는 컬럼비아대 SIPS(School of International and Public Affairs) 대학원 출신의 직원이 모교에 보낸 메일입니다. 그는 그 대학원 본부에게, 졸업 후 미국무부에 들어오고 싶은 학생들은 페이스북이나 트위터에 위키리크스에 폭로된 외교전문들의 링크를 올리거나 그 전문들에 대해 언급하는 것을 피하라고 알려주도록 요청했습니다.[48]

이 세 가지 기사를 종합하면 아래 추론이 가능합니다.

① 인터넷상에서 우리가 누리는 표현의 자유에 정치적 제약이 분명히 존재한다.
② 국가기관들이 인터넷상의 정보와 대화를 모니터링하고 있다. 그리고 그러한 일이 단지 권위주의적 정부가 있는 나라에서만 볼 수 있는 것은 아니다.
③ 표현의 자유를 주창하는 인터넷 기업들도 사업을 위해서는 국가의 요구에 굴복한다.
④ 인터넷 서비스가 몇 개 기업이 운영하는 클라우드 컴퓨팅(cloud computing)에 의존하게 되면, 국가기관에 의한 정보통제의 위험이 높아질 가능성이 있다.
⑤ 국가기관에 의한 해킹이 일어나고 있다.

이 각각의 명제는 네트워크 사회를 이해하는데 중대한 함축성을 갖고 있습니다. 뭐 전혀 새로운 사실들이라고 할 수는 없습니다만, 이번 케이블게이트를

---

47 "Vast Hacking by a China Fearful of the Web"
http://www.nytimes.com/2010/12/05/world/asia/05wikileaks-china.html?pagewanted=1&_r=1

48 "State Department To Columbia University Students: DO NOT Discuss Wikileaks on Facebook, Twitter"
http://www.huffingtonpost.com/2010/12/04/state-department-to- column_792059.html

통해 상당 부분 사실로 확인되었다는 점에 커다란 의의가 있습니다. 한편에서 web 2.0, "개방, 공유, 협력", "투명, 참여, 협력" 등이 주창되고 있지만, 다른 한편에서는 '통제'(Big Brother)의 위협이 강화될 수 있다는 사실이 확인된 것이지요. 국가의 안전과 번영이라는 이름 아래.

여러분은 위와 같은 보도들에게 대해 어떻게 느끼시는지요? 제가 지나치게 확대 해석을 하고 있는 것인가요? 2010.12.05

좋아요 · 댓글 달기 · 공유하기

Hana Jang, Naran Lee, 이준님 외 45명이 좋아합니다.

Myungdae Cho 조지 오웰의 1984가 다시 생각나네요. 긍정적 의미로는 선의 목적으로 사회를 돌보는 보호적 감시용으로, 부정적 의미로는 음모론에 입각한 권력자들의 사회통제의 수단이라고 말할 수 있겠지요. 범죄 등의 사회적 환난을 예방한다는 차원에서 정당화될 수도 있는 이 빅브라더는 만약 잘못 사용되어진다면 사실 엄청난 사회적 단점을 가질 수도 있겠지요. 도난 방지라는 목적의 대중목용탕의 감시카메라, 범죄자 색출이라는 목적으로 설치된 전국 곳곳의 cctv 등도 '선'의 목적으로만 쓰인다는 것으로 믿고 전국민들은 자신들의 일거수일투족을 내맡기고 있지 않습니까? 그러나 이 자료들이 잘못 사용되어 진다면 생각만해도 끔찍합니다. 저는 사실 wikileaks에 대해서 잘 몰랐습니다. 저는 도서관쪽에 관심이 있다보니 오늘 제가 속해있는 다른 그룹에서 "미의회도서관 wikileaks차단하다."라는 글을 읽었습니다. http://valleywag.gawker.com/5705492/library-of-congress-is-latest-government-institution-to-block-wikileaks

이 글을 읽다보니 제가 좋아하는 delicious.com이라는 소셜북마킹 사이트가 생각납니다. 여러분들은 아시는지 모르지만 우리나라 대부분의 공공사이트에서는 그 delicious라는 사이트가 차단되어 있습니다. 도저히 알 수 없는 그분들만의 무식함이 아닌지 모르겠습니다. 그냥 '맛있다'라고 하니 이상하게 생각되어 차단시킨 것 같았습니다. 왜 그렇게 훌륭한 Social networking 사이트가 차단되어야 할까요? 지금은 어떻게 되어 있는지 모르겠습니다. 어느 정도는 국민들은 안정과 번영이라는 이름하에 인내를 합니다. 이것도 모르지요, 우리가 너무 익숙해서 그런 것인지. 그러나 하려거든 분명한 이유를 가지고 그렇게 해주시기를 바라고요. 이 인터넷이라는 공간은 언제나 선이 이기는 공간입니다. 정부측에서는, 너무 미리 겁을 먹어, 역효과를 일으키는 일은 없었으면 합니다.
2010년 12월 5일 오전 4:25 7명

정보사회학 조교수님, 미의회도서관이 위키리크스의 접속을 차단했다니 믿기 어렵군요. 이념적으로 정보의 자유로운 흐름을 추구하는 LC가 말이지요. 미국 연방정부의 기관들이 속속 위키리크스로의 접속을 차단하고 있는 모양입니다. 손바닥으로 하늘을 가리려는 것이 아닌지...
2010년 12월 5일 오전 6:39 5명

정보사회학 이번 사건과 관련해 Chomsky교수의 인터뷰가 나왔네요. http://www.pressian.com/article/article.asp?article_num=40101203140617&section=05
2010년 12월 5일 오전 8:55 5명

곽경원 '정부가 비밀을 유지하려는 가장 큰 이유 중 하나는 스스로를 자국 국민들로부터 보호하려는 것임을' 촘스키 교수님의 말씀처럼 이번 위키릭스의 문건도 외교 담당자의 시각에서 쓰여졌다는 것을 감안하고 파악해야겠군요. 그건 그렇고 '티파티 승리의 기반은 증오'라는 말이 새삼 많은 것을 느끼게 하네요. 답은 역시 사람에게 저부터 변해야하겠지만^^;;;
2010년 12월 5일 오전 9:20 👍 4명

Young-Gil Chae cablegate가 미국과 인터넷의 권력이라는 점에서 매우 역사적인 사건이 아닐 수 없네요. 보호받을 가치가 없는 언론도 보호받는 것이 민주주의라고 알고 있고 실제 그렇습니다만. 이 사건이 함의하는 문제 영역들이 무척이나 복잡하고 상징적이라 그것들이 무엇이 있을까가 먼저 논의하는 것도 의미 있을 듯하네요. 사실 이 사건 하나가 세미나 주제일 수도 있지 않을까라는... ① wikileaks가 언론인가? 아닌가? 언론이면 이들이 실천하는 내용이 언론의 자유를 보장 받아야 하는지? 언론이 아니라면 그 이유는? ② 국가의 통치 비밀은 어디까지 보장받아야 하는지? ③ 네트워크 사회에서 국민의 알권리와 세계시민의 알권리 중 우선순위를 정할 수 있는 주체는? 그리고 어느 것이 더 우선인지? ④ 망중립성과 언론자유의 양립성과 ISP와 언론 자유와 관계 등등... 뉴저널리즘과 기존 저널리즘의 첨예한 접점들이 물려 있는 문제가 아닐까라는...
2010년 12월 5일 오후 5:38 👍 7명

정보사회학 맞습니다. 네트워크사회가 직면한 여러 가지 사회적 쟁점들을 드러내주는 일대 사건이라고 생각됩니다. 학술적 세미나를 해보면 좋을 것 같군요.
2010년 12월 5일 오후 7:56 👍 8명

Ben Byeongho Lee 미국이라는 국가이미지와 함께 '공권력'을 다시금 생각하게 하는 사건이며 현재 진행형이므로 우리가 모두 지켜볼 만합니다. 조명대 교수님이 목격한 것처럼 정부기관은 그 기능적 요구에도 불구하고 '공권력'의 의지를 쫓아가고 있고 새라 페일린 같은 우파는 민주주의를 어떻게 생각하고 있는지 보여주고 있네요. 미국 뿐 아니라 중국도 미디어지배와 조절이 '공권력'의 유지에 절대적이라는 것을 확인시켜주고 있네요.

또 하나, 촘스키가 주목하고 있는 아랍관련 누설된 기밀내용에서 미국 정책결정자와 정경 핵심그룹(유태인이라 결정적으로 말하기는 어렵지만 그럴 것 같다.)이 생각하는 이스라엘과의 맹목적 유착과 팔레스타인, 이란 등 회교권국가에 대한 반감이 공식적으로 확인되었다는 것은 음모가 사실화되는 중요한 증거라고 생각합니다.
2010년 12월 6일 오전 8:34 👍 3명

정보사회학 위키리크스에게 서비스를 거부한 Amazon 문제를 인터넷상 표현의 자유라는 관점에서 다룬 좋은 글이 토론토대 The Citizen Lab 홈페이지에 올라왔습니다. 아마존과 달리 미국헌법과 유엔인권헌장에 선포된 표현의 자유를 존중하는 기업들이 있을 것이고, 우리가 그 기업들을 지지해 줄 때 인터넷상 표현의 자유는 지켜질 것이라는 주장입니다. http://citizenlab.org/2010/12/amazon-and-the-new-threat-to-internet-speech/
2010년 12월 6일 오후 4:18 👍 2명

정보사회학 Cablegate에 관한 Umbero Eco의 분석 재미있네요. ① 케이블 내용이 대단한 게 없다. 이미 언론에 알려진 내용들이다. ② 각국 대사관들이 이제 외교업무는 별로 하는 게 없고 스파이센터가 되었다. ③ 국가기관들이 더 이상 일방적으로 감시를 행할 수 없다. 시민들도 국가기관들을 감시할 수 있다. ④ 국가기관들이 기밀유지를 위해 옛날의 문서전달 방식으로 돌아갈 가능성이 있다. 요원이 메시지를 외워서 전달하거나 신발 뒷축 같은데 전문을 감춰서 전달하는 따위의 방법이 다시 살아날 수 있다. http://www.presseurop.eu/en/content/article/414871-not-such-wicked-leaks
2010년 12월 6일 오후 5:01 3명

대화 92 제가 nobody가 된 이유

7월 5일자 가디언(Guardian)지에 클레이 셔키(Clay Shirky)에 관한 인터뷰가 실렸습니다. 제가 그의 팬이기 때문에 무척 반가운 기사였지요. 그런데 기사를 읽는 중 제 자신과 계속 비교되면서 좀 울적해졌습니다.

그는 저보다 12살이 아래이지만, 비슷한 교육을 받았고(그는 예일대학교를 졸업했지만 박사학위는 없습니다), 비슷한 때부터 인터넷을 시작했고, 1996년 무렵부터 인터넷에 관해 글을 쓰기 시작했으며, 그동안 인터넷에 관한 글을 많이 썼습니다. 컨설턴트로서 현장 경험도 비슷하게 한 것 같고(어쩌면 제가 더 많을 수도), 짐작하건대 머리도 비슷할 것 같습니다(이 부분은 확실치 않아요).^^ 아마도 저도 그 사람만큼 일을 좋아할 것입니다.

그런데 그는 2000년대 초 소셜미디어의 확산을 예측해 세계적으로 인터넷 분야의 somebody가 되었고 저는 아직도 nobody입니다. 지난 15년 동안 지식인으로 살아온 과정이 비슷한데 결과적으로 왜 이런 차이가 났을까요?

두 가지 이유 때문이 아닌가 생각이 듭니다. 첫째는, 그는 영어로, 저는 한글로 글을 썼다는 점입니다. 10여 년 전 저는 이런 오만한 생각을 했습니다. "대한민국은 IT의 테스트베드이고, 가장 앞서서 인터넷 세상을 경험을 하고 있으니, 내가 우리 문제에 대해 하는 고민이 세계적인 고민이고, 내가 그것을 학문적으로 제대로 소화만 한다면, 내 글을 그들 스스로 영어로 번역해서 보고자 할 것이다. 그러니 영어로 글 쓰느라 시간 허비하지 말고 촌음을 아껴 우리말로 글을 쓰자." 그런 일이 전혀 일어나지 않았던 것은 아니지만 저의 심각한 오판이었지요.

영어와 한글 지식인 문화가 판이하고, 그것이 성과에 결정적인 영향을 줄 수 있다는 사실을 간과한 것입니다. 영미문화권의 지식인 세계에서는 우리보다 훨씬 개방적이고 불꽃 튀는 논쟁의 문화가 존재합니다. 우리 사회에는 그런 문화가 아주 약합니다. 일종의 권위주의 문화라고나 할까요. 더구나 제가 하는 전공처럼 새롭게 등장하는 분야에서는 전공자가 적어 더더욱 개방적 토론이 이루어지기가 불가능합니다. 모두가 서로 이해관계에 얽혀 있으니 그게 되겠어요? 아무리 글을 많이 써도 피드백이 없으니 점점 논리는 허술해지고 지적 발전은 일어나지 않게 된 것이지요.

둘째는, 그는 치열한 지식의 시장에서 단련되면서 논리가 다듬어졌고, 저는 아카데미아의 보호벽 안에서 온실의 화초처럼 되어버린 것이 아닌가 싶습니다. 그는 헌터 칼리지(Hunter College) 교수를 하다가 그만 두고 컨설팅과 저술에 전념했습니다. 지금도 뉴욕대학교에서 가르치지만 정식 교수는 아닙니다. 저는 그게 그렇게 부러울 수가 없습니다. 저도 한 2년 그런 생활을 해보았어요. 그런데 독립적인 IT컨설턴트를 하면서 글을 써서는 먹고 살 수가 없었습니다. 수입이 너무 작아요. 지식시장이 작은데, 그나마도 교수들이 다 해먹습니다. 내용은 허접해도 포장이 그럴 듯해야 통하는 세상입니다. 심지어 IT 분야에서 마저도. 그래서 아직도 어쩔 수 없이 교수를 하고 있습니다. 아니 이제는 교수를 하지 않으면 먹고 살 자신도 없습니다. 경쟁력이 없어졌으니 말입니다.

학계의 보호막이란 것이 참 안락하고 좋습니다. 처음에는 좀 갑갑하다고 느끼다가도 시간이 흐르면서 그 보호막을 즐기게 됩니다. 엉터리여도 감히(?) 누가 엉터리라고 비판을 못하거든요. 자신이 죽어가는 줄도 모르고 그 안에 안주하는 겁니다.

그렇게 해서 15년 만에 저는 우스운 존재가 된 것 같습니다.

다행히 페이스북 덕분에 여러분들을 만나 생애 처음으로 지적(?) 토론을 하고 있습니다. 그런 환경을 만들어보려고 나름대로 학회도 만들고, 단체도 만들고, 메일링 리스트도 만들고, 별 시도를 다했습니다. 그런데 대한민국의 학자란 사람들이 지적 토론을 기피해요. 그게 제 결론입니다. 이 페이지에 교수분들이 꽤 가입해 있는 걸로 알고 있습니다. 제가 교수사회를 왜곡하고 있나요? 여러분이 재직하는 캠퍼스에서 동료 교수들과 지적 대화를 즐기는 교수들이 몇이나 있을지 모르겠습니다. 적어도 제가 그동안 인연을 맺었던 2-300명 이상의 교수들 거의 대부분은 아닙니다.

여러분이 지금처럼 열심히 담론에 참여해주시면 저는 아직도 희망이 있다고 생각합니다. 제 개인도 희망이 있고, 후학들도 희망이 있다고 믿습니다. 허심탄회한 토론을 할 수 없으면 지식인도, 지식사회도 죽습니다.

셔키는 이노베이션이 대화에서 나온다고 강조합니다. 저는 그 주장에 너무도 공감합니다.

여러분은 제 슬픈(?) 스토리에 대해 어떻게 생각하시는지요? 2010.07.07

좋아요 · 댓글 달기 · 공유하기

Ji Sue Chu, 박일영, Ben Byeongho Lee님 외 6명이 좋아합니다.

김재원 교수님들끼리 토론하면 무서운 사화가 일어나기 때문에 피하시더군요. 앞으론 좋은 이야기만 하시고 뒷담화는 너무 살벌하고.ㅎㅎㅎ 여러 모로 고생이 많으시지만, 이제 한국에서 분명히 얼마 안되는 시간 내에 스페셜 원이 되실 겁니다!
2010년 7월 6일 오후 6:56

김재원 http://www.facebook.com/notes/jaewon-kim-gimjaewon/sosyeol-neteuwokeuga-bakkueoya-hal-uli-sahoe/129962660375024 졸필이지만 얼마 전에 쓴 제 노트를 보여드리고 싶군용~ SNS가 우리 사회에 보다 건전한 토론과 지식 공유의 장을 만들어주었으면 합니다.
2010년 7월 6일 오후 6:59

Sungwon Kim 제가 알고 지내는 수많은 창작자들이 영어권에서 태어나지 못한 걸 안타까워하더라구요. 교수님 글을 읽고보니 학문 분야도 그렇군요. 그래도(영미권의 입장에서 볼 때) '주변인'으로서 갖는 강점도 있으니 교수님의 학문적 성과가 앞으로 더 빛날 수 있을 거라고 생각해요. 모든 복잡한 문제가 다 중첩되어 있는, 한국이라는 나라에서 태어나 연구하시기 때문에, 교수님만이 만들어낼 수 있는 훌륭한 성과들이 나올 겁니다.^^ 그리고 전 정보사회학 페이지에 올 때마다 놀랍니다. 이렇게 활발한 커뮤니티는 첨 봐요. 겨우 200여명인데, 댓글 달리는 빈도나 내용의 질이 입이 떡 벌어지게 합니다. 다 교수님의 좋은 글과 포스팅 덕분이라고 생각합니다. 진심.
2010년 7월 6일 오후 8:34

Sungwon Kim 엇 300여명이군요. ㅎㅎ

2010년 7월 6일 오후 8:35

정보사회학 재원님, 위 링크된 글이 너무 재미있어 친구 신청했습니다. 부디 받아주시길. 성원님, 격려 말씀 감사합니다. 변화는 주변에서 나온다는 말씀으로 알아듣겠습니다.
2010년 7월 6일 오후 9:22

김재원 앗. 제가 오히려 영광입니다. 친구신청 수락하였습니다. 감사합니다.^^
2010년 7월 6일 오후 9:51 Facebook 모바일에서

정보사회학 재원님과 친구가 되었더니 페북 홈피 분위기가 완전히 바뀌었습니다. 재원님의 '속뜻은' 시리즈를 보고 우울했던 기분이 급상승했습니다. 재원님은 Davis님이 말하는 White knot입니다.
2010년 7월 7일 오전 4:32 1명

Ben Byeongho Lee 늘 앞서가는 생각을 하시는 정보사회학님의 글에 감사를 드리며 "펌질"과 "공유"의 차이-단방향과 쌍방향-를 생각하며 제 프로필에 올립니다.
2010년 7월 7일 오전 9:37 1명

김재원 와우~ 제가 그런 역량이 될려나요... 영광입니다. 저는 늘 글로벌 다단계 뻘댓글 명인을 추구한다고 했었는데.ㅎㅎㅎㅎ 앞으로도 자주 뵈어요^^
2010년 7월 7일 오후 6:14

최재철 한국과 미국의 문화의 차이가 느껴지기도 하고, 반면 한국 교수사회에 대한 답답함도 느껴집니다.
2010년 7월 11일 오전 5:58

대화 93 터키 커피와 온라인 만남: 나는 '번개'를 왜 하는가?

요즘 저는 거의 일주일에 한 번은 페이스북 친구들과 번개를 합니다. 모두 정보사회학 페이지를 인연으로 알게 된 분들입니다. 어제는 서울 강남역 근처의 'Pasha'라는 터키 음식점에서 터키 커피를 마시는 모임을 가졌습니다. 저녁시간이라 케밥으로 식사도 함께 했지요. 항상 그렇듯이 몇 번 뵌 분도 있고 처음 뵙는 분도 있었습니다. 잠시 서로 쑥스러워하다가 금방 오랜 친구 사이가 되어 버립니다. 우리는 서로에 대해 아는 것이 많을 뿐 아니라 공유하는 것이 엄청 많기 때문일 겁니다. 우리가 함께 참여했던 폭풍 댓글, 장문 댓글, 난독 댓글에 대한 이야기는 물론이고, 심지어 몇 달 전에 올린 노트의 내용까지 끄집어내며 몇 시간을 이어지는 담소가 끝나지를 않았지요.

그런데 흥미 있는 사실은 어떤 번개 모임에서도 이곳에서와 같은 무거운 토론을 하게 되지 않는다는 것입니다. 기껏해야 특정 포스팅이나 댓글의 배경이나 의도를 확인하는 정도이고, 대화는 가볍고 경쾌한 소재를 가지고 이루어집니다. 다시 말해 페이스북에서 만남이 주이고 오프의 만남이 부인 것이지요. 아마도 짐작하건대 설령 좀 심각한 주제의 토론을 한다고 해도 이곳에서 만큼 그렇게 심도 있는 토론은 불가능하리라 생각됩니다. 그러기에는 오프미팅은 너무도 많은 제약을 갖고 있습니다. 이미 소셜미디어를 사용하면서 우리의 지적 활동의 무대가 오프라인에서 온라인으로 이동한 것은 아닐까요?

프랑스 아날 학파의 총수인 페르낭 브로델(Fernand Braudel, 1986/1996)은 "커피의 역사는 우리를 혼란시킬 우려가 있다.[49] 일화적이고 회화적이며 거의 확실

[49] Fernand Braudel(주경철 역). 1986/1996. 〈물질문명과 자본주의 I-I: 일상생활의 구조 上〉. 까치.

하지 않은 것들이 중요한 부분을 차지하고 있기 때문이다"라고 지적했습니다. 브로델의 연구에 의하면, 커피의 원산지는 이디오피아일 가능성이 크고, 15세기 말에 아라비아에 보급되었으며, 16세기 중엽에는 오스만 제국의 수도인 이스탄불에 전해졌습니다. 이스탄불로부터 유럽에 커피가 전해진 것은 17세기에 들어와서라고 합니다.

사실 저는 커피를 좋아는 하지만 커피에 대해 별로 아는 것이 없습니다. 어쩌면 저는 커피 자체보다 커피를 놓고 나누는 대화를 더 좋아하며, 커피의 문화사에 더 큰 매력을 느낍니다. 저에게 중세 이스탄불의 카페, 현대 파리의 카페, 영국의 커피하우스가 매력적인 것은 커피맛보다 거기서 사람들이 나누는 대화 때문입니다. 이스탄불의 카페에서 사람들은 일상적인 이야기를 주고받았고, 프랑스의 살롱과 영국의 커피하우스에서는 격렬한 정치사회적 토론이 벌어지고는 했답니다.

브로델은 1615년 한 유럽여행자의 관찰을 이렇게 인용하고 있습니다. "이 멜론 씨와 카포우(kafoue)라고 부르는 이 음료를 가지고 그들은 즐겁게 담소를 나누는데… 때때로 7~8시간 동안이나 지속된다." 아마도 커피 한 잔을 두고 그렇게 오래 대화를 나누는데는 텁텁한 찌꺼기 덕분에 오래도록 입안에 향이 남아 있는 터키식 커피가 제격일 것입니다.

커피가 유럽으로 건너 간 후 18세기 초에 이미 런던에는 3천 개가 넘는 커피하우스가 생겼다고 합니다. 독일의 사회학자 위르겐 하버마스는 17-18세기 유럽의 살롱과 커피하우스를 공론장(public sphere)이라고 불렀지요. 하버마스는 〈공론장의 구조변동〉에서 1857년 내셔널리뷰(National Review)지의 'The Clubs of London'이라는 기사를 다음과 같이 길게 인용하고 있습니다.[50]

"모든 직업, 생업, 계급, 당파가 그들의 단골 커피하우스를 가지고 있었다. 법률가들은 사원 근처에 있는 커피하우스인 넌도(Nando)나 그리션(Grecian)에서 법이난 문학에 대해 토론하고 최근의 새로운 연극을 비평하고, 웨스트민스트 홀에서 일어난 최신의 신랄한 논평을 퍼뜨렸다…. 시민들은 커피하우스 개러

[50] Jürgen Habermas(한승완 역). 1960/2001. 〈공론장의 구조변동〉. 나남.

웨이(Garraway)나 조나단(Jonathan)에서 만나 주식 상승과 하락에 대해 토론하고 보험률을 확인하였다. 사제들은 성바울 교회묘지에 있는 커피하우스 트러비(Truby)나 차일드(Child)에서 대학의 가십을 교환하거나 세이처버렐 박사의 설교를 평가하였다. 군인들은 채링 크로스(런던시 중앙 번화가) 근처에 있는 커피하우스 영맨이나 올드맨에 모여서 그들의 불만거리에 관한 불평을 늘어놓았다. 세인트 제임스와 스미르나는 휘그당 정치인들의 본부였던 반면에, 토리당원들은 코코아 트리나 오우진다를 뻔질나게 출입하였는데, 이들 커피하우스는 모두 세인트 제임스가에 있었다. 스코틀랜드인들의 단골집은 포리스트였고, 프랑스인들의 단골집은 세인트 마틴스 레인에 있는 자일즈나 올드 슬로터였다. 도박꾼들은 화이트와 코번트 가든 근처의 초콜릿 하우스들에서 주사위를 던졌고, 예술의 거장들은 그레샴 대학의 이웃들을 방문하였다. 그리고 주도적인 재사(才士)들은 그레이트 러셀가의 커피점 윌, 버튼, 톰에 몰려들었는데, 여기서는 연극이 끝난 후 피켓(두 사람이 32매의 패를 가지고 하는 놀이)놀이를 하거나 한밤중까지 최고의 대화가 계속되었다…. 부유한 상인들은 로이드에서 주식 상승과 하락에 대해 잡담을 나누었다. 로빈과 로치포트에서는 외교관들과 은행가들이 협의하였다. 예술애호가들은 샤인 웍에 있는 커피하우스 돈 살터로를 방문하였다…"

어제 터키커피 번개를 마치고 집으로 돌아오면서 이런 생각이 들었습니다. 하버마스가 공론장이라고 묘사했던 저런 커피하우스가 이제 소셜미디어로 옮겨 오고 있는 것은 아닐까? 머지않아, 아니 어쩌면 이미, 소셜미디어에 수많은 '공론장'이 생겨나고 그 '공론장'에서 사람들은 세상사에 관한 온갖 대화를 나누지 않을까? 어쩌면 오프라인의 관계를 유지하기 위해 소셜미디어를 사용하는 것이 아니라 온라인상의 교류를 위해 오프라인 미팅을 하고 있는 것은 아닐까?

여러분의 온라인과 오프라인의 경험은 어떻습니까? 저와 비슷한가요?

2010.10.15

좋아요 · 댓글 달기 · 공유하기

김용길, Wontae Lee, 황우님 외 28명이 좋아합니다.

Davis Noh 정보사회학 페이지에서 문화사의 한 단편도 곁들여 대화를 나눌 수 있는 단계까지 왔군요. 기능적으로 페이지라 구분되어 주어진 이곳이지만 활용형식으로서 정보사회학 카페가 되면 좋겠네요. 치열한 형식이론 탐구의 뼈대에 풍부한 문화사적 살을 붙여 나가는 카페로 말입니다.
2010년 10월 15일 오후 12:44 11명

이윤하 교수님. 심도있는 토론과 학문적 유희에 빠질 수 있다는 열정 그 사실 자체가 참 좋은 것 같네요. §^^§
2010년 10월 15일 오후 12:56 7명

Ji Young Catharina Kim 저도 공유합니다~! 터키 커피 참 좋았습니다.^^
2010년 10월 15일 오후 12:58 6명

윤영민 노선생님, '정사 카페'로 가지요.^^ 윤하님, 맞습니다. 그것이 우리를 행복하게 할진대 마다할 이유가 없겠지요.
2010년 10월 15일 오후 1:01 8명

주경수 윤교수님께서 페이스북 이용의 좋은 모범을 보여주시는 듯합니다. 글을 읽다 보니 터키커피가 갑자기 땡기는 오후시간이네요~
2010년 10월 15일 오후 1:01 11명

윤영민 반갑습니다. 신부님. 제 얼친 중에 신부님이 계신 걸 아내가 알고, 고해성사 좀 보라고 성화가 대단합니다.^^
2010년 10월 15일 오후 1:03 12명

김식 얼숲놀이의 즐거움을 누리는 사람에게는 대화의 공론장으로 중심이 이동한게 맞구여~~~ㅎㅎ '중독'이 두려워 얼숲에 들어서지 않은 분들은 아직 공론장이 아닐 거라 생각됩니다. 오프만남으로서 벙개는 얼숲의 보완기능을 충분히 할 것이라 생각합니다. 벙개가 잦아야 얼숲에 비가 내릴게 아니겠습니까?!
2010년 10월 15일 오후 1:09 6명

윤영민 "번개가 잦아야 얼숲에 비가 내린다". 오늘의 명귀입니다.^^
2010년 10월 15일 오후 1:12 4명

Davis Noh 줄여서 '정사 카페'. 이름 좋네요. 이름만 들어도 가슴이 설레고 두근거리네요. ___ㅋ
2010년 10월 15일 오후 1:17 3명

김식 얼마전 임재해 교수님이 서울로 일보러 오면서 정와님, 춘우님이랑 같이 얼벗 강현정님이 벙개를 인사동 '여자만'에서 쳤는데, 강현정님께서 "운우지정"(雲雨之精)을 느꼈다고 술회했습니다. 분명 '벙개'가 잦아야 얼숲에 비가 내려 얼숲생명들이 기뻐할 것입니다.^*^!
2010년 10월 15일 오후 1:22 4명

Ji Young Catharina Kim 전 쫌... '정사카페'는 맘에 안듭니당. 왠지 영화 그 이미숙씨의 그 영화가 떠오름... =3=3=3=3
2010년 10월 15일 오후 1:34 4명

김식 제 담벼락에 노트글 '공유'하면서, 제 댓글을 담에 붙여 두었습니다.^^! 항상 좋은 의제를 제시하시는 윤교수님 감사합니다.^^

2010년 10월 15일 오후 1:35 👍 4명

김지현 전 온라인보다 오프모임을 통해서 개인의 성향이나 느낌이 더 직관적으로 보인다는 생각 때문에 오프모임을 좋아합니다만 교수님 말씀대로 심도있는 토론은 온라인에서 더욱 활성화되는 것 같습니다.
2010년 10월 15일 오후 1:49 Facebook 모바일에서 👍 6명

Haewon Kim 전 (자신이 없어서^^) 온라인 대화를 더 좋아하는데, 오프를 하고 나면 온라인 대화에 더 자신이 생겨요 ㅋㅋㅋ
2010년 10월 15일 오후 2:19 👍 6명

Alexander Park 정사카페에서 이미숙을 떠올리는 까나리님과 운우지정에서 오르가즘이 연결되는 나는 19금 레벨들인가??? -_-;;
2010년 10월 15일 오후 2:40 👍 6명

Ji Young Catharina Kim 알렉산더님. 나오세요 언능... =3=3
2010년 10월 15일 오후 2:44 👍 3명

Min Jeong Son 긴 댓글을 읽고 나면 코멘트 붙이기가 더 어려운 듯하네요. 지난 번 바흐찐의 대화론에 대해서 말씀하실 때도 그래서 타이밍 놓치고 좋아요만 누르고는 아쉽다고 혼자 궁시렁 궁시렁한 1인! 저도 [정보사회학] 처음 알게 되었을 때 글만 읽고 그 글에 대한 저의 견해와 감상을 덧붙였구요. 어떤 분이실까 하는 상상도 사실은 시간이 많이 흐른 다음에 조금씩 조금씩 하게 되었던 것 같습니다. 지금도 이런 부분은 크게 다르지 않습니다. 제가 기억하는 윤교수님 표현으로는 '완장 떼고, 계급 생각하지 말고' - 이 부분은 정말 맘에 들었지요.

주제 그 자체에 몰입하고 집중할 수 있게 도와주는 분위기가 [정보사회학]의 가장 큰 장점이라고 지금도 생각합니다. 바흐찐도 당대 다양한 지식의 흐름 속에서 그 어느 분야 - 민속학, 언어학, 심리학, 기호학, 철학, 문학 등- 의 학자들과도 개인적이고 직접적인 친분보다는 '글'을 통한 교류를 하였기에 진정한 '대화주의'를 이룰 수 있었다고 생각합니다. 그래서 스스로를 '철학적 인류학자'가 가장 어울린다고 했던 것 같구요.

얼마 전 TED를 통해 / Steven Johnson: Where good ideas come from / 을 보면서, 1650 년 영국의 coffeehouse를 통해 'liquid network' 이 가능했다고 하는 부분이 나오길래, 저는 '어, 지금의 Starbucks가 Silicon Valley의 신화를 보조하는(?) 역할을 한 것이나 비슷하구나' 정도의 생각만 했었습니다. 또 그 며칠 후, 1666년 런던의 대화재로 인해 세인트 폴 대성당이 Sir Christopher Wren에 의해 재건되는 건축 다큐를 보았습니다. 그 당시에 런던 사람들은 아침에는 맥주, 점심에는 와인, 그리고 저녁엔 또 다른 술(제 미천한 기억의 한계)을 물대신 마셔댔다고 하고, 신성한 성당이 오히려 이렇게 하루 종일 알코올에 젖은 사람들이 창녀를 찾으러 오는 곳이었다고 해서 충격적이었습니다. 그 당시엔 그냥 물을 마시는 것이 오히려 더 생명에 위험한 짓이었다고 하니 이해는 되지만, 대체 사람들이 무슨 말짱한 생각이라는 걸 할 수 있었을까, 거기서 무슨 새로운 아이디어가 떠오를 수 있었겠나 하는 감이 왔습니다.

그리고 그제서야 1650년 경 런던의 coffee house가 어떤 역할을 했을지 제대로 그림이 그려졌습니다. 전 [정보사회학]이 있어서 외롭지 않다고 느낄 때가 정말 많구요. 큰 힘이 되어 주셔 감사하다고 절친분들께 닭살 멘트 많이 많이 날립니다.^^
2010년 10월 15일 오후 2:53 👍 6명

김진태 터키쉬는 집에 조금 있지요. 누가 중동지역에 아니라도 이슬람권을 여행가면 꼭 부탁하던지, 이베이에 주문하던지 합니다. 제 기억에 남는 가장 맛있고 멋드러지

게 마셨던 적이 사막 한 가운데 베두인 텐트에서 나르길라(후카 혹은 시샤)라고 하는 물담배를 피면서 입니다. 해 질녁 사막 한 가운데서는 인공위성이 지나가는 것도 보입니다. 이브릭이 아닌 주전자에 커피를 넣고 모닥불에 살작이 달여 마시면 일품입니다. 거기에 튜벅이라는.
2010년 10월 15일 오후 2:54 Facebook 모바일에서 👍 5명

김진태 데니쉬 맥주와 함께하는 바비큐 그리고 단맛이 강한 이스라엘 와인, 최고이었죠.
2010년 10월 15일 오후 2:56 Facebook 모바일에서 👍 4명

박지영 윤교수님의 글과 친구분의 댓글을 읽으면서 저도 좀 다른 방향에서 얼숲에 접근해야겠다는 생각이^^
2010년 10월 15일 오후 3:09 👍 5명

윤영민 오늘은 손선생님이 최장 댓글을 다셨네요.^^ 항상 정보사회학 페이지를 아껴주시고 기꺼이 참여해주셔서 고마울 따름입니다. 지금도 저는 계급장을 뗀 마음으로 토론에 참여하려고 노력합니다. 이미 많은 분들의 신상에 대해 알게 되었지만요.^^ 아마 여러분들도 여전히 편안한 마음으로 대화에 참여하시리라 짐작합니다. 앞으로도 계속 그랬으면 좋겠습니다. 저만의 생각인가??? 진태님 다음에 만날 때는 서울 하늘 아래서라도 주전자에 터키쉬 커피를 끓여볼까요?
2010년 10월 15일 오후 3:31 👍 6명

김진태 기냥 이브릭 살까요? ㅎㅎ
2010년 10월 15일 오후 3:49 👍 3명

김진태 아... 후카 파이프도 사야 하는데 연초하고 숯하고.
2010년 10월 15일 오후 3:50 👍 3명

Ji Young Catharina Kim 터키 말이다! 'ㅁ'
2010년 10월 15일 오후 3:51 👍 2명

윤영민 근데, 저 위에 신부님 말씀에 단 제 댓글에 왠 '좋아요'가 저렇게 많이 눌렸을까요????
2010년 10월 15일 오후 3:55 👍 3명

윤영민 고해성사?^^
2010년 10월 15일 오후 3:59 👍 2명

EunYoung Kim 터키쉬 커피도 마시지 못했고, 'Pasha'라는 터키 음식점에도 함께 못 간 '부산女'이지만 이미 윤 교수님의 글과 얼벗들의 댓글을 읽으면서 진짜 터키라도 다녀온 느낌입니다. 소셜미디어 사용자 혹은 수혜자들도 결국 알고 보면 자신의 의지에 따라 '깊이와 넓이'를 조절하고 조금씩 확장해 나가는 것 같습니다. '견문'만으로도 행복해지는 게 이 동네 같고요. 모두들 행복한 오후 되십시오~
2010년 10월 15일 오후 4:00 👍 7명

윤영민 은영님, 영화제 때문에 엄청나게 분주하신 모양인데, 건강 조심하세요.^^
2010년 10월 15일 오후 4:02 👍 3명

Brian Kim 오늘 점심을 지중해식 음식점에서 양고기 들어간 케밥을 먹었는데, 터키 커피가 메뉴에 있었는지 확인을 해 보지도 못했습니다. 어떤 맛일까 굉장히 궁금해지는군요. 저도 까나리님과 알님처럼 '정사 카페'에서 19금 느낌이 들었었네요.ㅎㅎ 저희 셋만 같은 과인가.ㅋㅋ
2010년 10월 15일 오후 4:26 👍 6명

김성관 오프라인 모인은 우리만의 정서인가봐요. 어제 우연찮게 캐나다에 있는 후배

와 페북 오프라인 모임 얘기를 하게 됐는데, 거기선 모임을 가지는게 거의 없다고 하더라구요. 온라인에선 열띤 토론을 하고 오프라인에선 서로를 알아가는 기회를 만들고... 그러면서 소셜과 현실 사이의 갭이 줄어들지 않을까요... 그럼 온라인이든 오프라인이든 열띤 토론이 이어지겠죠~
2010년 10월 15일 오후 4:30 👍 4명

Ji Young Catharina Kim 브라이언님- 빨리 나오세요, 빨리 빨리~ 알님 벌써 나와 기다리신다능.
2010년 10월 15일 오후 4:31 👍 3명

Brian Kim 그런데 두분은 어디로 나가 기다리시는지, 제가 나와서 계속 찾고 있습니다요...^^
2010년 10월 15일 오후 4:32 👍 4명

이준 이런... 안타깝습니다. 저도 어제 그 시간에 강남역 근처 성공을 도와주는 가게에 있었습니다.
2010년 10월 15일 오후 4:34 👍 4명

Ben Byeongho Lee 온라인에서 커피의 뒷맛을 느끼게 해주는 것. 음악밖에는 없는 것 같습니다. 커피는 셀프로 각자 타서 마시고 윤교수님이 도끼빗 꽂고 DJ 보시면서 화두를 날리면 인간과 문화에 대해 토론하는 곳, 여기 '정사카페'입니다.
2010년 10월 15일 오후 6:46 👍 7명

윤영민 에공. 이러다 진짜 이름이 '정사 카페' 되겠네. "정보사회학" 이름이 좀 길고, '정보', '정사', '정회', '정학' 중에는 '정사'가 그래도 난데... 이상하게(?) 거부감을 느끼시는 분들이 있네요.^^
2010년 10월 15일 오후 7:14 👍 7명

Ji Young Catharina Kim 도끼빗이요???
2010년 10월 15일 오후 7:14 👍 2명

Min Jeong Son 가끔 Ben님 때문에도 뒤로 넘어질 때 많아요! 진지하다가 급반전으로 웃기는 분이 지훈님이라면, Ben님은 애교 넘치면서 귀엽게 살살 웃게 하신다니까요.^^ @오늘도 함께 하신 모든 분들, 편안한 밤 되세요!
2010년 10월 15일 오후 11:25 👍 6명

탁연상 "정사 카페"가 이상하게 느껴지면 "왕이 정사를 보다"는 어떻게 하시려고.. 모두 수고하셨습니당~
2010년 10월 15일 오후 11:37 👍 6명

류성준 아, 터키친구들과 함께 일할 때 하루 종일 끝없이 마셨던 그 조그만 잔의 터키커피와 각설탕 생각이 절로 나게 하는 글이군요. 양고기의 느끼함을 해소시켜주는 터키커피...^^
2010년 10월 16일 오전 12:35 👍 6명

Eunhee Kim 이제서야 읽습니다. ;; 커피잔을 보는 순간, 아~ 하버마스 할부지가 나오시겠군... 그랬습니다. 위의 내용과는 상관없이 일부 한자문화권의 공론장인 '다관'이 살짝 떠올랐습니다. 우아한 것과 운치의 차이라고나 할까요?
2010년 10월 16일 오전 12:53 👍 7명

김식 군이 말을 줄여서 '정사'니 뭐니 할 필요가 없을 듯한데요.~~~~ㅎㅎ 그냥 '정보사회학 카페'라 하는게 옳지 않을까 생각됩니다.
2010년 10월 16일 오전 1:47 👍 6명

우선희 도구나 시스템이나 네트워크나 학문이나... 모든 것이 사람을 위해 존재하여야지, 사람이 그런 것들을 위해 존재하는 것에는 경계하여야겠습니다. 잘 발란스하는 가운데에, 더 많은 문화와 정보가 토해지기를 바랍니다.
2010년 10월 16일 오전 2:11 👍 4명

김재원 그런데 번개도 중독성이 있어요. 한때 트윗 초기에 거의 매일 번개하다가 가산을 탕진할 뻔... ㅋㅎ
2010년 10월 16일 오전 3:03 👍 5명

우선희 번개는 어쩌다가 치는 것인데, 일상이 되면 어떡할까요. ㅋㅎ~.
2010년 10월 16일 오전 3:04 👍 5명

김재원 장마철이 되는거죠. ㅋㅋ
2010년 10월 16일 오전 3:05 👍 4명

우선희 하하하하~ You win!!!!!
2010년 10월 16일 오전 3:05 👍 3명

김재원 이제는 날이 개어서 그나마 좀 다행... ㅋㅎ
2010년 10월 16일 오전 3:08 👍 3명

Namsook Han 한국의 FB은 참 재밌는 곳이군요. ㅎㅎ 제 아이들은 FB에 심각한 토론들은 별로하지 않던데요.
2010년 10월 16일 오전 4:00 👍 4명

윤영민 우리나라 아이들도 심각한 얘기 안합니다.^^ 우리 fb는 카니발리스크지요. 심각한 토론, 풍자, 농담, 진지한 정보교류 등이 댓글에 의해 해학으로 바뀌는 카니발리스크! 남숙님, 환영합니다.^^
2010년 10월 16일 오전 4:39 👍 3명

Namsook Han thank you for your warm greeting to the carnivalville! ㅎㅎ
2010년 10월 16일 오전 4:45 👍 3명

Jeong-wa Im 윤교수님 말씀이 일리가 있는 점도 있습니다. 온라인이라는 공간이 훨씬 더 심도깊은 대화가 가능하다는 거. 오프라인에서는 상대에 대한 너무 많은 정보(외모와 같은 시각적 이미지, 목소리같은 청각적 이미지 등)가 입력되어 선입견과 편견이라는 장벽이 생기기가 쉽지요. 온라인에서는 그 사람의 쟁쟁한 이력을 보아도 나에게 남는 이미지는 현재 쓰여진 글이라는 시각적 이미지이고, 그 내용이지요. 그래서 더 수평적인 대화가 가능하고, 나의 관념을 압도하는 현실적 정보들이 없다는 점에서 편안하고 솔직한 대화가 가능하지 않나 생각합니다. 그나저나 터키커피라는 건 너무 생소한대요? 강남역 어디쯤 있는지요? 저도 회사가 그리 멀지 않은 곳에 있으니 언제 한 번 들러서 먹어보고 싶네요.^^
2010년 10월 17일 오후 2:16 👍 1명

윤영민 5번 출구에서 나와 50m쯤 되는 곳에 Pasha라는 곳에 가시면 드실 수 있습니다. 홈페이지도 있네요.
2010년 10월 17일 오후 2:29 👍 2명

Jeong-wa Im 네. 윤 교수님. 감사합니다. 바로 덧글 달아주시는 친절~^^
2010년 10월 17일 오후 2:31 👍 2명

Ji Young Catharina Kim 정와님, "수평적인 대화가 가능하고, 나의 관념을 압도하는 현실적 정보들이 없다는 점에서 편안하고 솔직한 대화가 가능하다" - 백이십배 공감인데요. 흐음... 사람의 습관이란게 참... 온라인에서 대화를 하다가 저도 모르게 너무

정이 들게 되면 그담엔 목소리가 듣고 싶어지더라구요? 전화 통화라도 한번 해보고 싶어지고... 레알에선 어떤 분위기일까 궁금하기도 하고 그러다보니 벙개에 나가서 얼굴 한번 보고 싶어지기도 하고... (물론 아주 친해진 경우에 한해서이지만^^)

시각, 청각적 이미지를 미리 가지지 않고 대화로서 공감을 깊이 하던 친구라면 레알에서도 시각/청각의 느낌까지 곁들여서 더 좋아지는 경우도 있을거 같아요. 그래서 정사 카페에서 이야기를 나누다 보면 맘에 쏙 들어오는 오래 수다 떨고 싶은 친구가 두드러지고 어쩌면 거기서 원래 알던 친구보다 더 깊숙이 공감할 수 있는 인생의 친구를 만날 수도 있지 않을까 기대해보는게 그냥 저의 개인적 생각입니다. 그나저나 이번엔 왜 이정재가 이리 생각이 나는지요... (먼산)~ 후다닥 =3=3=3
2010년 10월 17일 오후 3:09 👍 1명

윤영민 에공, 진짜 정사 카페가 생겼네.^^
2010년 10월 17일 오후 3:22 👍 2명

Jeong-wa Im 하하. 넘 흥미로운 걸요. 정사 카페라~ㅋㅋ
2010년 10월 17일 오후 3:56 👍 2명

Ongmi Kang What a coincidence! 유럽의 커피하우스의 기능을 저도 offline SNS로 보고 있습니다. 정말 유럽은 다양한 커피하우스들이 있었더군요. 요즘 트위터의 '...당'이나 모임처럼요. 온라인에서 남들의 시선을 고려하지 않으니 자유스럽게 자신의 의견을 개진할 수 있지만, 타인의 시선에 신경을 많이 쓰는 한국인들은 offline모임에서 좀처럼 자신의 의견을 잘 표출하지 않습니다. 일본인도 마찬가지에요. 이모티콘을 비교해보면 동양인들은 눈의 표정이 다양한데, 서양인들은 입의 표정이 다양합니다. 감정표현이 서양인들이 훨씬 자유로워요 이모티콘에서두요.
2010년 12월 23일 오후 7:47.

대화 94 절친 vs. 얼친[51]

어제는 또 이태원에 갔습니다. 얼친들에게 이야기 안하고 살짝 갔습니다. 지난 15년 동안 가장 친했었지만 지난 몇 년 다소 소원해진 두 절친을 만나기 위해서였지요.

이태원 파출소 앞에서 두 사람을 만나기 위해 기다리는데 가슴이 떨렸습니다. 몇 분 후 두 사람이 동시에 모습을 나타내자 반가운 마음에 어찌할 바를 모를 정도였습니다.

'로코로카'를 갔습니다. 얼친들과 모히또를 먹은 곳이지요. 얼친들과 만난 동일한 장소에서 오프라인의 절친을 만난 겁니다. 먹고 마신 음식과 술도 같은 것이었습니다. 함께 있은 시간도 비슷했습니다. 4시간 쯤 함께 회포를 풀었거든요.

그런데 집에 돌아오면서 생각해보니 몇 가지 점에서 얼친과 절친의 만남이 비교가 되었습니다.

첫째, 얼친과 절친 모두 가슴 떨리는 즐거운 만남이라는 점에서 같았습니다.

둘째, 얼친은 정서적, 논리적 코드를 맞추는데 매우 짧은 시간이 걸린 반면 절친은 헤어질 때야 코드 맞추기가 끝난 기분이었습니다.

셋째, 얼친은 친한 동네 이웃 같고, 절친은 멀리 떨어져 사는 사촌 같았습니다.

51 여기서 얼친이란 페이스북 친구를 가리킴.

넷째, 얼친은 곧 다시 만난다는 기대 때문인지 헤어지면서 크게 아쉬움이 없었는데, 절친과 헤어질 때는 언제 다시 만나나 하는 아쉬움, 페이스북에서도 만났으면 좋겠다는 바람 같은 게 강하게 남았습니다.

누가 오프라인 친구와 온라인 친구를 구분했는가요? 어제 제 경험으로는 얼친과 절친이 모두 소중한 만남이라는 점에서 차이가 없는 것 같아요. 여러분 경험은 어떠신지요?

P.S.: 어제 직접 가서 확인해 본 결과 이슬람 성원 아래 있는 터키음식점 "쌀람"은 문을 닫았습니다. 이제 장안에서 제대로 된 터키 음식을 먹을 수 있는 곳이 어디 있을지… 2010.10.22

좋아요 · 댓글 달기 · 공유하기

윤영민님 외 16명이 좋아합니다.

Ji Young Catharina Kim 얼친은 친한 동네 이웃 같고, 절친은 멀리 떨어져 사는 사촌 같았습니다. → 깊이 공감되는 문귀입니다. 제 절친들은 제가 페이스북에다 글을 쓴다는 것을 거의 모릅니다. 제 이름이 까나리라는 것도 모릅니다. 하하하~
2010년 10월 22일 오전 10:29 · 4명

해글룡 절친은 절교한 친구가 아닌가요? ㅎㅎㅎ
2010년 10월 22일 오전 10:31 · 4명

신상수 얼친과 차이는 마음의 장벽을 자주 접하면서 그 장벽에 대고 자신의 생각을 담벼락에 낙서를 할 수 있다는 것이 이렇게 중요한 것 같네요
2010년 10월 22일 오전 10:31 · 2명

Alexander Park 공감 X 10000입니다 ㅎ근데 프로필 사진을 보면서 음... 공갈빵이 떠오른 이유를 설명하라면 못하겠습다. 배째세욧.-_-;;
2010년 10월 22일 오전 10:33 · 5명

윤영민 맞아요. 상수님. 담벼락에 올린 몇 마디가 쌓이면서 마음의 벽을 허무는 것 같아요.
2010년 10월 22일 오전 10:33 · 2명

윤영민 알력 스님이 오늘은 '공갈빵'으로 화두를 주시네요.^^
2010년 10월 22일 오전 10:34 · 2명

Ji Young Catharina Kim 알 스님... 흐음... 어쩌면 제가 깰 수 있을지도 모르겠습니다. 다시 꿰매 드리겠습니다.ㅎ
2010년 10월 22일 오전 10:35 · 2명

Brian Kim 알은 깨지면 꿰맬 수가 없는데.ㅋㅋ
2010년 10월 22일 오전 10:44 · 3명

Namsook Han 만나지 못하기는 얼친이나 절친이나 다 마찬가지라 저는 뭐 비교분석이 불가능한데요. 게다가 제가 지금 어느 동네에 와 있는지 도무지 감이 안 잡히고

모르겠다는... 집주인이나 손님들이나.^^
2010년 10월 22일 오전 10:44 👍 1명

Brian Kim 절친이 모두 얼친이 되기까진 시간이 걸리겠지요.
2010년 10월 22일 오전 10:46 👍 1명

조근주 얼친과는 썰렁한 농담으로도 큰 웃음을 만들어내지만 절친한테 그랬다가는 많이 씹히고 술 마시는 내내 구박받는다. 예를 들어 '세계에서 제일가는 기업을 만들 꺼야'라는 말에 '네 개는 안돼?'라고 썰담을 했다가 근 2년을 술 마실 때마다 이 말을 회자시키던 친구들. 이 녀석들은 절대 페북에서 안 만나리라.
2010년 10월 22일 오전 10:47 👍 4명

윤영민 그런데 절친이 얼친이 되면 얼친이 불편해질 수도 있을 것 같네요.
2010년 10월 22일 오전 10:47 👍 3명

Brian Kim '절친을 얼친으로 인도하기' 같은 지침서 하나 쓰시죠.ㅎ
2010년 10월 22일 오전 10:49 👍 2명

윤영민 남숙님 같은 경우도 있겠군요. 고국을 떠나 사는 분들은. 맞아요. 조선생님. 농담은 역시 얼숲에서 하는게 최옵니다.^^ 브라이언님, 미국에서는 얼친=절친이라고 하던데요. 우리처럼 온라인에서 만나 그렇게 가까워지기란 쉽지 않을꺼에요. 그래서 얼숲 절친 페북 절친이라는 말을 쓰고요.
2010년 10월 22일 오전 10:53.

Ji Young Catharina Kim 절친은 가능하면 얼친 안됐으면 합니다 - 과거사 밝혀질까 봐... 예를 들어 고딩 때 오락실에서 게임하다가 상품으로 받은 책가방 문구 풀셋트에 성적표 받은 거까지 들어있는 걸 통째로 누가 훔쳐가 버려서 집에 못 들어가고 방황한 거 등등.ㅎㅎㅎ
2010년 10월 22일 오전 10:55 👍 4명

윤영민 여학생들도 오락실에 가나요? 참 까나리님은 과거에 '사연'이 많으신가보다.
2010년 10월 22일 오전 10:59 👍 2명

Brian Kim 야자하는 절친 사이에 얼숲에서 호칭이나 말투 때문에 불편한 점 있습니다. 얼친=절친인 분들도 있지만 그렇게 많진 않아요.
2010년 10월 22일 오전 10:59 👍 3명

조근주 사실 오프의 친구들은 많은 관계 속에서 만들어진 친구들이고, 오랜 세월동안 애증이 쌓여 있죠. 한 사람과의 관계, 즉 1:1의 관계가 아니라 1:다, 혹은 다:다의 관계이기 때문에 서로 깊게 아는 반면, 부담도 있는거죠. 그런데 얼친의 경우는 일단 그런 선입견 없이 만나는데다가, 언젠가 제가 말한 다른 '페르소나'로 만날 수도 있는 '자유'가 존재하죠. 물론 얼친도 사이가 깊어(?)지면 절친이 되겠지만.
2010년 10월 22일 오전 11:00 👍 1명

조근주 까나리님... '아리까리'하죠?
2010년 10월 22일 오전 11:01 👍 1명

Brian Kim 아주까리입니다.ㅎㅎ
2010년 10월 22일 오전 11:03 👍 1명

Ji Young Catharina Kim 염소똥?? ㅎㅎㅎ
2010년 10월 22일 오전 11:10 👍 1명

윤영민 드뎌 오늘의 선문답이 시작되려나???
2010년 10월 22일 오전 11:11 👍 1명

Ji Young Catharina Kim 그때를 기억하는 제 절친들이 그 도둑에게서 가장 부러워했던 것은? - 제 성적표입니다! ㅎㅎㅎ (믿거나말거나)
2010년 10월 22일 오전 11:14 👍 1명

해글룡 역시 까나리님은 '수업시간에 선생님말씀 잘 듣고 잠은 하루에 6시간 이상 자고 교과서 위주로 공부하셨던 분'이 맞으시군요. ㅎㅎ
2010년 10월 22일 오전 11:15 👍 4명

조근주 염소똥은 1원에 열두개입니다.
2010년 10월 22일 오전 11:54 👍 1명

조근주 내 성적표는 항상 학교 복도에 액자에 넣어서 보관 전시되기 땜에 분실도난의 우려가 없었어요.
2010년 10월 22일 오전 11:55 👍 3명

Brian Kim 그 시절에 까나리님은 지구별에 안 계셨던 것 같은데요. ㅎㅎ
2010년 10월 22일 오전 11:56 👍 1명

Ji Young Catharina Kim 얼친분들 앞에서는 박박 요렇게 성적표 운운하면서 우기고, 레알의 절친들은 절대 친구신청 안받아주면서~ 과거를 묻지 마세요~ 룰루 랄라~! ㅎ
2010년 10월 22일 오후 12:04 👍 1명

EunYoung Kim 저는 윤 교수님의 의견 위에 하나 더 얹겠습니다. 비록 절친은 아니지만 '어리버리 오프라인 지인'이 꽤 많은 저로선 페북이 하나의 소통 도구가 되어서 '얼친 겸(한계는 있겠지만) 절친'으로 많이 둔갑 중입니다. 예전 같으면 잊혀졌을 사람들의 인연이 지속되는 거죠. 온&오프의 절묘한 조화라고 할 수 있겠지요. 물론 순전히 페북에서 만나서 얼친이 될 수 있다는 것도 100번 공감합니다.
2010년 10월 22일 오후 12:06 👍 3명

김지현 저도 윤교수님의 얼친과 절친... 공감합니다... 염소똥 1원에 열두개 언제적 이야기인지??
2010년 10월 22일 오후 12:09 👍 2명

조근주 까나리님께서 네티즌 수사대, 아니 페북 수사대의 힘을 너무나도 간과하고 계시는군요.
2010년 10월 22일 오후 12:10 👍 2명

Brian Kim 까메리 출동입니까???
2010년 10월 22일 오후 12:13 👍 2명

Brian Kim 카메라.^^
2010년 10월 22일 오후 12:13 👍 3명

Ji Young Catharina Kim 김은영님의 의견에 라이크 꾸욱~! 깊이 공감합니다! ^_~ 부산에 좋은 분이 너무 많이 계시다능~
2010년 10월 22일 오후 12:14 👍 2명

Min Jeong Son / Loco &Loca /? 와, 좋으셨겠다는... 얼친도 절친도 두루두루 챙기시는 윤교수님.^^
2010년 10월 22일 오후 12:15 👍 3명

김진태 굳이 애써 구분 짓지 않습니다. 다만 절친은 전화 한통화에 순간 번개 바찌지직 하지만 페이스북 번개는 좀 기간을 가지고 하게 되지요. 외국에 있는 친구들과 번개 칠려면 년간 계획을 잡아야 하구요. 결국은 모이자 마시자 이네요.
2010년 10월 22일 오후 3:30.

Ben Byeongho Lee 전 외국에 있는 절친과 fb에서 만나 제일 좋은 것 같은데... 국내 절친도 사진 등 근황을 올리면 만나지 않고도 소식을 알게 되어 좋구 따로 만나도 할 말은 주로 19금이라...ㅎㅎ
2010년 10월 22일 오후 4:14 👍 2명

Min Jeong Son 네, 또 19금! 이젠 저도 익숙해져 가고 있습니다.
2010년 10월 22일 오후 4:15.

Ben Byeongho Lee 민정님, 24/7감시대상에 제가 올라간 것 같군요.^^ 아참 fb친구가 좋은 건 외국이구 국내고 간에 이성친구_19금 관계말구, 또 찍혔다_를 만나는 것이 쉽지 않은데... 이게 요기서는 아주 자연스럽게 건전하게 이루어진다는 것이 젤 좋아요!
2010년 10월 22일 오후 4:21 👍 2명

Ji Young Catharina Kim 이성친구... 저네요? 하이! 이씨~ 방가방가~! ㅋ
2010년 10월 22일 오후 4:23 👍 1명

Ben Byeongho Lee 이성친구간에는 성이 아닌 이름으로 '씨'를 붙여야 촌스럽지 않습니다. '씨'와 성, 이름간의 조합은 매우 상이함을 지금 또 깨달았네요. 김씨~ 안방마님이 힘좋게 생긴 남자 아랫것 부를 때 주로 사용되나, 주인어른 여자 아랫것의 경우는 매우 드뭄. 지영씨~ 동성끼리는 매우 사무적이나 이성친구간 부를 때는 연인사이로 발전가능성이 있는 마력이 있는 호칭. 김지영씨~ 성별과 관계없이 윗것이 아랫것을 일반적으로 부를 때 주로 사용되나 길게 부를 때와 짧게 부를 때를 잘 구별해야 성공할 수 있습니다.
2010년 10월 22일 오후 4:33 👍 2명

윤영민 지영님은? 까나리님은?
2010년 10월 22일 오후 4:39 👍 1명

Ji Young Catharina Kim ㅎㅎ 저는 그냥 이성친구라고 하시길래, 벤님은 이씨이시고 저는 김씨라서 우리는 이성친구구나 그런 줄 알았죠? 병호씨~ 이렇게 부르면 되나요? 근데 좀 이상하네요, 그냥 온라인에서 벤님~ 요게 제일 좋아요! ㅋㅋㅋ 그런데 힘좋게 생긴 남자 아랫것 부를 때요? 빵~ 터졌습니다.ㅎㅎ
2010년 10월 22일 오후 4:43 👍 1명

Ji Young Catharina Kim 윤씨 성을 가지신 영민님 만나뵈서 늘 반갑습니당!^^ 금요일이 어느덧 끝나가고 있네요. 몹시 지루한 하루여서 쿨한 영화나 한편 보고 싶어지네요. 벤님, 영민님 - 행복하고 평화로운 주말 보내세요~!
2010년 10월 22일 오후 4:50 👍 1명

윤영민 이번주도 까나리님 덕분에 제 삶이 한 10% 더 행복해진 것 같아요.^^ 즐거운 주말 되시길.
2010년 10월 22일 오후 6:34 👍 2명

Ji Young Catharina Kim 헉... 과찬이십니다~! 제가 담주엔 그럼 20%로 원더걸(?)의 공력을 발휘해야 되겠네용... 주말에 각본 좀 짜야겠어요.^^ 조 위에 낙타 한마리가 출현했네요?? 헉... ㅎ 두분 모두 행복하세요!^_~
2010년 10월 22일 오후 9:48 👍 2명

대화 95 인터넷 사용은 친구관계에 어떤 변화를 가져오는가?

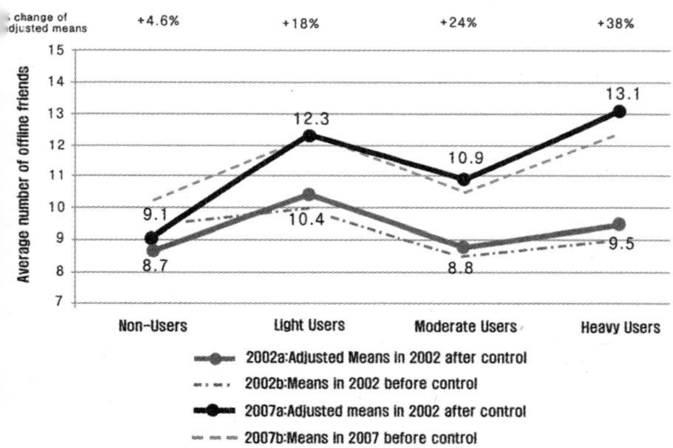

2009년 5월 *American Behavioral Scientist*에 발표된 논문에서 왕 후아(Hua Wang)와 베리 웰맨(Barry Wellman)(2009)은 인터넷 사용이 미국인들의 친구관계를 증가시켰다고 보고했습니다.[52] 일반인들이 보기에는 매우 당연한 듯 보이는 현상도 학계에서는 쟁점이 되고는 하지요. 과학기술의 발달이 공동체, 가족관계, 친구관계 등에 어떤 변화를 가져오는가는 사회과학계의 오랜 쟁점 중의 하나입니다. 예컨대, 철도, 도로, 자동차, 전화, TV, 최근에는 인터넷의 영향에 대한 학술적 논의가 진행되어 왔습니다.

저자들은 2002년과 2007년의 설문조사 결과를 비교하면서 인터넷 사용이 오프라인, 온라인, 혹은 오프-온라인의 친구관계를 증가 혹은 강화시켰다고 보고하고 있습니다. 이 논문에서 특이할만한 점은 ① 인터넷 사용자 중 5분의 1정도만 순수한 온라인 친구를 1명 이상 가지고 있다, ② 인터넷을 많이 사용하는 사람일수록 친구의 수가 많이 증가했다는 것입니다(앞쪽 그래프를 참고하세요). 인터넷을 아주 많이 사용하는 사람(하루 3시간 이상 사용)의 오프라인 친구는 38%가 증가한 반면, 인터넷 비사용자의 경우는 4.6%만 증가했네요.

---

52 Hua Wang and Barry Wellman. 2009. "Social Connectivity in America: Changes in Adult Friendship Network Size from 2002 to 2007". *American Behavioral Scientists.* http://homes.chass.utoronto.ca/~wellman/publications/social-connectivity/social-connectivity.pdf)

저자들은 그러한 변화의 이유로 ① 소셜미디어의 발달, 모바일 기기의 확산 등과 같은 기술적 변화, ② 네트워크 개인주의(networked individualism)로 요약되는 사회구조의 변화, ③ 온라인과 오프라인의 구분의 약화를 지적하고 있습니다. 2010.06.06

좋아요 · 댓글 달기 · 공유하기

전채남님, 알태공님과 박일영님이 좋아합니다.

조응진 "온/오프라인 구분 약화", 정말 실감되고요, 앞으론 구분 자체의 의미가 없어질 듯합니다.^^
2010년 6월 5일 오후 2:25

임진숙 온라인 사용으로 친구는 저 역시 늘어났습니다. 하지만, 질적인 면을 생각해보지 않을 수 없습니다. 오랜 시간을 얼굴보고 안아보고 등등의 스킨쉽이 있었던 친구들과 글로만 만나는 친구들과는 감정적인 면에서 조금 차이가 있습니다. 인터넷을 많이 사용하는 사람의 오프라인 친구가 38%나 증가했지만, 인터넷 비사용자의 4.6% 증가한 사람들의 친구관계보다 더 돈독한지는 또 다른 문제 아닐까... 생각해 봅니다.
2010년 6월 5일 오후 6:05

Min Jeong Son 인터넷 덕에 친구, 동료들과 연락할 수 있어 정말 다행일 때가 많죠^^ 이나마도 못하고 그냥 혼자 바쁜 척하고 살 때가 많은데, 사이버상에서라도 소통할 수 있어 외롭지 않고요.
2010년 6월 5일 오후 7:12

Min Jeong Son 게다가 직접 만나는 사람들보다 온라인상의 친구들이 더 가깝게 느껴지는 때도 많은데요... 저만 그런가요???
2010년 6월 5일 오후 7:13

Sungwon Kim 온라인을 통하면 '생활반경 내'라는 한계를 극복하고 친구를 발견할 수 있어서 좋습니다. 보통은 동네, 학교나 직장 등에서 새로운 친구를 발견하게 되는데 온라인에는 그런 한계가 없으니까요. 학생도 아닌 제가 정보사회학 페이지를 발견하게 된 것도 온라인 덕분.^^ 그런데 트윗 사용자와 얘기하던 중에 이런 이야기가 나왔었어요. 트윗을 올릴 때는 불특정 다수의 사람들이 본다는 걸 의식하기 때문에 저절로 '자기검열'이 생긴다구요. 그런 면에서 온라인은 어느 정도는 '환상'이 지배하는 곳이기도 하구요. 전에 싸이월드 한참 유행할 때 '포토샵'의 위력을 빌린 실물보다 훨씬 잘 나온 셀카사진들이 유행했듯이, 온라인의 콘텐츠에는 이상적인 자아가 투영될 수도.
2010년 6월 5일 오후 8:33

대화 96 Nicholas Carr의 사고능력 저하론: 인터넷이 우리의 생각을 빼앗아 가고 있다

이 책을 산 후 태평양을 1.5회 왕복하고 나서야 다 읽었습니다.[53] 지난 달에 우리말 번역본이 출간되어 읽는데 크게 도움이 되었습니다. 제가 전공하지 않은 분야의 논의들이 많이 포함되어 있어 원서를 속독하기가 좀 어려웠지요.

이 책의 논지는 "인터넷은 궁극적으로 많은 사용자들을 무뇌아로 만들 가능성이 높다"는 명제로 요약됩니다. 마치 TV는 바보상자라는 비판과 비슷해 보이지요? 하지만 이 책을 인터넷의 일면만을 보고 비판하는 신(新)러다이트주의자(Luddite)의 저술로 치부해버리는 실수를 범하지 마세요. 저자인 니콜라스 카(Nicholas Carr)는 인터넷에 관해 이 지구상에서 어느 누구 못지않게 탁월한 식견을 가진 전문가이고, 인터넷 문화에 애정이 많은 사용자입니다. 즉, 외부

53 Nicholas Carr (최지향 역). 2011. 〈생각하지 않는 사람들〉. 청림출판.

자의 '까대기식 비판'이 아니라 내부자의 애정 어린 비판이며, 자기 성찰적 탐색입니다. 더구나 비록 대중적인 저서이지만 방대한 문헌을 섭렵하여 매우 탄탄한 전문적인 논리와 거증을 제시하고 있습니다. 책을 읽으면 저자가 우리에게 함께 고민해보자고 진지하게 말을 걸고 있음을 느낄 수 있어요.

그렇게 두꺼운 책도 아닌데 읽고 나니 세 권의 책을 읽었다는 느낌이 듭니다. 먼저 우리 두뇌(brain)가 어떻게 작동하는가에 대한 긴 설명, 둘째, 인쇄된 책과 선형적 사고가 지닌 장점에 대한 강한 주장, 셋째, 인터넷이 우리 두뇌에 미칠 부정적 영향에 대한 경고가 각각 하나의 별도의 책을 구성해도 될 정도로 상세하게 제시되고 있습니다. 사실 이 세 가지가 모두 책 분량 이상의 논의가 요구되는 심각한 쟁점을 품고 있기도 하고요.

책의 첫째 부분은 두뇌의 가소성(brain plasticity)에 관한 것입니다. 신경생리학이나 인지심리학은 제 전공 분야가 아니기 때문에 제가 논쟁에 끼어들 형편이 못됩니다. 그런데 이 책을 읽어보니, 두뇌가 어린 아이 때는 말랑말랑하지만 나이가 들면 딱딱하게 굳어져 변하지 않는다는 일반적 믿음이 잘못된 것이었더군요. 그동안 성인의 두뇌도 환경에 따라 변화될 수 있다는 사실이 여러 연구에서 증명되어 왔답니다. 저자는 우리 두뇌의 이러한 특징에 주목합니다. 특히 두뇌 구조의 형성이 책, TV, 인터넷 등과 같은 지적 기술(intellectual technology)에 의해 크게 영향을 받는다고 합니다.

책에는 그 주장을 뒷받침하는 다수의 연구결과가 인용되고 있습니다만, 이 가설은 책 전체의 논지를 유지하는데 결정적으로 중요합니다. 카가 이 책에서 독자를 설득하는데 근본적으로 의존하는 지식이 두뇌과학이거든요. 그는 인터넷이 생각하는 방식을 바꾸어 놓는다는 인문학적 근거가 아니라 아예 생각하는 기관인 두뇌의 성격을 바꾸어 놓는다는 자연과학적 근거를 제시하고 있습니다. 바로 두뇌 가소성이 그 이론적, 경험적 근거입니다. 이 부분은 별개의 책으로 출판해도 문제가 없을 정도로 뒷부분과는 독립적인 내용입니다.

책의 둘째 부분은 인쇄문화 예찬입니다. 그의 주장은 대체로 이렇습니다. 고대 문자의 발명이 알파벳의 발명, 그리고 인쇄의 발명으로 이어지면서 인간은 선형적 사고를 할 수 있게 되었다. 그런데 이 선형적 사고야말로 인간이 고도의 현대문명을 이룰 수 있게 한 경이적인 진보였다.

"오랜 시간, 집중해서 읽는 독서가 열어준 조용한 공간에서 사람들은 연관성을 생각하고 자신만의 유추와 논리를 끌어내고 고유한 생각을 키운다. 깊이 읽을수록 더 깊이 생각한다. … 우리 정신의 역사에서 이 '불가사의하면서도 이례적인 일'을 가능케 한 것은 책이라는 기술이었다(101)."

선형적 사고-고요함-집중-깊이, 이 네 단어는 이 책 전체를 통해서 저자가 이상적으로 간주하는 인간의 지적 활동을 묘사합니다. 종이책은 인간에게 그러한 능력과 환경을 제공해주었고, 인간 두뇌도 거기에 적합한 모습으로 바뀌었다고 합니다. 그리고 그 덕분에 인간은 현재와 같은 고도의 문명을 이룩할 수 있었다는 것입니다.

책과 선형적 사고를 이상화하면서 그는 소크라테스부터 마샬 맥그루한(Marshall McLuhan)까지 상대해야 했습니다. 그는 한편으로는, 인쇄문화를 이상화하기 위해 구어문화를 선호했던 소크라테스와 전자미디어를 예찬한 맥그루한을 싸잡아 비판하고, 다른 한편으로는, 미디어 자체의 영향력을 강조하기 위해 콘텐츠가 아니라 미디어 자체가 지닌 영향력을 감지했던 소크라테스와 맥그루한을 높이 평가합니다. 한 마디로 그는 맥그루한적 기술결정론을 취합니다. 단, 인간의 사고능력이라는 관점에서 인쇄문화가 구어문화는 물론이고 전자문화에 비해서도 우월하다는 입장입니다.

요즘 세상에서 인쇄문화와 선형적 사고에 대해 저자와 같은 예찬은 아주 보기 드문 일입니다. 거의 무모하다고 말할 수 있는 용기 있는 행동입니다. 인터넷 문화가 등장한 이후 지난 20여 년 동안 하이퍼텍스트(hypertext)에 대한 논의와 포스트모더니즘의 사조가 맞물리면서 인쇄문화에 대한 비판이 문화계의 지배적인 목소리였거든요. 인쇄문화에 대한 평가는 별도의 아주 심각한 토론이 필요한 쟁점입니다. '집중'과 '깊이'의 중요성을 강조한다고 해서 책에 내재한 저자와 독자 사이에 위계 구조, 선형적 글쓰기의 남성 중심성 등의 문제가 사라지지는 않기 때문입니다. 게다가 저자가 그토록 중요시하는 '깊이'

가 제리 에버라드(Jerry Everard)(2000/2002)의 지적처럼 허울일 수도 있습니다.[54] 우리는 이미 전통적인 위계적 세계를 대체한 '표면들의 세계(world of surfaces)'에 살고 있는지도 모르기 때문입니다.

책의 셋째 부분은 저자의 가장 핵심적인 주장을 담고 있습니다. 카에 의하면, 인터넷이 지닌 근본적인 문제는 두 가지입니다.

하나는 인터넷이 우리로 하여금 집중적인 사고를 불가능하게 한다는 점입니다. 하이퍼텍스트, 링크, 미디어 통합, 끝없는 알림, 쉴 새 없는 호출 등 우리의 관심을 분산시키는 엄청난 유혹들이 존재하기 때문에 '조용히', '오랫동안' 집중적으로 생각할 수 없다는 주장이지요. 뭐, 이점을 부정하기 어렵지요. 그런데 카는 인터넷의 그러한 특성이 우리 두뇌에 일종의 형질 변경을 초래한다고 주장합니다. 인쇄문화에서 형성된, 깊은 사고를 가능하게 하는 두뇌 구조가 사라진다는 겁니다. 한 마디로 우리가 '얄팍한 인간들(the shallows)'로 변한다는 말입니다. 그것이 책의 원 제목입니다.

다른 하나는 인터넷이 우리 두뇌의 기능을 대거 아웃소싱(outsourcing)해 가고 있다는 점입니다. 기억(memory)은 물론이고, 판단, 분별, 평가 등도 점차 인터넷이 대신 해준다는 것입니다. 카는 사용자 친화적이라는 명목 아래 인터넷 기업들은 경쟁적으로 두뇌 활동의 수고를 거쳐야 할 일을 대신해 준다고 지적합니다. 저자는 구글의 사례를 가지고 그러한 경향을 거증합니다. 인간들은 인터넷이 제공하는 편안함에 익숙해지면서 인간만이 할 수 있는 더 높은 수준의 사고를 하는 것이 아니라 점점 사고를 하지 않게 된다는 주장이지요.

15년 전 *Silicon Snake Oil*이라는 긴 에세이에서 클리포드 스톨(Clifford Stoll)은 '정보의 바다'라는 비유가 허풍에 불과할 것이라고 예측합니다.[55] 생활에 유용한 정보는 적고 무익하거나 심지어 해롭기까지 한 자료들이 넘쳐날 것이라고 예상했지요. 거기에 비하면 카의 비판은 훨씬 과학적이고 세련되어 있습니다. 스톨이 콘텐츠를 가지고 비판했다면 카는 미디어 자체를 비판합니다.

---

[54] Jerry Everard (윤영민 역). 2002. 〈국가@인터넷〉. 한양대학교 출판부.

[55] Clifford Stoll. 1996. *Silicon Snake Oil.* New York: Doubleday.

카의 입장에서 보면 스톨은 번지를 잘못 찾았습니다.

스톨식으로 표현하면, 카는 인터넷이 사람을 스마트하게 해준다는 주장이 허풍이라는 겁니다. 스마트하게 해주기는커녕 오히려 멍텅구리로 만들 것이라고 경고합니다. 계산기를 사용하면서 사용자 자신의 셈 능력이 약화되듯이 인터넷을 사용하면서 사용자 자신의 두뇌 기능이 약화된다는 것입니다. 그는 인터넷이 두뇌와 유사한 기능을 할수록(그리고 인터넷은 그 방향으로 나아가고 있다고 합니다) 인간 두뇌의 기능은 약화된다고 지적합니다.

그는 책의 마지막 문장을 이렇게 쓰고 있습니다. "우리가 세상을 이해하기 위해 컴퓨터에 의존하게 되면서 인공지능으로 변해버리는 것은 바로 우리의 지능이라는 것이다(324)."

이 책은 누구도 무시할 수 없는 풍부한 과학적 연구 성과를 인용하고 있습니다. 게다가 저자의 지적은 현상적으로 볼 때 부인할 수 없는 부분이 많습니다. 개인적으로 공감 가는 대목이 아주 많습니다. 그리고 이 책은 세 부분 중 어느 한 부분을 부정한다고 다른 부분까지 통째로 부정되지 않은 묘한 특징을 갖고 있습니다. 아마도 이 책이 그만큼 과감한 주장을 담고 있고, 동시에 그만큼 엉성한 구조로 되어 있기 때문인지도 모르겠습니다.

저자의 주장에 대해서는 여러분들도 하고 싶은 말씀이 많겠지만, 저는 세 가지만 간단히 짚겠습니다. 첫째, 제가 과문한 탓인지 모르지만, 인터넷이 사용자의 두뇌 자체를 영리하게 만들어 준다는 주장이 일반적이었던 적은 없었습니다. 인터넷 덕분에 사람들의 판단과 의사결정이 더욱 스마트하게 된다는 주장들은 많지요. 저도 그런 주장을 하는 1인이고요.

둘째, 지적 능력의 전개 혹은 지식의 생산이 개인들의 '깊은' 사고만을 통해서 가능하다는 주장에 공감할 수 없군요. 공중의 대화를 통한 지적 자극은 소위 개인의 '깊이'를 통해 얻을 수 없는 발상을 가능하게 해주곤 합니다. 저자가 소위 집단지성의 힘을 과소평가하고 있다는 말씀입니다.

셋째, 저자 예외주의를 인정할 수 없습니다. 사색을 위해 조용한 시간이 필요한 것은 사실입니다. 그리고 온라인 상태에서 그러한 조용한 사색의 시간을 갖기가 쉽지 않은 것도 사실이라고 생각합니다. 저자는 이 책을 쓰기 위해 수 개월 동안 고립된 환경에서 지내야 했다고 합니다. 충분히 이해가 갑니다. 그런데 왜 다른 사람들은 그렇게 할 수 없다고 생각하지요? 인터넷과 소셜미디어가 점점 우리 생활에 깊숙하게 들어오고 있습니다. 어떤 미디어도 사회적 학습이 필요합니다. 저는 미디어의 힘을 부정하지 않지만 그 영향이 인간에 대해 한 방향으로 작동한다고 보지는 않습니다. 미디어가 어떤 모습으로 형성되는가는 사회적 과정에 의해 크게 영향을 받기 때문입니다. 2011.03.06

좋아요 · 댓글 달기 · 공유하기

박형충, 박윤희, 안지영님 외 68명이 좋아합니다.

섹시고니 재미있는 얘기 잘 읽었습니다. 저는 대체적으로 저자의 말이 공감이 가는군요. 웅.
2011년 3월 6일 오전 12:32 1명

최순희 빅스위치에서 카는 전기의 사용과는 달리, 컴퓨터 응용프로그램은 유틸리티가 실현하는 규모의 경제에 따른 이익을 실현하는 구조임을 설득해내는데, 참 매력적인 글쓰기를 하는 저자라는 생각이 들었더랬습니다. 방대한 자료를 요리하면서 공격적이지요. 강의계획서에 소개된 것을 보고 바로 주문해 책을 사놓고는 아직 읽지 못하고, 발등에 떨어진 불 끄고 있습니다... 교수님께서 갈증을 더해줍니다.^^
2011년 3월 6일 오전 1:25 7명

정지훈 저자가 워낙 보통사람이 아니지요. 그리고, 뇌과학에 대한 이해도 높더군요. 그의 말과 같이 외부환경에 의해 우리 뇌는 끊임없이 변합니다. 그런 측면에서 지나친 의존은 좋지 않지요... 어떻게 적당하게 하느냐? 어려운 문제지만 말이죠.
2011년 3월 6일 오전 3:18 4명

Che Qeem 조금 어렵군요. 생각하지 않는 사람들이란 책이 새로 나왔나봐요? 그 책을 직접 한 번 읽어봐야겠어요.
2011년 3월 6일 오전 4:32 1명

Taewon Kim 오래전부터 고민해오던 주제인데 흥미롭네요. 물론 새로운 기술은 사람을 나태하게 만들고 그 나태함으로 분명 게을러지는 경향이 있습니다. 다만 전 인터넷 혹은 SNS가 주는 단점을 부각한 차원일 뿐이지 이것이 우리의 생각을 빼앗아 간다고 생각치는 않습니다. 오히려 우리의 생각을 다른 차원에 집중하게 만든다고 보는 편이죠. 즉 정보자원관리의 문제로 봅니다. 어찌되었든 조만간 책을 사서 읽어봐야겠습니다^^
2011년 3월 6일 오전 5:33 4명

주광일 인터넷이라는 정보자원을 통해서 생각의 폭을 넓히고 있다는 통념을 깨버릴 수 있는 좋은 책인 것 같습니다. 저도 꼭 책을 탐독해보고 싶군요. 좋은 책 감사합니다.
2011년 3월 6일 오전 6:02 2명

Haewon Kim 두뇌의 아웃소싱이란 말이 재미있습니다! 기억해낼 일도, 생각해볼 일도 자꾸만 유예하는 제 자신을 종종 발견하곤 해요. 한편 인쇄문화의 선형성을 예찬한다고 하니, 더욱 궁금해집니다.
2011년 3월 6일 오후 1:33 5명

Hye Seon Hong 올해 동안 읽을 책 목록에 한 권이 더 추가 되었네요ㅋ 소개 감사합니다! :)
2011년 3월 6일 오후 1:38 1명

이종연 좋은 글 잘 읽었습니다. 사실 cyborg anthropology 라는 말이 나올 정도로 다른 종류의 사고 체계를 갖고 다른 종류의 사고 훈련을 하는 인류가 등장했다는 생각도 듭니다. 8분이 안 되는 길지 않은 TED 영상인데 위의 책의 주장을 다른 관점에서 볼 수 있는 영상이라 공유합니다. http://www.ted.com/talks/amber_case_we_are_all_cyborgs_now.html
2011년 3월 6일 오후 1:41 3명

박정민 생각해보면 노래방(가라오케)이 나온 이후로 가사에 대한 기억이 잘 나지 않습니다. 노래실력은 늘어간다지만 어느새 기억력에 대한 부분은 감퇴되고, 응용하는 (최신곡에 대한 적응) 방법은 늘어만 갑니다. 우리의 생각의 전부를 빼앗는 것이 아닌 부분 망각이 진행된다고 저는 봅니다. 오히려 이전보다 다루거나 습득하는 정보의 양은 늘어났지만 다른 쪽의 생각들이 발전하는 건 아닐까요? (어디에 북마크했던 그 정보, 정보를 찾는 방법에 대한 사고력 향상)
2011년 3월 6일 오후 3:16 7명

정보사회학 정민님, 가사는 기억하지 못하지만 노래는 더 잘 부르게 되었지요. 가끔 불편하기는 해요. 옛날에는 한강 다리에서 데이트하면서도 노래 몇 곡은 불렀는데, 이제 노래방 기계 없이는 거의 불가능한 일. 참, 휴대폰 어플이 있으면 되겠네요. 그래도 그것 보고 부르면 여친이 이해는 하겠지만 감동하지는 않을 것 같은데요.^^

저는 저자가 책읽기를 너무 과대평가한다고 생각합니다. 어차피 천재들의 세계는 제쳐 놓아야 하고, Carr의 주장처럼 일반 대중의 사고능력에 대한 문제인데, 저는 대부분의 책읽기가, 깊이 생각하는데도, 창조적인 생각을 하는데도 그다지 크게 도움이 된다고 생각하지 않습니다. 책읽기가 TV시청보다는 좀더 적극적인 두뇌활동이지만, 토론보다는 덜 집중적인 지적활동이라고 생각됩니다. 소셜미디어는 사용자들에게 생각할 계기를 만들어 주는 효과를 가지고 있다고 봅니다. 성찰효과라고 부를 수 있겠지요. 남이 올린 포스팅을 보면서 자신을 돌아보고, 자신이 포스팅을 올리면서 자신을 돌아보지요. 더구나 소셜미디어상의 토론은 매우 집중적인 두뇌활동임과 동시에 지식을 얻을 수 있는 대단히 효과적인 기회가 되지요. 그런 점에서 Carr의 주장에 완전히 공감할 수 없네요.
2011년 3월 6일 오후 4:48 7명

Moon Lee '인공지능으로 변해버리는 것은 바로 우리의 지능이라는 것' 맞는 것 같습니다. AI가 아무리 뛰어나도 사람을 따라갈 수 없는데 역으로 사람이 컴퓨터의 사고체계를 따라가는 역설이...
2011년 3월 6일 오후 4:54 1명

장성욱 인간의 편리한 도구에 대한 의존성으로 결국 인간은 도구 의존성만큼 자신의 능력을 잃는다도 어느 정도 설득력이 있겠지만, 인간은 또다른 능력을 개발해 나가지 않을까요?
2011년 3월 6일 오후 5:00 3명

박찬영 기억을 더듬어 보거나 잠시나마 생각하기도 전에 인터넷 검색이라는 툴에 먼

저 의존하게 되는 것 같아요
2011년 3월 6일 오후 5:17 👍 3명

우항준 Computer science와 MIS를 하고 IT업계에 종사하다 보니, 대체로 기술발전의 긍정적인 측면을 다룬 책들을 주로 보게 됩니다. 조금이나마 균형된 시각을 위해 읽어 보아야겠네요. 서평 감사합니다.
2011년 3월 6일 오후 5:51 👍 2명

Davis Noh 1. 언어가 부수적 도구라는 걸 망각한 또 다른 '언어 예찬론자'로군요. [상황A] 언어적 정보 + 비언어적 정보. 어떤 남자가 입으로는 '사랑해'라고 하면서 표현은 떨떠름한 경우, 그 말을 듣는 여자는 그 남자가 진실로 자신을 사랑하고 있지 않다는 걸 간단하게 알아차립니다. 물론 표정이나 몸짓 등 비언어적 정보를 종합해서 알아차리는 데, 이런 비언어적 정보가 인간에게 더 본질적인 정보이었고 지금도 더 본질적인 정보임은 변하지 않기 때문이죠.

[상황B] 언어적 정보만 주어질 때. 어떤 문학세미나에서 두 남녀의 사랑이야기에 대해서 토론하면서 남자가 여자를 진실로 사랑하는지 논쟁이 붙었습니다. 수많은 사례와 조건들이 동원되면서 토론되지만 결국 몇 가지의 전제조건이 참이라면 그 남자가 여자를 사랑하는 것이 틀림없다고 타협안을 도출하고 세미나가 끝납니다.
2011년 3월 6일 오후 6:12 👍 3명

조성준 상당부분 공감이 되는 책이네요.
2011년 3월 6일 오후 7:38 👍 1명

Davis Noh 2. 선형적 사고가 아직도 필요하냐라는 질문이 생기는군요. 선형적 사고가 필요없다는 말이 아니라 Carr의 선형적 사고가 '인간사고의 궁긍적 모범'이라는 주장에 대한 의문입니다. 뇌가 기억해야 할 직관적(비언어적 구체) 정보가 부족한 시절에는 선형적 사고가 많은 문제들을 해결해주었겠지만, 이미 고도로 조직화된 사회에서 선형적 사고가 오히려 발목을 잡는다고 볼 수 있지 않을까 생각됩니다. (책을 아직 보지 않아서 알맞은 반론이 될지는 모르겠지만)

[상황C] 구두 서술, 논증 기능. 미디어의 발달 이전에는 인간이 경험하고 기억할 수 있는, 결국 예측할 수 있는 범위는 자신의 주변 생활환경에서의 사건들이 전부입니다. 이때의 간접 경험은 구두 서술정보였고, 여기에는 그것의 진위를 가려내는 논증기능을 가진 자가 중요한 역할입니다. 이 논증 기능이라는 것은 선형적 사고의 발달이 필수적이지요. 거리상 폐쇄된 사회에서 외부 사회로부터 받는 충격(외적의 침입이라든지, 새로운 문물에 의한 경제기능의 몰락 등)이 클 수밖에 없는데, 가끔 접하는 구두 정보의 중요성과 그 구두 정보를 해석하는 능력의 중요성은 두 말할 필요 없겠죠.

[상황D] 문자 서술, 논증 기능. 당근 인쇄문명의 발달은 이전보다 많은 이점이 있었을 겁니다. 정보의 량이 많아지고 상반된 정보도 따라서 많아지므로 논증기능의 필요성은 절대적이 되었을 겁니다.

[상황E] 선형적 영상매체. TV의 발달은 언어 & 비언어적 복합 정보를 전달하므로 각자의 직관기능이 동시에 관여합니다. 하지만 선형적 해석이 동시에 제공되는 매체이지요.

[상황F] 비선형적 인터넷 종합매체. Carr가 앞의 3가지 상황과 결정적으로 비교되는 특징을 가지고 The Shallow라고 표현한 것 같은데요. 저는 결정적으로 수동적 정보활동과 능동적 정보활동의 차이를 주목했는지 궁금합니다. 책을 읽어보면 답변을 얻을 수 있겠지만 짐작컨대 인터넷을 통한 인간의 능동적 정보활동은 앞의 3가지 상

황보다 더욱 가치가 있는 덕목이라고 주목하지 않았다고 추측해 봅니다.

선형적 사고가 기능하던 시대의 수동적 사고활동이, 능동적으로 언어적 & 비언어적 정보를 수집, 판단하는 비선형적 인터넷 사고활동보다 반드시 우위에 있다고 주장할 근거가 있나요?

2011년 3월 6일 오후 8:06 👍 3명

Davis Noh 3. 인쇄매체를 가지고 하는 '깊이있는 사고'는 '언어를 위한 사고'. 인간만이 가진 사고의 특징은 대뇌신피질의 기능이라고 볼 수 있습니다. 대뇌신피질은 '감각질(감각정보의 유형)의 패턴'을 기억하는 기능을 한다고 아주 단순하게 말할 수 있는데요, 이 신피질의 6겹 행주의 패턴기억이 끊임없이 예측기능을 수행하는 것이죠. 우리는 논의를 위해 아주 단순화하면 '언어'와 '패턴'의 관계를 가지고 얘기해 볼 수 있습니다. 언어란 대뇌신 피질이 기억하고 예측하는 '패턴'의 또 다른 '패턴(인덱스)'이라고 거칠게 말할 수 있는 겁니다.

[상황G] 언어없는 직관적 패턴정보 및 예측 훈련. 신피질의 본질적 기능을 놓고 볼 때, 언어 없이도 얼마든지 수많은 상황에 대한 패턴 저장 및 예측 훈련을 할 수 있고, 이를 통해 사고능력을 고도화 할 수 있습니다.

[상황H] 언어와 함께하는 패턴정보 및 예측 훈련. 언어를 통해 훈련한다는 것은 두 단계로 구분됩니다. ① 어휘와 패턴의 대응 훈련, ② 본질적 패턴 훈련. 즉, 신피질의 본질적 기능에 부가적인 노력을 해야 한다는 겁니다.

물론 어휘가 많이 습득된다는 것은 그 만큼 더 많은 패턴에 대해 예측하고 처리할 수 있다는 의미이기도 합니다. 하지만 적정선 이상을 '반드시' 가져야 한다고 주장할 수 있는 근거는 없습니다. Carr가 주장하는 바가 인쇄문명에 비해 더 얕은 사고를 하는 것을 폄하하는 것이 아니라면, 우리는 그의 연구 성과를 통해 폭넓은 관점을 얻는 것이고, 지금 우리에게 주어진 상황에서 발전적인 방향을 도출해낼 도구를 더 가질 수 있다는 것에 만족하는 선일 겁니다.

2011년 3월 6일 오후 8:34 👍 6명

정보사회학 다비스님, 댓글이 일단락 되셨나요?^^ Carr는 책읽기를 매우 능동적인 지적 활동으로 봅니다. 물론 인터넷 사용 중에도 그런 활동이 많다는 사실을 인정하고요. 우선 '책읽기'가 얼마나 능동적인 두뇌 활동인가에 대해 견해 차이가 좀 있습니다. 다비스님도 그런 것 같은데 저도 책읽기를 상당히 수동적인 두뇌 활동으로 보고 있습니다. 책쓰기는 엄청나게 능동적인 두뇌 활동임에 의문의 여지가 없지만요. 저자와 독자 사이의 비대칭적 정보와 사고... → 이것이 인쇄문화의 한계로 봅니다(물론 전문적인 독자는 예외가 될 수 있습니다).

예컨대, 제가 이 포스팅을 올리는 데는 엄청 많은 두뇌 활동이 있었습니다. 비록 A4용지 4장도 안되는 분량이지만요.^^ 그런데 읽는 분들은 거의 대부분 몇 분만에 다 읽지요. 그리곤 그냥 가버리거나, 좋아요를 누르거나, 한두줄의 감사인사를 남기고 갑니다. 아주 작은 두뇌 활동이 일어났겠지요. 다비스님은 예외적으로 포스팅한 저만큼 두뇌 활동을 하셨습니다. 예외적이지요.^^

그래서 제가 주목하는 것은 '읽기'가 아니라 '생각하기'입니다. 어차피 일반인들이 '깊이' 생각하기는 어렵습니다. 너무도 많은 제약이 있지요. 그렇다면, 인쇄문화와 인터넷문화 중 일반인들이 어느 환경에서 더 자주 생각하게 되는가가 관건입니다. 더구나 그 생각하기가 Carr가 전제하는 개인적 수준이 아니라 공중적 수준에서 일어난다면 얘기가 또 달라지지요. 저는 뇌과학은 이 문제에 대해 썩 효과적인 접근이라고 생각되지 않습니다. 뭐 저야 사회학자이니까요.^^ 다비스님은 이점에서 저와 견해를 달리 하리라 생각됩니다만...
2011년 3월 6일 오후 9:47 👍 4명

Davis Noh 그렇군요. 일반인이 어느 환경에서 더 많이 생각하게 되느냐, 그리고 개인적 수준이 아니라 공중적 수준이라면 또 달라지는군요. 뇌과학은 이미 모든 인문사회 학문영역의 설명을 논증해주는 필수적인 하나의 논거예요. 물론 아직까지 입맛에 맞게 임의해석의 문제가 있긴 하지만... 그건 뇌과학 자체가 정리가 잘 안돼서 그렇죠. ㅎㅎ
2011년 3월 6일 오후 10:33 👍 5명

Davis Noh 그래도 인지철학에서 꽤 진도가 나가있기 때문에 논거로 사용하는 사람이 막나가지는 못할 겁니다.
2011년 3월 6일 오후 10:35 👍 3명

정보사회학 이번에 Carr 책을 읽어보니 뇌과학이 재밌네요. 앞으로 좀더 진지하게 관련 문헌을 대하도록 해야겠습니다.^^
2011년 3월 7일 오전 1:00 👍 1명

박삼종 가소성 명제는 받아들입니다. 하지만 다른 논의들은 생각이 많이 다릅니다. 특히 책이나 문자가 인간의 사고를 깊게 한다는 가설은 틀린 명제입니다. 말과 글에 관한 현대사상사가들의 긴 논쟁사를 다시 언급할 생각은 없지만 집단지성은 우리를 바보로 만드는 것이 아니라 더 예리한 판단력과 지성을 지닌 존재로 바꾸어가고 있습니다. 집단지성이라고 판단을 집단에게 맡긴 수동적 지성이 아니라 집단지성을 통해 정보를 정확히 판단하고 더 수준 높은 판단에 지성이 개입할 수 있게 되었습니다. 이런 류의 글들은 계속 나올 것이라는 생각이 들고 대응도 필요하겠지만 이미 변화된 환경에서 다시 얼굴과 얼굴을 실시간으로 대하는 "말-대화"의 집단지성의 지혜를 배워 나가는 것이 좋을 듯싶습니다. 책이나 매체가 중심이 아닙니다. 핵심은 인간의 사고하는 능력입니다.
2011년 3월 7일 오전 1:20 👍 5명

박삼종 책이나 다른 이전의 매체에서 사고하지 않던 사람들은 매체가 바뀐다고 능동적인 사고능력을 지닌 지성으로 바뀌지 않습니다. 그렇다고 더 바보가 되는 것도 아니죠.
2011년 3월 7일 오전 1:34 👍 3명

박삼종 SNS는 능동적 지성을 집단지성으로 강화시켜준다는데 의미가 있습니다.
2011년 3월 7일 오전 1:35 👍 3명

정보사회학 삼종님, 좋은 말씀이십니다. 그런데 한 가지가 걸리네요.^^ 소셜미디어가 수동적인 사람들에게도 생각할 기회를 더 가져다주지 않을까요?
2011년 3월 7일 오전 2:27 👍 1명

박삼종 좋은 지적이십니다. 지금의 소셜미디어 기반의 집단지성은 능동적 지성의 확대 가능성을 지니고 있습니다. 그렇다고 자동적으로 확대되는 것은 아니고 소셜미디어의 도움을 받아 각 사람이 주체적인 지성이 되도록 적극적으로 노력해야할 부분입니다.
2011년 3월 7일 오전 2:29 👍 2명

이성현 과거와는 다른 지능이 발달하는 것일거라 생각합니다. TV가 바보상자라곤 하지만, 현재의 사람들이 TV가 없던 시절의 사람보다 지능이 떨어지지 않은 것처럼 말이죠. 다만, 응용하는 능력이 향상됨에 따라 그것을 받쳐주는 기초지식 역시 중요한데, 이것을 망각하는 사회 풍토가 아쉽습니다. B를 만들기 위해선 A의 지식이 필요하지만, A의 지식이 없이도 만약 B의 유사품을 쉽게 만들 수 있게 되는 것이지요. A를 몰라도 비슷하게 만들 수는 있지만 B와는 조금 다른. 그러다보니 A를 별로 중요시 하지 않게 되는 풍토가 조성되는 것이겠지요. B의 유사품으론 A의 지식 없이는 C로 나아가지 못할 지언데... A를 모르니 C로는 못 나아가고 B의 유사품의 유사품. 또 그것의 유사품... 이런 식으로 나아가고 있는 것 같습니다. 그래서 저는 기초 지식의 중요성을 지적하고 싶습니다.
2011년 3월 7일 오전 4:45 👍 2명

Young-eum Lee 저도 책을 사놓고 아직 읽지는 못했지만 저 역시 윤교수님께서 지적하신 대로 "생각하기"라는 개념에 오래 전부터 관심을 가지고 있었습니다. Carr와 비슷하게 TV 시대를 McLuhan적 관점에서 비판을 한 Neil Postman의 "Amusing Ourselves to Death"를 보면 인쇄시대에서 Telegraphy의 시대로 들어서면서 "오락적" 매체의 특성에 의해 사회 전반적으로 "오락"에 큰 가치를 두게 되었다는 얘기를 합니다. 즉, 인쇄매체의 시대에는 사람들이 내용에 집중하여 내용에 대한 "생각"을 했던 반면 TV의 시대에서는 내용에서 오락적인 것에만 집중을 했고 "생각"은 하지 않았다는 것이지요. TV를 '바보상자'라고 불렀던 것도 이런 관점과 일맥상통하는 것이지요.
2011년 3월 7일 오전 10:31 👍 2명

Young-eum Lee 인터넷이 등장하면서 제가 장점이라고 생각했던 것은 다비스님이 상황F에서 지적하셨고 삼종님이 위에서 지적하신 '능동성'이었습니다. 수동적인 정보소비에 익숙해 있던 이용자들이 능동적으로 정보를 찾아서 이용하면서 좀더 '생각'을 많이 하게 될 것이라는 기대를 했었습니다. 하지만 인터넷이 사람들로 하여금 더 많은 생각을 하게 한다기보다는 생각을 '아웃소싱'한다는 것에도 어느 정도 동의하게 됩니다. 그렇다면 인쇄물을 볼 때의 '생각하기'와 정보를 능동적으로 선택하면서 '생각하기'의 특성에는 어떤 차이가 있을까 하는데 관심이 가는군요.
2011년 3월 7일 오전 10:44 👍 3명

Young-eum Lee 물론 어느 시대이건 어떤 매체가 지배하는 시대이건 탁월하게 '생각하는' 능력을 지닌 사람들이 존재하는 것은 부인할 수 없지요. 하지만 TV 영상이 3초 이내에 변하지 않으면 따분하다고 채널을 돌리는 시청자가 보편화된 오늘날과 TV가 처음 나왔을 때 수십 초 이상 화면 컷이 없는 똑같은 각도의 동영상을 보고도 흥미로워 했던 시청자들이 보편적이었던 60, 70년대를 비교해 보면 인간의 두뇌 구조가 변한다는 것이 가능하지 않는가 하는 생각을 해보게 됩니다.
2011년 3월 7일 오전 10:45 👍 5명

송승섭 기억의 아웃소싱 정도면 괜찮은데 생각의 아웃소싱이 되면 문제가 있을 것 같습니다. 책과 선형적 사고에 익숙해 있는 좀 된(?) 기성세대에겐 소셜미디어가 기억과 연산 쪽에 일종의 알츠하이머 현상을 가져오는 부분이 분명 있을 것 같습니다.^^
2011년 3월 7일 오후 4:01 👍 2명

Kyungshil Cho 역시 무엇에든 지나치게 '의존'하는 것이 문제인 거네요. 오랜만에 생각하게 할 수 있는 글을 만나서 반갑고, 감사합니다^^
2011년 3월 7일 오후 5:57

김식 좋은 글(댓글포함) 잘 읽었습니다.^^* 저는 보다 긍정적으로 생각합니다. 더구나 페이스북이 검색기능이 없는 것이 기억력 향상에 도움이 되지 않을까 생각합니다.^^*

2011년 3월 8일 오전 12:21 👍 2명

김지현 좋은 글 잘 읽었습니다. 요즘 정보사회와 기술 에서도 정보사회학 페이지에서도 열심히 공부합니다. 제 뇌의 활동력이 정호사회학과 멘토 활동으로 일취월장하게 될 것 같습니다. 앞으로 6개월에서 1년 정도 꾸준히 많이 읽고 음미하고... 그리고 생각하기를 체계화하는 연습을 하려고 합니다. 음... 30대 중후반 이후 너무 가파르게 살았는지 어쨌는지 어릴 때보다 더 못한 뇌를 가지고 있는 것 같습니다.
2011년 3월 10일 오전 4:01 👍 2명

Jiyoung Lim 오랜만에 들어와서 잘 봤습니다!! 한가지 아이러닉한 건(비유가 적절한지 모르겠으나) 저 책이 얼마나 읽고 싶게 만드는지는, '인터넷'을 통해 '정보사회학'님의 리뷰를 보면서 읽고싶은 욕구를 만들었고, 저는 결국 저 책을 사서 보겠지요. 저자가 비판한 인터넷이란 미디어 속 정보를 통해, 저자의 인쇄문자를 읽고서, (저는 그냥 일반인의 지식 수준이니), 저자의 논리에 이끌릴테죠.ㅎㅎㅎㅎ 암튼 여러 전문가분들의 다양한 의견들(이해하기 어려웠지만)이 더 흥미로웠습니다! 그래서 더욱 읽고 싶어지네요. 감솨...
2011년 3월 10일 오후 12:08 👍 1명

정보사회학 지영님의 지적이 날카롭군요. 아주 좋은 책입니다. 꼭 일독하시길.^^
2011년 3월 10일 오후 5:28

해글롱 니콜라스 카... 여기에 소개가 있었군요. ㅎㅎ '팀 우'선생의 신간도 아마존에서 구입했으나 원서라 엄두도 못내고 있는데, 빨리 번역 되었으면 좋겠네요.
2011년 3월 11일 오후 11:17 👍 1명

Alexander Park 손곰순 여사가 나만 보면 장황하다고 뭐라 그랬는데 이젠 나 대신 다비스님께 그러세요.^^ ㅎ
2011년 3월 12일 오전 3:43 👍 1명

Min Jeong Son 시러여~~~^^ㅎ
2011년 3월 12일 오전 4:13

Min Jeong Son 그 / 장황함 /은 Alexander님과 손곰순의 특허임다!^^
2011년 3월 12일 오전 4:41

해글롱 근데 왜? 손 곰순인가요?ㅎㅎ
2011년 3월 12일 오전 4:43 👍 1명

Min Jeong Son 아... 저 어렸을 때부터 별명이 곰순이거든요, 어쩌다가 fb에서 다른 분들과 얘기 나눈 적이 있었는데, 그때 딱 처로님이 들으시고, 손곰순 라임도 좋다고 아예 이름을 지어주신거죠! 근데 듣고 보니 저도 무척 맘에 들어요. 전 teddy bear 곰인형도 넘 좋아하고, '곰곰히 생각하기'도 좋아하고, 또 단군신화에 웅녀도 있고. 그리고 위에 제가 만든 슬라이드에 나온 곰인형은 저희 큰 아이가 항상 애지중지하는 avatar거든요.^^;;
2011년 3월 12일 오전 4:49 👍 1명

해글롱 그러시군요^^
2011년 3월 12일 오전 5:00 👍 1명

대화 97 생각을 즐기지 않고 IT산업의 지도자가 될 수 있을까?

루트번스타인(Root-Bernstein) 부부의 〈생각의 탄생〉이라는 책을 둘러보다 문득 제가 가르치는 학생들이 생각났습니다.[56] 우리 학생들이 가장 힘들어하는 것은 '상상'이요, 가장 두려워하는 것은 '이론'이고, 가장 싫어하는 것은 '과학'입니다. 저는 제 학생들 누구나 그 세 가지를 다 잘할 수 있다고 생각하는데, 현실은 그렇지 않습니다.

제 수업을 통해서만이라도 학생들이 그 세 가지에 가까이 가도록 도와주려고 노력하지만 대부분의 학생들은 여전히 불편해합니다. 생각하는 것을 즐거워하지도 않고, 이론은 대단한 학자들만의 세계이고, 과학은 딱딱하고 복잡한 과정이라고만 여깁니다.

여기에는 몇 가지 원인이 있는 것 같아요.

첫째는 자신의 직감, 느낌, 혹은 직관을 별로 존중하지 않습니다. 자신의 생각이 얼마나 큰 가치를 지니는가를 스스로 인정하지 않는 것이지요. 하기야 12-3년 동안 자신의 생각을 당당히 발표하고 칭찬받기 받기보다는, 교과서나 참고서에 나오는 '표준적인(그 표준의 객관성도 의심스러울 때가 많지만)' 답안 외우기를 반복하고, 자신의 생각을 내세웠다가는 공박당하고, 시험을 말아먹기 쉬운

56 Michele & Robert Root-Bernstein(박종성 역). 2007. 〈생각의 탄생〉. 에코의서재.

세상을 살아왔는데 그렇지 않은 것이 이상하겠지요.

아인쉬타인(Albert Einstein)은 이렇게 말했답니다. "직감과 직관, 사고 내부에서 본질이라고 할 수 있는 심상이 먼저 나타난다. 말이나 숫자는 이것의 표현수단에 불과하다." 그런데 우리 학생들은, 그리고 우리는 그러한 자신의 느낌과 생각을 존중하도록 자라나지 못했습니다.

둘째, 학교에서 이론을 만드는 훈련은 전혀 받아보지 못하고, 교과서에 나온 이론(거의 전부 서구에서 수입한 이론임)을 정리하고 적용하는 학습만 했으니, 이론이란 천재적인 학자들이 만들었다고 생각하는 것이 조금도 이상하지 않지요. 학생들은 이론이 '세상에 대한 간략한 설명'에 불과한 것이라는 사실을 온몸으로 거부합니다.

저는 좀 과격하게 말해서 고등학교나 대학에서 이론과목을 모두 이론구성 과목으로 대체해 버렸으면 좋겠다는 상상을 합니다. 그 과목을 가르칠 교사가 없는 것이 문제이겠군요. 그 교사를 가르칠 교수가 없는 것은 더 큰 문제이고. 좌절감이 드네요. 학교에서 배운 거의 대부분의 이론들은 현실 문제를 푸는데 도움이 별로 되지 않고 해악만을 끼치는 것 같아요. 아니라고 생각하시는 분 손들어 보세요.

셋째, 과학과 현실이 따로 놀고 있는 것도 문제입니다. 지금도 학생들은 스스로 현실 속에서 연구주제를 찾고, 문제를 제기하고, 그것에 대해 체계적으로 해답을 찾아가는 프로젝트를 수행할 기회를 거의 가져보지 못한 채 12년 혹은 16년이라는 학교생활을 보냅니다. 그러니 과학이라는 것이 그냥 자신의 직감이나 직관을 좀 체계적으로 제시하는 과정에 불과한 것을, 실험실이나 연구실에서 하얀 가운을 입고 수행하는 약간은 비밀스런 특별한 활동으로 이해하고 있는 것입니다. 과학=자연과학=실험실연구로 간주되는 사회에서 사회과학이 생활화되기는 더 어렵습니다. 수만 명의 사회과학자, 수십만 명의 사회과학도가 있는데도 빈곤하기만 한 우리 사회과학의 현실을 이것 외에 무엇으로 설명할까요?

넷째, 주어진 현실에 갇혀 있는 사람들에게서 상상력은 나오지 않습니다. 그런데 우리 사회는 모두가 모범생이길 요구합니다. 즉, 주어진 사회적 규범과 가치체계에 순종하는 학생이야말로 누구나 따라야 할 모범이 되는 겁니다. 그러나 '경계위반(transgression)' 없이 새로운 세상을 열 수 있는 아이디어가 나오기는 불가능할 것입니다. 우리사회에서는 한편으로는 스티브 잡스(Steve Jobs)가 나오길 희망하면서 다른 한편으로는 미래의 스티브 잡스의 싹을 자르고 있는 거 아닌가요? 우리는 경계위반을 사회적으로 너무 가혹하게 처벌합니다.

제가 언젠가 초중등 학생들이 치룬 일제고사를 잠깐 들여다보니 문제를 풀 수가 없더군요. 무엇이 요구되는 '정답'인 줄은 알지만, 하나 이상의 멋진 해답이 나올 수 있는 문제들이 수두룩하기 때문입니다. 그럼에도 정답을 써내라는 것은 무언의 폭력입니다. 그 '폭력'을 견딜 수가 없었습니다. 수학과 과학 과목은 아니라고요? 무슨 말씀을. 제 소견에 수학과 과학은 생각을 전개하는 수단에 불과합니다. 수학에서도 같은 문제라도 다르게 읽히면 다르게 풀려야 정상이고, 수학적 논리의 전개는 다르게 나올 수 있지요. 모두 훌륭한 답이 될 수 있습니다.

IT분야는 늘 새로운 상상이 주도해가는 세계입니다. 수많은 나라, 수많은 기업이, 모두 자신이 그 세상을 주도해 나가길 희망합니다. 그런데 생각을 즐기지 않는 사람들, 생각하는 것을 장려하지 않는 사회, 자유분방한 생각을 수용할 수 없는 기업이 그 세상을 주도할 가능성은 없어 보입니다.

일요일 아침에 〈생각의 탄생〉을 읽으며 한 자 적어보았습니다. 2010.07.18

좋아요 · 댓글 달기 · 공유하기

이정수, 박준석, 양룡님 외 9명이 좋아합니다.

Jh Lee Journey 롤 모델을 찾지 말고 스스로 만들어라~! 좋은 이야기 듣습니다.
2010년 7월 18일 오전 12:56 1명

Min Jeong Son 작년에 이 책 읽고 저도 죽기 전에 이런 책 한권 꼭 써야지 하고는 얼굴에 덮고 잤더랬는데요;;; 인문, 사회, 과학, 예술의 경계를 넘나드는 광범위하고, 통섭적인 평론에 완전 감탄했었구요. Flow 몰입의 훈련을 학생들에게 한번 시도해보시면 어떨까요?
2010년 7월 18일 오전 1:25

정보사회학 여러 가지 방법을 시도해보고 있습니다. 문제는 생활화가 안된다는 점이지요. 그건 수업을 통해서만은 해결될 문제가 아닌 것 같아요. 사회문화가 바뀌어야 할 것 같습니다.
2010년 7월 18일 오전 6:00

전채남 너무 정답을 강요하는 사회에 살고 있는 것 같아요. 세상에 답은 많이 있는데... 관찰하고 직감을 믿고 나름의 답을 제시할 수 있다고 봅니다.
2010년 7월 18일 오후 2:53 👍 1명

박두병 생각의 탄생, 이번 기회에 한번 읽어봐야겠네요. 좋은 글 감사합니다.
2010년 7월 18일 오후 4:00

김재원 저도 너무 경쟁지향적인 교육이 큰 문제라고 생각합니다. 북유럽처럼 경쟁보다는 협동을... 그리고 7차 교육 과정에서도 표방하는 자기주도적 학습, 구성주의적 교육 이념이 제대로 실천되면 좋겠습니다. 참고로 제가 예전에 써두었던 레고 교육 프로그램의 근본적 교육 철학인 구성주의적 교육 철학에 대한 제 노트 링크 한번 남겨봅니다. http://www.facebook.com/note.php?note_id=126583294046294
2010년 7월 18일 오후 6:03

김재원 아고... 페북 노트보다는 이 링크가 더 잘 보이실 듯~
http://note.linxus.co.kr/andy9615/61321
2010년 7월 18일 오후 6:06

정보사회학 Papert 교수의 구성주의론에 크게 공감합니다. 우리의 7차 교육과정은 그 정신을 표방하고 교과서도 많이 반영된 것 같은데, 현장에서는 다시 모범답안 외우기로 돌아가는 것 같아요.
2010년 7월 18일 오후 6:19 👍 1명

김재원 그러게나 말입니다. 무엇보다 경쟁지향적 교육을 뜯어고쳐야 한다고 봅니다. 창의력과 상상력이 길러지지 않으면 우리나라의 미래는 더욱 어둡다고 봅니다. 충분히 개개인의 자질이나 능력이 뛰어난 우리 민족인데...
2010년 7월 18일 오후 6:24 👍 2명

최창학 이침에 좋은 글 잘 읽었습니다. 감사드리며, 조만간 추천하신 책을 읽어보도록 하겠습니다. 바쁘지만 가끔 두뇌도 흔들어주어야(?) 침전되었던 지식이 활성화되는 것 같습니다. 신선하고, 명쾌한 논리의 글을 올려 주신데 대하여 다시 한 번 감사드립니다.
2010년 7월 18일 오후 10:13 👍 2명

Ben Byeongho Lee 주어진 문제에 대한 정답찾기. 우리 교육의 가장 큰 장점이지만 창의성을 저해하는 가장 큰 단점인 것 같습니다. 창의적인 관점에서 본다면 '훌륭한 정답'이 아니라 '훌륭한 문제'를 만들 수 있는가가 더 중요한 것이라 생각합니다. 오늘 내일 당장 나오는 '정답'이 없는 '문제'가 어쩌면 진짜 중요한 '문제'인 경우가 많지요.
2010년 7월 18일 오후 11:13 👍 2명

정보사회학 맞습니다. 좋은 문제를 제기하는 것이 더 중요하다는데 100% 공감입니다.
2010년 7월 19일 오전 2:04 👍 1명

Haewon Kim 수많은 참고서와 문제집들의 홍수 속에서 생각은 박탈당하고 늘 시간은 부족했더랬죠.
2010년 7월 19일 오전 6:23 👍 1명

김잔듸 수능생 시절 언어영역 공부했던 것이 기억나요. '난 이게 아닌 것 같은데... 작가는 과연 답지에 나와있는 의도로 이 시를 또는 이 소설을 썼을까?'라는 생각을 하면서도 시험을 위해 필기를 달달 외웠었지요. 이러한 문제점을 보완하기 위해 입학사정관제도라는 것이 나온 것 같고요. 그런데 이 제도마저 학원이니 과외니 이래저래 학생들의 부담만 더 늘리는 것 같아서 안타깝습니다.
2010년 7월 19일 오전 6:57 👍 1명

이수진 더 심각한 문제는 철학을 싫어할 뿐 아니라 두려워한다는 것입니다. 과학을 비롯한 모든 학문의 근본은 역시 철학입니다.
2010년 7월 19일 오후 9:41

이수진 심지어 배울 만큼 배운 제 또래, 혹은 연장자들마저도 철학은 탁상공론, 무용지물로 치부하는 것에 경악을 금치 못할 따름. 그것은 태어나서 단 한번도 삶에 대해 진지하게 고민해보지 않았다는 증거요, 자신의 존재에 대해 인지하고 있지 못하다는 반증이기도 합니다. 모든 위대한 과학자는 철학자입니다. 제 말에 의문을 제기하시려면 (철학서가 싫으신 분들은) 다빈치, 뉴튼, 아인슈타인의 전기를 읽고 나서 반론 부탁드립니다.
2010년 7월 19일 오후 9:49 👍 2명

정보사회학 "모름지기 인간이라면, 재산이 없다는 사실보다 철학이 없다는 사실을 훨씬 더 부끄럽게 생각해야 합니다. 비록 철학이 밥을 먹여주지는 않더라도." (이외수, 오늘 트윗)
2010년 7월 20일 오전 12:45 👍 1명

Davis Noh 저도 방금 트윗에서 봤는데 스마트폰 세이브 시켜놓고 담배 한 대 물고 말았습니다. 저기서 말하는 철학을 무엇을 철학이라고 하는 걸까? 하고 되묻게 되더군요.
2010년 7월 20일 오전 1:18

Davis Noh 아... 그 물음은 반론이 아닌 복잡함에서 기인함입니다.
2010년 7월 20일 오전 1:34

이수진 저처럼 무지한 자가 감히 철학에 대해 정의내릴 순 없겠지만 쉽게 얘기하면 모든 학문의 뿌리, 즉 근본이며 생각의 탄생이 곧 철학이 아닐까 합니다. 철학적 고뇌가 없는 부의 축적이 바로 악의 축이며 현대 사회의 모든 병폐는 철학의 부재에서 비롯된다고 생각합니다.
2010년 7월 20일 오전 2:24 👍 2명

정보사회학 수진님, 말씀에 포스가 넘치는군요.^^
2010년 7월 20일 오전 8:09

Davis Noh 이외수씨가 말한 철학은 적어도 학문의 뿌리로서의 철학을 언급한 것은 아닌 듯합니다. 삶의 지혜로서의 철학인데... 트위터에서는 맥락을 파악하기가 힘들어 부자를 비꼬는건지 가난한 자를 비꼬는건지 아니면 그냥 레토릭인지 또는 그냥 요령을 말하는건지 받아들이기가 복잡해서 담배를 물었습니다. 저는 이외수씨의 철학은 요령이라고 즉각적으로 접수되었거든요. 그분 follower가 25만명인데 following은 딱 7백명입니다. 아주 기준이 명확해요. 그 기준(철학)은 직접 확인해보심도 좋을 듯. (다시 말하지만 반론이나 비판이나 뭐 그런게 아닙니다. 아직 접수 안되는 복잡함에 대한 이야기입니다.)
2010년 7월 20일 오전 8:27

Sungwon Kim 인문학이나 철학에 관심있는 사람들은 현실을 그대로 받아들이지 않고 질문을 던지고 그 이면을 보고 사고하고 추론하고 반성하기 때문에, 창의적이지 못한 (우리나라의 많은) 조직의 입장에서 볼 땐 좀 골치 아픈 사람이 되죠. 저는 '전사회의 속물화'가 점점 노골적으로 진행되는 걸 보고 괴로워서 철학을 어떻게 해야 부흥시킬 수 있을까 혼자 고민했었습니다. ㅎㅎ 여전히 어떻게 해야 될지 모르겠어요.
2010년 7월 20일 오전 8:38

Davis Noh @Sungwon Kim 노르웨이 싱어들의 할렐루야 잘 들으셨나요?
2010년 7월 20일 오전 8:44

Davis Noh 암튼 저는 이 사회의 다수의 착한 사람들이 현실을 그대로 받아들여서 질문을 던지지 않고 그 이면을 보기 싫어하고 추론이나 반성을 귀찮아하는 것을 괴로워하고 있습니다.
2010년 7월 20일 오전 8:46

Davis Noh 속물들은 항상 질문을 던지고 모색하고 실천하는 부지런한 사람들이라서 종국에 그 나름의 철학이 생겨서 대충 찔러서는 목숨 건 그 사람들 앞에서는 참 부끄러운 짓이 되거든요.
2010년 7월 20일 오전 8:48

정보사회학 참 대단한 분들이군요.^^ 이 늦은 시간에 우리의 인문학, 철학의 부재를 염려하는 토론을 하시다니. 저는 누굴 기다리느라 여태 잠을 못자고 있는데, 눈이 잘 떠지질 않아 글쓰기가 어렵네요. 그래도 인문학에 대한 여러분들의 뜨거운 애정에 감동하고 있습니다. 저는 40세 이후에는 이렇게 늦은 시간에 학술적 토론을 해본 적이 없는 것 같아 부끄러운 생각도 듭니다. Davis님이 말하는 '속물' 중에 저도 포함되는구나 하는 자괴감도 들고.
2010년 7월 20일 오전 9:49 1명

이수진 학문과 삶을 분리한다는 것 자체가 모순입니다. 그러한 사고로 인하여 청소년들이 철학을 기피하게 되는 것입니다. 철학이 곧 삶의 지혜이며 삶의 지혜가 곧 학문의 시작입니다. 실천하지 못하는 지성이야말로 탁상공론이죠. 철학은 아주 명쾌하고 간결한 것입니다. 그것을 이론적으로 복잡하게 정의내리려 노력하지 마십시오. 우리의 삶이 곧 철학 그 자체입니다.
2010년 7월 20일 오후 6:49

Ben Byeongho Lee Davis님과 Sujin님의 철학의 '복잡함'과 '단순함'에 대한 논의가 또 저의 뒷통수를 가격하는군요. 정신 차려 이친구야! 하는 것처럼. '직관적인 단순함' 좋아하는 저로서는 감히 철학도 다음과 같은 단계를 거쳐 형성된다고 생각합니다. 정보→지식→지혜(지성)→철학. 하지만 모든 개인 또는 군중이 단계를 순서적으로 밟아나가는 것 같지 않고 중간에 그만두는 '속물급', 정보에서 바로 철학으로 넘어갈 수 있는 '도사급'도 있겠지요. 아! 너무 '수능적'인 표현인가? 참, 학문은 위의 단계에서 '논리화 과정'이라고, 단계가 아닌, 첨언을 하고 싶네요.
2010년 7월 20일 오후 9:30

이수진 만약 위의 단계로 구분할 수 있다면 과연 각각의 목적은 무엇인가에 대한 탐색이 선행되어야 할 것이며 이러한 분석이야말로 제가 가장 지양하는 학문의 무력화를 가져옵니다. 정보와 지식의 차이, 지식과 지혜의 차이는 무엇입니까? 과연 그것에 경계가 있습니까? 우리나라에서 순수과학/인문학이 환영받지 못하는 이유는 '즐기지 못함'에 있습니다. 자녀분이 있으시다면, 그 아이들이 '진짜' 책에 빠지지 못한다면 그것은 분명 부모의 문제이며 더 나아가 사회의 잘못입니다. 나의 삶, 사회, 세상을 변화시킬 수 없는 지식과 학문은 없습니다. 그것이 진정한 지혜를 담고 있다면요. 물론 이는 모든 예술과 문화, 과학을 포함합니다.

2010년 7월 20일 오후 9:57

이수진 또한 논리란 무엇입니까? 이 세상에는 말로 설명할 수 없는 초현실과 현상들이 분명 존재합니다. 논리와 실험으로 설명할 수 없다면 그것들은 배척되어야 합니까? 역학도 미신이 아니라 학문입니다. 음양오행의 원리를 어느 누가 실험과 논리로 증명할 수 있습니까?
2010년 7월 20일 오후 9:59

이수진 이 글은 제 wall에도 좀 담아가겠습니다^^ 생각의 탄생도 좋고 글 내용도 좋고 제 댓글도 많아서요 ㅋㅋ
2010년 7월 20일 오후 10:03

Davis Noh Ben님 언급을 보고나니 정리가 좀 되는 것 같습니다. 제 경우는 정보→지식→철학→지혜로 이해하고 있는 것 같습니다.
2010년 7월 21일 오전 12:48 👍 1명

Davis Noh 윤교수님^^;;;; 혼자 진도 너무 나가신 것 같습니다. 교수님이 속물이면 저희같은 사람들은 짐승입니다.^^;;;
2010년 7월 21일 오전 12:53

Davis Noh @수진님 말씀코자하는 바에 전적으로 동의합니다. 동양적 사고(철학)는 지식(격물치지 같은)이 지혜화에 항상 포섭대상이었는데 서양적 사고가 지혜화의 고리가 끊어진 채로 한국 사회를 뒤덮어 발생한 문제를 지금 우리가 집어보는 것 같습니다.
2010년 7월 21일 오전 1:00 👍 3명

Ben Byeongho Lee Sujin님, 위에서 언급한 정보와 지혜의 단계는 어느 정보학 개설서 어느 책에도 나와 있는 data → information → knowledge → wisdom 다음에 philosophy를 가정해본 것이고 learning을 통한 단계적 진화적 접근방법과 intuition을 통한 창조적 방법 모두 우리의 사고체계를 풍부하게 한다는 것이니 오해 없으시길. "과학자"인 뉴톤이 떨어지는 사과를 보고 중력의 법칙과 함께 과학적 철학의 기초를 다질 수 있었다는 것이 "도사"급 "철학자"의 한 예라고나 할까요.
2010년 7월 23일 오전 10:40

Ben Byeongho Lee Davis님, wisdom이 philosophy보다 더 높은 단계로 볼 수도 있음에도 동의합니다. 제가 너무 단순화해서 표현한 것이며 강조하고 싶은 부분이 바로 '관찰', '독서', '사색'과 '토론'을 통해 일반적으로 정의되고 있는 정보화의 단계를 뛰어넘을 수 있다는 점이며 지혜와 철학의 순서에 그리 연연하지는 않습니다.
2010년 7월 23일 오전 10:45

대화 98 "창의적 직관을 가진 인간의 귀환"과 더불어

알렉스님의 발표문을 보고 완전히 압도당했습니다.[57] 발표문이 책 한 권은 되는 분량입니다. 알렉스님이 그 중에서 정보사회학 분야에 해당되는 내용이 79-83쪽이라고 지적해주셔서 그 부분을 주의 깊게 읽었습니다.

'집단지성'이나 '다중'에 대한 논의는 대부분 공감합니다. 그 부분에 대한 저와 다른 분들의 생각은 지난번 '소셜미디어와 공중의 귀환'이라는 글과 댓글에서 충분히 논의된 것 같습니다.

새로운 미디어에 관한 인문사회적 논의는 대체로 네트워크(network), 지식(knowledge), 이동(mobility), 시뮬라시옹(simulation)이라는 네 가지 키워드로 정리될 수 있을 겁니다. 알렉스님은 e-learning의 관점에서 분석하다 보니 그 중 '지식'에 초점을 맞춘 것 같습니다. 다시 말해 소셜미디어와 스마트폰을 보는데 지식의 생성과 유통, 즉, 교육의 관점에서 본 것입니다. 그것 자체만으로도 신나는 논의거리입니다. 저는 지식의 정의, 지식인의 정의, 학습, 교육 등을 총체적으로 다시 생각해보는 일종의 메타지식학이 요구된다고 생각합니다.

57 알렉스님 발표문. http://issuu.com/homania/docs/knowledge30_learning30_lss

사실 그동안 이 페이지를 통해 메타지식학적 논의가 여러 번 시도되었습니다. 페이지의 성격상 본격적인 저서나 논문을 통한 논의만큼 심도 있는 토론이 되지는 못했겠지만, 그래도 조명대 교수님 말씀처럼 일종의 "invisible college"를 형성하면서 상당히 높은 수준의 의견들이 모아졌습니다. 많은 분들이 느꼈겠지만 실제로 '창의적 직관'이 번뜩이는 의견들이 숱하게 제시되었습니다. 앞으로도 메타지식학적 주제들을 종종 논의해 나갔으면 합니다. 아마도 위르겐 하버마스가 들어와 보았더라면, 사라져간다고 안타까워하던 공론장(public sphere)이 자신이 평가절하 하는 인터넷상에서 복원되는 모습을 확인했을지도 모릅니다. 사실 이러한 공론장의 모습은 인터넷상에서 수없이 발견되지요.

어젯밤에 책상에 앉아 곰곰이 생각해보니 그동안 '이동'의 관점에서 소셜미디어에 대한 논의를 거의 하지 않았던 것 같아요. 그래서 밤늦게까지 이동에 대한 이론적 논의를 좀 정리해서 "소셜미디어를 가지고 우리는 뭘 하고 있는 건가요?"라는 글을 포스팅했습니다.[58] 어차피 제 글이야 논의거리를 제공하는 역할이기 때문에 많이 엉성하지만 그냥 올렸습니다.

그 글이 알렉스님의 집단지성의 논의에 대해 보완적인 내용이 되지 않을까 생각합니다. 깊은 철학적 논의를 빌려오지 않아도 노마디즘은 매우 강력한 해방적 메시지임을 '직관적으로' 알아차릴 수 있습니다. 광활한 만주 벌판을, 끝없이 펼쳐지는 몽골 초원을 말을 타고 달리는 모습을 상상만 해도 해방감을 느끼지 않습니까? 숨 막히는 위계적 조직, 기계적 리듬에 의해 반복되는 일상생활, 원초적 욕구를 억압하는 세련된 문화, 사회에 의해 강요된 정체성 등으로부터 해방되는 겁니다. 그것도 혼자가 아니라 부족을 이루어 달리는 것입니다. 거기에는 가슴을 뻥 뚫는 '소통'이 있고, 온갖 새로움을 만나고, 미지의 세계를 탐험하는 즐거움이 있습니다. 한 마디로 '희열'이 있습니다. 어쩌면 그 희열 때문에 우리는 소셜미디어에서 종일 서성이고, 그 덕분에 집단지성도 가능해지는 것이 아닐까요?

---

58 이 책의 대화 84 참조.

이성으로부터 자유로워진 감성, 감성적 유대 위에 자연스럽게 등장하는 간주관적 이해, 뭐 그런 것이 소셜미디어 위에서 실현될 수 있다고 생각하는 것은 지나친 환상인가요? 이번에 저는 그것의 가능성을 대화, 노마디즘, 부족주의라는 키워드로 두드려 보려고 했습니다. 알렉스님과 다비스님, 두 분 선생님의 논의에 동문서답이 되지 않았길 바랍니다.[59] 2010.10.13

좋아요 · 댓글 달기 · 공유하기

조윤경, 양룡, 조태익님 외 38명이 좋아합니다.

Davis Noh 옹? 좀 생각해봐야겠지만 네트워크(network), 지식(knowledge), 이동(mobility), 시뮬라시옹(simulation)이 4가지 정도를 정리해보면 되는 걸까요? 또 의욕에 불타게 만드시네요.^^ ** 윤교수님께서 사진을 맨 앞 아니면 맨 뒤에 배치하시는게 말 못할 사정이 있으신 듯한데, 까나리님 상담 좀 해드리세요.^^
2010년 10월 12일 오후 7:29 6명

Brian Kim 이글을 읽고 나서 이런 생각이 들었습니다. 정보사회학 페이지에 '용어집(Terminology)' 탭이 있어서 중요한 용어들에 대한 간략한 설명이 있거나 하이퍼링크가 구현되어서 커서를 올리면 그 용어에 대한 설명이 버블로 보이면 얼마나 좋을까요.. 제가 조교수님이 다른 곳에서 설명하신 '간주간적' 용어에 대한 이해가 없었다면 문장을 소화하는데 어려움이 많았을거란 생각이 듭니다.
2010년 10월 12일 오후 7:32 7명

김진태 오늘 많이 던지시네요.ㅎㅎ 오늘 일 못하겠는데요.
2010년 10월 12일 오후 7:33 4명

Eunhee Kim 아, 제 공부도 지금 상황이 말이 아닌데... 근데 재밌다능;;;
2010년 10월 12일 오후 7:46 4명

EunYoung Kim 생각은 많은데 정리가 안되던 차에 화두처럼 던져주시는 말과 글을 읽으면서 '앗, 그렇구나' 싶다가도 어느새 다시 진화하는 질문과 대답을 들여다보는 것만으로도 늘 감사합니다.
2010년 10월 12일 오후 7:52 5명

김진태 IT종사자라는 놈이 Web2.0 말이 나오면 "그게 뭔데?"라고 합니다. 현재 이러닝 업체로 이직했는데 이러닝 3.0이라고 하니 또 머리속에는 "그게 뭐다냐?"라고 계속 때려대네요.ㅎㅎ 복잡하게 설명하고 말하는 것보다, 결국은 지식의 공유라고 생각됩니다. 총론은 공유인데 각론은 각기 다르니 그 부분은 여러분들과 함께 또 댓글달기 놀이(즐거운 지식 공유)를 해야죠.ㅎㅎ
2010년 10월 12일 오후 7:59 6명

Ji Young Catharina Kim Brian님 말씀에 적극 동의합니다. 저는 정말로 용어집 절실필요합니다. 그리고 자꾸만 이렇게 어려운 글에 태깅을 해주시니 첨엔 그냥 먼산 보고 있었는데 자꾸만 읽게 되고 알고 싶어집니다, 그런데 용어들이 생소하여서 어려

59 다비스님의 코멘트 http://www.facebook.com/home.php?m2w#!/notes/davis-noh/facebook-eseo-chang-uijeog-jiggwan-eul-gajin-ingan-ui-gwihwan-eul-bonda/470151294046

움이 많네요, 일일이 지식검색 구글링 하기엔 시간이... 그래서 은희님 말씀에도 동감 백배. 만약 제가 제 전공에 대한 노트를 무지하게 길게 쓰고 전문용어를 쓴다면 이해가 되실 듯하여 한번 써볼까... 생각이...ㅎ
2010년 10월 12일 오후 8:04 👍 4명

Ji Young Catharina Kim 혹시 쓰게 된다면 윤교수님은 꼭 태깅을 해드리겠습니다, 압정으로...
2010년 10월 12일 오후 8:05 👍 2명

Eunhee Kim 지영님, 기대할께요. 진심.
2010년 10월 12일 오후 8:06 👍 2명

Eunhee Kim 바야흐로 통섭의 시대이지 않습니까? 저는 의과학 지식에도 목마른 자입니다. ;;
2010년 10월 12일 오후 8:07 👍 1명

Ji Young Catharina Kim 은희군... 욕심을 줄이시오... 껄껄ㅎ 조용히 써서 메일로 배달을 ㅎㅎ
2010년 10월 12일 오후 8:08 👍 1명

Eunhee Kim 포켓 의학용어집을 내 당장 사러 가리다... 훠이훠이~
2010년 10월 12일 오후 8:11 👍 1명

Ji Young Catharina Kim 헉... 저도 없는 것을ㅎ 사시면 좀 빌려주시라능...ㅎ
2010년 10월 12일 오후 8:12 👍 1명

Eunhee Kim 껄껄. 지영님, 그건 지영님 뇌 속에 이미 탑재되어 있지 않습니까? 고급 사양으로 말입니다. 아까 드린 무료교환권은 그냥 지훈씨 줘버려요~ 껄껄.
2010년 10월 12일 오후 8:15 👍 2명

김식 브라이언님의 용어집도 좋습니다. 학술용어라서 영어단어가 그대로 번역되거나 사용하시는데, 좀 깊이 생각하셔서 토착화시키는 집단노력도 필요하겠다는 생각이 듭니다. 그리고 윤교수님 글중에 '개인'에 대한 부분이 좀 강조가 안되는데, 제 생각은 중심이 '개인 인간'에게 이동하는 것이란 생각입니다. 소우주인 '인간' 개인이 중심이 되어 관계를 맺음으로서 공동체 얼숲을 함께 가꿔가는 이상이 현실화할 가능성을 얻었다는데 큰 의의를 저는 두고 싶습니다.^^! 연속된 글, 감사합니다. 내가 얼숲에 들어와서 '씨앗'을 내리지 않고 밖에서 보니 재미나게 사귀고 놀고 성장하는 얼숲 사람들이 '중독'인으로 보이는 것 아닐까요?
2010년 10월 12일 오후 8:15 👍 4명

김진태 중국 시황제가 중국을 통일했을 때 제일 먼저 했던 것이 도량형의 통일과 도로였죠. 로마는 확장할 때 마다 군대가 길을 닦으며 확장을 했죠. 용어집이 필요한 이유가 시황제나 로마와 같다고 보여지네요.
2010년 10월 12일 오후 8:48 👍 4명

Myungdae Cho 윤교수님께서 오늘은 비상을 거셨네. ㅎㅎㅎ 좋은 현상입니다. 교수님의 다음 글은 정말 백미이네요. 어디 다음에 인용을 좀 해야겠습니다. "위계적 조직, 기계적 리듬에 의해 반복되는 일상생활, 원초적 욕구를 억압하는 세련된 문화, 사회에 의해 강요된 정체성 등으로부터 해방되는 겁니다. 그것도 혼자가 아니라 부족을 이루어 달리는 것입니다. 거기에는 가슴을 뻥 뚫는 '소통'이 있고, 온갖 새로움을 만나고, 미지의 세계를 탐험하는 즐거움이 있습니다. 한 마디로 '희열'이 있습니다. 어쩌면 그 희열 때문에 우리는 소셜미디어에서 종일 서성이고, 그 덕분에 집단지성도 가능해지는 것이 아닐까요?"

사실 우리 정보검색 측면에서도 정확하게 이런 현상이 일어나고 있습니다. 정보는 계층적으로 조직되어 있습니다. 기계적으로 돌아갑니다. 아무 의미도 모른체 그것을 찾아라하면 예 주인님하고 잘 찾아옵니다. 우리의 원초적인 욕구는 전혀 고려하지 않았죠. 우리는 연관 속에서 자유롭게 찾기를 원하는데... 그래서 온갖 새로움을 만나고 미지의 세계를 탐험하고 싶은데 말입니다. 그러나 이곳에서는 이미 그런 문화가 형성되어 있습니다. 사람과 사람, 사람과 정보를 연결시켜줍니다. 우리는 그 계층에 함몰된 귀중한 정보를 찾아내기 위해서 우리는 Semantic기술을 활용해서 우리들의 정보요구 패턴에 맞게 봉사하려고 노력하고 있습니다.^^
2010년 10월 12일 오후 11:55 7명

Alexander Park 발표자료보다 훨씬 심도있고 가치있는 리뷰를 작성해주신 교수님께 감사드립니다. 데이비스님의 리뷰나 윤교수님의 리뷰나 발표자료와는 아예 차원이 다른 리뷰를 해주셨음에 대해 자료 작성자로서 아 이런 심원한 주제들을 다룰 논의를 촉발하는 씨앗 노릇은 했구나 하는 아전인수로 위안을 삼아봅니다.ㅎㅎ 출장에서 이제 막 돌아와 교수님의 리뷰 심도 있게 읽지 못해서 제 소견은 따로 말씀드리도록 하겠습니다. 감사합니다.
2010년 10월 13일 오전 6:42 3명

전채남 차세대 이러닝에 관심이 많아 이리저리 자료를 찾고 있었는데, [이러닝 3.0 시대, SNS 기반 차세대 이러닝 플랫폼의 발전 방향]이 발표집에 집대성되어 있는 것 같습니다. 오늘부터 집중적으로 스터디해보고 궁금한 내용은 질문하겠습니다.
2010년 10월 13일 오전 7:20 2명

Yu Kyung Kim 이러닝 3.0시대의 노마디즘과 부족주의... 너무나 멋진 해석입니다^^ 사진도 근사합니다.
2010년 10월 13일 오전 9:11 2명

유창식 어렵지만 계속 파고들어봐야 겠습니다.^^;;
2010년 10월 13일 오후 8:06 1명

Alexander Park 윤교수님의 제 발표에 대한 비평을 읽고 나서... 고흐의 구두 한 켤레를 놓고서 하이데거와 샤피로 그리고 데리다 간에 벌어졌던 구두주인에 대한 논쟁에서 우리가 보았던 존재와 진실 그리고 이를 설명하는 언어간의 그 긴장감 넘치는 메타영역의 드라마를 이곳에서도 볼 수 있으리라는 기대로 제 가슴이 부풉니다. be the knowledge communist !! 제 발표자료의 마지막 장에 써 넣었던 이 한 줄의 문장에 "이성으로부터 자유로워진 감성, 감성적 유대 위에 자연스럽게 등장하는 간주관적 이해, 그것의 가능성을 대화, 노마디즘, 부족주의라는 키워드로 두드려"주신 윤교수님의 응답에 진심으로 감사합니다.
2010년 10월 13일 오후 9:47 5명

대화 99 여러분은 무엇이 소통(疏通)이라고 생각하십니까?

저는 올해 상반기에 유별나게 강연을 많이 다니고 있습니다. 사실 그 때문에 이 페이지에 올리는 글 수가 줄어들었어요. 저야 강연을 다니면 용돈이 두둑해지니 나쁘지 않습니다. 그런데, 뭐, 제가 소통을 연구한 학자나 전문가도 아니고 제가 남보다 유달리 소통을 잘 하는 사람도 아닌데 자꾸 그런 이야기를 하고 다니니 좀 찔린답니다.

그래서 오늘은 소통(疏通, communication)에 관해 말씀을 나누어 보고 싶네요. 제가 알기로 한자어로 소통이란 막힘이 없이 서로 통한다는 뜻이고, 영어로는 함께 한다는 의미에서 나왔습니다. 사실 소통이 무엇인지는 거기에 답이 다 있거든요.

제 생각에 소통의 핵심은 공감(empathy)입니다. 상대방의 입장에 서는 것이지요. 상대가 어떤 생각을 하는지, 어떤 느낌을 갖고 있는지를 상대의 입장에서 이해하고 받아주려는 행동입니다.

그런데 현실에서 우리는 자신을 남에게 이해시키는 것이 소통이라고 착각하곤 합니다. 그러다보니 소통의 출발과 끝은 상대의 얘기를 잘 들어주는 것(listen)임에도 불구하고, 자기의 얘기를 하는 것(talk)이라고 오해하게 됩니다. 제 생각에 스스로 말을 많이 하면 할수록 진정한 소통이 어려워집니다. 상대의 말을 들을 시간이 그만큼 적어지잖아요. 때로는 묵언(默言)이 소통입니다.

그리고 소통은 태도가 아니라 행동이라고 생각합니다. 상대의 말에 귀를 기울이는 자세를 갖는 것은 대단히 중요하지만, 듣기만 하고 행동이 뒷받침되지 않으면 소통이 되었다고 말할 수 없는 경우가 많습니다. 물론 누구도 다른 사람의 요구를 다 들어줄 수 있는 능력을 갖고 있지 못합니다. 주어진 여건 내에서 상대방의 희망과 요구가 실현되는 걸 도와주기 위해 최선을 다하는 모습만으로도 충분하겠지요.

이것이 저의 소박한 소통론입니다. 소셜미디어는 소통을 위한 훌륭한 도구입니다. 그러나 남의 이야기를 경청하겠다는 마음이 없다면, 그리고 남의 희망과 요구를 나 자신의 것만큼 존중하는 행동이 뒤따라 주지 않는다면, 소셜미디어가 작게는 자신이 속한 조직 내의, 크게는 우리 사회 전체의 소통을 향상하는데 기여할 수 있는 게 무엇일까요?

여러분은 무엇이 소통이라고 생각하십니까? 우리 사회의 소통에 어떤 문제가 있다고 생각하십니까? 혹시 우리는, 탁월한 도구가 소통의 문제를 해결해 줄 것이라고 믿는 도구주의, 아니면 대화를 많이 하면 소통이 잘 되리라고 생각하는 대화만능주의에 빠져 있는 것은 아닐까요? 여러분의 말씀을 듣고 싶습니다. 2011.06.17

좋아요 · 댓글 달기 · 공유하기

김연지, Minjeong Kim, 정득년님 외 75명이 좋아합니다.

손호석 기대되는 토론입니다. 개인적으로는 소셜미디어에 관심이 많아지면서, 소통이라는 말이 거품처럼 되어가고 있다는 느낌이 듭니다. 전문가라는 사람들과 기업들이 '소통'이 중요하다고 하면서, 결국에는 홍보와 자기 방어로 이어지는... 다른 분들의 의견 듣고 잘 나누어보고 싶네요.
2011년 6월 17일 오전 10:38 5명

석선옥 페이스북 이용자 그중에서도 페이지 관리자의 가장 어려운 점이 아닐까 싶습니다. '홍보'하지 않고 '소통'하는 것. 교수님의 "상대방의 희망과 요구가 실현되는 걸 도와주기 위해 최선을 다하는 모습"을 실천하려고 노력해야겠습니다.
2011년 6월 17일 오전 10:45 5명

이인철 정말 적절한 주제입니다. 자기 주장을 강요하는 사람들의 일방적인 주장은 떼쓰기에 불과한데, 상대방을 존중하고 공감하는 것이 필요하겠습니다. 우리사회에 필요한 것은 소통 이전에 자아에 대한 성찰이라고 생각합니다. 성숙하지 못한 인격의 무분별한 자기표현은 공해라고 생각됩니다. 환경을 생각합시다.^^
2011년 6월 17일 오전 10:53 7명

오윤아 사실 우리나라에선 소통에 관련한 교육을 받아본 적이 없습니다. 교육의 방식 자체에서도 그걸 잘 볼 수 있죠. 대화와 토론으로 수업시간이 꽉 채워지는 외국과 달리 우리나라는 주어진 지식을 습득하는데만 급급하느라 시간을 보냅니다. ㅠㅠ 지식이란 것은 습득 후가 더 중요하다고 생각하는데요. 습득 후의 다른 사람들과의 공감과 커뮤니케이션을 통해 그 깊이가 더 깊어지고 적용 가능한 형태로 바뀔 수 있기 때문입니다. 진정한 의미의 소통이 이루어지기 위해선 어렸을 때부터의 교육 현장부터 개선되어야 한다고 생각합니다. ㅎㅎ 교육 현장은 사회의 축소판이고 사회로 나오기 전 연습할 수 있는 곳이잖아요 :-)
2011년 6월 17일 오전 10:55 👍 9명

마하반야 예전에 블로그 글로 써 놓은 것이 있어 http://www.mahabanya.com/2009/07/%EC%86%8C%ED%86%B5%EC%9D%84-%EC%98%81%EC%96%B4%EB%A1%9C-%EC%B0%BE%EC%95%84%EB%B4%A4%EB%8D%94%EB%8B%88.html 요걸로 갈음합니다 :-) 특히 도박묵시록 카이지라는 만화의 대사는 인상적이었죠.

어둠속을 끊임없이 교차하는, 말들. 반복되는 통신. 그 무한한 왕래. 불확실하고 어쩐지 불안한 그 말들. 아무리 열심히 얘기를 해도, 그것으로 상대가 꼭 변할 거라곤 할 수 없다.

통신은 기본적으로 일방통행이다. 정말로 자신의 마음이 상대에게 전달됐는지는, 아무도 짐작할 수 없다. 회답이 있었다 하더라도, 어디까지 이해하고 회답하는 걸까. 아마 반도 이해하지 못했을 것이다. 그러나 그건 어쩔 수 없다.

통신은 통했다고 믿는 것, 전달은, 전하면 도달한다는 뜻이다. 그 이상을 바래선 안된다. 이해를 기대해선 안된다...!! 이해는 기대할 수 없다. 진정한 이해는 불가능하다. 그런 것을 기대했다간 그야말로 수렁에 빠져든다.

통신을 보내면 보낼수록, 초조함은 깊어지고 고독은 악화된다. 헛수고 뿐인 오해의 연속, 인간 불신의 근원... 이해와는 거리가 먼 통신이지만, 그러나 보내자...! 있으니까...! 분명히 전해지는 것이... 하나 있으니까...!! 온도... 존재...! 살아있는 자의 숨결.. 그런... 덧없는 점멸이 전해진다...!
2011년 6월 17일 오전 11:02 👍 7명

김상순 저는 소통이란 단어를 들으면, 많은 양의 액체가 담긴 비이커와 적은 양의 액체가 담긴 비이커의 하단에 연결된 튜브를 떠올리곤 합니다. 화학이나 물리 전공자가 아니라 정확히는 잘 모르겠습니다만, 액체의 비중의 차이에 따라, 튜브의 굵기에 따라 시간은 걸리겠지만, 언젠가는 양 비이커에 담긴 액체의 높이가 같아지지 않을까 싶습니다. 그리고 그것이 헌법이 구현하고자 하는 평등이라는 이념이 아닐까 싶고(물론 형식적평등과 실질적 평등에 대한 논의가 이어질 것이긴 합니다만), 이러한 현상을 SNS가 가속도를 붙이고 있다고 생각합니다.

참고로 예전에 법률신문에 기고하였던 칼럼 링크를 걸어 둡니다 : http://www.lawtimes.co.kr/LawEdit/Edit/EditContents.aspx?kind=ba04&serial=55562
2011년 6월 17일 오전 11:07 👍 1명

김재원 저는 늘 소셜 네트워크에서 조심해야할 사람이 남 말은 안 듣고 자기말만 주구장창 하는 사람이라고 생각합니다.
2011년 6월 17일 오전 11:07 👍 11명

Seok Hwan Mo 요즘 학교 등록금 문제 때문에 학교와의 소통에 대해 문제를 많이 느껴서 인지 저는 이런 생각이 들었습니다. '학교 측과 총학생회 측이 함께하는 등록금심의위원회는 심의를 할 뿐 결정권은 학교 측에서 가진다' 위 글은 제가 학기 초에 등록금 투쟁에 관해 관심을 갖게 되면서 알게 된 것입니다. 자신의 의사를 남에게 관철시킬 수 있는 게 권력이라고 했는데, 그 사회를 구성하고 있는 성원들과 저 권력을 나누는 행동이 소통이 아닐까요. 좀 편협한 생각일지 모르겠지만, 현재 직면하는 등록금 문제들과 연관시키다보니 생각이 이쪽으로 치우치네요.
2011년 6월 17일 오전 11:13 3명

정보사회학 재원님 말씀에 라이크 백번! 상순님, 좋은 비유입니다. 링크하신 글도 읽어보았습니다. 저도 SNS가 소통을 촉진하는 부분이 분명히 있다고 생각합니다. 그런데 우리사회에 정말 소통이 필요한 분들에게 SNS가 별로 도움이 안 되는 경우도 많더군요.^^ 반야님, 만화 대사가 아주 멋지군요.^^ 링크해주신 글도 읽어보았습니다. 저는 굳이 '행동'이라는 의미를 더 했습니다.^^호석님, 선옥님, 인철님, 소셜미디어에 '발언'은 넘치는데, '경청'은 좀 부족하다는 생각이 들어 문제를 제기했습니다. 윤아님, 소통에 관한 교육도 필요하고, 소통이 되는 교육도 절실히 필요하다는데 공감합니다.^^
2011년 6월 17일 오전 11:20 7명

Brian Kim 소통론에 대해선 누구나 할 말이 많을 겁니다. 나름의 정의와 소통 방법도 있겠구요. 저도 소통을 '공감대 형성을 통해 긍정적 행동과 변화를 이끌어내는 것'이라 생각하기 때문에 소통의 핵심을 〈공감〉과 〈행동〉으로 요약한 정보사회학님의 의견에 깊이 공감합니다.

최근에는 소통의 문제에 대해 좀더 관심을 갖게 되었습니다. 왜냐하면 소통의 본질을 잘 알고 노력하는 사람들 사이에서도 전혀 소통이 되지 않는 경우를 많이 보게 되면서 무엇이 문제인가 생각하게 되더군요. 결국 다양한 소통법에 대한 교육과 훈련이 필요하고 그 기저에는 나의 아젠다를 내려놓겠다는 의지와 진정성이 있어야 한다고 생각합니다. 그리고 소통의 종류(대화, 글, 강연, 등)와 상대(연령, 성별, 문화권)에 따라 그 방식이 달라질 수밖에 없구요.. 그 중 요즘 관심을 갖게 된 부분이 '올바른 질문하기'입니다. 소통하면서 잘 경청하려면 질문을 잘 해야 한다는 것이죠. 또 소통에 서툰 사람들과 소통할 때도 '좋은 질문들'은 큰 도움이 되더군요.
2011년 6월 17일 오전 11:49 10명

박정민 많은 분들이 좋은 이야기 주셨네요. 소통은 경청 → 관심 → 겸손(행동)으로 간다고 생각합니다. 남의 이야기를 잘 듣다보면 그 사람이 생각하는 바와 가치관을 깨닫고 그러다보면 자연스럽게 관심이 가며, 그 사람과 무엇인가를 주고받으려는 행동으로 이어지게 됩니다. 주고받으려고 할 때 내가 가진 선물(지식, 영향력, 재화)을 아낌없이 나눠줄 수 있는 겸손함이 존재해야 소통이 되더라구요. 경험상 보면 정보사회학 페이지도 소통을 잘하는 페이지중 하나이니 그 점에서 좋은 선례입니다.
2011년 6월 17일 오전 11:55 8명

박정민 오... 이제 태그한 글도 제 담벼락에서 댓글이 바로 보이네요. 진화하는 FB!
2011년 6월 17일 오전 11:58 5명

박현주 개인적으로는 우선 교수님 말씀해주신 대로 "주어진 여건 내에서 상대방의 희망과 요구가 실현되는 걸 도와주기 위해 최선을 다하는 모습" 여기서부터 시작해볼까 합니다. 개인과 개인의 소통은 개인적 노력으로 정도의 차이는 있지만 노력하면 변화의 가능성을 발견하게 되는데. 정치하는 분들과의 소통의 실현은 참 어려운 것 같습니다.
2011년 6월 17일 오후 12:17 3명

Charles Kim "소통"이 어려운 것은, 소통에 임하는 쌍방 간의 자세... 소통의 대상과

목적에 따라서 큰 차이가 있을 것으로 생각합니다만, 소통의 기본이 공감과 행동이라는 생각에 지지를... "공감을 통한 행동"이 소통의 의미를 찾을 테니까요.^^ Facebook이 한국사회의 소통문화에 큰 일조를 할 것으로 기대합니다. 특히, 저처럼 해외에서 오랫동안 격리(?)되어 있던 사람들은, 펫친들의 글에서 국내의 친구나 친지들에게서 듣지 못한 많은 것을 느낄 수가 있기 때문입니다. 무엇이 소통이냐? 이런 생각을 해 봅니다. 남을 이해하려 함으로써, 나를 더욱 이해하고 발전시키는 마음! 그것이 소통의 시작이고 목적이고 결과가 되어야 할 것으로.^^
2011년 6월 17일 오후 12:19 👍 6명

Taeyoung Choi 소통=선입견 없이 일단은 남의 말을 잘 듣는 것... 올려진 글, 본문을 잘 읽는 것--내용파악=본문연구, 텍스트 분석/
2011년 6월 17일 오후 12:39 👍 5명

조여진 제 스스로가 소통을 잘못하고 있다고 느끼던 찰나에 교수님의 글을 보니 부끄러워집니다. 경청보다는 태도라는 말씀, 크게 공감합니다. 행동하지 않고 뒤에서 경청만 하다보니 타인의 생각만 읽게 되고 정작 저의 생각을 정리하지 못하고 있는 거 같아요. 어떻게 보면 '안'하고 있는 게 맞는지 모르겠습니다.ㅜ 그리고 글을 보며 또 하나 생각이 들었던 거는 요즘 이슈가?! 되고 있는 소셜테이너인데요. 진정한 '소통'을 하고 있는 사람들, 즉 대중들과 함께 생각을 나누고 행동하고 있는데... 단지 연예인이라서 나서지 말라고 이야기하는 걸까요? 오히려 그렇게 말하고 비난하는 사람들이야말로 진정한 '소통'을 하고 있는지 되물어보고 싶네요.
2011년 6월 17일 오후 1:11 👍 3명

정보사회학 브라이언님, 자신의 아젠다를 타협할 수도 있어야 한다는 말씀과 질문 잘하기에 대한 강조에 공감합니다. 정민님, 자신이 가진 것을 기꺼이 내놓아야 한다는 말씀에 공감합니다. 현주님, 정치하는 분들과 소통이 어렵지요. 사실 정치는 곧 소통이라고 해도 과언이 아닐텐데, 아이러니네요.
6월 17일 오후 2:08 👍 4명

정보사회학 찰스님, 제 경험으로도 페북이 우리의 소통문화에 기여할 것은 분명해 보입니다. 저 자신도 페북을 통해 세상과 사람에 대해 많이 배우고 있습니다. 그리고 그러면서 소통도 더 잘하게 되는 것 같기도 하고요.^^ 최 목사님, 선입견 없이 남의 말이나 글을 듣고 읽어야 한다는 말씀에 공감합니다. 완전히 선입견 없이 살기는 어렵겠지만, 그래도 그렇도록 노력해야겠습니다. 여진아, "소셜테이너"를 비난하는 사람들이 있는 모양이구나. 글쎄 나는 연예인 중에 그런 분들이 있다는 사실이 반가운데.ㅎㅎ
2011년 6월 17일 오후 2:15 👍 3명

박기라 드라마 내 마음이 들리니? 라는 프로그램에 주인공이 청각장애인으로 등장한다. 남자주인공의 대사중 정말 안 들리는 나도 다 들리고 보는 것들을 엄마는, 형은 왜 보려하지 않고 들으려하지 않느냐며 오열하는 장면이 나온다. communication, communicate,소통. 가지고 있는 생각이나 뜻이 서로 통하는 사람들을 만난다는 거 나는 서로 나누는 것이라 생각한다. 나눔의 문화. 이웃주민과 나누고 이웃사촌이라는 말을 쓰며 동방예의지국으로 웃어른께의 공손함과 계, 두레, 품앗이 등 사람들과의 공유를 끊임없이 해오던 우리 민족이기에 사이버 상에서의 소통으로서의 나눔의 문화도 잘 자리잡을 수 있으리라 생각한다. 눈을 뜨고도 보지 못하고 귀로 잘 들으면서도 정말 듣지 못하는 일이 생기지 않게 하기! 오픈마인드 자세가 필요하다 생각한다.^^* 페이스북으로 정보사회학이라는 학문도 접해보고 더 많은 사회학하는 친구들, 사람들과의 소통을 꿈꾼다. 히힛!
2011년 6월 17일 오후 2:42 👍 5명

정보사회학 기라님의 꿈은 이미 실현돼 있습니다.ㅎㅎ 개방적인 자세와 나눔의 문화에 대한 강조에 공감합니다.^^
2011년 6월 17일 오후 5:29 👍 4명

Namsook Han 성경에도 "귀 있는 자는 들으라"는 귀절이 되풀이 되는 것을 보는데 잘 듣는다는 것이 참 중요하다고 생각합니다. 그럴 때야 상대방의 마음을 읽을 수 있고 진정한 소통이 이루어진다고 생각합니다.
2011년 6월 17일 오후 8:58 👍 5명

Taeyoung Choi 유학 와서 2년 만에 상대의 말을 [복선 깔지 않고 액면 그대로 받는 자세]로 전환했습니다. 도대체 너는 무슨 의도로 그런 말하는거니... 이런 말 자체를 버린 거지요. 그래서 때로는 오해도 받기도 합니다마는 서로가 편해지더군요. [정치]는 [때로는 급격히 변화하는 세계적인 경제-문화 환경에 대비하여 잘 준비코자하는 리더의 강력한 소신과 비전으로 대중을 설득해 가는 경우도 있을 듯합니다. 그때는 다소 소통이 안 되도 대중들이 좀 기다려주는 아량도 필요할 것 같아요.] 이명박 대통령의 4대강 사업을 두둔하는 발언 아니니 오해는 없으시기를... 대중추수주의에 빠져 구체적인 계획없는, 단지 대중들의 의견에 영합하는==포퓰리즘(?)/ 몰가치적인 리더들을 많이 봅니다. 그들은 변화하는 세계에 대한 명확한 비전 제시없이 그저 그렇게 살아가는 듯합디다.
2011년 6월 17일 오후 9:14 👍 3명

정보사회학 예. 남숙님. 맞습니다. 진정한 소통은 마음의 행위인 것 같아요. 마음을 읽고, 마음을 얻고, 마음을 주는 행위. 그래서 어렵나봐요. 사람의 마음을 움직이기가 얼마나 힘듭니까? 남의 마음을 헤아리기 위해서는 잘 들어야 하는데... 그러려면 먼저 자신의 마음을 열어야 하지요. 쉽지 않은 일입니다. 특히 높은 사회적 지위에 있는 사람일수록 어려운 일 같아요.
2011년 6월 17일 오전 5:26 👍 2명

정보사회학 최 목사님, 소통의 시대가 안고 있는 문제 중 하나는 행정의 집행력이 약화된다는 점 같습니다. 정치적 민주주의는 정치적 절차이기도 국가 운영의 방식이기도 합니다. 소통과 참여는 우리 사회가 지향해야할 중대한 가치이지만, 활발한 소통과 참여 속에서도 "기차가 제 시간에 가게 하기" 위해서는 '권위'가 지켜질 수 있는 방안을 모색해야 합니다. 그렇다고 과거식의 "권위주의"가 해답이 될 수는 없을 겁니다. 최 목사님 말씀을 이렇게 이해하도록 하겠습니다.^^
2011년 6월 17일 오전 5:41 👍 2명

혜은양 선입견과 자신만을 위한 방어벽이 소통의 가장 큰 장애 요인이 아닐까 합니다. 아이를 키우는 주부의 입장에서 이야기를 해 보면 내 아이에게 "아이들은 이러해야 한다"고 내 아이를 나의 기준에 맞추어 키우려 하면 어느 순간 아이와 매 순간 갈등하게 됩니다. 아이에겐 아이만의 방법이 있고 그 아이의 방법에 맞추어 나아가다 보면 어느 순간 아이가 갖고 있는 천연의 재능에 감사하며 매순간 감탄하는 자신을 발견하게 됩니다. 이러해야만 한다는 명제를 앞세우고, 자신을 위해 이러해주길 바라는 관계에서는 소통이 불가능하다고 생각됩니다. 선입견 없이 상대를 바라보며 자신을 내보임을 주저하지 않을 때 소통이 시작되고, 서로를 이해할 수 있는 길이 열린다고 생각합니다.
2011년 6월 17일 오후 11:16 👍 1명

정보사회학 혜은님, 선입견이 없이 상대를 대해야 한다는 말씀에 공감합니다.
2011년 6월 17일 오전 7:22 👍 1명

Alexander Park 이미 많은 분들이 서로 소통에 대하여 소통하셨으니 저의 췌언을 더하기보다는 파란 눈의 스님들이 스승으로 모셔서 많이 알려진 숭산스님이 미국 포교시 있었던 일화로 제 생각을 대신 해볼까 하옵니다.^^ 숭산스님이 하바드 예일 프린스톤 대학생들을 모아 놓고 설법을 하는데 누가 이렇게 질문 했답니다. What is love?? 숭산스님 왈 I love you, You love me. this is love. 그런데 그 간단한 말에 참 많은 이들이 사랑의 본질을 깨우쳤다는 얘기가... 부처님 손바닥에 재를 털고?? 숭산스님이 쓴 이런 제목의 책에서 읽었던 기억이 나네요. love 대신에 understand를 대치하면 소통에 대한 답으로 어떨까 합니다.
2011년 6월 17일 오전 7:44 👍 6명

서상원 특정한 집단내에 계층이 존재하는(hierachical structure) 정규조직(formal organization)과 비정규조직(informal organization)의 소통의 유효성에 대해 한번 생각해볼 수 있을 것 같습니다. 회사내에서 정상적인 절차에 따라 이뤄지는 커뮤니케이션은 너무 목표에 대한 지향점이 강하기 때문에 구성원 개개인의 의사가 존중되어지기 어렵고 공감의 강제성이 존재하여 쌍방향의 소통이 되기보다는 일방적이기 쉽습니다. 이점이 formal organization이 갖는 소통의 문제점이 되기 쉽습니다. 저도 회사내에서 리더의 위치에 있을 때 이미 도달할 목표를 정해놓고 절차의 합리성을 위해 소통을 하게 되는 경우가 허다한 경험이 있지요. 저 뿐만이 아니라 이런 경험을 해본 분들이 아마 많을 겁니다. 오히려 커피 자판기 앞에서 혹은 흡연 중 동료나 부하직원과 회사내의 일에 대해 자연스럽게 토의되고 공감대가 넓어지는 것들이 왕왕 있습니다. 따라서 informal organization을 통한 소통도 중요하리라 생각됩니다.
2011년 6월 17일 오후 11:50 👍 2명

신영섭 흔하게 사용되는 추상적 단어들이 그 해석을 둘러싸고 논란을 빚는 경우가 종종 있습니다. 다양한 분야에 쓰이다보니 context에 따라 의미가 다른데, 사용하는 사람은 흔하다는 이유로 정확한 정의 없이 사용하고, 듣는 사람은 각각 자의적으로 해석하기 때문에 문제가 되는 것 같습니다. 지난주에 올려주신 소통관련 기사 소개글을 보면서 '소통', '관계' 두 단어가 제대로 해석이 안되어 한참동안 고민했습니다. 결국 답은 못 찾았고, 원인은 제가 공대출신이라 사회과학 혹은 정보사회학의 context나 model을 제대로 알지 못해서인 것 같다고 결론짓고 고민을 접었습니다.(소통은 오늘 논의되고 있으니 언젠가 관계에 대해서도 다루어주시면 감사하겠습니다^^)
2011년 6월 17일 오전 9:56 👍 5명

신영섭 오늘 올려주신 글들을 보면서 생긴 궁금증입니다. 답을 찾은 상태가 아니라 조심스럽긴 하지만 관심있는 분이 있지 않을까 싶어 올려봅니다. 진전이 있으면 추가로 올리도록 하겠습니다. - 나쁜 소통, 좋은 소통은 어떻게 다를까? - 소통수준: 불통, 전달, 이해, 공감 - 모든 소통의 수준이 공감이어야 하는가? - 일반적/정보사회학/facebook에서 소통의 의미 차이가 있을까?
2011년 6월 17일 오전 10:24 👍 4명

채혜미 소통의 기술은 하루아침에 이루어지지 않습니다. 외국 친구들에게 부러운 것은 어릴 때부터 가정교육에서 교감, 소통 등이 식탁에서 부터 이루어진다는 것입니다. 우리는 함께 모여 식사를 하기도 힘들 뿐더러 세대간의 격차를 극복하는 소재를 이끌어내는 것도 힘이 들지요. 차세대를 위한 좋은 모델이 있어야 합니다.

2011년 6월 17일 오전 11:17 👍 4명

이윤하 무엇보다 공감적 소통이 진정한 소통이라고 생각합니다. 그리고 소통은 채널보다는 플랫폼이 필요하다고 생각합니다. 이는 소셜미디어를 도구적 관점에서 벗어나 이제는 문화적 관점에서 인식해야 한다는 것과 일맥상통합니다. 소통! 정말 어려운 것 같아요.

2011년 6월 17일 오후 4:31 👍 4명

정보사회학 알렉스님, 막스 베버는 이해(understanding)의 가장 중요한 요소를 '공감'이라고 보았습니다. 같은 맥락의 말씀이 아닐까 생각됩니다. 상원님, 조직 내 회의에서 실제로 일어나는 대화의 모습을 잘 지적해주셨습니다. 조직의 비전과 미션을 공유하고 업무 진행 상황을 챙기는 자리로서의 회의는 실제로 그렇게 일방향적 성격을 많이 가졌었지요. 그러나 여전히 회의가 그런 모습이어야 하는가에 대해서는 다른 의견이 있을 수도 있습니다. 사내 커뮤니케이션 인프라가 발달되어 있으면, 회의에서 전달될 내용 중 거의 대부분이 사내 통신망을 통해서 공유할 수 있고, 면대면 회의는 오히려 상하간에 다정한 대화를 나누거나 부하직원을 격려하는 기회로 활용될 수 있을 것 같군요.

영섭님, 영역에 따라서 소통의 의미가 달라질 수 있을 것입니다. 통신공학에서 말하는 소통과 사회학에서 말하는 소통이 다른 점이 많을 겁니다. 그러나, 특별히 공학적 측면에서 말하는 경우를 제외하고는 아주 크게 다를 것 같지는 않군요. 저는 수준 차이는 있겠지만, 공감은 소통의 근간이 되어야 하리라 생각합니다. 혜미님, 말씀처럼 어렸을 적부터 자연스럽게 소통을 배울 수 있는 기회를 많이 만들어 주어야 할 것 같아요. 윤하님, 소셜미디어를 문화적 관점에서 이해할 필요가 있다는데 공감합니다. 우리 자신들의 지속적인 노력이 좋은 결실을 거둘 수 있으리라 기대합니다.^^

2011년 6월 17일 오후 5:31 👍 4명

Yj Moon 좋은 글 잘 읽었습니다. 댓글도 모두 대단하시네요!^^ 공감은 감정코칭을 할 때도 첫번째 항목입니다. 누구의 상황에 대해 '너는 그랬구나! 그때 너의 마음은 이랬구나!' 하면서 이해해주는 거지요. 소통의 시작은 공감과 이해이며, 막힘의 시작은 반감과 오해이지요! "거짓된 신념"이란게 있답니다. 그 사람은 실제로 그렇지 않았는데 나는 편견을 가지고 그렇게 오해해버리면서 피해의식에 빠지거나 상대방을 거짓된 신념으로 미워하게 되는 거지요. 공감과 이해도 제대로 할 수 있는 수준의 지혜와 마음의 깊이가 필요할 것 같습니다. 그러니까 계속 "소통의 고수'들을 만나 수준 높은 소통을 배워야하겠지요? 하 하 하!!!^^

2011년 6월 17일 오후 7:11 👍 6명

Myungdae Cho 좋은 의견들이 많이 오갔네요. 저는 근본적으로 소통이란 '의미'를 서로 교환하는 것이라고 봅니다. 그런데 이것이 잘 안 되는 것 같습니다. twitter라는 것이 있어서 양방향 소통한다고 생각했는데 일방적 정보전달에 그쳐서 소셜미디어에 그치고 있고요. facebook에서도 진정하게 의미를 주고받으면서 사용하는 이용자들은 과연 얼마나 되는지 모르겠어요.

Simon과 Garfunkel의 Sound of Silence라는 노래가 떠오릅니다. 현대인들은 그들이 만든 기술 속에 파묻혀 진정한 소통을 하지 않는다고요. 그래서 Simon은 침묵의 우물 속에 묻혀있다고 표현하더군요("buried in the wells of silence".) 전반적으로 이 노래는 '비소통'의 위험에 대해서 꼬집고 있는 것 같았습니다. 그 다음에 Ten thousand people, maybe more. People talking without speaking, People hearing without listening, 라는 부분에서 '수많은 군중들이 있지만 그들은 서로 그저 의미없는 말만하고, 진정하게 듣지는 않고 그냥 들려오는 소리만 듣는다고 하고 있습니다'라고 하고 있습니다. 듣고 말하고는 있는데 의미의 교환이 없다고 꼬집고 있는 것 같습니다. 소통이 없다고 보는 것이지요.

다행히 이 facebook 공간에서는 twitter와는 달리 우리는 많은 의미를 만들어 나가고 있다고 봅니다. 한 송이의 꽃에서, 하나의 video clip에서 서로 많은 의미를 주고받으면서 관계를 형성해 나가고 있습니다. 아주 좋은 공간이라고 봅니다. 때로는 아주 좋은 글이 올라오면 서로 선물을 주고받듯이 많은 댓글 글타래의 향연이 벌어집니다. 주로 이곳 정보사회학방이 그렇지요. 그러나 많은 이용자들이 진지하게 읽지 않고, 진지하게 글을 쓰지 않고 그냥 몇 억 명의 가입자 속에서 의미없는 말만 그냥 흘려듣고 그냥 의미없이 입만 연다면 마치 자폐증 환자가 느끼는 것과 비슷한 것이 아닐까요?

윤교수님의 한양대 학생들에게는 전혀 그런 점이 없는데, 요즘은 저희들 때와는 달리 학생들 사이에도 별로 대화가 없는 것 같아요. 교수자들이 매개역할을 할 필요가 있다고 봅니다. 4학년이 되어도 서로 모르고 있어서 많이 당황했습니다. 전부 스마트폰 등의 기계 속에 빠져서 수업시간에도 자기 친한 친구들과의 대화에만 몰두하는 것 같고요. Paul Simon이 봤다면 자기가 노래 속에서 표현했던 "My eyes were stabbed by the flash of a neon light"의 의미를 알았을 것입니다. 기계 게임 등에 빠져 주변의 학우들과는 무심해지고 침묵의 우물에 빠져 버린다고요. 진정한 소통이 없다는 것이지요. 이점에서 우리가 소통의 기술을 가르쳐야 하지 않나라고 생각합니다. 이미 윤 교수님은 글 쓰는 방법 등을 연재하셨지요. Howard Rheingold 선생의 글도 이런 점에서 시사하는 바가 크고요. ^^
2011년 6월 18일 오후 3:45 👍 2명

정보사회학 조 교수님, 제 발제 글보다 더 긴 댓글을 올려주셨군요.^^ Sound of Silience의 가사 중 저렇게 멋진 대목이 있다는 사실을 상기시켜주셔서 너무 감사합니다. 저 오래된 노래의 가사를 적시에 기억해내시다니 정말 대단하십니다.^^ 의미를 주고받는 것이 소통이라는 말씀에 크게 공감합니다.
2011년 6월 19일 오전 5:30 👍 2명

윤웅석 상대방이 하는 말을 듣는 것이 기본이고 그 다음은 그 사람이 말하려는 것을 이해하는 것이 소통의 시작점이 아닐까요? 현실에서는 말을 들어도 그 사람의 말뜻을 이해하지 못해 소통이 이루어지지 않은 경우가 많은 것 같습니다.
2011년 6월 19일 오전 7:21 👍 2명

이인규 결혼 전에는 소통의 진정한 의미를 잘 몰랐어요.ㅎㅎ 결혼 후에 아내와 대화를 하다보니 이제서야 진정한 '소통'의 의미를 조금 알아가는 것 같습니다^^ 저만 그렇게 느끼는 건가요? ㅋㅋ '소통' '공감' 페이스북을 하면서 더욱 고민하게 되는 주제인 것 같습니다~
2011년 6월 19일 오전 8:22 👍 2명

정보사회학 웅석님, 맞습니다. 그런데 상대방 말을 이해하지 못하는 것은 말이 어려워서보다도 자신의 선입견 때문이거나 상대방 입장에 설 수 없기 때문인 경우가 많겠지요. 민규님, 누구나 그럴 것 같은데요. 아내와의 대화, 자식이 커가면 자식과의 대화가 모두 쉽지 않습니다. 이해관계가 없는 사람과는 소통이 쉽습니다. 가족처럼 이해관계 뿐 아니라 정서적 유대가 높은, 가까운 사이일수록 오히려 소통이 어려운 경우가 많은 것 같아요. 저는 페이스북이 소통의 교육장처럼 생각됩니다.^^
2011년 6월 19일 오후 12:46 👍 3명

신현선 정말 정서적 유대가 높을수록 상대편에 대한 기대가 높게 되고 그에 반해 자신이 생각한 반응이 나오지 않으면 더 상처받게 되기 때문에 소통이 어려워지는 것 같아요. 그럼에도 불구하고 이해관계로 얽혀있는 사람에게는 더욱 잘 소통하고 싶어 노력하게 되는거겠죠~
2011년 6월 19일 오후 1:45 👍 2명

조중훈 알고 있지만 실천하지 못하는 것에 대해 다시 한 번 반성해 봅니다.^^
2011년 6월 19일 오후 4:44 👍 2명

심 재억 윤교수님 말씀에 깊이 공감합니다. 제 의견을 더해본다면, 소통은 이해관계의 여부에 따라 달라질 수 있지 않을까 하는 생각을 해 봅니다. 소통과 이해관계, 갈등이라는 것은 모두 상대가 있기 때문이며, 상대와의 이해관계 여부에 따라 그 수용의 태도와 정도가 달라지지 않을까 하는 생각이지요. 또한, 소통과 갈등은 반비례하지 않을까요? 크던 작던, 이해관계가 생긴다면 그곳엔 반드시 갈등이 있기 마련이고, 이러한 갈등은 바로 소통의 Noise로 작용할 수 있겠단 생각도 듭니다.^^
2011년 6월 19일 오후 6:06 👍 2명

이인규 '소통'이란 '내가 옳다라는 것을 버리고, 상대에게 나아가는 것' - ['강신주'의 '장자, 사랑과 소통의 지혜'] : 2011년 3월경 'TV특강'이라는 프로그램 중에서 '소통'을 얘기하는 것을 보았는데요, 다시 볼만한 프로그램이라고 생각해요^^
2011년 6월 19일 오후 7:08 👍 2명

정보사회학 현선님, 중훈님, 재억님, 이해관계로 연결된 사람 사이의 소통은 누구에게는 참으로 어려운 것 같아요. 예수님도 오죽 했으면 네 '이웃'을 사랑하라고 했을까요?ㅎㅎ 인규님, 좋은 프로그램 추천해주셔서 감사합니다. 내가 틀릴 수도 있다는 생각만 해도 소통 문제의 상당부분이 해소되리라 생각이 드는군요.^^
2011년 6월 20일 오전 12:47 👍 2명

김재원 많은 분들의 의견과 중복되는 이야기이긴 합니다만, 사실 소통의 기본에 경청이 있고, 경청을 하려면 상대방에 대한 공감과 이해, 사랑이 있어야 한다는 이야기로 귀결되는 것 같습니다.
2011년 6월 20일 오후 1:48 👍 2명

김재원 사실 소통과 커뮤니케이션에 있어 우리는 너무 자기 이야기를 어떻게 하면 설득력있게 상대방에게 전달하는가에 포커스를 맞춰온 게 아닐까 합니다. 잘 들으려면 '내가 나름 똑똑하다', '최소한 너보단 내가 낫다', '너는 왠지 비틀리고 꼴통이다'란 마음만 내려놓으면 되는게 아닐까 합니다.
2011년 6월 20일 오후 1:52 👍 2명

정보사회학 예. 맞습니다. 높은 지위에 있는 사람일수록 입을 닫고 귀를 열면 소통이 절로 되는데.^^
2011년 6월 21일 오전 5:49 👍 1명

이인규 자꾸 댓글을 달게 되네요^^ 이래서 이곳이 토론장이 되는가보군요ㅎㅎ '입은 하나이고 귀는 두개인 이유가, 말은 적게 하고 많이 들으라는 자연의 섭리라던데요?' 한마디하기 전에 최소한 두마디는 들어야하는데, 이게 어려운 것 같습니다. '공감적 경청(스티븐코비)' '공감의 심리학(요하임 바우어)'이라는 말들도 생각이 나네요~ 페이스북에서는 소통과 공감을 하려면 '좋아요'를 많이 눌러야하겠죠?
2011년 6월 21일 오전 8:47 👍 2명

정보사회학 인규님, "공감적 경청"이라는 말이 아주 인상적이네요.^^ 페북에서 '좋아요'는 가장 기본적이면서도 가장 강력한 공감의 도구라 생각됩니다. 어쩌면 페북의 성공 요인일 수도 있을 겁니다. 페북의 세계적인 확산은 공감이 세계 공통이라는 점을 시사한다고도 해석될 수 있을 것 같네요.
2011년 6월 21일 오후 2:18 👍 2명

김재원 공감적 경청으로서의 라이크! 멋진데요. 말이 안 통해도 되는 온라인상에서의 악수? 스킨십?
2011년 6월 21일 오후 2:38 👍 2명

손호석 앞에서도 이야기하였지만 소통의 중요성에 공감하면서도, 지금 소셜미디어 등을 더 많이 보급(?)하고자 하는 사람들을 위해 최근 너무 남용되지 않았나 생각도 들어요. 기업과 개인의 입장은 물론 다르겠지만, '기업은 소통하겠다는 과욕을 버려라' http://jameschung.kr/2165라는 글도 어느 정도는 공감이 가요. 소통이 목적은 아닐 수도 있으니까요.
2011년 6월 21일 오후 4:01 👍 3명

정보사회학 호석님, 유용한 관점입니다. 그러나 링크해주신 글에는 몇 가지 점에서 동의하기 어렵네요 ①우선 우리 기업은 소통을 위해 많이 노력해야 합니다. 기업 내부의 소통, 외부 고객과의 소통 모두 많이 더 가야 합니다. 아직 소통을 우려할 단계가 아니라는 생각입니다. ② 기업이 소통을 위해 존재하지는 않지만 소통 없이 경영도 없습니다. ③소셜미디어는 소통의 도구일 뿐입니다. 소셜미디어의 사용과 소통을 등치시킬 수는 없겠지요. 소셜미디어는 소통을 위한 새로운 계기, 새로운 장을 제공해 줄 뿐입니다. ④기업 뿐 아니라 개인에게 있어서도 소통이 모든 것을 다 드러냄을 의미하지 않습니다. 소통은 모든 것이 준비된 후에 하는 사치가 아니라 소통은 문제를 예방하고 문제를 푸는 대단히 효과적인 방법이라고 생각합니다.
2011년 6월 21일 오후 4:23 👍 2명

손호석 정보사회학 저도 링크한 글에 모두 동의하지는 않아요^^ 모든 준비를 갖춘 후 소통해야 한다고 생각하지도 않고, 소통하지 않고 기업이나 단체가 존재하기는 어렵다고 생각하고. 대신 SNS만 잘 관리(?)하면 소통이 될 것처럼 말하는 사람들에 대한 우려의 말로 생각하셔도 될 듯. 저도 문제가 있다고 생각하지만, 일부 언론과 전문가라는 분들이 'SNS'로' 하는 소통' 강조하다보니 마인드보다는 기술로 소통을 대하고 있지 않나 생각이 들기도 합니다.
2011년 6월 21일 오후 4:29 👍 3명

손호석 정보사회학 앗, 그런데 제가 전에 쓴 댓글-교수님 글 전에 링크 건 글 말고 하나 더 썼는데-이 안 보이네요. 나와 생각이 다른 사람들과도 소통해야 한다면, '공감'을 하더라도 '행동'이 꼭 입장의 변화로 이어지지는 않을 수 있다는 글이었는데(그 사람의 관점은 이해하더라도, 나의 관점은 달라지지 않을 수도 있으니) 어디로 갔을까요?^^
2011년 6월 21일 오후 4:32 👍 2명

배한숙 소통은 Under-living이다. "모든 분야에 '능통'할 수 없지만 모든 사람과 '소통'할 수 있다."면 그는 신이다. 아니다. 신보다 나은 사람이다. 신도 모든 사람과 소통하지는 못한다. 신도 그를 믿지 않는 사람과는 소통이 안 되기 때문이다. 오죽하면 인간과 통하기 위해 하나님께서 그들의 몸으로 오셨다고 성경이 말할까. 소통은 피가 묻어나는 성육신(Incarnation)이다. 소통은 Under-standing이 아니라 Under-living이다. - 페북에서 지인의 글을 읽다 거기에 달았던 짧은 글이었습니다. 그 지인이 이곳을 알려 주었습니다.

2011년 6월 21일 오후 4:43 👍 2명

정보사회학 페북에서 가끔 댓글이 사라졌다 나타나곤 합니다.^^ 소셜미디어에 대한 호석님의 지적에 크게 공감합니다. 공감이 꼭 내 입장의 변화를 의미하지 않는다는 말씀에도 동의합니다. 공감이 합의나 일치를 의미하지는 않을 겁니다. 하지만 상대방 입장에 서봄으로써 상대를 이해하게 되고 자연스럽게 자신의 행동에 변화가 일어날 수도 있겠지요.
2011년 6월 21일 오후 4:49 👍 1명

정보사회학 한숙님, 반갑습니다.^^ 소통이 under-standing이 아니라 under-living이라는 말씀이 크게 와 닿습니다. 제가 위 포스팅에 하늘과 연결된 사다리가 있는 그림을 올렸는데, 한숙님과 통한 것 같습니다.ㅎㅎ 소통을 하려면 아래로 내려와야지요.^^
2011년 6월 21일 오후 4:57 👍 2명

정종필 입이 하나이고, 귀가 둘인 이유는 소통을 위해서라고 이해하면 좋을 듯...
2011년 6월 21일 오후 5:06 👍 3명

배한숙 저도 반갑습니다. 사실 문외한입니다. 다만 이 시대를 함께 사는 이유로 이따금 지인들에게 짧은 글을 쓰곤 하는데 마침 같은 주제라 추천하는 지인이 있어서... 교수님, 그리고 이곳에서 소통하는 분들의 말씀에 소나기를 맞으러 가끔 들리겠습니다.
2011년 6월 21일 오후 5:09 👍 3명

정보사회학 종필님, 좋은 지적이십니다.^^ 한숙님, 종종 들러 주세요. 여러분의 생각들을 부지런히 모아 놓겠습니다.^^
2011년 6월 21일 오후 5:13 👍 2명

가구라인최석호 소통은 일방통행이 아니라는 것...
2011년 6월 21일 오후 5:15 👍 3명

김재원 손호석님의 의견에 공감하면서, 그리고 정보사회학님의 의견에도 공감합니다. 소셜미디어가 만능의 도구가 될 수 없고 모든 사람과 소통하겠다는 욕심도 무리라고 봅니다. 그러나 우리 기업들과 공공기관, 정부부처들은 소셜미디어를 통해 조금 더 고객들과 국민들의 의견에 귀를 기울이는 자세를 가졌으면 하는 바램을 가져봅니다. 저도 예전에 어느 담벼락에서 한 말인데, 특히 우리 공공기관들이 기업들처럼 팬을 몇 명 늘었네. 이런 걸 따질게 아니라, 단 한명이라도 일반 시민들의 의견에 귀를 기울이는 기회와 자세를 소셜미디어를 통해 얻게 된다면 그것만으로도 충분한 가치가 있지 않느냐?고 했던 기억이 나네요.
2011년 6월 21일 오후 5:29 👍 2명

정보사회학 호석님, 재원님, 제 주장이 별로 다르지 않은 것 같습니다. 강조점이 약간 다를 뿐.ㅎㅎ
2011년 6월 21일 오후 5:51 👍 1명

Changsoo Kim 김창수 金昌洙 동감합니다.
2011년 6월 21일 오후 6:30

손호석 정보사회학 김재원 제가 쓴 댓글 중 지금 안 보이는 것이 많아서^^ 제 의도가 잘 전달되었는지 모르겠네요. 서로 명확히 일치하지 않은 입장을 가진 사람들이 의견을 나누고, 그 결과 둘이 동일한 입장을 가지지 않더라도 상대방을 더 이해한다면 소통이 되었다고 할 수도 있겠죠. 교수님, 언제 기회되면 뵙고 인사드리겠습니다.^^
2011년 6월 21일 오후 9:30 👍 2명

이인규 '하늘과 연결된 사다리' '소통을 하려면 아래로 내려와야지요'라는 정보사회학님의 말씀에 공감~~~
2011년 6월 21일 오후 10:18 👍 2명

이인규 섬 - 정현종 - 사람들 사이에 섬이 있다. 그 섬에 가고 싶다. *******
['강신주'의 '장자, 사랑과 소통의 지혜'] : 2011년 3월경 'TV특강'이라는 프로그램 중에서 '소통'과 '사랑'을 이야기하면서 언급했던 '섬'이라는 시인데요, 이 짧은 시 속에 '소통의 진정한 의미'가 들어있다라고 '강신주'교수님께서 얘기하던 이야기가 생각나서 올려봅니다.^^ 나의 섬도 아니고 당신의 섬도 아닌 '사람들 사이에 있는 섬'에 가서 진정한 '소통'을 이루고 싶어지네요~
2011년 6월 21일 오후 10:26 👍 2명

정보사회학 호석님, 아마도 제가 호석님의 의중을 충분히 헤아렸으리라 생각합니다. 소통은 하나가 되는 것이 아니라, 서로 공감하고 이해하는 것이라는 말씀이지요? "차카게 살자"는 풀필이 인상적입니다. 언제든 즐겁게 만나 뵙겠습니다.^^ 인규님, 우리가 홀로 있는 '섬'이 되어서는 안되겠지요.^^
2011년 6월 22일 오전 7:00 👍 1명